경제학자의

묵자
읽기

경제학자의 묵자 읽기

초판 인쇄 2019년 10월 15일
초판 발행 2019년 10월 20일

옮긴이 김승석
펴낸이 이찬규
펴낸곳 북코리아
등록번호 제03-01240호
주소 13209 경기도 성남시 중원구 사기막골로 45번길 14
      우림2차 A동 1007호
전화 02-704-7840
팩스 02-704-7848
이메일 sunhaksa@korea.com
홈페이지 www.북코리아.kr
ISBN 978-89-6324-671-0 93150

값 35,000원

墨子

경제학자의

子

묵자
읽기

김승석 역주

북코리아

경제학자의
묵자
읽기

경제학자의 묵자 읽기

1. 묵자는 누구인가?

(1) 이름과 성

『韓非子』「顯學」편에 "세상의 두드러진 학문은 유가와 묵가이다(世之顯學儒墨也)"라고 하였고, 『呂氏春秋』「有度」편에서는 "공자와 묵자의 제자와 무리들이 천하에 가득 찼다(孔墨之弟子徒屬滿天下)"고 하고, 「當染」편에서도 "공자와 묵자의 후학으로서 천하에 뛰어난 사람이 많아서 다 헤아릴 수 없다(孔墨之後顯學榮於天下者衆矣 不可勝數)"고 할 정도로 한때 묵자는 공자와 어깨를 나란히 할 정도로 그 영향력이 대단히 컸다고 할 수 있다. 그래서 孟子는 "양주와 묵적의 말이 천하에 가득 차 있으니 천하의 말은 양주에게 귀착되지 않으면 묵자에게 귀착된다(楊朱墨子之言盈天下, 天下之言 不歸楊 則歸墨)"고 불평을 늘어놓았다. 그러나 秦나라의 천하통일과 몰락을 거치면서 묵자사상은 2000년 동안 낡은 도서관에서 유폐되었다가 淸나라 말기에 이르러 畢沅과 孫詒讓에 의하여 다시 조명받기 시작했다. 이때부터 여러 학자들에 의하여 묵자 개인에 대한 철저한 고증이 시작되었으나, 대부분의 제자백가와 마찬가지로 이름과 生沒연대, 출생지에 대한 고증은 百家爭鳴의 상태에 있다.

일반적으로 묵자는 성은 墨이고, 이름은 翟으로 알려져 있다. 이는 묵자가 伯夷 叔齊의 아버지 孤竹君의 후손으로 본래 墨台씨였으나 후에 墨으로 사용했다는 설에 기인한다. 그러나 중국에는 墨이라는 性씨가 존재하지 않았기 때문에 墨은 性씨가 아니라는 주장이 유력하다. 어떤 사람들은 墨이 학문을 의미한다고 하고, 墨刑을 당하여 성으로 불렸다고 하기도 하고, 항상 검은색 옷을 입고 다녔기 때문에, 혹은 얼굴이 검어서 性이 되었다고 하기도 한다. 또한 墨은 먹줄이나 잣대를 의미하기에 노력하는 수공업자 집단을 상징한다는 견해도 존재한다.

이름 翟에 대해서도 소수이기는 하지만 이견이 존재한다. 어떤 이는 묵자의 성은 翟이며 이름은 烏라고 하기도 하고, 어떤 이는 성이 英이고 이름은 布라고 하기도 한다. 또한 翟은 오랑캐인 狄과 통하여 묵자를 외국인이라고 주장하기도 한다. 그러나 『墨子』 원문 여기저기에서 묵자가 스스로 자신을 翟이라 부르니 이름은 그대로 받아들여도 무방하다고 생각된다.

(2) 生沒年代

司馬遷은 『史記』에서 墨子는 "孔子(B.C. 551-479)와 같은 때라고도 하고, 혹은 그보다 뒤(或曰並孔子時, 或曰在其後)"의 사람이라고 하였으나, 이에 대한 고증은 淸나라 말에 본격적으로 시도되었다. 묵자 연구자들은 『墨子』 원문에 나오는 인물과 사건을 중심으로 고증하였으나 의견이 일치하지 않는다. 여러 연구자들의 의견을 종합하면 묵자는 기원전 490년에서 459년 사이에 태어났고, 기원전 406년에서 376년 사이에 죽은 것으로 볼 수 있다. 태어나고 죽은 연도의 추정에는 각각 약 30년의 차이가 있으나, 묵자는 孔子가 죽은 이후에 태어났으며 孟子가 태어나기 이전에 죽었다고 일반적으로 받아들여진다. 여러 학자에 의한 고증에도 불구하고 묵자의 정확한 生沒年度는 확인할 수 없지만, 그가 살았던 시대는 春秋時代(약 B.C. 770-403) 말기에서 戰國時代(약 B.C. 403-221) 초기에 해당한다.

역사가들은 周나라 平王이 수도를 서부의 鎬京에서 동부의 洛邑으로 옮긴 기원전 770년을 기점으로 춘추시대는 시작되고, 晉나라가 韓·魏·趙 세 나라로 분열되는 三家分晉을 기점으로 秦始皇이 중국을 통일할 때까지를 전국시대라고 한다. 이 시기를 통틀어 春秋戰國時代라고 부르지만 춘추시대와 전국시대는 많은 차이가 있다.

平王의 천도는 周나라 왕실이 쇠퇴하는 과정에서 이루어졌지만, 천도 이후에도 천자가 직접 다스리는 땅이 축소되고 제후들의 조공이 대폭 줄어들어 왕실의 추락은 더욱 가속화되었다. 제후들의 세력은 五覇˚를 중심으로 더욱 강해지고 그들끼리 세력을 확장하기 위하여 전쟁을 벌이기도 하지만, 周나라 왕실의 천자를 형식적로나마 받들고 인정하면서 오랑캐의 침입을 물리친다는 尊王攘夷의 명분을 지켰다. 그러나 전국시대에 들어서면서 형식적인 명분을 내던지고 七雄(秦·楚·韓·趙·魏·燕·齊)들은 살아남기 위해서 천하를 통일한다는 명분을 내걸고 처절한 전쟁을 계속했다. 이러한 겸병전쟁은 秦나라가 중국을 통일하면서 막을 내린다.

또한 춘추시대 말기에 철기의 사용과 보급이 늘어나면서 사회경제적 대변화가 일어난다. 철제로 만든 농기구와 전국시대 牛耕의 도입은 농업 생산력을 크게 증가시키고, 수리시설을 도입하여 황무지를 개간하는 등 경지 면적이 크게 확대되었다. 집단적 노동에 의지하던 농사일이 한 가정에서 담당할 수 있게 됨으로써 개인의 토지 점유가 가능하게 되었으며, 기존의 씨족사회가 서서히 붕괴되기 시작했다. 농업의 발전과 별도로 제철업과 제염업, 그리고 상업이 발전하여 전국시대에는 대량의 화폐가 주조되고 보급되었으며, 이 과정에서 막대한 부를 축적한 대상인들의 출현˚˚도 가능하게 되었다.

또한 춘추시대에는 大夫의 권위가 지속적으로 강화되었고 이런 大夫들은 제후의 지위를 대체하려고 군주를 사살하는 일이 끊임없이 시도되었다. 이런 과정 속에서 춘추시대 후반기에는 제후들의 겸병전쟁보다 제후국 내부의 大夫들 사이에 세력싸움이 두드러지게 나타난다. 晉나라가 三分되었고, 齊나라는 姜氏를 대체하여 田氏가 정권을 잡았으며, 魯나라에서도 三桓氏의 권력 다툼은 잘 알려져 있다. 제후들과 대부들의 겸병전쟁이 계속되는 가운데 전국시대에는 생존과 富國强兵이 최우선 과제로 등장하였고, 이를 수행하기 위하여 각국은 變

● 춘추시대의 覇主로 다섯 제후국의 수장을 말한다. 누가 五覇인가에 대해서는 역사학자들 사이에 이견이 존재한다.

●● 弦高는 상인으로서 秦나라의 음모를 물리치고 鄭나라를 구했으며, 呂不韋는 거상으로서 秦나라 재상이 되었다.

경제학자의 묵자 읽기

法改革을 단행했다. 變法의 핵심은 周나라의 세습적인 分封制度를 점차 중앙 집권적 郡縣制로 대체하는 데 있었다. 각국의 왕들은 세습 제후들에게 통치를 위임하기보다는 지방관을 파견하는 경우가 많았다. 이러한 경향은 말단 귀족들이 관료로 진출할 수 있는 기회를 확대하였고, 유능한 인재는 자신이 봉사할 지도자를 선택할 수 있었다. 혈연에 의한 세습이 약화되고 새롭게 등장한 지식인 그룹이 '士' 계급을 형성하면서 그 세력을 넓혀갔다. 또한 세습 제후세력이 약화되고 지주, 상인, 수공업자 등 신흥세력이 성장하면서 '형벌은 大夫 이상에서 행해지지 아니하고, 禮는 庶民 이하에서 행해지지 않는다'는 낡은 관행도 쇠퇴하기 시작했다.

철기의 보급은 농기구와 더불어 무기의 성능을 크게 향상시켜 전쟁의 양상을 격화시키기에 충분했다. 춘추시대에는 大夫와 무사(士) 등 지배층이 참여하는 戰車戰이 일반적이었다면 전국시대에는 하층민이 대규모로 동원되는 보병전의 형태로 전쟁의 모습이 바뀌었다. 동시에 兵農一致의 수준에서도 농업생산력의 발전에 따른 잉여생산물의 비축으로 일정한 상비군을 유지할 수 있었고, 장기간 전쟁을 수행할 수 있는 여력이 발생했다. 춘추시대의 邑城국가에서 전국시대에는 영토국가°로 바뀜에 따라 정복전쟁으로 인한 실리가 증가되었다는 점도 천하통일이라는 명분을 내세워 전쟁을 수행하는 정당성을 확보하는 데 도움이 되었으리라. 이리하여 전쟁은 규모가 커지고 일상화되었으며, 이러한 정복전쟁은 백성을 죽음과 전쟁의 공포로 몰아넣고 그들의 삶을 송두리째 파괴했다. 묵자는 바로 이러한 현실을 목도하였으며, 『墨子』는 이러한 시대적 환경의 산물이다.

(3) 출신지와 출신성분

묵자의 출신지에 대해서도 논쟁이 있다. 어떤 이는 宋나라 출신이라고 하고, 어떤 이는 楚나라 사람이라고 하고, 어떤 이는

● 춘추시대 초기에는 140여 개의 제후국이 있었는데 전국시대 초기에는 20여 개의 제후국만 남았다. 360여 년간에 걸친 전쟁의 결과, 제후국의 수는 적어지고 영토는 넓어지게 되었다.

魯나라 출신이라고 한다. 심지어 묵자는 齊나라 사람이라거나 인도 또는 아랍 사람이라고 주장하는 학자도 있다.

司馬遷이 『史記』에서 "묵자는 송나라 대부(蓋墨翟 宋之大夫)"라고 하였는데, 이를 그대로 받아들인 옛 서적에서는 묵자를 宋나라 사람으로 보고 있다. 그러나 『墨子』 원문에 묵자가 자신의 제자 조공자(曹公子)를 宋나라에 보내 벼슬하게 했다는 이야기는 나오지만, 다른 어떤 서적에도 묵자가 宋나라에서 벼슬했다는 기록은 없다. 『墨子』 「魯問」 편에서 묵자와 楚나라 魯陽文君과의 대화 내용이 나오는데, 이를 근거로 묵자가 楚나라 사람이라는 주장이 제기되지만, 묵자는 남쪽이 아니라 북방 출신임이 분명하다.

淸代의 대표적인 묵자 연구가들, 예를 들면 孫詒讓, 梁啓超 胡適은 묵자가 魯나라 출신이라는 데에 의견을 모으고 있다. 『墨子』 원문에도 그의 활동배경은 주로 魯나라임을 알 수 있다. 「貴義」 편에서 "묵자 선생께서 魯나라에서 齊나라로 가는 길에 옛 친구를 만났다(子墨子自魯卽齊過故人)"라거나 "남쪽으로 衛나라를 여행했다(子墨子南遊衛)"거나 "남쪽으로 楚나라를 여행하여 楚나라 혜왕에게 책을 바치려 했다(子墨子南遊楚 見楚獻惠王)"는 문구는 묵자의 활동 근거지가 魯나라임을 말하고 있는 셈이다. 그 외에도 魯나라 사람이 묵자에게 자식을 가르치게 한 설화와 魯나라 남쪽 마을에 사는 吳慮를 만나는 이야기, 越王이 魯나라에서 묵자를 영접하도록 하는 일화(「魯問」 편 참조) 역시 모두 묵자의 활동무대가 주로 魯나라였음을 보여주고 있다. 『呂氏春秋』나 『淮南子』에서도 이를 뒷받침하는 근거를 제공하고 있다. 묵자가 魯 · 楚 · 宋 · 齊 · 衛 · 越나라를 넘나들며 그가 머무는 집의 굴뚝이 검어질 겨를이 없이 칡베 옷을 입고 나막신을 신고서 밤낮으로 쉬지 않고 일했지만, 그가 魯나라에서 주로 활동했다는 사실을 인정하는 데 무리가 없다.

출신지나 국적이 중요한 의미를 갖는 것은 묵자의 학문적 · 사상적 배경과 관련되어 있기 때문이다. 魯나라는 역사적으로 周의 문물을 가장 잘 보존했으며, 지형적으로는 산지가 적은 평야지대였기 때문에 학풍이 온화하여 인민의 입장을 고려하는 온정적인 정치사상을 잉태할 수 있었다. 반면에 서쪽의 秦과 북쪽의 韓 · 魏 · 趙는 지리적으로 사막과 산맥으로 막혀 있을 뿐 아니라 西戎과

北狄의 위협이 상존했기 때문에 억압적인 중앙집권적 통치사상인 法家를 꽃피울 수 있었다.

魯나라의 역사적 자연적 배경하에서 周나라의 문화를 복원해야 한다는 孔子와 儒學을 배우면서 그 한계를 절감하고 그것을 극복하려고 시도했던 묵자가 출현했으며 유가와 묵가가 번성할 수 있었다. 묵자 역시 공자와 마찬가지로 孝와 忠, 공손함과 자애로움, 연장자에 대한 존중을 긍정적으로 평가하는데, 이 또한 魯나라의 학풍과 유가의 영향을 받았다고 할 수 있다.『墨子』에서 유가의 교과서로 사용되었던『詩經』과『書經』이 자주 인용되는 이유도 여기에 있다.

묵자의 출신지와 마찬가지로 그의 계급적 출신성분에 대해서도 직접적인 기술은 거의 없다. 司馬遷이 宋나라 大夫라고 추측한 이후 오랫동안 그렇게 믿어져 왔으나 淸末 이후 이에 대한 고증이 시작되었다. 그러나 고증 자체가 역사적 사실에 근거하기보다는 소박한 추측에 불과했다. 어떤 이는 墨을 墨刑이라 해석하여 형벌을 받은 노예의 신분이라고 추정하고, 어떤 이는 묵가 집단이 城 방어를 전문으로 했기 때문에 무사 출신이라고 추측했다.

「貴義」편(문단 3, 문단 13)에서 楚나라 대부가 묵자를 천한 사람(賤人)으로 불렀고, 묵자 스스로 "위로는 임금을 섬겨야 할 일도 없고, 아래로는 농사짓는 어려움도 없다(翟上無君上之事, 下無耕農之難)"고 고백했다.『呂氏春秋』에서도 묵자가 스스로 '천한 백성(賓萌)'이라거나 '북방의 천한 사람(北方之鄙人)'으로 자처하는 것으로 보아 묵자는 '宋나라 大夫'가 아니라 신분이 낮은 계급의 출신이었음이 분명하다.『墨子』원문에서 천인 출신으로 재상에 오른 伊尹과 傅說을 자주 언급*하는 것도 이와 무관하지 않다.

또한「魯問」편(문단 21)에서는 묵자가 당대 최고의 장인인 公輸子에게 "그대가 까치를 만드는 일은 목수(묵자)가 수레의 빗장을 만드는 일보다 못합니다(予之爲鵲也, 不如匠之爲車轄)"라고 말하고 있다.『呂氏春秋』에서도 묵자가 나무로 솔개를 만드는 일화가 있는데, 이 일화를 듣고 惠施는 "묵자는 뛰어난 기술자인

● 원문에 伊尹이 23번, 傅說이 5번 나온다.

데, 수레의 끌채는 잘 만들었지만 솔개는 졸렬하게 만들었다(墨子大巧, 巧而輟, 拙爲鳶)"고 평가한다. 이러한 일화를 통하여 보자면 묵자는 당시 가장 천대받았던 수공업자인 工人이었을 가능성이 가장 크다. 『墨子』원문에서 規(컴퍼스), 矩(곱자), 繩(먹줄) 등 설계와 측량에 필요한 공구를 자주 언급하며 매우 중시하고 있다는 점도 이와 무관하지 않다.

묵자를 따르던 墨家 집단의 구성을 보더라도 그가 수공업자였을 가능성을 방증하고 있다. 묵가 집단은 工人(土工, 木工, 石工, 革工, 陶工)을 주력으로 하여 戰士, 巫醫, 농민, 상인 등으로 편제되었으며, 그들은 성벽을 쌓거나 보수하고, 무기와 방어설비를 제작하는 역할을 담당했다. 후에는 뒤떨어진 학습과 교육, 저작과 선전의 필요성을 느끼고 지적 부문을 조직화하기도 했다. 구성원들 사이에 동지적 단결력이 대단히 높았다는 사실은 많은 자료에서 확인된다.

墨家 집단이 수공업자인 공인을 중심으로 편제되었다는 사실은 그들이 사회 최하층의 생활 감정과 이익을 대변하여 그것을 사상으로 승화시켰다는 점을 반영한다. 『墨子』의 내용은 대단히 체계적이며 논리적이지만 서술방식에서 장황하게 설명이 반복되는데, 이는 묵가 집단을 비롯한 하층민을 설득하고 교화하는 묵자의 언행을 제자들이 그대로 묘사했기 때문이다. 유교의 세례를 받은 주석가들이 그 서술방식의 소박함을 '어리석음'이라고 비하하는 경향도 여기에 연유한다고 생각된다.

신분제가 지배하던 사회에서 천민 출신이 하층민의 이익을 대변하는 논리를 체계화하고 실천했다는 사실은 중국사에서뿐만 아니라 세계사적으로도 특이한 현상이다. 그의 주장은 소수의 귀족을 위하여 만들어진 정치·경제·문화 시스템에서는 대단히 이질적이었으며, 지배층에게는 위협적으로 느껴질 수밖에 없었다. 바로 이 점이 당시 묵자의 사상이 공자와 더불어 세상을 가득 채웠지만, 秦始皇의 중국 통일 이후에 급속하게 몰락한 원인이 되었다.

2. 묵자가 바라는 세상은?

(1) 노동이 존중받는 사회

묵자는 인간이 다른 동물과 달리 노동을 통해서만 생존이 가능하다고 강조하면서 인간과 동물의 차이를 노동에서 찾고 있다. 그래서 다음과 같이 말한다. "사람은 본래 사슴과 같은 들짐승, 새와 같은 날짐승, 벌레와는 다르다. 들짐승과 날짐승, 벌레는 깃털을 옷으로 삼고, 발굽과 발톱을 바지와 신발로 삼으며, 물과 풀을 음식으로 삼는다. 그래서 수컷이 농사짓고 나무를 심고 가꾸지 않으며 암컷이 길쌈하고 베를 짜지 않더라도 입고 먹을 재화가 이미 갖추어져 있다. 사람은 이와 달라서 힘들여 일하는 자는 살고 힘들여 일하지 않는 자는 살지 못한다."(「非樂」上 문단 8-1)

今人固與禽獸 麋鹿 蜚鳥 貞蟲 異者也,
今之禽獸 麋鹿 蜚鳥 貞蟲 因其羽毛 以爲衣裘,
因其蹄蚤 以爲綺履,
因其水草 以爲飮食。
故唯使雄不耕稼樹藝, 雌亦不紡績織紝, 衣食之財固已具矣。
今人與此異者也, 賴其力者生, 不賴其力者不生。

또한 남의 과수원에 들어가 과일을 훔치는 일을 예로 들면서 일하지 않고 과실을 획득하는 것을 비난하고 있다("不與其勞 獲其實, 己非其有所取之故." 「天志」下

문단 7-1). 묵자는 노동에 대한 정당한 대가는 사회적으로 보장되어야 하며, 노동에 대한 기여도에 따라 분배되어야 한다고 주장한다. 그러나 당대의 현실은 그렇지 못했기 때문에 현명하지도 않고 능력도 없고 노동에도 참여하지 않으면서 부를 누리는 사람들을 王公大人의 가까운 친척, 이유 없이 부귀한 사람, 외모가 아름다운 사람("骨肉之親, 無故富貴, 面目美好者." 「上賢」下 문단 5)으로 분류했다.

　　노동에 의한 분배가 공평해지려면 능력이 존중되어야 하고 기회는 균등하게 주어져야 한다. 그래서 묵자는 "능력에 따라 벼슬을 주어 현명한 사람을 존중"하여야 하며, "비록 농부, 공인, 상인이라 할지라도 능력이 있으면 등용하여 높은 직위를 주고 많은 녹봉을 내리고, 일을 맡길 때도 결단할 수 있는 권한을 주어야 한다"고 주장했다.

列德而尚賢, 雖在農與工肆之人,
有能則擧之, 高予之爵, 重予之祿, 任之以事, 斷予之令。(「尚賢」上 문단 4)

　　노동이 존중받는 사회, 노동과정에 공정하게 참여할 수 있는 사회, 노동의 결과는 공평하게 분배받는 사회를 묵자는 추구했다. 그러나 그가 살았던 시대의 지배층은 富를 독점하고 호화로운 생활을 영위한 반면, 재화를 생산하는 하층민은 계속되는 정복전쟁 속에서 추위와 굶주림의 공포에 내몰리는 광경을 목격하면서 묵자는 다음과 같이 말한다. "백성에게는 세 가지 근심이 있다. 굶주린 자가 먹지 못하고, 추운 자가 입지 못하고, 일하는 자가 쉬지 못한다. 이 세 가지가 백성들의 큰 근심이다."(「非樂」上 문단 4)

民有三患, 飢者不得食, 寒者不得衣, 勞者不得息, 三者民之巨患也。

　　춘추전국시대에 노예와 같이 일하며 금수와 같은 취급을 받았던 백성들을 먹여주고 입혀주고 쉴 수 있도록 하는 것이 지혜로운 하늘의 뜻이며, 그 뜻을 성실하게 수행하는 것이 지배자의 역할이며, 그 역할이 잘 수행되어야 나라가 안정되고 잘 다스려질 수 있다고 묵자는 생각했다. 현대적으로 표현하면 하층민에게 인간으로서 최소한의 생활을 보장해주어야 하며, 따라서 모든 재판과 정치(刑政)는 백성의 의식주를 해결하는 데 이바지해야 한다는 것이 묵자의 문제의식이었다. 공격전쟁과 음악을 비판(非攻, 非樂)하는 이유도 전쟁과 귀족들의 음악이 백성들을 가난과 기아로 내몰기 때문이며, 節用과 節葬을 주장하는 이유도 사치와 厚葬久喪이 백성을 억압하기 때문이다. 묵자가 다른 諸子百家와 달리 유일하게 하층민의 이해를 대변한다고 평가받는 이유가 여기에 있다.

백성들의 우환을 해결하기 위해서 묵자는 큰 나라가 작은 나라를 공격하지 않는 국제질서와, 큰 집안이 작은 집안을 찬탈하지 않고, 강자가 약자를 위협하지 않으며, 귀한 자가 천한 자를 업신여기지 않으며, 영악한 자가 어리석은 자를 속이지 않는 사회질서를 제시했다.

處大國不攻小國, 處大家不篡小家, 强者不劫弱,
貴者不傲賤, 多詐者不欺愚。(「天志」上 문단 6)

묵자에게 있어 이러한 질서는 하늘의 뜻에 부합하는 하느님의 나라였다. 어찌 보면 묵자가 살았던 시대와 마찬가지로 2400년이 지난 지금도 해결하지 못한 사회과학의 핵심문제이다. 묵자는 그가 추구한 사회를 실현할 수 있다고 생각하고 그 대안과 방법을 진지하게 제시하였으며 평생 끊임없이 실천했다.

(2) 사회적 분업

묵자는 남자는 밭을 갈고 여자는 베를 짜는 男耕女織의 전통적인 자연적 분업을 말하면서도 능력에 따른 사회적 분업을 강조하고 있다. "무릇 지혜로운 사람은 자신의 능력이 이르는 바를 헤아려 일에 종사한다."(「公盟」문단 20)

夫知者 必量亓力所能至 而從事焉。

"군자가 재판과 정치에 힘쓰지 않으면 형벌과 정치가 어지러워지고, 천인이 생업에 힘쓰지 않으면 사용할 재화가 부족하게 된다."(「非樂」上 문단 8-1)

君子不强聽治, 卽刑政亂,
賤人不强從事, 卽財用不足。

君子와 賤人은 혈연에 의한 세습이 아니라 능력에 따라 구분되어야 한다는 전제 위에서 노동은 재판과 정치와 같은 서비스를 생산하는 노동과 재화를 생산하는 노동으로 구성되어 있으며, 두 가지 노동이 사회적 분업을 이루고 있다고 묵자는 생각했다. 다른 곳에서도 옛날 성왕의 말을 빌려 "무릇 천하의 모든 기술자들, 즉 수레와 바퀴를 만드는 사람, 가죽장이, 도공과 대장장이 그리고 목수는 각각 잘하는 일에 종사해야 한다"(「節用」中 문단 2)고 했다.

凡天下群百工, 輪車, 鞼匏, 陶冶, 梓匠, 使各從事其所能。

모든 개인은 자신이 잘하는 일에 종사하여야 하며, 능력에 따라 사회적 분업이 이루어져야 효율적이라고 묵자는 생각했다. 뿐만 아니라 같은 작업장 내에서의 분업도 설명하고 있다. 제자들이 의(義)를 행하기 위하여 무엇에 힘써야 하는지 묻자 다음과 같이 말한다. "비유하자면 담을 쌓는 일과 같다. 쌓을 수 있는 사람은 쌓고, 흙을 채울 수 있는 사람은 흙을 채우고, 감독할 수 있는 사람은 감독한 후에 담은 완성된다. 의를 행하는 일은 이와 같다. 말을 잘하는 사람은 변론을 하고, 글을 잘 아는 사람은 책을 설명하고, 일을 잘하는 사람은 일에 종사한 후에 의로운 일이 이루어진다."(「耕柱」 문단 3)

譬若築牆然, 能築者築, 能實壤者實壤, 能欣者欣, 然後牆成也。
爲義猶是也。
能談辯者談辯, 能說書者說書, 能從事者從事, 然後義事成也。

경제학자의 묵자 읽기

묵자에게 있어 의로움을 행하는 일은 남에게 이익을 주는 행위이므로 자신이 잘할 수 있는 일로써 남에게 이익을 준다는 의미이며, 君子와 賤人의 분업, 천인인 수공업자의 분업, 그리고 담 쌓는 일에 이르기까지 모든 사람이 자신의 능력에 따라 일하면 누구든지 남에게 이익을 안겨줄 수 있다는 노동의 효율성과 평등성까지 암시하고 있다. 변론(談辯), 강의(說書), 생산적 노동(從事)은 墨俠이라 불리는 묵가 집단 내에서 실천하던 분업체계이다.

직책은 능력과 장점, 취향에 따라 균등하게 배분되어야 한다. 그래서 〈兵法〉의 「雜守」에 다음과 같이 천명하고 있다. "사람들로 하여금 잘하는 일을 하게 하면 천하의 일은 합당하게 되고, 직책을 균등하게 나누면 천하의 일은 제대로 이루어지며, 모든 사람이 즐겁게 일하면 천하의 일은 잘 준비할 수 있고, 강한 자와 약한 자의 일에 구분(數)이 있으면 천하의 일은 잘 갖추어진다."

使人各得其所長, 天下事當,
　　鈞其分職, 天下事得,
　　皆其所喜, 天下事備,
　　强弱有數, 天下事具矣。

이상에서 본 바와 같이 묵자는 연령과 성에 따른 자연적 분업에서 한 걸음 더 나아가 사회적 분업과 작업장 내에서의 분업에 이르기까지 거론하면서 일의 효율성을 강조하고 노동의 형평성을 언급하고 있다. 이런 면에서 그는 다른 諸子百家에서 보기 힘든 경험주의적이면서도 유물론적이며 근대적인 사고방식을 가지고 있었다고 평가할 수 있다.

(3) 지배층의 덕목

묵자는 수직적 사회질서를 부정하지 않았다. 따라서 한 나라가 잘 다스려지려면 지배층의 역할이 중요하다고 강조했다. 현명한 선비를 발굴하여 등용하고 그들을 존중해야 한다고 생각했다. 정치를 일선에서 담당하는 군자는 옛것을 배우고 자신의 인격을 수양(修己)해야 한다는 공자의 관념적인 주장과 달리 묵자는 더욱 구체적으로 현명한 선비가 갖추어야 할 품성에 대해서 말한다. "장차 어찌해야 현명해지는가? 힘이 있으면 재빠르게 남을 돕고, 재산이 있으면 꾸준히 남에게 나누어주고, 도리를 알면 권하여 남을 가르쳐야 한다. 이와 같이 한다면 배고픈 자는 먹을 수 있고, 추위에 떠는 자는 입을 수 있고, 어지러운 자는 다스려질 수 있다. 그렇게 되면 편안한 삶을 살 수 있다."(「尚賢」下 문단 4)

爲賢之道將奈何?

曰 有力者疾以助人, 有財者勉以分人, 有道者勸以教人。

若此 則飢者得食, 寒者得衣, 亂者得治。

若飢則得食, 寒則得衣, 亂則得治, 此安生生。

　　공자는 자신을 수양한 후에야 사람들을 편하게 할 수 있다는 修己 安人의 신념을 가지고 있었지만, 묵자는 修己는 安人의 필요충분조건이 아니라고 생각했다. 공자는 『論語』에서 "군자는 의에 밝고, 소인은 이익에 밝다(君子 喩於矣, 小人 喩於利)"거나 "군자는 덕을 마음에 품고, 소인은 땅을 마음에 품는다(君子懷德, 小人懷土)", 또는 "군자는 도를 추구하지, 먹을 것을 추구하지 않는다(君子謀道, 不謀食)"라고 말함으로써 자신의 이익을 추구하지 않는 君子像을 제시하지만, 묵자는 구체적으로 "일찍 조정에 나아가 늦게 퇴근(賢者之治國也, 蚤朝晏退, 「尚賢」中)"하는 근면함을 강조한다. 그 외에도 언변이 논리적이어야 하고 술수에도 해박해야 한다며 현명한 선비가 갖추어야 할 능력을 다음과 같이 말한다. "하물며 현명하고 훌륭한 선비는 덕과 행실이 두텁고, 언변이 논리적이며, 도리와 술수에 해박하므로 더더욱 그러하다. 이들은 본래 나라의 보배이며 사직의 보좌역이다. 반드시 그들을 부유하게 하고 귀하게 여기며 공경하고 명예롭게 해야 한다. 그런 후에야 나라의 어질고 좋은 선비를 얻을 수 있고 그들이 많아진다."(「尚賢」上 문단 2)

況又有賢良之士 厚乎德行, 辯乎言談, 博乎道術者乎,
此固國家之珍, 而社稷之佐也, 亦必且富之, 貴之, 敬之, 譽之,
然后國之良士, 亦將可得而衆也。

　　공자는 君主, 大夫, 士로 구성되는 지배층이 스스로 변화하기를 희망했지만, 묵자는 혈연에 의해 세습되는 신분이 타파되기를 희망했다. 비록 수직적 질서를 완전히 부정하지는 않았지만 품성과 능력을 갖춘 선비를 등용하되 貴賤은 세습되지 않아야 한다고 여겼다. 그래서 천인계급 출신인 이윤(伊尹)과 부열(傅說)의 사례를 들면서 다음과 같이 말한다. "이때에는 능력에 따라 관직을 주고, 관직에 따라 복무하였으며, 수고에 따라 상을 내렸다. 공적을 계산하여 녹봉을 나누었다. 그리하여 관리는 항상 귀한 사람이 아니었고, 백성도 죽을 때까지 천한 사람이 아니었다. 능력이 있으면 등용되고 능력이 없으면 물러났다. 공적인 의로움을 내걸고 사적인 원한을 물리치라는 것이 바로 이를 두고 하는 말이다." (「尙賢」上 문단 4)

故當是時, 以德就列, 以官服事, 以勞殿賞, 量功而分祿。
故官無常貴, 而民無終賤, 有能則舉之, 無能則下之,
舉公義, 辟私怨, 此若言之謂也。

　　또한 (지위의) 높고 낮음은 일을 잘하고(善) 못하는(不善) 능력으로 헤아려야 하니 산이 높고 연못이 낮은 것처럼 정해져 있는 것이 아니다. 따라서 능력이 증명되면 윗자리에 천거되어야 한다고 묵자는 생각했다.

取高下以善不善爲度, 不若山澤。
處下善於處上, 下所請上也。(「經說」下 #182)

　　이처럼 행정과 재판을 담당하는 지배층은 현명하고 진정성을 가져야 할 뿐 아니라 능력이 있어야 한다. 혈연에 의한 신분제도를 자연법칙으로 인정하지 않고 이를 타파함으로써 백성들의 편안한 삶(安生生)이 보장될 수 있다고 묵자는 판단했다.

(4) 국가체제

묵자가 바라는 세상을 구현하기 위하여 국가는 어떻게 구성되어야 하는가? 묵자는 "현명한 사람을 등용하는 일은 하느님의 뜻(故聖王以審以尙賢使能爲政, 而取法於天, 「尙賢」 中)"이라고 주장하면서, "모든 나라는 크기에 관계없이 모두 하느님의 마을이며, 사람은 나이와 귀천에 관계없이 모두 하느님의 신하"라고 규정하고 있다.

今天下無大小國, 皆天之邑也。

人無幼長貴賤, 皆天之臣也。(法儀 문단 4)

長幼와 貴賤의 불평등한 질서를 인정한 儒家와 달리 묵자는 이를 부정하며 모두 하느님 앞에 평등함을 강조하고 있으며, 혈연 중심의 신분제를 극복하려는 목표를 반영하고 있다. 이러한 전제 위에서 홉스(Thomas Hobbes, 1588-1679)가 주권국가를 도출하기 위하여 상정한 '자연상태'와 유사한 논리적 가설을 세운다.

"옛날 백성이 처음 생겨나 아직 형벌과 정치가 없었을 때 사람마다 의로움이 달랐다. 사람이 한 명이면 하나의 의로움이 있고, 사람이 둘이면 두 개의 의로움이 있으며 사람이 열 명이면 열 개의 의로움이 있었다. 사람이 늘어나면 소위 의로움 역시 늘어났다. 그리하여 사람들은 자신의 의로움은 옳고 다른 사람의 의로움은 그르다고 하면서 서로 비난했다. 안으로는 부모형제가 원망하고 미워하여 흩어져 서로 화합할 수 없었다. 천하의 백성들은 모두 물과 불, 독약으로 서로를 해쳤다. 힘이 남아도 서로 돕지 않고, 남은 재산이 썩어도 서로 나누지 않으며, 좋은 방도가 있어도 감추며 서로 가르쳐주지 않았다. 천하의 혼란이 마치 금수와 같았다."(「尙同」上 문단 1)

古者民始生, 未有刑政之時, 蓋其語 人異義。

是以一人則一義, 二人則二義, 十人則十義,

其人茲衆, 其所謂義者亦茲衆。

是以人是其義, 以非人之義, 故交相非也。

是以內者父子兄弟作怨惡, 離散不能相和合。

天下之百姓, 皆以水火毒藥相虧害, 至有餘力 不能以相勞,

　　　　腐朽餘財 不以相分, 隱匿良道 不以相教。

天下之亂, 若禽獸然。

　　정치권력이 공백인 상태에서 사람들마다 의로움이 달라 서로 비방하고 원망하여 천하가 금수의 세계와 같이 혼란스럽다고 상정한다. 여기에서 의로움(義)은 유가에서 말하는 윤리적·도덕적인 의로움이 아니라 이익 또는 이해관계를 의미한다. 묵자는 의로움을 남을 이롭게 하는 것("義, 利也." 「經」上 #8)으로 정의하면서 忠은 임금을 이롭고 강하게 하는 행위("忠, 以爲利而强低也", 「經」上 #12)로, 孝는 어버이를 이롭게 하는 행위("孝, 利親也." 「經」上 #13)로 보고 있다. 묵자에게 있어 서로 이익을 주는 것이 사랑(交相利 兼相愛)이다.•

　　사람마다 의로움이 달라 갈등이 생기고 '禽獸와 같은 혼란'이 생긴다면 해결책은 사람들의 의로움을 조화시키고 통일시키는 권력체계를 창출하는 일이다. 그래서 묵자는 「尙同」上·中·下에서 같은 대안을 도출한다. 표현의 차이는 있지만 정치의 우두머리가 없기 때문에 천하의 의로움을 하나로 통일시키지 못하고 천하가 혼란스러워진다. 그래서 천하에 현명하고 지식이 있으며 지혜로운 사람을 선택하여 천자로 세우고••천하의 의로움을 통일시키는 일에 종사하게 한다.

● 　묵자에게 있어 愛는 利와 거의 같은 의미로 사용된다. 『墨子』 원문에서 愛와 利는 兼而愛之, 兼而利之/兼相愛, 交相利/相利相愛/愛人利人/愛利에서 보는 바와 같이 관용어처럼 붙어 다닌다.

●● 　임건순은 군주 자리를 아들에게 세습하지 않고 현명한 신하를 선택하여 물려주었다는 禪讓 신화는 묵가가 만들어냈다고 주장한다. 임건순(2013), 『묵자: 공자를 딛고 일어선 천민사상가』, 시대의 창.

夫明乎 天下之所以亂者, 生於無政長。

是故選天下之賢可者, 立以爲天子。(「尙同」上 문단 2)

明乎 民之無正長以一同天下之義, 而天下亂也。

是故選擇天下賢良聖知辯慧之人, 立以爲天子, 使從事乎一同天下之義。

(「尙同」中 문단 2)

是故天下之欲同一天下之義也, 是故選擇賢者, 立爲天子。(「尙同」下 문단 2)

　　정치권력의 정상에 있는 천자의 임무는 세상 사람들의 의로움을 통일시키
는 일이라고 명확하게 규정하였지만, 현대적 의미에서 현명한 사람을 누가 어떻
게 선택하는지는 구체적으로 언급하지 못했다. 다만 "임금과 신하, 백성은 서로
약속된 것이다("君臣萌, 通約也". 「經」上, #34)"라고 하여 사회계약의 단초를 읽을 수
있을 뿐이다. 홉스의 사회계약론은 구성원인 개인의 동의에 의해서 국가가 설립
되며, 국가권력의 수립을 위임한다는 논리적 설명방식이다. 즉, 정치권력을 한
사람 또는 한 집단에 넘겨줌으로써 공통의 권력이 성립된다. 현명한 사람으로
선택된 묵자의 天子는 홉스에게 있어서 한 명의 주권자로 구성되는 군주정˙의
절대군주에 해당한다. 논리의 전개방식이나 그 결론에서 묵자와 홉스의 공통점
을 발견할 수 있다.

　　그러나 天子가 아무리 현명하더라도 "천자의 눈과 귀로만 실정을 살펴서
는 홀로 천하의 의로움을 통일시킬 수 없었다. 그리하여 또 천하에 현명하고 지
식이 있으며 지혜로운 사람을 선발하여 삼공(三公)으로 세우고 더불어 같은 일에
종사하게 했다. 이미 천자와 삼공이 세워졌으나 천하는 넓고 크기 때문에 산속
이나 먼 고을에 사는 백성을 하나로 할 수 없었다. 그리하여 천하를 나누어 여러
제후와 임금(國君)을 세워 나라의 의로움을 통일하는 데 종사하게 했다. 이미 임

●　홉스는 주권자의 수에 따라 君主政, 貴族政, 民主政으로 구분하고, 효율적이라는 이유로 군주정이
　　가장 바람직하다고 주장했다.

금이 들어서도 임금의 눈과 귀만으로 실정을 살펴서는 나라의 의로움을 통일시
킬 수 없었다. 그리하여 다시 그 나라의 현명한 사람을 선발하여 좌우장군과 대
부로 세우고, 이들을 멀리 있는 마을과 고을의 우두머리로 삼아 더불어 나라의
의로움을 통일시키는 데 종사하게 했다."(「尙同」中 문단 2)

天子旣以立矣, 以爲唯其耳目之請, 不能獨一同天下之義,
是故選擇天下贊閱賢良聖知辯慧之人 置以爲三公, 與從事乎一同天下之義。
天子三公旣已立矣, 以爲天下博大, 山林遠土之民, 不可得而一也,
是故摩分天下, 設以爲萬諸侯國君, 使從事乎一同其國之義。
國君旣已立矣, 又以爲唯其耳目之請, 不能一同其國之義,
是故擇其國之賢者, 置以爲左右將軍大夫,
以遠至乎鄉里之長 與從事乎一同其國之義。

선택된 천자는 자신의 임무를 수행하기 위하여 三公을 임명하고, 지역을
나누어 제후와 國君을 임명하고, 그들은 다시 鄉長과 里長을 임명하는 단일한
체계의 중앙집권적 행정시스템을 제시했다. 그러나 현명한 순서대로 각 기관의
우두머리를 세운다고 모든 사람의 의로움을 통일시킬 수 없다고 묵자는 판단하
면서 尙同이 정치의 기본이며 다스림의 핵심("尙同爲政之本, 而治 要也." 「尙同」下 문
단 11)임을 주장했다. 그는 현명한 사람을 존중(尙賢)하여 그들에게 정치를 위임
하여야 한다는 전제 위에서 '윗사람과 같아져야 함'을 강조하고 있다. 이런 의미
에서 尙同은 '같아짐을 존중한다'는 의미와 '윗사람과 같아진다'는 上同의 의미
를 동시에 내포하고 있다고 보아야 한다.

그러면 어찌 윗사람과 같아질 수 있는가? 첫째, 윗사람이 옳으면 옳다고 하고
그르면 그르다고 말해야 한다. 윗사람에게 잘못이 있으면 고치라고 충고하고 아랫
사람이 착한 일을 하면 반드시 추천해야 한다. 윗사람과 같아지고 아랫사람과 파당
을 만들지 않으면 이는 위에서 상을 내리고 아래에서 칭송한다.(「尙同」上 문단 2)

上之所是, 必皆是之, 所非 必皆非之。

上有過 則規諫之, 下有善 則傍薦之。
上同而不下比者, 此上之所賞, 而下之所譽也。

둘째, 하부조직에서 모든 정보를 상부에 보고해야 한다. 좋은 일과 나쁜 일 모두 윗사람에게 보고하여("聞善而不善,皆以告其上." 「尚同」上 문단 2) 상부조직에서 모든 정보를 가지고 판단할 수 있어야 한다는 의미이다. 이러한 보고체계는 백성 → 里長 → 鄕長 → 제후 또는 임금(國君) → 天子으로 이루어지는데, 그렇게 해야만 천하의 의로움이 하나로 통일될 수 있기 때문이다. 또한 집중적 정보관리를 통해 빠짐없이 공동체 이익에 기여한 사람(愛利家者/愛利國者/愛利天下者)에게 상을 주어 선행을 권장하고, 공동체의 이익을 해치는 사람(惡賊家者/惡賊國者/惡賊天下者)에게 벌을 내려 악행을 징계하기 위함이다. 정보를 독점하면 가지 않고도 볼 수 있으며 가지 않고도 들을 수 있기("不往而視, 不就而聽", 「尚同」下 문단 9) 때문이다.

셋째, 천자는 모든 권력과 정보를 독점하고 있지만 자의적으로 그것을 사용하지 않고 하늘과 같아져야, 다시 말해서 겸애로 집약되는 하늘의 뜻(天志)을 따라야 자연적 재앙으로부터 벗어날 수 있다고 주장한다. 천하의 백성이 모두 천자(天子)와 같아졌다고 하여도 하늘과 같아지지 않는다면 재앙은 떠나가지 않는다. 지금 회오리바람과 홍수가 자주 찾아오는 현상은 하늘이 자신과 같아지지 않는 백성을 벌하는 것이다.(「尚同」上 문단 6)

天下之百姓 皆上同於天子, 而不上同於天, 則菑猶未去也。
今若天飄風苦雨, 溱溱而至者, 此天之所以罰百姓之不上同於天者也。

백성과 천자가 하늘(天)과 같아져야 하는 이유는 하늘의 뜻이 兼愛 그 자체이기 때문이다. 따라서 묵자는 세상 사람들의 다양한 이해관계를 통일시키기 위하여 尚同의 정치를 강조하면서 그것을 실현하기 위하여 백성을 사랑하는 데 힘쓰지 않으면 안 되고, 백성들에게 신뢰와 희망을 주어야 한다고 설파했다.(「尚同」下 문단 10)

凡使民尙同者, 愛民不疾, 民無可使。
必疾愛而使之, 致信而持之, 富貴以道其前, 明罰以率其後。

　　이상에서 본 바와 같이 묵자는 경험주의자로서 유가나 법가와는 달리 개인
의 욕망과 욕구를 인정하면서 먼 옛날에는 개인의 이익이 불가피하게 서로 충
돌했다고 사유한다. 국가와 정치권력이 출현하는 필연성이 여기에 있으며, 따라
서 국가는 그들의 이익 충돌을 중재하고 조정하는 임무를 갖는다. 또한 里長 - 鄕
長 - 諸侯(國君) - 天子로 이어지는 정치지도자가 공정하게 이익을 중재하고 조
정하기 위해서는 하늘의 뜻인 겸애를 실천하지 않으면 안 된다고 강조했다.

3. 兼愛는 조건 없는 사랑인가?

(1) 兼相愛 交相利

　　　　　　　　묵자는 不相愛와 相愛, 別(愛)과 兼(愛)을 대비시키고 있지만 不相愛와 別(愛), 相愛와 兼(愛)를 동일시하고 있다. 즉, 서로 사랑하지 않는 관계(不相愛)는 차별적 사랑(別愛)에서 나오고, 자신의 몸, 자신의 가족, 자신의 나라만을 사랑하는 차별적 사랑은 현실에서는 미움(惡)을 재생산한다. 반면에 겸애에 기초하여 남을 위하는 일은 자기를 위하는 것과 같다(爲彼猶爲己也)고 함으로써 타인의 이익과 나의 이익을 동일시하여 사회 전체의 이익을 도모하고 있다. 「大取」편에서도 이러한 인식을 표현하고 있다. "사람을 사랑하는 것은 자기를 배제하지 않으니, 자기 자신은 사랑받는 사람 속에 있게 된다. 자신이 사랑받는 곳에 있으니 사랑이 자신에게 보태진다. 자신을 사랑하는 것과 남을 사랑하는 것은 함께 나란히 있다."(「大取」 문단 5)

愛人不外己, 己在所愛之中。
己在所愛, 愛加於己。倫列之愛己 愛人也。

　　즉, 겸애는 자기 사랑(self-love)을 배제하지 않고 포괄하고 있다. 이처럼 묵자에게 있어 사랑(愛)과 의로움(義)과 이익(利)은 항상 같이 따라다닌다. "반드시 내가 먼저 다른 사람의 어버이를 사랑하고 이롭게 한 후에 다른 사람이 나의 어버이를 사랑하고 이롭게 함으로써 나에게 보답하는 것이다. 그런즉 서로 효자 노

릇 함이 부득이하다."(「兼愛」下 문단 8)

即必吾先從事乎愛利人之親, 然後人報我以愛利吾親也.
然即之交孝子者, 果不得已乎!

묵자는 백성을 사랑하지 않으면 그들을 움직일 수 없다고 강조했으나, 당시의 통치자들은 그러하지 못했다. 그래서 묵자는 추상적인 尙同의 정치를 실현하기 위하여 당시의 혼란을 좀 더 구체적으로 분석하면서, 종적으로는 君臣, 父子, 兄弟가 서로 사랑하지 않으며, 횡적으로는 제후와 제후, 大夫와 大夫(또는 家主와 家主), 개인과 개인이 서로 사랑하지 않는 데 혼란의 원인이 있다고 진단한다. 따라서 혼란을 제거하기 위하여 나와 남, 나의 어버이와 남의 어버이, 나의 나라와 남의 나라를 구별하지 않고 사랑하는 "兼愛가 別愛를 대체해야 한다(兼以易別)"고 대안을 제시한다. 천하의 백성은 모두 하느님의 자식이고, 천하에 남이란 없기(天下無人) 때문이다. 즉, 모든 종적 · 횡적 관계가 서로 두루 사랑하고 서로 이익을 주는 관계로 바뀌어야 모두에게 이익이라고 주장한다. 그리하면 횡적 관계에서 "다른 나라를 자기 나라와 같이 생각하고, 다른 집안을 자기 집안과 같이 생각하고, 다른 사람의 몸을 자신의 몸과 같이 생각"하게 된다.(「兼愛」中 문단 3)

視人之國若視其國, 視人之家若視其家, 視人之身若視其身.

그래서 "제후가 서로 사랑하면 벌판에서 싸우지 않고, 가장이 서로 사랑하면 서로 빼앗지 아니하고, 사람과 사람이 서로 사랑하면 서로 해치지 아니한다." (「兼愛」中 문단 3)

是故諸侯相愛則不野戰, 家主相愛則不相篡, 人與人相愛則不相賊.

종적인 관계에서도 "임금과 신하가 서로 사랑하면 은혜를 베풀고 충성하며, 아비와 자식이 서로 사랑하면 자애롭고 효도하며, 형제가 서로 사랑하면 화합하여 어울리게 된다."(「兼愛」中 문단 3)

君臣相愛則惠忠, 父子相愛則慈孝, 兄弟相愛則和調。

묵자사상의 상징처럼 알려진 겸애는 추상적이고 숭고한 도덕적인 사랑이 아니라, 혼란을 잘 다스리고 천하의 해로움을 제거하려는 명확한 목적을 가진 사랑이다. 그런 의미에서 겸애는 합목적적이며, 따라서 개인의 윤리적 도덕률이라기보다는 통치 원리에 해당한다.● "천하의 사람들이 모두 서로 사랑하면 강자는 약자를 억누르지 않고, 다수가 소수를 겁박하지 않으며, 부자가 가난한 사람을 모욕하지 않으며, 귀한 사람이 천한 사람을 업신여기지 않고, 영악한 사람이 어리석은 사람을 속이지 않는다. 천하의 재앙과 찬탈, 원망과 한탄이 생기지 않게 하려면 서로 사랑해야 한다."(「兼愛」中 문단 3)

天下之人皆相愛, 强不執弱, 衆不劫寡, 富不侮貧, 貴不敖賤, 詐不欺愚。
凡天下禍纂怨恨可使毋起者, 以相愛生也。

이리하여 부인과 아이가 없는 늙은이는 부양받아 수명을 다할 수 있고, 부모가 없는 어리고 약한 고아는 기대고 의지할 바가 있어 성장할 수 있다. 이제 두루 아우름(兼)을 올바름으로 삼으면 이와 같은 이로움이 생긴다.(「兼愛」下 문단 3)

是以老而無妻子者, 有所侍養以終其壽;
幼弱孤童之無父母者, 有所放依以長其身。
今唯毋以兼爲正, 卽若其利也。

● 孟子는 이것을 전혀 이해하지 못하고 묵자를 비판했다.

묵자의 겸애는 '만인에 대한 만인의 투쟁'에서 '만인에 대한 만인의 사랑'으로 전환하는 매개이지만, 그 목적은 천하의 해로움을 제거하여 사회적 약자에 대한 이익을 증가시키는 데 있다고 볼 수 있다. 그는 모든 사람이 노동해야 한다고 강조하면서도 노동력을 상실한 노인과 과부, 고아에 대해서도 배려하고 있음을 알 수 있다. 이런 면에서 항상 하층민에 대한 배려를 최우선으로 하면서 구성원이 소외되지 않는 공동체를 지향하는 묵자의 면모를 엿볼 수 있다.

묵자의 사후에 孟子와 荀子 같은 유학자들이 겸애에 대하여 비판하였지만, 그가 살았던 당시에도 두 가지 점에서 의문이 제기되었다. 첫째, 모두를 두루 사랑해야 한다면 도둑마저 사랑해야 하는가? 이에 대해 묵자는 "이 세상에 도둑이 있음을 알지만 세상 사람들을 사랑해야 한다(智是之世有盜也, 盡愛是世)"(「大取」 문단 17)고 말하면서 "도둑의 행위를 미워하는 일은 세상에 보탬이 되지만, 도둑을 미워하는 일은 세상에 보탬이 되지 않는다(惡盜之爲加於天下, 而惡盜不加於天下)"(「大取」 문단 5)고 함으로써 죄를 미워하되 사람을 미워하지 말라고 주장했다. 둘째, 겸애는 과연 가능한가? 이에 대해 묵자는 역사적 사실을 열거하면서 겸애는 어렵지도 않으며 지배자가 원하면 모든 사람이 자연스럽게 따라간다고 다음과 같이 말한다. "이제 두루 서로 사랑하고(兼相愛), 서로 이롭게 하는(交相利) 것은 이로움이 있고, 게다가 하기 쉬우며, (이로움은) 이루 다 계산할 수 없다. 내가 생각하기에 임금(上)이 그것을 좋아하지 않을 뿐이다. 진실로 임금이 그것을 좋아하여 상과 칭찬으로 그것을 권장하고 형벌로써 두려워하게 하면, 내 생각에 사람들이 서로 사랑하고 서로 이롭게 하는 일에 매진할 것이다. 비유하여 말하면 불은 위로 올라가고, 물은 아래로 흘러가듯이 천하에 막을 수 없다."(「兼愛」 下 문단 10)

今若夫兼相愛, 交相利, 此其有利且易爲也, 不可勝計也,
我以爲 則無有上說之者而已矣。
苟有上說之者, 勸之以賞譽, 威之以刑罰, 我以爲 人之於就兼相愛交相利也,
譬之猶火之就上, 水之就下也, 不可防止於天下。

겸애는 목적이나 대가가 없는 무조건적 사랑이 아니라 공정하고 공평한 이익의 분배를 조정하는 통치의 기본원리이다. 尚同이 국가 구성의 기본원리이며 兼愛가 통치의 기본원리라는 면에서 兩者는 동전의 앞면과 뒷면에 해당한다. 겸애의 주체는 모든 사람이지만 현실적으로 모든 사람이 겸애할 수 없다면 현명한 지도자가 겸애를 솔선수범하는 일이 매우 중요하다. 그래서 强弱, 衆寡, 貧富, 貴賤, 詐愚의 관계에서 전자가 후자를 사랑해야 한다. 이를 실천하는 지도자를 묵자는 別君 · 別士와 대비하여 兼君 · 兼士라고 불렀다. 즉, 겸애는 위로, 아래로, 그리고 옆으로 모든 인간관계에 적용되지만 「尚同」에서와는 반대 방향으로 '내리사랑'을 강조하고 있다. 정치권력에 한정해보면 윗사람에 대한 복종과 아랫사람에 대한 겸애가 서로 약속(通約)되어 있음을 암시하고 있다. 그럼에도 불구하고 묵자에 있어 겸애의 최종 행위자는 최고 통치자인 천자가 尚同해야 하는 하늘(天)이다.

(2) 天志 또는 天之意(天意)

앞에서 본 바와 같이 묵자는 천하의 혼란을 제거하는 방법으로 兼愛를 제안했는데, 겸애는 어디에서 나오는가? 묵자는 그 논리적 근거를 「天志」에서 제시하고 있다. 대부분의 학자들은 겸애와 천지가 묵자의 종교관이라고 설명하지만, 그가 살았던 당시의 불합리한 사회를 개혁하기 위하여 '하늘의 뜻'을 도입하지 않을 수 없었다. "사람은 나이와 귀천에 관계없이 모두 하느님의 신하"라는 규정은 혈연 중심의 신분체제를 부정하며 하늘 아래 모든 사람은 평등하다고 선언한 셈이다. 따라서 묵자는 하늘에 대한 믿음이 쇠퇴하기 시작하는 시기에 하층민에게 존재하던 하늘에 대한 신앙을 복원하여 정교하게 가다듬어 종교에 국한시키지 않고 사회개혁과 연동시키려 했다. 이런 점에서 묵자의 하늘은 어느 정도 도구적 성격을 가지고 있다.

묵자는 공자에 의해 부정된 上帝信仰을 복원하여 자연으로서의 天을 인격화된 至上神으로 생각했다. 그래서 묵자에 있어 하늘(天)은 많은 경우 하느님 (天帝 또는 上帝)과 같은 의미로 사용된다. 인격화되었기 때문에 좋아하고 싫어하

경제학자의 묵자 읽기

는(欲惡) 감정도 있으며, 자신을 따르거나 거역함에 따라 상을 주기도 하고 벌을 주기도 한다. 그리고 至上神이기에 만물을 主宰(「天志」中 문단 6)하기에 하늘은 가장 귀하고 하늘은 가장 지혜롭다(天爲貴, 天爲知而已矣).

"그러면 하늘은 무엇을 원하고 무엇을 미워하는가? 하늘은 의로움을 원하고 불의(不義)를 미워한다. 그래서 천하의 백성을 이끌고 의로움에 종사하면 내가 곧 하늘이 원하는 일을 행하는 셈이다. 내가 하늘이 원하는 일을 행하면 하늘 역시 내가 원하는 일을 해준다. 그러면 나는 무엇을 원하고 무엇을 미워하는가? 나는 복과 봉록을 원하고, 재난과 재앙을 미워한다. 만일 내가 하늘이 원하는 일을 하지 않고 하늘이 원하지 않는 일을 행한다면, (그것은) 내가 천하의 백성을 이끌고 재난과 재앙에 종사하는 셈이 된다. 그러면 하늘이 의로움을 원하고 불의를 미워한다는 사실을 어떻게 아는가? 천하에 의로움이 있으면 살고, 없으면 죽는다. 의로움이 있으면 부유해지고, 없으면 가난해진다. 의로움이 있으면 잘 다스려지고, 없으면 혼란스러워진다. 그래서 하늘은 살기를 원하며 죽음을 미워하고, 부유함을 원하고 가난함을 미워하며, 잘 다스려짐을 원하고 혼란을 미워한다. 하늘이 의로움을 원하고 불의를 미워한다는 사실을 내가 알게 된 이유가 여기에 있다."(「天志」上 문단 2)

然則天亦何欲何惡? 天欲義而惡不義。

　　然則率天下之百姓 以從事於義, 則我乃爲天之所欲也。

　　我爲天之所欲, 天亦爲我所欲。

然則我何欲何惡? 我欲福祿而惡禍祟。

若我不爲天之所欲, 而爲天之所不欲,

　　然則我率天下之百姓, 以從事於禍祟中也。

然則何以知 天之欲義 而惡不義?

　　曰 天下有義則生, 無義則死;

- 　『墨子』전편에 걸쳐 자주 인용되고 있는『詩經』과『書經』에는 天과 帝에 대하여 자주 언급되고 있는데, 대부분 인격적인 하느님(上帝)을 지칭한다. 馮友蘭, 박성규 옮김(2003),『중국철학사』상, 61면.

有義則富, 無義則貧;

有義則治, 無義則亂.

然則天欲其生 而惡其死, 欲其富 而惡其貧, 欲其治 而惡其亂,
此我所以知 天欲義而惡不義也.

"그러면 하늘이 무엇을 원하고 무엇을 싫어하는가? 하늘은 반드시 사람들이 서로 사랑하고 서로 이롭게 하기를 원하며, 서로 미워하고 서로 해치기를 원하지 않는다. 하늘은 사람들이 서로 사랑하고 서로 이롭게 하기를 원하며, 서로 미워하고 해치기를 원하지 않는다는 사실을 어찌 알 수 있는가? 하늘은 두루 사랑하고 두루 이롭게 하기 때문이다. 하늘이 두루 사랑하고 두루 이롭게 한다는 사실을 어찌 아는가? 하늘은 사람을 존재하게 하여 두루 먹여주기 때문이다."
(「法儀」문단 3)

然而 天何欲何惡者也?

天必欲人之相愛相利, 而不欲人之相惡相賊也.

奚以知天之欲人之相愛相利, 而不欲人之相惡相賊也?

以其兼而愛之, 兼而利之也.

奚以知天兼而愛之, 兼而利之也?

以其兼而有之, 兼而食之也.

결국 묵자의 하느님은 의로움과 삶, 부유함과 안정된 정치를 원하며, 사람들이 서로 사랑하고 서로 이익을 주는 사회를 원한다. 반면 不義와 죽음, 가난함과 혼란을 싫어하며, 사람들이 서로 미워하고 해치는 사회를 싫어한다. 그러나 인간은 하늘의 뜻을 따를 수도 있고 거역할 수도 있다. 묵자는 이러한 인간의 자유의지를 인정하지만, 하늘의 뜻을 따르면 상을 받고, 하늘의 뜻을 거부하면 벌을 받는다고 사유한다. 하늘의 뜻을 따라 다스리면 의로운 정치이며, 하늘의 뜻을 거슬러 다스리면 힘의 정치이다. 順天＝兼愛＝義政, 反天＝別愛＝力政이라는 단순한 배중률의 논리를 전개하지만, 묵자가 이루고자 하는 사회는 하늘의

경제학자의 묵자 읽기

뜻이 관철되는 하느님의 나라였다.

하늘의 뜻에 따르는 사람은 두루 서로 사랑하고 서로 이롭게 하니 반드시 상을 받는다. 하늘의 뜻에 거스르는 사람은 구별하여 서로 미워하고 서로 해치니 반드시 벌을 받는다.(「天志」上 문단 4)

順天意者, 兼相愛, 交相利, 必得賞。
反天意者, 別相惡, 交相賊, 必得罰。

하늘의 뜻을 따르는 것은 두루 아우름(兼)이고, 하늘의 뜻에 거스르는 것은 차별(別)이다. 두루 아우름으로 이끄는 것은 의로운 정치이고, 차별로 이끄는 것은 힘의 정치이다. (「天志」下 문단 5-1)

順天之意者, 兼也; 反天之意者, 別也。
兼之爲道也, 義正; 別之爲道也, 力正。

그래서 묵자는 다음과 같이 말한다. "내가 하늘의 뜻을 아는 것은 수레바퀴를 만드는 기술자가 그림쇠(컴퍼스)를 가지고, 목수가 곱자(ㄱ자)를 가진 것에 비유할 수 있다."(「天志」上 문단 7)

子墨子言曰: 我有天志, 譬若輪人之有規, 匠人之有矩。

이론적으로 연역해보면 묵자가 말하는 하느님의 뜻(天志)은 하층민들의 의사가 투영되어 만들어진 결정체이다. 하느님의 뜻은 兼愛이며, 국가는 하느님의 뜻을 실현하는 대행자에 불과하다. 앞에서 언급한 바와 같이 尙同이 국가 구성의 이론이라면 兼愛는 국가 통치의 원리이며, 天志는 겸애를 정당화하는 사회적·종교적 근거라고 말할 수 있다. 따라서 묵자는 이 땅에 하느님의 나라를 실현시키는 구체적인 정책으로, 즉 兼愛를 실천하는 강령으로 非攻, 節用, 節葬, 非樂, 非命을 제시했다.

4. 누구를 위하여 종이 울리나?

　儒者들은 스스로 鍾에 비유하면서 "군자는 치면 울리고, 치지 않으면 울리지 않는다(君子若鍾 擊之則名 不擊不鳴)"고 말한다.* 이에 대하여 묵자는 나라와 집안에 어려움이 생기면 "두드리지 않아도 반드시 울려야 한다(雖不扣 必鳴者也)"고 반박한다. 유가의 울림은 소극적이며 궁극적으로 자신의 안일을 위한 울림인 반면, 묵가의 울림은 적극적이며 나라와 집안을 위한 울림이지만 궁극적으로 피지배층인 백성을 위한 울림이다. 어지러운 천하를 바로잡는 묵자의 처방전은 겸애의 실천 강령으로 파악되는데, 이하에서 살펴보는 바와 같이 모두 철저하게 하층민의 이익을 대변한다고 볼 수 있다.

(1) 非攻

　　　　　　전쟁이 일상화되면서 백성들의 생활이 처참하게 추락하는 모습을 보면서 묵자가 전쟁에 반대하는 입장을 견지하는 것은 당연한 귀결이었으며, 反戰을 위한 실천에 적극적으로 노력했다. 楚나라가 구름사다리차(雲梯)를 만들어 宋나라를 공격할 때 묵자가 楚나라 왕을 설득하여 전쟁을 중단시켰고,** 魯陽文君이 鄭나라를 공격할 때도 전쟁의 부당성을 역설하

---

*　「非儒」下와「公盟」편 참조.

**　「公輸」편 참조.

였으며, 齊나라가 魯나라를 침공할 때 齊나라 大王과 그의 장수 項子牛를 찾아가 전쟁을 만류했다.[•]

묵자가 전쟁을 반대하는 이유는 전쟁이 의롭지도 못하고 이롭지도 못하기 때문이다. 우선 의롭지 못한 전쟁을 의롭다고 주장하는 당시 권력자들의 전도된 이데올로기를 날카롭게 비판하고 있다. "한 사람을 죽이면 불의이며, 반드시 한 번의 죽을죄가 있다고 말한다. 이와 같이 말하면 열 사람을 죽이면 불의가 열 배이며 반드시 열 번의 죽을죄가 있고, 백 사람을 죽이면 불의가 백 배이며 반드시 백 번의 죽을죄가 있는 셈이다. 이런 일에 대하여 천하의 군자들은 그것을 알고 비난하여 불의(不義)라고 부른다. 그러나 남의 나라를 공격하는 불의가 크게 행해지면, 그것이 그르다는 사실을 모르고, 그것을 따르고 칭송하여 의로움이라고 말한다."(「非攻」上 문단 2)

殺一人謂之不義, 必有一死罪矣,
若以此說往, 殺十人 十重不義, 必有十死罪矣;
　　　　殺百人 百重不義, 必有百死罪矣。
當此 天下之君子 皆知而非之, 謂之不義。
今至大爲不義攻國, 則弗知非, 從而譽之, 謂之義。

묵자는 하늘의 백성을 징발하여 하늘의 도읍을 공격하고 하늘의 백성을 찔러 죽이는(夫取天之人, 以攻天之邑, 此刺殺天民) 전쟁은 결코 하늘의 뜻이 아니며, 따라서 別愛가 초래하는 극단적인 힘의 정치형태인 전쟁은 결코 의롭지 않다고 주장하면서, 전쟁에 나가 죽은 백성들이 산과 들을 뒤엎어도 전쟁을 합리화하는 지배층의 어리석음을 통렬하게 비판했다. 여기에 그치지 않고 전쟁에 대한 사회경제적 분석을 시도하면서 전쟁은 이롭지도 않다고 주장했다. 우선 전쟁이 시작되면 생산이 중단되어 백성들의 삶이 어려워진다고 강조한다.

● 「魯問」편 참조.

"이제 큰 나라가 작은 나라를 침공하면, 공격받는 나라에서는 농부가 밭을 갈 수 없고 부녀자는 베를 짤 수 없으니 수비만을 일삼게 된다. (또한) 공격하는 나라에서도 역시 농부가 밭을 갈지 못하며 부녀자가 베를 짜지 못하니 공격만을 일삼게 된다."(「耕柱」 문단 11)

今大國之攻小國也,
　攻者 農夫不得耕, 婦人不得織, 以守爲事;
　攻人者, 亦農夫不得耕, 婦人不得織, 以攻爲事。

　　"군사를 일으킬 때 겨울에 움직이면 추위가 두렵고, 여름에 움직이면 더위가 무섭다. 그래서 겨울과 여름에는 하기 어렵다. 봄이면 백성들이 밭 갈고 씨 뿌리는 일을 포기해야 하고 가을이면 추수를 포기해야 한다. 오늘날 오직 한 계절만 포기하더라도 백성들은 굶주리고 추위에 얼어 죽는 자가 이루 다 셀 수 없다."(「非攻」中 문단 1)

今師徒唯毋興起, 冬行恐寒, 夏行恐暑, 此不可以冬夏爲者也。
春則廢民耕稼樹藝, 秋則廢民穫斂。
今唯毋廢一時, 則百姓飢寒凍餒 而死者 不可勝數。

　　"(전쟁은) 길면 수년 짧으면 수개월 걸린다. 이렇게 되면 임금은 정치를 할 겨를이 없고, 선비는 관청을 다스릴 겨를이 없으며, 농부는 농사지을 겨를이 없고, 아녀자는 길쌈하고 베를 짤 겨를이 없다. 즉 나라는 근본을 잃게 되고 백성은 본업을 바꾸게 된다."(「非攻」下 문단 3)

久者數歲, 速者數月,
是上不暇聽治, 士不暇治其官府,
農夫不暇稼穡, 婦人不暇紡績織紝,
則是國家失卒, 而百姓易務也。

　　　　　　　　　　　　　　　　　　　　　　　경제학자의 묵자 읽기

그리고는 백성들이 사용할 수 있는 재화가 고갈되어 그들의 삶이 파괴된다고 주장하며 전쟁에 드는 비용을 구체적으로 열거하고 있다. 전쟁의 "비용을 계산하면 삶의 근본을 해친다. 천하의 백성들이 사용할 재화를 고갈하는 일이 셀 수 없이 많다."(「非攻」下 문단 2)

又計其費, 此爲周生之本, 竭天下百姓之財用, 不可勝數也。

"잠시 군사가 출동하는 데 드는 비용을 계산해보자. 대나무로 만든 화살, 깃털을 단 깃발, 장막, 갑옷과 방패, 그리고 뗏목이 전쟁터로 가서 망가지고 썩어 문드러져 돌아오지 못한 것이 셀 수 없이 많다. 또한 창, 칼, 그리고 수레가 줄지어 갔다가 부서지고 부러지고 망가져 돌아오지 못한 것이 이루 다 셀 수 없고, 소와 말은 살쪄서 갔다가 여위어 돌아오고, 가서 죽어 돌아오지 못한 것도 이루 다 셀 수 없다. 길이 멀어 식량이 멈추어 끊기고 계속되지 않아 죽는 백성도 다 셀 수 없다. 거처가 불안하여 밥 먹는 시간도 때에 맞지 아니하고, 굶었다가 과식하는 등 절도가 없어 길에서 병들어 죽는 백성도 셀 수 없이 많다. 죽은 병사를 많이 잃은 경우도 셀 수 없이 많고, 전멸하여 모두 잃은 경우도 셀 수 없이 많다면, 귀신에게 제사를 지낼 자손을 잃는 경우도 역시 셀 수 없이 많아진다."(「非攻」中 문단 1)

今嘗計軍上, 竹箭羽旄幄幕, 甲盾撥劫, 往而靡弊腑冷不反者, 不可勝數;
又與矛戟戈劍乘車, 其列住碎折靡弊而不反者, 不可勝數;
　與其牛馬肥而往, 瘠而反, 往死亡而不反者, 不可勝數;
　與其涂道之脩遠, 糧食輟絕而不繼, 百姓死者, 不可勝數也;
　與其居處之不安, 食飯之不時, 飢飽之不節, 百姓之道疾病而死者, 不可勝數;
　喪師多不可勝數, 喪師盡不可勝計, 則是鬼神之喪其主后, 亦不可勝數。

마지막으로 전쟁으로 인한 손익을 비교하면서 전쟁에서 승리하여도 경제적으로 이익이 없다며 다음과 같이 말한다. "승리하여 얻은 바를 헤아려도 쓸 만

한 것이 없으며, 얻은 이익을 헤아려도 잃은 것만 못하다."(「非攻」中 문단 2)

計其所自勝, 無所可用也。計其所得, 反不如所喪者之多。

"사람은 부족하고 땅은 남는데, 지금 땅을 차지하려고 다투기 때문에 도리어 서로를 해친다. 그래서 전쟁은 부족한 사람을 잃고 남아도는 땅을 중히 여기는 일이다."(「非攻」下 문단 3)

是人不足而地有餘也。
今又以爭地之故, 而反相賊也,
然則是虧不足, 而重有餘也。

전쟁은 백성들의 생산을 중단시켜 재생산구조를 파괴하고, 백성들이 사용할 재화를 고갈시킨다. 비록 전쟁에 승리하여도 부족한 사람을 잃고, 남아도는 땅을 얻으니 경제적 이익이 없음을 증명하고 있는 셈이다. 결국 그토록 전쟁에 반대한 이유는 전쟁으로 인한 피해가 전적으로 하층민인 백성에게 돌아가기 때문이다. 이와 같이 묵자는 수미일관 피지배층의 입장에서 그들을 옹호하는 당파성을 유지하고 있다.

이상에서 본 바와 같이 묵자는 전쟁에 반대하는 이유를 경제, 즉 생산의 문제로 환원하여 그 논거를 제시하고 있다. 손익을 계산하고 있다는 점에서 유물론적이며 동시에 근대적이라고 평가할 수 있다. 그렇다고 하부구조에만 매몰되어 있지 않고 상부구조인 이데올로기의 비판을 곁들이고 있으니 중국사상사에서 매우 특이한 존재라고 말할 수 있다.

(2) 節用

묵자는 사치와 낭비가 나라를 망치는 원인이 된다고 지적하면서 평상시에도 근검하고 절약하여 쓸모없는 재물의 낭비를

경제학자의 묵자 읽기

경계했다. 한 나라의 부를 두 배로 증가시키는 방법은 다른 나라의 영토를 점령하여 탈취하는 것이 아니라 쓸데없는 낭비를 없앰으로써 가능하다고 역설했다. 재물을 사용함에 낭비가 없어지면 백성이 혹사되지 않아 이익이 많이 생긴다면서 국가의 이익을 백성의 이익으로 환원시킨다. 이와 같이 근검절약은 말할 필요도 없이 상류사회를 이루는 지배층이 담당해야 한다.

당시의 지배층은 "살아서는 높은 누각을 짓고 죽어서는 분묘를 치장했다. 그래서 밖에서는 백성들이 고생하고 안에서는 나라의 창고가 비워졌으며, 위에서는 쾌락을 싫증내지 않고 아래에서는 고생을 감당하지 못했다."(「七患」문단 4-2)

生時治臺榭, 死又脩墳墓,
故民苦於外, 府庫單於內,
上不厭其樂, 下不堪其苦。

지배층의 호화로운 생활을 보면서 묵자는 성왕들이 근검하고 절약하는 모습을 집과 음식과 옷, 장례의식, 배와 수레, 무기와 갑옷의 생산을 예로 들어 설명하면서 백성을 위하여 과도한 사치를 경계하라고 조언한다.

"옛날 백성들이 아직 집을 짓지 못할 때 언덕에 굴을 파고 살았는데, 아래가 젖고 축축하여 백성을 상하게 했다. 그리하여 성왕이 집과 방을 지었다. 집과 방을 짓는 방식은 집터의 높이는 습기를 막으면 족하고, 사방의 벽은 바람과 추위를 막으면 족하고, 지붕은 눈과 서리, 비와 이슬을 막으면 족했다. 담벼락의 높이는 남녀의 예를 구별할 수 있으면 충분했다. 이 정도에 그쳤다. 재물을 사용하고 힘을 써도 이로움이 추가되지 않으면 하지 않았다."(「辭過」문단 1-1)

古之民 未知爲宮室時, 就陵阜而居, 穴而處,
下潤濕傷民, 故聖王作爲宮室。
爲宮室之法, 曰: 室高足以辟潤濕, 邊足以圉風 寒,
上足以待雪霜雨露, 宮牆之高 足以別男女之禮。

謹此則止, 凡費財勞力, 不加利者, 不爲也。

　　"옛날 사람들이 아직 옷을 만들지 못할 때 (동물의) 가죽을 걸치고 마른 풀을 엮어 허리띠로 삼았다. 겨울이면 가볍지도 따뜻하지도 않았으며, 여름에는 가볍지도 시원하지 않았다. 성왕은 사람들의 실정에 맞지 않는다고 생각했다. 그래서 부인들에게 명주실과 삼실을 꼬아 베와 명주를 짜는 법을 가르쳐 백성들이 옷을 입게 하였고, 옷을 만드는 법도를 만들었다. 겨울에는 거친 비단을 입어 가볍고 따뜻하게 하고, 여름에는 칡베를 입어 가볍고 시원하게 했다. 이 정도에서 그쳤다. 그리하여 성인은 옷을 만들 때 몸에 맞고 피부와 조화를 이루면 만족할 뿐, 눈과 귀를 호사시키거나 어리석은 백성에게 보여주고자 하지 않았다."(「辭過」 문단 2-1)

古之民未知爲衣服時, 衣皮帶茭, 冬則不輕而溫, 夏則不輕而凊。
聖王以爲不中人之情,
　故作誨婦人 治絲麻 梱布絹, 以爲民衣。
　爲衣服之法:
　　　冬則練帛之中, 足以爲輕且煖;
　　　夏則絺綌之中, 足以爲輕且凊。謹此則止。
故聖人之爲衣服, 適身體, 和肌膚 而足矣, 非榮耳目而觀愚民也。

　　"옛날 사람들이 아직 음식 만드는 법을 모를 때 소박하게 먹고 흩어져 살았다. 그래서 성인은 남자들에게 밭 갈고 나무 심는 것을 가르쳐 백성들이 먹을 수 있게 했다. 먹는 것은 기운을 더하고, 허기를 채우며, 몸을 강하게 하고, 배를 채울 뿐이었다. 그래서 재물을 절약하여 사용하고 검소하게 살아서 백성은 부유하고 나라는 잘 다스려졌다."(「辭過」 문단 3-1)

古之民 未知爲飮食時, 素食而分處,
故聖人作誨, 男耕稼樹藝, 以爲民食。

　　　　　　　　　　　　　　　　　　　　　경제학자의 묵자 읽기

其爲食也, 足以增氣充虛, 彊體適腹而已矣。

故其用財節, 其自養儉, 民富國治。

　　"옛날 사람들이 아직 배와 수레를 만들지 못할 때 무거운 짐을 옮기지 못하였고 먼 길을 갈 수 없었다. 그래서 성왕이 배와 수레를 만들어 백성들의 일을 편하게 했다. 그 배와 수레는 견고하고 가볍고 편리하게 만들어져 무거운 짐을 싣고서 멀리까지 갈 수 있었다. 재물을 적게 사용하면서도 이로운 점이 많았다. 이리하여 백성들은 즐겨 이용했다. 법령으로 다그치지 않아도 행해졌고, 백성들이 고생하지 않아도 임금은 사용할 재물이 풍족했다. 그래서 백성들은 돌아왔다."(辭過 문단 4-1)

古之民 未爲知舟車時, 重任不移, 遠道不至, 故聖王作爲舟車, 以便民之事。

　　其爲舟車也, 全固輕利, 可以任重致遠, 其爲用財少, 而爲利多,

　　是以民樂而利之。法令不急而行, 民不勞而上足用, 故民歸之。

　　이를 정리 요약하여 「節用」[•] 上에서 다음과 같이 말한다. "왜 옷을 만드는가? 겨울에 추위를 막고 여름에는 더위를 막기 위해서 만든다. 옷을 만들어 입는 이치는 겨울에는 따뜻하게 하고 여름에는 시원하게 하는 데 있다. 아름답지만 구차하여 실용에 보탬이 되지 않는 것은 버린다. 왜 집을 짓는가? 겨울에는 바람과 추위를 막고, 여름에는 더위와 비를 막으며, 도적이 있어 단단하게 짓는다. 아름답지만 구차한 실용에 보탬이 없는 것은 버린다. 왜 갑옷과 방패, 그리고 무기를 만드는가? 외적과 도적을 막기 위하여 만든다. 외적이 침입하고 도적이 해칠 경우 갑옷과 방패, 무기가 있으면 승리하고 없으면 이기지 못한다. 그래서 성인은 갑옷과 방패, 그리고 무기를 만든다. 가볍고 날카롭게 하며 단단하여 부러지

●　「節用」편은 上·中·下 중에서 下가 망실되어 전해지지 않는다. 뿐만 아니라 上편과 中편도 다른 편에 비하여 너무 짧고, 내용이 완결되지 않았다는 점에서 일부 누락된 것으로 판단된다. 절약에 대해서는 「辭過」편이 더 논리적이다.

기 어렵게 만든다. 아름답지만 구차하여 실용에 보탬이 되지 않는 것은 버린다. 왜 배와 수레를 만드는가? 수레로 언덕과 육지를 가고, 배로 강과 골짜기를 다녀 사방을 통할 수 있는 편리함 때문에 만든다. 배와 수레를 만드는 이치는 가볍고 편리하게 하는 데 있다. 아름답지만 구차하여 실용에 보탬이 없는 것은 버린다. 무릇 이와 같은 물건들을 만들 때 실용에 보탬이 되지 않는 일이 없게 한다. 그래서 재물을 사용함에 낭비하지 않고 백성들은 혹사당하지 않아 많은 이익이 생긴다."

其爲衣裘何?

以爲冬以圉寒, 夏以圉暑。

凡爲衣裳之道, 冬加溫, 夏加凊者, 芊䱉不加者去之。

其爲宮室何?

以爲冬以圉風寒, 夏以圉暑雨, 有盜賊加固者, 芊䱉不加者去之。

其爲甲盾五兵何?

以爲以圉寇亂盜賊, 若有寇亂盜賊, 有甲盾五兵者勝, 無者不勝。

是故聖人作爲甲盾五兵。

凡爲甲盾五兵加輕以利, 堅而難折者, 芊䱉不加者去之。

其爲舟車何?

以爲車以行陵陸, 舟以行川谷, 以通四方之利。

凡爲舟車之道, 加輕以利者, 芊䱉不加者去之。

凡其爲此物也, 無不加用而爲者, 是故用財不費, 民德不勞, 其興利多矣。

모든 재화는 본래의 기능만 충족시키면 그것으로 족하다고 묵자는 생각했다.* 집과 음식과 옷이 기능적으로 충족되면 권위와 부를 과시하는 수단으로 되는 것을 철저하게 거부하고 싶었다. 아름답지만 구차하여 실용에 보탬이 되지

---

* 이에 대하여 荀子는 "묵자가 실용에 가로막혀 문화(文)를 알지 못했다(墨子蔽於用而不知文)"고 비난한다.

않는 것을 버리는 이유는 백성들을 고생시키지 않게 하기 위함이다. 그가 살았던 당시에 이미 부자들은 구슬과 옥, 새와 짐승, 개와 말을 모으는 취미를 가지고 있었으며, 다섯 가지의 맛과 향기의 조화를 지극하게 선호했다. 그러나 묵자의 기준은 항상 백성들의 생활에 있었다. 백성들이 사용하기에 충분하면 그쳐야 하고(凡足以奉給民用, 則止), 백성들의 이익에 비용이 더해지거나 쓰임에 보탬이 되지 않는 일을 성왕들은 행하지 아니했다(諸加費不加于民利者, 聖王弗爲)고 주장한다. 지배층에게 節用을 권유한 목적은 피지배층의 이익을 가져다주고, 백성들을 혹사하지 않고, 고아와 과부 같은 사회적 약자를 추위와 굶주림에서 구제하기 위해서이다.

(3) 節葬

장례를 간소화해야 한다는 묵가의 주장은 節用에서 파생되었지만, 유가들이 주장하는 '후한 장례와 오랜 초상(厚葬久喪)'이 공격전쟁만큼이나 백성들의 삶을 억압하기 때문에 따로 하나의 편으로 독립시켜 서술했다고 생각된다. 원래 유가는 제사와 의식을 집행하던 집단에서 출발하였기 때문에 의식의 절차와 규칙을 정하여 체계화하고 그것을 禮라고 불렀다.[*] 그러나 실용주의자 묵자는 厚葬久喪과 같은 제도의 취사선택을 위한 세 가지 기준을 제시하면서 다음과 같이 묻는다.

가난한 사람을 부유하게 하고, 인구를 늘리고, 위기를 안정시키고 혼란을 바로잡을 수 있는가(厚葬久喪 實可以富貧 重寡 定危治亂乎)? 이 기준에 부합하면 권장해야 하고, 부합하지 못하면 비판하고 폐지해야 한다고 주장하면서 '후한 장례와 오랜 초상'의 부당함을 차례대로 증명하고 있다.

우선 '후한 장례와 오랜 초상'은 수많은 재화의 낭비를 초래하기 때문에 백

---

[*] 儒家는 기원전 4세기 후반에 활동한 맹자 때 3년상을 선언하고 기원전 3세기 중엽 荀子와 그 학과가 埋葬과 服喪에 관한 의례를 규정했다. 그들에 의하면 3년상은 부모가 사망했을 때 자식이 지켜야 할 의례의 핵심이며 효심의 발로이다. 渡辺卓(1974), 『墨子』上, 355면.

성의 생명과 재산의 희생 위에서만 가능하다고 지적한다. "왕공대인이 상을 당하면 관곽(내관과 외관)은 반드시 여러 겹으로 하고, 매장은 반드시 깊게 하고, 수의와 이불은 반드시 많게 하고, 무늬와 자수는 반드시 호화롭고, 봉분은 반드시 크게 한다. 평범한 사람과 천민이 죽으면 집안(의 재물)이 고갈된다. 제후가 죽으면 창고와 곳간을 비우게 된다. 그런 뒤에 금과 옥, 둥근 구슬과 모난 구슬로 몸(시체)을 치장하고, 굵은 실로 엮은 끈으로 마디를 묶고, 수레와 말을 무덤에 묻으며, 또한 반드시 천막과 휘장을 많이 만든다. 솥과 북, 안석과 자리, 병과 접시, 창과 칼, 깃털과 깃발, 상아와 가죽을 함께 묻어야 만족한다. 마치 (죽은 사람을) 이사하듯 보낸다. 천자가 죽으면 순장되는 사람이 많으면 수백 명이며 적으면 수십 명에 이른다. 장군과 대부가 죽으면 순장되는 사람이 많으면 수십 명이며 적으면 수 명이다."(「節葬」下 문단 4-1)

此存乎王公大人有喪者, 曰 棺槨必重, 葬埋必厚, 衣衾必多,

　　　　　　文繡必繁, 丘隴必巨;

　存乎匹夫賤人死者, 殆竭家室;

　乎諸侯死者, 虛車府, 然後金玉珠璣比乎身, 綸組節約,

　　　　　　車馬藏乎壙, 又必多爲屋幕。

　　　　　　鼎鼓几梴壺濫, 戈劍羽旄齒革, 寢而埋之, 滿意。

　　　　　　若送從。

　曰 天子殺殉, 衆者數百, 寡者數十。

　　將軍大夫殺殉, 衆者數十, 寡者數人。

그리고 묵자는 '후한 장례와 오랜 초상'은 사회적 분업을 훼손한다고 지적하면서 사회 각 부문의 생산적 활동에 미치는 영향을 분석하고 있다. 죽은 노동을 땅에 묻고 미래의 노동을 금지한다면, 재생산구조가 파괴되어 살아있는 노동이 가장 피해를 본다는 사실을 논리적으로 증명하고 있다.

"소리 내어 울어서 목소리가 가지런하지 못하고, 상복을 입고 삼베로 엮은 머리띠와 허리띠를 하고서 눈물을 흘리며, 쓰러져가는 오두막에 기거하며, 흙덩이를 베고 거적에서 자야 한다. 또한 먹지 않아 굶주리며, 얇은 옷을 입어 추위에 떨어야 한다. 얼굴과 눈은 야위고 패여야 하고, 얼굴색은 검게 변하고 눈과 귀는 맑고 밝지 못하고 손발은 굳세지 못해 쓸 수 없어야 한다. 또한 훌륭한 선비는 상을 당하면 반드시 부축해야 일어날 수 있고, 지팡이를 짚어야 걸을 수 있다. 이렇게 3년을 한다. 이 말을 본받고 이 도(道=厚葬久喪)를 실행한다고 가정해보자. 왕공대인이 이렇게 하면 반드시 일찍 조회할 수 없으며, 오관육부(五官六府)를 다스릴 수 없고, 초목을 개간하여 창고와 곳간을 채울 수 없게 된다. 농부가 이렇게 하면 반드시 일찍 나가서 밤에 들어오지 못해 밭을 갈고 씨를 뿌리지 못하게 된다. 공인들이 이렇게 하면 반드시 배와 수레를 고칠 수 없고 기구와 그릇을 만들지 못한다. 아녀자들이 이렇게 하면 반드시 일찍 일어나 밤에 잠들지 못해 실을 잣고 베를 짜지 못하게 된다. '후한 장례'를 자세히 계산하면 세금으로 받은 재물을 땅에 묻는 일이며, '오랜 초상'을 계산하면 오랫동안 일에 종사하는 것을 금지하는 셈이다. 이미 만들어진 재물을 땅에 묻고, 뒤에 만들어질 것을 금지하면서 부를 구하려는 것은 비유해서 말하면 농사를 금지하면서 수확을 얻으려는 것과 같으니, (가난한 사람을) 부유하게 한다는 주장은 설득력이 없다."(「節葬」下 문단 4-2)

曰 哭泣不秩聲翁, 縗絰垂涕, 處倚廬, 寢苫枕凷,

　　　又相率强不食而爲飢, 薄衣而爲寒, 使面目陷陬,

　　　顏色黧黑, 耳目不聰明, 手足不勁强, 不可用也。

又曰 上士之操喪也, 必扶而能起, 杖而能行。以此共三年。

　　若法若言, 行若道,

　　　使王公大人行此, 則必不能蚤朝, 五官六府, 辟草木, 實倉廩。

　　　使農夫行此。則必不能蚤出夜入, 耕稼樹藝。

　　　使百工行此, 則必不能修舟車爲器皿矣。

　　　使婦人行此, 則必不能夙興夜寐, 紡績織紝。

　　細計厚葬, 爲多埋賦之財者也。計久喪, 爲久禁從事者也。

　　財以成者, 扶而埋之, 後得生者 而久禁之。

　　以此求富, 此譬猶禁耕而求穫也, 富之說無可得焉

묵자는 인구의 증가를 중요한 기준의 하나로 설정하였는데, 이는 당시 생산력을 담당하는 인구의 수에 의하여 국력이 결정되는 시대를 반영한다. 인구를 늘리기 위하여 적극적으로 혼인 연령을 법으로 정해야 하며˚ 군주와 귀족은 축첩을 절제해야 한다˚˚고 주장한다. 또한 인구를 두 배로 늘리기는 어려운데 공격전쟁과 쓸모없는 낭비가 인구를 감소하는 결과를 초래한다고 비판한다. '후한 장례와 오랜 초상' 역시 남녀의 교접을 방해하기 때문에 인구의 증가를 기대할 수 없다고 주장한다.

이제 오직 '후한 장례와 오랜 초상'으로 정치를 한다고 가정해보자. 임금이 죽으면 3년상을 치르고, 부모가 죽어도 3년간 초상을 지낸다. 부인과 장남이 죽어도 모두 3년간 초상을 지낸다. 그런 뒤 큰아버지와 작은아버지, 형과 아우, 서자는 1년상을 치른다. 가까운 친척은 다섯 달, 고모, 누이, 조카와 외삼촌은 모두 몇 달이다. 그러면 반드시 (몸이) 훼손되고 수척해지는데 얼굴과 눈은 야위고 패이며, 안색은 검게 변하고, 눈과 귀는 맑고 밝지 못하며, 손과 발은 굳세고 강하지 않아서 쓸 수가 없다. 또한 "훌륭한 선비는 상을 당하면, 반드시 부축해야 일어설 수 있고, 지팡이를 짚어야 걸을 수 있다"고 말한다. 이렇게 3년을 한다. 만약 이 말을 본받고, 이 도(道=厚葬久喪)를 행하면 진실로 굶주림과 고생이 이와 같을 것이다. 그리하여 백성들은 겨울에 추위를 견디지 못하고 여름에는 더위를 견디지 못하여 병에 걸려 죽는 자가 이루 다 셀 수가 없다. 이는 남자와 여자의 교접을 해치는 일이 많다. 이렇게 하여 인구를 늘리는 방법은 비유하면 사람으로 하여금 칼을 지고 다니면서 오래 살기를 바라는 것과 같다. 인구를 늘린다는 주장은 설득력이 없다.(「節葬」下 문단 5)

˚ 昔者聖王爲法 曰 丈夫年二十, 毋敢不處家. 女子年十五, 毋敢不事人.(「節用」上 문단 2) 여기서 聖王은 齊 桓公을 지칭한다. 齊 桓公은 남자는 스무 살이 되면 장가를 가고, 여자는 열다섯 살이 되면 시집을 가야 한다고 명령을 내렸다(齊桓公下令於民曰, 丈夫二十而室, 婦人十五而家). 『韓非子』「外儲說」참조.

˚˚ 君實欲民之重而惡其寡, 當蓄私不可不節.(「辭過」 문단 5)

경제학자의 묵자 읽기

今唯無以厚葬久喪者爲政, 君死, 喪之三年;

父母死, 喪之三年;

妻與後子死者, 五皆喪之三年;

然後伯父叔父兄弟孼子其; 族人五月;

姑姊甥舅皆有月數。

則毀瘠必有制矣, 使面目陷陬, 顏色黧黑, 耳目不聰明,

　手足不勁强, 不可用也。

又曰 上士操喪也, 必扶而能起, 杖而能行。以此共三年。

若法若言, 行若道, 苟其飢約, 又若此矣。

是故百姓冬不仞寒, 夏不仞暑, 作疾病死者, 不可勝計也。

此其爲敗男女之交多矣。

以此求衆, 譬猶使人負劍, 而求其壽也, 衆之說無可得焉。

　　백성들이 생업에 종사할 수 없으면 생필품이 부족해지고 사람들이 사나워지기 때문에 행정과 정치로 혼란을 다스릴 수 없다고 주장한다. "오늘날 오로지 '후한 장례와 오랜 초상'으로 정치를 하면 나라는 반드시 가난해지고, 백성은 반드시 줄어들며, 형정(刑政)은 반드시 어지러워진다. 이 말을 본받아 이 도(道-厚葬久喪)를 행하면 윗사람은 잘 다스릴 수 없고, 아랫사람은 일에 종사할 수 없다. 윗사람이 잘 다스리지 못하면 형벌과 정치가 반드시 혼란스럽고, 아랫사람이 일에 종사하지 못하면 입고 먹을 재물이 반드시 부족해진다.

　　..

　　이런 까닭으로 치우치고 넘치며 사악하게 행동하는 백성들은 나갈 때 입을 옷이 없고, 들어와도 먹을 음식이 없다.

　　..

　　이런 식으로 다스리는 것은 비유하면 다른 사람을 세 번을 (거절하여) 돌려보내면서 자신을 배반하지 말라는 것과 같다. (厚葬久喪으로) 잘 다스린다는 주장은 설득력이 없다."(「節葬」下 문단 6)

今唯無以厚葬久喪者爲政, 國家必貧, 人民必寡, 刑政必亂。

若法若言, 行若道, 使爲上者行此, 則不能聽治;

使爲下者行此, 則不能從事。

上不聽治, 刑政必亂; 下不從事, 衣食之財必不足。

....

是以僻淫邪行之民, 出則無衣也, 入則無食也,

....

夫衆盜賊而寡治者, 以此求治, 譬猶使人三睘而毋負己也, 治之說無可得焉。

　　유가에 의해 뿌리내린 '후한 장례와 오랜 초상'은 가난한 사람을 부유하게 만들지 못하며, 인구를 증대시키지도 못하고, 혼란을 바로잡지도 못한다고 결론 지으면서 묵자는 그에 대한 대안을 제시한다. "관은 세 치이면 뼈를 썩게 하기에 넉넉하고, 옷은 세 벌이면 살을 썩게 하기에 넉넉하다. 땅을 파는 깊이는 아래로 (물이) 스며들어 (시신이) 절여지지 않도록 하고, 냄새가 위로 새어나가지 않도록 하며, 봉분(의 높이)은 그 자리를 기억하기 넉넉하면 그친다. 오가며 곡을 하고 돌아와서는 입고 먹을 재화를 만드는 일에 종사하여 제사에 도움이 되도록 한다. 그렇게 하여 어버이에 대한 효를 이룬다."(「節葬」下 문단 13)

棺三寸, 足以朽骨; 衣三領, 足以朽肉;

掘地之深, 下無菹漏, 氣無發洩於上, 壟足以期其所, 則止矣。

哭往哭來, 反從事乎衣食之財, 佴乎祭祀, 以致孝於親。

　　厚葬久喪을 節葬으로 대체해야 하는 필요성을 백성의 노동과 생업을 기준으로 판단하고 있다는 점에서 실용주의자로서 묵자의 당파성을 다시 확인할 수 있다. 非攻이나 節用과 마찬가지로 節葬 역시 兼愛를 실천하는 강령의 하나이다.

(4) 非樂

　　　　　　　　　묵자는 당시 귀족들의 음악을 사치와 낭비로 규정하고 백성들의 이익을 해치기 때문에 음악을 즐기는 일은 잘못(爲樂非也)이라고 단호하게 거부한다.[*] 훗날 많은 百家로부터 비난받기도 하지만, 음악이 비생산적인 악기와 연주에 재물을 쏟아붓고 미래의 노동을 제약함으로써 사회적 분업을 훼손하고, 결과적으로 살아있는 백성들의 생활을 억압한다고 묵자는 판단했다. 그의 음악에 대한 비판은 「節葬」과 마찬가지로 유가가 그토록 중시하는 禮樂制度를 비판한다는 점에서 그들과 대척점에 서게 하는 결과를 초래했다.

　　"묵자가 음악을 비난하는 이유는 큰 종과 북, 거문고와 비파, 피리와 생황의 소리가 즐겁지 않아서가 아니고, 조각과 무늬의 색깔이 아름답지 않아서도 아니며, 졸이고 구운 고기의 맛이 달지 않아서도 아니며, 높은 누각과 정자, 큰 집에 거처함이 편안하지 않아서도 아니다. 비록 몸은 편안함을 알고, 입은 단맛을 알며, 눈은 아름다움을 알고, 귀가 즐거움을 알지라도, 위로 생각하면 성왕의 도리에 부합하지 않고, 아래로 헤아리면 모든 백성의 이익에 맞지 않는다."(「非樂」上 문단 2)

是故子墨子之所以非樂者,

　　非以大鍾 鳴鼓 琴瑟 竽笙之聲, 以爲不樂也;

　　非以刻鏤華文章之色, 以爲不美也;

　　非以犓豢煎炙之味, 以爲不甘也;

　　非以高臺厚榭邃野之居, 以爲不安也。

雖身知其安也, 口知其甘也, 目知其美也, 耳知其樂也,

　　然上考之不中聖王之事, 下度之不中萬民之利。

●　　"학문과 예술이 인간의 도덕성을 타락시킨다"는 루소의 명제를 연상시킨다.

묵자에 의하면 음악은 사회적 분업을 교란시킨다. 왕공대인, 선비와 군자, 농부와 아녀자들은 각각 자신의 영역에서 담당해야 할 역할을 가지고 있는데 음악을 탐닉하게 되면 자신의 역할을 제대로 수행하지 못하고, 그 결과 나라가 혼란스럽게 되며 생필품의 부족을 초래하여 백성의 생활이 어렵게 된다고 주장한다.

"이제 왕공대인이 오로지 음악을 듣고 기뻐하면 반드시 일찍 조회하고 늦게 퇴근하면서 옥사를 듣고 잘 다스릴 수 없으니 나라는 어지럽고 사직은 위태로워진다. 선비와 군자가 오로지 음악을 듣고 기뻐하면 반드시 팔과 다리의 힘을 다하여 생각하고 사려하는 지혜를 도탑게 할 수 없으니 안으로는 관청을 다스리고, 밖으로는 관문과 시장, 산림, 연못과 교량의 이익을 거두어들여 창고를 채울 수 없다. 그리하여 창고가 부실하게 된다. 농부가 오로지 음악을 듣고 기뻐하면 반드시 일찍 나와서 늦게 들어가지 못하고, 밭을 갈아 농사짓고 나무 심고 가꾸어 많은 콩과 조를 모을 수 없게 된다. 그래서 곡식이 부족해진다. 아녀자가 오로지 음악을 듣고 기뻐하면 반드시 새벽에 일어나 밤에 잠들지 못하고, 길쌈하고 베를 짜서 삼실과 칡실을 만들지 못하며 베와 명주도 많이 짜지 못한다. 그래서 베와 명주가 부족해진다."(「非樂」 문단 8-2)

今惟毋在乎王公大人說樂而聽之,
　卽必不能蚤朝晏退, 聽獄治政, 是故國家亂 而社稷危矣。
今惟毋在乎士君子說樂而聽之,
　卽必不能竭股肱之力, 亶其思慮之智,
　內治官府, 外收斂關市, 山林 澤梁之利, 以實倉廩府庫, 是故倉廩府庫不實。
今惟毋在乎農夫說樂而聽之,
　卽必不能蚤出暮入, 耕稼樹藝, 多聚叔粟, 是故叔粟不足。
今惟毋在乎婦人說樂而聽之,
　卽不必能夙興夜寐, 紡績織紝, 多治麻絲葛緖綑布緣, 是故布緣不興。

묵자는 잉여생산물이 재생산과정에 생산적으로 재투자되거나 인민의 복지

경제학자의 묵자 읽기

에 사용되어야 한다고 생각하였으나, 절대적 빈곤이 일반화되었던 당시에 악기 제조와 대규모 음악 연주는 하층민의 생업을 억압한다고 보았다. "오늘날 왕공 대인은 비록 악기를 만들고 연주하는 일이 국가의 중대사가 아니라고 생각하지만 (그것은) 고인 물을 퍼내거나 흙을 쪼개서 만드는 것이 아니다. 반드시 모든 백성들로부터 세금을 많이 거두어야 큰 종과 북, 거문고와 비파, 피리와 생황의 소리를 연주할 수 있다."(「非樂」上 문단 3)

今王公大人, 雖無造爲樂器, 以爲事乎國家,
　　非直掊潦水 折壤坦而爲之也,
　　將必厚措斂乎萬民, 以爲大鍾 鳴鼓 琴瑟 竽笙之聲。

　　여기에 지배층의 귀와 눈을 즐겁게 하기 위하여 반드시 노인과 굼뜬 사람을 시키지 않고 젊은 사람을 시키기(將必不使老與遲者/將必使當年) 때문에 생산적 노동을 위축시킨다고 지적하면서, 음악 연주자들의 비생산성을 지적한다. "먹고 마시는 음식이 아름답지 않으면 얼굴과 안색이 보기에 좋지 않으며, 옷이 아름답지 않으면 몸과 거동이 추하고 여위어 보기에 좋지 않다고 말한다. 그래서 반드시 기장과 고기를 먹고 무늬를 수놓은 옷을 입었다. 이들은 항상 먹고 입는 재물을 만드는 데 종사하지 않으면서 항상 남의 것을 먹는다."(「非樂」上 문단 7)

曰 食飮不美, 面目顏色不足視也,
　　衣服不美, 身體從容醜羸, 不足觀也。
是以食必粱肉, 衣必文繡,
　　此掌不從事乎衣食之財, 而掌食乎人者也。

　　그리하여 음악은 사회적 분업의 혼란을 야기하고 생산적 노동을 위축시켜 백성들의 생활을 억압하기 때문에 음악을 일삼는 행위를 금지하여야 한다고 결론을 내린다. 이에 대하여 「非樂」을 가장 체계적으로 비판한 사람은 荀子이다. 그는 음악이 "사람의 착한 마음을 감동시키고 사악하고 더러운 기운이 가까이

할 수 없도록 하기 때문에(足以感動人之善心, 使夫邪汙之氣, 無由得接焉) 화합과 공경, 절제와 조화를 통하여 사회를 안정시킨다"고 주장한다. 따라서 "묵자가 음악을 부정하는 것은 천하를 혼란스럽게 만든다"고 한다.[•] 莊子 역시 "노래해야 할 때 노래하지 않고, 곡을 해야 할 때 곡하지 않으며, 즐겨야 할 때 즐기지 않는다면 과연 인정에 가까운가(雖然歌而非歌, 哭而非哭, 樂而非樂, 是果類乎)?"라는 의문을 제기하며 실행하기 어렵다고 비판했다.[••]

피하기 어려운 비판이지만 묵자를 위하여 변명한다면 묵자는 호화롭고 사치스러운 음악과 연주를 비판한 것이지 음악 자체를 거부하지 않았으며, 자연발생적인 서민의 노동요와 같이 인간의 자연스러운 감정을 표출하는 음악을 반대하지는 않았다고 판단된다. 백성에게 도움이 되지 않으면서 귀족의 눈과 귀를 즐겁게 하기 위한 소비적인 음악을 반대할 뿐이다. "악기가 이와 같이 도리어 백성의 이익에 부합한다면 나는 감히 (음악을) 비난하지 않을 것이다. 마땅히 악기의 연주가 성왕들이 배와 수레를 만드는 일과 같다면 나는 감히 비난하지 않을 것이다."(「非樂」上 문단 3)

然則樂器反中民之利亦若此, 卽我弗敢非也。
然則當用樂器 譬之若聖王之爲舟車也, 卽我弗敢非也。

배와 수레는 무겁고 큰 재화를 쉽고 빠르게 운송하는 데 도움이 되어 군자의 발과 서민의 어깨를 쉬게 해주는 쓸모가 있다. 그러나 음악은 이와 같은 쓸모가 없으며 많은 재물이 낭비되고 결과적으로 백성의 이익을 해치기 때문에 폐지되어야 한다고 주장한다. 나아가 호화로운 음악이 문화라는 이름으로 귀족의 위세를 과시하여 백성을 억압하는 기제로 기능하게 되기 때문이다. 철저한 실용주의자인 묵자의 면모이기도 하지만, 그는 항상 「非攻」, 「節用」, 「節葬」에서와 마찬가지로 하층민을 대변하면서 그들의 이해관계에 옳고 그름의 기준을 두고 있다.

• 『荀子』「富國」과 「樂論」 참조.
•• 『莊子』「天下」 참조.

(5) 非命

또한 묵자는 유가의 天命에 내재된 운명론
이 그가 살았던 시대의 혼란을 크게 부추긴다고 판단하여 운명론을 단호하게 배
격했다. 그들은 "가난하고 부유함, 장수와 요절은 정확히 하늘에 달려 있어서 빼
거나 보탤 수가 없다(貧富壽夭, 齰然在天, 不可損益)"●고 말하거나 "부자가 될 운명이
면 부자가 되고, 가난할 운명이면 가난해지고, (인구가) 늘어날 운명이면 늘어나
고, 줄어들 운명이면 줄어들고, 잘 다스려질 운명이면 잘 다스려지고, 혼란할 운
명이면 혼란해지고, 오래 살 운명이면 오래 살고, 요절할 운명이면 일찍 죽는다
(「非命」上 문단 1)"고 말한다.

執有命者之言曰: 命富則富, 命貧則貧,
　　　　　　　　命衆則衆, 命寡則寡,
　　　　　　　　命治則治, 命亂則亂,
　　　　　　　　命壽則壽, 命夭則夭。

이러한 주장에 대하여 묵자는 三表 또는 三法으로 불리는 세 가지 기준을
제시하면서 운명론의 오류를 증명하고 있다. 그가 제시한 세 가지 기준은 성왕
들의 업적(本), 백성들이 보고 듣는 실정(原), 나라와 백성들의 이익에 부합하는
실용(用)인데, 어느 기준으로 보아도 운명론은 설득력이 없으며 오히려 백성을
스스로 절망에 빠지게 한다고 주장한다.

성왕들의 업적을 보면 어떠한가? "옛날 우(禹) · 탕(湯) · 문(文) · 무(武)왕이
천하를 다스릴 때 '반드시 굶주린 사람을 먹여주고, 추위에 떠는 사람을 입혀주
고, 일하는 사람을 쉬게 하고, 어지러운 사람을 잘 다스려야 한다'고 말했다. (그
리하여) 마침내 세상에서 빛나는 칭찬과 아름다운 소문을 들을 수 있었다. 어찌
운명이라고 할 수 있는가? 그 노력 (때문)이라고 생각한다. 오늘날 현명하고 좋은

●　「公孟」문단 6.

사람은 현명한 이를 존중하고 도리와 정책으로 좋은 업적을 이루어, 위로는 왕공대인의 상을 받고 아래로는 모든 백성의 칭찬을 듣는다. (그리하여) 마침내 세상에서 빛나는 칭찬과 아름다운 소문을 듣는다. 이 또한 어찌 운명이라고 할 수 있는가? 이 또한 노력(때문)이다."(「非命」下 문단 2-2)

故昔者禹湯文武 方爲政乎天下之時, 曰:
　　必使飢者得食, 寒者得衣, 勞者得息, 亂者得治。
　　遂得光譽令問於天下。
　　夫豈可以爲命哉? 故以爲其力也 !
今賢良之人, 尊賢而好功道術, 故上得其王公大人之賞, 下得其萬民之譽。
　　遂得光譽令問於天下。
　　亦豈以爲其命哉? 又以爲力也 !

성왕들이 겸애의 자세로 좋은 정치를 펼친 것은 운명이 아니라 그들의 노력 때문이라고 강조하면서 천하에 좋은 책은 셀 수 없이 많지만 어디에도 운명론은 찾을 수 없다고 말한다. 운명론은 걸(桀)·주(紂)·유(幽)·여(厲)왕과 같은 포악한 왕이 자신을 정당화하기 위하여 만들어낸 이데올로기에 불과하며, 일부 어리석은 백성이 따를 뿐이다. "옛날 폭군들이 운명론을 만들었고 궁지에 몰린 사람들이 그것을 따랐다. 운명론은 모두 어리석고 소박한 많은 백성들을 현혹시켰다."(「非命」下 문단 2-3)

昔者暴王作之, 窮人術之, 此皆疑衆遲樸。

백성들은 어떻게 생각하는가? 선량한 백성들은 운명의 실체를 보지도 못했고 운명의 목소리를 듣지도 못했기 때문에 운명론은 백성들이 느끼는 實情에도 어긋난다고 다음과 같이 말한다. "옛날 열사와 뛰어난 대부들은 신중하게 말하고 지혜롭게 행동했다. 이들은 위로는 임금에게 법도로써 충고하고, 아래로는 백성을 가르쳐 따르게 했다. 그리하여 위로는 임금의 상을 받고, 아래로는 백성들의 칭송을 받았다. 그들의 명성은 없어지지 않고 오늘에 이르기까지 전해진다. 그리고 천하의 사람들이 모두 '그들의 노력이다'라고 말하지 '내가 운명을 보았다'고 말하지 않는다."(「非命」中 문단 3)

初之列士桀大夫, 慎言知行, 此上有以規諫其君長, 下有以教順其百姓,
　故上得其君長之賞, 下得其百姓之譽。
列士桀大夫聲聞不廢, 流傳至今。
而天下皆曰 其力也, 必不能曰 我見命焉。

　　운명론은 백성의 이익에 부합하는가? 묵자에 의하면 운명론을 따르면 지배자는 인민을 위한 정치를 하지 않으며, 운명론을 따르는 백성은 스스로 노력하지 않게 된다. 즉, 사회적 분업을 파괴하여 정치가 혼란스럽게 되고 백성이 필요한 물자가 부족하게 되어 결과적으로 피지배층인 백성들이 추위와 굶주림을 걱정할 수밖에 없다고 한다.
　　"오늘날 왕공대인이 운명론을 믿고 그에 따라 행동하면 반드시 옥사와 정치를 게을리하고, 경과 대부들은 반드시 관청과 창고를 다스리는 일에 게을리하고, 농부는 반드시 농사짓고 나무 심는 일을 게을리하고, 아녀자는 반드시 실을 잣고 베를 짜는 일에 게을리하게 된다. 왕공대인이 옥사와 정치에 게으르고, 경과 대부들이 관청과 창고를 다스리는 일에 게으르면, 나는 세상이 혼란스럽다고 생각한다. 농부들이 농사짓고 나무 심는 일에 게으르고, 아녀자들이 실을 잣고 베를 짜는 일에 게으르면, 나는 천하의 입고 먹을 재물이 장차 부족하게 될 것이라고 생각한다."(「非命」下 문단 4-2)

今雖毋在乎王公大人, 賣若信有命而致行之, 則必怠乎聽獄治政矣,
卿大夫必怠乎治官府矣, 農夫必怠乎耕稼樹藝矣, 婦人必怠乎紡績織絍矣。
王公大人怠乎聽獄治政, 卿大夫怠乎治官府, 則我以爲天下必亂矣。
農夫怠乎耕稼樹藝, 婦人怠乎紡織績紝, 則我以爲天下衣食之財將必不足矣。

그리하여 묵자는 다음과 같이 단호하게 운명론을 배격한다. "오늘날 천하의 선비와 군자들이 진실로 천하가 부유해지기를 원하고 가난해지기를 싫어한다면, 천하가 잘 다스려지기를 원하고 혼란스러움을 미워한다면, 운명론자의 말을 비난하지 않으면 안 된다. 이것은 천하의 큰 해악이기 때문이다."(「非命」上 문단 8)

今天下之士君子, 忠實欲天下之富而惡其貧, 欲天下之治而惡其亂,
執有命者之言, 不可不非。此天下之大害也。

운명론을 받아들이면 백성들은 지배계급의 폭정을 운명이라고 순응하게 되기 쉽고, 자신의 어려운 상황을 운명이라고 탓하며 생업을 영위하기 위한 노력을 게을리하기 쉽다. 하층계급의 이해를 대변했던 묵자로서는 이러한 운명론을 받아들일 수 없었다. 사회개혁을 위해서도 운명론은 가장 큰 장애물이었으리라. 묵자는 당시 지배 이데올로기였던 유가의 운명론을 배척하면서 '인간은 자신의 행위에 책임지는 삶의 주인'임을 천명한 셈이다. 유가에서 말하는 天命에서 파생되는 특권적인 질서를 부정하면서 그 대안으로 누구나 쉽게 접근할 수 있고 이해할 수 있는 天志를 제시하는 이유도 여기에 있다.

5. 왜 묵자인가?

(1) 근대성

묵자는 모든 지식은 경험과 감각에서 출발한다고 주장하는 경험론자이다.[•] 경험론자로서의 묵자는 개인의 욕망과 이익추구를 인정한다. 많은 사람들의 이해관계가 상충하여 혼란이 발생한다고 사유하는데, 이는 모든 사람이 자신의 이해관계를 가지고 그것을 주장할 수 있음을 의미한다. 이런 점에서 볼 때 묵자는 백성을 노예로 취급받는 하층민의 수동적인 지위를 넘어 사회구성원으로서 대우하고 있으며, 사회구성원으로서의 개별적 인간은 자신의 욕구와 욕망을 가지고 그것을 충족시키기 위해서 노력하는 개인으로 상정하고 있다. 개인이 '욕구와 욕망을 가지고 있다'는 점에서는 마치 인간을 움직이는 힘을 추상적인 도덕이나 신앙이 아니라, 인간의 욕망이나 공포를 포함하는 정념(passion)에서 찾았던 홉스의 근대적 인간관과 비슷하다. 나아가 그 개인이 '욕망과 욕구를 충족시키기 위하여 노력한다'는 면에서는 맨더빌(Bernard Mandeville, 1670-1733)이나 스미스(Adam Smith, 1723-1790)의 이기심을 가진 근대적 인간상과 유사하다. 이러한 인간의 욕망이 홉스에게는 '자연상태'를, 묵자에게는 '禽獸와 같은 천하의 혼란'을 상정하게 만들었고, 거기에서 홉스는 죽음의 공포에서 벗어나기 위하여 사회계약에 기초한 근대국가의 필요성을 도출하였으

• 「經」上 #3, #5, #6 참조.

61

며, 묵자는 의로움, 즉 이해관계를 조화시키는 尚同의 국가이론을 제시하기에 이른다. 인간관에서부터 논리적 가설과 국가이론의 도출에 이르기까지 논리적 구조가 영국의 근대사상가인 홉스와 매우 유사하다는 점*에서 묵자의 근대성을 재평가할 수 있다.

중세에 이르기까지 지배적 이데올로기였던 혈연에 의한 세습을 부정하고 있다는 면에서 묵자는 너무 일찍 근대를 지향했다. 전국시대 중기의 맹자는 백성을 사리를 분별하지 못하는 갓난아이(赤子)로 보기 때문에 백성이 잘못하면 무거운 형벌로 다스려서는 안 되고 교화시켜야 한다고 온정적인 왕도정치를 주장했으나, 그에게 있어서 백성은 통치의 대상일 뿐 주체가 될 수 없다. 일반적으로 유가에서 통치자는 天命을 받은 사람에 국한되었다. 천명을 받기 위하여 공자의 경우 修己, 즉 인격과 지식을 갖추어야 했고, 맹자의 경우도 자신의 마음을 다한 (盡心) 다음에 자신의 본성을 알고(知性) 그리고 나서 하늘의 명령을 안다(知天)고 했다. 이러한 군자와 관료는 義에 밝으며 道와 德을 마음에 두지만, 백성은 이익에 밝고, 땅과 먹을 것을 마음에 둔다.** 맹자 역시 지식인 관료는 恒産이 없어도 恒心을 가질 수 있으나 피지배자인 백성은 恒産이 없으면 恒心을 가질 수 없다고 주장한다.*** 이러한 유가적 이분법은 周나라 封建制를 지향한 宗法제도에 기초하여 혈연에 의한 세습을 전제하고 있다. 그리하여 맹자가 爲民 民本을 주장했음에도 논리적으로 백성은 항상 통치의 대상일 뿐이며 결과적으로 세습되는 지식인 관료 집단의 통치를 정당화하는 결과를 초래한다.

그러나 묵자는 자신의 이익을 충족시키기 위하여 노력하는 자율적이고 주체적인 인간을 상정하고 있을 뿐 아니라 혈연에 의한 세습을 부정하고 있다. 나

●　馮友蘭, 박성규 옮김(2003), 『중국철학사』 상, 168면. 梁啓超 이후 묵자를 마르크스와 비교하는 흐름도 있으나, 이는 管仲이 백성들의 소비를 장려했다는 이유로 케인스(John Maynard Keynes)와 비교하는 일과 같다. 전반적 사고체계의 관점에서 볼 때 整合性이 부족하다.

●●　『論語』「里人」 참조.

●●●　"無恒産而有恒心者 惟士爲能. 若民 則無恒産因無恒心." 「梁惠王」, 일반적으로 알려진 맹자의 性善說은 지식인 관료에게 국한된다고 말하는 것이 더 정확한 표현이다. 이에 반하여 묵자는 주위 사람에 의하여 물들여진다(所染)고 주장하는데, 이는 로크(John Locke)의 백지설(Tabula Rasa)에 가깝다.

아가 자신의 이익이 타인의 이익과 충돌하여 갈등이 생길 때 이를 조정할 수 있는 현명한 지도자를 선택하는 정치과정에서 참여하는 역할을 수행한다. 그리고 운명론을 비판하면서 인간은 자신의 행위에 대한 책임을 져야하는 자기 운명의 주인임을 천명하고 있다. 또한 자유의지를 가진 개인은 사회적 분업의 체제에 포섭되어 노동하기 때문에 그 정당한 대가를 최소한 보장받아야 한다고 주장한다. 굶주리는 자는 먹을 수 있고 추위에 떠는 자는 입을 수 있으며 일하는 자는 쉴 수 있어야 한다고 최소한의 보장을 구체적으로 제시하고 있다.

세습을 부정하는 묵자의 입장은 里長 - 鄕長 - 國君 - 天子로 이어지는 정치조직에도 관철된다. 「尙同」에 의하면 그들은 마을과 고을, 나라와 천하의 가장 현명한 사람을 선발하여 백성들의 이해관계를 조정하는 일을 담당하게 한다. 그러면 누가 어떻게 현명한 사람을 선발하는가의 문제가 제기된다. 옛날 성왕들처럼 尙同의 원리에 따라 각 기관의 우두머리는 천자가 임명한다(故古者聖王 唯而審以尙同, 以爲正長). 이는 중앙집권적 체계에서는 지극히 상식적인 방식이다. 문제는 천자의 선출이다. 「尙同」 上에는 명확히 표현하지 않지만, 中 · 下 편에서 그 단서를 찾을 수 있다. 천하가 천하의 이로움을 하나로 통일시키고자 현명한 사람을 선택하여 천자로 세운다(是故天下之欲同一天下之義也, 是故選擇賢者, 立爲天子). 여기에서 천자를 선발하는 주체는 天下이다. 天下를 天으로 해석하면 君主天命論이나 王權神授說이 되고, 天下之人으로 해석하면 民約論이 되어 군주선출론이 된다.[•] 『墨子』에서 天下는 대부분 '세상 사람들'이라는 의미로 사용되었다는 점에서, 그리고 그의 사상적 맥락에서 볼 때 후자가 옳다고 판단된다. 여전히 어떻게 선출하는가에 대한 방법론의 문제가 남아있지만, 이는 홉스보다 한 걸음 더 발전된 사고이다. 홉스의 이론은 로크와 루소에 의해 계승 발전되어 꽃피웠지만, 묵자의 尙同이론은 어느 누구에 의해서도 계승되지 못했으며, 2000년 이상 중국의 어떤 사상가도 세습에 의한 왕위계승을 의심하지 못했다.[••] 이는 중국

[•] 畢沅과 孫詒讓이 전자의 입장을 취하고, 梁啓超가 후자의 입장을 취한다.

[••] 丁若鏞(1762-1836)은 마을 사람들이 里政을 선출하고, 이정이 모여 黨政을 추대하고, 당정이 모여 州長을 선출하고, 주장이 모여 國君을 추대하고, 국군이 모여 方伯을 추대하고, 방백이 모여 皇

의 비극이자 동아시아의 불운이 아닐 수 없다.

그러나 현재의 관점에서 볼 때 묵자의 근대성은 「明鬼」下*에서와 같이 일정한 한계를 보여주기도 한다. 묵자는 귀신을 하느님을 대신하여 인간의 행위를 판단하여 상과 벌을 주는 존재로, 나아가 인간사회의 질서를 유지하는 인격신으로 상정하고 있다.** 묵자의 논리체계에서 하느님과 인간을 연결시키는 귀신의 존재는 필연적이라고 생각된다. 그러나 귀신의 존재여부를 증명하는 방식이 三表法에 의거하여 귀신을 보고 들은 백성이 있다는 점과 역사서에 의거하여 성왕들이 귀신의 존재를 믿었다는 점을 예로 들어 설명하는 방식이지만, 논리의 전개방식이 『墨子』의 다른 부분과 달리 매우 유치하고, 내용에서도 신화와 역사의 혼돈으로 인한 일반화의 오류를 범하고 있다고 판단된다. 묵자의 귀신은 중국의 고대신앙에 나오는 귀신을 계승하고 발전시켰다고 평가할 수 있으나, 여전히 애니미즘적 요소를 여전히 포함하고 있다.

또한 묵자는 築城 기술자이면서 무기제작 전문가였기 때문에 광학을 포함한 물리학과 기하학을 포함한 수학에 대하여 상당한 조예가 있었음을 알 수 있다. 이러한 사실은 〈墨經〉에 잘 나타나 있다. 그럼에도 불구하고 '개구리가 메추라기로 변한다'***는 당시의 속설을 그대로 믿고 있다. 이러한 한계를 '근대성의 부족'이라고 부를 수 있지만 그렇다고 묵자의 근대적 성격을 과소평가해서는 안 된다. 과학적 방법론의 패러다임을 바꾼 뉴턴(Isaac Newton, 1642-1727)이 연금술에 깊이 탐닉했다는 이유로 그의 업적과 근대적 방법론이 폄훼되어서는 안 되는 이유와 같다. 일본의 대표적인 묵자 연구자인 와타나베 다카시(渡辺卓)가 언급한 바와 같이 "묵가는 고대에 너무 일찍 근대를 지향했으며, 그 때문에 절멸했고 역시 그 때문에 오늘날 우리에게 다시 상기"되고 있다.

王을 추대하는 상향식 모델을 제시했다. 『原牧』 참조.

● 「明鬼」편은 上·中은 전해지지 않고 下편만이 전해지고 있다.

●● 이를 근거로 혁명 이후 중국의 일부 좌편향 학자들이 묵자를 유물론자가 아닌 우파로 간주하는 흐름이 있다.

●●● 「經說」上 #45 참조.

경제학자의 묵자 읽기

(2) 실천성

묵자에게 있어서 말과 주장은 三表法에 근거하여 논리적이어야 하고, 행위는 세상 사람들에게 이로움을 주어야 하며, 말과 행위는 서로 어긋남이 없어야 한다. 묵가가 우(禹) 임금을 성왕 중의 성왕으로 떠받들고 최고의 모범으로 삼았다는 사실은 잘 알려져 있지만 "우 임금의 행위를 후대하는 일은 세상에 보탬이 되지만, 우 임금을 후대하는 일은 세상에 보탬이 되지 않는다(厚禹之加於天下,而厚禹不加於天下)"고 말한다. 묵자는 개인을 우상숭배하지 않았으며, 백성을 위한 禹 임금의 희생정신과 실천정신을 높이 평가하고 그 결과로 나타나는 그의 업적을 칭송했다.

言行一致를 유난히 강조한 묵자는 "실천할 수 있는 말은 항상 해야 하며, 실천할 수 없는 말은 반복되어서는 안 된다. 실천할 수 없는 말을 항상 하는 행위는 입을 더럽힌다"(「貴義」문단 5)고 말한다.

言足以遷行者, 常之;
不足以遷行者, 勿常。
不足以遷行而常之, 是蕩口也。

또한 실천하는 도중에 어려움이 있더라도 좌절하지 말라고 제자들에게 가르친다. "의로움을 행하다가 잘되지 않더라도 반드시 그 도(道)를 물리치지 마라. 비유하자면 목수가 나무를 깎다가 잘되지 않는다고 먹줄을 물리치지 않는 것과 같다."(「貴義」문단 7)

爲義而不能, 必無排其道。
譬若匠人之斲而不能, 無排其繩。

근면함과 실천방법이 너무 지나치다고 평가받고 많은 사람들이 외면하였지만 묵자는 홀로 자신의 신념을 실천하였다는 일화가 많다. 公孟子가 사람들을 만나 유세하느라 고생하는 묵자를 보고 "왜 그런 고생을 하십니까?" 하고 묻자 "다니면서 사람들에게 유세하면 업적과 착함(善) 역시 많아지니 왜 다니면서 사람들을 설득하지 않겠습니까?"(「公孟」문단 2)라고 대답했다.

行說人者, 其功善亦多, 何故不行說人也!

묵자가 노(魯)나라에서 제(齊)나라로 가다가 오래된 벗을 방문했다. (그 벗이) 묵자에게 "지금 세상 사람들이 의로움을 행하지 않는데 자네 홀로 스스로 고생하면서 의로움을 행하니 (이제) 그만 두느니만 못하네"라고 말하자 묵자는 다음과 같이 말했다. "지금 여기에 열 명의 자식을 가진 사람이 있다고 하자. 한 사람이 밭을 갈고 아홉 사람이 놀고 있다면 밭을 가는 사람은 더욱 (일을) 재촉할 수밖에 없네. 왜냐하면 먹을 사람은 많은데 밭을 갈 사람은 적기 때문이네. 지금 세상 사람들이 의로움을 행하지 않는다면 자네가 마땅히 나에게 (의로운 행위를) 권장해야지 어찌 나를 향해 그만두라고 하는가?"(「貴義」문단 2)

子墨子自魯卽齊 過故人。
謂子墨子曰: 今天下莫爲義, 子獨自苦而爲義, 子不若已。
子墨子曰: 今有人於此, 有子十人, 一人耕而九人處, 則耕者不可以不益急矣。
何故 則食者衆, 而耕者寡也。
今天下莫爲義, 則子如勸我者也, 何故止我?

또한 묵자가 자신의 제자 勝綽을 벼슬살이 보냈는데 그가 非攻의 가르침을 위반하자, 그의 상관인 項子牛에게 "의로움을 말하면서 행동하지 않는 것은 알면서 범죄를 저지르는 일(言義而不行, 是犯明也)"이라며 물러나게 하라고 요청[●]하기도 한다. 楚나라 왕, 齊나라 왕, 魯陽의 文君을 만나 전쟁의 부당성을 설명하고 전쟁을 만류하는 일은 反戰·平和主義者로서 당연한 귀결이지만 당시 賤民

● 「魯問」문단 19 참조.

경제학자의 묵자 읽기

으로서 묵자에게는 목숨을 걸지 않고는 실천할 수 없는 행동이었다.

그의 실천과정은 가혹하리만큼 철저하게 이루어졌고, 그러한 행동양식은 후에 그를 따르는 묵가 집단의 규율에 그대로 반영되었다. 『淮南子』에 의하면 묵자를 따르는 180명은 모두 불에 뛰어들고 칼날을 밟으며 죽는다 해도 발길을 돌리지 않았다(墨子服役者百八十人, 皆使赴火蹈刃, 死不旋踵)고 한다.

묵자와 사상적으로 대척점에 서 있던 諸子百家들도 묵자의 근면성과 검소함, 그리고 실천적 태도에 대해서는 인정하지 않을 수 없었다. 묵자사상을 백성을 속이는 사악한 이론(邪說誣民)이라고 주장했던 孟子도 "묵자는 겸애를 주장하면서 머리끝에서 발꿈치까지 털이 다 닳아 없어질 때까지 천하에 이로운 일이라면 행했다(墨子兼愛, 摩頂放踵, 利天下爲之)"고 평가한다.

莊子는 묵자의 생각은 옳지만 행동은 너무 지나치며(爲之大過), 비록 묵자 혼자서 실행할 수 있다 하더라도 세상 사람들이 실천할 수 없기 때문에(墨子雖獨能任 奈天下何) 세상 사람들로부터 괴리되었다고 비판한다. 그리고 "후세의 묵가들에게 갓옷과 칡베 옷을 입게 하고 나막신과 짚신을 신고서 밤낮으로 쉬지 않게 하였으며, 고생이 최고라고 생각하게 만들었다. '이와 같이 하지 못하면 우(禹)왕의 도가 아니며 묵가가 되기에 부족하다'고 말했다."(『莊子』「天下」)

使後世之墨者 多以裘褐爲衣, 以跂蹻爲服, 日夜不休。以自苦爲極。
曰 不能如此, 非禹之道也, 不足爲墨。

"그러나 묵자는 진정으로 천하를 사랑했다. 도를 추구하면서 얻지 못하면 몸이 아무리 여위어도 그치지 않았으니 과연 훌륭한 선비였다"(『莊子』「天下」)고 평가한다.

雖然 墨子眞天下之好也。將求之不得也, 雖枯槁不舍也, 才士也夫。

● 『孟子』「盡心」上.

생명을 건 묵자의 실천방식이 무모하며 묵가 집단의 엄격한 규율이 권위주의적이라고 비판받고 있지만, 현실주의자인 묵자는 사회개혁을 위한 자신만의 합리적인 실천방안을 가지고 있었다. 선택과 집중을 통한 효율적인 실천방식을 다음과 같이 제시하는데, 이는 논리성과 합리성을 담보한 신중한 현실주의자로서 묵자의 면모를 보여준다.

제자인 魏越이 각국에서 유세하는 방식을 묻자 다음과 같이 대답한다. "그 나라에 들어가서 반드시 힘쓸 부분(務)을 선택하여 일에 종사해야 한다. 국가가 혼란스러우면 현명한 사람을 존중(尙賢)하고 같아짐을 존중(尙同)해야 한다고 말해야 한다. 국가가 가난하면 절약(節用)과 간소한 장례(節葬)를 말해야 한다. 국가가 음악을 즐기고 (운명론을) 탐닉하면 음악을 비판(非樂)하고 운명론을 비판(非命)해야 한다. 국가가 음란하고 예의가 없다면 하늘을 존중(尊天)하고 귀신을 섬기라(事鬼)고 말해야 한다. 국가가 약탈과 침략에 힘쓰면 두루 사랑함(兼愛)을 말하고 공격전쟁을 비난해야(非攻) 한다. 그래서 힘쓸 부분을 선택하여 일에 종사해야 한다고 말한다.(「魯問」 문단 14)

凡入國, 必擇務而從事焉。
國家昏亂, 則語之尙賢, 尙同;
國家貧, 則語之節用, 節葬;
國家憙音湛湎, 則語之非樂, 非命;
國家淫僻無禮, 則語之尊天, 事鬼;
國家務奪侵凌, 卽語之兼愛, 非攻,
故曰 擇務而從事焉。

이러한 태도는 묵자에 대한 제자들의 평가에서도 나타난다. "묵자 선생은 깊어야 할 것은 깊게 하고, 얕아야 할 것은 얕게 하고, 보탤 것은 보태고, 존중할 것은 존중한다. 차례대로 유래를 살피고 원인을 비교하여 좋은 결과가 나올 때까지 반복 실천을 지시하셨다. 그다음에 가르침과 논리체계를 살피고 반복 실천을 요청했다."[8] 즉, 연구는 깊이 있게 하고, 미움은 제거하고, 이익과 사랑은 보

경제학자의 묵자 읽기

태고, 어버이는 존중하는 그의 삶의 태도를 잘 표현하고 있다. 이와 같이 묵자는 노동이 존중받는 사회를 지향하면서도 사회적 분업, 그리고 선택과 집중(擇務而 從事)을 주장하며 효율성을 강조했다. 이런 면에서 그는 논리적이며 합리적인, 그리고 철저한 실천가로서의 모습을 보여준다.

(3) 계급적 성격

앞에서도 언급했듯이 묵자는 모든 일의 옳고 그름을 판단할 때 三表法이라는 명확한 기준을 가지고 있었다. "세 가지 기준은 무엇인가? 근본(本) 되는 것이 있어야 하고, 근원(原) 되는 것이 있어야 하고, 쓰임(用)이 있어야 한다. 어디에 근본을 두어야 하는가? 위로 옛날 성왕들의 업적에 근본을 두어야 한다. 무엇에 근원해야 하는가? 아래로 백성들이 보고 듣는 실정을 살피는 데 근원해야 한다. 무엇에 쓰여야 하는가? 형벌과 정치에 드러나고, 나라와 백성들의 이익에 부합하는지 살피는 데 쓰여야 한다. 이것이 내가 말하는 세 가지 기준이다."(「非命」上 문단 2)

何謂三表?
子墨子言曰: 有本之者, 有原之者, 有用之者。
於何本之? 上本之於古者聖王之事。
於何原之? 下原察百姓耳目之實。
於何用之? 廢以爲刑政, 觀其中國家百姓人民之利。
此所謂言有三表也。

성왕들의 업적(本)은 옳고 그름의 기준이며, 백성들이 보고 듣는 실정(原)은 백성들의 눈높이에서 여론을 수렴해야 하며, 나라와 백성들의 이익에 부합(用)

● 「大取」 문단 20~23 참조.

하여야 한다. 이 세 가지 기준 중에서 가장 중요한 것은 역시 '나라와 백성의 이익에 부합하는지의 여부'이다. 하층민인 백성의 이익에 부합하지 않으면 그 어떤 제도와 정책도 그 의의가 사라진다는 묵자의 실용주의적 면모를 보여준다. 앞에서 살펴본 尙同의 국가 구성 이론과 兼愛의 통치 원리가 백성들의 안위와 이익을 위하여 성립한다는 묵자의 논리는 三表法의 기준에서 나왔다고 볼 수 있다.

묵자는 노동의 중요성을 언급하면서 자연적 분업을 넘어 사회적 분업과 작업장 내 분업을 강조했다. 이는 그가 분업이 노동의 사회적 생산력을 증대시킨다는 사실을 인지했음을 의미한다. 물론 고대사회의 사회적 분업은 정신노동과 육체노동의 분리를 전제하고 있으며, 정신노동은 특정 신분에 의하여 독점되었다. 묵자도 정신노동을 하는 貴와 육체노동을 하는 賤을 구별하고 있으나, 이는 유가에서 말하는 貴賤과는 차이가 있다. 유가에서는 혈연에 의해 세습되는 貴賤이지만 묵자의 貴賤은 능력에 따라 결정된다. 따라서 묵자의 貴賤은 사회적 역할에 따라 정해지지만 유가에서처럼 세습되지 않을 뿐 아니라 그로 인하여 차별받지 않는다.

묵자는 여러 곳에서 능력을 강조하는데, 그 능력을 결정하는 기준은 백성을 이롭게 하는 노동의 결과(功)*이다. 능력에 따라 관직을 주고, 노력에 따라 상을 내리고, 공적에 따라 녹봉을 주는 효율적인 시스템을 주장했다. 물론 능력과 노력과 공적은 백성을 이롭게 하는 공적인 이익(公義)에 부합하여야 한다. 그렇다고 묵자가 육체노동을 낮게 평가하거나 천시하지는 않았으며, 오히려 정신노동이 생산적인 육체노동을 지원해야 한다고 생각했다. 농부가 농사지을 시간이 없거나 아녀자가 베를 짤 겨를이 없다면 나라의 근본을 잃게 된다**고 농업과 수공업의 중요성을 강조했다. 공인 출신의 묵자는 배와 수레를 만들고 집을 짓고 성을 쌓는 일이 얼마나 중요한지 여기저기에서 언급한다. 육체노동만을 중시하는 農家와는 달리 묵자는 정신노동과 육체노동의 사회적 분업을 통하여 확대재

● 「經」上 #35에 "功, 利民也"로 정의하고 있다.

●● "農夫不暇稼穡, 婦人不暇紡績織絍, 則是國家失卒." 「非攻」下, 문단 3.

　　　　　　　　　　　　　　　　　　경제학자의 묵자 읽기

생산을 제시하는 발전모델을 제시했다. 정신노동에 해당하는 정치와 재판의 역할은 백성들의 생산적 노동의 시간을 확보해주어야 하며, 노동력의 기반인 인구 증대에 도움이 되어야 한다.

兼愛의 실천 강령인 非攻, 節用, 節葬, 非樂, 非命에 대한 주장도 그 기준은 모두 백성들의 이익에 달려 있다. 공격전쟁을 반대하고, 사치와 낭비를 없애고, 호화 장례와 오랜 초상을 간소하게 하고, 음악을 비난하며, 운명론을 배격하는 이유가 당시의 사회제도가 재생산구조를 파괴하여 굶주리고 헐벗은 백성들의 생존을 위협하였기 때문이다. 묵자는 당시의 현실 속에서 신음하는 백성들에게 '최대 다수의 최대 행복'이 아니라 '최대 다수의 기본적 욕구를 충족'시키려고 노력했다.[*] 위계질서 또는 수직적 사회구조를 자연법칙으로 인정한 荀子와 韓非子는 국가가 개인을 제어하는 데 초점을 두었다면, 수직적 질서를 義가 구현되는 수단으로 생각한 墨子는 국가를 통하여 개인의 이익을 중재하고 조정하여 이 땅에 하느님의 公義를 실현하려고 했다. 公義가 실현된 하느님의 나라에서는 가난하고 천하고 약하고 어리석은 사람들이 해방되고, 노인 과부 고아와 같은 사회적 약자들이 최소한의 사회적 보장을 받는다. 이들은 모두 훗날 예수가 말한 '지극히 보잘 것 없는 자'들이며, '고난 받는 자'들이었다.

모든 사회이론이나 사회사상은 그것이 의도하든 의도하지 않든 특정한 집단이나 계급의 이해관계를 반영하고 있다. 공자와 맹자, 순자와 노자, 상앙과 한비자 등 당시의 사상가들이 정도의 차이는 있으나 모두 백성들의 안정을 말한다. 그러나 그들이 말하는 백성의 안위는 혈연에 의한 신분적 차별을 옹호하면서 지배계급의 온정적 시혜를 베푸는 한에서만 가능했다. 결국 그들은 군주와 귀족관료, 또는 노예 소유주와 신흥지주 등 지배계급의 이해관계를 옹호하였으나[**] 오로지 묵자만이 하층민을 수단화하지 않고 그들의 이해를 대변했다. 큰 나라보다는 작은 나라, 부자보다는 빈자, 귀족보다는 천인, 다수보다는 소수, 영악

●   손영식, 「묵자의 '하느님의 뜻'에 근거한 보편적 사랑의 이론」, 『울산대학교 인문논총』 제16집, 127면.

●●   제자백가의 통치론에 대한 개괄은 임건순(2014), 『제자백가 공동체를 말하다』, 서해문집을 참조하라. 저자는 쉽게 풀어서 설명하는 데 특별한 재주를 가지고 있다.

한 사람보다는 어리석은 사람을 대변하였으며, 노동력이 없는 사회적 약자에 대한 배려도 잊지 않았다. 근대 유럽의 사회계약론이 시민의 이해를 대변하였고 마르크스가 노동자계급의 이해를 옹호했다면, 묵자는 농업과 수공업 그리고 상업에 종사한 당시의 피지배 계급의 이해에 철저하게 복무했다.

묵자 읽기

❶ 『漢書』「藝文志」에 따르면 『墨子』는 총 71편으로 구성되어 있으나 현재 53편만 전해지고 있다. 현존하는 53편은 글의 내용과 성격에 따라 〈入門〉, 〈十論〉, 〈墨經〉, 〈對話〉, 〈兵法〉으로 분류할 수 있다. 이 책은 〈兵法〉과 〈十論〉 중 亡失된 8편을 제외하고 모두 42편을 번역 수록했다. 〈兵法〉은 11편으로 구성되어 있으며 「非攻」의 이론적 근거로서 주로 성을 방어하고 적에 대항하는 방법을 서술하고 있으나, 誤脫이 심하여 전체적인 내용을 온전하게 파악하기 어려워 일반 독자들이 읽기에 부적절하다고 판단했기 때문에 제외했다.

❷ 이 책은 孫詒讓의 『墨子閒詁』를 底本으로 삼았으나 옛날 판본과 대조하여 孫詒讓이 무리하게 수정 또는 교정했다고 판단되는 부분에 대해서는 옛날 판본을 따라 다시 수정했다. 異論이 없는 교정에 대해서는 그대로 수록하였지만, 특히 「經」上·下, 「經說」上·下, 「大取」, 「小取」 편에서는 가능하면 옛날 판본의 원문을 존중하여 있는 그대로 번역했다.

❸ 번역의 구성은 먼저 원문을 수록하고 뒤에 번역문을 실었으며, 마지막에 주석을 달았다. 원문은 글의 흐름에 따라 문단을 나누어 번호를 부여하였고, 각 문단마다 독자들이 원문을 쉽게 읽을 수 있도록 시각적인 띄어쓰기를 시도했다. 현실적으로 고전을 읽을 때 번역문만을 볼 경우 이해하기 어렵거나 잘못 이해하는 경우가 너무 많아 가능하면 원문과 대조하며 읽기를 추천한다.

❹ 번역은 가능하면 原典에 충실한 直譯을 원칙으로 했다. 우리나라에서 출판된 번역서 중에서 意譯에 많이 의존한 작품은 대개 본래의 뜻에서 많이 벗어나 있다고 판단했기 때문이다. 意譯은 번역하기 어려운 기술적인 문제 때문에 시도되기도 하지만, 意譯에 의존할수록 墨子의 사상을 왜곡할 가능성이 커지기 마련이다. 이는 사상의 본질을 있는 그대로 조명하기보다는 과대평가하려는 경향과 맞물려 있다고 생각된다. 墨子는 있는 그대로 보아도 위대한 사상가이다.

❺ 『墨子』에는 옥편에 나오지 않는 古字와 僻字(잘 쓰이지 않는 글자)가 많이 나오는데, 가능한 한 원문 그대로 실었으며 주석에서 설명했다. 원문 중에 개별 한자의 뜻을 병기했다. →는 誤字라고 판단되어 고쳐 읽어야 할 경우 사용하였고, =는 같은 의미로 보아도 무방할 때 사용했다.

입문 入門

❶ 〈入門〉은 第一 「親士」, 第二 「脩身」, 第三 「所染」, 第四 「法儀」, 第五 「七患」, 第六 「辭過」, 第七 「三辯」 총 7편으로 구성되어 있다. 梁啓超는 앞의 3편은 묵자사상이 아니고 후대에 개작한 것으로 보고 있으며 「法儀」, 「七患」, 「辭過」, 「三辯」 4편을 墨學의 개요라고 주장했다.

❷ 「親士」, 「脩身」편은 제목이나 내용 면에서 儒家的이며 다른 편과 달리 '子墨子曰'로 시작하지 않는다는 면에서 梁啓超의 주장에 형식적인 근거가 있다고 생각된다. 그러나 墨子 자신이 儒家에서 출발하여 儒家의 한계를 비판하면서 극복했다는 점을 고려한다면 그의 주장을 따르기 어렵다. 「親士」와 「法儀」는 내용적으로 각각 〈十論〉에 나오는 「尙賢」과 「天志」, 「兼愛」와 친화적이며 그 도입 부분에 해당한다고 볼 수 있다. 「所染」편 역시 형식적으로나 내용적으로도 경험주의자로서의 墨子의 인성론(人性論)을 잘 반영하고 있다고 생각된다. 〈十論〉 중에서도 모든 편이 '子墨子曰'로 시작하지만, 「非攻」上, 「節用」上, 「非儒」下편이 그렇지 않다는 이유로 묵자사상이 아니라고 말하기는 어렵다. 약간의 논쟁은 있지만 『墨子』의 모든 글이 묵자가 직접 집필한 것이 아니고, 후대에 묵자의 제자들이 기원전 4세기 초에서 3세기 말에 걸쳐 저술한 것으로 보인다.

❸ 「所染」, 「法儀」, 「七患」, 「辭過」 4편의 글은 상대적으로 완성도가 높은 반면 나머지 3편은 완성도가 떨어진다. 특히 「三辯」은 다른 편과 달리 대화체로 구성되어 있을 뿐 아니라, 음악을 비판(非樂)하려는 의도로 집필되었으나 내용도 짧고 논리적이지 않아 원본의 많은 부분이 누락되었다고 생각된다. 「七患」, 「辭過」, 「三辯」는 모두 사치와 낭비를 배격하는 내용으로 이루어져 있어 「節用」, 「節葬」, 「非樂」의 도입부 또는 보충설명으로 보아도 무방하다.

❹ 일본의 묵자 연구가인 와타나베 타카시(渡辺卓)는 이 7편이 초기 묵가의 작품이라는 일부 주장에 대하여 착각이라고 주장하며, 빨라도 중기 묵가 이후의 작품이라고 주장했다.

第一 親士

1

入國而不存其士, 則亡國矣。 　　　　　　　　　入=治

見賢而不急, 則緩其君矣。 　　　　　　　　　緩완: 업신여기다

非賢無急, 非士無與慮國。

緩賢忘士, 而能以其國存者, 未曾有也。 　　　　　忘: 소홀히 하다

昔者文公出走 而正天下, 　　　　　　　　　　正=長: 우두머리가 되다

　　桓公去國而霸諸侯,

　　越王句踐遇吳王之醜, 而尚攝中國之賢君, 　　　醜추: 치욕

三子之能達名成功於天下也, 皆於其國抑而大醜也。

太上無敗, 其次敗而有以成, 此之謂用民。

나라를 다스리는 데 선비가 없으면 나라가 망한다. 현명한 사람을 찾는 데 게으르면 임금을 업신여긴다. 현명한 사람이 아니면 급하지 않고, 선비가 아니면 더불어 나라를 염려하지 않는다. 현명한 사람을 업신여기고 선비를 소홀히 하면서 나라가 보존된 적은 아직까지 없었다. 옛날 문공(文公)은 도망가서 천하를 정복했으며, 환공(桓公)은 나라를 떠나서 모든 제후를 지배했고, 월(越)왕 구천(句踐)은 오(吳)왕의 치욕을 만나서 오히려 나라의 현명한 군주가 되었다. 세 명이 천하에 이름을 떨치고 업적을 이룬 것은 모두 나라에서 큰 치욕을 참았기 때문이다. 가장 좋은 것은 실패하지 않는 것이지만 그다음은 실패하고도 이루는 것이다. 이를 일러 용민(用民)이라 말한다.

2

吾聞之曰: 非無安居也, 我無安心也;

非無足財也, 我無足心也。

是故君子自難而易彼, 衆人自易而難彼。

君子進不敗其志, 內究其情, 雖雜庸民, 終無怨心, 彼有自信者也。

進: 벼슬하다, 內=退: 물러나다

是故爲其所難者, 必得其所欲焉,

未聞爲其所欲, 而免其所惡者也。

是故偪臣傷君, 諂下傷上。

偪=逼핍: 위협하다, 諂첨: 아첨하다

君必有弗弗之臣, 上必有詻詻之下。

弗→拂 털다, 詻액: 다투다, 거스르다

分議者延延, 而支苟者詻詻, 焉可以長生保國。

延: 넓어지다, 퍼지다

臣下重其爵位而不言, 近臣則喑, 遠臣則吟, 怨結於民心,

喑암: 벙어리, 唫금:

함구하다

諂諛在側, 善議障塞, 則國危矣。

桀紂不以其無天下之士邪? 殺其身而喪天下。

無: 없애다, 무시하다

故曰: 歸國寶 不若獻賢而進士。

내가 듣기론 편안한 거처가 없어서 편안한 마음이 없는 것이 아니며, 풍족한 재산이 없어서 만족하는 마음이 없는 것이 아니다. 그런 까닭으로 군자는 스스로에게 엄하고 남에게 관대하지만, 보통 사람은 자신에게 관대하고 남에게 엄하다. 군자는 벼슬을 하여도 그 뜻을 바꾸지 아니하고, 물러나서도 그 마음을 일정하게 하여 비록 낮은 백성과 섞여 살아도 끝내 원망하는 마음이 없다. 이는 스스로 믿음이 있기 때문이다. 그리하여 어려운 일을 하는 자는 반드시 뜻한 바를 이루지만, 욕심만 이루고자 하면 나쁜 결과를 면할 수 없다. 그리하여 간사한 신하는 군주를 해치며. 아첨하는 아랫사람은 윗사람을 해친다. 임금은 반드시 직언하는 신하를 가져야 하고 윗사람은 반드시 자유롭게 말하는 아랫사람을 가져야 한다. 토론을 진지하게 하고 충고를 자유롭게 한다면 나라를 오래 보존할 수 있다. 신하가 자신의 작위를 중히 여겨 말을 하지 않으면 가까이 있는 신하는 벙어리가 되고, 멀리 있는 신하는 입을 다문다. 그러면 민심에 원한이 맺힌다. 아첨꾼이 옆에 있어 좋은 토론이 막히면 나라가 위험해진다. 걸(桀)왕과 주(紂)왕이 천하의 선비를 무시하여 자신을 죽이고 천하를 잃은 것이 아닌가? 그리하여 '나라에 보물을 바치는 일은 현인을 천거하고 선비를 등용하는 것만 못하다'고 했다.

3

今有五錐, 銛者必先挫;   錐추: 송곳, 銛섬=利: 날카롭다

有五刀, 此其錯, 錯者必先靡。   錯착: 숫돌, 靡미: 쓰러지다

是以甘井近竭, 招木近伐, 靈龜近灼, 神蛇近暴。   招=高, 灼작: 굽다, 튀기다

是故比干之殪, 其抗也;   殪에=死

    孟賁之殺, 其勇也;

    西施之沈, 其美也;

    吳起之裂, 其事也。

故彼人者, 寡不死其所長, 故曰: 太盛難守也。

지금 다섯 개의 송곳이 있는데, 그중 가장 날카로운 것이 반드시 가장 먼저 꺾인다. 다섯 개의 칼이 있다면 그중 숫돌로 간 칼이 반드시 먼저 무디어진다. 그래서 단 우물이 먼저 마르고, 곧은 나무가 먼저 베이며, 신령스러운 거북이 먼저 불에 타고, 신비한 뱀이 햇볕에 먼저 말려진다. 그러므로 비간(比干)의 죽음은 항거한 탓이요, 맹분(孟賁)의 죽음은 용맹한 탓이다. 서시(西施)가 물에 빠져 죽은 것은 아름다움 때문이요, 오기(吳起)의 찢겨 죽음은 그가 한 일 때문이었다. 이들은 모두 자신의 장점 때문에 죽지 않을 수 없었다. 그래서 '지나치게 성대한 것은 지키기 어렵다'고 말한다.

---

❶ 比干: 殷나라 마지막 왕인 紂王의 숙부로서 紂王에게 간언하다가 죽임을 당했다. 箕子와 微子와 더불어 三仁으로 불린다.

❷ 孟賁: 秦나라 武王의 총애를 받은 장군. 대단한 완력과 용기를 가진 인물로서 소의 생뿔을 뽑아낼 수 있었다고 전해진다.

❸ 西施: 춘추시대 말기 越나라 미녀. 吳나라에 패망한 越王 句踐의 충신 范蠡가 데려다가 吳王 夫差에게 바쳤는데, 남다른 총애를 받았다. 夫差는 西施의 미색에 빠져 정치를 등지고 결국 吳나라는 멸망했다.

❹   吳起: 춘추시대 孫武, 孫臏과 더불어 병법의 대가로 불린다. 魯나라, 衛나라, 楚나라 장수로서 국적을 옮겨가며 뛰어난 용병을 보여준 장수이다. 장수이면서 하급병졸들과 의식을 똑같이 하였고, 행군할 때에도 수레를 타지 않았으며, 자기가 먹을 양식은 항상 자기가 가지고 다니는 등 병사들과 고락을 같이 했다고 전해진다. 뿐만 아니라 병사의 종기를 입으로 빨아내 낫게 했다는 吳起吮疽의 일화로도 유명하다.

4   故雖有賢君, 不愛無功之臣,

　　雖有慈父, 不愛無益之子。

是故不勝其任而處其位, 非此位之人也;

　　不勝其爵而處其祿, 非此祿之主也。

　　良弓難張, 然可以及高入深;

　　良馬難乘, 然可以任重致遠;

　　良才難令, 然可以致君見尊。

是故江河不惡小谷之滿己也, 故能大。

聖人者, 事無辭也, 物無違也, 故能爲天下器。

是故江河之水, 非一源之水也; 千鎰之裘, 非一狐之白也。　鎰일: 무게의 단위, 裘구: 갖옷

夫惡有同方取不取同而已者乎? 蓋非兼王之道也。

是故天地不昭昭, 大水不潦潦, 大火不燎燎, 王德不堯堯者,

　　　　　　　　昭: 밝다, 潦료: 맑다, 燎료: 밝다, 비추다, 堯: 높다

　　乃千人之長也, 其直如矢, 其平如砥, 不足以覆萬物。　砥지: 숫돌

是故谿陜者速涸, 逝淺者速竭, 境埆者 其地不育,

　　　　　　谿: 시냇물, 陜: 좁다, 涸학: 물이 마르다, 逝: 가다, 境埆요각: 땅이 메마르다

　　王者淳澤, 不出宮中, 則不能流國矣。　淳=厚, 流=遍: 고루 미치다

비록 어진 임금이라도 공이 없는 신하를 아끼지 않으며, 비록 자애로운 부모라도 도움이 되지 않는 자식을 사랑하지 않는다. 그리하여 임무를 완수하지 않으면서 자리를 차지하면 그 자리의 주인이 아니며, 벼슬을 감당하지 못하면서 봉록을 받으면 그

봉록의 주인이 아니다. 좋은 활은 당기기 어렵지만 높이 오르고 깊이 박힐 수 있다. 좋은 말은 타기 어렵지만 무거운 것을 싣고 멀리 갈 수 있다. 좋은 인재는 다루기 어렵지만 임금을 높이 보이게 한다. 그렇기 때문에 양자강과 황하는 작은 계곡을 싫어하지 않아 자기를 채워 커질 수 있다. 성인은 일을 사양하지 않고, 사물의 도리에 어긋나지 않아 천하의 그릇이 될 수 있다. 따라서 양자강과 황하의 물은 같은 근원의 물이 아니며, 무거운(千鎰) 가죽옷은 한 마리 하얀 여우의 가죽이 아니다. 어찌 같은 처방만 있고, 그 처방을 취하거나 버리거나 한단 말인가? 이는 널리 임금의 도리가 아니다. 천지는 밝고 밝지만 않으며, 큰 물은 맑고 맑지만 않으며, 큰 불은 밝고 밝지만 않으며, 임금의 덕은 높고 높지만 않다. 그래서 모든 사람의 우두머리는 화살처럼 곧고 숫돌처럼 평평하지만 만물을 덮기에는 부족하지 않다. 그래서 시냇물이 좁으면 빨리 마르며, 얕게 흐르면 빨리 고갈되고 메마르면 땅이 (곡식을) 기르지 못한다. 이와 같이 왕의 두터운 은혜가 궁중 밖으로 나가지 않으면 온 나라에 두루 퍼질 수 없다.

---

❶ 鎰: 무게의 단위로 20兩 또는 24兩에 해당한다.

第二 脩身

1 君子戰雖有陳, 而勇爲本焉;

　喪雖有禮, 而哀爲本焉;

　士雖有學, 而行爲本焉。 <small>士=仕: 벼슬살이</small>

是故置本不安者, 無務豐末;

　近者不親, 無務來遠;

　親戚不附, 無務外交;

　事無終始, 無務多業;

　擧物而闇, 無務博聞。 <small>擧: 모든, 闇: 어렴풋하다, 어둡다</small>

군자는 전쟁에서 진영이 필요하지만 용기가 기본이 되어야 한다. 초상에는 예가 있어야 하나 슬픔이 기본이 되어야 한다. 선비에게는 배움이 있어야 하나 행실이 기본이 되어야 한다. 그래서 근본을 안정되게 하지 않고서 지엽말단을 풍성하게 하는 데 힘쓰지 마라. 가까운 사람과 친근하지 않으면서 멀리서 오게 하는 데 힘쓰지 마라. 친척이 따르지 않는데 바깥과 교류하는 데 힘쓰지 마라. 일이 시작도 끝도 없는데 많은 일에 힘쓰지 마라. 모든 사물에 어둡고 어렴풋한데 널리 듣는 데 힘쓰지 마라.

2 是故先王之治天下也, 必察邇來遠。

君子察邇而邇脩者也。 <small>邇: 가깝다</small>

　見不脩行, 見毀, 而反之身者也, 此以怨省而行脩矣。

　　譖慝之言, 無入之耳; <small>譖慝참특: 간사하게 헐뜯다</small>

　　批扞之聲, 無出之口; <small>批扞비한: 때리고 막다, 공격하다</small>

　　殺傷人之孩, 無存之心; <small>孩해: 어린아이, 어리석음</small>

雖有詆訐之民, 無所依矣。　　　　　　　　　　　　詆訐저알: 꾸짖고 비난하다

그리하여 선왕은 천하를 다스림에 있어 반드시 가까운 곳을 살펴 멀리서 오게 했다. 군자는 가까운 곳을 살피고 가까운 것을 닦는다. 바르지 못한 행실을 보거나 비난하는 것을 보면 자신을 되돌아본다. 이로써 원성을 줄이고 행실을 닦는다. 간사한 말은 귀에 들이지 말고, 남을 공격하는 말은 입에서 내지 마라. 남을 죽이거나 다치게 하는 어리석음을 마음에 두지 마라. 비록 비방하는 백성이 있지만 그들은 의지할 곳이 없다.

3　故君子力事日彊, 願欲日逾, 設壯日盛。　　　彊=强, 逾: 넘다, 넘치다, 盛: 두텁다

　　君子之道也, 貧 則見廉, 富 則見義, 生 則見愛, 死 則見哀,

　　四行者不可虛假, 反之身者也。

　　藏於心者 無以竭愛,　　　　　　　　　　　　　　　　竭갈: 마르다, 다하다

　　動於身者 無以竭恭,

　　出於口者 無以竭馴。　　　　　　　　　　　　　　馴순=訓: 가르치다

　　暢之四支, 接之肌膚, 華髮隳顚, 而猶弗舍者, 其唯聖人乎!

肌膚기부: 살갗, 피부, 華髮: 백발, 隳휴: 떨어지다, 顚전=頂: 정수리, 이마

그래서 군자는 일에 대한 노력이 날마다 강해지고, 원하고 바라는 바가 날마다 넘치고, 장대한 몸가짐이 날마다 두터워진다. 군자의 도리는 가난하면 청렴하게 보이고, 부유하면 의롭게 보이며, 살아있으면 사랑을 보이고, 죽으면 슬프게 보인다. 이 네 가지 행실은 헛된 거짓으로는 가능하지 않으니, 자신을 되돌아보아야 한다. 마음에 두는 것으로 사랑을 다할 수 없으며, 몸으로 움직여서 공손함을 다할 수 없고, 입에서 나온 것으로 가르침을 다할 수 없다. 이를 팔다리에 드러나게 하고 피부에 스며들게 하라. 백발이 이마에 떨어져도 이를 버리지 않아야 진정으로 성인이다.

4 志不彊者 智不達, 言不信者 行不果。

據財不能以分人者, 不足與友 ; 守道不篤, 遍物不博, 辯是非不察者, 不足與游。

據거: 점거하다, 독차지하다, 遍: 두루 겪다, 편력하다

本不固者 末必幾, 雄而不脩者 其後必惰, 幾기: 위태하다, 雄: 용감하다, 惰타: 게으르다

　　原濁者 流不淸, 行不信者 名必耗。 耗모: 덜다, 감소하다

名不徒生, 而譽不自長, 功成名遂, 名譽不可虛假, 反之身者也。 徒: 헛되다

務言而緩行, 雖辯必不聽 ; 多力而伐功, 雖勞必不圖。 伐: 자랑하다

慧者心辯而不繁說, 多力而不伐功, 此以名譽揚天下,

　　言無務爲多 而務爲智, 無務爲文 而務爲察。 文: 무늬, 꾸밈

故彼智無察, 在身而情, 反其路者也。

　善無主於心者 不留,

　行莫辯於身者 不立。

　名不可簡而成也,

　譽不可巧而立也, 君子以身戴行者也。 以身戴行: 언행이 일치하다

思利尋焉, 忘名忽焉, 可以爲士於天下者, 未嘗有也。 尋=重, 忽: 소홀히 하다

뜻이 강하지 못하면 지혜에 도달할 수 없고, 말이 미덥지 못하면 행실이 과감할 수 없다. 재물을 독차지하여 다른 사람과 나누지 않는 사람은 더불어 친구가 되지 못하며, 도를 지켜도 돈독하지 않으며, 사물을 두루 겪어도 넓지 못하다. 시비를 가려 살피지 않는 사람은 더불어 놀 수 없다. 줄기가 강하지 않으면 가지(末)는 반드시 위태롭다. 용감하지만 자신을 닦지 않으면 후에 반드시 게을러진다. 근원이 탁하면 흐름은 맑지 못하고, 행실이 미덥지 못하면 명성은 반드시 사라진다. 명성은 근거 없이 생기지 않고, 영예도 스스로 자라지 않는다. 공을 이루어야 명성이 따르고, 명예는 헛된 거짓으로 이룰 수 없다. 자신을 되돌아보라. 말에만 힘쓰면서 행실이 늦으면 비록 말을 잘하더라도 반드시 듣지 않으며, 많은 힘을 들여도 공로를 자랑하면 비록 노고가 있지만 반드시 더불어 도모하지 않을 것이다. 지혜로운 사람은 마음으로 말하지 번잡하게 설명하지 않고, 많이 노력하되 공로를 자랑하지 않는다. 이로써 명예는 천하에 나부낀다. 말을 많이 하는 데 힘쓰지 말고 지혜롭게 되는 데 힘써라. 꾸미는

데 힘쓰지 말고 살피는 데 힘써라. 그래서 지혜도 없이 살피지 않으면 몸에 나태함이 생겨나 그 길(바른 길)에서 어긋난다. 마음에서 우러나지 않는 착함은 머무를 수 없고, 몸에 체화되지 않은 행실은 (바로) 설 수 없다. 명성은 쉽게 이루어지지 않고, 영예는 기교로써 이룰 수 없다. 군자는 몸으로 행실을 실천한다. (자신의) 이익을 무겁게 생각하고 명성을 잊고 소홀히 하면서 선비가 된 사람은 천하에 아직까지 없었다.

第三 所染

1   子墨子言 見染絲者而歎, 曰:

染於蒼則蒼, 染於黃則黃,

蒼: 푸르다

所入者變, 其色亦變,

五入必, 而已則爲五色矣! 故染不可不愼也!

묵자 선생께서 실을 물들이는 것을 보고 감탄하여 말씀하셨다. "푸른 것으로 물들이면 파래지고, 노란 것으로 물들이면 노래진다. 들어가는 것이 변하면 색깔 또한 변한다. 다섯 가지가 들어가면 다섯 색깔이 된다. 그러므로 물들이기는 신중하지 않으면 안 된다."

---

❶   子墨子: 직역하면 '스승 墨 선생'으로, 묵자에 대한 극존칭이다.

2   非獨染絲然也, 國亦有染。

舜染於許由 · 伯陽,

禹染於皋陶 · 伯益,

湯染於伊尹 · 仲虺,

武王染於太公 · 周公。

此四王者 所染當, 故王天下, 立爲天子, 功名蔽天地。

擧天下之仁義顯人, 必稱此四王者。

실 물들이기만 그런 것이 아니고 나라도 역시 물들임이 있다. 순(舜) 임금은 허유(許由)와 백양(伯陽)에게 물들었고, 우(禹)왕은 고요(皋陶)와 백익(伯益)에게 물들었다. 탕

(湯)왕은 이윤(伊尹)과 중훼(仲虺)에게 물들었고, 무왕은 태공(太公)과 주공(周公)에게 물들었다. 이 네 임금은 바르게 물들었다. 그래서 천하의 왕이 되고 천자가 되어 업적과 이름이 천지를 덮었다. 천하에 인의(仁義)를 드러낸 사람을 거론할 때 반드시 이 네 임금을 일컫는다.

---

❶ 許由: 堯 임금으로부터 천자의 자리를 제의받았으나 거절한 후 더러운 소리를 들었다며 강가에서 귀를 씻었다는 전설상의 현인.

❷ 伯陽: 고대 전설상의 현인으로 舜 임금의 일곱 친구 가운데 한 사람.

❸ 皐陶(고요): 禹 임금 때의 명신.

❹ 伯益: 禹 임금 때의 재상으로 우물을 파는 기술을 개발해 井神으로도 불린다. 禹 임금이 그에게 선양하려 하자 禹 임금의 아들 啓에게 양보하고 箕山의 남쪽에 숨어 살았다고 한다.

❺ 伊尹: 夏나라를 멸하고 殷나라를 건국하는 데 공을 세운 공신. 고대의 명재상으로 전해진다.

❻ 仲虺(중훼): 湯 임금 때의 재상.

❼ 太公: 文王과 武王을 도와 殷의 나라를 멸하고 周나라를 세운 공으로 齊나라 제후에 봉해졌다. 姜太公, 太公望으로 불린다.

❽ 周公: 文王의 아들이자 무왕의 동생, 이름은 旦. 무왕이 죽고 어린 성왕(成王)이 즉위하자 섭정하면서 封建制를 실시하여 周나라의 기틀을 잡는다. 儒家에서는 그를 이상적인 성인으로 추앙한다.

3   夏桀染於干辛 · 推哆,

殷紂染於崇侯 · 惡來,

厲王染於厲公長父 · 榮夷終,

幽王染於傅公夷 · 蔡公穀。

此四王者, 所染不當, 故國殘身死, 爲天下僇。   僇욕: 욕보이다, 죽이다

舉天下不義辱人, 必稱此四王者。

하(夏)나라 걸(桀)왕은 간신(干辛)과 추치(推哆)에게 물들었고, 은(殷)나라 주(紂)왕은 숭후(崇侯)와 오래(惡來)에게 물들었다. 여(厲)왕은 여공장보(厲公長父: 父를 보로 읽는다)와 영이종(榮夷終)에게 물들었고, 유(幽)왕은 부공이(傅公夷)와 채공곡(蔡公穀)에게 물들었다. 이 네 임금은 물이 잘못 들었다. 그래서 나라는 망하고 몸은 죽어 천하의 욕

먹는 사람이 되었다. 천하에 의롭지 못한 욕된 사람을 거론할 때 반드시 이 네 임금을 일컫는다.

❶ 干辛 · 推哆(추치): 夏나라 桀王 때의 간신.

❷ 崇候 · 惡來: 殷나라 紂王 때의 간신. 사마천의 『史記』「殷本紀」 참조.

❸ 厲公長父: 虢나라 제후인 長父. 虢公(괵공)으로도 불린다.

❹ 榮夷終(영이종): 榮나라 夷公.

❺ 傅公夷(부공이): 傅나라 제후 夷.

❻ 蔡公穀: 蔡나라 대부 穀.

4 齊桓染於管仲 · 鮑叔,

晉文染於舅犯 · 高偃,

楚莊染於孫叔 · 沈尹,

吳闔閭染於伍員 · 文義,

越句踐染於范蠡 · 大夫種。

此五君者 所染當, 故霸諸侯, 功名傳於後世。

제(齊)나라 환공(桓公)은 관중(管仲)과 포숙(鮑叔)에게 물들었고, 진(晉)나라 문공(文公)은 구범(舅犯)과 고언(高偃)에게 물들었다. 초(楚)나라 장(莊)왕은 손숙(孫叔)과 심윤(沈尹)에게 물들었고, 오(吳)나라 합려(闔閭)는 오원(伍員)과 문의(文義)에게 물들었다. 월(越)나라 구천(句踐)은 범려(范蠡)와 대부종(大夫種)에게 물들었다. 이 다섯 임금(春秋五霸)은 바르게 물이 들어 제후들의 패자가 되고 업적과 명성이 후세에 전해졌다.

❶ 管仲 · 鮑叔: 齊나라 桓公의 현명한 재상들로 두 사람의 우정은 管鮑之交로 잘 알려져 있다.

❷ 舅犯(咎犯): 桓公의 둘째 아들인 晉 文公의 장인. 문공은 驪姬(여희)의 모함으로 형이 죽자 망명하였는데, 이 망명을 주도한 사람이 狐偃(호언)이다. 舅는 장인이고 犯은 자이다.

❸ 高偃: 晉나라의 유명한 점치는 관리로서 郭偃, 卜偃으로 불렸다.

❹ 孫叔: 孫叔은 자이고 이름은 敖이어서 孫叔敖라고도 한다. 치수 및 병법에 공을 세운 莊王 때의 명재상. 은퇴 후 寢邱라는 황무지를 받아서 자손 대대로 번성했다.

❺　沈尹: 莊王 때의 令尹으로 孫叔을 추천하고 밀었다.

❻　伍員: 이름은 子胥. 초나라 사람으로, 아버지와 형이 죽자 吳나라로 망명하여 楚나라를 공격하는 데 앞장섰고 후에 재상이 되었다. 吳王 夫差가 西施의 미색에 빠져 정사를 게을리하자 간언하다가 죽임을 당한다.

❼　文義: 성이 文이고 이름은 之儀이다. 吳王 闔閭의 명신.

❽　范蠡(범려): 楚나라 사람으로 越王 句踐을 도와 吳나라를 멸망시키는 데 큰 공을 세운다.

❾　大夫種: 楚나라 사람으로 성은 文 이름은 種이다. 越王 句踐에게 吳王 夫差를 멸망시킬 일곱 가지 방법(伐吳七術)을 바쳤다. 范蠡와 더불어 吳나라를 멸망시키는 데 큰 공을 세웠다. 후에 句踐에게 죽임을 당한다.

5　范吉射染於長柳朔 · 王胜,

中行寅染於籍秦 · 高彊,

吳夫差染於王孫雒 · 太宰嚭,

知伯搖染於智國 · 張武,

中山尚染於魏義 · 偃長,

宋康染於唐鞅 · 佃不禮。

此六君者 所染不當。

故國家殘亡, 身爲刑戮, 宗廟破滅, 絕無後類, 君臣離散, 民人流亡。

擧天下之貪暴苛擾者, 必稱此六君也。

범길야(范吉射)는 장류삭(長柳朔)과 왕성(王胜)에게 물들었고, 중행인(中行寅)은 적진(籍秦)과 고강(高彊)에게 물들었다. 오(吳)나라 부차(夫差)는 왕손락(王孫雒)과 태재비(太宰嚭)에게 물들었고, 지백요(知伯搖)는 지국(智國)과 장무(張武)에게 물들었다. 중산상(中山尚)은 위의(魏義)와 언장(偃長)에게 물들었고, 송강(宋康)은 당앙(唐鞅)과 전불례(佃不禮)에 물들었다. 이 여섯 임금은 물이 잘못 들었다. 그래서 나라가 멸망하고 몸은 형을 받아 찢어졌다. 종묘는 깨져 멸망하고 후손이 끊어졌다. 임금과 신하는 흩어지고 백성은 흘러 다니다 없어졌다. 천하의 탐욕, 포악, 가혹, 어지러움을 거론할 때 필히 이 여섯 임금을 일컫는다.

❶ 范吉射(범길야): 晉 范獻子 鞅의 아들인 昭子.

❷ 長柳朔・王胜: 呂氏春秋에는 長柳朔과 王生으로 나온다. 둘 다 范吉射의 家臣.

❸ 中行寅: 晉의 대부 中行穆子의 아들 荀文子. 寅은 시호.

❹ 籍秦・高强: 中行氏의 家臣.

❺ 王孫雒(왕손락): 闔閭 때부터 장군이며 대부.

❻ 太宰嚭(태재비): 太宰 伯嚭, 초나라 左尹이던 아버지 伯郤宛(백극완)이 죽자 오나라로 망명해 闔閭의 총애를 받았다. 伍子胥도 吳나라에 망명한 후 伯嚭와 친했다. 闔閭가 越나라를 치려 할 때 伍子胥는 반대했고 伯嚭는 찬성했다. 夫差가 즉위한 후 夫差가 越나라를 공격하여 句踐을 사로잡았을 때 伍子胥는 죽이자 했고 伯嚭는 포로로 살려두자고 주장했다. 伯嚭는 句踐의 뇌물을 받고 夫差와 伍子胥를 이간질했고 결국 夫差가 伍子胥를 죽였다. 후에 句踐이 吳나라를 멸망시킨 뒤 자신과 내통했던 伯嚭를 죽였다. 이후 伯嚭는 중국 역사상 간신의 표본으로 삼는다.

❼ 智伯搖: 宣子 申의 아들인 襄子. 晉나라 다섯 대부 중 가장 센 집안으로 趙나라를 공격하다가 역공을 받아서 죽고 집안은 망한다.

❽ 智國・張武: 智伯搖의 가신. 智國은 과하게 행동하지 말라고 충고했고, 張武는 韓과 魏를 공격하라고 했다가 진양에서 잡혔다.

❾ 中山尚: 중산국은 魏文侯가 공격해서 점령하고 큰아들을 봉했다. 그 후 다시 나라가 섰다가 趙나라가 惠文王 4년에 멸망시켰다. 中山 桓公이 魏나라에 의해 멸망했는데, 아마 中山 尚은 이 사람을 가리키는 것 같다. 魏義와 偃長은 그 신하이다.

❿ 宋康: 宋나라 왕 偃, 시호가 康이다. 齊나라 湣王(민왕)에게 멸망당했다. 唐鞅과 佃不禮는 그 신하이며, 모두 전형적인 간신으로 평가받는다.

6　凡君之所以安者何也? 以其行理也, 行理性於染當。

故善爲君者, 勞於論人, 而佚於治官。　論=選, 擇, 佚: 편안하다

不能爲君者, 傷形費神, 愁心勞意, 然國逾危, 身逾辱。　逾: 점점 더, 더욱

此六君者, 非不重其國愛其身也, 以不知要故也。

不知要者, 所染不當也。

무릇 임금이 편안하게 여기는 바는 무엇인가? 도리(理)에 맞게 행동해야 한다. 도리에 맞는 행위는 바르게 물들여지는 데서 나온다. 그래서 좋은 임금은 사람을 선택할 때 수고롭고, 관리를 다스림에서 편안하다. 임금이 될 수 없는 자는 몸을 상하게 하

고, 정신을 소비하며, 마음을 근심되게 하고, 뜻을 수고롭게 한다. 그래서 나라는 더욱 위태롭고 몸은 더욱 욕되게 한다. 이 여섯 임금은 나라를 중하게 여기지 않거나 몸을 사랑하지 않은 것이 아니다. 요점을 알지 못했기 때문이다. 요점을 알지 못하는 사람은 바르지 않게 물들었기 때문이다.

---

❶ 行理性於染當: 묵자는 인간의 도리와 그에 따르는 행동이 주변 사람들에 의해 후천적으로 물들여진 사회화의 결과라고 판단하고 있다. 묵자에 영향을 받은 荀子는 학습에 의하여 보통 사람도 禹왕과 같은 성인이 될 수 있다고 주장했다(途之人可以爲禹, 靡使然也.『荀子』「性惡」).

7　非獨國有染也, 士亦有染。

其友皆好仁義, 淳謹畏令, 則家日益, 身日安, 名日榮, 　　淳: 순박하다

　　處官得其理矣, 則段干木·禽子·傅說之徒 是也。

其友皆好矜奮, 創作比周, 則家日損, 身日危, 名日辱, 　　比周: 가까이 붙다

　　處官失其理矣, 則子西·易牙·豎刀之徒 是也。

詩曰 必擇所堪。必謹所堪者, 此之謂也。

나라만 물드는 것이 아니라 선비 역시 물든다. 벗들이 모두 인의(仁義)를 지키며 순수하게 삼가고 명령을 두려워하면, 집안은 날로 번창하고 몸은 날로 편안하며 이름은 날로 영예롭다. 관직에 있어도 도리를 얻는다. 단간목(段干木), 금자(禽子), 부열(傅說)의 무리가 이에 속한다. 벗들이 모두 뽐내고 다투기를 좋아하며, 휘젓고 작당을 하면(比周) 집안은 날로 쇠퇴하고 몸은 날로 위태롭고 이름은 날로 욕된다. 관직에 있으면서 도리를 잃는다. 자서(子西), 역아(易牙), 수도(豎刀)의 무리가 여기에 속한다. 『詩經』에서 말하기를 "반드시 담그는 바를 선택하고, 반드시 담그는 바를 삼가라"하니, 이를 말함이다.

---

❶ 段干木: 魏나라 文侯 때의 신하. 孔子의 제자인 子夏의 제자로 알려져 있으며 현명함을 지녔다.

❷ 禽子: 禽滑釐(금활리)로 알려진 墨子의 대표적인 제자. 묵자 제자의 등장은 〈入門〉이 초기 작품이 아니라는 증거이다.

❸ 傅說(부열): 성벽을 쌓는 노예였으나 殷나라 高宗에 의해 발탁되어 재상이 되었다고 전해진

다. 그가 재상으로 재직할 때 나라가 잘 다스려졌다.

❹ 　子西: 춘추시대에는 세 명의 子西가 있다. ① 鄭나라 公孫 夏, ② 楚나라 鬪宣申, ③ 楚나라 公子 申. 蘇時學은 ②라 하고, 孫詒讓은 ③이라고 한다.

❺ 　易牙: 齊 桓公의 궁중요리사로서 당대 최고의 요리 솜씨를 지녔다고 전해진다. 桓公이 새롭고 기이한 음식을 원하자 자식을 죽여 요리해서 바쳤다고 한다. 管仲이 죽을 때 桓公에게 易牙를 내치라고 간언했으나 듣지 않았다. 桓公이 죽은 후 세자 昭를 쫓아내고 서자 無詭를 옹립했다가 피살되었다.

❻ 　豎刀: 桓公의 총애를 받다가 桓公이 죽은 후 易牙, 開方과 더불어 권력을 다투며 齊나라를 혼란에 빠뜨렸다.

第四 法儀

1 子墨子曰:

　　天下從事者不可以無法儀, 無法儀 而其事能成者 無有也。　　法: 본받다

　　雖至士之爲將相者, 皆有法, 雖至百工從事者, 亦皆有法。

　　　百工爲方以矩, 爲圓以規, 直以繩, 正以縣。

　　　無巧工不巧工, 皆以此五者爲法。

　　　巧者能中之, 不巧者雖不能中, 放依以從事, 猶逾己。

　　　故百工從事, 皆有法所度。　　度: 기준으로 삼아 따르다

　　今大者治天下, 其次治大國, 而無法所度, 此不若百工辯也。

묵자 선생께서 말씀하셨다. 천하에 일을 하는 자가 본받아야 할 틀이 없으면 안 된다. 본받아야 할 틀 없이 일을 성공할 수 있는 사람은 없다. 비록 선비가 장군과 재상이 되는 데에도 모두 법도가 있고, 많은 기술자들이 일을 할 때에도 역시 모두 법도가 있다. 많은 기술자들은 직각자(矩)로 모서리를 그리고, 그림쇠(規=컴퍼스)로 원을 그리며, 먹줄(繩)로 직선을 긋고, 매다는 추(縣)로 수직을 세운다. 기술이 있건 없건 상관없이 모두 이 다섯 가지(실은 네 가지)를 법도로 삼는다. 기술이 있는 사람은 잘 맞출 수 있고, 기술이 없는 사람은 비록 잘하지 못하지만 모방하여 일을 하면 오히려 더 낫다. 그래서 모든 기술자들이 일을 함에 모두 기준으로 삼아 따르는 법도가 있다. 이제 큰 것은 천하를 다스리는 일이며, 그다음은 큰 나라를 다스리는 일이다. 다스릴 법도가 없으면 이는 모든 기술자들의 판단만 못하다.

　然則 奚以爲治法而可? 當皆法其父母奚若?

> 天下之爲父母者衆, 而仁者寡, 若皆法其父母, 此法不仁也.

> 法不仁, 不可以爲法.

當皆法其學奚若?

> 天下之爲學者衆, 而仁者寡, 若皆法其學, 此法不仁也.

> 法不仁, 不可以爲法.

當皆法其君奚若?

> 天下之爲君者衆, 而仁者寡, 若皆法其君, 此法不仁也.

> 法不仁不可以爲法.

故父母, 學, 君三者, 莫可以爲治法。

그러면 무엇을 다스릴 법도로 삼아야 하는가? 모든 사람이 마땅히 그 부모를 본받아야 하는가? 천하에 부모는 많지만 어진 부모는 드물다. 만일 모든 사람이 부모를 본받는다면 이 법도는 어질지 못하다. 법도가 어질지 못하면 법도가 될 수 없다. 모든 사람이 마땅히 스승을 본받아야 하는가? 천하에 스승은 많지만 어진 스승은 드물다. 만일 모든 사람이 스승을 본받는다면 이 법도는 어질지 못하다. 법도가 어질지 못하면 법도가 될 수 없다. 모든 사람이 마땅히 임금을 본받아야 하는가? 천하에 임금은 많지만 어진 임금은 드물다. 만일 모든 사람이 임금을 본받는다면 이 법도는 어질지 못하다. 법도가 어질지 못하면 법도가 될 수 없다. 그래서 부모, 스승, 임금은 다스리는 법도가 될 수 없다.

---

❶　이러한 주장은 당시에 매우 혁명적이었다고 평가할 수 있다. 忠孝를 최고의 도덕적 규범으로 설정한 유가의 윤리를 부정하고 있기 때문이다.

3　然則 奚以爲治法而可? 故曰 莫若法天。

天之行廣而無私, 其施厚而不德, 其明久而不衰, 故聖王法之.

旣以天爲法, 動作有爲必度於天, 天之所欲 則爲之, 天所不欲 則止.

然而 天何欲何惡者也?

　天必欲人之相愛相利, 而不欲人之相惡相賊也。

奚以知天之欲人之相愛相利, 而不欲人之相惡相賊也?

　以其兼而愛之, 兼而利之也。

奚以知天兼而愛之, 兼而利之也?

　以其兼而有之, 兼而食之也。

그러면 무엇을 다스릴 법도로 삼아야 하는가? 그래서 '하늘을 본받는 일만 한 것이 없다'고 말한다. 하늘의 움직임은 넓고 사사롭지 아니하고, 두텁게 베풀고 보답을 바라지 않으니, 그 밝음이 오래가도 쇠하지 않는다. 그래서 훌륭한 왕은 하늘을 본받는다. 하늘을 법도로 삼으면 무슨 일을 하더라도 반드시 하늘을 헤아린다. 하늘이 바라면 행하고 하늘이 원하지 않으면 멈춘다. 그러면 하늘이 무엇을 원하고 무엇을 싫어하는가? 하늘은 반드시 사람들이 서로 사랑하고 서로 이롭게 하기를 원하며, 서로 미워하고 서로 해치기를 원하지 않는다.

하늘은 사람들이 서로 사랑하고 서로 이롭게 하기를 원하며, 서로 미워하고 해치기를 원하지 않는다는 사실을 어찌 알 수 있는가? 하늘은 두루 사랑하고 두루 이롭게 하기 때문이다. 하늘이 두루 사랑하고 두루 이롭게 한다는 사실을 어찌 아는가? 하늘은 사람을 존재하게 하여 두루 먹여주기 때문이다.

---

❶　天之所欲 則爲之, 天所不欲 則止: 儒家, 法家, 道家, 墨家의 모든 사상가들은 정도의 차이는 있지만 天을 상정하고 있으나 각각 그 의미는 일치하지 않는다. 墨家는 天을 인격을 가진 존재(人格神)로 파악하고 있기 때문에 문맥에 따라서 '天' 또는 '上帝'를 '하느님'으로 번역했다. 法儀(본받아야 할 틀)는 '하늘이 원하는 것과 원하지 않는 것'이므로 天志(하늘의 뜻)에 해당한다. 따라서 「法儀」편은 「天志」편의 도입부로 보아야 한다.

4　今天下無大小國, 皆天之邑也。

　　人無幼長貴賤, 皆天之臣也。

此以莫不犓羊, 豢犬豬, 絜爲酒醴粢盛, 以敬事天

此不爲兼而有之, 兼而食之邪!

이제 천하에는 크고 작은 나라가 없고, 모두 하느님(天)의 마을이다. 사람은 나이(幼 長)와 귀천의 구별이 없이 모두 하느님의 신하이다. 이 때문에 모든 사람이 양을 키 우고, 개와 돼지를 기르며, 깨끗하게 술을 빚고, 기장을 (그릇에) 담는다. 이렇게 하늘 을 공경하고 섬긴다. 이것이 두루 존재하게 하여 두루 먹여주는 것 아니겠는가?

---

❶　人無幼長貴賤, 皆天之臣也: 儒家는 長幼와 貴賤의 불평등한 질서를 인정하지만, 묵자는 이 를 부정하며 모두 하느님 앞에 평등한 사람임을 강조하고 있다. 이는 혈연 중심의 봉건제를 극복하 려는 墨家의 목표를 반영하고 있다.

❷　酒醴粢盛: '단술을 빚고 기장을 그릇에 담는다'는 의미로, 묵자는 제사 지내는 모습을 표현할 때 관용어처럼 사용한다.

5　天苟兼而有食之。

夫奚說以不欲人之相愛相利也?

　　故曰 愛人利人者, 天必福之;

　　　惡人賊人者, 天必禍之。

　　曰 殺不辜者, 得不祥焉。

夫奚說人爲其相殺而天與禍乎?

　是以知天欲人相愛相利, 而不欲人相惡相賊也。

하늘은 진실로 두루 존재하게 하여 두루 먹여준다. 대체 사람들이 서로 사랑하고 서 로 이롭게 하는 것을 (하늘이) 원하지 않는다고 어떻게 말할 수 있는가? 그래서 '다른 사람을 사랑하고 이롭게 하는 자는 반드시 하늘이 복을 주고, 다른 사람을 미워하고 해치는 자는 반드시 재앙을 준다'고 말하고, 또 '죄가 없는 자를 죽이면 상서롭지 못한 화를 당한다'고 말한다. 대체 사람들이 서로 죽이면 하늘이 재앙을 내리지 않는다고 어떻게 말할 수 있는가? 이로써 하늘은 사람들이 서로 사랑하고 이롭게 하기를 원하며, 서로 미워하고 해치기를 원하지 않는다는 사실을 알 수 있다.

---

❶ 天與禍乎?: 天不與禍乎?로 고쳐야 뜻이 통한다. 不이 빠져 있다.

6 昔之聖王禹湯文武, 兼愛天下之百姓, 率以尊天事鬼, 其利人多, 故天福之,

　　使立爲天子, 天下諸侯皆賓事之。　　　　　　　　　賓: 손님으로 대하다

暴王桀紂幽厲, 兼惡天下之百姓, 率以詬天侮鬼, 其賊人多, 故天禍之,

　　　　　　　　　　　　　　　　　　　詬: 꾸짖다, 욕보이다, 侮: 업신여기다

　　使遂失其國家, 身死爲僇於天下, 後世子孫毁之, 至今不息。　　僇: 죽이다

故爲不善以得禍者, 桀紂幽厲是也,

　　愛人利人以得福者, 禹湯文武是也。

愛人利人以得福者有矣, 惡人賊人以得禍者亦有矣。

옛날 우(禹)·탕(湯)·문(文)·무(武)왕 같은 훌륭한 임금들은 천하의 백성을 두루 사랑했다. 하늘을 존중하여 귀신을 섬기도록 (백성을) 이끌고, 사람들을 크게 이롭게 하여 하늘이 복을 내린 것이다. (그들은) 천자가 되었고 천하의 제후들이 모두 그를 손님처럼 찾아와 섬겼다. 걸(桀)·주(紂)·유(幽)·여(厲)왕 같은 폭군들은 천하의 백성을 두루 미워했다. 하늘을 책망하여 귀신을 업신여기도록 (백성을) 이끌고, 사람들을 크게 해쳐 하늘이 재앙을 주었다. 마침내 나라를 잃고, 몸은 죽어서 천하에 욕보이고 후세 사람들이 비난하여 지금까지 쉬지 못한다. 그리하여 착하지 못한 일을 하여 화를 입은 자는 걸(桀)·주(紂)·유(幽)·여(厲)왕이며, 사람을 사랑하고 이롭게 하여 복을 얻은 자는 우(禹)·탕(湯)·문(文)·무(武)왕이다. 사람을 사랑하고 이롭게 하여 복을 얻은 자도 있지만, 사람을 미워하고 해쳐서 화를 입은 자도 역시 있다.

第五 七患

1　子墨子曰: 國有七患。七患者何?

患: 근심, 걱정

城郭溝池不可守, 而治宮室, 一患也;

溝池: 도랑과 연못, 垓字

邊國至境 四鄰莫救, 二患也;

先盡民力無用之功, 賞賜無能之人, 民力盡於無用, 財寶虛於待客,

三患也;

仕者持祿, 游者愛佼, 君脩法討臣, 臣懾而不敢拂, 四患也;

佼=交, 懾섭: 두려워하다, 拂: 거스르다

君自以爲聖智而不問事, 自以爲安彊而無守備, 四鄰謀之不知戒, 五患也;

所信者不忠, 所忠者不信, 六患也;

畜種菽粟不足以食之, 大臣不足以事之, 賞賜不能喜,

誅罰不能威, 七患也。

菽숙: 콩, 粟속: 조, 오곡

以七患居國, 必無社稷; 以七患守城, 敵至國傾。

七患之所當, 國必有殃。

묵자 선생께서 다음과 같이 말씀하셨다. 나라에는 일곱 가지 우환이 있다. 일곱 가지 우환은 무엇인가? 성곽과 해자는 지키지 못하면서 왕실만을 지키는 것이 첫 번째 우환이다. 변방의 나라들이 국경에 이르러도 사방의 이웃 나라들이 구해줄 수 없는 것이 두 번째 우환이다. 백성의 힘을 쓸모없는 일에 다 쓰면서 능력 없는 사람에게 상을 내리고, 백성의 힘을 쓸모없는 곳에 다 낭비하고 재화와 보물을 손님 접대에 허비하는 것이 세 번째 우환이다. 벼슬하는 사람들은 녹봉만 지키고, 떠도는 선비들은 사교만을 좋아하며, 임금은 법을 앞세워 신하를 벌하고, 신하는 두려워서 감히 거스르지 못하는 것이 네 번째 우환이다. 임금은 스스로 성스럽고 지혜롭다고 생각하여 일을 묻지 않고, 스스로 편안하고 강하다고 생각하여 지키고 대비하지 않아서 사방

입문(入門)

의 이웃이 (침략을) 도모해도 경계할 줄 모르는 것이 다섯 번째 우환이다. 믿는 자는 충성스럽지 못하고, 충성하는 자는 믿을 수 없으니 이것이 여섯 번째 우환이다. 가축과 곡식은 먹기에 부족하고 대신들은 일하기에 부족하며, 상을 내려도 기뻐할 수 없고, 벌을 주어도 두려워하지 않는 것이 일곱 번째 우환이다. 나라에 일곱 우환이 있으면 반드시 사직이 없어지고, 일곱 우환을 가지고 성을 지키면 적이 쳐들어와 나라가 기운다. 일곱 우환이 있으면 반드시 나라에 재앙이 찾아든다.

2 凡五穀者, 民之所仰也, 君之所以爲養也。　　　仰: 믿다, 따르다

故民無仰 則君無養, 民無食 則不可事,

故食不可不務也, 地不可不力也, 用不可不節也。

五穀盡收 則五味盡御於主, 不盡收 則不盡御。

一穀不收謂之饉,　　　饉근: 흉년

二穀不收謂之旱,　　　旱한: 가뭄

三穀不收謂之凶,　　　凶: 흉년

四穀不收謂之餽,　　　餽궤: 흉년

五穀不收謂之饑。　　　饑기: 흉년, 기근

歲饉, 則仕者大夫以下皆損祿五分之一。　　　歲: 작황, 한해의 소출

旱, 則損五分之二。

凶, 則損五分之三。

餽, 則損五分之四。

饑, 則盡無祿稟食而已矣。　　　稟食품식: 먹을 것을 주다

故凶饑存乎國, 人君徹鼎食五分之五, 大夫徹縣, 士不入學,

鼎食: 임금이나 제후가 먹는 음식, 縣→懸: 방안에 거는 종과 복

君朝之衣不革制, 諸侯之客, 四鄰之使, 雍食而不盛,　　　雍食: 음식을 만들다

徹驂騑, 途不芸, 馬不食粟, 婢妾不衣帛, 此告不足之至也。

芸운: 김매다, 수리하다, 徹→撤: 거두다

오곡(五穀)은 백성이 의지하는 바이며, 임금은 그것으로 백성을 보살필 수 있다. 그래서 백성이 의지할 데가 없으면 임금은 백성을 보살필 수 없다. 백성이 먹을 것이 없으면 일을 할 수 없다. 그래서 먹는 일에 힘쓰지 않을 수 없으며, 경작에 힘써야 하고, 쓰는 일에 절약하지 않을 수 없다. 오곡을 모두 거두면 임금은 오미(五味)를 모두 맛볼 수 있지만, 모두 거두지 못하면 모두 맛볼 수 없다. 한 가지 곡식이 추수되지 못하면 근(饉)이라고 하며, 두 가지 곡식이 추수되지 못하면 한(旱)이라 하고, 세 가지 곡식이 추수되지 못하면 흉(凶)이라 하고, 네 가지 곡식이 추수되지 못하면 궤(饋)라고 하며, 오곡이 모두 추수되지 못하면 기(饑)라고 한다. 작황(歲)이 근(饉)일 때에는 대부 이하 벼슬아치들 모두 녹을 1/5 줄이고, 한(旱)일 때 2/5 줄이며, 흉(凶)일 때 3/5 줄이고, 궤(饋)일 때 4/5 줄이고, 기(饑)일 때는 녹을 주지 않고 먹여줄 뿐이다. 그래서 나라에 흉년이 들면 임금은 음식을 3/5으로 줄이고, 대부는 종과 북을 치우며, 선비는 서당에서 공부하지 아니한다. 임금은 조회 때 입는 옷을 바꾸거나 새로 만들지 아니하고, 손님이나 이웃 나라 사신에게 식사를 대접하지만 진수성찬으로 차리지 않는다. 네 마리 말이 끌던 수레를 두 마리가 끌게 하고, 길에 풀이 무성해도 깎지 않으며, 말에게 곡식을 먹이지 아니하고, 궁녀에게 비단 옷을 입히지 아니한다. 이렇게 지극히 부족함을 알린다.

---

❶　五分之五: 이렇게 하면 의미가 통하지 않아서 孫詒讓은 五分之三으로 바꾸어야 한다고 주장한다. 여기에서는 이에 따른다.

❷　驂騑(참비): 당시 임금이 타던 수레는 네 마리 말이 끌었는데 네 마리 말 중 가장자리에 있는 곁마

3　今有負其子而汲者, 隊其子於井中, 其母必從而道之。　汲: 물을 긷다, 隊: 떨어지다=墜구

今歲凶, 民饑, 道餓, 重其子此疚於隊, 其可無察邪?　疚구: 마음이 괴롭다

故時年歲善, 則民仁且良;

　時年歲凶, 則民吝且惡。　吝인: 인색하다

夫民何常此之有? 爲者疾 食者衆 則歲無豐。　疾=寡

故曰 財不足 則反之時, 食不足 則反之用。　反: 반성하다

故先民以時生財。 固本而用財 則財足。

아들을 등에 업고 물을 긷다가 아들이 우물에 빠지면 그 어미는 반드시 따라 들어가 아들을 구한다. 흉년이 들어 백성이 굶주리고 길에 굶는 사람이 널려 있으면 이것은 아들을 우물에 빠뜨린 것보다 고통이 심한데 어찌 살피지 않을 수 있는가? 그래서 작황이 좋으면 백성은 어질고 착해지며, 작황이 나쁘면 백성은 인색하고 험악해진다. 백성들이 어찌 항심(恒心)을 가질 수 있겠는가? 농사짓는 사람이 적고 먹는 사람이 많으면 소출에는 풍년이 없다. 그리하여 '재물이 부족하면 때를 반성하고 먹거리가 부족하면 쓰임을 반성한다'고 했다. 옛날 사람들은 계절에 따라 재화를 생산했다. 이러한 근본을 굳건히 지키며 재화를 소비하면 재화의 부족이 없다.

4-1 故雖上世之聖王, 豈能使五穀常收, 而旱水不至哉? 然而無凍餓之民者何也?

其力時急, 而自養儉也。

故夏書曰: 禹七年水。殷書曰: 湯五年旱。此其離凶餓甚矣,

然而 民不凍餓者何也? 其生財密, 其用之節也。　　　密: 빈틈이 없다, 꼼꼼하다

故倉無備粟, 不可以待凶饑。

庫無備兵, 雖有義 不能征無義。

城郭不備全, 不可以自守。

心無備慮, 不可以應卒。

是若慶忌無去之心, 不能輕出。

夫桀無待湯之備, 故放;

紂無待武之備, 故殺。

桀紂貴爲天子, 富有天下, 然而皆滅亡於百里之君者何也?　　　百里之君: 제후

有富貴而不爲備也。

故備者國之重也。

食者國之寶也。

兵者國之爪也。　　　爪조: 손톱

城者所以自守也, 此三者國之具也。

비록 옛날의 성왕이라 할지라도 어찌 항상 오곡을 추수하고 가뭄과 홍수가 오지 못하게 막을 수 있었겠는가? 그런데도 얼어 죽고 굶어 죽는 백성이 왜 없는가? 그 힘을 때에 맞추어 부지런히 쓰고 스스로 검소하게 살았기 때문이다. 그래서 하(夏)나라 책에는 '우(禹)왕 때 7년간 홍수가 있었다'고 쓰여 있고, 은(殷)나라 책에는 '탕(湯)왕 때 5년간 가뭄이 있었다'고 전해진다. 이처럼 흉년이 심했다. 그런데 얼어 죽고 굶어 죽는 사람이 왜 없는가? 재화를 많이 생산하고 절약해서 썼기 때문이다. 그래서 창고에 곡식을 준비하지 않으면 흉년에 대비할 수 없고, 창고에 병기를 준비하지 않으면 비록 의로움이 있어도 의롭지 못한 나라를 정복할 수 없다. 성곽이 완전하게 준비되지 않으면 스스로 지킬 수 없으며, 마음에 대비할 생각이 없으면 갑자기 생긴 일에 대응할 수 없다. 경기(慶忌)가 (용맹해도) 나갈 마음이 없다면 쉽게 나갈 수 없는 것과 같다. 걸(桀)왕은 탕(湯)왕을 대비하지 않아 쫓겨났고, 주(紂)왕은 무(武)왕을 대비하지 못해 죽임을 당했다. 걸왕과 주(紂)왕은 귀하기로는 천자요, 천하를 소유하는 부가 있었지만, 모두 사방 백리의 제후에게 망한 이유는 무엇인가? 부유하고 귀했지만 대비하지 않았기 때문이다. 그래서 대비하는 일은 나라의 중대사이다. 식량은 나라의 보물이요, 병기는 나라의 손톱이요, 성은 스스로 지키는 것이다. 이 세 가지는 나라가 갖추어야 한다.

---

❶   慶忌: 吳나라 僚王의 아들로 매우 용맹했다.

4-2 故曰 以其極賞, 以賜無功,

　　　虛其府庫, 以備車馬衣裘奇怪,

　　　苦其役徒, 以治宮室觀樂,

　　　死又厚爲棺槨, 多爲衣裘,

　　　生時治臺榭, 死又脩墳墓,　　　　　　　　　　　　　　臺榭: 높은 누각

　　　故民苦於外, 府庫單於內,

　　　上不厭其樂, 下不堪其苦。　　　　　厭염: 싫다, 물리다. 堪감: 견디다, 감당하다

　　　故國離寇敵則傷, 民見凶饑則亡, 此皆備不具之罪也。離: 만나다, 寇: 도둑, 침략

且夫食者, 聖人之所寶也。

故周書曰: 國無三年之食者, 國非其國也; 家無三年之食者, 子非其子也。
此之謂國備。

그래서 (묵자 선생께서) 다음과 같이 말씀하셨다. "공적이 없는 이에게 최고의 상을 주고, 나라의 창고를 비워가며 수레와 말, 가죽 옷과 희귀한 보물을 마련한다. 사람들을 노역으로 고생시키면서 왕궁을 지어 음악을 즐긴다. 죽어서 관을 두텁게 하고 수의를 많이 입힌다. 살아서는 높은 누각을 짓고 죽어서는 분묘를 치장한다. 그래서 밖에서는 백성들이 고생하고 안에서는 나라의 창고가 비워진다. 위에서는 쾌락을 싫증내지 않고 아래에서는 고생을 감당하지 못한다. 그리하여 나라는 외적이 침략하면 상처를 입지만, 백성은 흉년을 만나면 굶어 죽는다. 이것은 모두 대비하지 못한 죄이다."

또한 성인들은 식량을 보배처럼 생각했다. 그리하여 주(周)나라 책에는 '나라에 3년 치 먹을 식량이 없으면 나라는 나라가 아니며, 집안에 3년 치 식량이 없으면 자식은 자식이 아니다'라고 적혀 있다. 이것을 일러 나라의 대비라고 한다.

第六 辭過

1-1 子墨子曰:

> 古之民 未知爲宮室時, 就陵阜而居。 陵阜능부: 언덕

> 穴而處, 下潤濕傷民, 故聖王作爲宮室。 潤濕윤습: 적시어 축축하다

> 爲宮室之法, 曰: 室高足以辟潤濕, 邊足以圉風寒, 圉어→御: 제어하다

> 上足以待雪霜雨露, 宮牆之高 足以別男女之禮。 牆장: 담벽

> 謹此則止, 凡費財勞力, 不加利者, 不爲也。 謹→僅: 겨우 간신히

> 役, 脩其城郭, 則民勞而不傷; 役: 부역

> 以其常正, 收其租稅, 則民費而不病。 正=征: 조세

> 民所苦者非此也, 苦於厚作斂於百姓。 作斂: 거두어들이다

> 是故聖王作爲宮室, 便於生, 不以爲觀樂也;

> 作爲衣服帶履, 便於身, 不以爲辟怪也。 帶履: 허리띠와 신발

> 故節於身, 誨於民, 是以天下之民 可得而治, 財用可得而足。 誨회: 가르치다

묵자 선생께서 말씀하셨다. 옛날 백성들이 아직 집을 짓지 못할 때 언덕에 굴을 파고 살았는데, 아래가 젖고 축축하여 백성을 상하게 했다. 그리하여 성왕이 집과 방을 지었다. 집과 방을 짓는 방식은 집터의 높이는 습기를 막으면 족하고, 사방의 벽은 바람과 추위를 막으면 족하고, 지붕은 눈과 서리, 비와 이슬을 막으면 족했다. 담벼락의 높이는 남녀의 예를 구별할 수 있으면 충분했다. 이 정도에 그쳤다. 재물을 사용하고 힘을 써도 이로움이 추가되지 않으면 하지 않았다. 부역하여 성곽을 수리하면 백성은 힘들지만 다치지 아니하고, 평상시와 같이 세금을 거두면 백성은 지불하지만 고통받지 아니한다. 백성들이 힘들어하는 바는 이런 것이 아니고 무겁게 세금을 거두는 일이다. 그리하여 성왕은 집을 지을 때 살기에 편하게 하지, 보고 즐기려 하지 않았으며, 옷과 허리띠, 신발을 만들 때에도 몸을 편하게 하지 기괴하게 꾸미지

않았다. 그래서 (성왕은 스스로) 몸으로 절약하여 백성을 가르친다. 이렇게 천하의 백성을 얻어 다스렸고, 사용할 재물을 얻으면 만족했다.

1-2 當今之主, 其爲宮室則與此異矣。

必厚作斂於百姓, 暴奪民衣食之財。

以爲宮室臺榭曲直之望, 靑黃刻鏤之飾。　　　　　刻: 새기다, 鏤루: 쇠붙이에 새기다

爲宮室若此, 故左右皆法象之。

是以其財不足以待凶饑, 振孤寡, 故國貧而民難治也。　待: 대비하다, 振: 떨치다

君實欲天下之治 而惡其亂也, 當爲宮室 不可不節。

그런데 지금의 임금이 집을 짓는 방식은 이와는 다르다. 반드시 백성에게 가혹하게 세금을 거두어 입고 먹을 재물을 강탈한다. 집을 지을 때 누각과 정자를 거창하게 하고 여러 색깔로 조각하여 치장한다. 이와 같이 집을 지으니 좌우(의 신하)가 이를 본받는다. 이리하여 흉년에 대비하고 고아와 과부를 구제하는 데 재물이 부족하여 나라는 가난해지고 백성은 다스리기 힘들어진다. 임금이 진실로 천하를 다스리고 혼란을 싫어한다면 집을 지을 때 절약하지 않으면 안 된다.

2-1 古之民 未知爲衣服時, 衣皮帶茭,　　　　　　　　　茭교: 건초, 꼴

　冬則不輕而溫, 夏則不輕而凊。

聖王以爲不中人之情,　　　　　　　　　　　　　以爲: 생각하다

　故作誨婦人 治絲麻 梱布絹, 以爲民衣。爲衣服之法:

　　　　　　　　　　　　　　　　　誨회: 가르치다, 梱곤: 가지런히 하다

　　冬則練帛之中, 足以爲輕且煖;　　　　　　　練帛: 거친 비단

　　夏則絺綌之中, 足以爲輕且凊。謹此則止。　絺綌치격: 칡베 옷, 葛布

故聖人之爲衣服, 適身體, 和肌膚 而足矣, 非榮耳目而觀愚民也。　觀: 보여주다

當是之時, 堅車良馬不知貴也, 刻鏤文采不知喜也。

何則? 其所道之然。 道: 이끌다

故民衣食之財, 家足以待旱水凶饑者 何也?

得其所以自養之情, 而不感於外也。

是以其民儉而易治, 其君用財節而易贍也。 贍섬: 넉넉하다, 구휼하다

府庫實滿, 足以待不然,

兵革不頓, 士民不勞, 足以征不服, 兵革: 무기와 갑옷, 頓돈: 깨지다, 부서지다

故霸王之業可行於天下矣。

옛날 사람들이 아직 옷을 만들지 못할 때 (동물의) 가죽을 걸치고 마른 풀을 엮어 허리띠로 삼았다. 겨울이면 가볍지도 따뜻하지도 않았으며, 여름에는 가볍지도 시원하지도 않았다. 성왕은 사람들의 실정에 맞지 않는다고 생각했다. 그래서 부인들에게 명주실과 삼실을 꼬아 베와 명주를 짜는 법을 가르쳐 백성들이 옷을 입게 하였고, 옷을 만드는 법도를 만들었다. 겨울에는 거친 비단을 입어 가볍고 따뜻하게 하고, 여름에는 칡베를 입어 가볍고 시원하게 했다. 이 정도에서 그쳤다. 그리하여 성인은 옷을 만들 때 몸에 맞고 피부와 조화를 이루면 만족할 뿐, 눈과 귀를 호사하거나 어리석은 백성에게 보여주고자 하지 않았다. 이러한 때에는 견고한 수레나 좋은 말은 귀한 줄 몰랐고, 새겨진 조각이나 문양을 보고도 기뻐하지 않았다. 왜 그런가? (성왕이 백성들을) 그렇게 이끌었기 때문이다. 그리하여 백성들이 먹고 입은 재화는 가정마다 가뭄과 홍수, 흉년과 굶주림에 대비하기에 충분했다. 왜 그러한가? (백성들이) 스스로 살아가는 사정을 알고 외부에서 영향을 받지 않기 때문이다. 그래서 백성은 검소하여 다스리기 쉬웠고, 임금은 재화의 사용을 절약하여 넉넉할 수 있고, 창고가 가득 차서 변고에 대비하기에 충분했다. 무기와 갑옷이 깨지지 않고 선비와 백성이 수고롭지 않아 복종하지 않는 나라를 정복하기에 충분했다. 그리하여 패왕의 업적이 천하에서 행해질 수 있었다.

2-2 當今之主, 其爲衣服, 則與此異矣。

冬則輕暖, 夏則輕淸, 皆已具矣。

必厚作斂於百姓, 暴奪民衣食之財。

입문(入門)

以爲錦繡文采靡曼之衣, 鑄金以爲鉤, 珠玉以爲珮,

錦繡: 비단으로 수놓다, 靡: 쓰러지다, 曼: 화려하다, 鉤구: 갈고리, 佩: 차다

女工作文采, 男工作刻鏤, 以爲身服。

此非云益暖之情也, 單財勞力 畢歸之於無用也。

以此觀之, 其爲衣服, 非爲身體, 皆爲觀好。

是以其民淫僻而難治, 其君奢侈而難諫也。

淫僻: 넘치고 치우치다

夫以奢侈之君御好淫僻之民, 欲國無亂不可得也。

君實欲天下之治 而惡其亂, 當爲衣服 不可不節。

그런데 지금의 임금은 옷을 만들 때 이와는 다르다. 겨울에는 가볍고 따뜻하며 여름에는 가볍고 시원한 조건을 모두 갖추고 있다. 반드시 백성에게 무겁게 세금을 거두어 먹고 입을 재화를 포악하게 빼앗는다. 비단으로 수놓고 문양을 넣은 화려한 옷을 만들고, 금을 부어 허리띠 고리를 만들고, 진주와 구슬로 장식한다. 여공들은 무늬와 채색을 수놓고, 남자 공인들은 무늬를 조각하여 옷을 만든다. 이것은 더욱 따뜻하게 하고자 하는 마음이 아니며, 재물을 허비하고 힘을 소모하는 쓸모없는 짓이다. 이와 같이 보면 옷을 만드는 일은 신체를 위한 것이 아니라 모두 보기 좋게 하기 위함이다. 이리하여 백성은 너무 괴팍해져서 다스리기 어렵고, 임금은 사치하여 간언하기 어렵다. 사치스러운 임금이 괴팍한 백성을 다스려야 하니 나라가 어지럽지 않기를 원해도 그렇게 되지 않는다. 임금이 진실로 천하를 잘 다스리고 싶고 혼란을 싫어한다면 옷을 만들 때 절약하지 않으면 안 된다.

3-1 古之民 未知爲飲食時, 素食而分處,

故聖人作誨, 男耕稼樹藝, 以爲民食。

耕稼: 밭 갈고 농사짓다, 樹藝: 나무를 심다

其爲食也, 足以增氣充虛, 彊體適腹而已矣。

故其用財節, 其自養儉, 民富國治。

옛날 사람들이 아직 음식 만드는 법을 모를 때 소박하게 먹고 흩어져 살았다. 그래서 성인은 남자들에게 밭 갈고 나무 심는 것을 가르쳐 백성들이 먹을 수 있게 했다.

먹는 것은 기운을 더하고 허기를 채우며 몸을 강하게 하고 배를 채울 뿐이었다. 그래서 재물을 절약하여 사용하고 검소하게 살아서 백성은 부유하고 나라는 잘 다스려졌다.

3-2 今則不然, 厚作斂於百姓, 以爲美食芻豢, 蒸炙魚鱉,

> 芻豢추환: 꿀과 곡식을 먹인 가축, 蒸증: 찌다, 炙자: 고기를 굽다, 鱉별: 자라

> 大國累百器, 小國累十器, 前方丈,
>
> 方丈: 사방 1丈
>
> 目不能遍視, 手不能遍操, 口不能遍味,
>
> 冬則凍冰, 夏則飾餲。
>
> 餲의: 쉬다, 음식이 썩다
>
> 人君爲飮食如此, 故左右象之, 是以富貴者奢侈, 孤寡者凍餒。
>
> 餒뇌: 굶주리다
>
> 雖欲無亂, 不可得也。

君實欲天下治 而惡其亂, 當爲食飮, 不可不節。

오늘날에는 그러지 아니하다. 백성에게 세금을 많이 걷어 소와 양, 개와 돼지를 화려하게 먹고, 생선과 자라를 찌고 굽는다. 큰 나라에서는 백 개의 그릇에 담고, 작은 나라에서는 열 개의 그릇에 담아 사방 열 자의 상에 차려진다. 눈으로 모두 볼 수 없으며, 손으로 모두 집을 수 없고, 입으로 모두 맛볼 수 없다. (음식이) 겨울에는 얼고 여름에는 썩는다. 임금이 이와 같이 먹고 마시니 좌우(의 신하)가 본받아 배운다. 이리하여 부유하고 고귀한 사람은 사치하고, 고아와 과부는 추위에 떨고 굶주린다. 비록 혼란이 없기를 바라더라도 그렇게 되지 않는다. 임금이 실로 천하를 잘 다스리고 싶고 혼란을 싫어한다면 먹는 일에 절약하지 않으면 안 된다.

---

❶ 芻豢: 꿀과 곡식을 먹여 기르는 가축을 총칭한다. 소와 양은 芻에 해당하고, 개와 돼지는 豢에 해당한다.

4-1 古之民 未爲知舟車時, 重任不移, 遠道不至,

故聖王作爲舟車, 以便民之事。

其爲舟車也, 全固輕利, 可以任重致遠, 其爲用財少, 而爲利多,

是以民樂而利之。法令不急而行, 民不勞而上足用, 故民歸之。

옛날 사람들이 아직 배와 수레를 만들지 못할 때 무거운 짐을 옮기지 못하였고 먼 길을 갈 수 없었다. 그래서 성왕이 배와 수레를 만들어 백성들의 일을 편하게 했다. 그 배와 수레는 견고하고 가볍고 편리하게 만들어져 무거운 짐을 싣고서 멀리까지 갈 수 있었다. 재물을 적게 사용하면서도 이로운 점이 많았다. 이리하여 백성들은 즐겨 이용했다. 법령으로 다그치지 않아도 행해졌고, 백성들이 고생하지 않아도 임금은 사용할 재물이 풍족했다. 그래서 백성들은 (임금에게) 돌아왔다.

4-2 當今之主, 其爲舟車與此異矣。

全固輕利皆已具, 必厚作斂於百姓, 以飾舟車, 飾車以文采, 飾舟以刻鏤。

女子廢其紡織而脩文采, 故民寒, 男子離其耕稼而脩刻鏤, 故民饑。

人君爲舟車若此, 故左右象之, 是以其民饑寒並至, 故爲姦邪。

姦邪多 則刑罰深, 刑罰深 則國亂。

君實欲天下之治 而惡其亂, 當爲舟車 不可不節。

지금의 임금은 배와 수레를 만드는 일이 이와 같지 아니하다. 완전하고 견고하며 가볍고 이로움을 모두 갖추고 있지만 반드시 백성에게 무거운 세금을 거두어 배와 수레를 장식한다. 온갖 무늬와 채색으로 수레를 장식하고, 여러 가지 조각으로 배를 꾸민다. 여자들이 실을 잣고 베 짜는 일을 그만두고 무늬와 채색만을 꾸민다면 백성은 추위에 떨게되고, 남자들이 농사일을 그만두고 조각을 꾸민다면 백성은 굶게 된다. 임금이 이와 같이 배와 수레를 만들면 좌우(의 신하)가 보고 배운다. 이리하여 백성들은 굶주림과 추위를 동시에 겪게 되어 간사함이 많아진다. 간사함이 많아지면 형벌이 심해지고, 형벌이 심해지면 나라가 어지럽다. 임금이 진실로 천하를 잘 다스리고 혼란을 싫어한다면 배와 수레를 만들 때 절약하지 않으면 안 된다.

凡回於天地之間, 包於四海之內,

　　天壤之情, 陰陽之和, 莫不有也, 雖至聖不能更也。　　　　壤: 땅, 토지

何以知其然?

聖人有傳, 天地也, 則曰上下;

　　　　四時也, 則曰陰陽;

　　　　人情也, 則曰男女;

　　　　禽獸也, 則曰牡牝雄雌也。　　　　牡牝모빈: 수컷과 암컷

眞天壤之情, 雖有先王不能更也。

雖上世至聖, 必蓄私 不以傷行, 故民無怨,　　　　蓄私: 사사로움을 기르다

　　　　宮無拘女, 故天下無寡夫。　　　　寡夫: 홀아비

　　　　內無拘女, 外無寡夫, 故天下之民衆。

하늘과 땅 사이에 사해(四海)를 포함하여 하늘과 땅의 정기인 음양의 조화는 없는 곳이 없으며, 비록 지극한 성인이라도 이것을 바꿀 수 없다. 어떻게 그러한 것을 알 수 있는가? 성인이 전하기를 천지는 상하요, 사계절은 음양이요, 인정은 남녀요, 금수는 수컷과 암컷이라 했다. 진실로 하늘과 땅의 정기는 선왕이라 하더라도 바꿀 수 없다. 비록 예전의 성왕이더라도 반드시 축첩을 하였으나 그로 인해 행위를 손상시키지 않았고 따라서 백성의 원망도 없었다. 궁에는 갇혀 있는 여자가 없었기에 천하에 홀아비가 없었다. 안에는 갇힌 여자가 없고 밖에는 홀아비가 없으니 천하의 백성은 늘어났다.

5-2 當今之君 其蓄私也, 大國拘女累千, 小國累百,

　　　　是以天下之男 多寡無妻, 女多拘無夫,　　　　　寡=寡夫, 拘=拘女

　　　　男女失時, 故民少。

君實欲民之衆 而惡其寡, 當蓄私 不可不節。

지금의 임금은 축첩을 함에 큰 나라는 궁녀가 수천에 이르고 작은 나라에는 수백에 이른다. 이리하여 천하의 남자는 홀아비가 많고 지어미가 없으며, 여자는 많이 갇혀 있어서 지아비가 없다. 남녀가 (결혼할) 때를 잃어 백성은 줄어든다. 임금이 진실로 백성이 많아지기를 원하고 적어지는 것을 싫어한다면 축첩을 함에 있어서 절제하지 않으면 안 된다.

---

❶　拘女: 직역하면 '갇혀 있는 여자'이지만 여기서는 궁녀를 지칭하는 말.

6 凡此五者, 聖人之所儉節也, 小人之所淫佚也。　　　　淫佚: 넘치고 방탕하다

儉節則昌, 淫佚則亡, 此五者 不可不節。

夫婦節而天地和, 風雨節而五穀孰, 衣服節而肌膚和。　　　　肌膚기부: 피부

이 다섯 가지를 성인은 검소하게 절약하지만 소인은 넘치게 방탕하다. 검소하고 절약하면 창성하고 넘치고 방탕하면 망하니, 이 다섯 가지를 절제하지 않으면 안 된다. 지아비와 지어미가 절제하면 천하가 조화롭고, 바람과 비가 절제하면 오곡이 익고, 의복을 절제하면 피부가 평화스럽다.

第七 三辯

1 程繁問於子墨子曰:

夫子曰 聖王不爲樂。

昔諸侯倦於聽治, 息於鐘鼓之樂;　　　　　　　倦: 피곤하다

士大夫倦於聽治, 息於竽瑟之樂;　　　　　　竽瑟우슬: 피리와 거문고

農夫春耕夏耘, 秋斂冬藏, 息於聆缶之樂。　　聆缶영부: 동이와 장군

今夫子曰 聖王不爲樂,

此譬之猶馬駕而不稅, 弓張而不弛,　　　　　駕: 멍에, 稅→脫

無乃非有血氣者之所不能至邪?

정번(程繁)이 묵자 선생에게 물었다. "선생께서는 성왕은 음악을 즐기지 않는다고 말씀하셨습니다. 그러나 옛날 제후들은 정사를 보다가 피곤하면 종과 북의 음악으로 휴식하고, 선비와 대부들은 정사를 보다가 피로하면 피리와 거문고의 음악으로 휴식하였습니다. 농부들도 봄에 밭을 갈고 여름에 김매고 가을에 추수하고 겨울에 저장하고는 동이와 장군을 두드리며 쉬었습니다. 지금 선생께서 성왕은 음악을 즐기지 않는다고 말씀하십니다. 이것을 비유하면 말에 멍에를 씌우되 벗기지 않고, 활을 당기되 풀지 않는 것과 같습니다. 아무리 혈기가 없는 사람이라도 이르지 못하는 경우 아닌가요?"

---

❶ 聆缶(영부): 동이와 장군. 聆, 缶 모두 액체를 담는 그릇이다.

2　子墨子曰:

昔者堯舜有茅茨者, 且以爲禮, 且以爲樂;　　茅茨모자: 띠로 지붕을 잇다

湯放桀於大水, 環天下自立以爲王, 事成功立, 無大後患,

　　因先王之樂, 又自作樂, 命曰護, 又脩九招;　　因=襲 따르다, 계승하다

武王勝殷殺紂, 環天下自立以爲王, 事成功立, 無大後患,

　　因先王之樂, 又自作樂, 命曰象;

周成王因先王之樂, 又自作樂, 命曰騶虞。

周成王之治天下也, 不若武王,

武王之治天下也, 不若成湯,

成湯之治天下也, 不若堯舜。

故其樂逾繁者, 其治逾寡。　　逾: 점점 더

自此觀之, 樂非所以治天下也。

(이에) 묵자 선생께서 다음과 같이 대답하셨다. "옛날 요(堯) 임금과 순(舜) 임금은 초가집에 살아도 예를 갖추고 음악을 즐겼습니다. 탕(湯)왕은 걸(桀)왕을 대수(大水)로 추방하고 천하를 통일하여 스스로 왕이 되었고, 업적을 쌓고 공을 세워 큰 후환을 없애고 나서 선왕의 음악을 따르고 스스로 음악을 만들어 호(護)라 명명하였으며 구초(九招)를 정비하였습니다. 무(武)왕은 은(殷)나라와 싸워 이겨 주(紂)왕을 살해하고 천하를 통일하여 스스로 왕이 되었고, 대업을 쌓아 공을 세워 큰 후환을 없애고 나서 선왕의 음악을 따르고 스스로 음악을 만들어 상(象)이라 불렀습니다. 주(周)나라 성(成)왕도 선왕의 음악을 따르고 스스로 음악을 만들어 추우(騶虞)라 명명하였습니다. 그러나 주나라 성왕의 다스림은 무왕보다 못하였고, 무왕의 다스림은 탕왕보다 못하였고, 탕왕의 다스림은 요 임금과 순 임금보다 못하였습니다. 음악이 번성할수록 치적은 점점 적어지니, 이와 같이 볼 때 음악은 천하를 다스리는 수단이 아닙니다."

---

❶　護(호): '백성을 보호한다'는 의미이며, 湯王 시대의 음악.

❷　九招(구초): 舜 임금 시대의 음악.

❸　象: 武王이 紂王을 추방하는 과정을 상징하는 음악.

❹　騶虞(추우): '말 먹이는 사람의 근심'이라는 의미이며, 成王 시대의 음악.

3   程繁曰: 子曰: 聖王無樂, 此亦樂已, 若之何其謂聖王無樂也?   若之何: 어찌

　　　子墨子曰: 聖王之命也, 多寡之。

　　　　　食之利也, 以知饑而食之者智也, 因爲無智矣。

　　　　　今聖有樂而少, 此亦無也。   聖: 聖王

정번(程繁)이 다시 물었다. "선생님께서 성왕은 음악을 하지 않는다고 하셨는데, 이 역시 음악입니다. 어찌 성왕에게는 음악이 없다고 하십니까?" 묵자가 대답했다. "성 왕들은 (지나치게) 많고 번잡한 것을 줄이도록 명령하였습니다. 음식을 먹는 것은 이 로운 일이지만 굶주림을 알고 먹게 하는 것은 지혜롭다고 할 수 있습니다. 그러나 (많이 먹는 일은) 지혜롭지 않다고 할 수 있습니다. 성왕에게 음악이 있었지만, 적어서 없는 것과 같다고 할 수 있습니다."

---

❶   因爲無智矣: 무언가 생략되어 있어 그 뜻을 정확하게 알기 어렵다. 앞뒤의 문맥으로 보아 많 이 먹는 것은 지혜롭지 않다는 의미로 파악된다.

❷   제목은 三辯이지만 三辯이라 할 만한 내용이 없다. 다른 편과 달리 유난히 짧고 서술도 논리 적이지 않아 원본의 많은 부분이 멸실된 것으로 판단된다.

십론 十論

일러두기

❶ 十論은 묵자의 핵심적인 사상으로 그의 열 가지 주장을 의미하는데, 「尚賢」, 「尚同」, 「兼愛」, 「非攻」, 「節用」, 「節葬」, 「天志」, 「明鬼」, 「非樂」, 「非命」이 바로 그것이며, 모두 上 · 中 · 下 30편으로 구성되어있다. 여기에 儒家를 비판하는 「非儒」 上 · 下가 부가되어 모두 32편이다. 그러나 「節用」 下, 「節葬」 上 · 中, 「明鬼」 上 · 中, 「非樂」 中 · 下, 「非儒」 上 8편이 唐 · 宋 時代에 亡失되었다고 알려져 있으며, 현재 24편만이 전해지고 있다.

❷ 十論은 「非攻」 上과 「節用」 上을 제외하고 글머리가 모두 '子墨子曰'로 시작되어 모두 묵자의 제자들이 기록하고 정리하였음을 알 수 있다. 「非儒」 下편도 '子墨子曰'로 시작하지 않으며, 儒家의 주장을 조목조목 반박하고 있다. 「非攻」 上편은 공격전쟁을 비판하는 논리적 근거를 제시하고 있지 않고, 공격전쟁을 미화하는 儒家의 선비들을 비판하고 있다는 점에서 中 · 下편과 차별성을 나타낸다. 「非儒」 下편은 十論과 달리 墨家의 주장을 근거로 儒家를 비판하는 보충설명으로 볼 수 있어서 〈十論〉에 포함시켰다.

❸ 각 편의 上 · 中 · 下는 비슷한 내용으로 서술되고 있으나, 각각 독자성을 가지고 있으며, 墨子 사후 각 지역에서 또는 각 분파로 형성된 묵가 집단에서 집필하여 전승되었다고 추정된다. 『莊子』 「天下」에 나오는 상리근(相里勤)의 제자, 오후(五候)의 무리, 남방(南方)의 묵가로 분류되는 무리들이 집필했는지, 아니면 『韓非子』 「顯學」에 나오는 상리(相里)씨, 상부(相夫)씨, 등릉(鄧陵)씨의 三墨이 사용했는지 알 수 없다.

第八 尚賢 上

1　子墨子言曰:

今者王公大人 爲政於國家者, 皆欲國家之富, 人民之衆, 刑政之治,

然而不得富而得貧, 不得衆而得寡, 不得治而得亂,

則是本失其所欲, 得其所惡, 是其故何也?

子墨子言曰:

是在王公大人爲政於國家者, 不能以尙賢事能爲政也.

是故國有賢良之士衆, 則國家之治厚,

賢良之士寡, 則國家之治薄.

故大人之務, 將在於衆賢而己.

묵자 선생께서 말씀하셨다. "지금의 왕공대인들은 나라를 다스림에 있어 나라가 부유해지고, 인민의 수가 증가하고, 법으로 잘 다스려지기를 원하지만, 부유함을 얻지 못하고 가난함을 얻으며, 인민이 늘어나지 않고 오히려 줄어들고, 다스림을 얻지 못하고 혼란만을 얻는다. 이는 본래 원하던 바를 얻지 못하고 싫어하는 것을 얻을 뿐이다. 왜 그러한가?"

묵자 선생께서 또 말씀하셨다. "왕공대인들이 나라를 다스림에 있어 현명한 사람을 숭상하고 능력 있는 사람을 부리며 다스리지 못했다. 나라의 현명하고 좋은 선비가 늘어나면 나라의 정치는 안정되고, 현명하고 좋은 선비가 줄어들면 나라의 정치는 불안해진다. 그래서 대인(大人)은 장차 현명한 선비들이 늘어나는 데 힘써야 한다."

---

❶　國家: 당시 근대적 의미의 국가라는 개념은 존재하지 않았으며, 國(나라)=家(가문)라고 생각했다. 家는 동일한 조상을 모시는 같은 성씨의 씨족 공동체로서 혈연적 유대감을 가지고 모여 살았으며, 공동으로 노동하고 생산의 결과물을 나누는 경제 공동체이기도 하다.

❷　人民: 人은 지배층이며 民은 피지배층을 의미한다.

曰: 然則衆賢之術 將奈何哉?　　　　　　　　　　　　　　奈何: 어찌

子墨子言曰:

> 譬若欲衆其國之善射御之士者, 必將富之, 貴之, 敬之, 譽之,
>
> 然后國之善射御之士, 將可得而衆也。
>
> 況又有賢良之士 厚乎德行, 辯乎言談, 博乎道術者乎,
>
> 此固國家之珍, 而社稷之佐也, 亦必且富之, 貴之, 敬之, 譽之,　　珍: 보배
>
> 然后國之良士, 亦將可得而衆也。

그러면 현명한 선비를 늘리는 방법은 무엇인가? 묵자 선생께서 말씀하셨다. "비유하여 말하면, 나라에 활을 잘 쏘고 말을 잘 모는 병사를 늘리고 싶으면 반드시 그들을 부유하고 귀하게 대접하고 공경하고 명예롭게 해주어야 한다. 그런 후에야 활을 잘 쏘고 말을 잘 모는 병사를 얻을 수 있고 늘릴 수 있다. 하물며 현명하고 훌륭한 선비는 덕과 행실이 두텁고, 언변이 논리적이며, 도리와 술수에 해박하므로 더더욱 그러하다. 이들은 본래 나라의 보배이며 사직의 보좌역이다. 반드시 그들을 부유하게 하고 귀하게 여기며 공경하고 명예롭게 해야 한다. 그런 후에야 나라의 어질고 좋은 선비를 얻을 수 있고 그들이 많아진다."

3

是故古者聖王之爲政也, 言曰:

> 不義不富, 不義不貴, 不義不親, 不義不近。

是以國之富貴人聞之, 皆退而謀曰:

> 始我所恃者, 富貴也, 今上舉義不辟貧賤, 然則我不可不爲義。　　恃시: 믿다

親者聞之, 亦退而謀曰:

> 始我所恃者親也, 今上舉義不辟疏, 然則我不可不爲義。　　辟=闢: 물리치다

近者聞之, 亦退而謀曰:

> 始我所恃者近也, 今上舉義不避遠, 然則我不可不爲義。

遠者聞之, 亦退而謀曰:

> 我始以遠爲無恃, 今上舉義不辟遠, 然則我不可不爲義。

逮至遠鄙郊外之臣, 門庭庶子, 國中之衆, 四鄙之萌人 聞之, 皆競爲義。

是其故何也?

曰: 上之所以使下者, 一物也, 下之所以事上者, 一術也。

譬之富者 有高牆深宮, 牆立旣, 謹上爲鑿一門,

　有盜人入, 闔其自入而求之, 盜其無自出。

是其故何也? 則上得要也。

그리하여 옛날 성왕들은 정치를 함에 "의롭지 않으면 부유하게 하지 말고, 의롭지 않으면 귀하게 여기지 말고, 의롭지 않으면 사랑하지 말고, 의롭지 않으면 가까이 하지 말라"고 말했다. 이 말을 들은 나라의 부유하고 귀한 사람들은 모두 물러나 "처음에 우리가 믿었던 바는 부유하고 귀한 신분이었는데, 이제 임금께서 의로운 사람을 등용하여 가난하고 천한 사람을 피하지 않으니 우리는 의롭지 않으면 안 된다"고 말한다. 그 말을 들은 친척들은 모두 물러나 "처음 우리가 믿었던 바는 친척이라는 점인데, 지금 임금께서 의로운 사람을 등용하여 소원한 사람(먼 친척)을 피하지 않으니 우리는 의롭지 않으면 안 된다"고 말한다. 그 말을 들은 가까운 사람들은 모두 물러나 "처음 우리가 믿었던 바는 임금과 가깝다는 사실이었는데 이제 임금께서 의로운 사람을 등용하여 멀리 있는 사람을 물리치지 않으니 우리가 의롭지 않으면 안 된다"고 말한다. 그 말을 들은 멀리 있는 신하들은 물러나 "우리가 처음에 멀어서 믿을 바가 없었지만 지금 임금께서 의로운 사람을 등용하여 멀리 있는 사람을 피하지 않으니 우리가 의롭지 않으면 안 된다"고 말한다. 도성에서 먼 지방의 신하, 궁중에 있는 귀족의 자제, 성곽에 사는 백성, 변방의 농민에 이르기까지 그 말을 듣고 모두 다투어 의롭게 행동했다. 그 이유는 무엇인가? 임금이 아랫사람을 부리는 수단은 (의로움) 하나이며, 아랫사람이 임금을 섬길 수 있는 방식도 (의로움) 하나뿐이다. 비유하면 어느 부자가 높은 담과 큰 집을 가지고 있는데, 담장을 세우고 문을 하나만 열어놓았다. 도둑이 들어왔는데 입구를 막고 도둑을 잡으려 한다면 나갈 곳이 없어진다. 왜 그런가? 부자가 요령을 터득했기 때문이다.

4 故古者聖王之爲政, 列德而尚賢, 雖在農與工肆之人,

　　有能則舉之, 高予之爵, 重予之祿, 任之以事, 斷予之令,

曰: 爵位不高 則民弗敬,

　　蓄祿不厚 則民不信,

　　政令不斷 則民不畏,

舉三者授之賢者, 非爲賢賜也, 欲其事之成。

故當是時, 以德就列, 以官服事, 以勞殿賞, 量功而分祿。

故官無常貴, 而民無終賤, 有能則舉之, 無能則下之,

舉公義, 辟私怨, 此若言之謂也。

肆사: 가게

予: 주다=與

辟=避: 피하다

옛날 성왕들은 정치를 함에 있어 능력에 따라 벼슬을 주어 현명한 사람을 존중했다. 비록 농부, 공인, 상인이라 할지라도 능력이 있으면 등용하여 높은 직위를 주고 많은 녹봉을 내렸다. 일을 맡길 때도 결단할 수 있는 권한을 주었다. 직위가 높지 않으면 백성이 공경하지 않고, 녹봉이 두텁지 않으면 백성이 믿지 않으며, 명령이 단호하지 않으면 백성은 두려워하지 않는다고 한다. 이 세 가지를 현명한 사람에게 주는 이유는 현명한 사람을 위해서가 아니라 일을 성사시키고 싶기 때문이다. 이때에는 능력에 따라 관직을 주고, 관직에 따라 복무하였으며, 수고에 따라 상을 내렸다. 공적을 계산하여 녹봉을 나누었다. 그리하여 관리는 항상 귀한 사람이 아니었고, 백성도 죽을 때까지 천한 사람이 아니었다. 능력이 있으면 등용되고 능력이 없으면 물러났다. 공적인 의로움을 내걸고 사적인 원한을 물리치라는 것이 바로 이를 두고 하는 말이다.

5 故古者堯舉舜於服澤之陽, 授之政, 天下平;

　　禹舉益於陰方之中, 授之政, 九州成;

　　湯舉伊尹於庖廚之中, 授之政, 其謀得;

　　文王舉閎夭泰顚於罝罔之中, 授之政, 西土服。

故當是時, 雖在於厚祿尊位之臣, 莫不敬懼而施,

　　雖在農與工肆之人, 莫不競勸而尚意。

庖廚포주: 부엌, 요리사

罝罔저망: 그물

肆사: 가게, 장사하다

故士者所以爲輔相承嗣也。 承嗣승사: 천자나 제후의 계승자

故得士 則謀不困, 體不勞, 名立而功成, 美章而惡不生, 則由得士也。

是故子墨子言曰: 得意 賢士不可不擧, 不得意 賢士不可不擧,

　　　　尙欲祖述堯 · 舜 · 禹 · 湯之道, 將不可以不尙賢。

　　　　夫尙賢者, 政之本也。

옛날 요(堯) 임금은 복택(服澤)의 북쪽에서 순(舜)을 등용하고 정사를 맡겨 천하가 평정되었다. 우(禹) 임금은 음방(陰方) 가운데에서 백익(伯益)을 등용하고 정사를 맡겨 구주(九州)를 이루었다. 탕(湯) 임금은 요리사인 이윤(伊尹)을 등용하고 정사를 맡겨서 모략에 성공했다. 문(文)왕은 사냥꾼과 어부인 굉요(閎夭)와 태전(泰顚)을 등용하고 정치를 맡겨서 서쪽 땅을 정복했다. 그리하여 당시에는 비록 많은 녹봉을 받고 높은 지위에 있는 신하라 할지라도 공경하고 두려워하지 않을 수 없었고 베풀지 않을 수 없었다. 또한 농업과 상공업에 종사하는 사람일지라도 다투어 일하여 뜻을 높이지 않을 수 없었다.

이와 같이 선비는 재상이 되기도 하고 계승자가 되기도 한다. 그리하여 선비를 얻으면 도모함이 곤란하지 않고, 몸이 수고롭지 않아도 명성을 얻게 되고 업적을 이룬다. 아름다움이 드러나고 추함이 생기지 않으면 선비를 얻었기 때문이다. 그래서 묵자 선생께서 "뜻을 이루려면 현명한 선비를 등용하지 않을 수 없고, 뜻을 이루지 못했을 때에도 현명한 선비를 등용하지 않을 수 없다. 요(堯) · 순(舜) · 우(禹) · 탕(湯)의 길을 이어가고 싶으면 현명한 사람을 숭상하지 않으면 안 된다. 현명한 선비를 높이는 것은 정치의 기본이다"라고 말씀하셨다.

---

❶　九州: 禹王이 중원을 통일하여 九州로 나누었다.

❷　閎夭(굉요), 泰顚(태전): 文王의 충신으로 殷나라를 멸망시키고 周나라를 세우는 데 크게 공헌했다.

第九 尚賢 中

1 子墨子言曰:

今王公大人之君人民, 主社稷, 治國家, 欲脩保而勿失。

故不察尚賢爲政之本也? 故─胡 어찌

何以知尚賢之爲政本也?

曰 自貴且智者, 爲政乎愚且賤者, 則治;

自愚賤者, 爲政乎貴且智者, 則亂。

是以知尚賢之爲政本也。

故古者聖王 甚尊尚賢 而任使能。

不黨父兄, 不偏貴富, 不嬖顏色, 嬖폐: 사랑하다, 총애하다

賢者擧而上之, 富而貴之, 以爲官長;

不肖者抑而廢之, 貧而賤之 以爲徒役。

是以民皆勸其賞, 畏其罰, 相率而爲賢者。 以賢者衆, 而不肖者寡, 此謂進賢。

然後聖人聽其言, 跡其行, 察其所能, 而愼予官, 此謂事能。 跡: 뒤를 캐다

故可使治國者, 使治國, 可使長官者, 使長官, 可使治邑者, 使治邑。

凡所使治國家, 官府, 邑里, 此皆國之賢者也。

묵자 선생께서 말씀하셨다. 지금의 왕공대인은 인민의 임금이요, 사직의 주인인데, 나라를 다스릴 때 그것들(인민, 사직, 나라)을 오래 보유하고 잃지 않기를 원한다. 그런데 어찌 현명한 사람을 숭상하는 것이 정치의 기본임을 살피지 않는가? 무엇 때문에 현명한 사람을 높이는 것이 정치의 기본임을 알아야 하는가? 귀하고 지혜로운 자가 어리석고 천한 자를 다스리면 평화롭고, 어리석고 천한 자가 귀하고 지혜로운 자를 다스리면 혼란스럽다고 했다. 이로써 현명한 사람을 숭상하는 것이 정치의 근본임을 알 수 있다.

그래서 옛날 성왕들은 현명한 사람을 크게 존중하고 능력 있는 사람을 등용했다. 아비와 형제에 편들지 않았고, 부유하고 귀한 사람에 치우치지 않았으며, 용모에 따라 총애하지 않았다. 현명한 사람을 등용하여 그를 높이고 부유하게 하며, 귀하게 여겨 관직의 우두머리로 삼았다. 그렇지 못한 자는 억누르고 쫓아내고 가난하게 만들고 천대하여 부역을 시켰다. 이리하여 백성들은 모두 상 받기 위하여 노력하고 벌 받기를 두려워하여 서로 이끌어 현명하게 된다. 그러면 현명한 사람은 늘어나고 부족한 사람은 줄어든다. 이를 일러 현명한 사람을 추천하는 진현(進賢)이라 한다. 그런 후에 성인은 그들의 말을 듣고 행실을 쫓아 능력을 살피고 신중하게 관직을 내린다. 이를 일러 능력 있는 사람을 존중하는 사능(事能)이라 한다.

그리하여 나라를 다스릴 수 있는 사람에게 나라를 다스리게 하고, 관청의 우두머리가 될 수 있는 사람에게 관청의 우두머리가 되게 하고, 고을을 다스릴 수 있는 사람에게 고을을 다스리게 한다. 무릇 나라와 관청과 고을과 마을을 다스리는 이들은 모두 나라의 현명한 사람들이다.

2 賢者之治國也, 蚤朝晏退, 聽獄治政, 是以國家治而刑法正。 <small>蚤조: 일찍, 晏: 늦은</small>

賢者之長官也, 夜寢夙興, 收斂關市, 山林, 澤梁之利, <small>夙숙: 일찍, 澤梁자량: 연못의 교량</small>
以實官府, 是以官府實而財不散。

賢者之治邑也, 蚤出莫入, 耕稼, 樹藝, 聚菽粟, 是以菽粟多而民足乎食。

<small>莫→暮, 菽粟숙속: 콩과 조, 오곡의 총칭</small>

故國家治 則刑法正, 官府實 則萬民富。

上有以絜爲酒醴粢盛, 以祭祀天鬼; <small>酒醴주예: 단술, 粢盛자성: 곡식 담은 그릇</small>

外有以爲皮幣, 與四鄰諸侯交接; <small>皮幣: 가죽과 예물, 비단</small>

內有以食飢息勞, 將養其萬民;

外有以懷天下之賢人。

是故上者天鬼富之, 外者諸侯與之, 內者萬民親之, 賢人歸之,
以此 謀事則得, 擧事則成, 入守則固, 出誅則疆。

故唯昔三代聖王堯 · 舜, 禹, 湯 · 文 · 武之所以王天下, 正諸侯者, 此亦其法己。

현명한 사람은 나라를 다스림에 있어서 일찍 출근하고 늦게 퇴근하며 옥사를 듣고 정사를 본다. 이리하여 나라는 잘 다스려지고 형벌과 법도는 바로 선다. 현명한 사람이 관청의 우두머리가 되면 늦게 자고 일찍 일어나, 관문과 시장, 산림과 연못에서 생기는 이익을 거두어 관청의 창고를 채운다. 이리하여 관청의 창고는 가득 차고, 재물은 흩어지지 않는다. 어진 사람이 고을을 다스릴 때에도 일찍 나가고 저녁에 들어온다. 밭을 갈고 나무를 심어 콩과 조를 거두면 식량이 많아져 백성은 먹기에 충분하다. 그리하여 나라가 잘 다스려지면 형벌과 법도가 바로 서고, 관청의 창고가 충실하면 모든 백성이 부유해진다.

위로는 정결한 재료로 단술과 젯밥을 차려 하늘과 귀신에게 제사 지내고, 밖으로는 가죽과 예물로 사방 이웃의 제후들과 교류한다. 안으로는 굶주린 사람을 먹이고 일한 사람을 쉬게 하여 모든 백성을 부양하고, 밖으로는 천하의 현명한 인재를 품는다. 이리하면 위에서는 하늘과 귀신이 그를 부유하게 하고, 밖에서는 제후들이 그를 따르고, 안에서는 모든 백성이 그를 사랑하여 현명한 사람이 그에게 돌아온다. 이리하여 일을 도모하면 이루어지고, 일을 시작하면 성공한다. 들어와 지키면 단단해지고 나가서 토벌하면 강해진다. 3대(夏·殷·周)의 성왕 요(堯)·순(舜)·우(禹)·탕(湯)·문(文)·무(武)가 천하의 왕이 되고 제후들의 우두머리가 된 이유는 바로 이 법도 때문이다.

3 旣曰若法, 未知所以行之術, 則事猶若未成, 是以必爲置三本。　　若=此

何謂三本?

曰 爵位不高 則民不敬也,

　蓄祿不厚 則民不信也,

　政令不斷 則民不畏也。

故古聖王高予之爵, 重予之祿, 任之以事, 斷予之令。　　予: 주다, 건네다

夫豈爲其臣賜哉? 欲其事之成也。

詩曰: 告女憂卹, 誨女予爵, 孰能執熱, 鮮不用濯。

女=汝=爾: 너, 이인칭, 卹=恤휼: 근심, 걱정, 濯탁: 씻다

則此語 古者國君諸侯之 不可以不執善, 承嗣輔佐也。

　　　　　　　　　　　　　　　　　　　십론(十論)

譬之猶執熱之有濯也。將休其手焉。

般一頒

古者聖王 唯毋得賢人而使之, 般爵以貴之, 裂地以封之, 終身不厭。

賢人 唯毋得明君而事之, 竭四肢之力 以任君之事, 終身不倦。

若有美善 則歸之上, 是以美善在上 而所怨謗在下,

怨謗: 원망하고 비난하다

寧樂在君 憂慼在臣。

故古者聖王之爲政若此。

이 법도를 이미 말하였으나 실행하는 방법을 알지 못하면 일은 오히려 성공할 수 없으므로 반드시 세 가지 기본을 세워야 한다. 세 가지 기본은 무엇인가? 직위가 높지 않으면 백성은 공경하지 않으며, 쌓아놓은 봉록이 두텁지 않으면 백성은 믿지 않고, 정치적 명령이 단호하지 않으면 백성은 두려워하지 않는다는 원칙이다.

그래서 옛 성왕들은 높은 작위를 주고 많은 녹봉을 주었으며, 일을 맡길 때 단호하게 명령할 수 있게 했다. 어찌 신하를 위하여 그것들을 주었겠는가? 일이 성공적으로 이루어지기 원했기 때문이다. 시경(詩)에 "천하의 근심을 같이 걱정하는 그대에게 벼슬을 주노라. 누가 뜨거운 것을 잡고 손을 식히지 않겠는가?"라 쓰여 있다. 이 말은 옛날 임금과 제후들이 후사를 정하거나 보좌하는 데 훌륭한 사람을 등용하지 않을 수 없었음을 의미한다. 비유하면 뜨거운 것을 잡은 후에 손을 식혀 손을 쉬게 함이다.

옛날 성왕들은 현명한 사람을 얻어 일을 시킬 때 작위를 주어 귀하게 여겼고, 땅을 나누어 책봉하여 죽을 때까지 싫어하지 않았다. 현명한 사람은 훌륭한 임금을 얻어 그를 섬김에 온 힘을 다하고, 임금 섬기는 일을 죽을 때까지 게을리하지 않았다. 아름답고 좋은 일이 있으면 임금 덕으로 돌렸다. 이리하여 아름답고 좋은 일은 임금에게 있고 원망과 비방은 신하에게 있었다. 편안함과 즐거움은 임금에게 있고, 근심과 걱정은 신하에게 있었다. 옛 성왕들의 정치는 이와 같았다.

---

❶　『詩經』「大雅」 桑柔 편 원문은 "告爾憂恤 誨爾序爵 誰能執熱 逝不以濯"으로 되어 있다. 아마 묵자가 읽은 『詩經』과 현존하는 『詩經』이 다르다고 판단된다.

4

今王公大人 亦欲效人 以尚賢使能爲政, 高予之爵, 而祿不從也. _{效: 본받다, 人=聖人}

夫高爵而無祿, 民不信也, 曰: 此非中實愛我也, 假藉而用我也. _{藉=借}

夫假藉之民, 將豈能親其上哉!

故先王言曰: 貪於政者 不能分人以事,

厚於貨者 不能分人以祿.

事則不與, 祿則不分, 請問天下之賢人 將何自至乎王公大人之側哉? _{祿-祿}

若苟賢者不至乎王公大人之側, 則此不肖者在左右也.

不肖者在左右, 則其所譽不當賢, 而所罰不當暴,

王公大人尊此 以爲政乎國家, 則賞亦必不當賢, 而罰亦必不當暴.

若苟賞不當賢 而罰不當暴, 則是爲賢者不勸 而爲暴者不沮矣.

是以 入則不慈孝父母, 出則不長弟鄕里, _{長弟: 어른을 존중하고 아랫사람을 아끼다}

居處無節, 出入無度, 男女無別.

使治官府 則盜竊, 守城 則倍畔, _{倍畔=背叛}

君有難 則不死, 出亡 則不從,

使斷獄 則不中, 分財 則不均, _{斷獄: 소송을 판결하다}

與 謀事不得, 擧事不成, 入守不固, 出誅不彊.

故雖昔者三代暴王 桀紂幽厲之所以失措其國家, 傾覆其社稷者, 已此故也.

何則? 皆以明小物 而不明大物也. _{物=事}

지금의 왕공대인은 선왕을 본받아 현명한 사람을 숭상하고 능력 있는 사람을 부려 정치를 하고자 하지만 높은 직위를 주되 녹봉이 그(직위)에 따르지 않는다. 높은 직위를 주되 녹봉이 없으면 백성들은 믿지 아니하고 "진실로 나를 사랑하는 것이 아니라 임시로 나를 이용하려고 한다"고 말한다. 임시로 이용당하는 백성이 장차 어찌 임금을 사랑할 수 있겠는가? 그래서 옛 선왕들이 "정치에 탐욕스러운 사람은 일을 사람들과 나누지 아니하고, 돈에 욕심 있는 사람은 녹봉을 나눌 수 없다"고 말했다. 일을 더불어 하지 않고 녹봉을 나누지 않는다면 천하의 현명한 사람들이 무엇 때문에 왕공대인의 옆으로 오겠는가?

진실로 현명한 사람들이 왕공대인의 옆에 오지 않는다면 그렇지 못한 사람들이 좌우에 모여든다. 그렇게 되면 명예는 현명한 사람에게 가지 않고, 벌은 포악한 사람에게 가지 않는다. 왕공대인이 이들을 존중하여 나라의 정사를 보면 상은 반드시 현명한 사람에게 주어지지 않고, 벌은 반드시 포악한 사람에게 내려지지 않는다. 만일 그렇게 되면 현명한 사람이 되라고 권할 수 없고, 포악한 사람이 되는 것을 막을 수도 없다. 이리하여 집에 들어오면 부모에게 사랑으로 효도하지 못하고, 밖으로 나가면 고향에서 어른과 아우로 대접받지 못한다. 거처함에 절제가 없고 출입에 절도가 없으며, 남녀에 구별이 없다. 관청의 창고를 다스리게 하면 도둑질하고, 성을 지키게 하면 배반한다. 임금이 난리를 만나도 사력을 다하지 않고, (임금이) 도망가도 따르지 않는다. 소송을 맡기면 중립적이지 못하고 재물을 나누어도 공평하지 못하다. 더불어 일을 도모할 수도 없고 일을 성사시킬 수도 없다. 들어와 지켜도 견고하지 않으며, 나가서 토벌해도 강해지지 않는다. 옛날 3대의 폭군 걸(桀)왕·주(紂)왕·유(幽)왕·여(厲)왕이 나라를 잃고, 사직을 뒤엎은 것이 바로 이러한 이유 때문이다. 왜 그런가? 모두 작은 일은 잘 알지만, 큰일은 알지 못했기 때문이다.

5

今王公大人, 有一衣裳不能制也, 必藉良工;   <small>藉자: 빌리다</small>

　　　　　　有一牛羊不能殺也, 必藉良宰。   <small>宰: 관청의 요리사</small>

故當若之二物者, 王公大人未知以尚賢使能爲政也。   <small>若=此</small>

逮至其國家之亂, 社稷之危, 則不知使能以治之,   <small>逮至: ~에 이르러</small>

　親戚 則使之, 無故富貴, 面目佼好 則使之。   <small>佼=姣교: 예쁘다</small>

夫無故富貴, 面目佼好 則使之, 豈必智且有慧哉?

若使之治國家, 則此使不智慧者治國家也, 國家之亂 旣可得而知已。

且夫王公大人 有所愛其色而使, 其心不察其知 而與其愛。

是故不能治百人者, 使處乎千人之官,

　不能治千人者, 使處乎萬人之官。

此其故何也?

　曰 處若官者 爵高而祿厚, 故愛其色而使之焉。   <small>若=此</small>

夫不能治千人者, 使處乎萬人之官, 則此官什倍也。

夫治之法 將日至者也,

　日以治之, 日不什脩,　　　　　　　　　　　　　　　　　　　脩=長

　知以治之, 知不什益, 而予官什倍, 則此治一而棄其九矣。

雖日夜相接以治若官, 官猶若不治,　　　　　　　　　　　　猶若: 이와 같은

此其故何也? 則王公大人 不明乎以尚賢使能爲政也。

故以尚賢使能爲政而治者, 夫若言之謂也,

以下賢爲政而亂者, 若吾言之謂也。　　　　　　　　下賢=下賢不使能

지금의 왕공대인은 옷 한 벌 만들지 못하기 때문에 반드시 훌륭한 기술자에 의지하고, 한 마리의 소나 양을 잡을 수 없기 때문에 좋은 요리사에 의존한다. 마땅히 이 둘과 같은 것인데 왕공대인은 현명한 사람을 숭상하고 능력 있는 사람을 부려 정사를 돌보는 것을 알지 못한다. 나라가 혼란에 빠지거나 사직이 위험에 이를 때 까지 유능한 사람을 시켜 정사를 돌볼 줄 모른다. 친척을 등용하기도 하고, 까닭 없이 부귀하여 외모가 좋은 사람을 등용하기도 한다. 까닭 없이 부귀하거나 외모가 좋은 사람을 등용하면 어찌 지혜롭다고 할 수 있겠는가? 이들이 나라를 다스리면 이는 지혜롭지 못한 자들이 나라를 다스리게 하는 것이니, 나라의 혼란을 미리 얻었음을 알 수 있다. 또한 왕공대인이 용모를 좋아하여 등용하면 마음은 지혜를 살피지 않고 좋아하기만 한다.

이리하여 백 명을 다스리지 못하는 자에게 천 명의 관리를 다스리게 하고, 천 명을 다스리지 못하는 자에게 만 명의 관리를 다스리게 한다. 그 이유는 무엇인가? 이런 관직에 앉으면 직위는 높고 봉록은 많아지며 (왕공대인은) 용모를 사랑하여 그들을 부린다. 천 명을 다스리지 못하는 자에게 만 명의 관리를 다스리는 자리를 주면 관직을 열 곱으로 주는 셈이다. 다스리는 일은 시일이 지나야 다다를 수 있다. 날짜로 다스린다 해도 날짜가 열 배로 늘어날 수 없으며, 지혜로 다스린다 해도 지혜가 열 배로 늘어날 수 없다. 열 배의 관직을 주면 하나를 다스리고 아홉을 버리게 된다. 비록 낮과 밤이 서로 접해 있지만 (밤낮을 가리지 않고 일해도) 이렇게 관직을 다스리면 잘 다스려질 수 없다. 왜 그런가? 왕공대인이 현명한 사람을 숭상하고 능력 있는 사람을 부려 정사를 보는 일을 알지 못하기 때문이다. 그래서 현명한 사람을 숭상하고 능력

있는 사람을 부려 정사를 보고 잘 다스려지는 것은 옛말이 의미하는 바이며, 현명한 사람을 무시하고 정사에 임하여 혼란한 것은 내가 말하는 바와 같다.

6 今王公大人 中實將欲治其國家, 欲脩保而勿失, 胡不察尚賢爲政之本也?

且以尚賢爲政之本者, 亦豈獨子墨子之言哉!

此聖王之道, 先王之書, 距年之言也。 距年: 오래된 옛날

　傳曰: 求聖君哲人, 以裨輔而身, 裨補: 도와서 보좌하다, 而=汝

　湯誓曰: 聿求元聖, 與之戮力同心, 以治天下。 聿율: 드디어, 戮=勉: 힘쓰다

則此言 聖之不失以尚賢使能爲政也。

故古者聖王 唯能審以尚賢使能爲政, 無異物雜焉, 天下皆得其利。

古者舜耕歷山, 陶河瀕, 漁雷澤, 堯得之服澤之陽, 擧以爲天子, 河瀕: 강가

　與接天下之政, 治天下之民。

伊摯, 有莘氏女之私臣, 親爲庖人, 湯得之, 擧以爲己相, 摯: 伊尹의 이름

　與接天下之政, 治天下之民。

傅說被褐帶索。庸築乎傅巖, 武丁得之, 擧以爲三公, 索: 새끼줄, 동아줄

　與接天下之政, 治天下之民。

此何故 始賤 卒而貴, 始貧 卒而富? 卒: 끝내

　則王公大人 明乎以尚賢使能爲政。

是以民無飢而不得食, 寒而不得衣, 勞而不得息, 亂而不得治者。

지금의 왕공대인은 실로 나라를 잘 다스리고 싶어 하며 나라를 잃지 않고 잘 지키기를 원하면서, 어찌 현명한 사람을 존중하는 일이 정치의 기본임을 살피지 않는가? 또한 현명한 사람을 숭상하는 일이 정치의 기본이라는 것이 어찌 묵자 선생만의 말씀이겠는가? 이것은 성왕의 도이며, 선왕의 글이며, 옛날부터 내려온 격언이다. 성군과 현명한 사람을 구하여 너의 몸(임금의 몸)을 보좌하라는 말이 전해진다. 탕서(湯誓)는 "마침내 성인을 구하고, 그와 더불어 온 힘을 다하고 마음을 합쳐 천하를 다스린다"고 말한다. 이것은 성왕이 현명한 사람을 존중하고 능력 있는 자를 등용하여

정사를 보는 기본을 잃지 않았음을 말한다.

그리하여 옛날 성인은 오로지 현명한 사람을 존중하고 능력 있는 사람을 부려 정사만을 살피고 번잡한 다른 일을 없애 천하가 모두 이득을 얻을 수 있었다. 옛날 순(舜) 임금은 역산(歷山)에서 밭을 갈고, 강가에서 도자기를 구웠으며, 뇌택(雷澤)에서 고기를 잡았다. 요(堯) 임금은 복택(服澤)의 북쪽에서 그를 발견하고 등용하여 천자가 되었고, 그와 더불어 정치를 하여 천하의 백성을 다스렸다. 이윤(伊尹)은 유신(有莘)씨의 딸의 노비로 친히 요리사가 되었다. 탕(湯) 임금은 그를 발견하고 등용하여 재상으로 삼았고, 그와 더불어 정치를 하여 천하의 백성을 다스렸다. 부열(傅說)은 갈옷을 입고 새끼줄로 동여매고 부암(傅巖)에서 성을 쌓았다. 무정(武丁)이 그를 발견하고 등용하여 정승(三公)으로 삼았고, 그와 더불어 정치를 하여 천하의 백성을 다스렸다. 이들은 왜 처음에는 천하고 가난했으나 끝내 귀하고 부하게 되었는가? 왕공대인들이 현명한 사람을 존중하고 능력 있는 사람을 부려 정사를 보는 데 밝았기 때문이다. 이리하여 굶으면서 음식을 얻지 못하고, 추위에 떨면서 옷을 구하지 못하며, 일하면서 쉬지 못하는 백성이 없어졌다. 혼란이 있어도 잘 다스려지지 않는 경우가 없었다.

---

❶   湯誓: 『書經』의 「湯誓」篇

❷   有莘氏: 伊尹은 有莘氏의 딸의 노비였으며, 湯王은 그를 얻고자 有莘氏의 딸을 아내로 삼았다.

❸   傅說: 殷나라 高宗(武丁) 때의 재상

❹   武丁: 殷나라 20대 國君인 高宗으로 56년간 재위했다. 『史記』에 따르면 재상감을 구하지 못하자 政令을 선포하지 않는 등 철저하게 현명한 재상에게 정치를 맡겼다. 傅說을 얻어 재상으로 삼아 大治를 이루었다.

7-1   故古聖王 以審以尚賢使能爲政, 而取法於天。　　　取法: 본받다

雖天亦不辯貧富, 貴賤, 遠邇, 親疏, 賢者擧而尚之, 不肖者抑而廢之。

然則富貴爲賢, 以得其賞者誰也?

　　曰 若昔者三代聖王 堯·舜·禹·湯·文·武者 是也。

所以得其賞何也?

　　曰 其爲政乎天下也, 兼而愛之, 從而利之,

又率天下之萬民以尙尊天, 事鬼, 愛利萬民,

是故天鬼賞之, 立爲天子, 以爲民父母,

萬民從而譽之曰 聖王, 至今不已。則此富貴爲賢, 以得其賞者也。

옛날 성왕들은 현명한 사람을 숭상하고 능력 있는 사람을 시켜 정치를 함으로써 하늘을 본받고자 했다. 비록 하늘은 가난한 사람과 부자, 귀한 사람과 천한 사람, 멀리 있는 사람과 가까운 사람, 친한 사람과 소원한 사람을 구분하지 않지만, 현명한 사람을 등용하여 존중하고 그렇지 못한 사람을 누르고 내쳤다. 그러면 부귀하고 현명하여 상을 받은 자는 누구인가? 옛날 요(堯)왕·순(舜)왕·우(禹)왕·탕(湯)왕·문(文)왕·무(武)왕과 같은 3대(夏·殷·周) 성왕이 이들이다. 무슨 이유로 상을 받았는가? 그들은 천하에 정사를 봄에 있어서 두루 (모든 백성을) 사랑하고 모두에게 이익을 주었다. 또한 천하의 모든 백성을 이끌어 하늘을 존중하고 귀신을 섬기어 그들을 사랑하고 이롭게 했다. 그리하여 하늘과 귀신이 상을 주어 천자가 되었고, 그리하여 백성의 어버이가 되었다. 모든 백성이 그들을 따르고 칭송하여 오늘에 이르기까지 그치지 않고 성왕이라 부른다. 이것은 부귀한 자가 현명한 일을 하여 상을 받은 경우이다.

7-2 然則富貴爲暴, 以得其罰者誰也?

曰 若昔者三代暴王桀·紂·幽·厲者 是也。

何以知其然也?

曰 其爲政乎天下也, 兼而憎之, 從而賊之,　　　　　　賊: 해치다

又率天下之民以詬天侮鬼, 賊傲萬民,　　　　詬: 꾸짖다, 侮: 깔보다

是故天鬼罰之, 使身死而爲刑戮, 子孫離散, 室家喪滅, 絶無後嗣,

萬民從而非之曰 暴王, 至今不已。

則此富貴爲暴, 而以得其罰者也。

그러면 부귀한데 포악한 일을 하여 벌을 받은 자는 누구인가? 옛날 걸(桀)왕·주(紂)왕·유(幽)왕·여(厲)왕과 같은 3대 폭군이 이들이다. 왜 그러한지 알 수 있는가? 그들은 천하에 정사를 봄에 있어서 두루 미워하고 백성을 해쳤다. 또한 천하의 백성

을 이끌어 하늘을 꾸짖고 귀신을 모독함으로써 모든 백성을 해치고 업신여겼다. 그리하여 하늘과 귀신이 그들에게 벌을 내려 몸을 죽게 하거나 죽음의 형벌을 내렸다. 자손들은 헤어져 흩어지고, 가문은 망하고, 후사는 끊어져 없어졌다. 모든 백성이 그들을 비난하여 오늘에 이르기까지 그치지 않고 폭군이라 부른다. 이것은 부귀한 자가 포악한 일을 하여 벌을 받은 경우이다.

7-3 然則親而不善, 以得其罰者誰也?

> 曰若昔者伯鯀, 帝之元子, 廢帝之德庸, 旣乃刑之于羽之郊, — 庸=用
>
> 乃熱照無有及也, 帝亦不愛。則此親而不善以得其罰者也。

그러면 친척이지만 능력이 없어 벌을 받은 사람은 누구인가? 옛날 황제(顓頊)의 맏아들 백곤(伯鯀)이다. 그는 황제의 덕과 공을 저버려 우산(羽山)의 들판에 유폐되었고, 햇빛을 받지 못해 죽었다. 황제 역시 그를 사랑하지 않았다. 이것이 친척이지만 능력이 없어 벌을 받은 경우이다.

❶ 伯鯀: 전욱(顓頊)의 아들이자 禹王의 아버지. 물을 다스리지 못하여 벌을 받았다.

❷ 羽之郊: 지금의 『書經』에 "殛鯀於羽山"으로 되어 있다.

7-4 然則天之所使能者誰也?

> 曰 若昔者禹・稷・皋陶 是也。

何以知其然也?

> 先王之書呂刑道之曰: 皇帝淸問下民, 有辭有苗。 — 辭: 불평, 불만
>
> 曰 群后之肆在下, 明明不常, 鰥寡不蓋, — 肆사: 방자하다, 鰥환: 홀아비
>
> 德威維威, 德明維明。
>
> 乃名三后, 恤功於民, — 名=命
>
> 伯夷降典, 哲民維刑。

禹平水土, 主名山川。　　　　　　　　　　平=治

稷隆播種, 農殖嘉穀。　　　　　　　隆→降 내리다, 반포하다

三后成功, 維假於民。　　　　　　假→殷: 왕성하다, 크다, 많다

則此言三聖人者, 謹其言, 愼其行, 精其思慮, 索天下之隱事遺利,

　以上事天, 則天鄉其德, 下施之萬民, 萬民被其利, 終身無已。　　鄉→享

그러면 하늘이 부린 유능한 사람은 누구인가? 옛날 우(禹)·직(稷)·고요(皋陶)가 이들이다. 어찌 그러함을 알 수 있는가? 선왕의 책 『呂刑』에는 "황제가 아래 백성들에게 물으니 묘족(苗)에 불만이 있어 '제후들이 아랫사람에게 방자하고, 밝고 밝은 일정함이 없어 홀아비와 과부를 덮어주지 않는다'고 말한다. (요 임금이) 덕으로 위엄을 보이니 백성들이 두려워하고 덕으로 밝히니 백성들이 밝아진다. 이에 세 사람의 제후에게 명하여 백성들의 일을 걱정했다. 이에 백이(伯夷)는 법을 내려 형벌로써 백성을 밝히고, 우(禹)는 강과 땅을 다스려 산과 강을 주관하였고, 직(稷)은 파종하는 법을 가르쳐 좋은 곡식을 재배하게 했다. 세 명의 제후가 공을 이루어 백성들을 풍족하게 했다"고 쓰여있다.

이것은 세 명의 성인이 말을 삼가고, 언행에 신중하며, 생각을 정성스레 하고, 천하의 숨겨진 일과 버려진 이익을 찾았음을 의미한다. 이리하여 위로는 하늘을 섬겨서 하늘이 그 덕을 찬양하고, 아래로는 모든 백성에게 베풀어 그들이 죽을 때까지 그치지 않고 혜택을 받았다.

---

❶　呂刑: 書經의 篇名, 呂候가 司寇에 임명된 뒤 穆王의 명을 받아 만든 법전. 지금의 「書經」에는 "堯詳問民患 皆有辭怨於苗民 鰥寡有辭于苗"로 되어 있다.

❷　苗: 중국 上古시대의 원시부족

故先王之言曰: 此道也, 大用之天下則不窕, 小用之則不困,

窕조: 가늘다, 넉넉하다, 困: 부족하다, 빡빡하다

脩用之則萬民被其利, 終身無已。

周頌道之曰: 聖人之德, 若天之高, 若地之普, 其有昭於天下也。

若地之固, 若山之承, 不坼不崩。

坼탁: 갈라지다

若日之光, 若月之明, 與天地同常。

則此言聖人之德, 章明博大, 埴固, 以脩久也。

章=彰, 埴: 진흙, 脩=長

故聖人之德 蓋總乎天地者也。

蓋: 덮다, 總: 거느리다, 총괄하다

옛 성왕들이 말씀하셨다. 이러한 도리(정책)는 천하에 크게 써도 넉넉하지 않으며, 작게 써도 부족하지 않다. 그것을 잘 쓰면 모든 백성이 죽을 때까지 멈추지 않고 이익을 본다. 또 『周頌』에 "성인의 덕은 하늘같이 높고 땅같이 넓어서 천하를 환하게 밝히고, 땅처럼 단단하고 산처럼 우뚝 솟아 갈라지고 무너지지 않으며, 해처럼 빛나고 달처럼 밝아 천지와 더불어 항상 일정하다"고 쓰여있다. 이것은 성인의 덕이 밝고 환하며 넓고 크며, 진흙처럼 굳어져 영구히 지속된다는 것을 말해준다. 그리하여 성인의 덕은 천지를 덮어 총괄한다.

8 今王公大人欲 王天下, 正諸侯, 夫無德義 將何以哉?

其說將必挾震威彊。

挾: 끼우다, 震: 떨다

今王公大人 將焉取挾震威彊哉?

焉: 어찌

傾者民之死也。

者=之於

民生爲甚欲, 死爲甚憎, 所欲不得 而所憎屢至,

屢루: 거듭

自古及今 未有嘗能有以此 王天下, 正諸侯者也。

今大人欲 王天下, 正諸侯, 將欲使意得乎天下, 名成乎後世,

故不察尚賢爲政之本也?

此聖人之厚行也。

故=胡: 어찌

십론(十論)

오늘의 왕공대인은 천하의 왕이 되어 제후의 우두머리가 되고자 하지만, 덕과 의가 없다면 장차 무엇으로 그렇게 되겠는가? 그 말(대답)은 장차 반드시 백성을 떨게 하고 협박하여 따르게 한다. 오늘의 왕공대인은 어찌 백성을 떨게 하고 협박하여 따르게 하는가? 백성을 죽음으로 몰아간다. 백성들은 살고 싶어 하며, 죽기를 몹시 싫어한다. 하고자 하는 것은 얻지 못하고, 싫어하는 곳에 거듭 도달한다. 이와 같이 하여 천하의 왕이 되고 제후의 우두머리가 된 경우는 예부터 지금까지 없었다. 오늘의 왕공대인은 천하의 왕과 제후의 우두머리가 되고, 그리고 천하의 뜻을 얻어 후세에 이름을 남기고 싶어 하면서 어찌 현명한 사람을 숭상하는 것이 정치의 근본임을 살피지 않는가? 이것은 성인이 두텁게 실행해야 할 일이다.

第十 尚賢 下

1 　子墨子言曰:

　　　天下之王公大人 皆欲其國家之富也, 人民之衆也, 刑法之治也,

　　　　　然而不識以尚賢爲政其國家百姓,

　　　王公大人本失尚賢爲政之本也。

　　若苟王公大人本失尚賢爲政之本也, 則不能毋擧物示之乎?

　　今若有一諸侯於此, 爲政其國家也,

　　　　曰: 凡我國能射御之士, 我將賞貴之,　　　　　　　射御: 활쏘기와 말타기

　　　　　　不能射御之士, 我將罪賤之。

　　問於若國之士, 孰喜孰懼?　　　　　　　　　　　　　懼: 두려워하다

　　我以爲必能射御之士喜, 不能射御之士懼。　　　　　以爲: 생각하다

　　我賞因而誘之矣,　　　　　　　　　　　　　　　　賞→嘗 일찍이

　　　　曰: 凡我國之忠信之士, 我將賞貴之,

　　　　　　不忠信之士, 我將罪賤之。

　　問於若國之士, 孰喜孰懼?

　　我以爲必忠信之士喜, 不忠不信之士懼。

　　今惟毋以尚賢爲政其國家百姓, 使國爲善者勸, 爲暴者沮,

　　　　大以爲政於天下, 使天下之爲善者勸, 爲暴者沮。

　　然昔吾所以貴堯 · 舜 · 禹 · 湯 · 文 · 武之道者, 何故以哉?

　　　　以其唯毋臨衆發政而治民,

　　　　使天下之爲善者可而勸也, 爲暴者可而沮也。

　　然則 此尚賢者也, 與堯 · 舜 · 禹 · 湯 · 文 · 武之道同矣。

　　　　　　　　　　　　　　　　　　　　　　십론(十論)

묵자 선생께서 "천하의 왕공대인은 모두 나라가 부유해지고, 백성이 모여들고, 형벌과 법으로 다스려지기를 원하지만, 현명한 사람을 숭상함으로써 나라와 백성을 다스려야 한다는 사실을 모른다. 왕공대인은 현명한 사람을 숭상하는 것이 정치의 기본임을 알지 못한다"고 말씀하셨다.

진실로 왕공대인이 그것을 알지 못하는데, 사례를 들어 보여주지 못하겠는가? 이제 한 명의 제후가 나라를 다스리며 "나는 장차 우리나라에서 활을 잘 쏘고 말을 잘 타는 선비에게 상을 주고 귀하게 대접하고, 그렇지 못한 선비에게 죄를 물어 천하게 대접하겠다"고 말한다. 이런 나라의 선비에게 물으면 누가 기뻐하고 누가 두려워하겠는가? 나는 반드시 활을 잘 쏘고 말을 잘 모는 선비는 기뻐하고 그렇지 못한 선비는 두려워한다고 생각한다. 또한 시험 삼아 유도하여 "무릇 우리나라에서 나는 장차 충직하고 믿을 만한 선비에게 상을 주고 귀하게 대접하며, 그렇지 못한 선비에게 죄를 물어 천하게 대접하겠다"고 말한다. 이런 나라의 선비에게 물으면 누가 기뻐하고 누가 두려워하겠는가? 충직하고 믿을 만한 선비는 기뻐하고, 그렇지 못한 선비는 두려워한다고 생각한다.

이제 현명한 사람을 숭상함으로써 나라와 백성을 다스린다면 나라에 좋은 일은 서로 권하고 포악한 일은 저지된다. 크게 천하를 다스림에 있어서도 천하의 좋은 일은 서로 권하고 포악한 일은 저지된다. 그러면 옛날 요(堯)·순(舜)·우(禹)·탕(湯)·문(文)·무(武)왕의 도리를 귀하게 여긴 까닭은 무엇인가? 그것은 뭇 백성에게 다가가 정치하여 백성을 다스림에 있어서 천하의 좋은 일은 서로 권하고 포악한 일은 저지하였기 때문이다. 그러한, 즉 현명한 사람을 숭상하는 것은 요(堯)·순(舜)·우(禹)·탕(湯)·문(文)·무(武)왕의 도리와 같은 것이다.

2 而今天下之士君子, 居處言語皆尚賢,　　　　　　　居處: 평소에

逮至其臨衆 發政而治民, 莫知尚賢而使能,

我以此知 天下之士君子, 明於小而不明於大也。何以知其然乎?

今王公大人, 有一牛羊之財 不能殺, 必索良宰;　　　　　　宰: 관청 요리사

　　　　有一衣裳之財 不能制, 必索良工。

當王公大人之於此也, 雖有骨肉之親, 無故富貴, 面目美好者,

實知其不能也, 不使之也。

是何故? 恐其敗財也。　　　　　　　　　　　　　　　敗財: 재물을 손상시키다

當王公大人之於此也, 則不失尚賢而使能。

王公大人 有一罷馬不能治, 必索良醫;　　　　　　　　罷피: 고달프다

　　　　有一危弓不能張, 必索良工。

當王公大人之於此也, 雖有骨肉之親, 無故富貴, 面目美好者,

　　實知其不能也, 必不使。

是何故? 恐其敗財也。

當王公大人之於此也, 則不失尚賢而使能。

逮至其國家則不然, 王公大人 骨肉之親, 無故富貴, 面目美好者, 則擧之。

則王公大人之親其國家也, 不若親其一危弓, 罷馬, 衣裳, 牛羊之財與。

我以此知 天下之士君子皆明於小, 而不明於大也。

此譬猶瘖者而使爲行人, 聾者而使爲樂師。　　　　　瘖음: 벙어리, 行人: 외교관

지금 천하의 선비와 군자들이 평소에 모두 현명한 사람을 숭상한다고 말하지만, 뭇 백성에게 다가가 정사를 보고 백성을 다스리는 데 이르러서는 현명한 사람을 숭상 하고 능력 있는 사람을 부릴 줄 모른다. 이리하여 나는 천하의 선비와 군자들이 작 은 일은 잘 알지만, 큰일은 알지 못한다는 사실을 알게 되었다. 어째서 그러한가? 지금 왕공대인은 한 마리의 소나 양을 잡을 수 없어서 반드시 훌륭한 요리사를 찾 고, 한 벌의 치마와 저고리를 마름질하지 못하여 반드시 좋은 기술자를 찾는다. 왕 공대인이 이런 일은 비록 가까운 친척, 이유 없이 부귀한 사람이나 외모가 아름다운 사람이 있더라도 실제로 그들이 할 수 없다는 사실을 알기 때문에 그들을 시키지 않 는다. 왜 그런가? 재물을 손상시키는 것이 두렵기 때문이다. 왕공대인들이 이런 일 에 당해서는 현명한 사람을 숭상하고 능력 있는 사람을 부릴 줄 안다. 왕공대인은 병든 말을 치료할 수 없어서 반드시 좋은 의사를 찾고, 고장 난 활을 당길 수 없어서 반드시 좋은 기술자를 찾는다. 왕공대인이 이런 일에서는 비록 가까운 친척, 이유 없 이 부귀한 사람이나 외모가 아름다운 사람이 있더라도 실제로 그들이 할 수 없다는 사실을 알기 때문에 그들을 시키지 않는다. 왜 그런가? 재물을 손상시키는 것이 두 렵기 때문이다. 왕공대인들이 이런 일에서는 현명한 사람을 존중하고 능력 있는 사

람을 부릴 줄 안다.

그러나 나랏일에 이르러서는 그러하지 못한다. 가까운 친척, 까닭 없이 부귀한 자, 외모가 좋은 사람을 등용한다. 즉 왕공대인의 나라 사랑은 고장 난 활, 병든 말, 치마와 저고리, 소나 양에 대한 사랑만 못하다. 나는 이로써 천하의 선비와 군자들이 모두 작은 일은 잘 알지만, 큰일을 알지 못한다는 사실을 알았다. 비유하자면 벙어리를 외교관에 임명하고 귀머거리를 음악선생으로 모시는 것과 마찬가지다.

3 是故古之聖王之治天下也,

其所富, 其所貴, 未必王公大人骨肉之親, 無故富貴, 面目美好者也。

是故昔者舜耕於歷山, 陶於河瀨, 漁於雷澤, 灰於常陽,   瀨빈: 물가

堯得之服澤之陽, 立爲天子, 使接天下之政, 而治天下之民。

昔伊尹爲莘氏女師僕, 使爲庖人,   庖포: 요리사

湯得而擧之, 立爲三公, 使接天下之政, 治天下之民。

昔者傅說居北海之洲, 圜土之上, 衣褐帶索, 庸築於傅巖之城,   圜土: 감옥

武丁得而擧之, 立爲三公, 使之接天下之政, 而治天下之民。

是故昔者堯之擧舜也, 湯之擧伊尹也, 武丁之擧傅說也,

豈以爲骨肉之親, 無故富貴, 面目美好者哉?

惟法其言, 用其謀, 行其道,

上可而利天, 中可而利鬼, 下可而利人, 是故推而上之。

그리하여 옛날의 성왕들이 천하를 다스림에 있어 부유하고 귀하게 여긴 이들은 왕공대인의 가까운 친척이나 이유 없이 부귀한 사람, 용모가 출중한 사람들이 아니었다. 옛날 순(舜) 임금은 역산(歷山)에서 밭을 갈고 강가에서 도자기를 구웠으며, 뇌택(雷澤)에서 생선을 잡았으며 상양(常陽)에서 숯을 구웠다. 요(堯) 임금이 복택(服澤)의 북쪽에서 그를 등용하고 천자로 세워 천하의 정치를 맡겨 천하의 백성을 다스리게 했다. 옛날 이윤(伊尹)은 유신씨(有莘氏) 딸의 노비인 요리사가 되었다. 탕(湯) 임금이 그를 발견하고 정승(三公)으로 등용하여 천하의 정치를 맡기고 천하의 백성을 다스리게 했다. 옛날 부열(傅說)은 북해의 섬에 있는 감옥에서 살며, 베옷을 새끼줄로 동

여매고 부암(傅巖)의 성을 쌓았다. 무정(武丁)이 그를 발견하고 재상(三公)으로 등용하여 천하의 정치를 맡기고 천하의 백성을 다스리게 했다. 어찌 가까운 친척이나 이유 없이 부귀한 사람과 외모가 아름다운 사람을 생각하였겠는가? 오로지 그들의 말을 본받고, 그들의 계략을 이용하고, 그들의 도리를 행했다. 위로는 하늘을 이롭게 하고, 가운데로는 귀신을 이롭게 하고, 아래로는 백성을 이롭게 할 수 있었다. 이 때문에 그들을 등용했다.

4 古者聖王 旣審尙賢欲以爲政,

故書之竹帛, 琢之槃盂, 傳以遺後世子孫。　　　琢탁: 새기다, 槃盂반우: 쟁반과 사발

於先王之書呂刑之書然, 王曰:

　　於! 來! 有國有士, 告女訟刑, 在今而安百姓,　　　於=吁: 감탄사

　　女 何擇言人, 何敬不刑, 何度不及。　　　言→不

能擇人而敬爲刑, 堯·舜·禹·湯·文·武之道可及也。

是何也? 則以尙賢及之,

於先王之書 豎年之言然, 曰:　　　豎→距 시간적으로 거리가 있다

　　晞夫聖, 武, 知人, 以屛輔而身。　　　晞→希 바라다, 屛: 병풍으로 두르다

此言先王之治天下也, 必選擇賢者 以爲其群屬輔佐。　　　群屬=僚屬: 신하의 무리

曰 今也天下之士君子, 皆欲富貴 而惡貧賤。

曰 然, 女何爲而得富貴而辟貧賤? 莫若爲賢。

爲賢之道將奈何?　　　奈何: 어찌

　　曰 有力者疾以助人, 有財者勉以分人, 有道者勸以敎人。

若此 則飢者得食, 寒者得衣, 亂者得治。

若飢則得食, 寒則得衣, 亂則得治, 此安生生。

옛날 성왕들은 현명한 사람을 존중함으로써 정치를 하고자 했다. 그리하여 대나무와 비단에 글을 쓰고 그릇에 새기어 후세의 자손에게 남겨 전했다. 선왕의 책 중에 『呂刑』의 글이 그러하다. 왕이 말하기를 "자, 오라, 나라와 땅을 가진 자들이여! 너

희에게 재판과 법에 관하여 알려주노니 이제 백성들을 편안하게 하라. 너희가 인재가 아니면 누구를 등용하겠는가? 법이 없으면 무엇을 공경하겠는가? 도달함이 없으면 무엇을 헤아리겠는가?" 인재를 선발할 수 있고 법을 공경하면 요(堯)·순(舜)·우(禹)·탕(湯)·문(文)·무(武)의 도에 도달할 수 있다. 왜 그런가? 현명한 사람을 숭상하면 거기에 도달할 수 있기 때문이다.

선왕의 책 중에 오래된 격언이 그러하다. "총명하고 용감하고 지혜로운 사람으로 너의 몸을 감싸고 보좌하라." 이것은 선왕들이 천하를 다스림에 있어 반드시 현명한 사람을 등용하여 신하로서 보좌하게 하였음을 말해준다. 지금 천하의 선비와 군자들은 모두 부귀함을 원하고 가난하고 천함을 싫어한다. 그렇다면 너는 어찌 부귀를 얻고 빈천을 물리칠 수 있는가? 현명해지는 것보다 더 좋은 방법이 없다. 장차 어찌해야 현명해지는가? 힘이 있으면 재빠르게 남을 돕고, 재산이 있으면 꾸준히 남에게 나누어주고, 도리를 알면 권하여 남을 가르쳐야 한다. 이와 같이 한다면 배고픈 자는 먹을 수 있고, 추위에 떠는 자는 입을 수 있고, 어지러운 자는 다스려질 수 있다. 그렇게 되면 편안한 삶을 살 수 있다.

───────────

❶ 「尙賢」上·中에는 현명함의 구체적 내용이 설명되지 않지만, 下에서 '힘이 있으면 다른 사람을 도와주고, 재산이 있으면 다른 사람에게 나누어주고, 도리를 알면 다른 사람에게 권하여 가르친다'는 미덕을 제시하고 있다.

5 今王公大人 其所富, 其所貴, 皆王公大人骨肉之親, 無故富貴, 面目美好者也。今王公大人 骨肉之親, 無故富貴, 面目美好者, 焉故必知哉！ 　　焉故: 어찌

若不知, 使治其國家, 則其國家之亂 可得而知也。

今天下之士君子 皆欲富貴 而惡貧賤。

然女何爲 而得富貴, 而辟貧賤哉? 　　女=汝: 너, 그대, 辟=闢벽: 물리치다, 제거하다

曰 莫若爲王公大人 骨肉之親, 無故富貴, 面目美好者。

王公大人 骨肉之親, 無故富貴, 面目美好者, 此非可學能者也。

使不知辯 德行之厚 若禹·湯·文·武, 不加得也, 　　使: 가령

王公大人 骨肉之親, 躄·瘖·聾, 暴爲桀·紂, 不加失也。

躄벽: 앉은뱅이, 瘖음: 벙어리, 聾롱: 귀머거리

是故以賞不當賢, 罰不當暴,

其所賞者已無故矣, 其所罰者亦無罪。

是以使百姓皆攸心解體, 沮以爲善,
攸 · 悠유: 걱정하다

  垂其股肱之力 而不相勞來也;
垂→墮=惰게으르다, 股肱고굉: 다리와 팔

  腐臭餘財, 而不相分資也,

  隱慝良道, 而不相教誨也。
慝특 · 匿닉: 감추다

若此, 則飢者不得食, 寒者不得衣, 亂者不得治。推而上之以。

오늘날 왕공대인이 부유하게 하거나 귀하게 여기는 사람은 모두 왕공대인의 가까운 친척이거나 이유 없이 부귀한 사람과 외모가 아름다운 사람들이다. 이런 사람들이 어떻게 반드시 지혜로울 수 있겠는가? 지혜롭지 못한 사람에게 나라를 다스리게 하면 그 나라가 혼란에 빠질 수 있음을 능히 알 수 있다. 지금 천하의 선비들은 모두 부유하고 귀함을 원하고 가난하고 천함을 싫어한다. 그러면 그대(女)는 어떻게 부유하고 귀함을 얻고 가난하고 천함을 물리칠 수 있는가? 왕공대인의 가까운 친척이 되거나 이유 없이 부귀한 사람 또는 외모가 아름다운 사람이 되는 수밖에 없다. 그러나 그렇게 되는 것은 배워서 할 수 있는 일이 아니다. 가령 (왕공대인이) 분별력을 알지 못하면 (그대의) 덕행이 우(禹) · 탕(湯) · 문(文) · 무(武)왕과 같이 두텁다고 하더라도 등용될 수 없다. 왕공대인의 가까운 친척은 앉은뱅이, 벙어리, 귀머거리이거나, 걸(桀)왕과 주(紂)왕과 같이 포악하더라도 등용되지 않을 수 없다. 이 때문에 상은 현명한 사람에게 돌아가지 않고 벌은 포악한 사람에게 내려지지 않는다. 상을 받는 사람은 이유 없이 받으며, 벌을 받는 사람 역시 죄 없이 받는다. 이리하여 백성들은 모두 마음이 아득해지고 몸이 풀어져 착한 일을 하지 않게 된다. 팔과 다리의 힘이 빠져 서로 위로하지 않으며, 남은 재산에 썩은 냄새가 진동해도 서로 나누지 않고, 좋은 도리를 숨기고 감추어 서로 가르치지 않는다. 이와 같이 되면 배고픈 자는 음식을 얻지 못하고, 추위에 떠는 자는 옷을 얻지 못하고, 어지러운 자는 다스려지지 않는다.

---

❶ 마지막 "推而上之以" 5자는 앞의 문장과 뜻이 통하지 않는 衍文으로 보고 번역하지 않는다.

是故昔者 堯有舜, 舜有禹, 禹有皋陶, 湯有小臣,　　　　　　小臣=伊尹

　　武王有閎夭, 泰顚, 南宮括, 散宜生,

　　而天下和, 庶民阜, 是以近者安之, 遠者歸之。　　　　阜부→富, 肥

　　日月之所照, 舟車之所及, 雨露之所漸, 粒食之所養, 得此莫不勸譽。

且今天下之王公大人士君子, 中實將欲爲仁義, 求爲上士,　　　中實: 진실로

　　上欲中聖王之道, 下欲中國家百姓之利,　　　　中: 부합하다, 일치하다

　　故尚賢之爲說, 而不可不察此者也。

尚賢者, 天鬼百姓之利, 而政事之本也。

이런 이유로 옛날 요(堯) 임금은 순(舜)을, 순 임금은 우(禹)를, 우 임금은 고요(皋陶)를, 탕(湯) 임금은 이윤(伊尹)을 등용했다. 그리고 무(武)왕은 굉요(閎夭), 태전(泰顚), 남궁괄(南宮括), 산의생(散宜生)을 등용했다. 그리하여 천하는 평화롭고 백성은 풍족했다. 그리하여 가까이 있는 사람들은 안심했고, 멀리 있는 사람들은 돌아왔다. 해와 달이 비치는 곳에서, 배와 마차가 다다르는 곳에서, 비와 이슬이 적시는 곳에서, 곡식을 먹는 곳에서 이들을 얻어 권장하고 칭찬하지 않는 사람이 없었다.

지금 천하의 왕공대인과 선비와 군자들은 진실로 어질고 의롭게 되어 훌륭한 선비가 되기를 원한다. 위로는 성왕의 도리에 맞추려 하고, 아래로는 나라와 백성의 이익에 부합하기를 원한다. 그래서 현명한 사람을 숭상하여야 한다는 도리를 살피지 않으면 안 된다. 현명한 사람을 숭상하는 일은 하늘과 귀신과 백성에게 이득이 되며, 정치의 기본이다.

---

❶　南宮括: 武王의 충신

❷　散宜生: 文王의 4대신 중 한 명. 주(紂)왕이 文王을 유리(羑里)에 감금하자 散宜生과 閎夭가 천하의 보물(수레, 보석, 가죽 등)을 바치고 풀려나게 했다.

第十一 尚同 上

1 子墨子言曰:

古者民始生, 未有刑政之時, 蓋其語 人異義。

蓋: 발어사

是以一人則一義, 二人則二義, 十人則十義,

其人玆衆, 其所謂義者亦玆衆。

玆자: 더욱, 무성해지다

是以人是其義, 以非人之義, 故交相非也。

是以内者父子兄弟作怨惡, 離散不能相和合。

天下之百姓, 皆以水火毒藥相虧害,

虧害휴해: 헐뜯고 해치다

至有餘力 不能以相勞,

腐朽餘財 不以相分,

腐朽부후: 썩다, 부패하다

隱匿良道 不以相教,

天下之亂, 若禽獸然。

묵자 선생께서 말씀하셨다. "옛날 백성이 처음 생겨나 아직 형벌과 정치가 없었을 때 사람마다 의로움이 달랐다. 사람이 한 명이면 하나의 의로움이 있고, 사람이 둘이면 두 개의 의로움이 있으며, 사람이 열 명이면 열 개의 의로움이 있었다. 사람이 늘어나면 소위 의로움이 역시 늘어났다. 그리하여 사람들은 자신의 의로움은 옳고 다른 사람의 의로움은 그르다고 하면서 서로 비난했다. 안으로는 부모형제가 원망하고 미워하여 흩어져 서로 화합할 수 없었다. 천하의 백성들은 모두 물과 불, 독약으로 서로를 해쳤다. 힘이 남아도 서로 돕지 않고, 남은 재산이 썩어도 서로 나누지 않으며, 좋은 방도가 있어도 감추며 서로 가르쳐주지 않았다. 천하의 혼란이 마치 금수와 같았다."

❶ 묵자에 있어서 의로움(義)은 유가의 그것과 다른 의미를 갖는다. 묵자는 의로움의 근본을 이로움(利)으로 보았다. 「經」上에서 "義, 利也(의로움은 이로움이다)"라 정의했다. 따라서 義를 근대

적 용어인 '이해관계'로 이해하여도 무리가 없다.

❷ 「尙同」편은 묵자가 戰國時代의 정치적·사회적 혼란을 방지할 수 있는 국가권력의 수립이라는 시대적 요구를 반영하고 있다. 尙同이라는 용어는 이중적 의미를 가지고 있다. 同(같아짐)의 내용을 보면 우선 다른 사람과 의로움(義)이 같아져야 한다는 의미를 내포하고 있으며, 이 경우 '같아짐을 숭상한다'로 읽힌다. 나아가 의로움을 같게 하기 위해서는 반드시 일정한 사회(정치)조직이 필요한데, 묵자는 현명한 사람을 존중(「尙賢」)하여 그들에게 정치를 위임하여야 한다고 주장한다. 이러한 전제 위에서 '윗사람과 같아져야 함'을 강조하고 있다. 이 경우에는 尙同은 上同이라는 의미를 동시에 내포하고 있다고 보아야 한다. 따라서 尙同=上同으로만 보는 견해는 한 면만을 보는 단순하고도 기계적인 도식에 불과하다.

❸ 홉스가 『리바이어던(Leviathan)』에서 "공통의 권력이 없는 곳에서 불의(injustice)도 존재하지 않는다"고 상정하고 이를 '자연상태'라 정의했다. "古者民始生, 未有刑政之時"는 정치가 존재하기 이전의 상황인 '자연상태'에 해당한다. 홉스는 '자연상태'에서 인간은 '만인에 대한 만인의 투쟁' 상태로 살아갈 수밖에 없다는 전제에서 논리의 전개를 시작하는데, "天下之亂, 若禽獸然"는 홉스가 말한 '만인에 대한 만인의 투쟁'과 일맥상통한다. 홉스는 죽음의 공포에서 벗어나기 위하여 사회계약에 기초한 근대국가론을 제시했다면, 墨子는 의로움을 하나로 통일시키기 위한 정치조직을 「尙同」에서 제시하고 있다. 2000년이라는 시간적 제약을 넘어서는 묵자의 근대성을 엿볼 수 있다.

2 夫明乎 天下之所以亂者, 生於無政長。

是故選天下之賢可者, 立以爲天子。

天子立, 以其力爲未足, 又選擇天下之賢可者, 置立之以爲三公。

天子三公旣以立, 以天下爲博大, 遠國異土之民,

　　是非利害之辯, 不可一二而明知,

　　故畫分萬國, 立諸侯國君,　　　　　　　　　　畫→劃=界: 경계를 구분하다

　　諸侯國君旣已立, 以其力爲未足,

　　又選擇其國之賢可者, 置立之以爲正長。

正長旣已具, 天子發政於天下之百姓, 言曰:　　　正=長: 우두머리

　　聞善而不善, 皆以告其上。

　　上之所是, 必皆是之, 所非 必皆非之。

　　上有過 則規諫之, 下有善 則傍薦之。　　　　規諫규간: 법도로 충고하다

　　上同而不下比者, 此上之所賞, 而下之所譽也。

意若 聞善而不善, 不以告其上,

意: 헤아리다, 억측하다

　　上之所是, 弗能是, 上之所非, 弗能非,

　　上有過 弗規諫, 下有善 弗傍薦,

　　下比不能上同者, 此上之所罰, 而百姓所毁也。

上以此爲賞罰, 甚明察以審信。

천하가 어지러운 이유가 정치의 우두머리가 없는 데서 생겨난다는 사실은 분명하다. 그리하여 천하에 현명한 사람을 선택하여 천자로 세운다. 천자를 세워도 그 힘이 아직 부족하여 또 천하의 현명한 사람을 선발하여 삼공(三公)으로 삼는다. 천자와 삼공이 세워져도 천하는 넓고 크기 때문에 먼 나라와 다른 지역의 백성들의 옳고 그름, 이익과 손해를 하나하나 명확히 알 수 없었다. 그리하여 천하를 나누어 제후와 임금을 세우고, 제후와 임금을 세우지만 아직 그 힘이 부족하여 또 나라의 현명한 사람을 선발하여 각 기관의 우두머리로 세워 앉힌다. 각 기관의 우두머리를 갖추고도 천자는 천하의 백성들에게 다음과 같이 정령(政令)을 발표한다. "좋은 일이든 좋지 않은 일이든 모두 윗사람에게 보고하라. 윗사람(의 언행)이 옳으면 반드시 모두 옳다고 하고, 그르면 반드시 모두 그르다고 해야 한다. 윗사람에게 과오가 있으면 고치라고 충고하고, 아랫사람이 착한 일을 하면 반드시 추천해야 한다. 윗사람과 같아지고 아랫사람과 파당을 만들지 않으면 이는 위에서 상을 내리고 아래에서 칭송될 것이다."

만약 좋은 일과 좋지 않은 일을 듣고도 윗사람에게 보고하지 않으며, 윗사람(의 언행)이 옳은데 옳지 않다고 하고, 윗사람(의 언행)이 그른데 그르지 않다고 하며, 윗사람의 과오가 있어도 충고하지 않으며, 아랫사람이 좋은 일을 해도 추천하지 않으며, 아랫사람과 파당을 만들어 윗사람과 화동하지 않는 자는 위에서 벌을 내리고 백성들이 비난할 것이다. 이와 같이 윗사람이 상벌을 내리면 그 판단이 매우 명확하여 믿을 수 있다.

---

❶　三公: 주(周)나라의 삼공은 太師, 太傅, 太保로서 신하 중 가장 높은 벼슬이었다.

❷　춘추시대의 세습적인 分封制度는 전국시대에 들어와 점차 중앙집권적 郡縣制로 대체되는 경향이 있었다. 따라서 각국의 왕들은 세습 제후들에게 통치를 위임하기보다는 지방관을 파견하는 경우가 많았는데, 이러한 사정을 반영하고 있다.

3   是故里長者, 里之仁人也。

里長發政里之百姓, 言曰:

　聞善而不善, 必以告其鄉長。

　鄉長之所是, 必皆是之, 鄉長之所非, 必皆非之。

　去若不善言, 學鄉長之善言。   若=而=女=汝: 너, 이인칭

去若不善行, 學鄉長之善行, 則鄉何說以亂哉?

察鄉之所治何也?

鄉長唯能壹同鄉之義, 是以鄉治也。

이장(里長)은 마을의 어진 사람이다. 이장이 마을의 백성에게 "좋은 일과 좋지 않은
일을 들으면 반드시 향장(鄉長)에게 보고하라. 향장(의 언행)이 옳으면 반드시 모두 옳
다고 해야 하며, 향장(의 언행)이 그르면 반드시 모두 그르다고 해야 한다. 너의 착하
지 못한 말을 버리고 향장의 착한 말을 배우라"고 정령(政令)을 발표한다. 너의 착하
지 못한 행동을 버리고 향장의 착한 행동을 배운다면 무슨 이유로 고을(鄉)이 혼란스
럽겠는가? 고을이 다스려지는 이유를 살펴보면 무엇이겠는가? 향장은 오로지 고을
의 의로움을 하나로 일치시킬 뿐이며, 그로써 고을이 잘 다스려진다.

4   鄉長者, 鄉之仁人也。

鄉長發政鄉之百姓, 言曰:

　聞善而不善者, 必以告國君。

　國君之所是, 必皆是之, 國君之所非, 必皆非之。

　去若不善言, 學國君之善言。

去若不善行, 學國君之善行, 則國何說以亂哉?

察國之所以治者何也?

國君唯能壹同國之義, 是以國治也。

향장(鄕長)은 고을의 어진 사람이다. 향장이 고을의 백성에게 "좋은 일과 좋지 않은 일을 들으면 반드시 임금(國君)에게 보고하라. 임금(의 언행)이 옳으면 반드시 모두 옳다고 해야 하며, 임금(의 언행)이 그르면 반드시 모두 그르다고 해야 한다. 너의 착하지 못한 말을 버리고 임금의 착한 말을 배우라"고 정령(政令)을 발표한다. 너의 착하지 못한 행동을 버리고 임금의 착한 행동을 배운다면 무슨 이유로 나라가 혼란스럽겠는가? 나라가 다스려지는 이유를 살펴보면 무엇이겠는가? 임금(國君)은 오로지 나라의 의로움을 하나로 일치시킬 뿐이며, 그로써 나라가 잘 다스려진다.

5

國君者, 國之仁人也。

國君發政國之百姓, 言曰:

　　聞善而不善。必以告天子。

　　天子之所是, 皆是之, 天子之所非, 皆非之。

　　去若不善言, 學天子之善言;

去若不善行, 學天子之善行, 則天下何說以亂哉?

察天下之所以治者何也?

天子唯能壹同天下之義, 是以天下治也。

임금은 나라의 어진 사람이다. 임금이 나라의 백성에게 "좋은 일과 좋지 않은 일을 들으면 반드시 천자(天子)에게 보고하라. 천자(의 언행)가 옳으면 반드시 모두 옳다고 해야 하며, 천자(의 언행)가 그르면 반드시 모두 그르다고 해야 한다. 너의 착하지 못한 말을 버리고 천자의 착한 말을 배우라"고 정령(政令)을 발표한다. 너의 착하지 못한 행동을 버리고 천자의 착한 행동을 배운다면 무슨 이유로 천하가 혼란스럽겠는가? 천하가 다스려지는 이유를 살펴보면 무엇이겠는가? 천자는 오로지 천하의 의로움을 하나로 일치시킬 뿐이며, 그로써 천하가 잘 다스려진다.

6

天下之百姓 皆上同於天子, 而不上同於天, 則菑猶未去也。

菑치=災

今若天飄風苦雨, 溱溱而至者, 此天之所以罰百姓之不上同於天者也。

飄風표풍: 회오리바람, 苦雨: 궂은 비, 홍수, 溱溱: 많다, 많은 모양

是故子墨子言曰: 古者聖王爲五刑, 請以治其民。

　譬若絲縷之有紀, 罔罟之有綱,

絲縷사루: 실

　所連收 天下之百姓 不尙同其上者也。

천하의 백성이 모두 천자(天子)와 같아졌다고 하여도 하늘과 같아지지 않는다면 재앙은 떠나가지 않는다. 지금 회오리바람과 홍수가 자주 찾아오는 현상은 하늘이 자신과 같아지지 않는 백성을 벌하는 것이다. 그리하여 묵자 선생께서 다음과 같이 말씀하셨다. "옛날 성왕들이 다섯 가지 형벌을 시행한 일은 그 백성을 다스리기 위함이다. 비유하면 실에는 실마리가 있고 그물에는 벼리가 있는 것과 같다. (다섯 가지 형벌은) 윗사람과 화동하지 않는 천하의 백성들을 거두는 것이다."

---

❶　오형(五刑): 한나라 이전에 오형은 묵(墨: 문신), 의(劓: 코를 베는 형), 월(刖: 발뒤꿈치를 베는 형), 궁(宮: 거세), 대벽(大辟: 사형 戮, 烹, 梟首, 棄市, 絞, 凌遲 등이 있다)을 말한다.

第十二 尚同 中

1　子墨子曰:

　　方今之時, 復古之民始生, 未有正長之時,　　　復=反考

　　蓋其語 曰 天下之人異義。　　　蓋: 대략, 아마도

　　是以一人一義, 十人十義, 百人百義, 其人數茲衆, 其所謂義者亦茲衆。

　　是以人是其義, 而非人之義, 故相交非也。

　　內之父子兄弟作怨讎, 皆有離散之心, 不能相和合。

　　至乎舍餘力 不以相勞,

　　　　隱匿良道 不以相教,

　　　　腐㪺餘財 不以相分。

　　天下之亂也, 至如禽獸然。

　　無君臣上下長幼之節, 父子兄弟之禮, 是以天下亂焉。

묵자 선생께서 말씀하셨다. "지금 옛날로 돌아가 백성이 처음 생겨 아직 정치의 우두머리가 없을 때 '천하의 사람들은 의로움이 다르다'는 말이 있었다. 한 사람이 있으면 하나의 의로움이 있고, 열 사람이 있으면 열 개의 의로움이 있으며, 백 사람이 있으면 백 개의 의로움이 있다. 사람의 수가 늘어나면 소위 의로움 역시 늘어난다. 그래서 사람들은 자신의 의로움은 옳고, 다른 사람의 의로움은 그르다 하여 서로 비난했다. 안으로 어버이와 자식, 형과 동생이 원수가 되고, 모두 마음이 흩어져 서로 화합할 수 없었다. 남은 힘을 버리더라도 서로 돕지 않으며, 좋은 방도가 있어도 감추어 서로 가르치지 않으며, 남은 재산이 썩어도 서로 나누지 않았다. 천하의 혼란은 금수의 세계와 같았다. 임금과 신하, 윗사람과 아랫사람, 어른과 어린아이의 절도가 없고, 어버이와 자식, 형과 동생의 예가 없어서 천하는 어지러웠다."

2

明乎 民之無正長 以一同天下之義, 而天下亂也。

是故選擇天下賢良聖知辯慧之人, 立以爲天子, 使從事乎一同天下之義。

天子旣以立矣, 以爲唯其耳目之請, 不能獨一同天下之義,　　　　　請: 실정을 살피다

是故選擇天下贊閱賢良聖知辯慧之人 置以爲三公, 與從事乎一同天下之義。

天子三公旣已立矣, 以爲天下博大, 山林遠土之民, 不可得而一也,

是故靡分天下, 設以爲萬諸侯國君, 使從事乎一同其國之義。

國君旣已立矣, 又以爲唯其耳目之請, 不能一同其國之義,

是故擇其國之賢者, 置以爲左右將軍大夫,

以遠至乎鄕里之長 與從事乎一同其國之義。

백성이 우두머리가 없어서 천하의 의로움을 하나로 통일시키지 못하면 천하가 혼란스러워진다는 사실은 분명하다. 그리하여 천하에 현명하고 지식이 있으며 지혜로운 사람을 선택하여 천자로 세우고 천하의 의로움을 통일시키는 일에 종사하게 했다. 비록 천자를 세워도 천자의 눈과 귀로만 실정을 살펴서는 홀로 천하의 의로움을 통일시킬 수 없었다. 그리하여 또 천하에 현명하고 지식이 있으며 지혜로운 사람을 선발하여 삼공(三公)으로 세우고 더불어 같은 일에 종사하게 했다. 이미 천자와 삼공이 세워졌으나 천하는 넓고 크기 때문에 산속이나 먼 고을에 사는 백성을 하나로 할 수 없었다. 그리하여 천하를 나누어 여러 제후와 임금(國君)을 세워 나라의 의로움을 통일하는 데 종사하게 했다. 임금이 들어서도 임금의 눈과 귀만으로 실정을 살펴서는 나라의 의로움을 통일시킬 수 없었다. 그리하여 다시 그 나라의 현명한 사람을 선발하여 좌우장군과 대부로 세우고, 이들을 멀리 있는 마을과 고을의 우두머리로 삼아 더불어 나라의 의로움을 통일시키는 데 종사하게 했다.

3 　天子諸侯之君, 民之正長, 旣已定矣,

天子爲發政施敎 曰:

凡聞見善者, 必以告其上, 聞見不善者, 亦必以告其上。

上之所是, 必亦是之, 上之所非, 必亦非之,

己有善傍薦之, 上有過規諫之。　　　　　　　　　己→下 또는 民

尚同義其上, 而毋有下比之心。　　　　　　　　　毋=勿

上得 則賞之, 萬民聞 則譽之。

意若 聞見善, 不以告其上, 聞見不善, 亦不以告其上,

上之所是 不能是, 上之所非 不能非,

己有善 不能傍薦之, 上有過不能規諫之, 下比而非其上者,

上得 則誅罰之, 萬民聞 則非毀之。

故古者聖王之爲刑政賞譽也, 甚明察以審信。

是以擧天下之人, 皆欲得上之賞譽, 而畏上之毀罰。

천자와 제후인 임금은 백성의 우두머리로 이미 정해졌지만 천자는 정령을 발표하여 가르침을 내린다. "무릇 좋은 일을 보고 들은 사람은 반드시 윗사람에게 보고하고, 좋지 않은 일을 보고 들은 사람도 역시 반드시 윗사람에게 보고해야 한다. 윗사람(의 언행)이 옳으면 반드시 옳다고 해야 하고, 윗사람(의 언행)이 그르면 역시 반드시 그르다고 해야 한다. 아랫사람이 좋은 일을 하면 널리 천거하고, 윗사람이 잘못하면 고치라고 충고해야 한다. 윗사람과 의로움을 일치시키고, 아랫사람과 파당을 만들 마음을 갖지 말라. 이런 사실을 윗사람이 알면 상을 주고 백성이 들으면 칭찬한다." 생각하건대 좋은 일이나 좋지 않은 일을 보고 듣고서 윗사람에게 보고하지 않는 사람, 윗사람(의 언행)이 옳은데 옳지 않다고 하고 윗사람(의 언행)이 그른데 그르지 않다고 하는 사람, 아랫사람이 착한 일을 해도 널리 추천하지 않고 윗사람이 잘못해도 충고하지 않는 사람, 아랫사람과 파당을 지어 윗사람을 비난하는 사람이 있다면 위에서는 벌을 주고 백성들이 들으면 그들을 비난하고 욕한다. 그리하여 옛날 성왕들은 형벌을 주어 다스리거나 상을 주어 칭찬할 때 매우 명확하게 살펴 믿을 수 있었다. 그래서 천하의 백성들은 모두 윗사람이 상을 주어 칭찬하는 것을 바라고, 꾸지람하여 벌하는 것을 두려워하게 되었다.

---

❶　明察은 통치자의 역할이며, 審信은 백성들의 평가에 해당한다.

4　是故里長順天子政, 而一同其里之義。

里長旣同其里之義, 率其里之萬民, 以尚同乎鄕長, 曰:

　凡里之萬民, 皆尚同乎鄕長, 而不敢下比。

　鄕長之所是, 必亦是之, 鄕長之所非, 必亦非之。

　去而不善言, 學鄕長之善言;　　　　　　　　而=若: 너, 2인칭

　去而不善行, 學鄕長之善行。

鄕長固鄕之賢者也, 擧鄕人以法鄕長, 夫鄕何說而不治哉?

察鄕長之所以治鄕者 何故之以也?　　　　　　察: 살피다

　曰 唯以其能一同其鄕之義, 是以鄕治。

그리하여 이장(里長)은 천자의 다스림을 따라 마을의 의로움을 하나로 통일시킨다. 그리고 마을사람을 통솔하여 향장(鄕長)과 같아진다. 그래서 다음과 같이 말한다. "마을의 모든 사람들은 모두 향장과 같아짐을 추구하고 감히 아랫사람과 파당을 만들지 않아야 한다. 향장(의 언행)이 옳으면 반드시 옳다고 하고, 향장(의 언행)이 그르면 또한 반드시 그르다고 해야 한다. 좋지 못한 너의 말을 버리고 향장의 좋은 말을 배워야 한다. 착하지 못한 너의 행실을 버리고 향장의 착한 행실을 배워야 한다." 향장은 원래 고을의 현명한 사람이다. 고을 사람들이 향장을 본받는다면 무슨 이유로 고을이 잘 다스려지지 않겠는가? 향장이 고을을 잘 다스릴 수 있는 이유는 무엇인가? 그렇게 해야만 고을의 의로움을 하나로 통일시킬 수 있기 때문이다. 이렇게 하여 고을이 잘 다스려진다.

5　鄉長治其鄉, 而鄉旣已治矣, 有率其鄉萬民, 以尙同乎國君, 曰:

　　凡鄉之萬民, 皆上同乎國君, 而不敢下比.

　　國君之所是, 必亦是之, 國君之所非, 必亦非之.

　　去而不善言, 學國君之善言;

　　去而不善行, 學國君之善行.

國君固國之賢者也, 擧國人以法國君, 夫國何說而不治哉?

察國君之所以治國, 而國治者, 何故之以也?

　　曰 唯以其能一同其國之義, 是以國治.

향장(鄉長)이 고을을 다스리고, 고을이 다스려진 이후에 고을 사람들을 통솔하여 임금(國君)과 같아진다. 그래서 다음과 같이 말한다. "고을의 모든 사람들은 모두 임금과 같아짐을 추구하고 감히 아랫사람과 파당을 만들지 않아야 한다. 임금(의 언행)이 옳으면 반드시 옳다고 하고, 임금(의 언행)이 그르면 또한 반드시 그르다고 해야 한다. 좋지 못한 너의 말을 버리고 임금의 좋은 말을 배워야 한다. 착하지 못한 너의 행실을 버리고 임금의 착한 행실을 배워야 한다." 임금은 원래 나라의 현명한 사람이다. 나라의 모든 백성이 임금을 본받는다면 무슨 이유로 나라가 잘 다스려지지 않겠는가? 임금이 나라를 잘 다스릴 수 있는 이유는 무엇인가? 그렇게 해야만 나라의 의로움을 하나로 통일시킬 수 있기 때문이다. 이렇게 하여 나라가 잘 다스려진다.

6　國君治其國, 而國旣已治矣, 有率其國之萬民, 以尙同乎天子, 曰:

　　凡國之萬民上同乎天子, 而不敢下比.

　　天子之所是, 必亦是之,

　　天子之所非, 必亦非之.

　　去而不善言, 學天子之善言;

　　去而不善行, 學天子之善行.

天子者, 固天下之仁人也, 擧天下之萬民以法天子, 夫天下何說而不治哉?

察天子之所以治天下者, 何故之以也?

曰 唯以其能一同天下之義, 是以天下治。

임금(國君)이 나라를 다스리고, 나라가 다스려진 이후에 모든 백성을 통솔하여 천자(天子)와 같아진다. 그래서 다음과 같이 말한다. "나라의 모든 백성들은 모두 천자와 같아짐을 추구하고 감히 아랫사람과 파당을 만들지 않아야 한다. 천자(의 언행)가 옳으면 반드시 옳다고 하고, 천자(의 언행)가 그르면 또한 반드시 그르다고 해야 한다. 좋지 못한 너의 말을 버리고 천자의 좋은 말을 배워야 한다. 착하지 못한 너의 행실을 버리고 천자의 착한 행실을 배워야 한다." 천자는 원래 천하의 현명한 사람이다. 천하의 백성들이 천자를 본받는다면 무슨 이유로 천하가 잘 다스려지지 않겠는가? 천자가 천하를 잘 다스릴 수 있는 이유는 무엇인가? 그렇게 해야만 천하의 의로움을 하나로 통일시킬 수 있기 때문이다. 이렇게 하여 천하가 잘 다스려진다.

7 夫旣尙同乎天子, 而未上同乎天者, 則天菑將猶未止也。

菑치=災

故當若 天降寒熱不節, 雪霜雨露不時,

當若: 강한 추측을 나타낸다

　五穀不孰, 六畜不遂, 疾菑戾疫, 飄風苦雨, 荐臻而至者, 此天之降罰也。

孰→熟: 익다, 遂=長, 疾菑: 질병재앙, 戾疫: 전염병, 荐臻천진: 거듭

將以罰下人之不尙同乎天者也。

故古者聖王, 明天鬼之所欲, 而避天鬼之所憎, 以求興天下之害。

是以率天下之萬民, 齊戒沐浴, 潔爲酒醴粢盛, 以祭祀天鬼, 其事鬼神也。

　酒醴粢盛 不敢不蠲潔, 犧牲 不敢不腯肥,

蠲견: 깨끗하다, 腯돌: 살찌다

　珪璧幣帛 不敢不中度量, 春秋祭祀 不敢失時幾,

珪璧규벽: 玉, 幣帛: 비단

　聽獄 不敢不中, 分財 不敢不均, 居處 不敢怠慢。

獄: 송사

曰 其爲正長若此。

是故上者天鬼有厚乎其爲政長也, 下者萬民有便利乎其爲政長也。

　天鬼之所深厚 而能彊從事焉, 則天鬼之福可得也。

　萬民之所便利 而能彊從事焉, 則萬民之親可得也。

其爲政若此, 是以謀事得, 擧事成, 入守固, 出誅勝者,

何故之以也?

　曰 唯以尚同爲政者也。

故古者聖王之爲政若此。

이미 천자와 같아졌다 하더라도 하늘과 화동(和同)하지 않으면 하늘의 재앙이 그치지 않는다. 하늘에서 내리는 추위와 더위가 절기에 맞지 않고, 눈과 서리, 비와 이슬이 때에 맞지 않게 내리며, 오곡이 여물지 않고, 가축이 자라지 않으며, 질병과 전염병, 회오리바람과 홍수가 거듭 반복되면 이는 하늘이 벌을 내린 것이다. 이렇게 하늘과 같아짐을 숭상하지 않는 사람에게 벌이 내려진다. 그리하여 옛날 성왕들은 하늘과 귀신이 원하는 바를 훤히 알고 하늘과 귀신이 싫어하는 것을 피하여 천하를 해악에서 구제했다. 이와 같이 천하의 모든 백성을 이끌고 목욕재개하고 정갈하게 단술과 제사음식을 만들어 하늘과 귀신에게 제사를 지내고 귀신을 섬겼다. 단술과 제사음식은 정결해야 하고, 제사에 바치는 짐승은 살쪄야 하며, 옥과 비단은 도량(度量)에 맞아야 하고, 봄·가을의 제사는 시기를 놓치지 않았다. 재판(廳獄)은 중립적이어야 하며, 재물은 균등하게 나누어야 하며, 처신은 게으르지 않아야 했다. 이와 같이 하여 백성의 우두머리가 되었다.

그리하여 위로는 하늘과 귀신이 (백성의) 우두머리에게 두터운 애정을 가지고 있으며, 아래로는 모든 백성이 우두머리를 편하고 이롭다고 여긴다. 하늘과 귀신이 깊고 두터운 애정을 가지고 있으니, 열심히 일하면 하늘과 귀신의 복을 얻을 수 있었다. 모든 백성이 편하고 이롭다고 여기니, 열심히 일하면 모든 백성의 사랑을 받을 수 있었다. 다스림이 이와 같았다. 그래서 일을 꾸미면 얻을 수 있고, 거사하면 성공하며, 들어와서 지키면 견고해지고, 나가서 토벌하면 승리했다. 왜 그런가? 오로지 윗사람과의 화동을 숭상하여(尙同) 다스렸기 때문이다. 옛날 성왕들의 정치는 이와 같았다.

---

❶　六畜: 소, 말, 돼지, 양, 개, 닭.

❷　珪(규): 玉으로 만든 홀(笏), 천자가 제후를 봉하거나 신을 모실 때 사용했다.

❸　璧(벽): 원형으로 가운데 구멍이 있는 玉

8

今天下之人 曰:

　方今之時, 天下之正長猶未廢乎天下也,

　而天下之所以亂者, 何故之以也?

子墨子曰:

　方今之時之以正長, 則本與古者異矣, 譬之若有苗之以五刑然.

　昔者聖王制爲五刑, 以治天下, 逮至有苗之制五刑, 以亂天下.

　則此豈刑不善哉? 用刑則不善也.

是以先王之書 呂刑之道 曰:

　苗民否用練折則刑, 唯作五殺之刑, 曰法.　　　　錬→靈→令, 折→制

則此言 善用刑者以治民, 不善用刑者以爲五殺, 則此豈刑不善哉?

用刑則不善, 故遂以爲五殺.

是以先王之書 術令之道 曰: 唯口出好 興戎.　　　戎융: 무기, 전쟁

則此言 善用口者 出好, 不善用口者 以爲讒賊寇戎, 則此豈口不善哉?

用口則不善也, 故遂以爲讒賊寇戎.　　　　讒참: 모함하다, 해치다

지금 천하의 백성들은 다음과 같이 말한다. "오늘날 천하의 우두머리는 아직 세상에서 없어지지 않았는데 천하가 혼란스러운 이유는 무엇인가?" 이에 묵자 선생께서 대답하셨다. "지금의 우두머리는 본질적으로 옛날의 우두머리와 다르다. 비유하면 묘(苗) 나라에 오형(五刑)이 그러한 것과 같다. 옛날 성왕들은 다섯 가지 형벌을 제정하여 천하를 잘 다스렸고, 묘 나라는 다섯 가지 형벌을 제정하여 천하를 어지럽게 했다. 그렇다고 어찌 형벌을 나쁘다고 할 수 있는가? 형의 집행이 잘못된 것이다." 선왕의 책 『呂刑』에는 "묘 나라 사람들은 정치를 하지 않고 (법을) 제정하여 집행한다. 오직 다섯 가지 죽이는 형벌을 만들어 이것을 법이라 한다"고 쓰여 있다. 이것은 형벌을 잘 사용하면 백성이 잘 다스려지고, 잘못 사용하면 오살(五殺)이 된다는 사실을 의미한다. 그렇다면 어찌 형벌이 나쁘다고 할 수 있는가? 형벌이 잘못 사용되면 마침내 오살이 된다. 선왕의 책 『술령(術令)』에는 "오로지 입은 좋은 것을 나오게 하기도 하고 전쟁을 일으킬 수도 있다"고 쓰여 있다. 즉 입을 잘 사용하면 좋은 것이 나오고, 잘못 사용하면 남을 모함하고 해치며 전쟁이 벌어질 수도 있다는 의미이다. 그

렇다고 어찌 입을 나쁘다고 할 수 있는가? 입을 잘못 사용하면 마침내 모함과 전쟁이 일어난다.

❶ 현존하는 『書經』의 원문은 "弗用靈制以刑"으로 되어 있다.

❷ 『書經』에는 「術令」편이 없다. 「說令」편의 착오인지, 아니면 당시의 『書經』이 현존하는 『書經』과 다르기 때문인지 알 수 없다.

9

故古者之置正長也, 將以治民也。

譬之若絲縷之有紀, 而罔罟之有綱也,

將以運役天下淫暴, 而一同其義也。

是以先王之書, 相年之道 曰: 相年→拒年→距年: 오래된 옛날

    夫建國設都, 乃作后王君公, 否用泰也,   泰→驕: 교만하다, 자만하다

          輕大夫師長, 否用佚也,   輕→卿, 佚일: 편안하다

    維辯使治天均。   維=唯=惟 오직

則此語 古者上帝鬼神之建設國都,

    立正長也, 非高其爵, 厚其祿, 富貴佚而錯之也,   錯→措=擧

    將以爲萬民興利除害, 富貴貧寡, 安危治亂也。

故古者聖王之爲若此。

옛날에는 우두머리를 세워 백성을 다스렸다. 이것은 마치 실에 실마리가 있고 그물에 벼리가 있는 것에 비유할 수 있다. 그리하여 천하의 음란하고 포악한 자를 지속적으로 단속하여 의로움을 하나로 통일했다. 그래서 옛날 선왕의 책과 옛날의 도리는 "나라를 세우고 도읍을 정할 때 임금과 제후를 두는 것은 뽐내고 자만하라는 의도가 아니며, 경대부와 고을의 관리를 두는 것은 편하게 지내라는 의도가 아니다. 오로지 천하를 공평하게 다스리게 하기 위함이다"라고 말한다. 옛날 하느님(上帝)과 귀신이 나라와 도읍을 세울 때 우두머리를 세우는 행위는 직위를 높이어 봉록을 후하게 주고 부귀와 편안함을 누리게 하기 위해서가 아니다. 모든 백성들을 위하여 이로움을 늘리고 해로움을 제거하며, 가난하고 부족한 사람을 부하고 귀하게 만들고, 위

태로움을 안전하게 하여 혼란을 다스리게 하기 위함이다. 옛날 성왕들은 이와 같이 다스렸다.

---

❶ 運役:「尙同」上편에는 連收로 되어 있다.

❷ 師長: 선생과 어른 또는 군대의 우두머리. 앞뒤 문맥으로 보아 鄕長 정도의 벼슬로 추정된다.

10

今王公大人之爲刑政則反此。

政以爲便嬖, 宗於父兄故舊, 以爲左右, 置以爲正長。   便嬖: 아첨

民知上置正長之非正以治民也, 是以皆比周隱匿, 而莫肯尙同其上。

是故上下不同義。

若苟上下不同義, 賞譽不足以勸善, 而刑罰不足以沮暴。

何以知其然也?

  曰 上唯毋立而爲政乎國家, 爲民正長, 曰 人可賞 吾將賞之。

    若苟上下不同義, 上之所賞, 則衆之所非,

      曰 人衆與處, 於衆得非, 則是雖使得上之賞, 未足以勸乎!

    上唯毋立而爲政乎國家, 爲民正長, 曰 人可罰 吾將罰之。

    若苟上下不同義, 上之所罰, 則衆之所譽,

      曰 人衆與處, 於衆得譽, 則是雖使得上之罰, 未足以沮乎!

若立而爲政乎國家, 爲民正長, 賞譽不足以勸善, 而刑罰不沮暴,

  則是不與鄕吾本言 '民始生 未有正長之時' 同乎!   鄕=曏: 이전에, 저번에

若有正長與無正長之時同, 則此非所以治民一衆之道。

그런데 지금의 왕공대인들은 이와 반대로 형벌을 내려 다스린다. 그리하여 정치는 아첨으로 생각하고, 어버이와 형, 그리고 오랜 친구만을 좌우에 두고 (각 기관의) 우두머리로 삼는다. (그러나) 백성들은 위에 임명된 우두머리들이 백성을 잘 다스리지 못할 것을 알고, 모두 파당을 짓고 숨기니 윗사람과 같아지는 것을 수긍하지 않는다. 그러면 윗사람과 아랫사람은 의로움이 같아지지 않는다. 만일 진실로 윗사람과 아

랫사람의 의로움이 같아지지 않으면 상과 명예는 착한 일을 권장하기에 부족하고 형벌은 포악함을 저지하기에 부족하다.

어떻게 그러한지를 알 수 있는가? 다음과 같이 대답할 수 있다. "임금으로 옹립되어 나라를 다스릴 때 백성의 우두머리가 되어 '백성들이 상을 주어야 한다고 할 때 나는 상을 줄 것이다'고 말한다고 하자. 만약 진실로 윗사람과 아랫사람의 의로움이 같지 않다면, 임금이 상을 주어도 뭇 백성들은 (상을 받은 사람을) 비난하면서 '사람들과 더불어 살면서 많은 사람들로부터 비난을 받으면 그가 비록 임금의 상을 받더라도 (착한 일을) 권하기에 부족하지 않은가!'라고 말한다. 또한 임금으로 옹립되어 나라를 다스릴 때 백성의 우두머리가 되어 '백성들이 벌을 주어야 한다고 할 때 나는 벌을 줄 것이다'고 말한다고 하자. 만약 진실로 윗사람과 아랫사람의 의로움이 같지 않다면 윗사람이 벌을 주어도 백성들은 (벌을 받은 사람을) 칭찬하면서 '사람들과 더불어 살면서 많은 사람들로부터 칭찬을 받으면 그가 비록 윗사람으로부터 벌을 받더라도 포악함을 저지하기에 부족하지 않겠는가!'라고 말한다."

만약 (임금으로 옹립되어) 나라를 다스리고 백성의 우두머리가 되어 상과 명예가 착한 일을 권하기에 부족하고 형벌이 포악함을 저지하지 못한다면, 이것은 내가 앞서 말한 '백성이 처음 생겨 아직 우두머리가 없는 시대'와 같지 아니한가! 만약 우두머리가 있을 때와 우두머리가 없는 때가 같다면 이것은 백성을 잘 다스려 대중을 하나로 화합하는 길이 아니다.

---

❶ 便譬(편비): ① 便을 巧로 보아 교묘하게 비유하여 아첨하다 ② 便譬→偏僻 치우침 ③ 便譬→便嬖(편폐) 편애함. 어느 것으로 해석해도 뜻이 통한다.

---

11 故古者聖王 唯而審以尚同, 以爲正長, 而=能

是故上下情請爲通。上有隱事遺利, 下得而利之; 情: 실정, 뜻, 의지

下有蓄怨積害, 上得而除之。

是以數千萬里之外, 有爲善者, 其室人未遍知, 鄕里未遍聞, 天子得而賞之。

數千萬里之外, 有爲不善者, 其室人未遍知, 鄕里未遍聞, 天子得而罰之。

是以擧天下之人皆恐懼振動惕慄, 不敢爲淫暴, 惕慄척율: 두려워 떨다

曰 天子之視聽也神。

先王之言 曰: 非神也, 夫唯能使人之耳目 助己視聽,

使人之吻 助己言談,

使人之心 助己思慮,

使人之股肱 助己動作。　股肱: 넓적다리와 팔둑

助之視聽者衆, 則其所聞見者遠矣;

助之言談者衆, 則其德音之所撫循者博矣;　撫: 어루만지다

助之思慮者衆, 則其談謀度速得矣;　謀度모탁: 헤아리고 도모하다

助之動作者衆, 卽其擧事速成矣。

옛날 성왕들은 오로지 상동(尚同)으로 살펴 (각 기관의) 우두머리를 임명했다. 그리하여 윗사람과 아랫사람의 뜻이 통하여, 윗사람이 일을 숨기고 이익을 저버리면 아랫사람이 알고 윗사람을 이롭게 하였으며, 아랫사람에게 원망과 손해가 쌓이면 윗사람이 알고 그것을 제거했다. 수천수만 리 밖에서 착한 일을 하는 사람이 있을 때 집안에 있는 사람이 두루 알지 못하고 마을과 고을에서 두루 듣지 못해도, 천자는 알고 그에게 상을 내린다. 수천수만 리 밖에서 나쁜 일을 하는 사람이 있을 때 집안에 있는 사람이 두루 알지 못하고 마을과 고을에서 두루 듣지 못해도, 천자는 알고 벌을 내린다. (그래서) 천하의 사람들이 모두 두려워 떨면서 음란하고 포악한 일을 감히 하지 못한다. 그러면서 "천자의 눈과 귀는 신통하다"고 말한다.

이에 선왕들은 "신통하지 않다. 오직 사람들의 귀와 눈으로 하여금 보고 듣도록 돕고, 사람들의 입으로 하여금 이야기하도록 도우며, 사람의 마음으로 하여금 생각하도록 돕고, 사람들의 팔다리로 하여금 움직이게 도울 뿐이다"라고 말한다. 보고 듣는 일을 돕는 사람이 많으면 (천자는) 멀리까지 보고 들을 수 있으며, 이야기하는 일을 돕는 사람이 많으면 (천자의) 덕성스러운 목소리가 널리 어루만져 보살필 수 있다. 생각하는 일을 돕는 사람이 많으면 (천자가) 빨리 판단할 수 있으며, 움직이는 일을 돕는 사람이 많으면 (천자는) 빠르게 일을 성공시킬 수 있다.

12 故古者聖人之所以濟事成功, 垂名於後世者, 無他故異物焉,

曰 唯能以尚同爲政者也。

是以先王之書 周頌之道之 曰: 載來見彼王, 聿求厥章。則此語。

載=始, 厥=其: 그, 그것

古者 國君諸侯之以春秋 來朝聘天子之廷, 受天子之嚴教,

退而治國, 政之所加, 莫敢不賓。

賓: 손님, 손님으로 대우하다, 복종하다

當此之時, 本無有敢紛天子之教者。

詩曰: 我馬維駱, 六轡沃若, 載馳載驅, 周爰咨度。

駱낙: 가리온, 轡비: 고삐, 재갈, 沃若=沃沃然: 윤기가 나는, 爰: 이에, 여기에서

又曰: 我馬維騏, 六轡若絲 載馳載驅, 周爰咨謀。卽此語也。

騏기: 털총이

古者 國君諸侯之聞見善與不善也, 皆馳驅以告天子,

是以賞當賢, 罰當暴, 不殺不辜, 不失有罪, 則此尚同之功也。

辜고: 허물, 죄

옛날 성인들이 일을 하고 공을 이루어 후세에 이름을 남긴 것은 다른 이유가 있는 것이 아니며, 오로지 상동(尙同)으로 다스릴 수 있었기 때문이다. 선왕의 책『周頌』에 "비로소 천자를 와서 뵙고 드디어 법도를 얻었다"고 쓰여 있는 것은 이를 말한다. 옛날 임금과 제후들이 봄과 가을에 천자의 궁정에 초빙되어 천자의 엄한 가르침을 받고 물러나서, 정치의 가르침에 감히 복종하지 않을 수 없었다. 이런 때에 천자의 가르침을 감히 훼손하지 못했다.『詩經』에서 "내 말은 가리온(駱), 여섯 고삐가 윤기 나네, 달리고 달려서 두루 묻고 헤아리네." 또 "내 말은 털총이(騏), 여섯 고삐가 실처럼 강하게 꼬여있네, 달리고 달려서 두루 묻고 도모하네."라고 읊은 것은 이를 말한다. 옛날 임금과 제후들은 좋은 일과 나쁜 일을 보고 들었을 때 모두 달려가 천자에게 고했다. 그리하여 어진 사람에게 상이 내려지고 포악한 사람에게 벌이 내려졌다. 허물 없는 사람을 죽이지 않고 죄 있는 사람을 놓치지 않았다면 이것은 상동(尙同)의 결과이다.

---

❶ 駱은 검은 갈기의 흰 말이며, 騏는 검푸른 얼룩말로 둘 다 명마로 알려져 있다.

13　是故子墨子 曰: 今天下之王公大人士君子, 請將欲富其國家, 衆其人民,

治其刑政, 定其社稷。

當若尚同之不可不察, 此之本也。

그래서 묵자 선생께서 "지금 천하의 왕공대인, 선비와 군자는 장차 나라가 부유해지고 백성이 늘어나고 형벌과 정치가 잘 다스려져 사직이 안정되기를 원한다. 그러면 상동(尚同)을 깊이 살피지 않으면 안 된다. 이것이 (정치의) 기본이다."라고 말씀하셨다.

第十三 尚同 下

1 子墨子言曰: 知者之事, 必計國家百姓所以治者 而爲之,　　　計: 헤아리다

　　　　　　　必計國家百姓之所以亂者 而辟之。　　　辟=避: 피하다

然計國家百姓之所以治者何也?

　上之爲政, 得下之情則治, 不得下之情則亂。

何以知其然也?

　上之爲政, 得下之情, 則是明於民之善非也。　　　善非=善不善

　　若苟明於民之善非也, 則得善人而賞之, 得暴人而罰之也。

　　善人賞而暴人罰, 則國必治。

　　上之爲政也, 不得下之情, 則是不明於民之善非也。

　　若苟不明於民之善非, 則是不得善人而賞之, 不得暴人而罰之。

　　善人不賞而暴人不罰, 爲政若此, 國衆必亂。

　　故賞不得下之情, 而不可不察者也。　　　賞→賞罰

묵자 선생께서 "지혜로운 사람은 반드시 나라와 백성이 잘 다스려지는 이유를 헤아려 그것을 행하고, 반드시 나라와 백성이 혼란스러운 이유를 헤아려 그것을 피한다."고 말씀하셨다. 그러면 나라와 백성이 잘 다스려지는 이유는 무엇인가? 윗사람이 정치를 할 때 아랫사람의 실정을 알면 잘 다스려지고 아랫사람의 실정을 모르면 혼란스럽다. 왜 그런가? 윗사람이 정치를 함에 있어서 아랫사람의 실정을 알면 백성의 옳고 그름을 잘 판단할 수 있다. 만약 진실로 백성의 옳고 그름을 잘 알면 착한 사람에게 상을 주고 포악한 사람에게 벌을 줄 수 있다. 착한 사람이 상을 받고 포악한 사람이 벌을 받으면 나라는 반드시 잘 다스려진다. 윗사람이 정치를 함에 있어서 아랫사람의 실정을 알지 못하면 백성들의 옳고 그름을 판단하지 못한다. 만약 진실로 백성들의 옳고 그름을 알지 못하면 착한 사람에게 상을 주지 못하고 포악한 사람에

게 벌을 줄 수 없다. 착한 사람이 상을 받지 못하고 포악한 사람이 벌을 받지 않는다면, 정치가 이와 같다면 나라와 백성은 반드시 혼란스럽게 된다. 그래서 상(과 벌)이 아랫사람들의 실정을 잘 반영하고 있는지 살피지 않으면 안 된다.

2

然計得下之情 將奈何可?

　　故子墨子曰: 唯能以尙同一義爲政, 然後可矣。

何以知尙同一義之可而爲政於天下也?　　　　　　　　　　　之: 주격조사

然胡不審稽古之治爲政之說乎?　　　　　　　　　胡: 어찌, 稽 계: 조사하다, 治→始?

古者 天之始生民, 未有正長也, 百姓爲人。

　　若苟百姓爲人, 是一人一義, 十人十義, 百人百義, 千人千義,

　　逮至人之衆不可勝計也, 則其所謂義者, 亦不可勝計。

　　此皆是其義, 而非人之義, 是以厚者有﹁, 而薄者有爭。

　　是故天下之欲同一天下之義也, 是故選擇賢者, 立爲天子。

天子以其知力爲未足獨治天下, 是以選擇其次立爲三公。

　　三公又以其知力爲未足獨左右天子也, 是以分國建諸侯。

　　諸侯又以其知力爲未足獨治其四境之內也, 是以選擇其次立爲卿之宰。

　　卿之宰又以其知力爲未足獨左右其君也, 是以選擇其次立而爲鄕長家君。

是故古者天子之立三公, 諸侯, 卿之宰, 鄕長, 家君,

　　非特富貴游佚而擇之也, 將使助治亂刑政也。　　游佚=遊佚유일: 편안하게 놀다

故古者建國設都, 乃立后王君公, 奉以卿士師長,　　　奉: 주다 수여하다

　　此非欲用說也, 唯辯而使助治天明也。　　說→逸편안함=佚, 辯: 나누다, 天明→天民

그러면 장차 아랫사람의 실정을 어떻게 알 수 있는가? 이에 묵자 선생께서 "화동을 숭상하고(同) 의로움을 하나로 통일시켜(一義) 다스리고 난 후에 가능하다."고 말씀하셨다. 화동을 숭상하고 의로움을 하나로 통일시켜 천하를 다스린다는 것을 어떻게 알 수 있는가? 그리고 어찌 옛날의 정치를 살피고 조사하지 않는가? 옛날 하늘

이 처음 백성을 생기게 하고 아직 우두머리가 없을 때 백성은 독립적인 개인이었다. 만약 진실로 백성이 개별화된 사람이라면, 한 사람이 있으면 한 개의 의로움이 있고, 열 사람이면 열 개의 의로움이, 백 명과 천 명의 사람이면 백 개와 천 개의 의로움이 있게 된다. 사람의 수가 셀 수 없을 정도로 많아지면 소위 의로움도 역시 셀 수 없다. 이것은 모두 자신의 의로움을 옳다 하고, 다른 사람의 의로움을 그르다 하기 때문이다. 이런 이유로 (갈등이) 두터우면 싸움이 생기고 엷으면 다툼이 생긴다. 그래서 세상 사람들(天下)이 천하의 의로움을 하나로 통일시키고자 현명한 사람을 선택하여 천자로 세운다.

그러나 천자의 지혜와 힘이 홀로 천하를 다스리기 부족하여 그다음 현명한 사람을 선택하여 삼공(三公)으로 세운다. 삼공 역시 그 지혜와 힘이 홀로 천자를 보좌하기에 부족하여 나라를 나누어 제후를 세운다. 제후 또한 홀로 그 지혜와 힘만으로 사방의 국경을 다스리기에 부족하여 그다음 현명한 사람을 선택하여 경대부로 삼는다. 경대부는 또한 자신의 지혜와 힘으로 주군을 홀로 보좌하기에 부족하여 그다음 현명한 사람을 선택하여 향장(鄕長)과 가군(家君)을 세운다. 이와 같이 옛날 천자들은 삼공과 제후, 경대부, 향장과 가군을 세웠는데, 이것은 그들을 부하고 귀하게 여겨 편하게 놀고먹게 하기 위해서 선택한 것이 아니며, 혼란을 다스리고 법을 집행하여 정치하는 일을 돕게 하기 위해서이다. 그렇기 때문에 옛날에 나라를 세우고 도읍을 정할 때 후왕(后王)과 군공(君公)을 세우고, 경사(卿士)와 사장(師長)으로 하여금 그들을 받들게 한 것은 편하게 지내게 하기 위해서가 아니라 (직책을) 나누어 하늘의 백성을 잘 다스리도록 돕기 위함이다.

---

❶ 百姓爲人: 기세춘은 人을 主君 또는 宰의 의미를 가지고 있다고 주장하면서 주권자로 번역하였으나 근거가 희박하다. 여기서는 人을 '개별화된 인간' 또는 '독립적인 개인'으로 번역한다.

❷ 유가와 묵가가 지향하는 정치조직을 도식화하면 다음과 같다.
유가: 天子-諸侯-大夫-士-民 (세습)
묵가: 天子-國君(諸侯/王公)-鄕長(大夫)-里長(家君)-民

❸ 제후국 내의 소영주가 대부(大夫)이며, 대부 가운데 대신(大臣)이 된 자가 卿이다.

❹ 묵자의 정치사상에서 "是故天下之欲同一天下之義也, 是故選擇賢者, 立爲天子"는 매우 중요하다. 앞의 天下를 天으로 보면 왕권신수설이 되고(畢沅, 孫詒讓), 天下之人으로 보면 民約論이 되어(梁啓超) 논쟁이 되는 지점이다. 馬騰, 墨子尙同內涵新探, 김용수 역,「묵자 '상동'의 내포에 대한 새로운 탐구」,『동서사상』제9집, 2010.8.『墨子』전편에 걸쳐 '天下'를 대부분 '天下之民'이라는 의미로 사용하고 있어 맹아적 民約論으로 보아도 무방하다.

❺ 朝鮮의 實學者 丁若鏞(1762-1836)은 『原牧』에서 "백성을 위해서 牧이 존재하는가? 백성이 牧을 위해 태어났는가?" 하는 의문을 제기하면서, 『尙同』과 유사한 논리를 펴고 있다. 정약용은 백성들이 里正을 추대하고, 里正이 모여 黨正을 추대하고, 黨正이 모여 州長을 추대하고, 州長이 모여 國君을 추대하고, 國君이 모여 方伯을 추대하고, 方伯이 모여 皇王을 추대하는 상향식 정치조직을 제시했다.

3 今此何 爲人上而不能治其下, 爲人下而不能事其上?

則是上下相賊也, 何故以然?

則義不同也。

若苟義不同者有黨,

上以若人爲善, 將賞之, 若人唯使得上之賞, 而辟百姓之毀,　　若=此, 唯=雖

是以爲善者, 必未可使勸, 見有賞也。

上以若人爲暴, 將罰之, 若人唯使得上之罰, 而懷百姓之譽,

是以爲暴者, 必未可使沮, 見有罰也。

故計上之賞譽, 不足以勸善, 計其毀罰, 不足以沮暴。　　計: 헤아리다

此何故以然?

則義不同也。

오늘날에는 왜 윗사람이 아랫사람을 다스리지 못하고 아랫사람은 윗사람을 섬기지 못하는가? 윗사람과 아랫사람이 서로 해치니 무슨 이유로 그러한가? 의로움이 같지 않기 때문이다. 진실로 의로움이 같지 않으면 파당이 생긴다. (이런 상황에서)윗사람이 어떤 사람을 선하게 여겨 상을 준다면, 그 사람은 비록 위에서 상을 받았지만 백성들의 비난을 피할 수가 없으며, 착한 사람이 상을 받아도 (착한 일을) 권장할 수 없다. 윗사람이 어떤 사람을 포악하게 여겨 벌을 준다면, 그 사람은 비록 위에서 벌을 받았지만 백성들의 칭송을 받으며, 포악한 사람이 벌을 받아도 (포악한 행동을) 저지할 수 없다. 헤아려보면 윗사람의 상과 칭찬은 착한 일을 권장하기에 부족하고, 꾸지람과 벌은 포악한 행동을 막기에 부족하다. 이것은 왜 그러한가? 의로움이 같지 않기 때문이다.

4 然則欲同一天下之義, 將柰何可？ 柰何=奈何: 어떻게

故子墨子言曰: 然胡不賞使家君, 試用家君發憲布令其家, 賞→嘗, 發=布

曰: 若見愛利家者, 必以告, 若見惡賊家者, 亦必以告。

若見愛利家以告, 亦猶愛利家者也, 上得且賞之, 衆聞則譽之,

若見惡賊家不以告, 亦猶惡賊家者也, 上得且罰之, 衆聞則非之。

是以遍若家之人, 皆欲得其長上之賞譽, 辟其毀罰。 遍: 두루, 若=此

是以善言之, 不善言之, 家君得善人而賞之, 得暴人而罰之。

善人之賞, 而暴人之罰, 則家必治矣。

然計若家之所以治者何也？

唯以尚同一義爲政故也。

그러면 천하의 의로움을 통일시키려면 어찌해야 하는가? 묵자 선생께서 말씀하셨다. "어찌하여 가군(家君)으로 하여금 시험 삼아 가문에 다음과 같은 법령을 포고하지 않는가? '가문을 사랑하고 이롭게 하는 사람을 보면 반드시 보고하고, 가문을 미워하고 해치는 사람을 보면 또한 반드시 보고하라. 가문을 사랑하고 이롭게 하는 자를 알리는 사람은 가문을 사랑하고 이롭게 하는 사람과 같으니, 위에서 알고 상을 내리고 많은 사람들이 들으면 그를 칭찬할 것이다. 가문을 미워하고 해치는 자를 신고하지 않는 사람은 가문을 미워하고 해치는 사람과 같으니, 위에서 알고 벌을 내리고 많은 사람이 들으면 그를 비난할 것이다.'"

이리하면 이 가문의 사람들은 모두 어른과 윗사람의 상과 칭찬을 얻고자 하며 비난과 벌을 피하고자 한다. 착하다고 말하거나 나쁘다고 말하거나 가문의 우두머리는 착한 사람을 알아내어 상을 내리고 포악한 사람을 골라내어 벌을 내린다. 착한 사람이 상을 받고 포악한 사람이 벌을 받으면 반드시 가문이 잘 다스려진다. 이 가문이 잘 다스려지는 이유는 무엇인가? 오로지 상동(尚同)으로 의로움을 통일하여 정치를 하기 때문이다.

---

❶ 家: 지방관리에게 봉해진 식읍(食邑)을 말하며 상속할 수 있다. 춘추전국시대에는 식읍이 쟁탈의 대상이 되어 지방의 토호로 발전하기도 한다. 따라서 家君은 諸侯로 봉해지는 경우도 있었으나 鄕長이나 里長에 해당한다고 볼 수 있다.

　　　　　　　　　　　　　　　　　　　　　　　　　십론(十論)

5　家旣已治, 國之道盡此已邪?

　　則未也.

國之爲家數也甚多, 此皆是其家, 而非人之家, 是以厚者有亂, 而薄者有爭.

故又使家君總其家之義, 以尚同於國君.

國君亦爲發憲布令於國之衆, 曰:

　　若見愛利國者, 必以告, 若見惡賊國者, 亦必以告.

　　若見愛利國以告者, 亦猶愛利國者也, 上得且賞之, 衆聞則譽之,

　　若見惡賊國不以告者, 亦猶惡賊國者也, 上得且罰之, 衆聞則非之.

是以遍若國之人, 皆欲得其長上之賞譽, 避其毀罰.

是以民見善者言之, 見不善者言之, 國君得善人而賞之, 得暴人而罰之.

善人賞而暴人罰, 則國必治矣.

然計若國之所以治者何也?

　　唯能以尚同一義爲政故也.

가문이 잘 다스려지면 나라의 도리는 여기서 끝나는가? 아니다. 나라에는 가문의 수가 아주 많다. 이들이 모두 자신의 가문은 옳고, 다른 가문은 그르다 한다. 그래서 (갈등이) 두터우면 싸움이 생기고, 엷으면 다툼이 생긴다. 그래서 또 가군(家君)으로 하여금 가문의 의로움을 총괄하여 임금(國君)과 화동하게 한다. 임금은 백성들에게 다음과 같이 법령을 공포한다. "나라를 사랑하고 이롭게 하는 사람을 보면 반드시 보고하고, 나라를 미워하고 해치는 사람을 보아도 반드시 보고하라. 나라를 사랑하고 이롭게 하는 자를 보고 보고하는 사람은 또한 나라를 사랑하고 이롭게 하는 자와 같으니, 위에서 알고 상을 주고 많은 사람이 들으면 칭찬할 것이다. 나라를 미워하고 해치는 자를 보고 보고하지 않는 사람은 역시 나라를 미워하고 해치는 사람과 같으니, 위에서 알고 벌을 내리며 많은 사람이 들으면 비난할 것이다."
이리하면 이 나라의 백성들은 모두 윗사람의 상과 칭찬을 얻고자 하며 비난과 벌을 피하고자 한다. 이리하여 백성들은 착한 자를 보고 말하고, 착하지 않은 자를 보고도 말한다. 임금은 착한 사람에게 상을 주고 포악한 사람에게 벌을 내린다. 착한 사람이 상을 받고 포악한 사람이 벌을 받으면 나라는 반드시 잘 다스려진다. 이 나라가 잘 다스려지는 이유가 무엇인가? 오로지 상동(尙同)으로 의로움을 통일시켜 정치를 하기 때문이다.

6

國旣已治矣, 天下之道盡此已邪?

　　則未也。

天下之爲國數也甚多, 此皆是其國, 而非人之國, 是以厚者有戰, 而薄者有爭。故又使國君選其國之義, 以尙同於天子。　　　選=總

天子亦爲發憲布令於天下之衆, 曰:

　　若見愛利天下者, 必以告, 若見惡賊天下者, 亦以告。

　　若見愛利天下以告者, 亦猶愛利天下者也, 上得則賞之, 衆聞則譽之。

　　若見惡賊天下不以告者, 亦猶惡賊天下者也, 上得且罰之, 衆聞則非之。

是以遍天下之人, 皆欲得其長上之賞譽, 避其毀罰,

是以見善不善者告之。天子得善人而賞之, 得暴人而罰之,

善人賞而暴人罰, 天下必治矣。

然計天下之所以治者何也?

　　唯而以尙同一義爲政故也。

나라가 잘 다스려지면 천하의 도리는 여기서 끝나는가? 아니다. 천하에는 나라의 수가 아주 많다. 이들이 모두 자신의 나라는 옳고, 다른 나라는 그르다 한다. 그래서 (갈등이) 두터우면 싸움이 생기고, 엷으면 다툼이 생긴다. 그래서 또 임금(國君)으로 하여금 그 나라의 의로움을 총괄하여 천자와 화동하게 한다. 천자는 천하의 백성들에게 다음과 같이 법령을 공포한다. "천하를 사랑하고 이롭게 하는 사람을 보면 반드시 보고하고, 천하를 미워하고 해치는 사람을 보아도 반드시 보고하라. 천하를 사랑하고 이롭게 하는 자를 보고 보고하는 사람은 또한 천하를 사랑하고 이롭게 하는 자와 같으니, 위에서 알고 상을 주고 많은 사람이 들으면 칭찬할 것이다. 천하를 미워하고 해치는 자를 보고 보고하지 않는 사람은 역시 천하를 미워하고 해치는 사람과 같으니, 위에서 알고 벌을 내리며 많은 사람이 들으면 비난할 것이다." 이리하면 천하의 백성들은 모두 윗사람의 상과 칭찬을 얻고자 하며 비난과 벌을 피하고자 한다. 이리하여 착한 자와 착하지 않은 자를 보면 보고한다. 천자는 착한 사람에게 상을 주고 포악한 사람에게 벌을 내린다. 착한 사람이 상을 받고 포악한 사람이 벌을 받으면 천하는 반드시 잘 다스려진다. 천하가 잘 다스려지는 이유가 무엇인가? 오로지 상동(尙同)으로 의로움을 통일시켜 정치를 하기 때문이다.

7　天下旣已治, 天子又總天下之義, 以尙同於天.

故當尙同之爲說也, 尙用之天子, 可以治天下矣;　<small>當=及 이르러, 說: 말씀, 학설</small>

　　　　中用之諸侯, 可而治其國矣;

　　　　小用之家君, 可而治其家矣.

是故大用之, 治天下不窕, 小用之, 治一國一家而不橫者, 若道之謂也.

<small>窕 조: 한가하다, 가볍다, 橫 횡: 가로지르다, 若=此</small>

천하가 잘 다스려지면 천자는 천하의 의로움을 총괄하여 하늘과 같아짐을 숭상해야 한다. 상동(尙同)의 이치에 이르러 크게는 천자에게 적용하면 천하를 다스릴 수 있고, 중간으로 제후에게 적용하면 나라를 다스릴 수 있고, 작게는 가군(家君)에게 적용하면 집안을 다스릴 수 있다. 그리하여 크게 활용하여 천하를 다스리기에도 가볍지 아니하고, 작게 활용하여 한 나라와 한 가문을 다스리기에도 막힘이 없다. 이것을 일컬어 도(道)라고 한다.

8　故曰 治天下之國若治一家, 使天下之民若使一夫.

意獨子墨子有此, 而先王無此其有邪?　<small>無此有基→無有此</small>

　　則亦然也. 聖王皆以尙同爲政, 故天下治.

何以知其然也?

　　於先王之書也 大誓之言然,　<small>大=泰</small>

　　　　曰: 小人見姦巧乃聞, 不言也, 發罪鈞.　<small>發=厥 그, 鈞=均=同</small>

此言見淫辟不以告者, 其罪亦猶淫辟者也.　<small>淫辟 음벽: ① 邪惡, 不正 ② 淫亂, 放蕩</small>

그래서 "천하의 나라를 다스림은 한 집안의 다스림과 같고, 천하의 백성을 부리는 일은 한 남자를 부리는 것과 같다"고 말한다. 묵자 선생만이 그렇게 생각하고 선왕들은 그렇게 생각하지 않았는가? 선왕들도 역시 그렇게 생각했다. 성왕들은 모두 상동(尙同)으로 정치를 하여 천하를 잘 다스렸다. 어찌 그렇다는 것을 알 수 있는가? 선왕의 책 『大誓』(『書經』「周書」, 「泰誓編」)에 "백성(小人)들은 간교한 일을 보거나 듣고도 말하지 않으면 그 죄가 (간교한 것과) 같다"고 쓰여 있다. 이것은 사악한 것을 보고도 보고하지 않는 자는 그 죄가 또한 사악한 사람과 같다는 말이다.

---

❶　『書經』「周書」, 「泰誓」는 周나라 무왕(武王)이 商나라 주(紂)왕을 징벌하는 과정에 발표한 맹세이다. 현재의 『書經』에서는 '厥罪惟鈞'만 나와 있다.

❷　小人: 戰國時代에는 상공업과 더불어 도시가 발전했다. 도시에 거주하는 지식계급을 군자, 도시 밖에 거주하는 농민을 野人이라 했다. 小人은 野人의 별칭이다.

9　故古之聖王治天下也, 其所差論, 以自左右羽翼者皆良,　　　　差=擇, 羽翼: 날개, 보좌

　　　　　　外爲之人, 助之視聽者衆。

　　故與人謀事, 先人得之;

　　與人擧事, 先人成之;

　　光譽令聞, 先人發之。

　　唯信身而從事, 故利若此。　　　　　　　　　　　　　　　信→伸: 펴다

　古者有語焉, 曰: 一目之視也, 不若二目之視也。

　　　　　　　　一耳之聽也, 不若二耳之聽也。

　　　　　　　　一手之操也, 不若二手之彊也。　　　　　　彊=强: 굳세다

　　夫唯能信身而從事, 故利若此。　　　　　　　　　　　信→伸

是故古之聖王之治天下也,

　　千里之外有賢人焉, 其鄕里之人皆未之均聞見也, 聖王得而賞之。

　　千里之內有暴人焉, 其鄕里未之均聞見也, 聖王得而罰之。

故唯毋以聖王爲聰耳明目與　　　　　　　　　　　　　唯=雖 비록, 毋: 어조사

豈能一視而通見千里之外哉!

一聽而通聞千里之外哉!

聖王不往而視也, 不就而聽也。

然而使天下之爲寇亂盜賊者, 周流天下無所重足者, 何也?

其以尙同爲政善也。

옛날 성왕들이 천하를 잘 다스리고자 논의할 때 좌우에서 보좌하는 사람들이 모두 훌륭했고, 밖에서 보고 듣는 일을 돕는 사람이 많았다. 그래서 사람들과 더불어 일을 도모하면 다른 사람보다 먼저 알았고, 사람들과 더불어 거사하면 다른 사람보다 먼저 이루었다. 빛나는 명예와 아름다운 소문이 다른 사람보다 먼저 드러났다. 오로지 몸을 늘려서 일하므로 이로움이 이와 같았다.

옛날 속담에 "한 눈으로 보는 것은 두 눈으로 보는 것만 못하고, 한 귀로 듣는 것은 두 귀로 듣는 것만 못하고, 한 손으로 잡는 것은 두 손이 강한 것만 못하다"고 한다. 오로지 몸을 늘려서 일하므로 이로움이 이와 같다. 이런 까닭으로 옛 성왕들이 천하를 다스림에 있어서 천 리 밖에 현명한 사람이 있다면, 그 고을 사람들이 모두 아직 듣고 보지 못해도 성왕은 알고 그에게 상을 준다. 천 리 내에 포악한 사람이 있다면, 그 마을 사람들이 아직 듣고 보지 못해도 성왕은 찾아내어 그에게 벌을 내린다. 성왕이 아무리 귀가 밝고 눈이 밝다고 하더라도 어찌 한 번 보고 천 리 밖을 꿰뚫어 볼 수 있으며, 한 번 듣고 천 리 밖을 꿰뚫어 들을 수 있겠는가! 성왕은 가지 않고 볼 수 있으며 가지 않고 들을 수 있다. 어떻게 천하의 침략자와 도적이 어디에도 발 디딜 곳을 없게 만드는가? 상동(尙同)으로 선정을 베풀기 때문이다.

---

❶   信身: 신하의 분업을 통해 통치자의 눈과 귀, 사지의 역할을 늘려간다는 의미에서 伸身으로 보아야 한다.

10　是故子墨子曰: 凡使民尚同者, 愛民不疾, 民無可使。 疾: 질주하다, 힘쓰다

　　　　曰 必疾愛而使之, 致信而持之, 富貴以道其前, 明罰以率其後。

　　　　爲政若此, 唯欲毋與我同, 將不可得也。 唯=雖, 毋=無

이런 까닭으로 묵자 선생께서 말씀하셨다. "백성을 화동시킴에 백성을 사랑하는 데 힘쓰지 않으면 백성을 (화동)시킬 수 없다." 또한 "반드시 사랑으로 백성을 부리고, 믿음을 주어 백성을 지키며, 부귀로써 앞을 이끌고, 명확한 벌로써 뒤를 따르게 한다. 이와 같이 정치를 한다면 비록 나와 더불어 같아지고 싶지 않더라도 장차 그렇게 되지 않을 것이다."

11　是以子墨子曰: 天下王公大人士君子, 中情將欲爲仁義, 求爲上士, 中情: 진실로

　　　　上欲中聖王之道, 下欲中國家百姓之利。

　　　　故當尙同之說, 而不可不察 尙同爲政之本 而治要也。

그리하여 묵자 선생께서는 말씀하셨다. "오늘날 천하의 왕공대인, 선비와 군자들은 진실로 어질고 의롭게 되기를 바라며 훌륭한 선비가 되고자 한다. 위로는 성왕의 도에 맞고, 아래로는 나라와 백성의 이익에 부합하기를 원한다. 그렇게 하려면 마땅히 상동(尙同)의 학설에 이르러 상동(尙同)이 정치의 기본이며 다스림의 핵심임을 살피지 않으면 안 된다."

第十四 兼愛 上

1　聖人以治天下爲事者也, 必知亂之所自起, 焉能治之,

焉=乃

　　　　　　　不知亂之所自起, 則不能治。

譬之如醫之攻人之疾者然, 必知疾之所自起, 焉能攻之,

　　　　　　　不知疾之所自起, 則弗能攻。

治亂者何獨不然?

　　必知亂之所自起, 焉能治之,

　　不知亂之所自起, 則弗能治。

성인은 천하를 다스리는 것을 일삼는 자이다. 반드시 혼란이 일어나는 근원을 알아야 잘 다스릴 수 있으며, 혼란의 근원을 알지 못하면 잘 다스릴 수 없다. 비유하면 사람의 병을 치료하는 의사와 같이 병이 생기는 원인을 알면 치유할 수 있고, 병이 생기는 원인을 모르면 치료할 수 없다. 어찌 혼란을 수습하는 사람만은 그러지 않겠는가? 혼란이 일어나는 근원을 알면 잘 다스릴 수 있고, 혼란이 일어나는 근원을 모르면 잘 다스릴 수 없다.

---

❶　兼은 부분(體)과 상반되는 전체라는 의미와 구별 또는 차별(別)과 상반되는 무차별이라는 의미를 가지고 있다. 따라서 兼愛는 사회조직(가족, 마을, 나라, 천하)의 구성원에 대한 무차별적인 사랑으로 파악해야 한다.

2-1 聖人以治天下爲事者也, 不可不察亂之所自起。

當察亂何自起?

　起不相愛。

　臣子之不孝君父, 所謂亂也。

　子自愛不愛父, 故虧父而自利,

虧 휴: 이지러지다, 덜다, 줄다

　弟自愛不愛兄, 故虧兄而自利,

　臣自愛不愛君, 故虧君而自利, 此所謂亂也。

雖父之不慈子, 兄之不慈弟, 君之不慈臣, 此亦天下之所謂亂也。

雖: 발어사

　父自愛也不愛子, 故虧子而自利,

　兄自愛也不愛弟, 故虧弟而自利,

　君自愛也不愛臣, 故虧臣而自利。

是何也?

　皆起不相愛。

성인은 천하를 다스리는 것을 일삼는 자이므로 혼란이 일어나는 근원을 살피지 않으면 안 된다. 혼란이 어디에서 생기는지 살펴본 적이 있는가? 서로 사랑하지 않는데 그 원인이 있다. 신하와 자식이 임금과 부모에게 효도하지 않으면 혼란이 생긴다. 자식이 자신을 사랑하지만 아비를 사랑하지 않는 것은 아비를 덜어서 스스로 이롭게 함이다. 동생이 자신을 사랑하지만 형을 사랑하지 않는 것은 형을 덜어서 스스로 이롭게 함이다. 신하가 자신을 사랑하지만 임금을 사랑하지 않는 것은 임금을 덜어서 스스로 이롭게 함이다. 이것을 일러 혼란이라고 부른다.

아비가 되어 자식을 사랑하지 않고, 형이 되어 동생을 사랑하지 않으며, 임금이 되어 신하에게 자애롭지 않으면 이 역시 세상 사람들이 혼란이라 부른다. 아비가 자신을 사랑하지만 자식을 사랑하지 않는 것은 자식을 덜어서 스스로 이롭게 함이다. 형이 자신을 사랑하지만 동생을 사랑하지 않는 것은 동생을 덜어서 스스로 이롭게 함이다. 임금이 자신을 사랑하지만 신하를 사랑하지 않는 것은 신하를 덜어서 스스로 이롭게 함이다. 왜 그러한가? 모두 서로 사랑하지 않기 때문이다.

2-2 雖至天下之爲盜賊者 亦然。

盜: 훔치다, 賊: 해치다, 죽이다

　　盜愛其室不愛其異室, 故竊異室以利其室,

竊절: 훔치다

　　賊愛其身不愛人, 故賊人以利其身。

此何也?

　　皆起不相愛。

雖至大夫之相亂家, 諸侯之相攻國者亦然。

　　大夫各愛其家, 不愛異家, 故亂異家以利其家,

　　諸侯各愛其國, 不愛異國, 故攻異國以利其國,

天下之亂物具此而已矣。

察此何自起, 皆起不相愛。

천하의 도적이 된 사람에 이르러서도 역시 마찬가지다. 도둑(盜)은 자기 집안을 사랑하지만 다른 집안을 사랑하지 않기 때문에 남의 집안을 훔쳐서 자기 집안을 이롭게 한다. 해치는 사람(賊)은 자신을 사랑하지만 다른 사람을 사랑하지 않아서 남을 해쳐서 자신을 이롭게 한다. 이것은 왜 그런가? 모두 서로 사랑하지 않기 때문이다. 대부(大夫)들이 서로 집안을 어지럽히고 제후들이 서로 나라를 공격하는 것도 역시 마찬가지다. 대부들이 각각 자기 집안을 사랑하지만 다른 집안을 사랑하지 않기 때문에 다른 집안을 혼란스럽게 하여 자기 집안을 이롭게 한다. 제후들도 각각 자기 나라를 사랑하지만 다른 나라를 사랑하지 않기 때문에 다른 나라를 공격하여 자기 나라를 이롭게 한다. 천하를 어지럽히는 것은 여기에 있을 뿐이다. 이것이 어디에서 일어나는지 살펴보면 모두 서로 사랑하지 않는 데 있다.

3 若使天下兼相愛, 愛人若愛其身, 猶有不孝者乎?

　　視父兄與君若其身, 惡施不孝, 猶有不慈者乎?

　　視弟子與臣若其身, 惡施不慈, 故不孝不慈亡有, 猶有盜賊乎?

故視人之室若其室, 誰竊?

　　視人身若其身, 誰賊? 故盜賊亡有。

猶有大夫之相亂家, 諸侯之相攻國者乎?

視人家若其家, 誰亂?

視人國若其國, 誰攻?

故大夫之相亂家, 諸侯之相攻國者 亡有。

若使天下兼相愛, 國與國不相攻, 家與家不相亂, 盜賊無有,

君臣父子皆能孝慈, 若此 則天下治。

故聖人以治天下爲事者, 惡得不禁惡而勸愛?

故天下兼相愛 則治, 交相惡 則亂。

故子墨子曰: 不可以不勸愛人者, 此也。

천하의 사람들이 두루 서로 사랑하여 남을 자신과 같이 사랑한다면 어찌 불효가 있겠는가? 아비와 형과 임금을 자신과 같이 본다면 어찌 효를 베풀지 않고, 자애롭지 않겠는가? 동생과 아비와 신하를 자신과 같이 본다면 어찌 사랑을 베풀지 않겠는가? 그래서 효성과 자비만 있다면 도적이 있겠는가? 다른 집안을 자기 집안과 같이 본다면 누가 훔치겠는가? 남을 자신과 같이 본다면 누가 해치겠는가? 그러면 도적은 없어진다. 대부(大夫)들이 남의 집안을 어지럽히고 제후들이 남의 나라를 공격하겠는가? 남의 집안을 자기 집안과 같이 본다면 누가 혼란스럽게 하겠는가? 남의 나라를 자기 나라와 같이 본다면 누가 공격하겠는가? 그러면 대부들이 남의 집안을 어지럽히는 일도, 제후들이 남의 나라를 공격하는 일도 없어진다.

천하의 사람들이 두루 서로 사랑하여 나라와 나라가 서로 공격하지 않고 집안과 집안이 서로 혼란스럽게 하지 않는다면, 도적은 없어지고 임금과 신하, 아비와 자식은 모두 효성스럽고 자애로워질 수 있다. 이와 같다면 천하는 잘 다스려진다. 천하를 다스리는 성인이 어찌 미움을 금지하고 사랑을 권장하지 않을 수 있겠는가? 그리하여 천하가 두루 서로 사랑하면 잘 다스려지고, 서로 미워하면 혼란스럽다. 그래서 묵자 선생께서 "남을 사랑하는 것을 권장하지 않을 수 없는 이유가 바로 여기에 있다"고 말씀하셨다.

第十五 兼愛 中

1 子墨子言曰: 仁人之所以爲事者, 必興天下之利, 除去天下之害,

以此爲事者也。

然則天下之利何也? 天下之害何也?

子墨子言曰: 今若國之與國之相攻, 家之與家之相篡, 人之與人之相賊,

篡: 빼앗다

君臣不惠忠, 父子不慈孝, 兄弟不和調, 此則天下之害也。

묵자 선생께서 "어진 사람이 일을 하는 목적은 반드시 천하의 이로움을 일으키고 천하의 해로움을 제거하는 데 있으니 이것을 일로 삼는다"고 말씀하셨다. 그러면 천하의 이로움은 무엇이며, 천하의 해로움은 무엇인가? 묵자 선생께서 다음과 같이 말씀하셨다. "만일 지금 나라와 나라가 서로 공격하고, 집안과 집안이 서로 빼앗고, 사람과 사람이 서로 해치고, 임금과 신하가 은혜롭고 충성스럽지 않으며, 아비와 자식이 자애롭고 효성스럽지 않으며, 형과 동생이 조화롭게 어울리지 않으면 이것이 바로 천하의 해로움이다."

2 然則崇此害亦何用生哉! 以不相愛生邪?

崇―察, 用―以

子墨子言: 以不相愛生。

今侯獨知愛其國, 不愛人之國, 是以不憚擧其國以攻人之國。

憚: 꺼리다, 삼가다

今家主獨知愛其家 而不愛人之家, 是以不憚擧其家以篡人之家。

今人獨知愛其身, 不愛人之身, 是以不憚擧其身以賊人之身。

是故 諸侯不相愛則必野戰, 家主不相愛則必相篡, 人與人不相愛則必相賊,

君臣不相愛則不惠忠, 父子不相愛則不慈孝, 兄弟不相愛則不和調。

天下之人皆不相愛, 强必執弱, 富必侮貧, 貴必敖賤, 詐必欺愚。 敖一傲

凡天下禍篡怨恨, 其所以起者, 以不相愛生也, 是以仁者非之。

그러면 이러한 해로움은 왜 생기는지 살펴보자. 서로 사랑하지 않아서 생기는가? 묵자 선생께서 "서로 사랑하지 않아서 생긴다"고 말씀하셨다. 오늘날 제후들은 자기 나라만을 사랑할 줄 알고 다른 나라를 사랑하지 않는다. 그래서 다른 나라를 공격하기를 꺼리지 않는다. 가장(家主)은 자기 집안만을 사랑할 줄 알고 다른 집안을 사랑하지 않는다. 그래서 다른 집안을 빼앗기를 꺼리지 않는다. 사람들은 자기 몸만을 사랑할 줄 알고 다른 사람의 몸을 사랑하지 않는다. 그래서 다른 사람의 몸을 해치기를 삼가지 않는다. 그리하여 제후들이 서로 사랑하지 않으면 반드시 들판에서 싸움이 일어나고, 가장들이 서로 사랑하지 않으면 반드시 서로 빼앗으려 하고, 사람과 사람이 서로 사랑하지 않으면 반드시 서로 해친다. 임금과 신하가 서로 사랑하지 않으면 은혜를 베풀고 충성하지 않으며, 아비와 자식이 서로 사랑하지 않으면 자애롭고 효도하지 아니하고, 형과 동생이 서로 사랑하지 않으면 조화롭고 어울리지 않는다. 천하의 사람들이 모두 서로 사랑하지 않으면 강자는 반드시 약자를 누르고, 부자는 반드시 가난한 사람을 모욕하고, 귀한 사람은 반드시 천한 사람을 업신여기고, 영악한 사람은 반드시 어리석은 사람을 속인다. 천하의 재앙과 찬탈과 원망과 한탄이 생기는 이유는 서로 사랑하지 않기 때문이다. 그래서 어진 사람들은 그것을 비난했다.

---

❶ 怨恨: 怨은 가슴에 묻은 과거의 원한을, 恨은 그래서 현재 표출된 분노를 의미한다. 우리가 사용하는 원한의 뉘앙스와 차이가 있다.

3　既以非之, 何以易之?

　　子墨子言曰: 以兼相愛交相利之法易之。

然則兼相愛交相利之法將奈何哉?

　　子墨子言: 視人之國若視其國, 視人之家若視其家, 視人之身若視其身。

是故諸侯相愛則不野戰, 家主相愛則不相篡, 人與人相愛則不相賊,

君臣相愛則惠忠, 父子相愛則慈孝, 兄弟相愛則和調。

天下之人皆相愛, 强不執弱, 衆不劫寡, 富不侮貧, 貴不敖賤, 詐不欺愚。

凡天下禍篡怨恨可使毋起者, 以相愛生也, 是以仁者譽之。

이미 그것(不相愛)을 비난하였으니 무엇으로 대체해야 하는가? 묵자 선생께서 "두루 서로 사랑하고, 서로 이롭게 하는 법도로 바꾸어야 한다"고 말씀하셨다. 그러면 두루 사랑하고 서로 이롭게 하려면 어찌해야 하는가? 묵자 선생께서 "다른 나라를 자기 나라와 같이 생각하고, 다른 집안을 자기 집안과 같이 생각하고, 다른 사람의 몸을 자신의 몸과 같이 생각하라"고 말씀하셨다. 제후가 서로 사랑하면 벌판에서 싸우지 않고, 가장이 서로 사랑하면 서로 빼앗지 아니하고, 사람과 사람이 서로 사랑하면 서로 해치지 아니한다. 임금과 신하가 서로 사랑하면 은혜를 베풀고 충성하며, 아비와 자식이 서로 사랑하면 자애롭고 효도하며, 형제가 서로 사랑하면 화합하여 어울리게 된다. 천하의 사람들이 모두 서로 사랑하면 강자는 약자를 억누르지 않고, 다수가 소수를 겁박하지 않으며, 부자가 가난한 사람을 모욕하지 않으며, 귀한 사람이 천한 사람을 업신여기지 않고, 영악한 사람이 어리석은 사람을 속이지 않는다. 천하의 재앙과 찬탈, 원망과 한탄이 생기지 않게 하려면 서로 사랑해야 한다. 그래서 어진 사람들은 그것(兼相愛 交相利)을 찬양한다.

4　然而今天下之士君子曰: 然, 乃若兼則善矣, 雖然, 天下之難物于故也。

于→迂우: 세상물정에 어둡다

子墨子言曰: 天下之士君子, 特不識其利, 辯其故也。

今若夫攻城野戰, 殺身爲名, 此天下百姓之所皆難也,

苟君說之, 則士衆能爲之。

說→悅: 기뻐하다

況於兼相愛, 交相利, 則與此異。

夫愛人者, 人必從而愛之;

利人者, 人必從而利之;

惡人者, 人必從而惡之;

> 害人者, 人必從而害之。

> 此何難之有! 特上弗以爲政, 士不以爲行故也。

그러나 지금 천하의 선비와 군자들은 "그렇다. 두루 사랑하면 좋다. 그렇다고 하더라도 천하의 어려운 일이며, 세상 물정을 모르는 일이다"라고 말한다. 묵자 선생께서 말씀하셨다. "천하의 선비와 군자들은 그 이로움을 알지 못하고 그 이유를 알지 못한다. 지금 성을 공격하고 벌판에서 전쟁이 벌어진다면 자신을 죽여 이름을 드높이는 일은 천하의 백성이 모두 어려워하겠지만, 진실로 임금이 원하면 많은 무사들이 그렇게 한다. 하물며 두루 서로 사랑하고 서로 이롭게 하는 일이 이와 다르겠는가! 남을 사랑하면 남도 따라서 반드시 나를 사랑하고, 남을 이롭게 하면 남도 따라서 반드시 나를 이롭게 하고, 남을 미워하면 남도 따라서 반드시 나를 미워하고, 남을 해치면 남도 따라서 반드시 나를 해친다. 여기에 무슨 어려움이 있겠는가! 다만 윗사람이 그렇게 정치를 하지 않고, 무사들이 그렇게 행동하지 않기 때문이다."

---

❶ 춘추전국시대의 계급은 諸侯-大夫-士-庶民으로 나누어져 있다. 제후와 대부가 귀족이며, 士는 무사계급이다. 춘추시대에 大夫가 실질적으로 권력을 장악하는 사태가 일어나기 시작하고, 전국시대에는 귀족이 아닌 士계급이 정치권력을 장악하는 일이 벌어지기도 한다. 君子는 諸侯, 大夫, 士에 이르는 지배계급을 의미한다. 여기서는 士는 경우에 따라 '선비' 또는 '무사'로 번역한다.

5 昔者晉文公好士之惡衣,

　　故文公之臣皆牂羊之裘, 韋以帶劍, 練帛之冠,　　牂羊: 암컷 양, 練帛: 거친 비단

　　入以見於君, 出以踐於朝。

　　是其故何也? 君說之, 故臣爲之也。

昔者楚靈王好士細要, 故靈王之臣皆以一飯爲節, 脅息然後帶, 扶牆然後起。

　　　　要→腰, 脅=脇: 옆구리, 갈빗대, 脅息: 숨을 죽이다, 扶: 붙들다, 牆: 담, 벽

　　比期年, 朝有黧黑之色。　　黧黑: 얼굴이 검다

　　是其故何也? 君說之, 故臣能之也。

昔越王句踐好士之勇, 教馴其臣, 和合之 焚舟失火,試其士曰: 越國之寶盡在此!

越王親自鼓 其士而進之。 士聞鼓音, 破碎亂行, 蹈火而死者左右百人有餘。

破碎: 부서져 조각나다, 碎碎: 잘게 부수다, 蹈도: 밟다

越王擊金而退之。

金: 징

옛날 진(晉)나라 문공(文公)은 무사들의 남루한 옷을 좋아했다. 그리하여 문공의 신하들은 모두 암양의 가죽으로 만든 갖옷을 입고, 가죽 끈을 둘러 칼을 차고, 거친 비단으로 만든 관을 쓰고, 들어와서는 임금을 뵙고 나아가서는 조정에 참석했다. 왜 그랬는가? 임금이 그것을 좋아했기 때문에 신하들이 그렇게 했다.

옛날 초(楚)나라 영(靈)왕은 무사들의 가는 허리를 좋아했다. 그리하여 영(靈)왕의 신하들은 모두 밥을 한 끼만 먹어 절약하였고, 숨을 들이마신 후에 허리띠를 동여매고, 담벼락에 기대고 나서야 일어났다. 1년(期年)이 지나자 조정대신의 얼굴은 검게 되었다. 왜 그랬는가? 임금이 그것을 좋아했기 때문에 신하들이 그렇게 했다.

옛날 월(越)왕 구천(句踐)은 무사의 용맹을 좋아했다. 그는 신하들을 가르치고 훈련시키기 위해 한 곳에 모아놓고 배에 불을 지르며 무사들에게 "월나라 보물들이 모두 여기에 있다"고 소리쳤다. 월왕은 친히 북을 쳐서 무사들이 진격하게 명령했다. 무사들은 북소리를 듣고 앞다투어 어지럽게 돌진하니 불을 밟고 죽은 자가 좌우에 백 명이 넘었다. 그리고는 월왕은 징을 쳐서 그들을 물러나게 했다.

---

❶ 越王과 靈王의 우화는 『韓非子』, 『尸子』, 『管子』, 『淮南子』, 『荀子』에서도 소개되고 있다.

6 是故子墨子言曰:

乃若夫少食惡衣, 殺身而爲名, 此天下百姓之所皆難也,

若苟君說之, 則衆能爲之。

況兼相愛, 交相利, 與此異矣。

夫愛人者, 人亦從而愛之;

利人者, 人亦從而利之;

惡人者, 人亦從而惡之;

害人者, 人亦從而害之。

此何難之有焉, 特士不以爲政而士不以爲行故也。

然而今天下之士君子曰: 然, 乃若兼則善矣。　　　　　　　　　乃若=至於: ~에 이르러

雖然, 不可行之物也, 譬若挈太山越河濟也。　　　　　　　物=事, 挈 설: 손에 들다

子墨子言: 是非其譬也。

夫挈太山而越河濟, 可謂畢劫有力矣, 自古及今未有能行之者也。

河濟: ① 黃河와 濟水, ② 黃河의 나루

況乎兼相愛, 交相利, 則與此異, 古者聖王行之。

그래서 묵자 선생께서 다음과 같이 말씀하셨다. "적게 먹고, 남루한 옷을 입고, 목숨 바쳐 이름을 드높이는 것은 천하의 백성들이 모두 어려워하는 일이다. 그러나 만약 진실로 임금이 그것을 좋아하면 많은 사람들이 능히 그렇게 할 수 있다. 하물며 두루 서로 사랑하고 서로 이롭게 하는 일이 이와는 다른가? 남을 사랑하면 남도 따라서 반드시 나를 사랑한다. 남을 이롭게 하면 남도 따라서 반드시 나를 이롭게 한다. 남을 미워하면 남도 따라서 반드시 나를 미워한다. 남을 해치면 남도 따라서 반드시 나를 해친다. 여기에 무슨 어려움이 있겠는가! 다만 윗사람이 그렇게 정치를 하지 않고, 선비가 그렇게 행동하지 않기 때문이다."

그런데 오늘날 천하의 선비와 군자들은 "그렇다. 겸애는 좋은 것이다. 그렇지만 태산을 손에 들고 황하의 나루를 건너는 것처럼 실행할 수 없는 일이다"라고 말한다. 이에 묵자 선생께서 말씀하셨다. "이는 올바른 비유가 아니다. 태산을 손에 들고 황하의 나루를 건너는 일은 힘이 있는 사람을 겁박하는 말이다. 옛날부터 지금까지 그것을 실행한 사람이 없었다. 두루 서로 사랑하고 서로 이롭게 하는 일은 이와 다르다. 옛날 성왕들은 그것을 실행했다."

7　何以知其然?

古者禹治天下, 西爲西河漁竇, 以泄渠孫皇之水;

漁竇어두: 고기를 잡는 구멍, 泄설: 새다, 구멍으로 흐르다, 渠孫皇: 세 강의 이름

北爲防原泒, 注后之邸, 呼池之竇, 洒爲底柱, 鑿爲龍門,

原泒원고: 原水와 泒水, 后之邸: 호수 이름, 底柱: ① 밑기둥, ② 산 이름

以利燕, 代, 胡, 貉, 與西河之民;

東方漏之陸防孟諸之澤, 灑爲九澮, 以楗東土之水, 以利冀州之民;

灑쇄=洒: 물을 뿌리다, 澮회: 붓도랑, 강 이름, 楗건: 문빗장, 방죽, 둑

南爲江, 漢, 淮, 汝, 東流之, 注五湖之處, 以利荆, 楚, 干, 越與南夷之民。

此言禹之事, 吾今行兼矣。

昔者文王之治西土, 若日若月, 乍光于四方于西土,

乍사: 잠시, 갑자기

不爲大國侮小國, 不爲衆庶侮鰥寡, 不爲暴勢奪穡人黍, 稷, 狗, 彘。

穡색: 거두다, 穡人: 농민, 黍서: 기장, 稷직: 기장, 彘체: 돼지

天屑臨文王慈, 是以老而無子者, 有所得終其壽;

屑설: 가루, 달갑게 여기다

連獨無兄弟者, 有所雜於生人之閒;

少失其父母者, 有所放依而長。

此文王之事, 則吾今行兼矣。

昔者武王將事泰山隧, 傳曰: 泰山, 有道曾孫周王有事, 大事旣獲,

仁人尚作, 以祇商夏, 蠻夷醜貉。

祇지: 공경하다, 蠻夷: 남방 오랑캐, 醜貉: 북방 오랑캐

雖有周親, 不若仁人, 萬方有罪, 維予一人。

此言武王之事, 吾今行兼矣。

어찌 그것을 알 수 있는가? 옛날 우(禹)왕이 천하를 다스릴 때, 서쪽으로는 황하 서부(西河)에 고기 잡는 구멍을 만들어 거손황(渠孫皇)의 물을 빼고, 북쪽으로는 원수(原水)와 고수(泒水)의 둑을 막아 임금의 저택과 호지(呼池)에 물을 대고, 저주(底柱)에 물을 뿌려 용문(龍門)을 뚫어서 燕, 代, 胡, 貉(河北지역)과 서하(西河)의 백성들을 이롭게 했다. 동쪽으로는 육(陸)으로 스며들게 하고 맹저(盟諸)의 호수에 둑을 쌓아 아홉 개의 도랑에 물을 뿌리게 했다. 그리하여 동쪽의 물을 막아 기주(冀州)의 백성을 이롭게 했다. 남쪽으로는 양자강(江), 한수(漢), 회수(淮), 여수(汝)를 다스려 동쪽으로 흐르게 하고, 다섯 개의 호수에 물을 대어 荆나라(楚의 북쪽 지방), 楚나라, 干나라, 越나라

와 남방 오랑캐들을 이롭게 했다. 이것은 우(禹)왕의 일을 말한 것이지만 내가 말하는 겸애이다.

옛날 문(文)왕이 서쪽 영토를 다스릴 때 온 천하와 서쪽 지방에 해와 같고 달과 같이 환히 빛났다. 그래서 큰 나라는 작은 나라를 모욕하지 않고, 뭇 대중은 홀아비와 과부를 업신여기지 않고, 포악한 세력이 농민에게서 곡식과 개돼지를 강탈하지 않았다. 하늘이 문왕의 자비를 보고 달갑게 여겨, 늙어서 자식이 없는 사람은 그 수명을 다하게 하고, 형제가 없는 외톨이는 사람들 사이에 섞여 살게 했으며, 어려서 부모를 잃은 사람은 의지하여 성장할 수 있게 했다. 이것은 문(文)왕의 일을 말한 것이지만 내가 말하는 겸애이다.

옛날 무(武)왕이 태산에서 제사를 지낼 때 다음과 같이 말했다고 전해진다. "태산이여, 도리를 갖추어 제사를 지냅니다. 이미 큰일을 이루었고 어진 사람을 등용하여 상(商)나라와 하(夏)나라, 그리고 남방 오랑캐(蠻夷)와 북방 오랑캐(醜貉)를 아우르게 되었습니다. 비록 주(周)나라에 친척들이 있지만 어진 이만 못합니다. 만방에 죄가 있지만 오직 나 한 사람에게 죄를 물어주십시오." 이것은 무(武)왕의 일을 말한 것이지만 내가 말하는 겸애이다.

8 是故子墨子言曰: 今天下之君子, 忠實欲天下之富, 而惡其貧。

欲天下之治, 而惡其亂, 當兼相愛, 交相利。

此聖王之法, 天下之治道也, 不可不務爲也。

이런 이유로 묵자 선생께서 말씀하셨다. "오늘날 천하의 군자들은 진실로 천하가 부유해지기를 바라고 가난해지는 것을 싫어한다. 천하가 잘 다스려지기를 원하고 혼란을 싫어한다면 마땅히 서로 두루 사랑하고 서로에게 이롭게 해야 한다. 이것이 성왕의 법도이며 천하를 잘 다스리는 방법이니 힘써 행하지 않으면 안 된다."

第十六 兼愛 下

1 子墨子言曰: 仁人之事者, 必務求興天下之利, 除天下之害。

然當今之時, 天下之害孰爲大?

曰: 若大國之攻小國也, 大家之亂小家也,

强之劫弱, 衆之暴寡, 詐之謀愚, 貴之敖賤, 此天下之害也。

又與爲人君者之不惠也, 臣者之不忠也, 父者之不慈也,

子者之不孝也, 此又天下之害也。　　　　　　又與=又如: 또 ~와 같은 것

又與今人之賤人, 執其兵刃, 毒藥, 水, 火, 以交相虧賊,

此又天下之害也。

姑嘗本原若衆害之所自生, 此胡自生?　　　姑嘗: 잠시 시험 삼아, 胡: 어찌, 어디에서

此自愛人利人生與?

卽必曰 非然也, 必曰 從惡人賊人生。　　　　　　　　從=自: ~에서

分名乎天下惡人而賊人者, 兼與? 別與?

卽必曰 別也。　　　　　　　　　　　　　卽=則 그런 즉, 곧

然卽之交別者, 果生天下之大害者與。

是故別非也。

묵자 선생께서 "어진 사람은 반드시 천하의 이익을 일으키고, 천하의 해로움을 제거하는 데 힘써야 한다"고 말씀하셨다. 그러면 오늘날 무엇이 천하의 큰 해로움인가? "큰 나라가 작은 나라를 공격하고, 큰 가문이 작은 가문을 어지럽히고, 강자가 약자를 겁박하고, 다수가 소수를 억누르고, 영악한 자가 어리석은 자를 속이며, 귀한 자가 천한 자를 업신여긴다면 이것은 모두 천하의 해로움이다. 또한 임금이 은혜롭지 못하고, 신하된 자가 충성스럽지 못하고, 아비가 자애롭지 못하고, 자식이 효성스럽

지 못하면 이 또한 천하의 해로움이다. 또한 사람이 남을 천하게 여기고, 무기와 독약, 물과 불을 잡고 서로 어그러뜨리고 해치면 이 또한 천하의 해로움이다"라고 말씀하셨다.

잠시 이렇게 많은 해로움이 생긴 연유를 따져보자. 이것은 어디에서 생겨나는가? 이것은 다른 사람을 사랑하고 이롭게 함에서 생겨났는가? 결코 그렇지 않다. 반드시 다른 사람을 미워하고 해치는 데서 생겼다고 말할 수 있다. 천하에서 사람을 미워하고 해치는 것은 '두루 아우름(兼)'인가? '차별(別)'인가? 반드시 차별이라고 해야 한다. 그러면 서로 차별하는 것은 천하의 큰 해로움을 낳는다. 그래서 차별은 그르다.

2-1

子墨子曰: 非人者必有以易之, 若非人而無以易之, 譬之猶以水救火也,

　　　　其說將必無可焉.

是故子墨子曰: 兼以易別.

然卽兼之可以易別之故何也?

曰: 藉爲人之國, 若爲其國, 夫誰獨擧其國以攻人之國者哉? ⟨藉자: 만일⟩

　　爲彼者由爲己也. ⟨由=猶: ~와 같다⟩

　　爲人之都, 若爲其都, 夫誰獨擧其都以伐人之都者哉?

　　爲彼猶爲己也.

　　爲人之家, 若爲其家, 夫誰獨擧其家以亂人之家者哉?

　　爲彼猶爲己也,

　　然卽, 國都不相攻伐, 人家不相亂賊, 此天下之害與? 天下之利與?

　　卽必曰 天下之利也.

묵자 선생께서 "남을 비판하려면 반드시 대안이 있어야 한다. 남을 비판하면서 대안이 없으면 마치 물로써 불(씨)을 살리려는 것과 같으니 그러한 설명은 가능하지 않다"고 말씀하셨다. 그리하여 묵자 선생께서 "두루 아우름(兼)으로 차별(別)을 대체해야 한다"고 말씀하셨다. 그러면 무엇 때문에 두루 아우름으로 차별을 대체해야 하는가? "남의 나라를 자신의 나라처럼 위하면 대체 누가 자기 나라를 일으켜 남의 나라를 공격하겠는가? 남을 위하는 것은 자기를 위하는 것과 같다. 남의 도읍을 자신의

십론(十論)

도읍처럼 위하면 대체 누가 자기 도읍을 일으켜 남의 도읍을 정벌하겠는가? 남을 위하는 것은 자기를 위하는 것과 같다. 남의 가문을 자신의 가문과 같이 위한다면 대체 누가 자기 가문을 일으켜 남의 가문을 유린하겠는가? 남을 위하는 것은 자기를 위하는 것과 같다. 그리하여 나라와 도읍은 서로 공격하여 정벌하지 않으며, 사람과 가문은 서로 어지럽히고 해치지 않는다면, 이것은 천하의 손해인가? 이익인가? 결단코 천하의 이익이다"라고 대답할 수 있다.

2-2

姑嘗本原若衆利之所自生, 此胡自生?

此自惡人賊人生與?

　卽必曰 非然也, 必曰 從愛人利人生。

分名乎天下愛人而利人者, 別與? 兼與?

　卽必曰 兼也。然卽之交兼者, 果生天下之大利者與。

是故子墨子曰: 兼是也。

　　　且鄕吾本言曰, 仁人之事者, 必務求興天下之利, 除天下之害。

　　　今吾本原兼之所生, 天下之大利者也;

　　　吾本原別之所生, 天下之大害者也。

是故子墨子曰: 別非而兼是者, 出乎若方也。

姑: 잠시, 잠깐

若方=此道

잠시 이렇게 많은 이익이 생긴 연유를 따져보자. 이것은 어디에서 생겨나는가? 이것은 다른 사람을 미워하고 해치는 데서 생겨났는가? 결코 그렇지 않다. 반드시 다른 사람을 사랑하고 이롭게 하는 데서 생겼다고 말할 수 있다. 천하에서 사람을 사랑하고 이롭게 하는 것은 차별(別)인가? 두루 아우름(兼)인가? 반드시 두루 아우름이라고 해야 한다. 그래서 서로 두루 아우르면 천하의 큰 이익을 낳는다. 그래서 묵자 선생께서 말씀하셨다. "두루 아우르는 것이 옳다. 내가 지난번에 '어진 사람은 반드시 천하의 이익을 일으키고, 천하의 손해를 제거하는 데 힘써야 한다'고 말했지만 지금 나는 두루 아우르면 천하의 큰 이익이 생기고, 차별하면 천하의 큰 손해가 생긴다고 말한다." 그래서 묵자 선생께서 "차별은 그르고 두루 아우름은 옳다는 것은 이와 같은 이치에서 나온 것이다라"고 말씀하셨다.

3　今吾將正求與天下之利而取之, 以兼爲正,

與→興

是以聰耳明目相與視聽乎,

是以股肱畢强相爲動宰乎, 而有道肆相教誨。

股肱고굉: 넓적다리와 팔뚝, 肆: 애쓰다, 힘쓰다, 敎誨: 가르쳐 깨우치다

是以老而無妻子者, 有所侍養以終其壽;

幼弱孤童之無父母者, 有所放依以長其身。

放=依

今唯毋以兼爲正, 卽若其利也,

毋: 의미 없는 어사, 若=此

不識天下之士, 所以皆聞兼而非者, 其故何也?

이제 천하의 이익을 일으켜 그것을 취하고자 한다면 두루 아우름을 올바름으로 삼아야 한다. 그러면 밝은 귀와 맑은 눈은 서로 보고 들을 수 있으며, 팔과 다리가 강해져서 서로 움직임을 주재한다. 그래서 이러한 이치(道)를 깨우친 자가 서로 가르쳐 깨우치는 데 힘쓴다. 부인과 아이가 없는 늙은이는 부양받아 수명을 다할 수 있고, 부모가 없는 어리고 약한 고아는 기대고 의지할 바가 있어 성장할 수 있다. 이제 두루 아우름을 올바름으로 삼으면 이와 같은 이로움이 생긴다. 천하의 선비들이 모두 두루 아우름을 듣고서 그르다고 하는 이유를 잘 모르겠다.

4　然而天下之士非兼者之言, 猶未止也。

曰: 卽善矣。雖然, 豈可用哉?

子墨子曰: 用而不可, 雖我亦將非之。且焉有善而不可用者?

姑嘗兩而進之。誰以爲二士, 使其一士者執別, 使其一士者執兼。

誰→設

是故別士之言曰: 吾豈能爲吾友之身, 若爲吾身, 爲吾友之親, 若爲吾親!

是故退睹 其友, 飢卽不食, 寒卽不衣, 疾病不侍養, 死喪不葬埋。

退睹: 물러나서 보다, 객관적으로 관찰하다

別士之言若此, 行若此。

兼士之言不然, 行亦不然,

曰: 吾聞 爲高士於天下者, 必爲其友之身, 若爲其身,

爲其友之親, 若爲其親,

然後可以爲高士於天下。

是故退睹 其友, 飢則食之, 寒則衣之, 疾病侍養之, 死喪葬埋之。

兼士之言若此, 行若此。

若之二士者, 言相非而行相反與。 <small>若之=此之</small>

當使若二士者, 言必信, 行必果, 使言行之合猶合符節也, 無言而不行也。

然卽敢問, 今有平原廣野於此, 被甲嬰冑將往戰, 死生之權未可識也;

<small>嬰: ① 갓난아이, ② 목에 두르다, 冑주: 투구, 權: ① 저울, ② → 機 분기점</small>

又有君大夫之遠使於巴, 越, 齊, 荊, 往來及否未可識也,

然卽敢問, 不識 將惡也 家室, 奉承親戚, 提挈妻子, 而寄託之?

<small>惡=何: 누구, 提挈: 이끌고 거느리다</small>

不識 於兼之有是乎? 於別之有是乎? <small>是=寄託</small>

我以爲當其於此也, 天下無愚夫愚婦, 雖非兼之人, 必寄託之於兼之有是也。

<small>以爲: 생각하다</small>

此言而非兼, 擇卽取兼, 卽此言行費也。 <small>費=拂 어그러지다=佛</small>

不識 天下之士, 所以皆聞兼而非之者, 其故何也。

그러나 '두루 아우름(兼)'을 그르다고 하는 천하의 선비들의 말은 아직 그치지 않는다. 그들은 "좋다. 비록 그렇지만 어찌 사용할 수 있는가?"라고 묻는다. 이에 묵자 선생께서 "사용할 수 없다면 나 역시 그것을 비판할 것이다. 또한 좋은데 어찌 사용할 수 없겠는가?"고 말씀하셨다.

잠시 시험 삼아 두 가지로 (이야기를) 진행해보자. 두 선비가 있는데 그중 한 선비는 차별(別)을 주장하고, 다른 한 선비는 두루 아우름을 주장한다고 가정해보자. 차별을 주장하는 선비는 '내가 어찌 친구의 몸을 내 몸과 같이 위하고, 친구의 부모를 내 부모같이 위하겠는가?'라고 말한다. 그리하여 물러나서 보니 그 친구는 굶주려도 먹여주지 아니하고, 추워도 입혀주지 아니하고, 병들어 아파해도 보살피지 아니하고, 죽어서도 장례하고 매장하지 아니한다. 차별을 고집하는 선비(別士)는 이와 같이 말하고 행동한다.

두루 아우름을 주장하는 선비의 말은 그렇지 아니하고 행동 역시 그렇지 않다. 그들은 '듣자 하니 세상의 높은 선비가 된 자는 반드시 친구의 몸을 자신의 몸처럼 위하고, 친구의 부모를 자신의 부모같이 위한다. 그런 연후에 천하의 높은 선비가 될 수 있다'고 말한다. 물러나서 보면 그 친구는 굶주리면 먹여주고, 추우면 입혀주고, 병들어 아파하면 부양하고, 죽어서 초상을 치르면 장례하고 묻어준다. 두루 아우름을 주장하는 선비(兼士)는 이와 같이 말하고 행동한다. 이와 같이 두 선비의 말은 서로 같지 아니하고 행동은 상반된다.

이 두 선비의 말은 믿을 수 있고 행동은 이루어진다고 가정하자. 그리고 언행이 부절(符節)처럼 꼭 들어맞아서 말하고 행동하지 않는 일이 없다고 하자. 지금 여기에 넓은 평원에서 갑옷을 입고 투구를 쓰고 전쟁터에 나가 죽을지 살지 알 수 없다면, 임금의 대부가 멀리 파(巴), 월(越), 제(齊), 형(荊)나라로 사신으로 가는데 돌아올지 못 돌아올지 알 수 없다면, 감히 묻는데 누구에게 집안과 부모(親戚)를 받들고 처자를 거느리도록 부탁하여 맡기겠는가? 두루 아우르는 선비일까? 차별하는 선비일까? 이런 일에 당하여 천하의 어리석은 지아비와 지어미 할 것 없이, 비록 두루 아우르는 사람을 비난하더라도 반드시 널리 두루 아우르는 사람에게 부탁하여 맡기는 것이 옳다고 생각한다. 말로는 두루 아우름을 비난하지만 선택하면 그것을 취한다. 즉, 언행이 일치하지 않는다. 천하의 선비가 모두 두루 아우름을 듣고 그것을 비난하는 까닭을 모르겠다.

---

❶ 巴: 지금의 쓰촨성(泗川省)을 巴·蜀이라 했다.

❷ 符節: 대나무나 돌, 또는 쇠붙이로 만든 징표

5 然而天下之士非兼者之言, 猶未止也。

　　曰: 意可以擇士, 而不可以擇君乎? 意: ① 생각건대, ② 그런데

姑嘗兩而進之。誰以爲二君, 使其一君者執兼, 使其一君者執別,

是故別君之言曰 吾惡能爲吾萬民之身, 若爲吾身, 此泰非天下之情也。

　　　　人之生乎地上之無幾何也, 譬之猶駟馳而過隙也。

是故退睹其 萬民, 飢卽不食, 寒卽不衣, 疾病不侍養, 死喪不葬埋。

別君之言若此, 行若此。

兼君之言不然, 行亦不然。

　曰: 吾聞 爲明君於天下者, 必先萬民之身, 後爲其身,

　　　　　　然後可以爲明君於天下。

是故退睹其萬民, 飢卽食之, 寒卽衣之, 疾病侍養之, 死喪葬埋之。

兼君之言若此, 行若此。

然卽交若之二君者, 言相非而行相反與。

常使若二君者, 言必信, 行必果, 使言行之合猶合符節也, 無言而不行也。

然卽敢問, 今歲有癘疫, 萬民多有勤苦凍餒, 轉死溝壑中者, 旣已衆矣,

不識 將擇之二君者, 將何從也?

我以爲當其於此也, 天下無愚夫愚婦, 雖非兼者, 必從兼君是也。

言而非兼, 擇卽取兼, 此言行拂也。

不識 天下所以皆聞兼而非之者, 其故何也。

그러나 '두루 아우름(兼)'을 그르다고 하는 천하의 선비의 말은 오히려 멈추지 않는다. 그들은 말한다. "생각하건대 선비는 선택할 수 있지만 임금은 선택할 수 없지 않은가?" 잠시 시험 삼아 두 가지로 (이야기를) 진행해보자. 두 임금이 있는데, 그중 한 임금은 두루 아우름을 주장하고 다른 한 임금은 차별을 주장한다고 가정한다. 차별을 주장하는 임금은 '내가 어찌 모든 백성의 몸을 내 몸과 같이 위하겠는가. 이것은 천하의 실정과 크게 다르다. 사람이 땅 위에서 사는 시간은 얼마 되지 않는다. 비유하자면 수레를 끄는 말이 치달릴 때 틈새로 보는 것과 같다'고 말한다. 그리하여 물러나 모든 백성을 살펴보니 굶어도 먹지 못하고, 추위도 입지 못하고, 병들어도 부양받지 못하고, 죽어도 장례를 치르고 매장되지 아니한다. 차별을 주장하는 임금의 말과 행동은 이러하다.

두루 아우르는 임금의 말은 그러하지 아니하고 행동 역시 그러하지 아니하다. '내가 듣기로 천하의 훌륭한 임금이 되려면 반드시 모든 백성의 몸을 우선하고 자신의 몸을 뒤에 놓아야 한다. 그런 후에야 천하의 훌륭한 임금이 될 수 있다'고 말한다. 물러나 모든 백성을 살펴보니 굶주리면 먹여주고, 추우면 입혀주고, 병이 들면 보살펴주고, 죽으면 장례를 치르고 묻어준다. 두루 아우르는 임금의 말과 행동은 이러하다. 그런즉 이와 같은 두 임금의 말은 서로 같지 아니하고 행동은 상반된다.

이 두 임금의 말은 믿을 수 있고 행동은 이루어진다고 가정하자. 그리고 언행이 부절(符節)처럼 꼭 들어맞아서 말하고 행동하지 않는 일이 없다고 하자. 지금 돌림병이 돌고, 모든 백성이 고통 속에서 일하여도 얼고 굶주리고, 죽어서 도랑과 골짜기에 떨어진 자가 이미 많이 있다면, 감히 묻건대 두 임금 중에서 선택한다면 장차 누구를 따르겠는가? 이런 일에 당하여 천하의 어리석은 지아비와 지어미 할 것 없이, 비록 두루 아우르는 사람을 비난하더라도 반드시 널리 두루 아우르는 임금을 따르는 것이 옳다고 생각한다. 말로는 두루 아우름을 비난하지만 선택하면 그것을 취한다. 즉, 언행이 일치하지 않는다. 천하가 모두 두루 아우름을 듣고 그것을 비난하는 까닭을 모르겠다.

6

然而天下之士非兼者之言也, 猶未止也。

曰: 兼卽仁矣, 義矣。雖然, 豈可爲哉? 吾譬兼之不可爲也,

猶挈泰山以超江河也, 故兼者直願之也, 夫豈可爲之物哉? 　挈: 손에 들다

子墨子曰: 夫挈泰山以超江河, 自古之及今, 生民而來未嘗有也。　而來=以來

今若夫兼相愛, 交相利, 此自先聖六王者親行之。

그러나 두루 아우름(兼)을 그르다고 하는 천하의 선비들의 말은 오히려 끝나지 않는다. 그들은 "두루 아우르는 것은 사랑(仁)이며 의로움이다. 비록 그러하나 어찌 가능하겠는가? 비유하자면 두루 아우르는 것은 태산을 손에 들고 양자강과 황하(江河)를 건너는 일과 같이 불가능하다. 그리하여 두루 아우르는 것을 바로 원하지만 어찌 가능하겠는가?"라고 말한다. 이에 묵자 선생께서 다음과 같이 말씀하셨다. "태산을 손에 들고 양자강과 황하를 건넌 일은 옛날부터 지금까지 백성이 생긴 이래 일찍이 없었다. 그러나 널리 서로 사랑하고 서로 이롭게 하는 일은 돌아가신 여섯 명의 성왕이 친히 행했다."

7-1 何知先聖六王之親行之也?

子墨子曰: 吾非與之並世同時, 親聞其聲, 見其色也。　　　　　並: 아루르다, 함께하다

　　以其所書於竹帛, 鏤於金石, 琢於槃盂, 傳遺後世子孫者知之。

竹帛: 대나무와 비단, 鏤루: 새기다, 琢탁: 쪼다, 飯盂반우: 쟁반과 사발

泰誓曰: 文王若日若月, 乍照, 光于四方于西土。　　　　　乍사: 잠시, 갑자기

　　卽此言文王之兼愛天下之博大也, 譬之日月兼照天下之無有私也。

　　卽此文王兼也。

雖子墨子之所謂兼者, 於文王取法焉。

돌아가신 성왕이 친히 행하심을 어찌 아는가? 묵자 선생께서 "내가 그들과 더불어 같은 시대에 살지 않았으며 그 목소리를 듣지 못하고 그 안색을 보지는 못했지만, 대나무와 비단에 쓰여 있고, 쇠와 돌에 새겨지고, 쟁반과 사발에 조탁되어 후세자손에게 전해져서 그러함을 안다"고 말씀하셨다. 『泰誓』(『書經』「泰誓」)에 '문(文)왕은 해와 같고 달과 같아서 잠시 비추면 사방에, 서쪽 땅에 밝게 비추도다!'고 쓰여 있다. 곧 이는 문왕이 천하에 겸애(兼愛)하심이 크다는 것을 말하며, 해와 달이 천하를 비출 때 사사로움이 없음에 비유할 수 있다. 즉, 이것은 문왕의 두루 아우름이며, 비록 묵자 선생께서 두루 아우름을 말했지만 문왕에게서 법도를 취한 것이다.

7-2 且不唯泰誓爲然, 雖禹誓卽亦猶是也。

禹曰: 濟濟有衆, 咸聽朕言, 非惟小子, 敢行稱亂,　　　　　濟濟: 많은 모양, 咸: 모두

　　蠢茲有苗, 用天之罰, 若予旣率爾群對諸群, 以征有苗。

蠢준: 벌레가꿈틀거리다, 爾이: 너, 2인칭=女=汝=若=而

禹之征有苗也, 非以求以重富貴, 干福祿, 樂耳目也,　　　　　干: 구하다, 범하다

　　以求興天下之利, 除天下之害。

　　卽此禹兼也。

雖子墨子之所謂兼者, 於禹求焉。

또한 『泰誓』만 그러한 것이 아니고 『禹誓』 역시 이와 같다. 우(禹) 임금은 "여러분, 모두 짐의 말을 들으시오. 나는 감히 난리를 일으키고자 하는 것이 아니라 꿈틀거리는 묘(苗)족에게 하늘의 벌을 내리려고 한다. 나는 이미 여러분을 이끌고 여러 무리에 대항하여 묘족을 정벌하노라"고 말씀하셨다. 우 임금의 묘족 정벌은 부귀를 중시하고, 복과 녹봉을 구하고, 귀와 눈을 즐겁게 하기 위해서가 아니라 천하의 이익을 일으키고, 천하의 손해를 제거하기 위함이다. 즉, 이것이 우 임금의 두루 아우름(兼)이며, 비록 묵자 선생께서 두루 아우름을 말했지만 우 임금에게서 구한 것이다.

❶ 禹誓: 현재 『書經』에는 「泰誓(큰 맹세)」, 「湯誓(탕왕의 맹세)」는 있으나 「禹誓(우왕의 맹세)」는 없고 「大禹謨(우왕의 큰 계책)」가 있다.

❷ 禹曰: 「大禹謨」에는 없고 「湯誓」에 "爾衆庶 悉聽朕言 非台小子敢行稱亂"로 되어 있다. 인용의 오류라고 보기 어렵고, 앞에서도 언급했듯이 당시의 『書經』과 현존하는 『書經』이 달라서 생긴 결과라고 판단된다.

7-3 且不唯禹誓爲然 雖湯說卽亦猶是也。

湯曰: 惟予小子履, 敢用玄牡, 　　　　　　　履: 湯왕의 이름, 牝牡: 수컷, 수소

　告於上天后曰: 今天大旱, 卽當朕身履, 未知得罪于上下,

　　　　　有善不敢蔽, 有罪不敢赦, 簡在帝心。 　　　　　簡＝選

　　　　　萬方有罪, 卽當朕身, 朕身有罪, 無及萬方。

卽此言湯貴爲天子, 富有天下,

然且不憚以身爲犧牲, 以祠說于上帝鬼神。 　　　憚탄: 꺼리다, 祠: 제사 지내다

　卽此湯兼也。

雖子墨子之所謂兼者, 於湯取法焉。

또한 『禹誓』만 그러한 것이 아니고 『湯說』 역시 이와 같다. 탕(湯)왕이 말씀하셨다. "오직 소자 이(履)는 감히 검은 수소를 바치며 하느님(天后)에게 고하여 '지금 하늘이 크게 가물었으니 이는 짐 이(履)의 잘못입니다. 하늘과 땅에 죄를 지었는지는 모르겠으나 착한 사람을 감추지 않고 죄지은 사람을 용서하지 않으니 선택은 하느님(帝)의 마음에 달렸습니다. 모든 동네의 죄는 짐의 잘못이며, 짐의 잘못이 모든 동네에 미치

지 않게 하소서.'" 즉, 이것은 탕왕의 귀함이 천자가 되고, 부유함이 천하를 소유하였음을 말한다. 그러나 자신의 몸을 희생하는 데 꺼리지 아니하고 하느님(上帝)과 귀신에게 제사 지내며 설파했다. 이것은 탕왕의 '두루 아우름'이며, 비록 묵자 선생이 '두루 아우름'을 말했지만 탕왕에게서 법도를 취한 것이다.

---

❶ 湯說: ① 湯王이 고함(誥), ② 湯誓, 그러나 현재의 湯誓에는 이 문장은 없고,『論語』에 다음과 같은 비슷한 문장이 나온다. "堯曰: 予小子履敢用玄牡, 敢昭告于皇皇后帝. 有罪不敢赦. 帝臣不蔽, 簡在帝心. 朕躬有罪, 無以萬方. 萬方有罪, 罪在朕躬."

❷ 履: 湯王의 이름.

7-4 且不惟誓命與湯說爲然, 周詩卽亦猶是也。

周詩曰: 王道蕩蕩, 不偏不黨,

　　　　王道平平, 不黨不偏。

　　　　其直若矢, 其易若低,　　　　　　　　　　　低=砥: 숫돌

　　　　君子之所履, 小人之所視。

若吾言非語道之謂也, 古者文武爲正, 均分賞賢罰暴, 勿有親戚弟兄之所阿。

卽此文武兼也。

雖子墨子之所謂兼者, 於文武取法焉。

不識 天下之人, 所以皆聞兼而非之者, 其故何也。

또한『誓命』과『湯說』만이 그러한 것이 아니고『周詩』도 역시 이와 같다.『周詩』에는 다음과 같이 쓰여있다. "왕도가 탕탕(湯湯)하니 치우치지 아니하고 무리 짓지도 아니하다. 왕도가 평평(平平)하니 무리 짓지 아니하고 치우치지 않도다. 곧기는 화살 같고 평평함은 숫돌 같아 군자는 따르고 소인은 바라본다." 이것은 내가 도(道)를 일컬어 말하는 것이 아니다. 문(文)왕과 무(武)왕이 정치를 할 때 균등하게 나누어 어진 이에게 상을 주고 포악한 자에게 벌을 주어, 친척과 형제들이 아부하지 않았다. 이것이 문왕과 무왕의 두루 아우름(兼)이며, 비록 묵자 선생께서 두루 아우름을 말했지만 문왕과 무왕에게서 법도를 취한 것이다. 천하의 사람들이 모두 두루 아우름에 대해서 듣고도 그것을 비난하는 하는 이유를 모르겠다.

---

❶　誓命: 禹誓를 잘못 쓴 것인 듯하다.

❷　『書經』「洪範」에 "無偏無黨, 王道湯湯. 無黨無偏, 王道平平"으로 되어 있다.

❸　蕩蕩: 물이 휩쓸고 가듯 거침없이 나가는 모양

8　然而天下之非兼者之言, 猶未止,

　　曰: 意不忠親之利而害 爲孝乎?　　　意: ① 생각하건대, ② 그런데, 아니면=抑

子墨子曰: 姑嘗本原之孝子之爲親度者。　　度탁: 헤아리다

　　吾不識 孝子之爲親度者, 亦欲人愛利其親與? 意欲人之惡賊其親與?

　　以說觀之, 卽欲人之愛利其親也。　　說: 학설, 이치

　　然卽吾惡先從事卽得此?　　惡오: 어찌

　　若我先從事乎愛利人之親, 然後人報我愛利吾親乎?　　若: 이와 같이

　　意我先從事乎惡人之親, 然後人報我以愛利吾親乎?

　　卽必吾先從事乎愛利人之親, 然後人報我以愛利吾親也。

　　然卽之交孝子者, 果不得已乎!

　　毋先從事愛利人之親者與?　　之交→交兼, 交利

　　意以天下之孝子爲遇 而不足以爲正乎?　　遇→愚 어리석음

그러나 천하에 두루 아우름(兼)을 그르다고 하는 사람들의 말은 오히려 그치지 않는
다. 그들은 말한다. "생각하건대 어버이의 이익에 충실하지 않고 해가 되면 효가 되
는가?" 묵자 선생께서 말씀하셨다. "잠시 효자가 어버이를 위하여 헤아리는 것을 근
본적으로 생각해보자. 어버이를 위하여 효자가 헤아리는 것을 잘 모르겠으나, 다른
사람들이 자기 어버이를 사랑하고 이롭게 하기를 원할까? 아니면 자기 어버이를 미
워하고 해치기를 원할까? 이치로 보자면 사람들이 자기 어버이를 사랑하고 이롭게
하기를 원한다. 그러면 내가 어찌해야 이렇게 될 수 있는가? 이와 같이 내가 먼저 다
른 사람의 어버이를 사랑하고 이롭게 하고, 그런 후에 다른 사람들이 보답하여 나의

십론(十論)

어버이를 사랑하고 이롭게 하겠는가? 아니면 내가 먼저 다른 사람의 어버이를 미워하고 그런 후에 그 보답으로 나의 어버이를 사랑하고 이롭게 하겠는가? 반드시 내가 먼저 다른 사람의 어버이를 사랑하고 이롭게 한 후에 다른 사람이 나의 어버이를 사랑하고 이롭게 함으로써 나에게 보답하는 것이다. 그런즉 서로 효자(노릇) 함이 부득이하다. 먼저 다른 사람의 어버이를 사랑하고 이롭게 한 사람이 없는가? 아니면 천하의 효자들이 어리석어 올바름으로 삼기에 부족한가?"

---

❶ 묵자에 대한 孟子의 비판은 이 지점에 있다. 『孟子』「滕文公」 下에서 "楊氏爲我, 是無君也, 墨氏兼愛, 是無父也. 無父無君, 是禽獸也(楊씨는 자신을 위하니, 이는 임금을 없애는 것이며, 墨씨는 두루 사랑하니, 이는 아비를 없애는 것이다. 아비를 없애고 임금을 없애니, 이는 금수와 같다)"라며 楊朱와 墨子를 싸잡아 비난하고 있다. 그러나 爲我=無君, 兼愛=無父는 논리적 비약을 넘어 논리적 왜곡에 해당하는 흑색선전이다. 楊朱계열의 道家나 墨家는 군신관계나 부자관계를 중심으로 하는 가족관계를 결코 부정하지 않는다. 이는 '천하의 말이 楊朱로 귀결되지 않으면, 墨翟으로 귀결되는' 당시 세태에 대한 두려움의 반영이라고 판단된다.

9　姑嘗本原之先王之所書, 大雅之所道 曰:　　　　　　道: 말하다

　　　　無言而不讎, 無德而不報, 投我以桃, 報之以李.　　讎수: 되갚다, 대거리하다

即此言愛人者必見愛也, 而惡人者必見惡也.

不識 天下之士, 所以皆聞兼而非之者, 其故何也.

意以爲難而不可爲邪?

　　嘗有難此而可爲者.

잠시 선왕들이 쓴 글을 근본적으로 따져보자. 『大雅』에서 "말은 되돌아오지 않는 법이 없고, 덕은 보답하지 않는 법이 없다. 나에게 복숭아를 주면 오얏(자두)으로써 보답한다"고 가르친다. 즉, 이것은 남을 사랑하는 사람은 반드시 사랑을 보고, 남을 미워하는 사람은 반드시 미움을 본다는 말이다. 천하의 선비들이 모두 '두루 아우름(兼)'을 들으면서 그것을 비난하는 이유를 모르겠다. 헤아려보건대, 어렵다고 생각하여 할 수 없는 것인가? 일찍이 어려움이 있었으나 할 수 있었던 사람들이 있었다.

10-1

昔荊靈王好小要, 當靈王之身, 荊國之士 飯不踰乎一, 　　　要→腰, 踰=逾: 넘다

　　　　　　　　　　　固據而後興, 扶垣而後行。　　　扶垣: 담장을 붙잡다

　故約食爲其難爲也, 然後爲而靈王說之, 　　　　　　　說→悅

　未踰於世而民可移也, 卽求以鄉其上也。　　　鄉→嚮향: 향하다

昔者越王句踐好勇, 敎其士臣三年, 以其知爲未足以知之也,

　焚舟失火, 鼓而進之, 其士偃前列, 伏水火而死, 有不可勝數也。

　　　　　　　　　　　　　　　　　　　偃언: 쓰러지다, 넘어지다

　當此之時, 不鼓而退也, 越國之士可謂顫矣。　　顫전: 수족이 떨리다, 겁내다

　故焚身爲其難爲也, 然後爲之越王說之,

　未踰於世而民可移也, 卽求以鄉上也。

昔者晉文公好苴服, 當文公之時, 　　　　　　苴저: ① 삼, 苴麻, ② 거칠다

　晉國之士, 大布之衣, 牂羊之裘, 練帛之冠, 且苴之屨, 　牂: 암양, 屨구: 신발

　　　　入見文公, 出以踐之朝。

　故苴服爲其難爲也, 然後爲而文公說之,

　未踰於世而民可移也, 卽求以鄉其上也。　　　　　踰: 넘다

옛날 형(荊)나라 영(靈)왕은 가는 허리를 좋아했다. 영왕 시절에 형나라 무사들은 하나(하루 한 끼, 또는 한 공기)를 넘지 않게 밥을 먹었다. 그들은 단단히 잡고서야 일어나고, 담장을 붙잡은 뒤에야 걸었다. 음식을 적게 먹는 일은 어려운 일이나 그렇게 해야 영왕이 기뻐했다. 한 세대가 넘지 않아 백성들이 바뀔 수 있었다. 즉 윗사람을 따라 했기 때문이다.

옛날 월(越)왕 구천(句踐)은 용맹함을 좋아했다. 무사인 신하들에게 3년을 가르쳤으나 배움이 넉넉하지 않다고 여겨 배에 불을 지르고 북을 쳐서 전진시켰다. 무사들이 앞 열에서 넘어지고 쓰러져 물과 불에 엎드려 죽은 자가 이루 다 셀 수 없었다. 이때 북을 쳐 후퇴시키지 않아 월나라 무사들은 겁내고 있었다. 몸을 불사르는 일은 어려운 일이나 그렇게 한 후에야 월왕이 기뻐했다. 한 세대가 넘지 않아 백성들이 바뀔 수 있었다. 즉 윗사람을 따라 했기 때문이다.

옛날 진(晉)나라 문공(文公)은 거친 옷을 좋아했다. 문공 시절에 진나라 선비들은 큰 베옷과 암양 가죽 옷을 입고, 거친 비단의 관을 쓰고, 조잡하고 거친 신발을 신고, 들어가서는 문공을 알현하고 나가서는 조정에 참여했다. 누더기를 입는 일은 어려운 일이나 그렇게 해야 문공이 좋아했다. 한 세대가 지나지 않아 백성들이 바뀔 수 있었다. 즉, 윗사람을 따라 했기 때문이다.

10-2 是故約食, 焚舟, 苴服, 此天下之至難爲也, 然後爲而上說之,

未踰於世而民可移也。

何故也?

即求以鄉其上也。

今若夫兼相愛, 交相利, 此其有利且易爲也, 不可勝計也,

我以爲 則無有上說之者而已矣。

以爲: 생각하다

苟有上說之者, 勸之以賞譽, 威之以刑罰, 我以爲 人之於就兼相愛交相利也。

譬之猶火之就上, 水之就下也, 不可防止於天下。

猶: ~와 같다

이런 까닭으로 적게 먹고, 배에 불을 지르고, 거친 옷을 입는 일은 천하의 지극히 어려운 일이지만, 그렇게 해야 임금이 기뻐하면 한 세대가 지나지 않아 백성이 따라 한다. 왜 그러한가? 윗사람을 따라 하기 때문이다.

이제 두루 서로 사랑하고(兼相愛), 서로 이롭게 하는(交相利) 것은 이로움이 있고 게다가 하기 쉬우며, (이로움은) 이루 다 계산할 수 없다. 내가 생각하기에 임금(上)이 그것을 좋아하지 않을 뿐이다. 진실로 임금이 그것을 좋아하여 상과 칭찬으로 그것을 권장하고 형벌로써 두려워하게 하면 내 생각에 사람들이 서로 사랑하고 서로 이롭게 하는 일에 매진할 것이다. 비유하여 말하면 불은 위로 올라가고, 물은 아래로 흘러가듯이 천하에 막을 수 없다.

11 故兼者聖王之道也, 王公大人之所以安也, 萬民衣食之所以足也。

故君子莫若審兼而務行之,

　爲人君必惠, 爲人臣必忠,

　爲人父必慈, 爲人子必孝,

　爲人兄必友, 爲人弟必悌。

故君子莫若欲爲惠君, 忠臣, 慈父, 孝子, 友兄, 悌弟, 當若兼之不可不行也。

此聖王之道 而萬民之大利也。

그러므로 두루 아우르는 것(兼)은 성왕의 도리이며, 왕공대인이 편안해하는 바이며, 모든 백성의 옷과 음식이 풍족해지는 바이다. 군자는 두루 아우름(兼)을 살피고, 그것을 힘써 행하는 일보다 좋은 것은 없다. 반드시 임금 된 자가 은혜롭고, 신하 된 자가 충성스럽고, 아비 된 자가 자애롭고, 자식된 자가 효성스럽고, 형 된 자가 우애하고, 아우 된 자가 공손하게 된다. 그러므로 군자는 은혜로운 임금, 충성스러운 신하, 자애로운 아비, 효성스러운 자식, 우애하는 형과 공손한 아우가 되는 것만 한 것이 없으니 마땅히 두루 아우르지 않을 수 없다. 이것은 성왕의 도리이며, 모든 백성의 큰 이익이다.

---

❶ 「兼愛」下에서는 上·中과 달리 겸애를 비판하는 儒家의 논리를 모아 조목조목 재비판하고 있다는 점에서 인상적이며, 겸애의 목적이 백성들을 이롭게 하는 데 있다는 점을 강조하고 있다.

第十七 非攻 上

1　今有一人, 入人園圃, 竊其桃李, 衆聞 則非之, 上爲政者得 則罰之。

> 園圃: 과수원, 竊: 훔치다, 李: 자두, 오얏

此何也?

　以虧人自利也。

> 虧휴: 이지러뜨리다, 훼손하다

至攘人犬豕雞豚者, 其不義又甚入人園圃竊桃李。

> 攘양: 훔치다, 豕=豚: 돼지

是何故也?

　以虧人愈多, 其不仁茲甚, 罪益厚。

> 愈=茲: 더욱, 점점 더

至入人欄廐, 取人馬牛者, 其不仁義又甚攘人犬豕雞豚。

> 欄廐난구: 마구간

此何故也?

　以其虧人愈多。

苟虧人愈多, 其不仁茲甚, 罪益厚。

至殺不辜人也, 扡其衣裘, 取戈劍者, 其不義又甚入人欄ㄷ取人馬牛。

> 扡타: 끌다, 빼앗다, 戈劍: 창과 칼, 辜고: 허물, 죄

此何故也?

　以其虧人愈多。

苟虧人愈多, 其不仁茲甚矣, 罪益厚。

> 茲: 이에, 더욱

當此 天下之君子 皆知而非之, 謂之不義。

지금 어떤 사람이 남의 과수원에 들어가 복숭아와 자두를 훔쳤다. 많은 사람들이 (그이야기를) 들으면 비난하고, 위에서 정치하는 사람들이 알면 벌을 내린다. 왜 그런가? 남을 해치고 자신의 이득을 취했기 때문이다. 다른 사람의 개와 돼지와 닭을 훔치면 과수원에서 복숭아와 자두를 훔친 일보다 더 의롭지 못하다. 왜 그런가? 남을 더 많

이 해치고 더 어질지 못해 죄가 더 두텁기 때문이다. 남의 마구간에 들어가 말과 소를 훔치면 남의 개와 돼지와 닭을 훔치는 일보다 더욱 어질지 못하고 의롭지 못하다. 왜 그런가? 더욱더 많이 남을 해치기 때문이다. 죄 없는 사람을 죽여 입고 있는 옷을 벗겨가고 창과 칼을 빼앗는다면 이는 남의 마구간에 들어가 말과 소를 훔치는 일보다 더욱더 의롭지 못하다. 왜 그런가? 남을 더 많이 해치기 때문이다. 진실로 남을 더 많이 해치면 더욱 어질지 못하게 되고, 죄는 점점 더 두터워진다. 이런 일에 대하여 천하의 군자는 그것을 알고 비난하며 불의(不義)라 말한다.

2

今至大爲攻國, 則弗知非, 從而譽之, 謂之義。

此可謂知義與不義之別乎?

殺一人謂之不義, 必有一死罪矣,

若以此說往, 殺十人 十重不義, 必有十死罪矣;

殺百人 百重不義, 必有百死罪矣。

當此 天下之君子 皆知而非之, 謂之不義。

今至大爲不義攻國, 則弗知非, 從而譽之, 謂之義。

情不知其不義也, 故書其言以遺後世。

若知其不義也, 夫奚說書其不義以遺後世哉?

그러나 남의 나라를 공격하는 큰일에 이르면 그르다는 사실을 알지 못하고, 그것을 따라 칭송하면서 의로움이라 말한다. 이것은 의(義)와 불의(不義)를 구별한다고 할 수 있는가? 한 사람을 죽이면 불의이며, 반드시 한 번의 죽을죄가 있다고 말한다. 이와 같이 말하면 열 사람을 죽이면 불의가 열 배이며 반드시 열 번의 죽을죄가 있고, 백 사람을 죽이면 불의가 백 배이며 반드시 백 번의 죽을죄가 있는 셈이다. 이런 일에 대하여 천하의 군자들은 그것을 알고 비난하여 불의라고 부른다. 그러나 남의 나라를 공격하는 불의가 크게 행해지면, 그것이 그르다는 사실을 모르고, 그것을 따르고 칭송하여 의로움이라고 말한다. 진정으로 불의를 알지 못하여 글로 써서 후세에 전한다. 만일 불의를 안다면 어찌 불의를 글로 써서 후세에 남기겠는가?

3　今有人於此, 少見黑曰黑, 多見黑曰白, 則以此人不知白黑之辯矣;

　　　　少嘗苦曰苦, 多嘗苦曰甘, 則必以此人爲不知甘苦之辯矣。

今小爲非, 則知而非之。

　大爲非攻國, 則不知非, 從而譽之, 謂之義。

此可謂知義與不義之辯乎?

是以知天下之君子也, 辯義與不義之亂也。

이제 어떤 사람이 검은 것을 적게 보고 검다고 말하거나 검은 것을 많이 보고 희다고 말한다면 이 사람은 반드시 흑백을 구별하지 못한다고 할 수 있다. 쓴 것을 조금 맛보고 쓰다고 말하거나 쓴 것을 많이 맛보고 달다고 말한다면 이 사람은 반드시 쓴 것과 단 것을 구별하지 못한다고 할 수 있다. 작은 일이 그르면 그것을 비난할 줄 알지만, 남의 나라를 공격하는 큰일이 그르면 그르다는 사실을 알지 못하고 따르고 칭송하여 의로움이라 말한다. 이것이 의(義)와 불의(不義)를 구별할 줄 안다고 말할 수 있는가? 이로써 천하의 군자들이 의(義)와 불의(不義)를 구별하는 혼란에 빠져 있음을 알 수 있다.

第十八 非攻 中

1 子墨子言曰:

古者王公大人, 爲政於國家者, 情欲譽之審, 賞罰之當, 刑政之不過失。

情: 진실로, 참으로, 譽: 칭찬하다, 바로잡다

是故子墨子曰: 古者有語: 謀而不得, 則以往知來, 以見知隱。

謀若此, 可得而知矣。

今師徒唯毋興起, 冬行恐寒, 夏行恐暑, 此不可以冬夏爲者也。

春則廢民耕稼樹藝, 秋則廢民穫斂。

穫斂: 베어 거두다

今唯毋廢一時, 則百姓飢寒凍餒 而死者 不可勝數。

今嘗計軍上, 竹箭羽旄幄幕, 甲盾撥劫, 往而靡弊腑冷不反者, 不可勝數;

箭전: 화살, 旄모: 깃대, 幄幕악막: 천막, 甲盾: 갑옷과 방패, 撥 → 橃발: 뗏목, 腑冷→腐爛부란: 썩어 문드러지다

又與矛戟戈劍乘車, 其列住碎折靡弊而不反者, 不可勝數;

矛: 세모 창, 戟: 갈라진 창, 戈: 긴 창, 乘車: 수레, 전차, 住 → 往, 碎折쇄절: 부서지고 부러지다

與其牛馬肥而往, 瘠而反, 往死亡而不反者, 不可勝數;

瘠척: 여위다

與其涂道之脩遠, 糧食輟絕而不繼, 百姓死者, 不可勝數也;

涂=途, 脩=修→長, 輟철: 그치다, 멈추다

與其居處之不安, 食飯之不時, 飢飽之不節, 百姓之道疾病而死者,

不可勝數;

飢: 굶주리다, 飽포: 배부르게 먹다

喪師多不可勝數, 喪師盡不可勝計, 則是鬼神之喪其主后, 亦不可勝數。

主后: 祭主와 後嗣

묵자 선생께서 "옛날의 왕공대인들은 나라를 다스림에 있어 바로잡을 것을 잘 살피
고, 상과 벌을 올바르게 내려 형벌과 정치에 실수가 없기를 진실로 원했다"고 말씀

하셨다. 이리하여 묵자 선생께서 다음과 같이 말씀하셨다. "옛말에 '일을 도모하다 성공하지 못하면 과거(往)를 거울 삼아 미래(來)를 알고, 드러난 일을 보고 숨겨진 것을 알아야 한다. 이와 같이 일을 꾀하면 성공할 수 있다'고 한다. 군사를 일으킬 때 겨울에 움직이면 추위가 두렵고, 여름에 움직이면 더위가 무섭다. 그래서 겨울과 여름에는 하기 어렵다. 봄이면 백성들이 밭 갈고 씨 뿌리는 일을 포기해야 하고 가을이면 추수를 포기해야 한다. 오늘날 오직 한 계절만 포기하더라도 백성들은 굶주리고 추위에 얼어 죽는 자가 이루 다 셀 수 없다.

잠시 군사가 출동하는 데 드는 비용을 계산해보자. 대나무로 만든 화살, 깃털을 단 깃발, 장막, 갑옷과 방패, 그리고 뗏목이 전쟁터로 가서 망가지고 썩어 문드러져 돌아오지 못한 것이 셀 수 없이 많다. 또한 창, 칼, 그리고 수레(또는 전차)가 줄지어 갔다가 부서지고 부러지고 망가져 돌아오지 못한 것이 이루 다 셀 수 없고, 소와 말은 살쪄서 갔다가 여위어 돌아오고, 가서 죽어 돌아오지 못한 것도 이루 다 셀 수 없다. 길이 멀어 식량이 멈추어 끊기고 계속되지 않아 죽는 백성도 다 셀 수 없다. 거처가 불안하여 밥 먹는 시간도 때에 맞지 아니하고, 굶었다가 과식하는 등 절도가 없어 길에서 병들어 죽는 백성도 셀 수 없이 많다. 병사를 잃은 경우도 셀 수 없이 많고, 전멸하여 모두 잃은 경우도 셀 수 없이 많다면, 귀신에게 제사를 지낼 자손을 잃는 경우도 역시 셀 수 없이 많아진다."

2

國家發政, 奪民之用, 廢民之利, 若此甚衆, 然而何爲爲之?

　　曰: 我貪伐勝之名, 及得之利, 故爲之。

子墨子言曰:

　計其所自勝, 無所可用也。計其所得, 反不如所喪者之多。

今攻三里之城, 七里之郭, 攻此不用銳, 且無殺而徒得此然也。

> 城郭: 內城과 外城, 銳=精銳, 徒: 헛되이, 무료로, 공짜로

　殺人多必數於萬, 寡必數於千, 然後三里之城, 七里之郭, 且可得也。

　今萬乘之國, 虛數於千, 不勝而入; 廣衍數於萬, 不勝而辟。

> 虛: ① 빈 터 墟, ② 빈 성 城, 衍=廣: 넓은 땅, 辟 → 闢: 개간하다

　然則土地者, 所有餘也, 王民者, 所不足也。

今盡王民之死, 嚴下上之患, 以爭虛城, 則是棄所不足, 而重所有餘也.

爲政若此, 非國之務者也.

나라가 정령을 발표하여 백성이 사용할 물건을 빼앗고 백성의 이익을 버리는 일이 이와 같이 극심한데, 무엇 때문에 그렇게 하는가? "나는 승리의 명성과 그로 인한 이득(전리품)을 자랑하고 싶어서 그렇게(전쟁을) 한다"고 대답한다. 이에 묵자 선생께서 "승리하여 얻은 바를 헤아리려도 쓸 만한 것이 없으며, 얻은 이익을 헤아리려도 잃은 것만 못하다"고 말씀하셨다. 지금 3리(里)의 내성(內城)과 7리(里)의 외성(外城)을 공격한다고 하자. 이것을 공격하는 데 정예부대를 사용하지 않고, 사람을 죽이지 않고 거저 얻으면 좋겠지만, 죽는 사람이 많으면 반드시 수만에 이르고 적어도 반드시 수천에 이른 후에야 3리의 내성과 7리의 외성을 얻을 수 있다. 오늘날 만 대의 전차를 가진 (큰) 나라에는 비어 있는 성이 천을 헤아려 이기지 않고 들어갈 수 있으며, 넓은 땅이 만을 헤아려 이기지 않고도 개간할 수 있다. 그래서 토지는 여유가 있고 왕의 백성은 부족한 실정이다. 이제 왕의 백성을 모두 죽음으로 몰아넣고, 왕과 백성의 우환을 혹독하게 하면서 전쟁으로 성을 비운다면, 이것은 부족한 것을 버리고 남는 것을 중히 여기는 일이다. 이와 같은 정치는 나라가 힘써야 할 바가 아니다.

3-1 飾攻戰者言曰: 南則荊, 吳之王, 北則齊, 晉之君, 始封於天下之時,

其土地之方, 未至有數百里也, 人徒之衆, 未至有數十萬人也.

以攻戰之故, 土地之博至有數千里也, 人徒之衆至有數百萬人.

故當攻戰而不可爲也. 不可 → 不可不

子墨子言曰:

雖四五國則得利焉, 猶謂之非行道也.

譬若醫之藥人之有病者然.

今有醫於此, 和合其祝藥之于天下之有病者而藥之, 祝주: 약을 바르다

萬人食此, 若醫四五人得利焉, 猶謂之非行藥也. 醫: 치료하다

故孝子不以食其親, 忠臣不以食其君.

공격전쟁을 미화하는 사람들은 말한다. "남쪽의 형(荊)나라와 오(吳)나라의 왕, 북쪽의 제(齊)나라와 진(晉)나라의 왕들이 처음 봉토를 받을 때, 토지(의 사방)는 수백 리에 미치지 못했고, 인구도 수십만에 미치지 못했다. 공격전쟁 때문에 토지의 넓이는 수천 리에 이르고, 인구는 수백만에 이른다. 그리하여 공격전쟁을 하지 않을 수 없다." 이에 묵자 선생께서 "비록 네·다섯 나라가 이득을 얻는다 해도 그것은 행해야 할 바른 길이 아니다"라고 말씀하셨다. 이것은 마치 의사가 병자에게 약을 주는 것에 비유할 수 있다. 지금 여기에 의사가 있어 천하의 병자에게 약을 주었다고 하자. 만 명이 이 약을 먹고 네·다섯 명이 치료되어 이득을 보았다면 그것은 좋은 처방이 아니라고 말한다. 그래서 효자는 부모에게 (그 약을) 먹이지 않고 충신은 임금에게 먹이지 않는다.

3-2 古者封國於天下, 尙者以耳之所聞, 近者以目之所見, 尙=上

以攻戰亡者, 不可勝數。

何以知其然也?

東方有莒之國者, 其爲國甚小, 閒於大國之閒, 閒=間

不敬事於大, 大國亦弗之從而愛利。

是以東者 越人夾削其壤地, 西者 齊人兼而有之。 夾협: 끼다, 兼=兼併

計莒之所以亡於齊越之間者, 以是攻戰也。

雖南者 陳·蔡, 其所以亡於吳越之閒者, 亦以攻戰。

雖北者 且不一著何, 其所以亡於燕·代·胡·貊之閒者, 亦以攻戰也。

且 → 相사, 貊 → 貉맥

是故子墨子言曰:

古者王公大人, 情欲得而惡失, 欲安而惡危, 故當攻戰而不可不非。

옛날 천하에 나라(제후국)를 봉할 때의 일은 귀로 듣고 최근의 일은 눈으로 보는데 공격전쟁으로 망한 나라는 이루 다 셀 수 없다. 어떻게 그런지 알 수 있는가? 동쪽의 거(莒)나라는 나라의 규모가 매우 작고 큰 나라 사이에 끼어 있었는데, 큰 나라를 경건하게 섬기지 아니하고, 큰 나라 역시 사랑하고 이로움을 주지 않았다. 이리하여 동쪽의 월(越)나라가 토지를 깎아 먹고, 서쪽의 제(齊)나라는 그것을 겸병하여 빼앗아 갔다. 거(莒)나라가 월나라와 제나라 사이에서 망한 이유를 헤아려보면 공격전쟁 때문이다. 남쪽의 진(陳)나라와 채(蔡)나라가 오(吳)나라와 월나라 사이에서 망한 이유도 공격전쟁 때문이다. 북쪽의 사(柤)와 부저하(不著何)가 연(燕)나라와 대(代)나라, 호족(胡)과 맥족(貊, 貉) 사이에서 망한 이유도 역시 공격전쟁 때문이다. 그래서 묵자 선생께서 말씀하셨다. "옛날의 왕공대인은 진실로 얻기를 원하고 잃기를 싫어하고, 안정을 원하고 위험을 싫어했기 때문에, 공격전쟁을 비난하지 않을 수 없었다."

---

❶ 莒(거): 周 武王이 玆興期(자여기)를 봉해 제후국으로 성립했다. 전국시대에 莒는 齊나라 지역에 속해 있어서 齊에 의하여 망한 것으로 추정된다.

❷ 진(陳)나라와 채(蔡)나라는 오월(吳越)에 의해 망한 것이 아니라 楚에 의해 멸망했다.

❸ 사(柤)는 진(晉)의 헌공이 멸망시킨 東夷 국가

❹ 不一著何: 不著何 또는 不屠何로 고쳐야 한다. 봉천지역에 성립한 東夷 국가. 一은 실수로 삽입되었다고 추정된다.

4-1 飾攻戰者之言曰: 彼不能收用彼衆, 是故亡。 衆: 군대의 무리

　　　　　我能收用我衆, 以此攻戰於天下, 誰敢不賓服哉?

子墨子言曰: 子雖能收用子之衆, 子豈若古者吳闔閭哉?

古者吳闔閭教七年, 奉甲執兵, 奔三百里而舍焉, 舍: 머물다

　次注林, 出於冥隘之徑, 戰於柏擧, 中楚國而朝宋與及魯。 次: 머물다

　至夫差之身, 北而攻齊, 舍於汶上, 戰於艾陵, 大敗齊人而葆之大山;

　　東而攻越 · 濟三江五湖, 而葆之會稽。九夷之國 莫不賓服。

　　於是退不能賞孤, 施舍群萌, 舍=予: 주다, 건네다, 萌=氓: 백성

　　自恃其力, 伐其功, 譽其智, 怠於教, 遂築姑蘇之臺, 七年不成。

　　及若此, 則吳有離罷之心。 罷: 피곤하다

越王句踐視吳上下不相得, 收其衆以復其讎, 得: 고맙게 여기다

　　入北郭, 徙大內, 圍王宮, 而吳國以亡。

徙사: 취하다, 빼앗다, 大內 → 大舟: 왕이 타는 큰 배

공격전쟁을 미화하는 사람들은 말한다. "그들은 자신의 군대를 잘 사용하지 못해서 망했다. 나는 나의 군대를 잘 사용하여 천하에 공격전쟁을 하니 감히 누가 복종하지 않겠는가?" 이에 묵자 선생께서는 "비록 그대가 그대의 군대를 잘 사용하더라도 어찌 옛날 오(吳)나라의 합려(闔閭)만 하겠는가?"라고 묻는다. 옛날 오나라의 합려는 7년 동안 군사훈련을 시키고, 갑옷을 입고 무기를 든 채 300리를 달려가서 진을 쳤다. 주림(注林)에서 진을 치고, 어둡고 험한 길을 나와, 백거(柏擧: 초나라 땅)에서 싸워 초(楚)나라를 공격하고, 송(宋)나라와 노(魯)나라의 조공을 받았다.

부차(夫差: 闔閭의 아들)에 이르러서는 북쪽으로 제(齊)나라를 공격했다. 문상(汶上 또는 汶水 강가)에서 진을 치고 애능(艾陵)에서 전투를 벌여 제나라를 크게 패배시키고 대산(大山)에 묶어두었다. 동쪽으로는 월(越)나라를 공격하여 세 개의 강과 다섯 개의 호수를 건너 회계(會稽)로 몰아내어, 아홉 오랑캐의 나라가 복종하지 않을 수 없었다. 그러나 여기에서 물러나 (전쟁) 고아들에게 보상하지 않고, 백성들에게 베풀지 않았다. 자신의 힘만 믿고 공적을 자랑하고 군사훈련을 게을리하였고, 마침내 고소대(姑蘇臺)를 쌓았으나 7년이 지나도록 완성되지 않았다. 여기에 이르자 오나라에는 그만두고 떠나자는 마음이 생겼다. 월왕 구천(句踐)은 오나라에서 임금과 백성(上下)이 서로 고맙게 여기지 않음을 보고 군대를 모아 복수했다. 북쪽의 외성으로 들어가서 왕이 타는 배를 빼앗고, 왕궁을 포위하여 오나라를 멸망시켰다.

---

❶　姑蘇臺: 300리가 보였다는 높은 누각.

4-2　昔者晉有六將軍, 而智伯莫爲强焉.

計其土地之博, 人徒之衆, 欲以抗諸侯, 以爲英名.

攻戰之速, 故差論其爪牙之士, 皆列其舟車之衆 以攻中行氏而有之.

爪牙조아: 손톱과 어금니, 皆 → 比

以其謀爲旣已足矣, 又攻兹范氏而大敗之, 幷三家以爲一家, 而不止, 又圍趙襄子於晉陽.

及若此, 則韓 · 魏亦相從而謀

曰: 古者有語, 脣亡則齒寒.

趙氏朝亡, 我夕從之, 趙氏夕亡, 我朝從之。

詩曰 魚水不務, 陸將何及乎! 務=騖무: 힘쓰다, 달리다

是以三主之君, 一心戮力 辟門除道, 奉甲興士, 韓魏自外, 趙氏自內,

擊智伯 大敗之。 戮륙: 합치다, 辟 → 闢: 열다, 물리치다

옛날 진(晉)나라에 여섯 명의 장군이 있었는데 그중 지백(智伯)이 가장 막강했다. 토지의 넓이와 인구를 헤아려 (다른 가문의) 제후들과 겨루어 명성을 얻고 싶어 했다. 공격전쟁을 빠르게 진행하고자 용맹한 군사를 추려 수군과 전차부대에 나란히 배치했고, 중항(中行)씨를 공격하여 점령했다. 이러한 모의에 만족하지 않고 또 범(范)씨를 공격하여 크게 이겼다. 세 개의 가문(智, 中行, 范)을 하나로 합병하고, 이에 그치지 않고 진양(晉陽)에서 조양자(趙襄子)를 포위했다. 여기에 이르자 한(韓)과 위(魏) 가문이 서로 모의하여 다음과 같이 말했다. "옛 속담에 '입술이 망하면 이가 시리다'는 말이 있다. 조(趙)씨 가문이 아침에 망하면 우리는 저녁에 망하고, 조(趙)씨 가문이 저녁에 망하면 우리는 다음 날 아침에 망한다. 『시경(詩)』에도 '물고기가 물에서 힘쓰지 못하면 육지에서 어찌하겠는가?'고 쓰여 있다." 이리하여 세 가문의 가장(家長)이 한마음으로 힘을 합쳐 문을 열어 길을 소제하듯이, 갑옷을 입고 무기를 들었다. 한(韓)씨와 위(魏)씨는 밖에서부터, 조(趙)씨는 안에서부터 지백(智伯)을 공격하여 그를 크게 패퇴시켰다.

---

❶ 智伯: 春秋時代 말 晉나라 장군으로 知伯이라고도 한다.

❷ 기원전 453년의 일이다. 智伯이 죽자 韓, 魏, 趙 세 가문이 智씨의 封地와 晉나라 공실의 땅까지 三分하여 나라를 세움으로써 秦, 楚, 齊, 燕과 함께 戰國七雄이 되어 戰國時代가 열린다. 이를 三家分晉이라고 부른다.

5　是故子墨子言曰: 古者有語曰: 君子不鏡於水 而鏡於人,

鏡於水, 見面之容,

鏡於人, 則知吉與凶。

今以攻戰爲利, 則蓋嘗鑒之於智伯之事乎?　　　　　蓋→何不

此其爲不吉而凶, 旣可得而知矣。

묵자 선생께서 다음과 같이 말씀하셨다. "옛날 속담에 '군자는 물을 거울 삼지 아니 하고 사람을 거울 삼는다. 물을 거울 삼으면 얼굴 모습을 보고, 사람을 거울 삼으면 길흉을 안다'고 한다. 오늘날 공격전쟁으로 이득을 얻는다면 어찌 지백(智伯)의 일을 거울 삼지 않는가? 이것은 불길하고 흉한 일임을 잘 알 수 있다."

第十九 非攻 下

1 子墨子言曰: 今天下之所譽善者, 其說將何哉?

爲其上中天之利, 而中中鬼之利, 而下中人之利, 故譽之與?

意亡非爲其上中天之利, 而中中鬼之利, 而下中人之利, 故譽之與?

雖使下愚之人, 必曰:

將爲其上中天之利, 而中中鬼之利, 而下中人之利, 故譽之.

今天下之所同義者, 聖王之法也.

今天下之諸侯 將猶多皆免攻伐幷兼, 則是有譽義之名, 而不察其實也.

將=殆: 거의, 免 → 勉 힘쓰다

此譬猶盲者之與人, 同命白黑之名, 而不能分其物也, 則豈謂有別哉?

是故古之知者之爲天下度也, 必順慮其義, 而後爲之行.   度탁: 헤아리다

是以動則不疑, 速通成得其所欲, 而順天鬼百姓之利, 則知者之道也.

是故古之仁人有天下者, 必反大國之說, 一天下之和, 總四海之內.

焉率天下之百姓以農, 臣事上帝山川鬼神.   焉=乃: 이에

利人多, 功故又大, 是以天賞之, 鬼富之, 人譽之,

使貴爲天子, 富有天下, 名參乎天地, 至今不廢.   參: 나란하다

此則知者之道也, 先王之所以有天下者也.

묵자 선생께서 말씀하셨다. "오늘날 천하에서 착하다고 칭찬받는 일은 무엇인가? 위로는 하늘의 이익에 부합하고, 중간으로는 귀신의 이익에 부합하고, 아래로는 사람의 이익에 부합하기 때문에 칭송하는 것인가? 아니면 그렇지 못하기 때문에 칭송하는 것인가? 비록 가장 어리석은 사람이라 할지라도 반드시 '위로는 하늘의 이익에, 중간으로는 귀신의 이익에, 아래로는 사람의 이익에 부합하기 때문에 칭송한다'

고 말한다."

오늘날 의로움을 통일시키는 것은 성왕의 법도이다. 천하의 제후들이 모두 다 공격
전쟁과 병합에 힘쓰면서 '의로움'이라 부르고 칭송하지만, 그들은 진실을 살피지 못
한다. 비유하면 장님이 사람들과 더불어 똑같이 흑(黑), 백(白)이라고 부르지만 사물
을 볼 수 없다면 어찌 구별한다고 말할 수 있겠는가?

그리하여 옛날 지혜로운 사람들은 천하를 위하여 헤아릴 때 반드시 의로움에 따라
생각한 후에 실행했다. 그래서 행동하면 의심하지 않았고, 원하는 바를 빠르게 이루
고 얻을 수 있었으니, 하늘과 귀신과 백성의 이익을 따르는 것이 지혜로운 사람의
도리이다. 그리하여 옛날 어진 사람은 천하를 다스릴 때 반드시 큰 나라의 주장에
반대하여 천하를 하나로 화합하고 사해(四海)를 통합했다. 이에 농사로써 천하의 백
성을 이끌고, 신하들은 하느님(上帝)과 산천귀신을 섬기게 했다. 이익을 얻는 사람이
많고 공도 역시 커서 하늘이 그에게 상을 주고, 귀신이 그를 부유하게 하고, 백성들
이 그를 칭송하였다. 귀하기로는 천자(天子)가 되고, 부유하기로는 천하를 가졌으며,
명성은 천지에 가득 차 지금까지 없어지지 않는다. 이것이 곧 지혜로운 사람의 도리
이며, 선왕이 천하를 다스린 이치이다.

2　今王公大人, 天下之諸侯則不然,

將必皆差論其爪牙之士, 皆列其舟車之卒伍, 於此爲堅甲利兵,

以往攻伐無罪之國。　　　　　　　　　　　　　差=擇, 爪牙: 발톱과 어금니

入其國家邊境, 芟刈其禾稼, 斬其樹木, 墮其城郭, 以湮其溝池,

芟刈삼예─풀을 베다, 禾稼: 벼, 곡식, 墮타: 무너지다, 湮인=埋: 막히다, 막다

攘殺其牲牷, 燔 潰其祖廟, 勁殺其萬民, 覆其老弱, 遷其重器,

攘: 물리치다, 牲牷생전: 온전한 짐승, 燔潰번궤: 태우고 무너뜨리다, 勁: 굳세다

卒進而柱乎鬪, 曰　　　　　　　　　　　　　　　柱 → 往: 가서 싸우다

死命爲上, 多殺次之, 身傷者爲下。

又況失列北橈乎哉? 罪死無赦。　　　　　　　　北橈배뇨: 패배하여 달아나다

以譚其衆。　　　　　　　　　　　　　譚천 → 憚탄: 협박하다, 衆=師

夫無兼國覆軍, 賊虐萬民, 以亂聖人之緖。　　　　　　　無는 발어사, 緖 → 業

意將以爲利天乎?

夫取天之人, 以攻天之邑, 此刺殺天民, 剝振神之位, 傾覆社稷,　　剝＝裂

　　攘殺其犧牲, 則此上不中天之利矣。

意將以爲利鬼乎?

夫殺之人, 滅鬼神之主, 廢滅先王, 賊虐萬民, 百姓離散,　　之人 → 天之人

　　則此中不中鬼之利矣。

意將以爲利人乎?

夫殺之人, 爲利人也博矣。　　　　　　　之人 → 天之人, 博 → 薄: 엷다, 좁다

又計其費, 此爲周生之本, 竭天下百姓之財用, 不可勝數也,　　周 → 害

　　則此下不中人之利矣。

그러나 오늘날의 왕공대인이나 천하의 제후들은 그렇지 않다. (그들은) 반드시 용맹한 무사를 선발하고, 배와 전차에 군졸의 대오를 정비하고, 튼튼한 갑옷과 날카로운 무기를 만든다. 그리하여 죄 없는 나라를 공격하여 정복한다. 나라의 변경지역으로 들어가 곡식을 베어버리고, 나무를 자르고, 성곽을 무너뜨리고, 도랑과 연못을 메운다. 가축을 빼앗아 죽이고, 조상의 사당을 불태워 없애고, 백성을 살해하고, 노약자를 넘어뜨리고, 중요한 도구를 빼앗는다. 급기야 진격하여 싸울 때 "목숨 바쳐 싸우는 것이 최상이며, 많이 죽이는 것이 그다음이고, 부상당하는 것이 최하이다. 하물며 대열에서 이탈하여 도망가는 것은 용서받지 못할 죽을죄이다"라고 외치며 군사들을 협박한다.

다른 나라를 겸병하고 다른 나라 군사를 전복하여 모든 백성을 해치고 죽이는 것은 성인의 뜻을 혼란시키는 일이다. 아니면 장차 하늘을 이롭게 하는가? 하늘의 백성을 징발하고 하늘의 도읍을 공격하여 하늘의 백성을 찔러 죽이고, 신위(神位)를 찢고, 사직(社稷)을 뒤엎고, 가축을 훔치고 죽인다면, 이것은 위로 하늘의 이익에 부합되지 않는다. 아니면 귀신을 이롭게 하는가? 사람을 죽여 귀신의 상주(喪主)를 없애고, 선왕(의 뜻)을 폐지하여 모든 백성을 해치고, 그리하여 백성들이 떠나고 흩어진다면, 이것은 중간으로 귀신의 이익에도 부합하지 않는다. 아니면 사람을 이롭게 하는가? 사람을 죽여가면서 사람에게 주는 이익은 희박하다. 그 비용을 계산하면 삶의 근본을

해친다. 천하의 백성들이 사용할 재화를 고갈하는 일이 셀 수 없이 많다면, 이것은
아래로도 사람의 이익과 부합하지 않는다.

3 今夫師者之相爲不利者也, 曰:

　　將不勇, 士不分, 兵不利, 教不習, 師不衆,　　　　　　　　分 → 忿=奮분: 성내다

　　率不利和, 威不圉, 害之不久, 爭之不疾, 孫之不强, 植心不堅,

　　　　　　　　　　　　　　　　　利는 衍字, 圉: 막다, 지키다, 孫 → 係=縛: 묶다

　　與國諸侯疑。

　　與國諸侯疑, 則敵生慮而意羸矣。　　　　　　慮: 계획, 꾀, 羸이, 리: 여위다, 약하다

　　偏具此物, 而致從事焉, 則是國家失卒, 而百姓易務也。

　　　　　　　　　　　　　　　　偏=遍=徧: 두루, 卒 → 本, 務: 직업

今不嘗觀其說好攻伐之國?　　　　　　　　　　　　　　　　　說 → 悅

　　若使中興師, 君子 庶人也, 必且數千, 徒倍十萬, 然後足以師而動矣。

　　　　　　　　　　　　　　　中: ① 國中-나라에서, ② 중간 규모로

　　久者數歲, 速者數月,

　　是上不暇聽治, 士不暇治其官府,

　　　農夫不暇稼穡, 婦人不暇紡績織紝, 則是國家失卒, 而百姓易務也,

　　　　　　　　　　　　　　　　稼穡: 심고 거두다, 織紝: 베를 짜다

　　然而又與其車馬之罷弊也, 幔幕帷蓋, 三軍之用, 甲兵之備,

　　　　　　　　　　　罷: 그만두다, 弊: 해지다, 낡다, 幔幕만막: 천막, 군막, 帷蓋유개: 덮개

　　　五分而得其一, 則猶爲序疏矣。

　　　　　　　　　　　　　序疏서소 → ① 거칠게 계산하다, ② 厚餘: 많이 남아있다

　　然而又與其散亡道路, 道路遼遠, 糧食不繼傺 食飮之時,　　傺제=宿, 係

　　　廝役以此 飢寒凍餒疾病, 而轉死溝壑中者, 不可勝計也。

　　　　　　　　　　　　廝役측역 → 廝役시역: 하인, 군역에 나선 사람, 溝壑구학: 도랑과 골짜기

此其爲不利於人也, 天下之害厚矣。

而王公大人, 樂而行之。則此樂賊滅天下之萬民也, 豈不悖哉!　　　悖: 어그러지다

今天下好戰之國 , 齊, 晉, 楚, 越, 若使此四國者得意於天下,

　　此皆十倍其國之衆, 而未能食其地也。

是人不足而地有餘也。今又以爭地之故, 而反相賊也,

　　然則是虧不足, 而重有餘也。

오늘날 군대라는 것은 서로에게 이롭지 않다. 말하자면 "장군이 용감하지 않고, 무사가 분노하지 않고, 무기가 예리하지 않고, 군사훈련을 익히지 않고, 군대가 많지 않고, 통솔이 조화롭지 못하고, (적의) 위협을 막지 못하고, (적에게) 해를 끼쳐도 오래 가지 않고, 싸움이 빨리 끝나지 않고, 결속이 강하지 않고, 결심이 단단하지 않으면 이웃 나라 제후들이 의심한다. 이웃 나라 제후들이 의심하면 적은 도모할 계획을 세우고, (우군의) 의지는 약해진다. 모든 조건을 두루 갖추고 전쟁을 하면, 나라는 근본을 잃고, 백성은 본업을 바꾸어야 하기" 때문이다.

오늘날 이미 공격전쟁을 좋아하고 즐기는 나라를 보지 않았는가? 만약 나라에서 군사를 일으키면 고급 지휘관(君子)과 하급 지휘관(庶人)이 반드시 수천이며, 졸개(徒)는 십만의 몇 배가 된 뒤라야 군대를 움직일 수 있다. (전쟁은) 길면 수년 짧으면 수개월 걸린다. 이렇게 되면 임금은 정치를 할 겨를이 없고, 선비는 관청을 다스릴 겨를이 없으며, 농부는 심고 거둘(농사지을) 겨를이 없고, 아녀자는 길쌈하고 베를 짤 겨를이 없다. 즉, 나라는 근본을 잃게 되고 백성은 본업을 바꾸게 된다.

게다가 수레와 말이 부서지고, 군막과 덮개, 삼군이 사용하는 물건, 갑옷과 무기는 다섯 가운데 하나만 얻어도 다행이다. 또한 (군사들이) 도로에서 흩어지거나 죽고, 가는 길이 멀고 멀어서 먹고 마실 때 식량이 이어지지 않는다. 이렇게 군역에 나선 사람들은 굶고, 추위에 얼고, 병들어 죽어서 도랑과 골짜기에 구르는 자가 이루 다 셀 수 없다.

전쟁은 사람들에게 이롭지 아니하고 천하에 주는 해로움은 크다. 그럼에도 왕공대인들은 그것을 즐겨 행한다. 이는 곧 천하의 모든 백성들을 해치고 망하게 하는 것을 기뻐하는 셈이니 어찌 패륜이 아니겠는가? 오늘날 천하에 전쟁을 좋아하는 나라는 제(齊)나라, 진(晉)나라, 초(楚)나라, 월(越)나라인데, 만약 이 네 나라가 천하에 뜻을 이루어 나라의 영토를 열 배로 늘려도 그 땅을 경작해서 먹고살 수 없다. 사람은

부족하고 땅은 남기 때문이다. 땅을 (차지하려고) 다투기 때문에 도리어 서로를 해친다. 그래서 전쟁은 부족한 사람을 잃고 남는 땅을 중히 여기는 일이다.

---

❶ 悖悖: 후기 묵자들이 자주 사용하는 단어로 논리적 모순을 의미한다.

❷ 國之衆: 일반적으로 백성이나 인구로 해석하고 있으나 잘못된 해석이다. 衆에는 땅, 토지의 의미도 있다. 앞뒤 문맥으로 보아 나라의 영토로 번역한다.

4-1 今遝夫好攻伐之君, 又飾其說 以非子墨子 曰:　　　　　遝답=逮至: ~에 이르러

以攻伐之爲不義, 非利物與?

昔者禹征有苗, 湯伐桀, 武王伐紂, 此皆立爲聖王, 是何故也?

子墨子曰: 子未察吾言之類, 未明其故者也。彼非所謂攻, 謂誅也。

故者: ① 옛일, ② 이유, 여기서는 두 가지 의미를 다 포함하고 있다

昔者三苗大亂, 天命殛之。　　　　　　　　　　殛극: 죽이다

日妖宵出, 雨血三朝, 龍生於廟, 犬哭乎市,　　　宵소: 밤

夏冰, 地坼及泉, 五穀變化, 民乃大振。　　　　坼탁: 터지다, 갈라지다

高陽乃命玄宮, 禹親把天之瑞令 以征有苗。　　　把: 잡다, 瑞: 상서롭다

四電誘祗, 有神人面鳥身, 若瑾以侍,

四電誘祗 → 雷電詩振: 천둥·번개가 내려치다, 瑾근: 아름다운 옥, 붉은 옥

搤矢有苗之祥, 苗師大亂, 後乃遂幾。　　　　搤액: 잡다, 幾 → 微: 쇠미해지다

禹旣已克有三苗, 焉磨爲山川, 別物上下, 卿制大極,　　磨 → 歷: 두루 다니다

而神民不違, 天下乃靜。

則此禹之所以征有苗也。

오늘날 공격전쟁을 좋아하는 군주들이 자신의 주장을 미화하고 묵자 선생을 비난하면서 다음과 같이 말한다. "공격과 정벌이 의롭지 못하다고 하지만 이로운 행위 아닌가? 옛날 우(禹) 임금은 묘(苗)족을 정벌했고, 탕(湯)왕은 걸(桀)을 정벌했고, 무(武)왕은 주(紂)를 정벌했으나 이들은 모두 성왕이 되었다. 그 까닭이 무엇인가?" 이에

묵자 선생께서 "그대는 내 말 뜻을 살피지 않고 옛일을 알지 못한다. 그들은 공격한 것이 아니라 벌을 준 것이다"라고 말씀하셨다.

옛날 묘족이 크게 난을 일으켜 하늘이 그를 죽이라고 명령했다. 해의 요정이 밤에 나타나고, 붉은 비가 3일 동안 내리고, 용이 종묘에서 생기고, 개가 저잣거리에서 곡을 했다. 여름에 얼음이 얼고, 땅이 갈라져 샘이 솟고, 오곡이 변화하니 이에 백성들이 크게 두려워했다. 高陽氏가 현궁(玄宮)에 명하니 우(禹) 임금이 친히 하늘의 상서로운 명을 받들어 묘족을 정벌했다. 천둥과 번개가 치고, 사람의 얼굴과 새의 몸을 가진 귀신이 나타나 붉은 옥(玉) 받들 듯 시중드니, 묘족의 상서로움(장군)이 화살에 맞고 묘(苗)족의 군사는 크게 혼란해져 마침내 쇠잔해졌다. 우 임금이 묘족을 정복하고, 두루 다니며 산과 강을 다스리고, 공물(物)의 위아래를 구별하고, 제후들이 변방의 끝을 통제하자(九州 정벌을 의미한다) 귀신과 백성이 어긋나지 않아 천하가 잠잠해졌다. 우 임금이 묘족을 정벌한 이유가 바로 여기에 있다.

---

❶ 有苗, 三苗, 有三苗: 모두 묘족을 표현한다.

❷ 高陽氏: 전설상의 성군 五帝 중의 한 사람인 顓頊(전욱). 黃帝의 손자이고, 昌意의 아들이며, 禹王의 할아버지라고도 하는데, 천하를 잘 다스린 성군으로 추앙받는다. 20살에 제위에 올라 高陽氏로 불렸다. 『史記』에 의하면 秦나라와 楚나라에서는 자신들의 원조로 섬겼다고 한다.

❸ 人面鳥身: 「明鬼」下에 나오는 '句芒'이라는 귀신.

❹ 禹의 치수와 구주 정벌에 대해서는 『書經』禹貢을 참조하라.

4-2 遝至乎夏王桀, 天有酷命,　　　　　　　　　　　酷곡 → 酷혹: 독하다, 심하다

日月不時, 寒暑雜至, 五穀焦死, 鬼呼國, 鶴鳴十夕餘。

天乃命湯於鑣宮, 用受夏之大命, 夏德大亂, 予旣卒其命於天矣,　　卒: 마치다

往而誅之, 必使汝堪之。　　　　　　　　　　　　　堪 → 戡감: 평정하다, 이기다

湯焉敢奉率其衆, 是以鄕有夏之境, 帝乃使陰暴毁有夏之城。

　　　　　　鄕=嚮=向, 帝=天帝=上帝, 陰: 몰래, 은밀하게, 毁훼: 헐다, 무찌르다

少少有神來告曰: 夏德大亂, 往攻之, 予必使汝大堪之。　　少少: 약간, 조금

予旣受命於天, 天命融隆火, 于夏之城閒西北之隅。　　融: 불의 신. 祝融

湯奉桀衆以克有, 屬諸侯於薄, 薦章天命, 通于四方,

而天下諸侯莫敢不賓服。

則此湯之所以誅桀也。

하(夏)나라 걸(桀)왕에 이르러서는 하늘의 엄한 명령이 있었다. 해와 달이 때에 맞지 않고, 추위와 더위가 뒤섞여 오고, 오곡이 말라 죽고, 나라에서 귀신이 울부짖고, 학이 10일 넘게 밤에 울었다. 이에 하늘이 표궁(鑣宮)에서 탕(湯)에게 명령했다. "하나라의 대명(大命)을 받으라. 하나라의 덕이 크게 어지러워 내가 하늘의 명령을 내리니 가서 걸왕의 목을 베어라. 반드시 너로 하여금 이기도록 하겠다." 이에 탕은 군사를 이끌고 하나라 변경으로 향했고, 이에 하느님(帝)은 은밀하게 벼락을 내려 하나라 성을 부수었다. 잠시 뒤 어떤 귀신이 나타나 "하나라의 덕이 크게 어지러우니 가서 공격하라. 내가 너로 하여금 크게 이기도록 하겠다. 나는 이미 하늘에서 명령을 받았다. 하늘은 축융(祝融)에게 하나라 성(城) 서북쪽 모퉁이에 불을 내리도록 명령했다"고 말했다. 탕은 하나라 군사(의 항복)를 받아들여 하나라를 정복하고, 박(薄)에 제후들을 모아 하늘의 명령을 밝혀 사방에 통보하니 천하에 복종하지 않는 제후가 없었다. 탕왕이 걸왕의 목을 벤 이유가 바로 여기에 있다.

❶ 祝融: 전설상의 인물로 高陽氏 顓頊의 후손으로 알려져 있다. 전설에 의하면 共工氏가 난을 일으키자 黃帝가 그를 시켜 주살하도록 명령하였으나 임무를 완성하지 못하자 죽임을 당했고 후세에 火神으로 추대되었다고 한다. 다른 설에 의하면 炎帝의 후손으로 황명을 받아 羽郊에서 鯀(곤)을 죽였다고도 한다.

4-3 遝至乎商王紂 天不序其德, 祀用失時。

兼夜中, 十日雨土于薄, 九鼎遷止, 婦妖宵出, 有鬼宵吟, 有女爲男,

天雨肉, 棘生乎國道, 王兄自縱也。

赤鳥銜珪, 降周之岐社 曰: 天命周文王伐殷有國。

泰顚來賓, 河出綠圖 地出乘黃。

武王踐功, 夢見三神 曰:

> 予旣沈漬殷紂于酒德矣, 往攻之, 予必使汝大堪之。 　　　漬지: 담그다, 적시다

武王乃攻狂夫, 反商之周, 天賜武王黃鳥之旗。 　　　之: 가다

王旣已克殷, 成帝之來, 分主諸神, 祀紂先王, 通維四夷, 　　　來 → 賚뢰: 하사품

而天下莫不賓, 焉襲湯之緒, 　　　襲습: 계승하다

此卽武王之所以誅紂也。

若以此三聖王者觀之, 則非所謂攻也, 所謂誅也。

상(商: 후에 殷)나라의 주(紂)왕에 이르러서는 제사가 때를 잃어 하늘이 덕을 펴지 않았다. 박(薄)에서는 밤중에 열흘 동안 흙비가 내리고, 구정(九鼎)이 자리를 옮기고, 밤에 여자 귀신이 나타나거나 귀신이 신음하고, 여자가 남자로 변했다. 하늘에서 피비가 내리고 큰 길에 가시나무가 자라는데 왕은 오히려 스스로 방종했다. 붉은 새가 옥으로 만든 홀을 물고 와서 주(周)나라 기산(岐山)의 사당에 떨어뜨리며, "하늘은 문(文)왕에게 은(殷)나라를 정벌하여 나라를 세우라고 명했다"고 말했다. 태전(泰顚)이 손님으로 찾아왔고, 황하(河)에서는 녹도(綠圖)가 나왔고 땅에서는 승황(乘黃)이 나왔다.

무(武)왕이 업적을 쌓아갈 때 꿈에 세 귀신이 나타나 "내가 이미 은(殷)나라 주(紂)왕을 술에 빠지게 했으니, 가서 공격하라. 내가 반드시 너로 하여금 크게 이기도록 하겠다"고 일러주었다. 이에 무왕은 미친 사내를 공격하여 상(商)나라에서 되돌아 주(周) 나라로 오니 하늘이 황조(黃鳥)의 깃발을 하사했다. 왕은 이미 은나라를 정벌하여 하늘의 명령을 이루고, 모든 귀신의 제사를 지내도록 제주(祭主)를 나누고 주(紂)의 선왕에게도 제사를 이어 가도록 했다. 그리고 사방의 오랑캐와 소통하고 유대를 맺으니 천하에 복종하지 않는 사람이 없었다. 이에 탕(湯)의 업적을 계승하였으니 이것이 무왕이 주왕을 토벌한 이유이다. 이와 같이 세 명의 성왕을 보면 (그들의 행위는) 소위 공격전쟁이 아니라 (의롭지 못한 자의) 목을 벤 것이다.

---

❶ 九鼎(구정): 禹王이 九州를 상징하여 주조한 아홉 개의 솥. 모든 사람을 먹여 살린다는 의미에서 왕권의 상징이다. 湯王은 夏나라를 멸망시키고 九鼎을 상읍(商邑)으로 옮겼고, 武王은 殷나라를 멸망시키고 九鼎을 낙읍(洛邑)으로 옮겼다. 鼎의 상징성에 대해서는 『史記』 「封禪書」를 참조.

❷ 綠圖: 『淮南子』에 의하면 태평성대에 나타나는 그림이다. "至德之世, 洛出丹書, 河出綠圖."

❸ 乘黃승황: 『山海經』과 『周書』에 의하면 여우와 닮고 등에 뿔이 있는 상서로운 동물이다. "乘黃者似狐. 其背有兩角."

5 則夫好攻伐之君, 又飾其說 以非子墨子曰:

子以攻伐爲不義, 非利物與?

昔者楚熊麗, 始討此睢山之間,   <small>討 → 封의 오류</small>

越王繄虧, 出自有遽, 始邦於越, 唐叔與呂尙 邦齊晉。

此皆地方數百里, 今以幷國之故, 四分天下而有之。是故何也?

子墨子曰; 子未察吾言之類, 未明其故者也。

古者天子之始封諸侯也, 萬有餘, 今以幷國之故, 萬國有餘皆滅,

而四國獨立。此譬猶醫之藥萬有餘人, 而四人愈也, 則不可謂良醫矣。

공격전쟁을 좋아하는 군주들이 자기의 주장을 미화하여 묵자 선생을 비난하면서 다음과 같이 말한다. "공격과 정벌이 의롭지 못하지만 이로운 것이 아닌가? 옛날 초(楚)나라 웅려(熊麗)는 수산(睢山)에 봉해졌고, 월(越)왕 예휴(繄虧)는 거(遽)에서 나와 월(越)에 나라를 세우고, 당숙(唐叔)과 여상(呂尙)은 각각 진(晉)나라와 제(齊)나라를 세웠다. 이 모든 나라의 땅은 수백 리(里)에 불과했으나 오늘날 다른 나라를 합병하여 천하를 넷으로 나누어 가지고 있다. 그 이유가 무엇인가?" 이에 묵자 선생이 말씀하셨다. "그대는 내 말 뜻을 살피지 않고 옛일을 알지 못한다. 옛날 천자가 제후를 봉한 것은 만(萬) 개가 넘었지만 오늘날에는 병합 때문에 만 개의 나라가 모두 멸망하고 네 개의 나라만 홀로 서 있다. 비유하면 의사가 만 명에게 약을 주어 네 명만이 나으면, 좋은 의사라고 할 수 없다."

❶ 熊麗: 『史記』에 의하면, 周나라 文王을 섬긴 죽웅(鬻熊)의 아들이다. 周나라 成王이 그 후손인 웅역(熊繹)을 楚蠻(楚望:睢山)에 봉했다.

❷ 繄虧(예휴): 越 왕실의 조상으로 무여(無餘)라고도 한다. 周나라 경왕(敬王) 때 越나라 제후 부담(夫譚: 자는 允常-句踐의 아버지)이 처음 왕으로 칭했다. 繄虧는 그 이전 사람이다.

❸ 唐叔: 晉에 봉해진 武王의 아들이자 成王의 동생 叔虞. 최초에 唐에 봉해져 唐叔이라 한다.

6 則夫好攻伐之君 又飾其說 曰:

我非以金玉子女壤地爲不足也,   以 A 爲 B: A를 B라고 생각하다

我欲以義名立於天下, 以德求諸侯也。   求=咎구: 책망하다

子墨子曰: 今若有能以義名立於天下, 以德求諸侯者, 天下之服 可立而待也。

夫天下處攻伐久矣, 譬若傅子之爲馬然。   傅 → 僮 → 童

今若有能信效 先利天下諸侯者, 大國之不義也, 則同憂之;   效 → 交

大國之攻小國也, 則同救之;

小國城郭之不全也, 必使修之;

布粟之絶, 則委之;

幣帛不足, 則共之。

以此效大國, 則小國之君說, 人勞我逸, 則我甲兵强。

寬以惠, 緩易急, 民必移。   緩완: 느슨하게 하다

易攻伐以治我國, 攻必倍。   攻 → 功

量我師擧之費, 以爭諸侯之斃, 則必可得而序利焉。

爭: 다투어 구해주다, 斃폐: 쓰러지다, 넘어지다

督以正, 義其名, 必務寬吾衆, 信吾師, 以此授諸侯之師, 則天下無敵矣。

其爲下 不可勝數也。   爲下 → 爲利天下

此天下之利, 而王公大人不知而用, 則此可謂不知利天下之巨務矣。

또한 정복전쟁을 좋아하는 군주들은 자신의 주장을 미화하여 다음과 같이 말한다. "나는 보물(金玉)과 자식과 영토가 부족하다고 생각하지 않는다. 의로움으로 천하에 이름을 남기고, 덕으로 제후를 책망하고 싶을 뿐이다." 이에 묵자 선생은 다음과 같 이 말씀하셨다. "의로움으로 천하에 이름을 남기고 덕으로 제후들을 책망하고자 한 다면 천하의 사람들이 복종하기를 서서 기다려야 한다. 천하가 공격전쟁에 처한 지

오래되었다. 비유하자면 어린아이가 말놀이하는 하는 것과 같다. 믿고 사귀어 천하의 제후를 먼저 이롭게 하려는 사람은 큰 나라가 의롭지 않으면 같이 (작은 나라를) 걱정하고, 큰 나라가 작은 나라를 공격하면 같이 구제해주고, 작은 나라의 성곽이 온전치 않으면 반드시 같이 보수해주고, 옷과 곡식이 떨어지면 그것을 제공하고, 비단예물이 부족하면 그것을 공급해야 한다. 이와 같이 큰 나라를 대하면 작은 나라의 군주들은 기뻐한다. 다른 사람이 (공격전쟁을 하느라) 수고할 때 내가 편안하면 나의 무기와 병사가 강해진다. 관대하게 베풀고, 급한 일을 늦추면 반드시 백성들이 몰려온다. 공격전쟁을 포기하고 나라를 잘 다스리면 공적은 반드시 배가 된다. 군사를 일으키는 비용을 헤아려 제후들의 피폐함을 구하면 반드시 이익을 얻을 수 있다. 올바르게 감독하고, 이름을 의롭게 하며, 내 백성에게 관대하고 내 군사를 믿도록 힘쓰라. 이렇게 하여 (다른) 제후의 군사를 도우면 천하에 적이 없다. 천하를 이롭게 하는 방법이 셀 수 없이 많다. 왕공대인이 이와 같은 천하의 이익을 알고 사용하지 못하면, 이것은 천하를 이롭게 하는 큰 임무를 알지 못한다고 말할 수 있다."

---

❶ 爲馬:「耕柱」편에 같은 표현이 나온다. "大國之功小國, 譬猶童子之爲馬. 童子之爲馬, 足用而勞."

7 是故子墨子曰:

今且天下之王公大人士君子, 中情將欲求興天下之利, 除天下之害,
　當若繁爲攻伐, 此實天下之巨害也。
今欲爲仁義, 求爲上士, 尚欲中聖王之道, 下欲中國家百姓之利, 尚=上
　故當若非攻之爲說, 而將不可不察者此也。

이런 이유로 묵자 선생께서 말씀하셨다. "오늘날 천하의 왕공대인과 선비, 군자들이 진심으로 천하의 이로움을 일으키고 천하의 해를 제거하기를 원한다고 하면서 자주 침략전쟁을 한다면 이것이야말로 정말 천하의 거대한 해로움이다. 인의(仁義)를 행하여 훌륭한 선비(上士)가 되고자 하며, 위로는 성왕의 도에 부합하고 아래로는 백성의 이익에 부응하고자 한다면, 마땅히 공격전쟁을 비난하는 주장을 살피지 않으면 안 되는 이유가 여기에 있다."

第二十 節用 上

1   聖人爲政一國, 一國可倍也; 大之爲政天下, 天下可倍也。   倍: 곱절로 하다

其倍之非外取地也, 因其國家, 去其無用之費, 足以倍之。

聖王爲政, 其發令興事, 使民用財也, 無不加用而爲者,

是故用財不費, 民德不勞, 其興利多矣。

其爲衣裘何?   裘: 가죽 옷

以爲冬以圉寒, 夏以圉暑。   圉어: 마구간 감옥, 막다=禦

凡爲衣裳之道, 冬加溫, 夏加凊者, 芊組不加者去之。

芊組천조 → 鮮且: 아름답지만 구차하다, 不加者 → 不加用者

其爲宮室何?   宮室: 집

以爲冬以圉風寒, 夏以圉暑雨, 有盜賊加固者, 芊組不加者去之。

其爲甲盾五兵何?   甲盾: 갑옷과 방패

以爲以圉寇亂盜賊, 若有寇亂盜賊, 有甲盾五兵者勝, 無者不勝。

是故聖人作爲甲盾五兵。

凡爲甲盾五兵加輕以利, 堅而難折者, 芊組不加者去之。

其爲舟車何?

以爲車以行陵陸, 舟以行川谷, 以通四方之利。

凡爲舟車之道, 加輕以利者, 芊組不加者去之。

凡其爲此物也, 無不加用而爲者, 是故用財不費, 民德不勞, 其興利多矣。

성인이 한 나라를 다스리면 그 나라(의 재물과 인구)는 두 배가 될 수 있다. 확대하여 천하를 다스리면 천하가 두 배가 될 수 있다. 두 배가 되는 것은 밖에서 영토를 빼앗아 이루어지지 않고, 그 나라(의 사정)에 따라 쓸데없는 낭비를 없앰으로써 가능하다. 성

왕의 정치는 법령을 공포하고 사업을 일으키며, 백성들로 하여금 재물을 사용하게 하여 실용에 보탬이 되지 않는 일이 없도록 한다. 그래서 재물을 사용함에 낭비가 없고 백성이 혹사되지 않아 많은 이익이 생긴다.

왜 옷을 만드는가? 겨울에 추위를 막고 여름에는 더위를 막기 위해서 만든다. 옷을 만들어 입는 이치는 겨울에는 따뜻하게 하고 여름에는 시원하게 하는 데 있다. 아름답지만 구차하여 실용에 보탬이 되지 않는 것은 제거한다. 왜 집을 짓는가? 겨울에는 바람과 추위를 막고, 여름에는 더위와 비를 막으며, 도적이 있어 단단하게 짓는다. 아름답지만 구차하여 실용에 보탬이 없는 것은 제거한다. 왜 갑옷과 방패, 그리고 무기를 만드는가? 외적과 도적을 막기 위하여 만든다. 외적이 침입하고 도적이 해칠 경우 갑옷과 방패, 무기가 있으면 승리하고 없으면 이기지 못한다. 그래서 성인은 갑옷과 방패, 무기를 만든다. 가볍고 날카롭게 하며 단단하여 부러지기 어렵게 만든다. 아름답지만 구차하여 실용에 보탬이 되지 않는 것은 버린다. 왜 배와 수레를 만드는가? 수레로 언덕과 육지를 다니고, 배로 강과 골짜기를 다녀 사방을 통할 수 있는 편리함 때문에 만든다. 배와 수레를 만드는 이치는 가볍고 편리하게 하는 데 있다. 아름답지만 구차하여 실용에 보탬이 없는 것은 제거한다. 무릇 이와 같은 물건들을 만들 때 실용에 보탬이 되지 않는 일이 없게 한다. 그래서 재물을 사용함에 낭비하지 않고 백성들은 혹사당하지 않아 많은 이익이 생긴다.

---

❶ 芊罟(천저): 풀이 무성한 뱀장어로 직역하면 뜻이 통하지 않는다. 이에 대해 두 가지 설이 유력하다. ① 洪頤煊에 의하면 芊罟는 則止의 誤字이다. 이렇게 보면 冬加溫 夏加清者則止, 不可者去之가 된다. ② 兪樾에 의하면 芊罟는 鮮且의 오류이다. '아름답지만 구차하다'는 의미이다. 어느 쪽으로 보아도 의미는 큰 차이가 없으나 여기에서는 兪樾을 따른다.

❷ 五兵: 다섯 가지 무기, 즉 ① 戈(과: 긴 창), 殳(수: 모난 창), 戟(극: 끝이 두 가닥으로 갈라진 창), 酋矛(추모: 길이가 2장인 창), 夷矛(이모: 길이가 2장 4척인 창), ② 창, 칼, 방패, 활, 도끼.

2

有去大人之好聚珠玉, 鳥獸, 犬馬,

　　以益衣裳, 宮室, 甲盾, 五兵, 舟車之數 於數倍乎!

　　若則不難,

故孰爲難倍? 唯人爲難倍。然人有可倍也。

昔者聖王爲法 曰: 丈夫年二十, 毋敢不處家。女子年十五, 毋敢不事人。

處家=成家, 事人: 남편을 섬기다, 시집가다

此聖王之法也。聖王卽沒, 于民次也,　　　　　　　　　　于: 이에, 次 → 恣: 방자하다

　　其欲蚤處家者, 有所二十年處家;　　　　　　　　蚤조= 일찍=早, 벼룩

　　其欲晚處家者, 有所四十年處家。

　　以其蚤與其晚相踐, 後聖王之法十年。　　　　相踐 → 相融상전=除: 평균을 내다

　　若純三年而字, 子生可以二三年矣。　　純: 모두=皆, 字: 낳다=孕, 기르다, 年 → 人

　　此不惟使民蚤處家, 而可以倍與?　　　　　　　惟=唯, 蚤조: 일찍

　　且不然已。

대인(大人)들이 구슬과 옥, 새와 짐승, 개와 말을 수집하는 취미를 버리고 옷과 집, 갑옷과 방패, 무기, 배와 수레의 수를 늘리면 그 수는 두 배가 된다. 이와 같은 일은 어렵지 않다. 그러면 무엇이 두 배로 만들기 어려운가? 오직 사람을 두 배로 늘리기가 어렵다. 그러나 사람도 두 배로 늘릴 수 있다. 옛날 성왕들은 법을 만들어 "사내가 스무 살이면 감히 장가가지 않은 사람이 없고, 여자 열다섯 살이면 시집가지 않은 사람이 없다"고 했다. 이것이 성왕의 법이었다. 성왕들이 죽자 이에 백성은 자만하여 일찍 집안을 이루고자 하는 자는 스물에 장가갔고, 늦게 집안을 이루고자 하는 자는 마흔에 장가갔다. 이른 자와 늦은 자를 평균하면 성왕의 법보다 10년이 뒤진다. 만일 3년 만에 아이를 낳으면 두세 명의 아이를 낳을 수 있다. 이것은 오직 백성들로 하여금 일찍 가정을 이루게 하여 (인구를) 두 배로 늘릴 수 있는 것 아닌가? 그러나 지금은 그렇지 않다.

3　今天下爲政者, 其所以寡人之道多.

　　其使民勞, 其籍斂厚, 民財不足, 凍餓死者 不可勝數也.

且大人惟毋興師以攻伐鄰國, 久者終年, 速者數月,　　　毋: 발어사

　　男女久不相見, 此所以寡人之道也.

　　與居處不安, 飮食不時, 作疾病死者,

　　有與侵就橐攻城 野戰死者, 不可勝數.　　　橐: 불로 성을 공격하는 무기

此不令爲政者, 所以寡人之道 數術而起與?　　　令 → 今, 數術: 이치와 방법

聖人爲政特無此.

不聖人爲政, 其所以衆人之道 亦數術而起與?

故子墨子曰: 去無用之費, 聖王之道, 天下之大利也.

오늘날 천하의 위정자들에게 인구를 줄이는 방법이 많다. 백성을 혹사하고 세금을 많이 거두어 백성들은 재화가 부족하여 얼어 죽고 굶어 죽는 자가 셀 수 없이 많다. 또 대인(大人)들은 오로지 군사를 일으켜 이웃 나라를 공격하고 정벌하니 (이는) 길게는 1년, 빨라야 수개월 걸린다. 남자와 여자가 오랫동안 서로 만나지 못하니 이것이 인구를 줄이는 길이다. 거처가 안정되지 못하고, 먹고 마시는 일이 때에 맞지 않아 병에 걸려 죽는 자들과 더불어 불로 성을 공격하다가 들판에서 죽은 자들이 셀 수 없이 많다. 이것은 오늘날의 정치가 인구를 줄이는 방식으로 정책을 펴는 것 아닌가? 성인의 정치는 결코 이와 같지 않다. 성인이 정치를 하면 인구를 늘리는 방식으로 정책을 펴지 않겠는가? 그리하여 묵자 선생께서 "쓸모없는 낭비를 제거하는 것이 성왕의 길이며 천하의 큰 이익이다"라고 말씀하셨다.

第二十一 節用 中

1　子墨子言曰: 古者明王聖人, 所以王天下, 正諸侯者,

彼其愛民謹忠, 利民謹厚, 忠信相連, 又示之以利,　　　謹: 엄하게 하다

是以終身不饜, 歿世而不卷。

饜=厭염: 물리다, 싫증나다, 歿世=沒世: 세상이 죽을 때까지, 卷 → 倦: 게으르다

古者明王聖人, 其所以王天下 正諸侯者, 此也。

묵자 선생께서 말씀하셨다. "옛날 훌륭한 왕과 성인이 천하를 다스리고 제후를 바로 잡은 이유는 그들이 백성을 진심으로 사랑하고, 백성을 두텁고 이롭게 하였고, 진심과 믿음으로 서로 연결되고, 이익으로써 그것을 보여주었기 때문이다. 그리하여 (백성들이) 죽을 때까지 싫증나지 않았고 세상이 끝나도록 게으르지 않았다. 옛날 훌륭한 임금과 성인이 천하를 다스리고 제후를 바로잡은 이유가 여기에 있다."

2　是故古者聖王, 制爲節用之法 曰:

凡天下群百工, 輪車, 鞼匏, 陶冶, 梓匠, 使各從事其所能。

鞼匏궤포 → 鞼匏: 가죽장이, 陶冶: 도공과 대장장이, 梓匠재장: 목수

曰: 凡足以奉給民用, 則止。

諸加費不加于民利者, 聖王弗爲。　　　　　　　　　　弗=不

그리하여 옛날 성왕들은 절약하는 법도를 만들며 말했다. "무릇 천하의 모든 기술자들, 즉 수레와 바퀴를 만드는 사람, 가죽장이, 도공과 대장장이 그리고 목수는 각각 잘하는 일에 종사해야 한다." 또한 "백성들이 사용하기에 충분하면 그쳐야 한다"고 말했다. 백성들의 이익에 비용이 더해지거나 쓰임에 보탬이 되지 않는 일을 성왕들은 하지 않았다.

3 古者聖王 制爲飲食之法 曰: 足以充虛繼氣, 强股肱, 耳目聰明, 則止。

不極五味之調, 芬香之和, 不致遠國珍怪異物。　　　　芬분: 향기롭다

何以知其然?

古者堯治天下, 南撫交阯 北降幽都, 東西至日所出入, 莫不賓服。

逮至其厚愛, 黍稷不二, 羹胾不重, 飯於土塯, 啜於土形, 斗以酌。

羹胾갱자: 국과 고기, 塯류: 뚝배기, 啜철: 마시다, 形 → 鉶형: 국그릇, 斗: 국자

俛仰周旋威儀之禮, 聖王弗爲。　　　　俛면: 고개를 숙이다

옛날 성왕들은 먹고 마시는 법도를 만들며 "허기를 채워 기운을 이어 가고, 팔다리를 강하게 하고, 눈과 귀를 맑고 밝게 하는 데 족하면 그쳐야 한다"고 말했다. 다섯 가지 맛의 조제와 향기로운 냄새의 조화를 지극하게 추구하지 않았으며, 먼 나라에서 진기하고 괴이하며 이상한 물건을 가져오지 않았다. 어찌 그러함을 알 수 있는가? 옛날 요(堯) 임금이 천하를 다스릴 때 남으로는 교지(交阯)를 손에 넣고, 북으로는 유도(幽都)를 항복시키고, 동서로는 해가 뜨고 지는 데까지 복종하지 않는 사람이 없었다. 그러나 (재물을) 아껴서 메기장(黍)과 찰기장(稷)을 섞어 먹지 아니하고, 국과 고기(반찬)를 중복시키지 않았다. 흙으로 만든 그릇으로 밥을 먹으며, 흙으로 만든 그릇으로 마시고, 국자로 술을 떠 마셨다. 고개를 숙이고 올려보거나, 두루 돌아다니는 위엄을 갖춘 의식의 예를 성왕들은 하지 않았다.

---

❶　交阯 → 交趾: 漢·唐 때 월남의 북부지역

4 古者聖王 制爲衣服之法 曰:

冬服紺緅之衣, 輕且暖, 夏服絺綌之衣, 輕且淸, 則止。

紺감: 감색, 緅추: 검붉다, 絺綌치격: 칡베 옷

諸加費不加於民利者, 聖王弗爲。

古者聖人 爲猛禽狡獸暴人害民, 於是敎民以兵行,　　　　狡: 교활하다

日帶劍, 爲刺則入, 擊則斷, 旁擊而不折, 此劍之利也。　　　　旁擊: 옆에서 치다

甲 爲衣則輕且利, 動則兵且從, 此甲之利也。

車 爲服重致遠, 乘之則安, 引之則利, 安以不傷人, 利以速至, 此車之利也。

古者聖王 爲大川廣谷之不可濟, 於是利爲舟楫, 足以將之 則止。　　　楫즙: 노

雖上者三公諸侯至, 舟楫不易, 津人不飾, 此舟之利也。

옛날 성왕들은 옷을 만드는 법도를 정하여 말했다. "겨울에는 감색이나 검붉은 옷을 입어 가볍고 따뜻하면 (그치고), 여름에는 칡베 옷을 입어 가볍고 시원하면 그쳐야 한다." 백성들의 이익에 비용이 더해지거나 쓰임에 보탬이 되지 않는 일을 성왕들은 하지 않았다.

옛날 성왕들은 사나운 날짐승과 교활한 들짐승, 그리고 포악한 사람들이 백성을 해치자, 이에 백성들에게 무기를 들고 다니도록 가르쳤다. 날마다 차는 칼은 찌르면 들어가고, 내리치면 잘리고, 옆으로 쳐도 부러지지 않는다. 이것이 칼의 이점이다. 갑옷을 입으면 가볍고 편리하며, 움직이면 무기가 되고 (몸을) 따라간다. 이것이 갑옷의 이점이다. 수레는 먼 곳까지 무거운 짐을 나르니 타기에 편안하고, 끌기에 편리하다. 사람이 다치지 않도록 안전하며, 빨리 도달하여 편리하다. 이것이 수레의 이점이다. 옛날 성왕들은 큰 개천이나 넓은 골짜기를 건너지 못할 때 배와 노(楫)를 만들어 이롭게 하였으며, 건너가는데 충분하면 (거기에서) 그쳤다. 비록 위로 삼공(三公)과 제후들이 와도 배와 노를 바꾸지 않았으며 뱃사공은 꾸미지도 않았다. 이것이 배의 이점이다.

5 古者聖王 制爲節葬之法 曰:

衣三領, 足以朽肉, 棺三寸, 足以朽骸, 堀穴深不通於泉, 流不發洩 則止。

領: 옷깃, 옷을 세는 단위, 朽후: 썩다, 부패하다, 流→氣, 洩설: 새다

死者旣葬, 生者毋久喪用哀。

옛날 성왕들은 간소한 장례의 법도를 정하면서 말했다. "수의 세 벌은 살을 썩게 하는데 족하고, 세 치 두께의 관은 뼈가 썩는 데 족하다. 묘혈은 샘물과 통하지 않을 정도로 깊이 파고 (봉분은) 냄새가 새어 나오지 않으면 (그것으로) 그친다. 죽은 자의 장례를 치르고 살아있는 사람은 오래 상을 치르고 슬퍼하지 않아야 한다."

6 古者人之始生, 未有宮室之時, 因陵丘堀穴而處焉。

聖王慮之, 以爲堀穴 曰: 冬可以避風寒,

逮夏, 下潤溼 上熏烝, 恐傷民之氣, 于是作爲宮室而利。

然則爲宮室之法 將奈何哉?

子墨子言 曰:

其旁可以圉風寒, 上可以圉雪霜雨露, 其中蠲潔 可以祭祀,

宮牆足以爲男女之別 則止。

諸加費不加民利者, 聖王弗爲。

옛날 사람이 처음 살기 시작하여 집이 아직 없을 때 (사람들은) 언덕에 구덩이를 파서 살았다. 성왕들은 동굴집에 사는 것을 우려하면서 말했다. "겨울에는 바람과 추위를 피할 수 있다. (그러나) 여름이 되면 아래쪽은 습기가 차서 축축하고 위쪽은 그슬려 김이 서리니 백성들의 기운을 해칠까 두려워, 이에 집을 지어 편하게 했다." 그러면 집을 짓는 법도는 장차 어떠하겠는가? 묵자 선생께서 다음과 같이 말씀하셨다. "옆으로는 바람과 추위를 막을 수 있으며, 위로는 눈과 비, 서리와 이슬을 막을 수 있고, 가운데는 청결하여 제사를 지낼 수 있으며, 집의 담은 남녀를 구별하는 데 족하면 (그것으로) 충분하다. 백성들의 이익에 비용이 더해지거나 쓰임에 보탬이 되지 않는 일을 성왕들은 하지 않았다."

第二十二 節用 下^闕

第二十三 節葬 上^闕

第二十四 節葬 中^闕

第二十五 節葬 下

1 子墨子言曰: 仁者之爲天下度也, 辟之無以異乎孝子之爲親度也。　　辟→譬

今孝子之爲親度也, 將奈何哉?

曰: 親貧 則從事乎富之, 人民寡 則從事乎衆之, 衆亂 則從事乎治之。

當其於此也, 亦有力不足, 財不贍, 智不智, 然後已矣。　　贍섬: 넉넉하다

無敢舍餘力, 隱謀遺利, 而不爲親爲之者矣。　　舍→捨: 버리다

若三務者, 孝子之爲親度也, 既若此矣。　　三務: 富貧, 衆寡, 治亂의 일

묵자 선생께서 "어진 사람이 천하를 위하여 헤아리는 일은 비유하면 효자가 어버이를 위하여 헤아리는 것과 다를 바가 없다"고 말씀하셨다. 오늘날 효자가 어버이를 위해 헤아리는 일은 무엇인가? 다음과 같이 말할 수 있다. "어버이가 가난하면 그를 부유하게 하는 일에 종사해야 하고, 백성(人民)이 적으면 그를 늘리는 일에 종사하고, 많아서 혼란하면 잘 다스리는 일에 종사해야 한다. 여기에 이르러서 힘이 부족할 때까지, 재산이 넉넉하지 않을 때까지, 지혜가 다할 때까지 한 뒤에라야 그만 둔다. 남은 힘을 감히 다하지 않고, 계책을 숨기고, 이익을 남기면 어버이를 위한 행동이 아니다. 이 세 가지 일이 효자가 어버이를 위한 헤아림이다."

---

❶　여기서 人民이라는 용어를 사용한 것으로 보아 어버이와 효자는 대부(大夫) 집안의 구성원으로 보아야 한다.

2 雖仁者之爲天下度, 亦猶此也。　　雖→唯

曰: 天下貧 則從事乎富之, 人民寡 則從事乎衆之, 衆而 亂則從事乎治之。

當其於此, 亦有力不足, 財不贍, 智不智, 然後已矣。

無敢舍餘力, 隱謀遺利, 而不爲天下爲之者矣.

若三務者, 此仁者之爲天下度也, 旣若此矣.

오로지 어진 사람이 천하를 위하여 헤아리는 일도 역시 이와 같다. 즉 "천하의 사람들이 가난하면 그들을 부유하게 하는 일에 종사하고, 백성이 적으면 그들을 늘리는데 종사하고, 많아서 혼란하면 잘 다스리는 일에 종사해야 한다. 이런 일에 이르러서 힘이 부족할 때까지, 재산이 넉넉하지 않을 때까지, 지혜가 다할 때까지 한 뒤에라야 그만둔다. 남은 힘을 감히 다하지 않고, 계책을 숨기고, 이익을 남기면 천하의 백성들을 위한 행동이 아니다. 이 세 가지 일이 어진 사람이 천하를 위한 헤아림이다."고 말씀하셨다.

3 今逮至昔者三代聖王旣沒, 天下失義,

後世之君子, 或以厚葬久喪以爲仁也, 義也, 孝子之事也;

　　　　或以厚葬久喪以爲非仁義, 非孝子之事也.

曰 二子者, 言則相非, 行卽相反,

皆曰: 吾上□述堯舜禹湯文武之道者也.

而言卽相非, 行卽相反, 於此乎後世之君子, 皆疑惑乎二子者言也.

若苟疑惑乎之二子者言, 然則姑嘗傳而爲政乎國家萬民而觀之.

姑嘗: 잠시 시험 삼아, 傳: ① 전하다, ② → 轉

計厚葬久喪, 奚當此三利者? 　　　　　　　　三利=三務

我意若使法其言, 用其謀, 厚葬久喪實可以富貧衆寡, 定危治亂乎?

此仁也, 義也, 孝子之事也, 爲人謀者不可不勸也.

仁者將興之天下, 誰賈而使民譽之, 終勿廢也. 　　　　賈古: 불러들이다

意亦使法其言, 用其謀, 厚葬久喪實不可以富貧衆寡, 定危理亂乎? 　　理=治

意=抑: 아니면

此非仁非義, 非孝子之事也, 爲人謀者不可不沮也.

仁者將求除之天下, 相廢而使人非之, 終身勿爲.

오늘날에는 옛날의 3대(夏 · 殷 · 周)의 성왕들이 없어져서 천하가 의로움을 잃었다. 후세의 군자들 중에서 어떤 이는 후한 장례와 오랜 초상을 인(仁)이요, 의(義)요, 효자의 일이라 생각하고, 어떤 이는 후한 장례와 오랜 초상을 인도, 의도, 효자의 일도 아니라고 생각한다. 두 부류의 군자들은 말하면 서로 비난하고, 행동하면 서로 반대되지만, 모두 "나는 위로 요(堯) · 순(舜) · 우(禹) · 탕(湯) · 문(文) · 무(武)왕의 도를 이어받았다"고 말한다. 말로써 서로 비난하고 행동으로써 서로 반대되기에 후세의 군자들이 모두 두 부류 군자들의 말에 곤혹스러워하며 의심한다.

만일 진실로 의심스럽다면 잠시 시험 삼아 나라와 모든 백성을 다스리는 데 적용하여 살펴보자. 후한 장례와 오랜 초상을 계산하면 무엇이 이 세 가지 이익에 해당하는가? 생각하건대 만일 그 말을 법도로 삼고 그 계책을 실행하면 후한 장례와 오랜 초상이 가난한 사람을 부유하게 하고, 적은 인구를 늘리며, 위기를 안정시키고 혼란을 다스릴 수 있는가? (그렇다면) 이는 인이요, 의요, 효자의 일이니 사람을 위하여 일하는 자는 권장하지 않으면 안 된다. 어진 사람은 장차 천하에 그것을(厚葬久喪) 일으키고, 누군가를 불러들이고 백성들로 하여금 그것을 칭찬하게 하고 끝내 폐지하지 않아야 한다. 그 말을 법도로 삼고, 그 계책을 실행하여 후한 장례와 오랜 초상이 가난한 사람을 부유하게 하지 못하고, 적은 인구를 늘리지 못하며, 위기를 안정시키지 못하고, 혼란을 다스릴 수 없다면, 이것은 인(仁)도, 의(義)도, 효자의 일도 아니니 사람을 위하여 일하는 자는 막지 않으면 안 된다. 어진 사람은 장차 세상에서 그것(厚葬久喪)을 제거하고, 서로 폐지하여 사람들로 하여금 비난하게 하여 죽을 때까지 못 하게 해야 한다.

4-1
且故興天下之利, 除天下之害, 令國家百姓之不治也, 自古及今,

未嘗之有也。

何以知其然也?

今天下之士君子, 將猶多皆疑惑厚葬久喪之爲中是非利害也。

故子墨子言 曰:

然則姑嘗稽之, 今雖毋法執厚葬久喪者言, 以爲事乎國家。

稽계: 논의하다, 조사하다, 誰 → 唯, 毋: 발어사

此存乎王公大人有喪者, 曰棺槨必重, 葬埋必厚, 衣衾必多,

文繡必繁, 丘隴必巨;

衾금: 이불

丘隴구롱: 언덕, 봉분

存乎匹夫賤人死者, 殆竭家室;

乎諸侯死者, 虛車府, 然後金玉珠璣比乎身, 綸組節約, 車馬藏乎壙,

車 → 庫, 珠璣주기: 둥근 구슬과 모난 구슬, 綸: 굵은 실, 壙광: 무덤, 구덩이

又必多爲屋幕。

鼎鼓几梴壺濫, 戈劍羽旄齒革, 寢而埋之, 滿意。若送從。

几궤: 안석, 梴천 → 筵연: 대자리, 壺濫 → 壺鑑: 병과 접시, 若送從 → 送死若徒

曰 天子殺殉, 衆者數百, 寡者數十。

殉순: 따라 죽다

將軍大夫殺殉, 衆者數十, 寡者數人。

또한 천하의 이익을 일으키고 천하의 해로움을 제거하면서 나라와 백성이 잘 다스려지지 않는 일은 예로부터 지금까지 없었다. 어찌 그러함을 알 수 있는가? 오늘날 천하의 선비와 군자들은 모두 후한 장례와 오랜 초상이 옳은지 그른지, 이로운지 해로운지 의심한다. 그래서 묵자 선생께서 다음과 같이 말씀하셨다. 그렇다면 잠시 시험 삼아 그것을 살펴보자. 지금 오로지 후한 장례와 오랜 초상을 법으로 삼고, 그로써 나라의 정사(事)를 본다고 하자. 왕공대인이 상을 당하면 관곽(내관과 외관)은 반드시 여러 겹으로 하고, 매장은 반드시 깊게 하고, 수의와 이불은 반드시 많게 하고, 무늬와 자수는 반드시 호화롭고, 봉분은 반드시 크게 한다. 평범한 사람과 천민이 죽으면 집안(의 재물)이 고갈된다. 제후가 죽으면 창고와 곳간을 비우게 된다. 그런 뒤에 금과 옥, 둥근 구슬과 모난 구슬로 몸(시체)을 치장하고, 굵은 실로 엮은 끈으로 마디

를 묶고, 수레와 말을 무덤에 묻으며, 또한 반드시 천막과 휘장을 많이 만든다. 솥과 북, 안석과 자리, 병과 접시, 창과 칼, 깃털과 깃발, 상아와 가죽을 함께 묻어야 만족한다. 마치 (죽은 사람을) 이사하듯 보낸다. 천자가 죽으면 순장되는 사람이 많으면 수백 명이며 적으면 수십 명에 이른다. 장군과 대부가 죽으면 순장되는 사람이 많으면 수십 명이며 적으면 수 명이다.

4-2 處喪之法將柰何哉?

曰 哭泣不秩聲翁, 縗絰垂涕, 處倚廬, 寢苫枕凷,

縗최: 상복, 絰질: 머리띠, 허리띠, 涕체: 눈물, 苫점: 거적, 凷=塊괴: 흙덩이

又相率强不食而爲飢, 薄衣而爲寒, 使面目陷陬,

陬추: 모퉁이

顏色黎黑, 耳目不聰明, 手足不勁强, 不可用也。

黎려: 검다, 얼룩

又曰 上士之操喪也, 必扶而能起, 杖而能行。以此共三年。

扶: 붙들다

若法若言, 行若道

使王公大人行此, 則必不能蚤朝, 五官六府, 辟草木, 實倉廩。

辟=闢: 개간하다, 廩늠: 곳간

使農夫行此, 則必不能蚤出夜入, 耕稼樹藝。

使百工行此, 則必不能修舟車爲器皿矣。

皿명: 그릇

使婦人行此, 則必不能夙興夜寐, 紡績織絍。

夙숙: 일찍, 絍=紝임: 베를 짜다

細計厚葬, 爲多埋賦之財者也。計久喪, 爲久禁從事者也。

賦부: 조세, 부역

財以成者, 扶而埋之, 後得生者 而久禁之。

以此求富, 此譬猶禁耕而求穫也, 富之說無可得焉。

초상을 치르는 법도는 어떠한가? "소리 내어 울어서 목소리가 가지런하지 못하고, 상복을 입고 삼베로 엮은 머리띠와 허리띠를 하고서 눈물을 흘리며, 쓰러져 가는 오두막에 기거하며, 흙덩이를 베고 거적에서 자야 한다. 또한 먹지 않아 굶주리며, 얇은 옷을 입어 추위에 떨어야 한다. 얼굴과 눈은 야위고 패여야 하고, 얼굴색은 검게 변하고, 눈과 귀는 맑고 밝지 못하고, 손발은 굳세지 못해 쓸 수 없어야 한다"고 말한

다. 또한 "훌륭한 선비는 상을 당하면 반드시 부축해야 일어날 수 있고, 지팡이를 짚어야 걸을 수 있다"고도 말한다. 이렇게 3년을 한다.

이 말을 본받고 이 도(道=厚葬久喪)를 실행한다고 가정해보자. 왕공대인이 이렇게 하면 반드시 일찍 조회할 수 없으며, 오관육부(五官六府)를 다스릴 수 없고, 초목을 개간하여 창고와 곳간을 채울 수 없게 된다. 농부가 이렇게 하면 반드시 일찍 나가서 밤에 들어오지 못해 밭을 갈고 씨를 뿌리지 못하게 된다. 공인들이 이렇게 하면 반드시 배와 수레를 고칠 수 없고 기구와 그릇을 만들지 못한다. 아녀자들이 이렇게 하면 반드시 일찍 일어나 밤에 잠들지 못해 실을 잣고 베를 짜지 못하게 된다. '후한 장례'를 자세히 계산하면 세금으로 받은 재물을 땅에 묻는 일이며, '오랜 초상'을 계산하면 오랫동안 일에 종사하는 것을 금지하는 셈이다. 이미 만들어진 재물을 땅에 묻고, 뒤에 만들어질 것을 금지하면서 부를 구하려는 것은 비유해서 말하면 농사를 금지하면서 수확을 얻으려는 것과 같으니, 부유하게 한다는 주장은 설득력이 없다.

---

❶ 五官六府: 五官은 司徒, 司馬, 司空, 司士, 司寇를 가리키며, 六府는 司土, 司水, 司木, 司草, 司器, 司貨를 말한다.

5 是故求以富家 而旣已不可矣, 欲以衆人民, 意者可邪?　　意者: 혹시, 생각건대

其說又不可矣。

今唯無以厚葬久喪者爲政, 君死, 喪之三年;　　無 → 毋

父母死, 喪之三年;

妻與後子死者, 五皆喪之三年;　　後子: 장남

然後伯父叔父兄弟孽子其;　　孽子얼자: 첩의 자식, 其=期: 1년 상

族人五月;　　族人=戚族人: 가까운 친척

姑姊甥舅皆有月數。　　姑: 고모, 甥舅생구: 조카와 외삼촌

則毀瘠必有制矣, 使面目陷陬, 顔色黧黑, 耳目不聰明,

　　瘠척: 여위다, 陬 → 阽추: 모퉁이, 黧려: 검다

手足不勁强, 不可用也。　　勁경: 굳세다

又曰 上士操喪也, 必扶而能起, 杖而能行。以此共三年。

若法若言, 行若道, 苟其飢約, 又若此矣,

是故百姓冬不仭寒, 夏不仭暑, 作疾病死者, 不可勝計也。　　　　仭=忍: 견디다

此其爲敗男女之交多矣。

以此求衆, 譬猶使人負劍, 而求其壽也, 衆之說無可得焉。

이리하여 (厚葬久喪으로) 집안을 부유하게 하기는 이미 불가능한데, 인구를 늘리고자 한다면 가능한가? 그러한 주장 역시 불가하다. 이제 오직 후한 장례와 오랜 초상으로 정치를 한다고 가정해보자. 임금이 죽으면 3년 상을 치르고, 부모가 죽어도 3년간 초상을 지낸다. 부인과 장남이 죽어도 모두 3년간 초상을 지낸다. 그런 뒤 큰아버지와 작은아버지, 형과 아우, 서자는 1년 상을 치른다. 가까운 친척은 다섯 달, 고모, 누이, 조카와 외삼촌은 모두 몇 달이다. 그러면 반드시 (몸이) 훼손되고 수척해지는데 얼굴과 눈은 야위고 패이며, 안색은 검게 변하고, 눈과 귀는 맑고 밝지 못하며, 손과 발은 굳세고 강하지 않아서 쓸 수가 없다. 또한 "훌륭한 선비는 상을 당하면, 반드시 부축해야 일어설 수 있고, 지팡이를 짚어야 걸을 수 있다"고 말한다. 이렇게 3년을 한다.

만약 이 말을 본받고, 이 도(道=厚葬久喪)를 행하면 진실로 굶주림과 고생이 이와 같을 것이다. 그리하여 백성들은 겨울에 추위를 견디지 못하고 여름에는 더위를 견디지 못하여 병에 걸려 죽는 자가 이루 다 셀 수가 없다. 이는 남자와 여자의 교접을 해치는 일이 많다. 이렇게 하여 인구를 늘리는 방법은 비유하면 사람으로 하여금 칼을 지고 다니면서 오래 살기를 바라는 것과 같다. 인구를 늘린다는 주장은 설득력이 없다.

6　是故求以衆人民, 而旣以不可矣, 欲以治刑政, 意者可乎?

　　其說又不可矣。

今唯無以厚葬久喪者爲政, 國家必貧, 人民必寡, 刑政必亂。　　　　無=毋

若法若言, 行若道, 使爲上者行此, 則不能聽治;　　　　聽: 듣다, 다스리다

　　　　使爲下者行此, 則不能從事。

　　上不聽治, 刑政必亂; 下不從事, 衣食之財必不足。

若苟不足, 爲人弟者, 求其兄而不得, 不弟弟必將怨其兄矣; 弟: 우애하다

爲人子者, 求其親而不得, 不孝子必是怨其親矣;

爲人臣者, 求之君而不得, 不忠臣必且亂其上矣。

是以僻淫邪行之民, 出則無衣也, 入則無食也, 僻淫: 치우치고 넘치다

內續奚吾, 並爲淫暴, 而不可勝禁也。

奚吾: ① 어찌 나인가?, ② → 謑訽혜후: 수치, 창피

是故盜賊衆而治者寡。

夫衆盜賊而寡治者, 以此求治, 譬猶使人三睘而毋負己也,

睘경 → 還環: 돌려보내다, 負: 저버리다

治之說無可得焉。

이리하여 (厚葬久喪으로) 인구를 늘리고자 하는 일은 불가능하나 형정(刑政)을 잘 다스리고자 한다면 가능한가? 그러한 주장 역시 불가하다. 오늘날 오로지 후한 장례와 오랜 초상으로 정치를 하면 나라는 반드시 가난해지고, 백성은 반드시 줄어들며, 형정(刑政)은 반드시 어지러워진다. 이 말을 본받아 이 도(道: 厚葬久喪)를 행하면 윗사람은 잘 다스릴 수 없고, 아랫사람은 일에 종사할 수 없다. 윗사람이 잘 다스리지 못하면 형벌과 정치가 반드시 혼란스럽고, 아랫사람이 일에 종사하지 못하면 입고 먹을 재물이 반드시 부족해진다. 진실로 재물이 부족하면 아우 된 자가 형에게 구해도 얻지 못하니 우애하지 않는 아우는 반드시 형을 원망하며, 자식 된 자가 어버이에게 구해도 얻지 못하니 불효자는 반드시 어버이를 원망하며, 신하된 자가 임금에게 구해도 얻지 못하니 불충한 신하는 반드시 임금을 어지럽게 한다.

이런 까닭으로 치우치고 넘치며 사악하게 행동하는 백성들은 나갈 때 입을 옷이 없고, 들어와도 먹을 음식이 없다. 안으로는 '왜 나인가?'(라는 불만이) 계속되어 음란하고 사나워져도 이루 다 금지할 수 없다. 이리하여 도적은 많아지고 잘 다스리는 사람은 적어진다. 이런 식으로 다스리는 것은 비유하면 다른 사람을 세 번을 (거절하여) 돌려보내면서 자신을 배반하지 말라는 것과 같다. (厚葬久喪으로) 잘 다스린다는 주장은 설득력이 없다.

7　是故求以治刑政, 而旣已不可矣, 欲以禁止大國之攻小國也, 意者可邪?

其說又不可矣。

是故昔者聖王旣沒, 天下失義, 諸侯力征。

南有楚, 越之王, 而北有齊, 晉之君,

此皆砥礪其卒伍, 以攻伐幷兼爲政於天下。　　　　砥礪지려: 숫돌을 갈다

是故凡大國之所以不攻小國者,

積委多, 城郭修, 上下調和, 是故大國不耆攻之,　　　耆 → 嗜기: 즐기다

無積委, 城郭不修, 上下不調和, 是故大國耆攻之。

今唯無以厚葬久喪者爲政, 國家必貧, 人民必寡, 刑政必亂。　　　無=毋

若苟貧, 是無以爲積委也;

若苟寡, 是城郭溝渠者寡也;　　　　　　　　　　　溝구: 해자, 渠거: 도랑

若苟亂, 是出戰不克, 入守不固。

이리하여 (厚葬久喪으로) 형정(刑政)을 잘 다스리는 일은 불가능하나, 큰 나라가 작은 나라를 정벌하는 것을 금지하고자 한다면 가능한가? 그러한 주장 역시 불가하다. 옛날 성왕들이 사라지자 천하는 의로움을 잃고 제후들은 힘으로 정벌했다. 남쪽에는 초(楚)나라와 월(越)나라의 왕이 있고 북쪽에는 제(齊)나라와 진(晉)나라의 임금이 있는데, 이들은 모두 군대를 훈련시켜 다른 나라를 공격하고 정벌하여 겸병하는 것을 천하의 정치로 삼았다. 무릇 큰 나라가 작은 나라를 공격하지 못하게 하려면 (작은 나라는 물자를) 많이 비축하고, 성곽을 보수하고, 윗사람과 아랫사람이 조화를 이루어야 한다. 큰 나라는 이런 나라를 기꺼이 공격하지 않는다. 비축물자가 없고, 성곽도 보수하지 않으며, 윗사람과 아랫사람이 조화되지 않으면, 큰 나라는 그런 나라를 기꺼이 공격한다. 오늘날 오로지 후한 장례와 오랜 초상으로 정치를 하면 나라는 반드시 가난해지고, 백성은 반드시 줄어들고, 형정이 반드시 문란해진다. 진실로 가난하면 비축할 수 없고, 진실로 (백성이) 줄어들면 성곽과 해자를 보수할 수 없고, 진실로 (刑政이) 문란하면 나가서 싸워도 이길 수 없으며 들어와서 지켜도 견고하지 않다.

8

此求禁止大國之攻小國也, 而旣已不可矣。

欲以干上帝鬼神之福, 意者可邪? 干=求, 上帝: 하느님

其說又不可矣。

今唯無以厚葬久喪者爲政, 國家必貧, 人民必寡, 刑政必亂。 無=毋

若苟貧, 是粢盛酒醴不淨潔也;

若苟寡, 是事上帝鬼神者寡也;

若苟亂, 是祭祀不時度也。

今又禁止事上帝鬼神, 爲政若此, 上帝鬼神, 始得從上撫之 撫무=按안: 누르다

曰: 我有是人也, 與無是人也, 孰愈?

曰: 我有是人也, 與無是人也, 無擇也。

則惟上帝鬼神 降之罪 厲之禍罰而棄之, 則豈不亦乃其所哉! 惟=雖, 厲=降

이것(厚葬久喪)으로 작은 나라에 대한 큰 나라의 침략을 금지하는 것은 불가능하다. 하느님과 귀신의 복을 얻으려 한다면 가능한가? 그러한 주장 역시 불가하다. 오늘날 오로지 후한 장례와 오랜 초상으로 정치를 하면 나라는 반드시 가난해지고, 백성은 반드시 줄어들며, 형정(刑政)은 반드시 어지러워진다. 진실로 가난하면 제사음식(기장)과 단술이 정결하지 못하고, 진실로 (백성이) 줄어들면 하느님과 귀신을 섬기는 사람이 줄어들고, 진실로 (형정이) 어지럽다면 제사의 법도에 따라 때를 맞추지 못한다. 지금 또 하느님과 귀신을 섬기는 일을 금지하고 이와 같이 정치를 하면 하느님과 귀신은 비로소 위에서 (손으로) 누르면서 "내가 이 사람을 살릴까 없앨까, 어느 쪽이 나은가?"라고 묻고는 "내가 이 사람을 살리느냐 없애느냐, 선택의 여지가 없다"라고 말할 것이다. 그런 즉 하느님과 귀신이 죄를 물어 재앙과 벌을 내린다 하더라도 또 한 어찌 마땅하지 않겠는가!

---

❶ 無擇也: 없애는 쪽을 선택한다는 뉘앙스이다.

9 故古聖王制爲葬埋之法, 曰: 棺三寸, 足以朽體;

衣衾三領, 足以覆惡。 　　　　　覆부: 덮다

以及其葬也, 下毋及泉, 上毋通臭, 壟若參耕之畝, 則止矣。

壟롱: 언덕, 무덤, 參耕之畝: 세 번 쟁기질한 밭이랑의 높이

死則既以葬矣, 生者必無久哭, 而疾而從事, 人爲其所能, 以交相利也。
此聖王之法也。

그러므로 옛 성왕들은 장례와 매장에 관한 법을 제정하며 "관(속널)은 세 치이면 시
체를 썩게 하기에 족하고, 옷과 이불은 세 벌이면 추함(惡)을 덮기에 족하다. 장례함
에 이르러 아래로는 샘에 이르지 않고, 위로는 냄새가 새지 않도록 하고, 봉분은 세
번 쟁기질한 높이와 같으면 거기에서 그친다. 죽으면 곧 장례를 치르고, 살아있는 사
람은 오래 곡을 하지 않으며, 빨리 생업에 종사한다. 사람이 할 수 있는 바를 하여 서
로 이롭게 한다"고 했다. 이것이 성왕의 법도이다.

10 今執厚葬久喪者之言曰:

厚葬久喪 雖使不可以 富貧衆寡, 定危治亂, 然此聖王之道也。

子墨子曰: 不然。

昔者堯北教乎八狄, 道死, 葬蛩山之陰, 衣衾三領, 穀木之棺, 葛以緘之,

穀木: 닥나무, 陰: 북쪽, 葛갈: 칡, 넝쿨, 緘함: 봉하다, 함을 묶는 끈

既浖而後哭, 滿埳無封。已葬, 而牛馬乘之。

浖=犯 → 窆폄: 하관하다, 埳감: 구덩이, 빠지다

舜西教乎七戎, 道死, 葬南己之市, 衣衾三領, 穀木之棺, 葛以緘之,
已葬, 而市人乘之。

禹東教乎九夷, 道死, 葬會稽之山, 衣衾三領, 桐棺三寸, 葛以緘之,
絞之不合, 通之不埳, 土地之深, 下毋及泉, 上毋通臭。

埳감: 구덩이, 빠지다, 毋 → 無

旣葬, 收餘壤其上, 壟若參耕之畝, 則止矣。

若以此若三聖王者觀之, 則厚葬久喪果非聖王之道。

故三王者, 皆貴爲天子, 富有天下, 豈憂財用之不足哉?

以爲如此葬埋之法。

오늘날 '후한 장례와 오랜 초상'을 주장하는 사람들은 "비록 후한 장례와 오랜 초상이 가난한 사람을 부자로 만들지 못하고, 적은 인구를 늘리지 못하며, 위기를 안정시키고 혼란을 다스릴 수 없다 하더라도, 이것(厚葬久喪)은 성왕의 법도이다"라고 말한다. 이에 묵자 선생께서는 다음과 같이 말씀하셨다. "그렇지 않다. 옛날 요(堯) 임금은 북쪽의 여덟 오랑캐를 교화시키다가 길에서 죽었다. 공산(蛩山)의 북쪽에 묻었는데, 옷과 이불은 세 벌이었으며 (잘 썩는) 닥나무로 관을 짜고 칡넝쿨로 그것을 묶었다. 하관(下棺)한 후에야 곡을 하였으며, 구덩이를 채웠으나 봉분이 없었다. 장례 후에는 소와 말이 지나다녔다. 순(舜) 임금은 서쪽의 일곱 오랑캐를 교화시키다가 길에서 죽었다. 남쪽 기(己)의 저잣거리에 묻었는데, 옷과 이불은 세 벌이었고 닥나무의 관을 짜고 칡넝쿨로 그것을 묶었다. 장례 후에는 저잣거리 사람들이 그곳을 지나다녔다. 우(禹) 임금은 동쪽의 아홉 오랑캐를 교화시키다가 길에서 죽었다. 회계(會稽)에 있는 산에 묻었는데, 옷과 이불은 세 벌이었고, 오동나무 관은 세 치 두께로 짜고 칡넝쿨로 묶었는데 (관이) 잘 맞지 않았고, 빠지지 않을 정도로만 하고 (깊게) 구덩이를 팠다. 땅의 깊이는 아래로는 샘에 다다르지 않게 하고 위로는 냄새가 새어나지 않을 정도였다. 장례 후에는 남은 흙을 그 위에 모아 봉분은 세 번 쟁기질한 높이와 같으면 멈추었다. 이 세 명의 성왕을 본다면 '후한 장례와 오랜 초상'은 결코 성왕의 법도가 아니다. 세 명의 성왕은 모두 귀하기로는 천자이며 부유하기로는 천하를 가졌는데 어찌 쓸 재화의 부족을 걱정했겠는가? 이와 같이 장례하고 묻는 법도를 만들었다."

---

❶ 南己之市: 舜 임금은 南征하다가 鳴條에서 죽으니 백 살이었다. 九疑山 남쪽에 묻으니 이것이 零陵이고 紀市라고도 한다.

❷ 중국은 지역에 따라 北狄, 西戎, 東夷, 南蠻으로 오랑캐를 분류했다.

11　今王公大人之爲葬埋, 則異於此。

必大棺中棺, 革闐三操, 璧玉卽具, 戈劍鼎鼓壺濫, 文繡素練, 大鞅萬領,

闐: ① 바깥 문, ② 수를 놓은 띠=繢, 操: 묶다, 濫함: 질그릇, 동이, 鞅앙: 가슴걸이

輿馬女樂皆具, 曰 必捶埤差通, 壟雖凡山陵。

輿: 수레, 捶추: 채찍질하다, 埤一涂도: 도랑, 길, 差通 → 羡道=墓道, 壟롱: 무덤

此爲輟民之事, 靡民之財, 不可勝計也, 其爲毋用若此矣。　輟철: 멈추다

是故子墨子曰: 鄉者, 吾本言曰,　鄉=曩향: 지난번에

意亦使法其言, 用其謀, 計厚葬久喪, 請可以富貧衆寡, 定危治亂乎?

意: 생각하건대, 아니면, 使: 가령, 請 → 誠 참으로

則仁也, 義也, 孝子之事也, 爲人謀者, 不可不勸也;

意亦使法其言, 用其謀, 若人厚葬久喪, 實不可以富貧衆寡, 定危治亂乎?

則非仁也, 非義也, 非孝子之事也, 爲人謀者, 不可不沮也。

是故求以富國家, 甚得貧焉;　甚: 심하다, 다만

欲以衆人民, 甚得寡焉;

欲以治刑政, 甚得亂焉;

求以禁止大國之攻小國也, 而旣已不可矣;

欲以干上帝鬼神之福, 又得禍焉。

上稽之堯舜禹湯文武之道而政逆之,　稽계: 조사하다, 헤아리다

下稽之桀紂幽厲之事, 猶合節也。　合節: 符節이 들어맞다

若以此觀, 則厚葬久喪其非聖王之道也。

오늘날 왕공대인의 장례와 매장은 이와 다르다. 반드시 큰 관(겉 널)과 중관(속 널)이 있고, 수놓은 가죽 띠로 세 번을 묶으며 아름다운 구슬로 장식한다. 창과 칼, 솥과 북, 항아리와 그릇을 넣고, 수놓은 하얀 비단과 큰 가슴걸이가 만 벌이며, 수레와 말, 여자 악사까지 모두 갖춘다. 그리고 "반드시 땅을 두들겨서 다지고 묘도(墓道)를 내고, 봉분은 산과 언덕같이 만들어야 한다"고 말한다. 이것이 백성의 일을 멈추게 하고 백성의 재물을 모두 허비하게 하는데, 이루 다 계산할 수 없다. 그것(厚葬久喪)은

이와 같이 쓸모가 없다.

그리하여 묵자 선생께서 말씀하셨다. "지난번에 내가 말했듯이 '생각하건대 그 말을 본받고 그 계획을 이용하여 후한 장례와 오랜 초상을 헤아려 그것으로 가난한 사람을 부유하게 하고, 적은 백성을 늘리고, 위기를 안정시키고, 혼란을 다스릴 수 있는가? 그렇다면 인(仁)이요, 의(義)이며, 효자의 일이다. 백성을 위하여 일하는 사람은 (그것을) 권장하지 않으면 안 된다. 아니면 그 말을 본받고 그 계획을 이용하여 후한 장례와 오랜 초상으로 가난한 사람을 부유하게 하지 못하고, 적은 백성을 늘리지도 못하고, 위기를 안정시키지 못하고, 혼란을 다스릴 수 없다면 이는 인도 아니고, 의도 아니며, 효자의 일도 아니다. 백성을 위하여 일하는 사람은 (그것을) 저지하지 않으면 안 된다.' 이 때문에 (厚葬久喪으로) 나라를 부유하게 하고자 하면 더욱 가난해지고, 백성을 늘리고자 하면 더욱 줄어들며, 형정(刑政)을 다스리고자 하면 더욱 혼란스러워진다. 그리고 작은 나라를 향한 큰 나라의 공격을 금지하고자 하여도 불가능하며, 하느님과 귀신의 복을 구하고자 하여도 역시 재앙만 얻을 뿐이다. 위로 요(堯)·순(舜)·우(禹)·탕(湯)·문(文)·무(武)왕과 같은 성왕의 도와 정치를 헤아려 보면 그것(厚葬久喪)과 반대이며, 아래로 걸(桀)·주(紂)·유(幽)·여(厲)왕과 같은 폭군의 일을 헤아려보면 그것에 잘 부합된다. 이렇게 본다면 후한 장례와 오랜 초상은 성왕의 도리가 아니다."

12 今執厚葬久喪者言曰:

厚葬久喪果非聖王之道, 夫胡說中國之君子, 爲而不已, 操而不擇哉?

子墨子曰:

此所謂便其習而義其俗者也。

昔者越之東有輆沐之國者, 其長子生, 則解而食之。謂之宜弟;

其大父死, 負其大母而棄之, 曰鬼妻不可與居處。

此上以爲政, 下以爲俗, 爲而不已, 操而不擇, 則此豈實仁義之道哉?

此所謂便其習而義其俗者也。

楚之南有炎人國者, 其親戚死 朽其肉而棄之, 然後埋其骨, 乃成爲孝子。

秦之西有儀渠之國者, 其親戚死, 聚柴薪而焚之, 燻上, 謂之登遐,

柴薪시신: 섶, 땔나무, 燻훈: 연기가 끼다, 遐하: 멀다, 멀리

然後成爲孝子。

此上以爲政, 下以爲俗, 爲而不已, 操而不擇, 則此豈實仁義之道哉?

此所謂便其習而義其俗者也。

若以此若三國者觀之, 則亦猶薄矣。

若以中國之君子觀之, 則亦猶厚矣。

如彼則大厚, 如此則大薄, 然則葬埋之有節矣。

故衣食者, 人之生利也, 然且猶尚有節;

葬埋者, 人之死利也, 夫何獨無節於此乎?

오늘날 '후한 장례와 오랜 초상'을 주장하는 사람들이 "후한 장례와 오랜 초상이 과연 성왕의 도가 아니라면 (오랑캐가 아닌) 중원의 군자들이 그치지 않고 계속 시행하며, 붙잡고 (다른) 선택을 하지 않은 이유를 어찌 설명해야 하는가?"라고 묻는다. 이에 묵자 선생께서 다음과 같이 말씀하셨다. "이것은 소위 (자신의) 풍습을 편하게 여기고 풍속이 옳다고 여기기 때문이다. 옛날 월(越)나라의 동쪽에 있는 해원국(輆沐國)에서는 첫 아들이 태어나면 잡아먹고 (다음에 태어날) '아우를 위해서'라고 말한다. 할아버지가 죽으면 할머니를 등에 지고 가서 버리면서 '귀신의 처와는 더불어 같이 살 수 없다'고 말한다. 이런 일이 위로는 정치가 되고 아래에서는 풍속이 되어 그치지 않고 시행되고 (다른) 선택 없이 붙잡고 있다면 이것을 어찌 인의(仁義)의 도리라고 할 수 있겠는가? 이것은 풍습과 풍속을 편하고 옳다고 여기기 때문이다. 옛날 초(楚)나라 남쪽 염인국(炎人國)에서는 부모와 친척이 죽으면 살을 썩게 해서 버린 후에 뼈를 매장했다. 그래야만 효자가 될 수 있었다. 진(秦)나라 서쪽 의거국(儀渠國)에서는 부모와 친척이 죽으면 땔감을 모아 (시체를) 불태우고 연기가 위로 가면 '멀리 올라가라'고 외친다. 그런 뒤에라야 효자가 되었다. 이런 일이 위로는 정치가 되고 아래에서는 풍속이 되어 그치지 않고 시행되고 (다른) 선택 없이 붙잡고 있다면 이것을 어찌 인의(仁義)의 도리라고 할 수 있겠는가? 이것은 풍습과 풍속을 편하고 옳다고 여기기 때문이다. 이 세 나라를 보면 역시 너무 박(薄)한 장례이고, 중원의 군자를 보면 역시 너무 후(厚)한 장례이다. 저와 같으면 너무 후하고, 이와 같으면 너무 박하다.

그래서 장례와 매장에는 절도가 있어야 한다. 옷과 음식은 사람이 살아가는 데 이로움을 주는데, 여기에는 절도가 있음을 존중한다. 장례와 매장은 사람이 죽는 데 이로움을 주어야 하는데, 여기에만 유독 어찌 절도가 없어야 하는가?"

13 子墨子制爲葬埋之法 曰:

> 棺三寸, 足以朽骨; 衣三領, 足以朽肉;
>
> 掘地之深, 下無菹漏, 氣無發洩於上, 壟足以期其所, 則止矣。

掘: 파다 菹저: 채소를 절이다, 漏: 새다, 스며들다, 洩설: 새다, 期: 기약하다

> 哭往哭來, 反從事乎衣食之財, 佴乎祭祀, 以致孝於親。

佴이: 돕다=助

故曰 子墨子之法, 不失死生之利者, 此也。

故子墨子言曰:

> 今天下之士君子, 中請將欲爲仁義, 求爲上士,

請=誠

> 上欲中聖王之道, 下欲中國家百姓之利,
>
> 故當若節喪之爲政, 而不可不察此者也。

묵자 선생께서 장례와 매장에 관한 법을 제정하여 말씀하셨다. "관은 세 치면 뼈를 썩게 하기에 넉넉하고, 옷은 세 벌이면 살을 썩게 하기에 넉넉하다. 땅을 파는 깊이는 아래로 (물이) 스며들어 (시신이) 절여지지 않도록 하고, 냄새가 위로 새어나가지 않도록 하며, 봉분(의 높이)은 그 자리를 기억하기 넉넉하면 그친다. 오가며 곡을 하고 돌아와서는 입고 먹을 재화를 만드는 일에 종사하여 제사에 도움이 되도록 한다. 그렇게 하여 어버이에 대한 효를 이룬다." 묵자 선생의 법도가 삶과 죽음의 이로움을 잃지 않는다고 말하는 이유가 여기에 있다.

그래서 묵자 선생은 다음과 같이 말씀하셨다. "오늘날 천하의 선비와 군자들이 진실로 장차 인의(仁義)를 행하고 훌륭한 선비가 되고자 한다면, 위로는 성왕의 도에 부합하고, 아래로는 나라와 백성의 이익에 부합하여야 한다. 그러면 마땅히 간소한 장례로 정사를 보아야 하며, 이것을 살피지 않으면 안 된다.

第二十六 天志 上

1   子墨子言曰: 今天下之士君子, 知小而不知大。

何以知之? 以其處家者知之。

若處家得罪於家長, 猶有鄰家所避逃之。

然且親戚兄弟所知識, 共相儆戒,   親戚=父母, 儆: 경계하다

皆曰: 不可不戒矣! 不可不愼矣! 惡有處家而得罪於家長, 而可爲也?

非獨處家者爲然, 雖處國亦然。

處國得罪於國君, 猶有鄰國所避逃之。

然且親戚兄弟所知識, 共相儆戒,

皆曰: 不可不戒矣! 不可不愼矣! 誰亦有處國得罪於國君, 而可爲也?

此有所避逃之者也, 相儆戒猶若此其厚,

況無所避逃之者, 相儆戒 豈不愈厚然後可哉?   愈: 더욱, 점점

且語言有之曰: 焉而晏日, 焉而得罪, 將惡避逃之? 曰 無所避逃之。

語言: 속담, 焉而 → 於此, 晏안: 맑은 해, 惡오: 어찌

夫天不可爲林谷幽門無人, 明必見之。

然而天下之士君子之於天也, 忽然不知以相儆戒。   忽然: 소홀히 하다

此我所以知 天下士君子 知小而不知大也。

묵자 선생께서 다음과 같이 말씀하셨다. "오늘날 천하의 선비와 군자들은 작은 것은 알지만 큰 것은 알지 못한다. 어떻게 그것을 알 수 있는가? 집안에서의 처신으로 알 수 있다. 집안의 처신으로 가장에게 죄를 지으면 오히려 도망가서 피신할 이웃 집안

이 있다. 그러나 부모 형제들은 이를 알고 서로 경계하며 '삼가해야 한다. 신중해야 한다. 집안에서 처신함에 있어 어찌 가장에게 죄를 지을 수 있단 말인가?'라고 말한다. 유독 집안에서의 처신만 그러한 것이 아니라 나라에서의 처신도 역시 그러하다. 임금에게 죄를 지으면 오히려 도망가서 피신할 이웃 나라가 있다. 그러나 부모 형제들이 이를 알고 서로 경계하며 '삼가해야 한다. 신중해야 한다. 나라에 처신함에 있어 어찌 임금에게 죄를 지을 수 있단 말인가?'라고 말한다."

"이와 같이 도피할 수 있어도 서로 경계함이 이같이 두터운데, 하물며 도피할 수 없는 경우 서로 경계함이 어찌 더욱 두터워야 하지 않겠는가? 또한 '대낮에 죄를 지으면 어디로 도피할 수 있겠는가?' 하는 속담도 있다. 도망가 피할 곳이 없다. 하늘은 숲이나 골짜기의 외딴 집에 사람이 없어도 반드시 그것을 밝게 볼 수 있다. 그러나 천하의 선비와 군자들은 하늘에 소홀히 하여 서로 경계함을 알지 못한다. 내가 천하의 선비와 군자들이 작은 것을 알고 큰 것을 알지 못한다는 사실을 알게 된 이유가 여기에 있다."

2 然則天亦何欲何惡? 天欲義而惡不義。

　然則率天下之百姓 以從事於義, 則我乃爲天之所欲也。

　我爲天之所欲, 天亦爲我所欲。

然則我何欲何惡? 我欲福祿而惡禍祟。

祟수: 빌미, 재앙

　若我不爲天之所欲, 而爲天之所不欲,

　然則我率天下之百姓, 以從事於禍祟中也。

然則何以知 天之欲義 而惡不義?

　曰 天下有義則生, 無義則死;

　　有義則富, 無義則貧;

　　有義則治, 無義則亂。

　然則天欲其生 而惡其死, 欲其富 而惡其貧, 欲其治 而惡其亂,

　此我所以知 天欲義而惡不義也。

그러면 하늘은 무엇을 원하고 무엇을 미워하는가? 하늘은 의로움을 원하고 불의(不義)를 미워한다. 그래서 천하의 백성을 이끌고 의로움에 종사하면 내가 곧 하늘이 원하는 일을 행하는 셈이다. 내가 하늘이 원하는 일을 행하면 하늘 역시 내가 원하는 일을 해준다. 그러면 나는 무엇을 원하고 무엇을 미워하는가? 나는 복과 봉록을 원하고, 재난과 재앙을 미워한다. 만일 내가 하늘이 원하는 일을 하지 않고 하늘이 원하지 않는 일을 행한다면, (그것은) 내가 천하의 백성을 이끌고 재난과 재앙에 종사하는 셈이 된다.

그러면 하늘이 의로움을 원하고 불의를 미워한다는 사실을 어떻게 아는가? "천하에 의로움이 있으면 살고, 없으면 죽는다. 의로움이 있으면 부유해지고, 없으면 가난해진다. 의로움이 있으면 잘 다스려지고, 없으면 혼란스러워진다. 그래서 하늘은 살기를 원하며 죽음을 미워하고, 부유함을 원하고 가난함을 미워하며, 잘 다스려짐을 원하고 혼란을 미워한다. 하늘이 의로움을 원하고 불의를 미워한다는 사실을 내가 알게 된 이유가 여기에 있다."

---

❶ 墨子는 天을 통하여 孔子에 의해 부정된 殷代의 上帝信仰을 복원하고 있다. 즉, 墨子는 자연으로서의 天을 인격화된 至上神으로 이해하고 있어서 運命으로 이해하는 孔子와 대립된다. 『墨子』에 나오는 天이 종종 上帝 또는 하느님으로 번역하는 이유가 여기에 있다. 이 책에서는 '하늘', 경우에 따라서 '하느님(上帝)'으로 번역한다. 孔子와 墨子의 天 개념에 대한 차이에 대해서는 최문형(2001), 「묵자 天 개념의 권위화와 종교성의 의미」, 『종교연구 22』를 참조하라.

3 　曰 且夫義者政也, 無從下之政上, 必從上之政下。　　政: ① 다스리다, ② 바로잡다

是故庶人竭力從事, 未得次己而爲政, 有士政之;　　次: 恣 마음대로 하다

　　士竭力從事, 未得次己而爲政, 有將軍大夫政之;

　　將軍大夫竭力從事, 未得次己而爲政, 有三公諸侯政之;

　　三公諸侯竭力聽治, 未得次己而爲政, 有天子政之;

　　天子未得次己而爲政, 有天政之。

天子爲政於三公, 諸侯, 士, 庶人, 天下之士君子固明知,

天之爲政於天子, 天下百姓未得之明知也。

故昔三代聖王禹湯文武, 欲以天之爲政於天子, 明說天下之百姓,

故莫不犓牛羊, 豢犬彘, 潔爲粢盛酒醴, 以祭祀上帝鬼神, 而求祈福於天。

犓추: 꼴을 주어 기르다, 豢환: 곡식으로 가축을 기르다, 彘체: 돼지

我未嘗聞 天下之所求祈福於天子者也, 我所以知天之爲政於天子者也。

"의로움은 다스리는 것이다. 아래로부터 위를 다스리는 것이 아니라, 반드시 위로부터 아래를 다스린다"고 말한다. 그래서 서민들은 힘을 다해 일하지만 자신을 마음대로 하여 다스릴 수 없고, 선비가 그들을 바로잡는다. 선비들은 힘을 다해 일하지만 자신을 마음대로 하여 다스릴 수 없고, 장군과 대부가 그들을 바로잡는다. 장군과 대부는 힘을 다해 일하지만 자신을 마음대로 하여 다스릴 수 없고, 삼공(三公)과 제후가 그들을 바로잡는다. 삼공과 제후는 힘을 다해 정치를 하지만 자신을 마음대로 하여 다스릴 수 없고, 천자가 그들을 바로잡는다. 천자도 자신을 마음대로 하여 다스릴 수 없고, 하늘이 그를 바로잡는다.

천자가 삼공, 제후, 선비, 서민을 다스린다는 사실을 천하의 선비와 군자들은 진실로 잘 알지만, 하늘이 천자를 다스린다는 사실을 천하의 백성들은 잘 알지 못한다. 그래서 옛날 3대(夏·殷·周)의 성왕 우(禹)왕, 탕(湯)왕, 문(文)왕, 무(武)왕은 하늘이 천자를 다스리고 있음을 천하의 백성들에게 분명하게 말하고자 했다. 그리하여 소와 양에게 꼴을 먹이고, 개와 돼지에게 곡식을 먹이고, 젯밥과 단술을 정결하게 하여 하느님과 귀신에게 제사를 올리며 하늘에 복을 구하여 기도하지 않는 사람이 없었다. 나는 일찍이 세상 사람들이 천자에게 복을 구하여 기도한다는 말을 들어보지 못했다. 내가 하늘이 천자를 다스린다는 사실을 알게 된 이유이다.

4 故天子者, 天下之窮貴也, 天下之窮富也,

窮=極 끝, 지극히

　　故於富且貴者, 當天意而不可不順。

順天意者, 兼相愛, 交相利, 必得賞。

反天意者, 別相惡, 交相賊, 必得罰。

然則是 誰順天意而得賞者? 誰反天意而得罰者?

子墨子言曰: 昔三代聖王禹湯文武, 此順天意而得賞也。

　　　昔三代之暴王桀紂幽厲, 此反天意而得罰者也。

然則禹湯文武其得賞何以也?

子墨子言曰: 其事 上尊天, 中事鬼神, 下愛人,

故天意曰: 此之我所愛, 兼而愛之; 我所利, 兼而利之。

愛人者 此爲博焉, 利人者 此爲厚焉。

故使貴爲天子, 富有天下, 業萬世子孫, 傳稱其善, 方施天下,

業: 잇다, 계승하다, 傳: 전해 내려오다, 方: 두루, 널리

至今稱之, 謂之聖王。

然則桀紂幽厲得其罰何以也?

子墨子言曰: 其事 上詬天, 中詬鬼, 下賊人,

詬: 꾸짖다, 욕보이다

故天意曰: 此之我所愛, 別而惡之, 我所利, 交而賊之。

惡人者 此爲之博也, 賤人者 此爲之厚也。

賤 → 賊 해치다

故使不得終其壽, 不殁其世, 至今毁之, 謂之暴王。

殁: 죽다, 끝나다

천자는 천하의 지극히 귀하고, 지극히 부유한 사람이다. 부유하고 귀하기 때문에 하늘의 뜻에 따르지 않으면 안 된다. 하늘의 뜻에 따르는 사람은 두루 서로 사랑하고 서로 이롭게 하니 반드시 상을 받는다. 하늘의 뜻에 거스르는 사람은 구별하여 서로 미워하고 서로 해치니 반드시 벌을 받는다. 그러면 누가 하늘의 뜻을 따라 상을 받고, 누가 하늘의 뜻을 거슬러 벌을 받는가? 묵자 선생께서 "옛날 3대의 성왕 우(禹)왕, 탕(湯)왕, 문(文)왕, 무(武)왕이 하늘의 뜻을 따르고 상을 받았으며, 옛날 3대의 폭군 걸(桀)왕, 주(紂)왕, 유(幽)왕, 여(厲)왕이 하늘의 뜻에 거슬러 벌을 받았다"고 말씀하셨다. 그렇다면 우왕, 탕왕, 문왕, 무왕은 왜 상을 받았는가? 묵자 선생께서 말씀하셨다. "(그들은) 위로는 하늘을 존중하고, 가운데로는 귀신을 섬기며, 아래로는 사람들을 사랑하기를 일삼았다. 그리하여 하늘은 '이들은 내가 사랑하는 것을 두루 사랑하고, 내가 이롭게 하는 것을 두루 이롭게 하였으니, 남을 사랑함이 이처럼 넓으며 남을 이롭게 함이 이처럼 두텁도다'라고 말한다. 그리하여 귀하기로는 천자가 되고 부유하기로는 천하를 가지게 하였으며, 만세의 자손에게 그 업을 물려주어 그 선행을 대대로 칭송하고 두루 천하에 베풀었다. 오늘에 이르기까지 그들을 칭송하며 성왕이라고 부른다."

그렇다면 걸(桀)왕, 주(紂)왕, 유(幽)왕, 여(厲)왕은 왜 벌을 받았는가? 묵자 선생께서

말씀하셨다. "그들은 위로는 하늘을 욕하고, 가운데로는 귀신을 꾸짖고, 아래로는 사람 해치기를 일삼았다. 그리하여 하늘은 '이들은 내가 사랑하는 것을 차별하여 미워하고, 내가 이롭게 하는 것을 서로 해쳤으니 남을 미워함이 이처럼 넓으며 남을 해침이 이처럼 두텁도다'라고 말한다. 그리하여 수명을 다하지 못하고 세상을 떠났으니 오늘에 이르기까지 그들을 비난하며 폭군이라고 부른다."

5　然則何以知天之愛天下之百姓? 以其兼而明之.

何以知其兼而明之? 其兼而有之.

何以知其兼而有之? 以其兼而食焉.

何以知其兼而食焉?

四海之內, 粒食之民, 莫不犓牛羊, 豢犬彘, 潔爲粢盛酒醴, 以祭祀於上帝鬼神.

粒: 쌀알

天有邑人, 何用弗愛也?

且吾言殺一不辜者 必有一不祥.

辜고: 허물

殺不辜者誰也? 則人也.

予之不祥者誰也? 則天也.

予여: 주다

若以天爲不愛天下之百姓, 則何故以人與人相殺, 而天予之不祥?

此我所以知天之愛天下之百姓也.

그러면 하늘이 천하의 백성을 사랑한다는 것을 어떻게 아는가? 하늘이 두루 백성을 밝게 비추어주기 때문이다. 하늘이 두루 밝게 비추어주는 것을 어떻게 아는가? 하늘이 백성을 두루 소유하기 때문이다. 하늘이 두루 소유하는 것을 어떻게 아는가? 하늘이 (백성을) 두루 먹여주기 때문이다. 하늘이 두루 먹여주는 것을 어떻게 아는가? 천하의 곡식을 먹는 백성들은 누구나 소와 양을 키우고 개와 돼지를 기르며, 젯밥과 단술을 정갈하게 만들어서 하느님과 귀신에게 제사를 지내기 때문이다.
하늘은 읍인(邑人)을 모두 소유하고 있는데 어찌 사랑하지 않겠는가? 또한 나는 "무고한 사람 한 명을 죽이면 반드시 하나의 상서롭지 못한 일이 일어난다"고 말했다. 누가 무고한 사람을 죽이는가? 사람이다. 누가 상서롭지 못한 일을 내리는가? 하늘이다. 하늘이 천하의 백성을 사랑하지 않는다면 사람과 사람이 서로 죽이는데 상서롭지 못한 재앙을 내리겠는가? 내가 하늘이 천하의 백성을 사랑하고 있음을 알게 된 이유가 여기에 있다.

6 順天意者, 義政也。反天意者, 力政也。

然義政將奈何哉?

子墨子言曰: 處大國不攻小國, 處大家不簒小家, 强者不劫弱,   簒찬: 빼앗다

貴者不傲賤, 多詐者不欺愚。   傲오: 업신여기다, 欺기: 속이다

此必上利於天, 中利於鬼, 下利於人, 三利 無所不利。

故擧天下美名加之, 謂之聖王。

力政者則與此異, 言非此, 行反此, 猶倖馳也。   倖→倚=背, 馳치: 질주하다

處大國攻小國, 處大家簒小家, 强者劫弱,

貴者傲賤, 多詐欺愚。

此上不利於天, 中不利於鬼, 下不利於人。三不利 無所利。

故擧天下惡名加之, 謂之暴王。

하늘의 뜻을 따르는 일은 의로운 정치(義政)이고, 하늘의 뜻을 거스르는 일은 힘의 정치(力政)이다. 의로운 정치는 어찌해야 하는가? 묵자 선생께서 말씀하셨다. "큰 나라가 작은 나라를 공격하지 않고, 큰 집안이 작은 집안을 찬탈하지 않고, 강자가 약자를 위협하지 않으며, 귀한 자가 천한 자를 업신여기지 않으며, 영악한 자가 어리석은 자를 속이지 않는다. 이렇게 하면 반드시 위로는 하늘에 이롭고, 가운데로는 귀신에 이롭고, 아래로는 사람에게 이로우니, 이롭지 않은 것이 없다. 그래서 천하의 아름다운 이름을 더하여 성왕이라 부른다. 힘으로 다스리는 자는 이와 다르다. 말로써 이를 비난하고 행동으로써는 이에 거스르니 오히려 반대로 치달린다. 큰 나라는 작은 나라를 공격하고, 큰 집안은 작은 집안을 찬탈하고, 강자는 약자를 위협하며, 귀한 자가 천한 자를 업신여기며, 영리한 자가 어리석은 자를 속인다. 이렇게 하면 위로는 하늘에 이롭지 않고, 가운데로는 귀신에 이롭지 않으며, 아래로는 사람에 이롭

지 않으니 이로운 것이라곤 없다. 그리하여 천하의 추악한 이름을 더하여 폭군이라고 부른다."

---

❶ 묵자의 義政과 力政은 맹자의 王道와 霸道의 원형이다.

7   子墨子言曰: 我有天志, 譬若輪人之有規, 匠人之有矩。   <small>規, 矩: 그림쇠, 곱자</small>

輪匠執其規矩, 以度天下之方圜, 曰 中者是也, 不中者非也。   <small>圜=圓</small>

今天下之士君子之書 不可勝載, 言語 不可盡計,

　　上說諸侯, 下說列士, 其於仁義 則大相遠也。

何以知之? 曰 我得天下之明法以度之。

묵자 선생께서 "내가 하늘의 뜻을 아는 것은 수레바퀴를 만드는 기술자가 그림쇠(컴퍼스)를 가지고, 목수가 곱자(ㄱ자)를 가진 것에 비유할 수 있다"고 말씀하셨다. 수레바퀴를 만드는 장인과 목수는 그림쇠와 곱자를 가지고 천하의 네모와 원을 재면서 '(여기에) 들어맞으면 옳고, 들어맞지 않으면 그르다'고 말한다. 오늘날 천하의 선비와 군자들의 책은 (수레에) 다 실을 수 없을 정도로 많고, 말씀도 이루 다 셀 수 없다. 위로는 제후에게 유세하고 아래로는 선비들에게 유세하나, 그것은 인격(仁)과 의로움(義)과 너무 멀리 떨어져 있다. 어떻게 그것을 아는가? "나는 천하의 밝은 법도로써 헤아릴 수 있기 때문이다"라고 말씀하셨다.

<small>십론(十論)</small>

1 子墨子言曰: 今天下之君子之欲爲仁義者, 則不可不察義之所從出。

  旣曰不可以不察義之所欲出, 然則義何從出?

  子墨子曰: 義不從愚且賤者出, 必自貴且知者出。

  何以知義之不從愚且賤者出, 而必自貴且知者出也?

   曰: 義者, 善政也。

  何以知義之爲善政也?

   曰: 天下有義則治, 無義則亂, 是以知義之爲善政也。

    夫愚且賤者, 不得爲政乎貴且知者, 然後得爲政乎愚且賤者。

    此吾所以知 義之不從愚且賤者出, 而必自貴且知者出也。

  然則孰爲貴? 孰爲知?

   曰: 天爲貴, 天爲知而已矣。然則義果自天出矣。

묵자 선생께서 "오늘날 천하의 선비와 군자들이 인의(仁義)를 실천하고 싶다면 의로움의 근원을 살피지 않으면 안 된다"고 말씀하셨다. 이미 의로움의 근원을 살피지 않으면 안 된다고 말했는데, 그러면 의로움은 어디에서 나오는가? 묵자 선생께서 "의로움은 어리석음과 천함에서 나오지 않고 반드시 귀함과 지혜로움으로부터 나온다"고 말씀하셨다. 의로움이 어리석음과 천함으로부터 나오지 않고 반드시 귀함과 지혜로움으로부터 나온다는 사실을 어찌 아는가? "의로움은 좋은 정치이기 때문이다"라고 말씀하셨다. 의로움이 좋은 정치가 되는 것을 어찌 아는가? "천하에 의로움이 있으면 잘 다스려지고, 의로움이 없으면 혼란스러우니 이로써 알 수 있다. 어리석고 천한 사람은 귀하고 지혜로운 사람을 다스릴 수 없고, (귀하고 지혜로운 사람이) 어리석고 천한 사람을 다스릴 수 있다. 이것이 내가 의로움이 어리석음과 천함으로부터 나오지 않고 반드시 귀함과 지혜로움으로부터 나온다는 사실을 알게 된 까닭이다"

라고 말씀하셨다. 그러면 누가 귀하고 누가 지혜로운가? "하늘이 귀하고 하늘이 지혜로울 뿐이다. 그래서 의로움은 하늘에서 나온다"고 말씀하셨다.

2 今天下之人曰: 當若天子之貴諸侯, 諸侯之貴大夫, 僑明知之.

當若: 이에 대하여, 僑호 → 礄확: 굳세다

然吾未知天之貴且知於天子也.

子墨子曰: 吾所以知 天之貴且知於天子者 有矣.

曰: 天子爲善, 天能賞之; 天子爲暴, 天能罰之;

天子有疾病禍祟, 必齋戒沐浴, 潔爲酒醴粢盛, 以祭祀天鬼,

則天能除去之, 然吾未知天之祈福於天子也.

此吾所以知 天之貴且知於天子者.

不止此而已矣, 又以先王之書 馴天明不解之道也知之.

馴: 따르다

曰: 明哲維天, 臨君下土.

臨: 다스리다, 비추어 밝히다

則此語天之貴且知於天子.

不知 亦有貴知夫天者乎?

夫 → 于＝於

曰: 天爲貴, 天爲知而已矣. 然則義果自天出矣.

오늘날 세상 사람들은 "천자는 제후보다 귀하고, 제후는 대부보다 귀하다는 것은 잘 알겠지만 하늘이 천자보다 귀하고 지혜로운 것은 잘 모르겠다"고 말한다. 묵자 선생께서 다음과 같이 말씀하셨다. "내가 하늘이 천자보다 귀하고 지혜롭다고 생각하는 이유가 있다. 천자가 착하면 하늘은 상을 내리고, 천자가 포악하면 하늘은 벌을 내린다. 천자가 병에 걸리거나 재앙을 당하면 반드시 목욕재개하고 젯밥과 단술을 정갈하게 만들어 하늘과 귀신에게 제사 지낸다. 그러면 하늘은 그것(질병과 재앙)을 제거해주지만, 나는 하늘이 천자에게 복을 비는 것을 들어보지 못했다. 이것이 내가 하늘이 천자보다 귀하고 지혜롭다는 사실을 알게 된 까닭이다. 여기서 그치지 않고, 또한 선왕의 책에서도 하늘을 따르니 풀리지 않는 도(道)를 밝혀 알게되었다. 거기에는 '밝고 맑은 하늘이 세상에 내려와 임금을 보살피도다'라고 쓰여 있다. 즉, 이것은 하늘이 천자보다 귀하고 지혜롭다는 것을 말한다. 하늘보다 귀하고 지혜로운 것이 있을 수 있겠는가? 하늘만이 귀하고 하늘만이 지혜로울 뿐이다. 그런즉 의로움은 결국 하늘에서 나온다."

---

❶　明哲維天 臨君下土: 『詩經』에는 "明明上天 照臨下土"로 되어 있다.

❷　墨子의 天은 超越的 人格神으로서 의지를 가지고면서 행위의 결과를 상벌로써 주관하는 존재이다.

3

是故子墨子曰:

今天下之君子, 中實將欲遵道利民, 本察仁義之本, 天之意不可不愼也。

遵준: 순종하다, 복종하다, 愼신: 삼가다, 따르다=順

旣以天之意以爲不可不愼已, 然則天之將何欲何憎?

憎: 미워하다

子墨子曰: 天之意不欲大國之攻小國也, 大家之亂小家也,

强之暴寡, 詐之謀愚, 貴之傲賤, 此天之所不欲也。

不止此而已, 欲人之有力相營, 有道相教, 有財相分也。

又欲上之强聽治也, 下之强從事也。

上强聽治 則國家治矣, 下强從事 則財用足矣。

若國家治財用足, 則內有以潔爲酒醴粢盛, 以祭祀天鬼;

外有以爲環璧珠玉, 以聘撓四鄰。

撓: 어지럽다

諸侯之冤不興矣, 邊境兵甲不作矣。

冤=寃: 원한

內有以食飢息勞, 持養其萬民, 則君臣上下惠忠, 父子弟兄慈孝。

故唯毋明乎順天之意, 奉而光施之天下, 則刑政治, 萬民和,

國家富, 財用足, 百姓皆得煖衣飽食, 便寧無憂。

便寧=安寧

是故子墨子曰:

今天下之君子, 中實將欲遵道利民, 本察仁義之本, 天之意不可不愼也!

그리하여 묵자 선생께서 "오늘날 천하의 군자들이 진실로 (하늘의) 법도에 따라 백성을 이롭게 하고자 한다면 인의(仁義)의 근본을 잘 살펴 하늘의 뜻을 따르지 않으면 안 된다"고 말씀하셨다. 이미 하늘의 뜻을 따르지 않으면 안 된다고 하였지만, 하늘은 무엇을 바라고 무엇을 싫어하는가?

묵자 선생께서 다음과 같이 말씀하셨다. "하늘의 뜻은 큰 나라가 작은 나라를 공격하고, 큰 집안이 작은 집안을 혼란시키고, 강자가 소수에게 폭압적이며, 영리한 자가 어리석은 자를 속이며, 귀한 자가 천한 자를 업신여기는 것을 원하지 않는다. 이것은 하늘이 원하지 않는 바이다. 여기에 그치지 않고 (하늘은) 사람들이 힘이 있으면 서로 돕고, 도리를 알면 서로 가르치고, 재산이 있으면 서로 나누기를 원한다. 또한 윗사람은 애써 잘 다스리고, 아랫사람은 힘써 일하기를 원한다. 윗사람이 애써서 정치하면 나라가 잘 다스려지고, 아랫사람이 힘써 일하면 사용할 재화가 넉넉해진다. 나라가 잘 다스려지고 사용할 재화가 넉넉해지면 안으로는 젯밥과 단술을 정결하게 만들어 하늘과 귀신에 제사 지낼 수 있고, 밖으로는 여러 가지 예물(環璧珠玉)로 사방의 이웃 나라와 교류할 수 있다. 제후의 원한이 일어나지 않고 변방에서 전쟁이 일어나지 않는다. 안으로 굶주린 자를 먹이고 피로한 자를 쉬게 하여 모든 백성을 부양하면, 임금과 윗사람은 은혜를 베풀고 신하와 아랫사람은 충성하며, 어버이와 형은 자애롭고 아들과 동생은 효도한다. 그래서 오로지 하늘의 뜻을 따르고 받들어 세상을 비추고 베풀면, 형벌과 정치는 잘 다스려지고 모든 백성은 화합하며 나라는 부유해지고 사용할 재화는 넉넉해져서, 백성들은 모두 따뜻하게 입고 배불리 먹을 수 있어 편안하고 걱정이 사라진다."

그래서 묵자 선생께서 "오늘날 천하의 군자들이 진실로 (하늘의) 법도에 따라 백성을 이롭게 하고자 한다면 인의(仁義)의 근본을 잘 살펴 하늘의 뜻을 따르지 않으면 안 된다"고 말씀하셨다.

---

❶　强之暴寡: 여기에서는 强과 寡를 대비시키고 있으나, 이 편의 후반부에는 强劫弱, 衆暴寡으로 표현하고 있다. 「兼愛」下에서도 "强之劫弱, 衆之暴寡"으로 되어 있어 强-弱, 衆-寡를 대비시킨다.

4 且夫天子之有天下也, 辟之無以異乎國君諸侯之有四境之內也。 　　辟=譬

今國君諸侯之有四境之內也, 夫豈欲其臣國萬民之相爲不利哉? 　　臣國 → 國臣

　　今若處大國則攻小國, 處大家則亂小家, 欲以此求賞譽,

　　　　終不可得, 誅罰必至矣。 　　誅: 죽이다

夫天之有天下也, 將無已異此。

　　今若處大國則攻小國, 處大都則伐小都, 欲以此求福祿於天, 福祿終不得,

　　　　而禍祟必至矣。 　　祟수: 빌미

然有所不爲天之所欲, 而爲天之所不欲,

　　　　則夫天亦且不爲人之所欲, 而爲人之所不欲矣。

人之所不欲者何也? 曰 病疾禍祟也。

若已不爲天之所欲, 而爲天之所不欲, 是率天下之萬民以從事乎禍祟之中也。

故古者聖王明知天鬼之所福, 而辟天鬼之所憎, 　　辟 → 避피: 피하다

　　以求興天下之利, 而除天下之害。

　　是以天之爲寒熱也節, 四時調, 陰陽雨露也時,

　　五穀孰, 六畜遂, 疾菑戾疫凶饑則不至。 　　遂: 자라다, 菑치=災, 戾疫: 돌림병

是故子墨子曰:

　　今天下之君子, 中實將欲遵道利民, 本察仁義之本, 天意不可不愼也!

천자가 천하를 소유한 것은 비유하면 임금(國君)이나 제후가 사방 내의 땅을 소유한 것과 다름이 없다. 오늘날 임금과 제후들이 사방 내의 땅을 소유하는데 어찌 신하와 모든 백성들이 서로 이롭지 않게 하기를 바라겠는가? 지금 큰 나라가 작은 나라를 공격하고, 큰 집안이 작은 집안을 어지럽히면서 상과 명예를 얻고자 한다면, 끝내 얻을 수 없고 반드시 죽음의 형벌에 이를 것이다. 하늘이 천하를 소유하는 것도 이와 다르지 않다. 지금 큰 나라가 작은 나라를 공격하고 큰 도읍이 작은 도읍을 정벌하면서 하늘에서 복과 녹봉을 구하려 한다면, 복과 녹봉을 얻을 수 없고 반드시 재앙에 이를 것이다.

하늘이 원하는 바를 행하지 않고 하늘이 원하지 않는 바를 행한다면, 하늘 역시 사람이 원하는 바를 하지 않고, 사람이 원하지 않는 바를 할 것이다. 사람이 원하지 않

는 것은 무엇인가? 질병과 재앙이라고 말할 수 있다. 하늘이 원하는 바를 행하지 않고 하늘이 원하지 않는 바를 행한다면 그것은 천하의 모든 백성을 이끌고 재앙의 중심에서 일하는 셈이다. 그래서 옛날 성왕들은 하늘과 귀신이 복을 주는 바를 잘 알고, 하늘과 귀신이 싫어하는 것을 피하면서, 그로써 천하의 이익을 일으키고 천하의 해로움을 제거했다. 그리하여 하늘은 추위와 더위를 절도 있게 하고, 사계절을 조화시키고, 그늘과 양지, 비와 이슬을 때에 맞게 내려 오곡이 무르익게 하고, 여섯 가축이 잘 자라서 질병의 재앙과 사나운 전염병, 흉악한 굶주림에 이르지 않도록 했다. 이런 까닭으로 묵자 선생께서 "오늘날 천하의 군자들이 진실로 (하늘의) 법도에 따라 백성을 이롭게 하고자 한다면 인의(仁義)의 근본을 잘 살펴 하늘의 뜻을 따르지 않으면 안 된다"고 말씀하셨다.

5 　且夫天下蓋有不仁不祥者, 曰當若子之不事父, 弟之不事兄, 臣之不事君也。

　　故天下之君子 與謂之不祥者。

　今夫天兼天下而愛之, 撽遂萬物以利之, 　　　　撽교: 때리다 → 邀요: 부르다, 구하다

　　若豪之末, 非天之所爲也, 而民得而利之, 則可謂否矣。　　豪 → 毫호: 가는 털

　然獨無報夫天, 而不知其爲不仁不祥也。

　此吾所謂 君子明細 而不明大也。

또한 세상에는 어질지 못하고 상서롭지 못한 일들이 있다. 아들이 아비를 섬기지 않고, 동생이 형을 섬기지 않으며, 신하가 임금을 섬기지 않는 것이 여기에 속한다. 그래서 천하의 군자들이 모두 그것을 상서롭지 못한 일이라 말한다. 지금 하늘은 세상 사람들을 두루 사랑하고, 만물을 키워 세상 사람들을 이롭게 하고 있다. 만일 털끝 하나라도 하늘이 만들고 백성이 그것을 이용할 수 없다고 (말)한다면 (그 대답은) '아니오'라고 말할 수 있다. 그런데도 홀로 저 하늘에 보답하지 않고, 그것이 어질지 않고 상서롭지 못함을 알지 못한다. 내가 군자들이 작은 것을 잘 알지만 큰 것을 알지 못한다고 말한 이유가 여기에 있다.

6　且吾所以知天之愛民之厚者有矣, 曰

　　以磨爲日月星辰, 以昭道之;　　　　　　　　磨: ① 맷돌, ② → 歷=曆

　　　制爲四時春秋冬夏, 以紀綱之;

　　　雷降雪霜雨露, 以長遂五穀麻絲, 使民得而財利之;　　雷=霣운: 떨어지다

　　　列爲山川谿谷, 播賦百事, 以臨司民之善否;　　播賦: 베풀고 거두다

　　　爲王公侯伯, 使之賞賢而罰暴;

　　　賊金木鳥獸, 從事乎五穀麻絲, 以爲民衣食之財。　　賊 → 賦

　　自古及今, 未嘗不有此也。

今有人於此, 驩若愛其子, 竭力單務以利之,　　驩환=歡, 單 → 殫탄: 다하다

　　其子長 而無報子求父, 故天下之君子 與謂之不仁不祥。

今夫天兼天下而愛之, 撽遂萬物以利之,

　　若豪之末, 非天之所爲, 而民得而利之, 則可謂否矣,　　豪 → 毫

　　然獨無報夫天, 而不知其爲不仁不祥也。

此吾所謂君子明細而不明大也。

또한 내가 하늘이 백성을 두텁게 사랑한다는 사실을 알게 된 까닭이 있다. (하늘은) 맷돌처럼 해와 달과 별이 (돌면서) 길을 밝게 비추게 하고, 춘하추동 사계절을 만들어 기강으로 삼고, 눈과 서리, 비와 이슬을 내려 오곡과 삼실을 키워 백성들로 하여금 그것을 얻어 재화로서 이용하게 한다. 산과 강, 계곡을 열 지어서 만들어 온갖 일 (농사)을 베풀고 거두어 백성들이 착한지 아닌지를 살피고, 왕공후백(王公侯伯)의 직위를 만들어, 그들로 하여금 어진 사람에게 상을 주고 포악한 사람에게 벌을 주도록 했다. 그리고 쇠와 나무, 날짐승과 들짐승을 거두고 오곡과 삼실(생산)에 종사하게 하여 백성의 옷과 음식의 재료가 되게 했다. 옛날부터 지금까지 이렇지 않은 적이 일찍이 없었다.

이제 여기에 사람이 있어 기뻐하며 그 자식을 사랑하고, 힘을 다하고 정성을 다해 자식을 이롭게 한다고 하자. 그 자식이 장성하여 아비에게 보답하지 않는다면 천하의 군자들이 모두 그를 어질지 못하고 상서롭지 못하다고 말한다. 지금 하늘은 세상 사람들을 두루 사랑하고, 만물을 키워 세상 사람들을 이롭게 하고 있다. 만일 털끝

하나라도 하늘이 만들고 백성이 그것을 이용할 수 없다고 (말)한다면 (그 대답은) '아니오'라고 말할 수 있다. 그런데도 홀로 저 하늘에 보답하지 않고, 그것이 어질지 않고 상서롭지 못함을 알지 못한다. 내가 군자들이 작은 것을 잘 알지만 큰 것을 알지 못한다고 말한 이유가 여기에 있다.

---

❶ 개천설(蓋天說)은 고대 중국의 대표적인 우주관이었다. 개천설에 의하면 "땅의 모양은 네모와 같다. 하늘은 둥글며(天圓地方), 해와 달과 함께 오른쪽에서 왼쪽으로 물레방아 바퀴처럼 돌았다."(C. Ronan, The Shorter Science & Civilization in China) 중국 고대문헌에서 이런 모습은 종종 맷돌에 비유된다.

7 且吾所以知天愛民之厚者, 不止此而足矣。

足=已

　曰 殺不辜者, 天予不祥。

予: 주다

不辜者誰也?

不辜 → 殺不辜

　曰 人也。

予之不祥者誰也?

　曰 天也。

若天不愛民之厚, 夫胡說人殺不辜, 而天予之不祥哉?

此吾之所以知天之愛民之厚也。

내가 하늘이 백성을 두텁게 사랑한다는 사실을 알게 된 이유는 여기에 그치지 않는다. 죄 없는 사람을 죽인 자에게 하늘은 벌을 내린다고 한다. 죄 없는 사람을 죽인 자는 누구인가? 사람이다. 벌을 내린 자는 누구인가? 하늘이다. 만약 하늘이 백성을 두텁게 사랑하지 않는다면 어찌 죄 없는 사람을 죽인 자에게 하늘이 벌을 내리겠는가? 내가 하늘이 백성을 두텁게 사랑하고 있다는 사실을 알게 된 까닭이 여기에 있다.

8-1 且吾所以知天之愛民之厚者, 不止此而已矣。

　　曰 愛人利人, 順天之意, 得天之賞者有之;

　　　憎人賊人, 反天之意, 得天之罰者亦有矣。

夫愛人利人, 順天之意, 得天之賞者誰也?

　　曰 若昔三代聖王 堯舜禹湯文武者是也。

堯舜禹湯文武焉所從事?　　　　　　　　　　　　　　　焉=何

　　曰 從事兼, 不從事別。

　　兼者, 處大國不攻小國, 處大家不亂小家,

　　　　强不劫弱, 衆不暴寡, 詐不謀愚, 貴不傲賤。

　　觀其事, 上利乎天, 中利乎鬼, 下利乎人, 三利無所不利, 是謂天德。

　　聚斂天下之美名而加之焉, 曰:

　　　此仁也, 義也, 愛人利人, 順天之意, 得天之賞者也。

　　不止此而已, 書於竹帛, 鏤之金石, 琢之槃盂, 傳遺後世子孫。

　　　　　　　　　　　　　鏤루: 새기다, 琢탁: 쪼다, 槃盂반우: 쟁반과 사발

曰 將何以爲?

　　將以識夫愛人利人, 順天之意, 得天之賞者也。

皇矣 道之曰:

　　帝謂文王, 予懷明德,

　　不大聲以色, 不長夏以革,　　　　　　　夏가=榎: 회초리, 以=而, 革: 채찍

　　不識不知, 順帝之則。

帝善其順法則也, 故舉殷以賞之, 使貴爲天子, 富有天下, 名譽至今不息。

故夫愛人利人, 順天之意, 得天之賞者, 旣可得留而已。　　　　留=知

　

내가 하늘이 백성을 두텁게 사랑한다는 사실을 알게 된 이유는 여기에 그치지 않는
다. 남을 사랑하고 이롭게 하면서 하늘의 뜻에 따라 하늘의 상을 받는 사람도 있고,
남을 미워하고 해치면서 하늘의 뜻에 거슬러 하늘의 벌을 받는 사람도 있다고 한다.
남을 사랑하고 이롭게 하면서 하늘의 뜻에 따라 하늘의 상을 받는 사람은 대체 누

구인가? 옛날 3대(夏·殷·周) 성왕 요(堯)·순(舜)·우(禹)·탕(湯)·문(文)·무(武)왕이 이들이다. 그들은 어떤 일에 종사했는가? 그들은 두루 사랑하는 겸애(兼)를 따르고 차별(別)을 따르지 않았다고 한다. 겸애는 큰 나라가 작은 나라를 공격하지 않고, 큰 집안이 작은 집안을 어지럽히지 않으며, 강자가 약자를 겁박하지 않고, 다수가 소수에게 사납게 대하지 않으며, 영악한 자가 어리석은 자를 속이지 않고, 귀한 자가 천한 자를 업신여기지 않는다. 그렇게 하면 위로는 하늘에 이롭고, 가운데로는 귀신에게 이롭고, 아래로는 사람에게 이롭다. 세 개의 이로움이 있으니 이롭지 않은 곳이 없다. 이를 일러 하늘의 덕(天德)이라고 한다. 세상의 아름다운 이름을 모아 그들에게 붙여주며, "이것이 인(仁)이며 의(義)이다. 남을 사랑하고 이롭게 하면서 하늘의 뜻에 따라 하늘의 상을 받은 자이다"라고 말한다. 여기에 그치지 않고 대나무와 비단에 쓰고, 쇠와 돌에 새기고, 쟁반과 사발에 새겨 후세의 자손에게 전한다. 왜 그리하는가? 남을 사랑하고 이롭게 하면서 하늘의 뜻에 따라 하늘의 상을 받은 자를 알게 하기 위함이다.

皇矣(「詩經」/「大雅」/「皇矣」편)는 다음과 같이 노래했다.

하느님(帝)이 문(文)왕에게 이르노니, 밝은 덕을 돌아보니
목소리와 안색을 크게 하지 아니하고,
회초리와 채찍을 늘리지 아니하여
자신도 모르는 사이에, 하늘의 법을 따르네.

하느님은 (文왕이) 하늘의 법도를 따르는 것을 좋아하여, 은(殷)나라를 상으로 주고, 귀하기로는 천자가 되게 하였으며, 부유하기로는 천하를 소유하게 하여, 그 명성과 칭송이 오늘까지 그치지 않는다. 그래서 남을 사랑하고 이롭게 하면서 하늘의 뜻에 따르면 하늘의 상을 받는 것을 알 수 있다.

---

❶　皇矣: 위대하다, 훌륭하다는 의미로 주(周)나라 태왕, 태백, 왕계의 덕을 칭송하고, 밀(密)나라와 숭(崇)나라 정벌을 찬양한 노래이다.

8-2　夫憎人賊人, 反天之意, 得天之罰者誰也?

曰 若昔者三代暴 王桀紂幽厲者是也。

桀紂幽厲焉所從事?

曰 從事別, 不從事兼。

別者, 處大國則攻小國, 處大家則亂小家,

　　強劫弱, 衆暴寡, 詐謀愚, 貴傲賤。

觀其事, 上不利乎天, 中不利乎鬼, 下不利乎人, 三不利無所利, 是謂天賊。

聚斂天下之醜名而加之焉, 曰

　　此非仁也, 非義也。憎人賊人, 反天之意, 得天之罰者也。

不止此而已, 又書其事於竹帛, 鏤之金石, 琢之槃盂, 傳遺後世子孫。

曰 將何以爲?

將以識夫憎人賊人, 反天之意, 得天之罰者也。

大誓之道之 曰:

　　紂越厥夷居, 不肯事上帝,　　越=乃: 이에, 厥=其: 그, 그것, 夷居=夷踞: 거만하다

　　棄厥先神祇不祀, 乃曰吾有命,　　神祇신기: 하늘의 신과 땅의 신

　　無廖㒝務天下, 天亦縱棄紂而不葆。

廖료 → 僇륙: 노력하다, 힘쓰다, 㒝=其, 縱: 내버려 두다, 葆=保

察天以縱棄紂而不葆者, 反天之意也。

故夫憎人賊人, 反天之意, 得天之罰者, 旣可得而知也。

남을 미워하고 해치면서 하늘의 뜻에 거슬러 하늘의 벌을 받은 사람은 대체 누구인
가? 옛날 3대 폭군 걸(桀)왕, 주(紂)왕, 유(幽)왕, 여(厲)왕이 이들이다. 그들은 어떤 일
에 종사했는가? 그들은 차별(別)을 따르고 두루 사랑하는 겸애(兼愛)를 따르지 않았
다고 한다. 차별은 큰 나라가 작은 나라를 공격하고, 큰 집안이 작은 집안을 어지럽
히며, 강자가 약자를 겁박하고, 다수가 소수에게 사납게 대하며, 영악한 자가 어리
석은 자를 속이고, 귀한 자가 천한 자를 업신여긴다. 그렇게 하면 위로는 하늘에 이
롭지 않고, 가운데로는 귀신에게 이롭지 않으며, 아래로는 사람에게 이롭지 않다. 세

가지가 이롭지 않으니 이로운 곳이 없다. 이를 일러 하늘의 복수(天賊)라고 한다. 세상의 추악한 이름을 모아 그들에게 붙여주며, "이것은 인(仁)이 아니며 의(義)도 아니다. 남을 미워하고 해치면서 하늘의 뜻을 거슬러 하늘의 벌을 받은 자이다"라고 말한다. 여기에 그치지 않고 그 일을 대나무와 비단에 쓰고, 쇠와 돌에 새기고, 쟁반과 사발에 새겨 후세의 자손에게 전한다. 왜 그리하는가? 남을 미워하고 해치면서 하늘의 뜻을 거슬러 하늘의 벌을 받은 자를 알게 하기 위함이다.

『大誓』(「書經」/「周書」/「泰誓」)에는 그것을 일러 다음과 같이 쓰고 있다. "이에 주(紂)왕이 거만하여 하느님(上帝)을 섬기지 않고, 조상을 버리고 하늘과 땅의 신에게 제사 지내지 않았으며, '내가 천명을 받았다'고 말하며 천하를 다스리는 일에 힘쓰지 않았다. 하늘도 역시 주(紂)왕을 버리고 지켜주지 않았다." 하늘이 주(紂)왕을 버리고 지켜주지 않은 것은 하늘의 뜻에 거역했기 때문이다. 그래서 남을 미워하고 해치면서 하늘의 뜻에 거스르면 하늘의 벌을 받는다는 것을 알 수 있다.

---

❶ 無廖傳務天下 : 「非命」中에는 無傷其務라는 구절이 나온다.

❷ 현존하는 『書經』「泰誓」 원문은 "乃夷居 弗事上帝神祇 遺厥先宗廟弗祀, 犧牲粢盛, 旣于凶盜, 乃曰 吾有民有命, 罔懲其侮"이다.

9 是故子墨子之有天之, 辟人無以異乎輪人之有規, 匠人之有矩也。

天之 → 天志, 辟人 → 譬之, 規規: 그림쇠=컴퍼스, 矩구: 곱자, ㄱ자

今夫輪人操其規, 將以量度天下之圜與不圜也,

曰 中吾規者謂之圜, 不中吾規者謂之不圜。

是以圜與不圜, 皆可得而知也。

此其故何? 則圜法明也。

匠人亦操其矩, 將以量度天下之方與不方也。曰:

曰 中吾矩者謂之方, 不中吾矩者謂之不方。

是以方與不方, 皆可得而知之。

此其故何? 則方法明也。

故子墨子之有天之意也, 上將以度天下之王公大人爲刑政也, 有=操

　　　　　　下將以量天下之萬民爲文學出言談也。

觀其行, 順天之意, 謂之善意行,

　　　反天之意, 謂之不善意行;

觀其言談, 順天之意, 謂之善言談,

　　　反天之意, 謂之不善言談;

觀其刑政, 順天之意, 謂之善刑政,

　　　反天之意, 謂之不善刑政。

故置此以爲法, 立此以爲儀,

　　將以量度天下之王公大人卿大夫之仁與不仁, 譬之猶分黑白也。

是故子墨子曰:

　　今天下之王公大人士君子, 中實將欲遵道利民,

　　　　本察仁義之本, 天之意不可不順也。

　　順天之意者, 義之法也。

묵자 선생께서 하늘의 뜻을 가진 것은 비유하면 수레바퀴를 만드는 장인이 그림쇠를 가지고, 목수가 곱자(ㄱ자)를 가진 것과 다르지 않다. 수레바퀴 만드는 기술자는 그림쇠를 잡고, 천하의 원(圓)과 원이 아닌 것을 재며 "내 그림쇠에 맞는 것은 원이며, 내 그림쇠에 맞지 않으면 원이 아니다"라고 말한다. 이렇게 하여 원과 원이 아닌 것을 모두 알 수 있다. 그 이유는 무엇인가? 원을 그리는 방법이 명확하기 때문이다. 목수 역시 곱자를 들고 천하의 네모와 네모 아닌 것을 재며 "내 곱자에 맞으면 네모이며, 내 곱자에 맞지 않으면 네모가 아니다"라고 말한다. 이렇게 하여 네모와 네모가 아닌 것을 모두 알 수 있다. 그 이유는 무엇인가? 네모를 그리는 방법이 명확하기 때문이다.

그래서 묵자 선생께서는 하늘의 뜻을 가지고 위로는 천하의 왕공대인과 경대부가 행하는 형정(刑政)을 헤아리고, 아래로는 천하의 백성들이 배우고 말하는 바를 잰다. 행동을 보고 하늘의 뜻을 따르면 좋은 행동이라 말하고, 하늘의 뜻에 거스르면 좋지 않은 행동이라 한다. 그 말을 듣고 하늘의 뜻을 따르면 좋은 말이라 말하고, 하늘의 뜻에 거스르면 좋지 않은 말이라 한다. 형정을 보고 하늘의 뜻을 따르면 좋은 형정이라 말하고, 하늘의 뜻에 거스르면 좋지 않은 형정이라 한다. 이것(하늘의 뜻)을 세워 놓고 본받아야 할 틀(法儀)로 삼아 천하의 왕공대인과 경대부가 어진지 어질지 못한지를 헤아린다. 비유하면 흑백을 구분하는 것과 같다. 그래서 묵자 선생께서 "오늘날 천하의 왕공대인과 선비 그리고 군자들은 진실로 도리를 따르고 백성을 이롭게 하고자 한다면 인의(仁義)의 근본을 잘 살펴 하늘의 뜻에 따르지 않으면 안 된다. 하늘의 뜻을 따르는 것이 의로움의 법도이다"라고 말씀하셨다.

第二十八 天志 下

1 子墨子言曰:

天下之所以亂者, 其說將何哉? 則是天下士君子, 皆明於小 而不明於大.

何以知其明於小不明於大也? 以其不明於天之意也.

何以知其不明於天之意也? 以處人之家者知之.

今人處若家得罪, 將猶有異家所以避逃之者, 然且父以戒子, 兄以戒弟,

曰: 戒之愼之, 處人之家, 不戒不愼之, 而有處人之國者乎?

今人處若國得罪, 將猶有異國所以避逃之者矣, 然且父以戒子, 兄以戒弟,

曰: 戒之愼之, 處人之國者, 不可不戒愼也!

今人皆處天下而事天, 得罪於天, 將無所以避逃之者矣.

然而莫知以相極戒也, 吾以此知大物則不知者也.

묵자 선생께서 말씀하셨다. "천하가 혼란한 이유는 무엇인가? 천하의 선비와 군자들이 모두 작은 일에는 밝지만 큰일을 잘 알지 못하기 때문이다. 그들이 작은 일에 밝지만 큰일을 알지 못하는지 어찌 아는가? 하늘의 뜻을 알지 못하기 때문이다. 그들이 하늘의 뜻을 알지 못하는지는 어찌 아는가? 집안에 처신하는 것을 보고 알 수 있다. 사람이 집안(가문)에서 죄를 지으면 피하여 도망갈 다른 집안이 있다. 그러면 아버지가 아들에게, 형이 동생에게 훈계하여 말한다. '경계하고 삼가라. 집안에서 처신함을 경계하지 않고 삼가지 않으면서 (어찌) 나라에 처신할 수 있겠는가?' 사람이 나라에서 죄를 지으면 피하여 도망갈 다른 나라가 있다. 그러면 아버지가 아들에게, 형이 동생에게 훈계하며 말한다. '경계하고 삼가라. 나라에 처신하면서 경계하고 삼가지 않으면 안 된다.' 지금 사람들이 천하에 살면서 하늘을 섬긴다. 하늘에 죄를 지으면 장차 피하여 도망갈 곳이 없다. 그러나 아무도 서로 지극히 경계할 줄 모른다. 나는 이로써 (천하의 선비와 군자들이) 큰일을 알지 못한다는 것을 알 수 있다."

2-1

是故子墨子言曰: 戒之愼之, 必爲天之所欲, 而去天之所惡。

曰 天之所欲者何也? 所惡者何也? 天欲義而惡其不義者也。

何以知其然也? 曰 義者正也。　　　　　　　　正: 바로잡다, 바르다

何以知義之爲正也? 天下有義則治, 無義則亂。

我以此知義之爲正也。

그래서 묵자 선생께서 "경계하고 삼가라. 반드시 하늘이 바라는 바를 하고, 하늘이 미워하는 바를 버려라"라고 말씀하셨다. 또한 "하늘이 원하는 바가 무엇이고, 미워하는 바가 무엇인가? 하늘은 의로움을 원하고, 의롭지 아니함을 미워한다"고 말씀하셨다. 어찌 그러함을 아는가? "의로움은 바로잡는 일이다." 그것을 어찌 아는가? "천하에 의로움이 있으면 잘 다스려지고, 의로움이 없으면 혼란하다. 이것으로 나는 의로움이 바로잡힌다는 사실을 안다."

2-2

然而正者, 無自下正上者, 必自上正下。

是故庶人不得次己而爲正, 有士正之;　　　　　　次: 차례 짓다

士不得次己而爲正, 有大夫正之;

大夫不得次己而爲正, 有諸侯正之;

諸侯不得次己而爲正, 有三公正之;

三公不得次己而爲正, 有天子正之;

天子不得次己而爲政, 有天正之。

今天下之士君子, 皆明於天子之正天下也, 而不明於天之正天子也。

그런데 바로잡는 것은 아래에서 윗사람을 바로잡는 것이 아니고, 반드시 위에서 아랫사람을 바로잡는다. 따라서 백성은 자기를 다스려 바로잡을 수 없고, 선비가 그들을 바로잡는다. 선비는 자기를 다스려 바로잡을 수 없고, 대부(大夫)가 그들을 바로잡는다. 대부는 자기를 다스려 바로잡을 수 없고, 제후(諸侯)가 그들을 바로잡는다. 제후는 자기를 다스려 바로잡을 수 없고, 삼공(三公)이 그들을 바로잡는다. 삼공

은 자기를 다스려 바로잡을 수 없고, 천자(天子)가 그들을 바로잡는다. 천자는 자기를 다스려 바로잡을 수 없고, 하늘이 그를 바로잡는다. 오늘날 천하의 선비와 군자들은 모두 천자가 천하를 바로잡는다는 사실을 잘 알지만, 하늘이 천자를 바로잡는다는 사실을 모른다.

❶ 次: 孫詒讓은 恣의 오류로 보지만 있는 그대로 해석하면 더 자연스럽다.

2-3 是故古者聖人, 明以此說人曰: 天子有善, 天能賞之;

天子有過, 天能罰之。

天子賞罰不當, 聽獄不中, 天下疾病禍福, 霜露不時,

禍福: ① 복에 화를 내리다, ② → 禍祟: 재앙

天子必且犓豢其牛羊犬彘, 絜爲粢盛酒醴, 以禱祠祈福於天,

犓豢추환: 가축을 키우다, 禱도=祈기: 빌다, 기원하다, 祠사: 사당, 봄 제사

我未嘗聞天之禱祈福於天子也。

吾以此知天之重且貴於天子也。

이런 까닭으로 옛날 성인들은 이를 밝혀 사람들에게 설명하며 "천자가 잘하면 하늘이 상을 주고, 천자가 잘못하면 벌을 내린다"고 말한다. 천자의 상벌이 합당하지 않고 소송이 공정하지 않으면, 천하에 질병이 돌고 재앙이 내리며, 서리와 이슬이 때에 맞지 않게 내린다. (그러면) 천자는 반드시 소, 양, 개, 돼지를 기르고, 기장과 단술을 정갈하게 만들어 사당에 제사하여 하늘에 복을 기원한다. 나는 아직 하늘이 천자에게 복을 기원한다는 말을 듣지 못했다. 이것으로 나는 하늘이 천자보다 소중하고 귀하다는 사실을 안다.

3

是故義者不自愚且賤者出, 必自貴且知者出.

曰 誰爲知? 天爲知. 然則義果自天出也.

今天下之士君子之欲爲義者, 則不可不順天之意矣.

曰 順天之意何若? 曰 兼愛天下之人.

何以知兼愛天下之人也? 以兼而食之也.　　　　　　　　　以: 이유

何以知其兼而食之也?

自古及今 無有遠靈孤夷之國, 皆犓豢其牛羊犬豕,　　無有=無論: 막론하고

絜爲粢盛酒醴, 以敬祭祀上帝山川鬼神, 以此知兼而食之也.

苟兼而食焉, 必兼而愛之.　　　　　　　　　　　　　　　苟: 진실로

譬之若楚, 越之君, 今是楚王食於楚之四境之內, 故愛楚之人;

越王食於越, 故愛越之人.

今天兼天下而食焉, 我以此知其兼愛天下之人也.

이런 까닭으로 의로움은 어리석음과 천함으로부터 나오지 않고, 반드시 귀함과 지혜로움으로부터 나온다. 누가 지혜로운가? 하늘이 지혜롭다. 그런즉 의로움은 하늘에서부터 나온다. 오늘날 천하의 선비와 군자들이 의로움을 행하고자 한다면 하늘의 뜻을 따르지 않으면 안 된다. 하늘의 뜻을 따른다는 것은 무엇인가? 천하의 백성을 두루 사랑하는 일이다. 천하의 백성을 두루 사랑함을 어찌 아는가? 두루 먹여주기 때문이다. 두루 먹여준다는 것을 어찌 아는가? 옛날부터 지금까지 멀리 떨어진 신령스럽고 외진 오랑캐 나라를 막론하고, 모두 소, 양, 개, 돼지를 기르고, 기장과 단술을 정결하게 만들어 하느님(上帝)과 산천의 귀신에게 경건하게 제사를 지냈다. 이로써 두루 먹여준다는 사실을 안다. 진실로 두루 먹여주면 반드시 두루 사랑함을 뜻한다. 비유하면 초(楚)나라와 월(越)나라의 왕과 같다. 지금 초나라 왕이 초나라 국경 내에 (백성을) 먹여주니 초나라 백성을 사랑함이요, 월나라 왕이 월나라 백성을 먹여주니 그들을 사랑하기 때문이다. 이제 하늘이 천하의 백성을 두루 먹여 살린다. 나는 이로써 (하늘이) 천하의 백성을 두루 사랑함을 알 수 있다.

4-1

且天之愛百姓也, 不盡物而止矣。

今天下之國, 粒食之民, 殺一不辜者, 必有一不祥。 粒: 쌀알

曰 誰殺不辜? 曰 人也。

　孰予之不辜? 曰 天也。 辜=辜 → 祥의 오류

若天之中實不愛此民也, 何故而人有殺不辜, 而天予之不祥哉?

且天之愛百姓厚矣, 天之愛百姓別矣, 既可得而知也。

何以知天之愛百姓也? 吾以賢者之必賞善罰暴也。

何以知賢者之必賞善罰暴也? 吾以昔者三代之聖王知之。

하늘이 백성을 사랑함은 여기에 그치지 않는다. 이제 천하의 나라에서 곡식을 먹는 백성이 죄 없는 사람을 죽이면 반드시 재앙을 받는다. 누가 죄 없는 사람을 죽이는 가? 사람이다. 누가 재앙을 내리는가? 하늘이다. 만약 하늘이 진실로 이 백성들을 사 랑하지 않는다면, 무슨 까닭으로 죄 없는 자를 죽인 사람에게 하늘이 재앙을 내리겠 는가? 또한 백성에 대한 하늘의 사랑은 두텁고 유별함을 알 수 있다. 어찌 백성에 대 한 하늘의 사랑을 알 수 있는가? 현명한 자는 반드시 착한 사람에게 상을 주고 포악 한 사람에게 벌을 준다는 사실에서 알 수 있다. 현명한 사람이 반드시 착한 사람에 게 상을 주고 포악한 사람에게 벌을 준다는 사실을 어찌 아는가? 나는 옛날 3대(夏·殷·周) 성왕 때문에 그것을 안다.

4-2

故昔也三代之聖王 堯舜禹湯文武之兼愛之天下也, 從而利之,

　移其百姓之意焉, 率以敬上帝山川鬼神。

　天以爲從其所愛而愛之, 從其所利而利之,

　於是加其賞焉, 使之處上位, 立爲天子以法也, 名之曰 聖人。

　以此知其賞善之證。

是故昔也三代之暴王 桀紂幽厲之兼惡天下也, 從而賊之,

　移其百姓之意焉, 率以詬侮上帝山川鬼神, 詬侮후모: 욕보이고 업신여기다

　以爲不從其所愛而惡之, 不從其所利而賊之,

於是加其罰焉, 使之父子離散, 國家滅亡, 抎失社稷, 憂以及其身。　　抎=失

是以天下之庶民屬而毀之, 業萬世子孫 繼嗣毀之賁不之廢也, 名之曰失王。

屬촉: 모이다, 毀훼: 비방하다, 業: 잇다, 계승하다, 賁→者

以此知其罰暴之證。

옛날 3대 성왕 요(堯) · 순(舜) · 우(禹) · 탕(湯) · 문(文) · 무(武)왕은 세상 사람들을 두루 사랑하였고, 따라서 그들을 이롭게 했다. 백성의 마음을 움직여 하느님(上帝)과 산천의 귀신을 공경하도록 이끌었다. (이에) 하늘은 사랑하는 방식에 따라 그들을 사랑하고, 이롭게 하는 방식에 따라 그들을 이롭게 했다. 여기에 상(賞)을 더하여 그를 윗자리에 앉혀 천자가 되게 하여 모범으로 삼고, 성인이라 불렀다. 이로써 착한 사람에게 상을 준다는 증거를 알게 되었다.

옛날 3대의 폭군 걸(桀) · 주(紂) · 유(幽) · 여(厲)왕은 천하(의 백성)를 두루 미워하였고, 따라서 그들을 해쳤다. 백성의 마음을 움직여 하느님(上帝)과 산천의 귀신을 욕하고 업신여기도록 이끌었다. (이에) 하늘은 사랑하는 방식을 따르지 않고 그를 미워하고, 이롭게 하는 방식을 따르지 않고 그를 해쳤다. 여기에 벌을 더하여 그로 하여금 아비와 자식을 헤어져 흩어지게 하고, 나라와 집안이 멸망하고, 사직을 잃고, 우환이 (자신의) 몸에까지 미치게 했다. 이리하여 천하의 백성들이 모여 그를 비방하고, 자손 대대로 비난하는 자가 그치지 아니하여 그를 잃어버린 왕(失王)이라 불렀다. 이로써 포악한 사람에게 벌을 준다는 증거를 알았다.

5-1　今天下之士君子, 欲爲義者, 則不可不順天之意矣。

曰 順天之意者, 兼也; 反天之意者, 別也。

兼之爲道也, 義正; 別之爲道也, 力正。　　正=政

曰 義正者何若?

曰 大不攻小也, 强不侮弱也, 衆不賊寡也, 詐不欺愚也,

貴不傲賤也, 富不驕貧也, 壯不奪老也。

是以天下之庶國, 莫以水火毒藥兵刃以相害也。　　兵: 무기, 刃인: 칼

若事上利天, 中利鬼, 下利人, 三利而無所不利, 是謂天德。

故凡從事此者, 聖知也, 仁義也, 忠惠也, 慈孝也,

是故聚斂天下之善名而加之。

是其故何也? 則順天之意也。

이제 천하의 선비와 군자들이 의로움을 행하고자 한다면 하늘의 뜻을 따르지 않으면 안 된다. 하늘의 뜻을 따르는 것은 두루 아우름(兼)이고, 하늘의 뜻에 거스르는 것은 차별(別)이다. 두루 아우름으로 이끄는 것은 의로운 정치이고, 차별로 이끄는 것은 힘의 정치이다.

의로운 정치는 무엇인가? 큰 나라가 작은 나라를 공격하지 않고, 강자가 약자를 업신여기지 않고, 다수가 소수를 해치지 않으며, 영악한 자가 어리석은 자를 속이지 않는다. 또한 귀족이 천민에게 오만하지 않고, 부자가 가난한 자에게 교만하지 않으며, 젊은이가 노인을 약탈하지 않는다. 이로써 천하의 뭇 나라들이 물과 불, 독약, 무기와 칼로 서로 해치지 않는다. 이와 같은 일은 위로는 하늘을 이롭게 하고, 가운데로는 귀신을 이롭게 하고, 아래로는 사람을 이롭게 한다. 세 개의 이로움이 있으니 이롭지 않은 곳이 없다. 이를 일러 하늘의 덕(天德)이라고 한다. 그리하여 여기(義正)에 종사하는 자는 성스럽고 지혜로우며, 어질고 의로우며, 충성스럽고 은혜를 베풀고, 자애롭고 효성스럽다. 이런 까닭에 천하의 착한 이름을 모두 거두어 모아 그에게 붙여준다. 그 이유는 무엇인가? 하늘의 뜻을 따랐기 때문이다.

5-2 曰 力正者何若?

曰 大則攻小也, 强則侮弱也, 衆則賊寡也, 詐則欺愚也,

貴則傲賤也, 富則驕貧也, 壯則奪老也。

是以天下之庶國, 方以水火毒藥兵刃以相賊害也。

若事上不利天, 中不利鬼, 下不利人, 三不利而無所利, 是謂之賊。 _{之 → 天}

故凡從事此者, 寇亂也, 盜賊也, 不仁不義, 不忠不惠, 不慈不孝,

是故聚斂天下之惡名而加之。

是其故何也? 則反天之意也。

힘의 정치는 무엇인가? 큰 나라이면 작은 나라를 공격하고, 강하면 약자를 업신여기고, 다수이면 소수를 해치고, 영악하면 어리석은 자를 속인다. 귀족이면 천민에게 오만하고, 부유하면 가난한 자에게 교만하며, 젊으면 노인을 약탈한다. 이로써 천하의 뭇 나라들은 바야흐로 물과 불, 독약, 무기와 칼로 서로 해치고 다친다. 이와 같은 일은 위로는 하늘에 이롭지 아니하고, 가운데로는 귀신에 이롭게 아니하고, 아래로는 사람에 이롭지 아니하다. 세 가지가 이롭지 않으니 이로운 곳이 없다. 이를 일러 (하늘의) 복수(賊)라고 한다. 그리하여 여기(力正)에 종사하는 자는 침략자가 어지럽히고, 도적이 해친다. 또한 어질지 않고 의롭지도 않으며, 충성스럽지 않고 은혜롭지 않으며, 자애롭지 않고 효성스럽지 않다. 이런 까닭에 천하의 추악한 이름을 모두 거두어 모아 그에게 붙여준다. 그 이유는 무엇인가? 하늘의 뜻에 거슬렸기 때문이다.

6-1 故子墨子置立天之, 以爲儀法, 若輪人之有規, 匠人之有矩也。

天之 → 天志

今輪人以規, 匠人以矩, 以此知方圜之別矣。

是故子墨子置立天之, 以爲儀法。

天之 → 天志, 儀法: 표준, 기준

吾以此知天下之士君子之去義遠也。

何以知天下之士君子之去義遠也?

今知氏大國之君 寬者然 曰: 吾處大國而不攻小國, 吾何以爲大哉!

寬者然: 너그럽다, 호탕하다

是以差論蚤牙之士, 比列其舟車之卒, 以攻罰無罪之國。

蚤牙之士=爪牙之士: 용맹한 군사, 比列: 나란히 열 짓다

入其溝境, 刈其禾稼, 斬其樹木, 殘其城郭,

溝境=境: 국영, 변경, 刈예: 베다, 자르다, 殘: 손상하다, 없애다

以御其溝池, 焚燒其祖廟, 攘殺其犧牷。

御 → 堙인: 막다, 메우다, 焚燒분소: 불사르다, 攘양: 빼앗다, 犧牷희전: 희생

民之格者 則剄拔之,

格: 맞서다, 대적하다, 剄경: 목을 베다

不格者, 則係操而歸, 丈夫以爲僕圉胥靡, 婦人以爲舂酋。

係操: 잡아서 묶다, 僕圉: 종과 마부, 胥靡서미: 형벌노예, 舂용: 절구질하다, 酋추: 술을 빚다

십론(十論)

묵자 선생께서 하늘의 뜻을 세워 표준으로 삼은 것은 수레바퀴를 만드는 장인이 그림쇠(컴퍼스)를 가지고, 목수가 곱자(ㄱ자)를 가진 것과 같다. 오늘날 수레바퀴를 만드는 장인과 목수는 그림쇠와 곱자를 가지고 네모와 원을 식별한다. 그래서 묵자 선생은 하늘의 뜻을 표준으로 삼았다. 나는 이로써(하늘의 뜻으로써) 천하의 선비와 군자들이 의로움에서 멀리 떠났음을 안다. 천하의 선비와 군자들이 의로움으로부터 멀리 떠났음을 어찌 아는가? 지금 지씨(知氏)는 큰 나라의 임금으로 호탕한 척하며 "내가 큰 나라에 살면서 작은 나라를 공격하지 않으면 어찌 큰 나라가 될 수 있겠는가!"라고 말한다. 이리하여 용맹한 군사를 선발하고 보병과 수병(水兵)을 정비하여 죄 없는 나라를 공격한다. (작은 나라의) 국경에 들어서서 벼와 농작물을 베고, 나무를 자르며, 성곽을 무너뜨린다. 해자(垓字)를 메우고, 조상을 모시는 사당을 불태우고, 희생 가축을 빼앗고 죽인다. 백성이 저항하면 선별하여 목을 베고, 저항하지 않으면 잡아 묶어서 데리고 온다. 사내는 하인이나 노예로 삼고, 아녀자는 절구질하고 술 빚는 노비로 삼는다.

❶ 知氏: 晉나라 대부인 知伯(智伯으로도 불린다)을 가리킨다.

6-2 則夫好攻伐之君, 不知此爲不仁義, 以告四鄰諸侯 曰:

吾攻國覆軍, 殺將若干人矣。 覆: 뒤엎다

其鄰國之君亦不知此爲不仁義也, 有具其皮幣, 發其緫處, 使人饗賀焉。

緫處: ① → 總處총괄하는 곳, 창고, ② → 徒遽도거: 심부름꾼, 사신, 饗향: 잔치하다

則夫好攻伐之君, 有重不知此爲不仁不義也, 有書之竹帛, 藏之府庫。 重: 거듭

爲人後子者, 必且欲順其先君之行 曰:

何不當發吾府庫, 視吾先君之法美。 法美 → 法義

必不曰 文武之爲正者若此矣, 曰 吾攻國覆軍殺將若干人矣。 正=政

則夫好攻伐之君 不知此爲不仁不義也,

其鄰國之君 不知此爲不仁不義也, 是以攻伐世世而不已者。

此吾所謂大物則不知也。

대체로 공격하여 정벌하기를 좋아하는 임금은 이것이 인의(仁義)에 어긋난다는 사실을 모르고, 이웃의 제후들에게 알리며 "내가 (다른) 나라를 공격하여 군대를 뒤엎고, 약간의 장수를 죽였노라"고 자랑한다. 이웃 나라 임금 역시 이것이 인의(仁義)에 어긋남을 모르고 가죽과 비단을 갖추어 사신을 보내 잔치하며 축하한다. 또한 공격하여 정벌하기를 좋아하는 임금은 이것이 어질지도 못하고 의롭지도 못하다는 사실을 모르고 (정복전쟁에 관한 사실을) 대나무와 비단에 써서 창고에 보관한다. 후손된 자들은 반드시 돌아가신 임금의 행실을 따르고자 하여 "내 창고를 열어 돌아가신 임금의 법도를 보는 것이 어찌 마땅하지 않겠는가?"라고 말한다. (거기에는) 기필코 '문왕과 무왕의 정치가 이와 같다'고 쓰이지 않고 '내가 나라를 공격하여 군대를 뒤엎고 약간의 장수를 죽였노라'고 쓰여 있을 것이다. 공격하여 정벌하기를 좋아하는 임금은 이것이 어질지도 못하고 의롭지도 못하다는 사실을 모르고, 이웃 나라의 임금들도 그것을 알지 못하여 공격과 정벌은 대를 이어 그치지 않는다. (천하의 선비와 군자들이) 큰일을 알지 못한다고 내가 말하는 이유가 여기에 있다.

7-1 所謂小物則知之者何若?

今有人於此, 入人之場園, 取人之桃李瓜薑者,

場園: 농장, 桃李: 복숭아와 자두, 瓜薑과강: 오이와 생강

上得且罰之, 衆聞則非之, 是何也?

曰 不與其勞, 獲其實, 已非其有所取之故,

而況有踰於人之牆垣, 担格人之子女者乎?

踰: 타고 넘다, 牆垣장원: 담장, 担저: 잡아당기다, 格: 싸우다

與角人之府庫, 竊人之金玉蚤絮者乎?

角 → 穴: 구멍을 뚫다, 蚤絮조류 → 蚤絮잠서: 비단

與踰人之欄牢, 竊人之牛馬者乎?

欄牢난뢰: 울타리, 우리

而況有殺一不辜人乎?

今王公大人之爲政也, 自殺一不辜人者;

踰人之牆垣, 担格人之子女者;

與角人之府庫, 竊人之金玉蚤絭者;

與踰人之欄牢, 竊人之牛馬者;

與入人之場園, 竊人之桃李瓜薑者,

今王公大人之加罰此也, 雖古之堯舜禹湯文武之爲政, 亦無以異此矣。

이른바 작은 일을 안다는 것은 무엇과 같은가? 지금 여기에 사람이 있어 남의 농장에 들어가 남의 복숭아와 자두, 오이와 생강을 훔쳤다고 하자. 위에서 알면 그에게 벌을 내리고, 뭇 사람이 들으면 그를 비난한다. 왜 그런가? 노동에 참여하지 않고 과실을 취했기 때문이다. (그가) 가져가야 할 이유가 없다. 하물며 남의 담장을 넘어 남의 자녀와 잡아당기며 싸우면 어떠하겠는가? 남의 창고에 구멍을 뚫어 남의 금과 구슬, 비단을 훔치면 어떠하겠는가? 남의 우리를 넘어가 남의 소와 말을 훔치면 어떠하겠는가? 심지어 죄 없는 한 사람을 죽이면 어떠하겠는가?

오늘날 왕공대인은 다스림에 있어 스스로 무고한 사람을 죽이고, 남의 담장을 넘어 남의 자녀와 싸우고, 남의 창고를 뚫고 금과 구슬, 비단을 훔치고, 남의 우리를 넘어가 소와 말을 훔치고, 농장에 들어가 남의 복숭아와 자두, 오이와 생강을 훔치면 벌을 준다. 옛날의 요(堯) · 순(舜) · 우(禹) · 탕(湯) · 문(文) · 무(武)왕의 다스림 역시 이와 다르지 않았다.

7-2 今天下之諸侯, 將猶皆侵凌攻伐兼幷,

凌능: 깔보다, 침입하다

此爲殺一不辜人者, 數千萬矣;

此爲踰人之牆垣, 格人之子女者, 與角人府庫, 竊人金玉蚤絭者, 數千萬矣;

踰人之欄牢, 竊人之牛馬者, 與入人之場園, 竊人之桃李瓜薑者, 數千萬矣,

而自曰義也。

故子墨子言曰:

是蕡我者, 則豈有以異是蕡黑白 · 甘苦之辯者哉?

蕡 一 棼=紛: 어지럽히다, 我 一 義, 辯: 분별, 구별

今有人於此, 少而示之黑謂之黑, 多示之黑謂白, 必曰吾目亂 不知黑白之別。

今有人於此, 能少嘗之甘謂甘, 多嘗謂苦, 必曰吾口亂 不知其甘苦之味。

今王公大人之政也, 或殺人, 其國家禁之此蚤越。

有能多殺其鄰國之人, 因以爲文義, 此豈有異賁白黑·甘苦之別者哉?

오늘날 천하의 제후들은 (다른 나라를) 침략하고 정벌하여 겸병하는데, 이것은 죄 없는 한사람을 죽이는 것에 비해 (그 죄가) 수천만 배이다. 또한 이것은 남의 담장을 넘어 남의 자녀와 싸우고, 남의 창고를 뚫어 금과 구슬, 비단을 훔치는 것에 비해 (그 죄가) 수천만 배이다. 남의 우리를 넘어 소와 말을 훔치고, 남의 농장에 들어가 복숭아와 자두, 오이와 생강을 훔치는 것에 비해 (그 죄가) 수천만 배인데, 스스로 '의롭다'고 말한다.

묵자 선생께서 말씀하셨다. "이것은 의로움을 어지럽히는 일이다. 하양과 검정(黑白), 달고 씀(甘苦)의 분별을 어지럽히는 일과 어찌 다르겠는가? 어떤 사람이 검정을 조금 보고 검다고 말하거나, 검정을 많이 보고 희다고 말하면 반드시 '내 눈이 어지러워 흑백을 구별하지 못한다'고 말해야 한다. 어떤 사람이 단 것을 조금 맛보고 달다고 말하거나, 단 것을 많이 맛보고 쓰다고 말하면 반드시 '내 입이 어지러워 달고 쓴 맛을 알지 못한다'고 말해야 한다. 오늘날 왕공대인이 정치를 함에 있어 사람을 죽이면 그 나라는 이것을 일찍이 금지한다. (그러나) 이웃 나라 사람을 많이 죽이면서 이를 빛나는 의로움(文義)으로 여기니, 흑백(黑白)과 감고(甘苦)의 구별을 어지럽히는 일과 어찌 다르겠는가?"

8 故子墨子置天之, 以爲儀法。

非獨子墨子以天之志爲法也, 於先王之書大夏之道之然:　　　　大夏 → 大雅

　帝謂文王, 予懷明德,

　毋大聲以色, 毋長夏以革,　　　　夏가=榎: 회초리, 以=而, 革: 채찍

　不識不知, 順帝之則。

此誥文王之以天志爲法也, 而順帝之則也。　　　　誥=告

且今天下之士君子, 中實將欲爲仁義, 求爲上士,

　　　　上欲中聖王之道, 下欲中國家百姓之利者,

當天之志, 而不可不察也.

天之志者, 義之經也。

묵자 선생께서는 하늘의 뜻을 세워 본받아야 할 기준으로 삼으셨다. 묵자 선생만이 하늘의 뜻을 법도로 삼은 것은 아니고 선왕의 책 『大夏』(「詩經」「大雅」「皇矣」)도 그러하다.

> 하느님(帝)이 문(文)왕에게 이르노니, 밝은 덕을 돌아보니
> 목소리와 안색을 크게 하지 아니하고,
> 회초리와 채찍을 늘리지 아니하여
> 자신도 모르는 사이에, 하늘의 법을 따르네.

이것은 문왕이 하늘의 뜻을 법도로 삼아 하느님(帝)의 뜻에 따랐음을 말한다. 오늘날 천하의 선비와 군자들이 진실로 인의(仁義)를 실천하여 훌륭한 선비가 되고자 한다면, (그리고) 위로는 성왕의 도리에 맞고 아래로는 나라와 백성의 이익에 부합하기를 바란다면, 하늘의 뜻을 살피지 않으면 안 된다. 하늘의 뜻은 의로움의 기준이기 때문이다.

第二十九 明鬼 上 ^闕

第三十 明鬼 中^闕

1 子墨子言曰:

逮至昔三代聖王旣沒, 天下失義, 諸侯力正。　　沒=歿: 죽다, 正=政

是以存夫爲人君臣上下者之不惠忠也, 父子弟兄之不慈孝弟長貞良也,

正長之不强於聽治, 賤人之不强於從事也。

民之爲淫暴寇亂盜賊, 以兵刃毒藥水火 退無罪人乎道路率徑,

　　率 → 術: 邑中道, 골목길, 徑: 지름길, 오솔길

奪人車馬衣裘以自利者 並作。

由此始, 是以天下亂。

묵자 선생께서 다음과 같이 말씀하셨다. "3대 성왕이 돌아가시자 천하는 의로움을 잃고 제후들은 힘으로 다스렸다. 그리하여 임금과 신하, 윗사람과 아랫사람은 은혜롭지도 충성하지도 아니하고, 아비와 자식은 자애롭지도 효도하지도 않고, 형제는 우애하지 않았다. 정치의 우두머리는 다스림에 힘쓰지 않고, 서민은 하는 일(생업)에 힘쓰지 않았다. 백성들이 지나치게 포악해지고, 어지럽게 약탈하고, 도둑질로 남을 해쳤다. 무기와 칼, 독약, 물과 불로 큰 길과 오솔길에서 죄 없는 사람을 쫓아내고 남의 수레와 말, 의복을 빼앗아 스스로 이익을 보는 일이 동시에 일어났다. 이로 인하여 천하가 어지러워졌다."

2 此其故何以然也?

則皆以疑惑鬼神之有與無之別, 不明乎鬼神之能賞賢而罰暴也。　　以: 이유

今若使天下之人, 偕若信鬼神之能賞賢而罰暴也, 則夫天下豈亂哉?　　偕해 → 皆

今執無鬼者曰: 鬼神者, 固無有。

旦暮以爲教誨乎天下, 疑天下之衆, 使天下之衆皆疑惑乎鬼神有無之別,

是以天下亂。

是故子墨子曰: 今天下之王公大人士君子, 實將欲求興天下之利, 除天下之害,

故當鬼神之有與無之別, 以爲將不可以不明察此者也。

무슨 까닭으로 그렇게 되었는가? 모든 사람들이 귀신의 존재 유무에 대해 의심하고, 귀신이 현명한 사람에게 상을 주고 포악한 사람에게 벌을 준다는 사실을 잘 알지 못하기 때문이다. 이제 만약 천하의 사람들로 하여금 귀신이 현명한 사람에게 상을 주고 포악한 사람에게 벌을 줄 수 있음을 믿게 한다면 어찌 천하가 어지러워지겠는가? 오늘날 귀신이 없다고 주장하는 사람들은 "귀신이라고 하는 것은 원래 존재하지 않는다"고 말한다. 아침부터 저녁까지 (그렇게) 세상 사람들을 가르쳐 천하의 백성들이 모두 귀신의 존재 유무에 대해 의심하고 헷갈리게 된다. 그리하여 천하는 어지럽게 된다. 그래서 묵자 선생께서 말씀하셨다. "오늘날 천하의 왕공대인과 선비 군자들은 진실로 천하의 이익을 일으키고 천하의 해로움을 제거하고자 한다면, 귀신의 존재 유무에 대한 판단에 임하여 이것을 잘 살피지 않으면 안 된다."

3 旣以鬼神有無之別, 以爲不可不察已, 然則吾爲明察此, 其說將柰何而可?

子墨子曰:

是與天下之所以察知有與無之道者, 必以衆之耳目之實知有與亡爲儀者也,

與: 더불다, 관계하다, 亡=無, 儀: 기준, 본보기

請惑聞之見之, 則必以爲有, 莫聞莫見, 則必以爲無。

請 → 情=誠: 참으로, 惑 → 或: 어떤 사람

若是, 何不嘗入一鄉一里而問之?

古以及今, 生民以來者, 亦有嘗見鬼神之物, 聞鬼神之聲, 則鬼神何謂無乎?

若莫聞莫見, 則鬼神可謂有乎?

귀신의 존재 여부에 대해 살피지 않을 수가 없는데, 이것을 잘 살피고자 할 때 어찌 설명해야 하는가? 묵자 선생께서 다음과 같이 말씀하셨다. "이것은 세상사람들이 있고 없음을 살펴서 아는 방법과 관계가 있으며, 반드시 많은 사람들이 눈으로 보고 귀로 들은 사실로써 존재 유무를 알게 되는 것이 기준이 되어야 한다. 참으로 누가 그것을 듣고 보았다면 반드시 존재한다고 해야 하고, 누구도 듣고 보지 못했다면 존재하지 않는다고 해야 한다. 이와 같다면 어찌 마을과 고을에 들어가서 묻지 않는가? 옛날부터 지금까지 백성이 생겨난 이래 이미 귀신의 모습을 보고 귀신의 소리를 들었다면 어찌 귀신이 없다고 말하겠는가? 만약 아무도 (귀신의 소리를) 듣지 못하고 (귀신의 모습을) 보지 못했다면 어찌 귀신이 있다고 말하겠는가?"

4 今執無鬼者言曰: 夫天下之爲聞見鬼神之物者, 不可勝計也,

　　　　　　亦孰爲聞見鬼神有無之物哉?

子墨子言曰: 若以衆之所同見, 與衆之所同聞, 則若昔者杜伯是也.

周宣王殺其臣杜伯而不辜, 杜伯曰:

　吾君殺我而不辜, 若以死者爲無知則止矣;

　　　　　若死而有知, 不出三年, 必使吾君知之.

　其三年, 周宣王合諸侯而田於圃田, 車數百乘, 從數千, 人滿野。 　田: 사냥하다

　日中 杜伯乘白馬素車, 朱衣冠, 執朱弓, 挾朱矢, 　　　　挾협: 끼다, 끼우다

　追周宣王, 射之車上, 中心折脊, 殪車中, 伏弢而死。 　殪에: 죽다, 弢도: 활집

　當是之時, 周人從者莫不見, 遠者莫不聞, 著在周之春秋。 　著: 드러나다

爲君者以敎其臣, 爲父者以譤其子 曰: 　　　　　　　　譤=譬: 경계하다, 타이르다

　戒之愼之! 凡殺不辜者, 其得不祥, 鬼神之誅, 若此之憯遫也!

　　　　　　　　誅: 형벌, 재앙, 憯참: 참혹하다, 遫속=速: 빠르다

以若書之說觀之, 則鬼神之有, 豈可疑哉? 非惟若書之說爲然也。 　若=此

오늘날 귀신이 없다고 주장하는 사람들이 묻는다. "귀신을 보고 들은 천하의 사람들은 셀 수 없이 많다고 하는데, 과연 누가 귀신의 존재 유무를 보고 들을 수 있는가?" 이에 묵자 선생은 "많은 사람이 같이 보고, 많은 사람이 같이 들은 바로는 옛날 두백(杜伯)이 있다"고 말씀하셨다.

주(周)나라 선왕(宣王)은 신하 두백을 죽이려 했는데 그는 죄가 없었다. 두백은 "나의

임금은 죄가 없는데 나를 죽이려 한다. 죽은 자가 알지 못하면 그만이지만, 죽은 자가 알면 3년을 넘기지 않고 임금으로 하여금 그것(죄가 없음)을 알게 하겠다"고 말했다. 3년 뒤에 주나라 선왕은 제후들을 모아 포전(圃田)에서 사냥을 했다. 수레가 수백 대이며, 따르는 자가 수천이어서 사람들이 들판을 가득 메웠다. 해가 중천에 뜨자 두백은 흰 수레를 끄는 백마를 타고, 붉은 옷과 관을 걸치고 붉은 활에 붉은 화살을 끼고, 주나라 선왕을 쫓아가 수레 위에 있는 그를 쏘았다. 심장을 맞추고 등뼈를 부러뜨려 (그가) 수레 위에 쓰러져 활집 위에 엎어져 죽었다. 이때 주나라 사람 중 따르는 자는 (이 광경을) 보지 않은 사람이 없었고, 멀리 있는 자는 듣지 않은 사람이 없었다고 주나라 역사책(春秋)에 쓰여 있다. 임금이 신하를 가르치고, 아비가 자식을 타이르며 "경계하고 삼가라. 무고한 사람을 죽이면 죄를 받으니, 귀신의 재앙은 이처럼 참혹하고 빠르다"고 말한다. 이 책의 설명으로 살펴보면 귀신의 존재를 어찌 의심할 수 있겠는가? 이 책의 설명만 그러한 것이 아니다.

---

❶ 春秋: 歷史 또는 史書를 의미하는 보통명사이다.

5 昔者 鄭穆公, 當晝日中處乎廟, 有神入門而左, 鳥身, 素服三絕, 面狀正方.

鄭穆公見之, 乃恐懼犇, 神曰: 犇분: 달아나다

無懼! 帝享女明德, 使予錫女壽十年有九, 使若國家蕃昌, 子孫茂, 毋失.

錫=賜, 女=汝, 若=汝, 蕃번: 우거지다, 茂무: 무성하다

鄭穆公再拜稽首 曰: 敢問神名.   稽계: 머무르다, 조아리다

曰: 予爲句芒.

若以鄭穆公之所身見爲儀, 則鬼神之有, 豈可疑哉? 非惟若書之說爲然也.

옛날 정(鄭)나라 목공(穆公)이 한낮에 종묘에 있었는데, 귀신이 문으로 들어와 왼쪽으로 갔다. 새의 모습을 하고 하얀 옷을 걸치고, 얼굴은 정사각형이었다. 정나라 목공이 그를 보고 두렵고 떨려서 달아나려고 하자, 귀신이 말했다. "두려워하지 마라. 하느님(帝)이 너의 밝은 덕을 흠향하여 나로 하여금 너에게 19년의 수명을 (더) 하사하셨다. 그대의 나라가 번창하고, 자손을 번성하게 하였으니 (이를) 잃지 마라." 정나라

목공이 두 번 절하고 머리를 조아리며 말했다. "감히 귀신의 이름을 묻고자 합니다." (귀신이) 대답했다. "나는 구망(句芒)이다." 만약 정나라 목공이 몸소 본 바를 기준으로 삼는다면 귀신의 존재를 어찌 의심하겠는가? 이 책의 설명만 그러한 것이 아니다.

---

❶ 穆公은 鄭나라가 아니라 기원전 659~621년간 재위했던 秦나라의 임금이다. 여기서는 원문대로 鄭나라로 번역한다.

❷ 句芒: 사람의 얼굴과 새의 몸(人面鳥身)을 가진 전설 속의 天神.

6 昔者 燕簡公殺其臣莊子儀而不辜, 莊子儀 曰:

> 吾君王殺我而不辜, 死人毋知亦已,
>
> 　　　　　　死人有知, 不出三年, 必使吾君知之。

> 期年, 燕將馳祖。燕之有祖, 當齊之社稷, 宋之有桑林, 楚之有雲夢也,
>
> 　此男女之所屬而觀也。

> 日中 燕簡公方將馳於祖塗, 莊子儀荷朱杖而擊之, 殪之車上。   荷: 짊어지다

> 當是時, 燕人從者莫不見, 遠者莫不聞, 著在燕之春秋。

> 諸侯傳而語之曰: 凡殺不辜者, 其得不祥, 鬼神之誅, 若此其憯遫也!

以若書之說觀之, 則鬼神之有, 豈可疑哉? 非惟若書之說爲然也。

옛날 연(燕)나라 간공(簡公)은 자신의 신하 장자의(莊子儀)를 죽이려 하는데 죄가 없었다. 장자의는 "나의 임금은 죄가 없는데 나를 죽이려 한다. 죽은 자가 알지 못하면 그뿐이지만, 죽은 자가 알면 3년을 넘기지 않고 임금으로 하여금 그것(죄가 없음)을 알게 하겠다"고 말했다. 그다음 해에 연나라에서 제사가 있었다. 연나라의 제사(祖)는 제(齊)나라의 사직(社稷), 송(宋)나라의 상림(桑林), 초(楚)나라의 운몽(雲夢)에 해당하는데 여기에는 남녀가 모여 구경을 했다. 대낮에 연나라 간공이 저택(沮澤)으로 달려가는 길에 장자의(莊子儀)가 붉은 몽둥이를 메고 수레 위에서 그를 때려 죽였다. 이때 연나라 사람 중 따르는 자는 (이 광경을) 보지 않은 사람이 없었고, 멀리 있는 자는 듣지 않은 사람이 없었다고 연나라 역사책(春秋)에 쓰여 있다. 제후들이 (이런 사실을) 전하며 "무고한 사람을 죽이면 죄를 받으니, 귀신의 재앙은 이처럼 참혹하고 빠르다"

고 말한다. 이 책의 설명으로 살펴보면 귀신의 존재를 어찌 의심할 수 있겠는가? 이 책의 설명만 그러한 것이 아니다.

---

❶ 祖는 沮澤 또는 苴澤으로 연못이며, 桑林은 桑山에 있는 뽕나무 숲으로 탕(湯) 임금이 기우제를 지낸 곳이며, 雲夢도 호수 이름이다. 당시 연못이나 뽕나무 숲에서 제사를 지낸 것으로 판단된다.

7　昔者 宋文君鮑之時, 有臣曰祏觀辜, 固嘗從事於厲。　厲려: 사당

　　袾子杖揖出 與言曰:　袾주=祩주: 저주하다, 杖: 짚다, 두드리다, 揖 → 楫: 지팡이

　　觀辜, 是何 珪璧之不滿度量, 酒醴粢盛之不淨潔也, 犧牲之不全肥,

　　春秋冬夏選失時? 豈女爲之與, 意鮑爲之與?　意=抑: 아니면

　　觀辜曰: 鮑幼弱 在荷繦之中, 鮑何與識焉? 官臣觀辜特爲之。　繦강: 포대기

　　袾子擧揖而槀之, 殪之壇上。　槀 → 敲고: 두드리다

　　當是時, 宋人從者莫不見, 遠者莫不聞, 著在宋之春秋。

　　諸侯傳而語之曰: 諸不敬愼祭祀者, 鬼神之誅至, 若此其憯遫也!

以若書之說觀之, 鬼神之有, 豈可疑哉? 非惟若書之說爲然也。

옛날 송(宋)나라 문군(文君)인 포(鮑: 文君의 아호)의 시대에 제사를 담당하는 관고(觀辜)라는 신하가 있었는데, 일찍이 사당에서 일을 했다. 귀신(袾子)이 지팡이를 짚고 나타나 말했다. "관고야! 어찌 규벽(珪璧: 옥으로 만든 홀과 둥근 옥)이 규격에 맞지 않고, 단술과 제사음식이 정갈하지 못한가? 희생이 어찌 온전하게 살찌지 않고, 춘하추동 때를 맞추지 못하는가? 어찌 그대가 그리하는가, 아니면 포(鮑)가 그리하는가?" 관고(觀辜)가 대답했다. "포는 어리고 약하여 강보에 있으니 어찌 포가 알겠습니까? 신하인 제가 했습니다." 귀신이 지팡이를 들어 단상에서 그를 때려 죽였다. 이때 송나라 사람 중 따르는 자는 보지 않은 사람이 없었고, 멀리 있는 자 중 듣지 않은 사람이 없었다고 송나라 역사책(春秋)에 쓰여 있다. 제후들이 (이런 사실을) 전하며 "모든 사람이 경건하고 신중하게 제사를 지내지 않으면 귀신의 재앙이 이처럼 참혹하고 빠르다"고 말한다. 이 책의 설명으로 살펴보면 귀신의 존재를 어찌 의심할 수 있으랴? 이 책의 설명만 그러한 것이 아니다.

❷ 厲: 귀신을 제사 지내는 사당으로 후대에 廟로 발전한다.

❸ 觀辜: 夜姑 또는 射姑라고도 한다.

8 昔者 齊莊君之臣 有所謂王里國, 中里徼者, 此二子者, 訟三年而獄不斷。

齊君由謙殺之, 恐不辜, 猶謙釋之, 恐失有罪。 謙→兼, 由=猶→欲

乃使之人共一羊, 盟齊之神社, 二子許諾。 之: 그

於是泄泄揌羊而漉其血, 讀王里國之辭既已終矣。

泄泄: 물이 흘러나오다, 洫혁: 도랑, 揌→控→剄아: 목 베다, 漉녹: 앙금을 치다

讀中里徼之辭未半也, 羊起而觸之, 折其脚, 祧神之而槀之, 殪之盟所。

觸촉: 찌르다, 祧=祖廟, 槀→敲: 두드리다, 때리다

當是時, 齊人從者莫不見, 遠者莫不聞, 著在齊之春秋。

諸侯傳而語之曰: 請品 先不以其請者, 鬼神之誅至, 若此其憯遬也。

請品: 품평을 청하다, 請→情: 사실

以若書之說觀之, 鬼神之有, 豈可疑哉?

是故子墨子言曰:

雖有 深谿 博林 幽澗 毋人之所, 施行不可以不菫, 見有鬼神視之。

澗간: 계곡의 시내, 菫→ 깊이 간직하다, 삼가다=愼

옛날 제(齊)나라 장공(莊公)의 신하 중에 왕리국(王里國)과 중리요(中里徼)가 있었는데, 이 두 사람은 3년간 소송을 했으나 송사가 끝나지 않았다. 제나라 임금은 모두 죽이려니 죄가 없을까 두렵고, 모두 석방하자니 죄가 있는 자를 놓칠까 두려웠다. 이에 그 두 사람으로 하여금 양 한 마리를 바치고 제나라의 신사(토지신 사당)에 맹세하게 하였고 두 사람은 승낙했다. 이에 물이 흐르는 도랑에서 양을 베어 피를 뿌렸다. 왕리국(王里國)은 맹서를 무사히 마쳤으나, 중리요(中里徼)는 맹세의 글을 절반도 읽지 않았는데 양(羊)이 일어나 그를 들이받아 다리를 부러트렸다. (그리고) 조상신이 나타

나 그를 맹세하는 자리에서 때려 죽였다. 이때 제나라 사람 중 따르는 자는 보지 않은 사람이 없었고, 멀리 있는 자는 듣지 않은 사람이 없었다고 제나라 역사책에 쓰여 있다. 제후들이 (이런 사실을) 전하며 "맹세하면서 사실을 말하지 않으면 귀신의 재앙이 이처럼 빠르고 참혹하다"고 말했다. 이 책의 설명으로 본다면 귀신의 존재를 어찌 의심할 수 있겠는가?

그리하여 묵자 선생께서 "비록 깊은 계곡이나 넓은 숲, 그윽한 시냇가와 같이 사람이 없는 곳에 있어도 행동할 때 삼가지 않으면 안 된다. 귀신이 나타나 지켜보고 있다"고 말씀하셨다.

9　今執無鬼者曰: 夫衆人耳目之請, 豈足以斷疑哉? ⟶ 請→情

　　　　　奈何其欲爲高君子於天下, 而有復信衆之耳目之請哉?

子墨子曰: 若以衆之耳目之請, 以爲不足信也, 不以斷疑。

　　不識 若昔者三代聖王 堯舜禹湯文武者, 足以爲法乎?

　　故於此乎, 自中人以上皆曰: 若昔者三代聖王, 足以爲法矣。

若苟昔者三代聖王足以爲法, 然則姑嘗上觀聖王之事。　　姑고: 잠시, 잠깐 동안

昔者, 武王之攻殷誅紂也, 使諸侯分其祭 曰: 使親者受內祀, 疏者受外祀。

故武王必以鬼神爲有, 是故攻殷伐紂, 使諸侯分其祭。

若鬼神無有, 則武王何祭分哉?

오늘날 귀신이 없다고 주장하는 사람들은 다음과 같이 말한다. "많은 사람들이 귀로 듣고 눈으로 보는 사실만으로 어찌 의심을 끊을 수 있는가? 어떻게 천하의 훌륭한 선비가 되고자 하면서 뭇 사람들이 귀로 듣고 눈으로 보는 사실을 믿으려 하는가?" 묵자 선생께서 말씀하셨다. "만약 많은 사람들이 보고 들은 사실을 믿지 못하면 의심을 끊을 수 없다. 옛날 요(堯)·순(舜)·우(禹)·탕(湯)·문(文)·무(武)왕과 같은 3대 성왕들이 본보기가 되기에 충분함을 알지 못하는가? 이에 대하여 중간 이상의 사람들은 모두 '옛날 3대 성왕은 본보기가 되기에 충분하다'고 말한다."

만약 진실로 옛날 3대 성왕이 본보기가 되기에 충분하다면 잠시 성왕들의 일을 살펴보자. 옛날 무왕은 은(殷)나라를 공격하여 주(紂)왕을 죽이고 제후들로 하여금 제

사를 나누어주며 "가까운 친척은 안의 제사(內祀)를 지내고, 먼 친척은 바깥의 제사를 받으라"고 말했다. 무왕은 귀신이 존재한다고 생각하여 은나라를 공격하여 주(紂)왕을 토벌한 후 제후들에게 제사를 나누었다. 만약 귀신이 존재하지 않는다면 무왕이 어찌 제사를 나누었겠는가?

---

❶ 內祀와 外祀: ① 안에서 하는 제사와 밖에서 하는 제사, ② 가묘나 종묘 등 집안에서 지내는 제사와 산과 강 등 바깥에서 하는 제사. 武王은 殷나라를 멸망시키고 周나라를 세운 뒤 제후들에게 안으로 각각 조상의 제사를 지내게 하고, 밖으로는 각자의 산천에서 제사를 지내게 했다.

10　非惟武王之事爲然也, 故聖王 其賞也必於祖, 其僇也必於社。　　僇륙: 욕보이다

賞於祖者何也? 告分之均也;　　祖=祖廟

僇於社者何也? 告聽之中也。　　社=社廟

非惟若書之說爲然也, 且惟昔者虞夏, 商, 周三代之聖王, 其始建國營都日,

必擇國之正壇, 置以爲宗廟;

必擇木之脩茂者, 立以爲菆位;　　脩=修: 길다, 높다, 菆位추위 → 叢社

必擇國之父兄慈孝貞良者, 以爲祝宗;

必擇六畜之勝腯肥倅毛, 以爲犧牲;　　腯돌: 살찌다, 倅 → 粹

珪璧琮璜, 稱財爲度;　　珪璧: 홀과 둥근 옥, 琮璜: 서옥

必擇五穀之芳黃, 以爲酒醴粢盛, 故酒醴粢盛, 與歲上下也。　　歲: 수확

故古聖王治天下也, 故必先鬼神而後人者 此也。　　뒤의 故 → 固

故曰 官府選效, 必先祭器祭服 畢藏於府,　　效=具, 畢필: 마치다, 모두, 府: 창고

祝宗有司 畢立於朝,

犧牲不與昔聚群。

故古者聖王之爲政若此。

오직 무(武)왕의 일만 그러한 것이 아니다. 옛날 성왕들이 상은 반드시 조상신 사당에서 주었고, 벌은 반드시 토지신 사당에서 내렸다. 왜 조상신 사당에서 상을 주었는가? 분배의 균등함을 알리기 위해서다. 왜 토지신 사당에서 벌을 내렸는가? 재판의 공정함을 알리기 위해서다.

오직 이 책의 설명만 그러한 것이 아니다. 옛날 순 임금(虞)과 하(夏)·상(商)·주(周) 3대의 성왕들은 처음 나라를 세우고 도읍을 정할 때 다음과 같이 말했다. "반드시 나라의 올바른 단(壇)을 선택하여 종묘를 세우고, 반드시 길고 무성한 나무를 선택하여 신목(神木)으로 삼는다. 반드시 나라의 아비와 형 중에서 자애롭고 효도하며 바르고 뛰어난 사람을 선택하여 축종(祝宗: 종묘에서 제사를 관리하는 신관)으로 삼고, 반드시 여섯 가축 중에서 살찌고 순수한 털빛을 골라 희생으로 삼는다. 홀(珪)과 둥근 옥, 종(琮)과 황(璜)의 서옥으로 재산을 저울질하여 법도에 맞게 한다. 반드시 향기롭고 잘 익은 오곡을 골라 단술과 제사음식을 만들며, 단술과 제사음식은 작황에 따라 (양과 질을) 올리거나 내린다."

옛날 성왕들이 천하를 다스릴 때 반드시 귀신을 먼저하고 사람을 뒤로 한 것은 이와 같았다. 그리하여 '관청에서 (물건을) 갖출 때 제사 그릇과 제사 의복을 먼저 갖추어 모두 창고에 보관하며, 축종은 벼슬이 있어 모두 조정에 참가하고, 희생은 예전에 모였던 무리와 같이 기르지 않는다'고 말한다. 옛날 성인의 정치는 이와 같았다.

---

❶　蔽位: 蔽는 叢의 약자, 位는 社의 오자. 叢社는 土地神을 제사하는 사당. 당시 여러 문헌에 따르면 土地神 사당에는 큰 나무가 神木으로 숭배되었다.

11　古者聖王必以鬼神爲, 其務鬼神厚矣。

又恐後世子孫不能知也, 故書之竹帛, 傳遺後世子孫;

咸恐其腐蠹絶滅, 後世子孫不得而記, 故琢之盤盂, 鏤之金石, 以重之;

咸: ① 다, 모두 ② → 或, 蠹두: 좀, 琢탁: 쪼다, 鏤루: 새기다

有恐後世子孫 不能敬若以取羊。　　　若군 → 咸 : 위엄, 羊=祥:　상서로움

故先王之書, 聖人 一尺之帛, 一篇之書, 語數鬼神之有也, 重有重之。

聖人=聖人之言, 數삭: 자주, 重有重之=重又重之

此其故何? 則聖王務之。

今執無鬼者曰: 鬼神者, 固無有。則此反聖王之務。

反聖王之務, 則非所以爲君子之道也!

옛날 성왕들은 반드시 귀신이 있다고 생각하여 귀신을 두텁게 섬겼다. 또한 후세의 자손들이 (귀신을) 알지 못할까 두려워 대나무와 비단에 써서 후세의 자손에게 물려 주었다. 그리고 썩거나 좀이 먹어 끊기고 소멸하여 후세의 자손들이 기억하지 못할까 두려워, 소반과 사발에 새기고 쇠와 돌에 새기기를 거듭했다. 또한 후세의 자손들이 (귀신의) 위엄을 공경함으로써 복을 받지 못할까 두려워, 선왕의 책과 성인의 말을 한 길의 비단과 한 편의 책에 기록하여, 귀신이 존재함을 자주 말하였고 또 반복했다. 그 까닭은 무엇인가? 성왕들이 귀신을 섬기는 데 노력했기 때문이다. 오늘날 귀신이 없다고 주장하는 사람들은 "귀신이라는 것은 본래 없다"고 말한다. 이것은 성왕들의 노력에 반하는 일이며, 성왕들의 노력에 거스르는 일은 군자의 도리가 아니다.

---

❶ 又恐/咸恐/有恐: 恐 앞에 있는 又, 咸, 有는 모두 비슷한 의미의 부사이다.

12　今執無鬼者之言曰: 先王之書, 愼無一尺之帛, 一篇之書, 語數鬼神之有, 重有重之, 亦何書之有哉?

子墨子曰: 周書大雅有之。

大雅曰: 文王在上, 於昭于天。　　　　　　　　　　於: 감탄사

周雖舊邦, 其命維新。

有周不顯? 帝命不時?

文王陟降, 在帝左右。　　　　　　　　　陟降: 오르내리다

穆穆文王, 令問不已。　　　　穆: 화목하다, 令問: 명성

若鬼神無有, 則文王旣死, 彼豈能在帝之左右哉?

此吾所以知周書之鬼也。

오늘날 귀신이 없다고 주장하는 사람들은 "선왕의 책에는 한 길의 비단이나 한 편의 책 할 것 없이 귀신의 존재를 자주 언급하고 반복한다고 하는데, 도대체 어떤 책이 있는가?"라고 묻는다. 이에 묵자 선생께서 다음과 같이 말씀하셨다.

"주(周)나라 책(『詩經』을 말함) 대아(大雅)가 있으니, 대아에 이렇게 쓰여 있다.

'문(文)왕께서 위에 계시니 아! 하늘에 빛나도다.
주나라는 오래되었지만, 그 명령은 오직 새롭도다.
주나라가 드러나지 않겠는가? 하느님(帝)의 명령이 때에 맞지 않겠는가?
문왕께서 오르고 내려가면서 하느님의 좌우에 계시네.
화목하고 화목한 문왕이시여! 아름다운 소문이 그치지 않는구나.'

만일 귀신이 존재하지 않는다면 (문왕) 이미 죽었는데 그가 어찌 하느님 좌우에 있을 수 있는가? 이것이 내가 주나라 책에서 귀신을 아는 까닭이다."

---

❶ 여기에서 周書는 『詩經』을 뜻하는데, 현존하는 『詩經』의 원문에서는 穆穆은 亹亹로, 令問은 令聞으로 되어 있다.

13 且周書獨鬼, 而商書不鬼, 則未足以爲法也。

然則姑嘗上觀乎商書, 曰:

嗚呼! 古者有夏, 方未有禍之時, 百獸貞蟲, 允及飛鳥, 莫不比方。

貞蟲: 곧은 벌레, 벌레의 총칭, 允及 → 以及: ~에 이르기까지, 比方=順道

矧佳人面, 胡敢異心? 山川鬼神, 亦莫敢不寧。 矧佳신추=矧惟: 하물며

若能共允, 佳天下之合, 下土之葆。

共 → 恭: 공손하다, 允=誠: 성실하다, 佳추: 고어에서는 惟와 같다, 葆=保

察山川鬼神之所以莫敢不寧者, 以佐謀禹也。 所以: ~인 까닭

此吾所以知商書之鬼也。

또한 주(周)나라 책에서만 귀신을 말하고 상(商)나라 책에서 귀신을 말하지 않는다면 법도로 삼기에 부족하다. 그렇다면 잠시 상나라 책으로 거슬러 올라가 보자. 거기(書經/商書/伊訓)에는 다음과 같이 쓰여 있다. "옛날 하(夏)나라에 아직 재앙이 없던 시절 모든 짐승과 모든 벌레부터 날아다니는 새에 이르기까지 도리에 순응하지 않는 것이 없었다. 하물며 사람이 감히 어찌 다른 마음을 먹었겠는가? 산천의 귀신도 편안하지 않은 것이 없었다. 만약 공손하고 성실하면 천하가 화합하고 세상이 보존되었다. 산천의 귀신이 모두 편안한 이유를 살펴 우(禹) 임금을 돕고 (일을) 도모했기 때문이다. 이것이 내가 상나라 책에서 귀신을 알게 된 까닭이다.

---

❶ 『書經』,「商書」,「伊訓」편에는 "曰嗚呼, 古有夏先后, 方懋厥德, 罔有天災, <u>山川鬼神</u>, <u>亦莫不寧</u>, 曁鳥獸魚鱉, 咸若"로 되어 있다. 밑줄 친 부분만 같으며 나머지 내용은 비슷하다. 아마 당시 墨子가 본 판본은 현존『書經』과 다른 듯하다.

---

14 且商書獨鬼, 而夏書不鬼, 則未足以爲法也。

然則姑嘗上觀乎夏書 禹誓 曰:

　　大戰于甘, 王乃命左右六人, 下聽誓于中軍, 曰:　　　　六人: 六軍의 장수

　　　　有扈氏 威侮五行, 怠棄三正, 天用勦絕其命。　　　用=以, 勦초: 죽이다

　　有曰: 日中, 今予與有扈氏爭一日之命。

　　　　且爾卿大夫庶人, 予非爾田野葆士之欲也, 予共行天之罰也。

　　　　　　　　　　爾: 그대=汝=女=而=若, 葆士 → 堡土: 성과 땅

　　　　左不共于左, 右不共于右, 若不共命, 御非爾馬之政, 若不共命。

　　　　　　　　　앞의 共 → 攻, 뒤의 共 → 恭, 若=汝, 政=正

　　　　是以賞于祖而僇于社。　　　　　　　祖=祖廟, 社=社廟

賞于祖者何也? 言分命之均也。

僇于社者何也? 言聽獄之事也。　　　　　　　　　事 → 中

故古聖王必以鬼神爲賞賢而罰暴, 是故賞必於祖而僇必於社。

此吾所以知夏書之鬼也。

故尚者夏書, 其次商周之書, 語數鬼神之有也, 重有重之。　<small>尚者＝上者</small>

此其故何也? 則聖王務之。

以若書之說觀之, 則鬼神之有, 豈可疑哉?

於古曰: 吉日丁卯, 周代祝社方, 歲於社者考, 以延年壽。

<small>方: 사방 신, 歲: 시간에 맞게 제사를 지내다, 社 → 祖, 考: 돌아가신 아버지</small>

若無鬼神, 彼豈有所延年壽哉!

또한 상(商)나라 책에서만 귀신이 나오고 하(夏)나라 책에서 귀신이 나오지 않는다면 법도로 삼기에 부족하다. 그렇다면 잠시 하나라 책으로 거슬러 올라가 보자. 우서(禹誓: 현존하는 『書經』에는 甘誓)에는 다음과 같이 적혀 있다. "감(甘: 地名)지역에서 큰 전쟁이 일어났다. 이에 왕이 좌우 여섯 명(의 장수들)에게 명령하여 중군(中軍)에서 훈시를 듣게 했다. 그리고 '유호(有扈)씨가 오행(五行)을 위협하여 업신여기고 삼정(三正)을 게을리하여 버렸으니 하늘이 그의 목숨을 끊으려 한다'고 말하고, 또 '해가 중천에 떴다. 이제 내가 유호씨와 더불어 목숨을 걸고 싸운다. 그대 경대부와 서민들이여! 나는 그대의 밭과 들, 성과 땅을 탐내는 것이 아니라 (하늘을 대신하여) 천벌을 공손하게 실행하고자 하는 것이다. 왼쪽 부대가 왼쪽을 공격하지 않고 오른쪽 부대가 오른쪽을 공격하지 않으면 명령을 받들지 않는 일이다. 너희들의 말(馬)을 똑바로 몰지 않으면 (역시) 명령을 받들지 않는 것이다. 상은 조상신 사당에서 주고, 벌은 토지신 사당에서 내릴 것이다'라고 말했다."

상은 왜 조상신 사당에서 주는가? 명령의 균등함을 알리기 위해서다. 벌은 왜 토지신 사당에서 내리는가? 재판의 공정함을 알리기 위해서다. 옛날 성왕들은 틀림없이 귀신이 어진 사람에게 상을 주고 포악한 사람에게 벌을 준다고 믿었다. 그래서 상은 반드시 조상신 사당에서 주었고, 벌은 반드시 토지신 사당에서 내렸다. 이것이 내가 하나라 책에서 귀신을 알게 된 까닭이다. 위로는 하나라 책, 그다음은 상나라와 주(周)나라 책이 귀신의 존재를 자주 말하고, 거듭 강조했다. 왜 그런가? 성왕들이 거기 (귀신을 섬기는 일)에 힘썼기 때문이다. 이 책들의 설명으로 본다면 귀신의 존재를 어찌 의심할 수 있겠는가? 옛날부터 "길일인 정묘(丁卯)일에 번갈아가며 토지신(社)과 사방신(方)을 축원하고 조상과 돌아가신 아버지에게 때맞추어 제사하여 목숨을 늘린다"고 말했다. 만약 귀신이 없다면 저들이 어찌 목숨을 늘릴 수 있겠는가!

❶ 『書經』「甘誓」의 원문은 다음과 같다. "大戰于甘 乃召六卿. 王曰嗟 六事之人 予誓告汝. 有扈氏 威侮五行 怠棄三正, 天用勦絶其命, 今予惟恭行天之罰. 左不攻于汝不恭命, 右不攻于右 汝不恭命, 御非其馬之政 汝不恭命. 用命 賞于祖, 不用命僇于社 予則孥僇汝."

❷ 五行: ① 사계절의 왕성한 능력, ② 仁, 義, 禮, 智, 信, ③ 水, 火, 木, 金, 土.

❸ 三正: ① 正德, 利用, 厚生이라는 설, ② 子月, 丑月, 寅月을 正月로 삼는다는 설, ③ 天, 地, 人의 바른 도리라는 설이 있다.

15 是故子墨子曰: 嘗若鬼神之能賞賢如罰暴也。　　　　　　　嘗若 → 當若

　　　　　蓋本施之國家, 施之萬民, 實所以治國家利萬民之道也。

若以爲不然, 是以吏治官府之不絜廉, 男女之爲無別者, 鬼神見之；

　　　　民之爲淫暴寇亂盜賊,

　　　　以兵刃毒藥水火, 退無罪人乎道路, 奪人車馬衣裘以自利者,

　　　　有鬼神見之。

是以吏治官府, 不敢不絜廉, 見善不敢不賞, 見暴不敢不罪。

民之爲淫暴寇亂盜賊, 以兵刃毒藥水火, 退無罪人乎道路,

　　奪車馬衣裘以自利者, 由此止。

是以莫放幽間, 擬乎鬼神之明顯, 明有一人畏上誅罰, 是以天下治。　　擬 → 疑

묵자 선생께서 말씀하셨다. "마땅히 이처럼 귀신은 포악한 사람에게 벌을 내리듯이 현명한 사람에게 상을 줄 수 있다. 본래 나라와 모든 백성에게 베푸는 일은 실제로 나라를 다스리고 모든 백성을 이롭게 하는 길이다."

만약 그렇지 않으면 관리가 관청을 다스릴 때 깨끗하고 청렴하지 않으며 남녀의 구별이 없어지는 것을 귀신이 본다. (또한) 백성들이 음란하고 포악해지며, 침략하여 어지럽고, (서로) 훔치고 해친다. 무기와 칼, 독약, 물과 불로 죄 없는 사람들을 길에서 가로막고 수레와 말, 의복을 빼앗아 스스로 이득을 취한다. 이 모든 것을 귀신은 본다.

그리하여 (귀신의 존재를 인정하면) 관리가 관청을 다스릴 때 깨끗하고 청렴하게 하지 않을 수 없으며, 착한 사람을 보고 상을 주지 않을 수 없으며, 포악한 사람에게 벌을 내리지 않을 수 없다. 백성들이 음란하고 포악해지고, 침략하여 어지럽히고 훔치고 해치는 일과 무기와 칼, 독약, 물과 불로 죄 없는 사람을 길에서 가로막고 수레와 말, 의복을 강탈하여 스스로 이득을 취하는 일은 여기에서 멈춘다. 그리하여 구석진 곳에 풀어놓아도 귀신이 밝게 나타난다는 사실을 아무도 의심하지 않으며, 어떤 사람도 위에서 (귀신이) 벌을 내린다는 것을 두려워한다는 사실을 알았다. 이렇게 하여 천하가 다스려졌다.

16 故鬼神之明, 不可爲幽間廣澤, 山林深谷, 鬼神之明必知之。

鬼神之罰, 不可爲富貴衆强, 勇力强武, 堅甲利兵, 鬼神之罰必勝之。

若以爲不然, 昔者夏王桀, 貴爲天子, 富有天下,

上詬天侮鬼, 下殃傲天下之萬民, 祥上帝伐元山帝行。

詬后: 꾸짖다, 殃: 재앙을 내리다, 祥 → 佯양: 거짓, ~인 체하다, 伐 → 代, 山帝 → 上帝

故於此乎, 天乃使湯至明罰焉。

湯以車九兩, 鳥陳鴈行, 湯乘大贊, 犯遂下衆,

兩 → 輛, 大贊: ① 산 이름, ② 大輦 → 大輦대련: 큰 수레, 犯遂下重 → 犯逐夏重

人之蟜遂, 王乎禽推哆大戲。

人之蟜遂 → 入之郊遂, 乎 → 手, 禽金: 사로잡다

故昔夏王桀, 貴爲天子, 富有天下,

有勇力之人 推哆 大戲, 生列兕虎 指畫殺人, 人民之衆兆億, 侯盈厥澤陵,

列 → 裂: 찢다, 兕시: 외뿔소, 畫획: 긋다, 侯 → 維, 厥궐: 그, 그것, 侯=維: 발어사

然不能以此圉鬼神之誅。

圉어: 막다, 지키다

此吾所謂鬼神之罰, 不可爲富貴衆强, 勇力强武, 堅甲利兵者, 此也。

귀신이 밝게 알기 때문에 구석진 곳이나 넓은 연못, 산속의 숲이나 깊은 계곡에 있어도 막을 수 없고, 반드시 알게 된다. 귀신의 처벌은 부유함과 귀함, 많음과 강함, 용맹한 힘과 강한 무술, 단단한 갑옷과 날카로운 무기로도 막을 수 없기 때문에 귀신은 반드시 벌을 내린다. (만약 그렇지 않다면) 옛날 하(夏)나라의 걸(桀)왕은 귀하기로는 천자요, 부유하기로는 천하를 가졌으나, 위로는 하늘을 꾸짖고 귀신을 업신여기며, 아래로는 천하의 모든 백성에게 거만하여 재앙을 내렸으며, 하느님(上帝)을 속

이고 하느님인 체 행동했다. 이에 하느님(天)이 탕(湯)왕으로 하여금 분명한 벌을 내리게 했다. 탕왕은 아홉 량(兩)의 수레(車)로 새처럼 진을 치고 기러기처럼 진격했다. 탕왕이 대찬(大贊)에 올라 하나라 군대를 물리치고 교외에 이르러 추치(推哆)와 대희(大戲)를 맨손으로 사로잡았다. 옛날 하나라 걸왕은 귀하기로는 천자이며, 부유하기로는 천하를 소유하고, 코뿔소와 호랑이를 산 채로 찢고, 손가락으로 사람을 죽일 만큼 용맹한 신하 추치와 대희를 가졌으며, 백성의 수가 셀 수 없이 많아서 택지와 언덕을 가득 메웠다. 그러나 이것으로도 귀신의 재앙을 막을 수 없었다. 귀신의 처벌이 부유함과 귀함, 많음과 강함, 용맹한 힘과 강한 무술, 단단한 갑옷과 날카로운 무기로도 막을 수 없다고 말한 것은 바로 이 때문이다.

----

❶ 九兩: 90兩의 戰車라는 설도 있다.

❷ 推哆·大戲: 夏나라 桀王의 용맹한 장수.

17 且不惟此爲然。

昔者殷王紂, 貴爲天子, 富有天下, 上詬天侮鬼, 下殃傲天下之萬民,

播棄黎老, 賊誅孩子, 楚毒無罪, 刳剔孕婦, 庶舊鰥寡, 號咷無告也。

黎老: 노인=舊, 楚: 회초리, 毒: 죽이다, 刳剔고척: 도려내 없애다, 咷도: 울다

故於此乎, 天乃使武王至明罰焉。

武王以擇車百兩, 虎賁之卒四百人, 先庶國節窺戎, 與殷人戰乎牧之野,

賁분: 날래다, 庶國=諸國, 節=符節, 窺규: 엿보다

王乎禽費中 惡來, 衆畔百走。

畔 → 叛

武王逐奔入宮, 萬年梓株 折紂而繫之赤環, 載之白旗, 以爲天下諸侯僇。

奔분: 달리다, 梓株재주: 가래나무 뿌리, 繫계: 매달다

故昔者殷王紂, 貴爲天子, 富有天下, 有勇力之人費中 惡來 崇侯虎 指寡殺人,

寡 → 畫획

人民之衆兆億, 侯盈厥澤陵, 然不能以此圉鬼神之誅。

此吾所謂鬼神之罰, 不可爲富貴衆强, 勇力强武, 堅甲利兵者, 此也。

且禽艾之道之曰: 得璣無小, 滅宗無大。　　　　道: 말하다, 璣기: 구슬, 복

則此言 鬼神之所賞, 無小必賞之; 鬼神之所罰, 無大必罰之。

또한 오직 이 사람(桀王)만 그러한 것이 아니다. 옛날 은(殷)나라 주(紂)왕은 귀하기로
는 천자가 되었으며 부유하기로는 천하를 가졌으나, 위로는 하늘을 꾸짖고 귀신을
업신여기고 아래로는 천하의 모든 백성에게 거만하여 재앙을 내렸다. 또한 늙은이
를 여기저기 내다 버리고, 어린 아이를 해치며 목 베고, 죄 없는 사람을 때려서 죽이
고, 임산부를 도려내어 많은 노인과 홀아비 그리고 과부들이 울부짖어도 호소할 곳
이 없었다. 이에 하늘이 무(武)왕으로 하여금 분명한 벌을 내리게 했다. 무왕은 수레
(車) 100량과 호랑이처럼 날쌘 병사 400명을 선발하여 여러 제후국에 앞장서서 적
(戎)을 엿보았다. 은나라 군대와 목야(牧野)의 전투에서 왕이 손수 비중(費中)과 오래
(惡來)를 사로잡으니 (적의) 무리는 돌아서서 모두 도망갔다. 무왕은 궁궐로 달려 들
어가 만년 자란 가래나무로 주왕을 베어 붉은 고리에 매달고 흰 깃발을 걸어 천하의
제후들이 (그를) 죽였다고 생각했다.

옛날 은나라 주왕은 귀하기로는 천자가 되었으며 부유하기로는 천하를 소유하였고,
손가락으로 사람을 죽일 수 있는 비중, 오래, 숭후호(崇候虎)와 같은 용감한 신하를
가졌으며, 백성의 수가 셀 수 없이 많아서 택지와 언덕을 가득 메웠다. 그러나 이것
으로도 귀신의 재앙을 막을 수 없었다. 귀신의 처벌이 부유함과 귀함, 많음과 강함,
용맹한 힘과 강한 무술, 단단한 갑옷과 날카로운 무기로도 막을 수 없다고 말한 것
은 바로 이 때문이다. 또한 『금애(禽艾)』에는 "복을 얻음에는 작음이 없고, 종묘가 멸
망함에는 큼이 없다(=積善得福, 不嫌微賤, 積惡滅宗, 不避高貴)"고 쓰여 있다. 이것은 귀신
이 상을 줄 때 아무리 작아도 반드시 상을 주며, 귀신이 벌할 때 아무리 커도 반드시
벌을 내린다는 말이다.

---

❶　費中, 惡來, 崇候虎: 殷나라 紂王의 용맹한 장수이자 대표적인 간신.

18

今執無鬼者曰: 意不忠親之利, 而害爲孝子乎?　　　　　　　　　　忠=中

子墨子曰: 古之今之爲鬼, 非他也,

有天鬼, 亦有山水鬼神者, 亦有人死而爲鬼者。

今有子先其父死, 弟先其兄死者矣,

意雖使然, 然而天下之陳物 曰 先生者先死。

若是, 則先死者非父則母, 非兄而姒也。今絜爲酒醴粢盛, 以敬愼祭祀。

姒사: 언니, 동서

若使鬼神請有, 是得其父母姒兄而飮食之也, 豈非厚利哉?　　　　請→情

若使鬼神請亡, 是乃費其所爲酒醴粢盛之財耳。　　　　　　　　　耳: ~할 뿐

自夫費之, 非特注之汙壑而棄之也, 內者宗族, 外者鄕里, 皆得如具飮食之。

自 → 且, 汙=汚: 더럽다, 구덩이, 壑학: 골짜기, 도랑

雖使鬼神請亡, 此猶可以合驩聚衆, 取親於鄕里。　　　　　　驩환: 기뻐하다

오늘날 귀신이 없다고 주장하는 사람들은 "생각하건대 (제사가) 어버이의 이익에 부합하지 않으니 효자가 되는 데 해가 되지 않는가?"라고 묻는다. 이에 묵자 선생께서 다음과 같이 말씀하셨다. "옛날의 귀신과 지금의 귀신은 다르지 않다. 하늘의 귀신이 있고, 땅(산과 강)의 귀신이 있으며, 또한 사람이 죽어서 된 귀신도 있다. 지금 아비보다 먼저 죽는 자식도 있고 형보다 먼저 죽는 동생이 있다 할지라도, 천하의 일을 말하면 '먼저 태어난 사람이 먼저 죽는다'고 한다. 이와 같다면 먼저 죽는 사람은 아버지가 아니면 어머니이고, 형이 아니면 언니이다. 그래서 단술과 제사음식을 정결하게 만들어 공경하고 신중하게 제사를 지낸다. 만약 진실로 귀신이 존재한다면 부모와 형과 언니가 그것(단술과 제사음식)을 먹고 마시니 어찌 크게 이롭지 않겠는가? 만약 진실로 귀신이 없다면 이는 곧 단술과 제사음식의 재물을 소모하는 일이다. (그러나) 이러한 소모는 더러운 도랑에 부어서 버리는 것이 아니다. 안으로는 일가친척이, 밖으로는 마을사람들이 모두 함께 제사음식을 먹고 단술을 마신다. 비록 귀신이 진실로 없다 하더라도 이는 오히려 모여서 즐기며 많은 사람을 모아 같이 즐기면서 마을사람들의 친목을 도모할 수 있다."

19 今執無鬼者言曰: 鬼神者固請無有, 是以不共其酒醴粢盛犧牲之財。

吾非乃今愛其酒醴粢盛犧牲之財乎! 其所得者臣將何哉?

此上逆聖王之書, 內逆民人孝子之行, 而爲上士於天下, 此非所以爲上士之道也。

是故子墨子曰: 今吾爲祭祀也, 非直注之汙壑而棄之也,

上以交鬼之福, 下以合驩聚衆, 取親乎鄉里。

若神有, 則是得吾父母弟兄而食之也。

則此豈非天下利事也哉!

是故子墨子曰: 今天下之王公大人士君子, 中實將欲求興天下之利,

除天下之害, 當若鬼神之有也, 將不可不尊明也, 聖王之道也。

오늘날 귀신이 없다고 주장하는 사람들은 이렇게도 말한다. "귀신이란 것은 원래 존재하지 않는다. 그래서 (나는) 단술과 제사음식, 그리고 희생의 재물을 바치지 않는다. 내가 단술과 제사음식, 그리고 희생의 재물이 아까워서가 아니다. (그리하여) 장차 무엇을 얻겠는가?" 이러한 말은 위로는 성왕들의 책에 반하고, 아래로는 백성과 효자의 행동에 거스른다. 천하의 훌륭한 선비가 되고자 할 때 이것은 훌륭한 선비가 되고자 하는 길이 아니다. 그래서 묵자 선생께서 말씀하셨다. "지금 내가 제사를 지내는 것은 바로 더러운 도랑에 부어서 버리는 일이 아니다. 위로는 귀신의 복을 구하고, 아래로는 많은 사람을 모아 함께 즐기며 마을사람들과 친목을 도모하는 일이다. 만약 귀신이 존재한다면 나의 부모와 형제가 먹을 수 있으니 어찌 천하의 이로운 일이 아니겠는가?"

그리하여 묵자 선생께서 말씀하셨다. "오늘날 천하의 왕공대인, 선비와 군자들이 진심으로 천하의 이로움을 일으키고 천하의 해로움을 제거하고자 한다면 마땅히 귀신의 존재를 존중하여 밝히지 않으면 안 된다. 이것이 성왕의 도리이다."

---

❶ 明鬼는 귀신의 존재를 세 가지 유형으로 증명하고 있다. 첫째, 귀신을 보고 들은 백성들이 있다. 둘째, 백성들의 경험을 믿을 수 없다고 하더라도 성왕들이 귀신의 존재를 믿었다. 셋째, 귀신이 있다고 믿으면 사람들이 더 착하게 행동한다. 그레이엄(Graham)은 이와 같은 유치한 논증에도 불구하고 이것은 중국에서 합리적 논의의 시작이었다고 평가한다. 이로부터 100년 정도 안에 墨家는 고대 중국 사상가들 가운데 가장 정교한 학파로 발전했다(Graham, Augus Chales., Later Mohist

Logic, Ethics and Science, 1978).

❷　墨子는 天, 鬼, 人을 위계적 질서로 파악하고 있다. 뒤에 나오는 「耕柱」 편에서 "귀신은 성인보다 지혜롭다(鬼神明智乎聖人)"고 하여 귀신의 지혜를 천자나 성인보다 우위에 두고 있다. 따라서 墨子에 있어서 鬼神의 지위는 天보다 낮고, 人보다 높은 위계에 있다. 또한 문단 (18)에서 보듯이 鬼神 역시 세 가지로 구별하여 天鬼, 山水鬼, 人鬼를 제시하는데, 본문에서는 주로 人鬼(杜栢, 莊子儀, 袾子, 桃神)와 山川鬼(句芒, 土地神)가 등장한다. 이들이 위계관계를 형성하고 있는지는 알 수 없으나, 鬼神은 天과 더불어 또는 天을 대리하여 인간의 행위를 판단하여 賞罰을 주는 존재이다. 중국에서 종래의 애니미즘적인 鬼神은 인간에게 벌과 재앙을 주지만, 墨子의 鬼神은 罰뿐 아니라 償과 이익을 줄 수 있는 존재로 승화되어, 天志를 집행하여 인간사회의 질서를 유지하는 人格神으로 자리잡는다. 이런 면에서 墨子의 鬼神은 종래 중국의 古代信仰에서 나오는 鬼神과 차별성을 가지며, 그것을 계승하여 발전시켰다고 평가할 수 있다.

第三十二 非樂 上

1

子墨子言曰:

仁之事者, 必務求興天下之利, 除天下之害, 將以爲法乎天下。

利人乎, 即爲; 不利人乎, 即止。

且夫仁者之爲天下度也, 非爲其目之所美, 耳之所樂, 口之所甘,

身體之所安, 以此虧奪民衣食之財, 仁者弗爲也。　　　虧휴: 줄다, 이지러지다

묵자 선생께서 말씀하셨다. "어진 사람은 반드시 천하의 이익을 일으키고 천하의 해로움을 제거하는 데 힘써야 하며, 그것을 천하의 법도로 삼아야 한다. 사람을 이롭게 하면 즉시 행하고, 사람을 이롭게 하지 않으면 곧 그친다. 또한 어진 사람이 천하를 위하여 법도로 삼는 것은 눈에 아름답게 보이고, 귀에 즐겁게 들리고, 입에 달고, 몸에 편안한 것이 아니다. 이런 식으로 백성들이 입고 먹는 재물을 줄이거나 빼앗는 일을 어진 사람은 하지 않는다.

2

是故子墨子之所以非樂者,

非以大鍾 鳴鼓 琴瑟 竽笙之聲, 以爲不樂也;

琴瑟: 거문고와 비파, 현악기, 竽笙우생: 피리와 생황, 관악기

非以刻鏤華文章之色, 以爲不美也;

刻鏤: 파서 새기다

非以犓豢煎炙之味, 以爲不甘也;

犓豢추환: 가축, 煎: 졸이다, 炙자: 굽다

非以高臺厚榭邃野之居, 以爲不安也。

榭사: 정자, 邃수: 깊숙하다=深

雖身知其安也, 口知其甘也, 目知其美也, 耳知其樂也,

然上考之不中聖王之事, 下度之不中萬民之利。

是故子墨子曰: 爲樂非也。

그래서 묵자 선생이 음악을 비난하는 이유는 큰 종과 북, 거문고와 비파, 피리와 생황의 소리가 즐겁지 않아서가 아니고, 조각과 무늬의 색깔이 아름답지 않아서도 아니며, 졸이고 구운 고기의 맛이 달지 않아서도 아니며, 높은 누각과 정자, 큰 집에 거처함이 편안하지 않아서도 아니다. 비록 몸은 편안함을 알고, 입은 단맛을 알며, 눈은 아름다움을 알고, 귀가 즐거움을 알지라도, 위로 생각하면 성왕의 도리에 부합하지 않고, 아래로 헤아리면 모든 백성의 이익에 맞지 않는다. 그래서 묵자 선생께서 "음악을 즐기는 것은 잘못이다"고 말씀하셨다.

3 今王公大人, 雖無造爲樂器, 以爲事乎國家, 非直掊潦水 折壤坦而爲之也,

掊부: 모으다, 潦水: 길에 괸 물, 壤: 흙, 坦탄: 평평하다

將必厚措斂乎萬民, 以爲大鍾 鳴鼓 琴瑟 竽笙之聲。

斂: 거두다

古者聖王亦嘗厚措斂乎萬民, 以爲舟車, 旣以成矣,

　曰: 吾將惡許用之?

惡許=何所: 어디에

　曰: 舟用之水, 車用之陸, 君子息其足焉, 小人休其肩背焉。

故萬民出財齎而予之, 不敢以爲慼恨者, 何也? 以其反中民之利也。

財齎재재: 재물, 慼척: 근심

然則樂器反中民之利亦若此, 卽我弗敢非也。

然則當用樂器 譬之若聖王之爲舟車也, 卽我弗敢非也。

오늘날 왕공대인은 비록 악기를 만들고 연주하는 일이 국가의 중대사가 아니라고 생각하지만 (그것은) 고인 물을 퍼내거나 흙을 쪼개서 만드는 것이 아니다. 반드시 모든 백성들로부터 세금을 많이 거두어야 큰 종과 북, 거문고와 비파, 피리와 생황의 소리를 연주할 수 있다. 옛날 성왕들 역시 백성들로부터 많은 세금을 거두었으나 그것으로 배와 수레를 만들었다. 그리고 "내가 장차 그것을 어디에 쓰겠는가?" 스스로 묻고, "배는 물에서 쓰고, 수레는 뭍에서 쓴다. (그리하면) 군자는 발을 쉬게 할 수 있으며, 소인은 어깨와 등을 쉬게 할 수 있다"고 스스로 대답했다. 모든 백성이 재물을 내어주면서 걱정과 근심으로 삼지 않는 이유는 무엇인가? 그것은 오히려 백성의 이익과 일치하기 때문이다. 악기가 이와 같이 도리어 백성의 이익에 부합한다면 나는

감히 (음악을) 비난하지 않을 것이다. 마땅히 악기의 연주가 성왕들이 배와 수레를 만드는 일과 같다면 나는 감히 비난하지 않을 것이다.

4 民有三患, 飢者不得食, 寒者不得衣, 勞者不得息, 三者民之巨患也。

然即當爲之撞巨鍾 擊鳴鼓 彈琴瑟 吹竽笙而揚干戚, 民衣食之財 將安可得乎?

撞당: 치다, 두드리다, 彈탄: 타다, 연주하다, 吹취: 불다, 干: 방패, 戚척: 도끼

即我以爲未必然也。

意舍此。
意=抑: 그런데

今有大國即攻小國, 有大家即伐小家, 强劫弱, 衆暴寡, 詐欺愚, 貴傲賤,

   寇亂盜賊並興, 不可禁止也。

然即當爲之撞巨鍾, 擊鳴鼓, 彈琴瑟, 吹竽笙而揚干戚,

   天下之亂也, 將安可得而治與?

即我未必然也。

是故子墨子曰: 姑嘗厚措斂乎萬民, 以爲大鍾, 鳴鼓, 琴瑟, 竽笙之聲,

          以求興天下之利, 除天下之害, 而無補也。

是故子墨子曰: 爲樂非也。

백성에게는 세 가지 근심이 있다. 굶주린 자가 먹지 못하고, 추운 자가 입지 못하고, 일하는 자가 쉬지 못한다. 이 세 가지가 백성들의 큰 근심이다. 그런데 큰 종을 치고, 북을 두드려 울리며, 거문고와 비파를 켜고, 피리와 생황을 불며, 방패와 도끼를 들고 춤을 춘다면, 장차 백성들이 입고 먹을 재화를 어찌 구할 수 있는가? 나는 반드시 얻을 수 없다고 생각한다.

그런데 이 문제는 접어두자. 오늘날 큰 나라는 작은 나라를 공격하고, 큰 집안은 작은 집안을 정벌하고, 강자는 약자를 겁박하며, 다수는 소수에게 포악하며, 영악한 자는 어리석은 자를 속이고, 귀한 자는 천한 자를 업신여기고, 동시에 외적이 쳐들어오고 도둑이 (사람을) 해쳐도, 이를 막을 수 없다. 그런데 큰 종을 치고, 북을 두드려 울리며, 거문고와 비파를 켜고, 피리와 생황을 불며, 방패와 도끼를 들고 춤을 춘다면,

천하의 혼란을 어찌 다스릴 수 있겠는가? 나는 반드시 다스릴 수 없다고 생각한다. 그래서 묵자 선생께서 "백성들로부터 많은 세금을 거두어 큰 종과 북, 거문고와 비파, 피리와 생황의 소리를 연주함으로써 천하의 이익을 일으키고 천하의 해로움을 제거하고자 한다면 아무런 도움이 되지 않는다"고 말씀하셨다. 이런 까닭으로 묵자 선생께서 "음악을 즐기는 것은 잘못이다"라고 말씀하셨다.

---

❶ 揚干戚: 도끼와 방패를 들고 추는 춤.

5 今王公大人, 唯毋處高臺厚榭之上而視之,

　　鍾猶是延鼎也 弗撞擊將何樂得焉哉?　　　　　延: ① 늘리다, ② 뒤집다=覆

其說將必撞擊之, 惟勿撞擊, 將必不使老與遲者,　　　惟勿=唯毋: 오직

　　　　老與遲者耳目不聰明, 股肱不畢强, 聲不和調, 明不轉朴。

將必使當年, 因其耳目之聰明, 股肱之畢强, 聲之和調, 眉之轉朴。　　當年=壯年

　　　使丈夫爲之, 廢丈夫耕稼樹藝之時。

　　　使婦人爲之, 廢婦人紡績織紝之事。

　　　今王公大人唯毋爲樂, 虧奪民衣食之財, 以拊樂如此多也。　　拊부: 두들기다

是故子墨子曰: 爲樂非也!

오늘날 왕공대인들은 높은 누대와 큰 정자에 머물며 바라보는데, 종(鐘)은 엎어진 솥과 같아서 치고 두드리지 않고서 무슨 즐거움을 얻을 수 있겠는가? 장차 반드시 그것을 치고 두드리라고 말할 것이며, 오로지 치고 두드린다면 반드시 노인과 굼뜬 사람을 시키지 않는다. 노인과 굼뜬 사람은 눈과 귀가 총명하지 않으며, 팔다리가 끝내 강하지 않고, 소리는 조화되지 않으며, 눈이 자연스레 돌아가지 않는다. (그래서) 반드시 젊은 사람을 시킨다. 그들은 눈과 귀가 총명하고, 팔다리는 필히 강하고, 소리는 조화되고, 눈이 자연스레 돌아간다. 사내로 하여금 그 일을 시키면 밭을 갈고 농사지으며 나무를 심고 가꾸는 시간을 빼앗고, 아녀자에게 그 일을 시키면 실 뽑아 길쌈하고 베를 짜는 일을 빼앗게 된다. 오늘날 왕공대인들이 오로지 음악을 즐기는 일은 백성들이 먹고 입을 재화를 줄이고 빼앗는데, 이처럼 악기를 연주하는 일이 많

다. 이런 까닭으로 묵자 선생께서 "음악을 즐기는 것은 잘못이다"라고 말씀하셨다.

---

❶ 明不轉朴, 眉之轉朴: 여러 가지 주석이 있으나 무리한 해석이 많다. 귀와 눈의 총명함은 보고 듣는 인식능력이며, 팔다리의 강함은 물리적 능력을 말한다. 明 과 眉는 실제적인 눈을 의미하고, 朴 은 소박하고 자연스러움을 의미한다고 볼 수 있다.

6 今大鍾 鳴鼓 琴瑟 竽笙之聲 旣已具矣, 大人鏽然奏而獨聽之, 將何樂得焉哉?

鏽수: 삼가는 모양

其說將必與賤人 不與君子。

　與君子聽之, 廢君子聽治;

　與賤人聽之, 廢賤人之從事。

今王公大人惟毋爲樂, 虧奪民之衣食之財, 以拊樂如此多也。

是故子墨子曰: 爲樂非也。

지금 큰 종과 북, 거문고와 비파, 피리와 생황이 모두 갖추어져 있는데, 대인(大人)이 조용히 연주하고 홀로 듣는다면 무슨 즐거움을 얻겠는가? 반드시 천한 사람들과 듣거나 아니면 군자들과 같이 들을 것이다. (벼슬을 가진) 군자들과 더불어 들으면 재판과 정사를 멈추게 하고, (벼슬이 없는) 천한 사람들과 들으면 생업을 멈추게 한다. 오늘날 왕공대인들이 오로지 음악을 즐기는 일은 백성들이 먹고 입을 재화를 줄이고 빼앗는데, 이처럼 손뼉치고 즐기는 일이 많다. 이런 까닭으로 묵자 선생께서 "음악을 즐기는 것은 잘못이다"라고 말씀하셨다.

7 昔者齊康公 興樂萬, 萬人不可衣短褐, 不可食糠糟,

萬=萬舞, 褐갈: 베옷, 糠糟강조: 쌀겨와 지게미

　曰 食飮不美, 面目顔色不足視也;

　　衣服不美, 身體從容醜羸, 不足觀也。

贏리: 여위다, 약하다

　是以食必粱肉, 衣必文繡, 此掌不從事乎衣食之財, 而掌食乎人者也。

是故子墨子曰: 今王公大人惟毋爲樂, 虧奪民衣食之財, 以拊樂如此多也。

是故子墨子曰: 爲樂非也。

옛날 제(齊)나라 강공(康公)은 만무(萬舞)를 즐겼는데, 만무를 연주하는 사람들은 짧은 베옷도 입을 수 없었고, 술과 지게미(와 같은 거친 음식)를 먹을 수 없었다. (그리고는) "먹고 마시는 음식이 아름답지 않으면 얼굴과 안색이 보기에 좋지 않으며, 옷이 아름답지 않으면 몸과 거동이 추하고 여위어 보기에 좋지 아니하다"라고 말했다. 그래서 반드시 기장과 고기를 먹고 무늬를 수놓은 옷을 입었다. 이들은 항상 먹고 입는 재물을 만드는 데 종사하지 않으면서 항상 남의 것을 먹는다. 그래서 묵자 선생께서 "오늘날 왕공대인들이 오로지 음악을 즐기는 일은 백성들이 먹고 입을 재화를 줄이고 빼앗는데, 이처럼 악기를 연주하는 일이 많다"고 말씀하셨다. 이런 까닭으로 묵자 선생께서 "음악을 즐기는 것은 잘못이다"라고 말씀하셨다.

8-1

今人固與禽獸 麋鹿 蜚鳥 貞蟲 異者也,

今之禽獸 麋鹿 蜚鳥 貞蟲 因其羽毛 以爲衣裘,

　　　　　　因其蹄蚤 以爲絝屨,　　　

　　　　　　因其水草 以爲飲食。

故唯使雄不耕稼樹藝, 雌亦不紡績織紝, 衣食之財固已具矣。　　

今人與此異者也, 賴其力者生, 不賴其力者不生。　　

　　君子不强聽治, 即刑政亂;

　　賤人不强從事, 即財用不足。

사람은 본래 사슴과 같은 들짐승, 새와 같은 날짐승, 벌레와는 다르다. 들짐승과 날짐승, 벌레는 깃털을 옷으로 삼고, 발굽과 발톱을 바지와 신발로 삼으며, 물과 풀을 음식으로 삼는다. 그래서 수컷이 농사짓고 나무를 심고 가꾸지 않으며 암컷이 길쌈하고 베를 짜지 않더라도 입고 먹을 재화가 이미 갖추어져 있다. 사람은 이와 달라서 힘들여 일하는 자는 살고 힘들여 일하지 않는 자는 살지 못한다. 군자가 재판과 정치에 힘쓰지 않으면 형벌과 정치가 어지러워지고, 천인이 생업에 힘쓰지 않으면 사용할 재화가 부족하게 된다.

---

❶　인간은 다른 동물과 달리 노동을 통해서만 생존이 가능하다고 주장하면서 인간과 동물의 차이를 노동에서 찾고 있다. 그리고 性과 年齡에 의한 자연적 분업을 넘어 사회적 분업을 강조한다는 점에서 유물론적이다.

8-2　今天下之士君子, 以吾言不然, 然卽姑嘗數天下分事, 而觀樂之害。

　　王公大人蚤朝晏退, 聽獄治政, 此其分事也; 　　　　蚤조: 일찍, 晏: 늦게

　　士君子竭股肱之力, 亶其思慮之智, 內治官府, 　　　　亶단: 도탑다

　　　外收斂關市 山林 澤梁之利, 以實倉廩府庫, 此其分事也; 　倉廩府庫: 창고의 총칭

　　農夫蚤出暮入, 耕稼樹藝, 多聚叔粟, 此其分事也; 　　　叔→菽숙: 콩, 粟속: 조

　　婦人夙興夜寐, 紡績織絍, 多治麻絲葛緒絪布縿, 此其分事也。

　　　　　　　夙숙: 일찍, 麻絲: 삼실, 葛緒: 칡실, 絪곤: 짜다, 布: 베, 縿삼: 명주

今惟毋在乎王公大人說樂而聽之, 卽必不能蚤朝晏退, 聽獄治政,

　　是故國家亂 而社稷危矣。

今惟毋在乎士君子說樂而聽之, 卽必不能竭股肱之力, 亶其思慮之智,

　　內治官府, 外收斂關市, 山林 澤梁之利, 以實倉廩府庫,

　　是故倉廩府庫不實。

今惟毋在乎農夫說樂而聽之, 卽必不能蚤出暮入, 耕稼樹藝, 多聚叔粟,

　　是故叔粟不足。

今惟毋在乎婦人說樂而聽之, 卽不必能夙興夜寐, 紡績織絍,

　　多治麻絲葛緒絪布縿, 是故布縿不興。

曰: 孰爲大人之聽治而廢國家之從事? 曰: 樂也。

是故子墨子曰: 爲樂非也。

오늘날 천하의 선비와 군자들이 내 말을 틀렸다고 하지만 잠시 천하의 직분을 나누어 음악의 해로움을 살펴보자. 왕공대인은 일찍 조회하고 늦게 퇴근하며, 옥사를 듣고 다스리는 일이 그 직분이다. 선비와 군자들은 팔과 다리의 힘을 다하여 생각하고 사려하는 지혜를 도탑게 한다. (그리하여) 안으로는 관청을 다스리고, 밖으로는 관문과 시장, 산림, 연못과 교량에서 나는 이익을 거두어들여 창고를 채우는 일이 그 직분이다. 농부는 일찍 나와서 저녁에 들어가며, 밭을 갈아 농사짓고 나무 심고 가꾸어 콩과 조를 많이 모으는 일이 그의 직분이다. 아녀자는 새벽에 일어나고 밤에 잠들며, 길쌈하고 베를 짜서 삼실과 칡실을 많이 다루고 베와 명주를 짜는 일이 그 직분이다. 이제 왕공대인이 오로지 음악을 듣고 기뻐하면 반드시 일찍 조회하고 늦게 퇴근하면서 옥사를 듣고 잘 다스릴 수 없으니 나라는 어지럽고 사직은 위태로워진다. 선비와 군자가 오로지 음악을 듣고 기뻐하면 반드시 팔과 다리의 힘을 다하여 생각하고 사려하는 지혜를 도탑게 할 수 없으니 안으로는 관청을 다스리고, 밖으로는 관문과 시장, 산림, 연못과 교량의 이익을 거두어들여 창고를 채울 수 없다. 그리하여 창고가 부실하게 된다. 농부가 오로지 음악을 듣고 기뻐하면 반드시 일찍 나와서 늦게 들어가지 못하고, 밭을 갈아 농사짓고 나무 심고 가꾸어 많은 콩과 조를 모을 수 없게 된다. 그래서 곡식이 부족해진다. 아녀자가 오로지 음악을 듣고 기뻐하면 반드시 새벽에 일어나 밤에 잠들지 못하고, 길쌈하고 베를 짜서 삼실과 칡실을 만들지 못하며 베와 명주도 많이 짜지 못한다. 그래서 베와 명주가 부족해진다.

"대인의 재판과 정치를 막고, 천인의 생업을 가로막는 것은 무엇인가?"라고 물으면 "음악이다"라고 답할 수 있다. 그래서 묵자 선생께서 "음악을 즐기는 것은 잘못이다"라고 말씀하셨다.

---

❶　孰爲大人之聽治而廢國家之從事?: 유월(兪樾)은 이 문장을 孰爲廢大人之聽治 而賤人之從事?로 바꾸어야 한다고 주장한다. 이 설을 받아들여 번역했다.

9 何以知其然也? 曰 先王之書, 湯之官刑有之 曰:

其恒舞于宮, 是謂巫風。其刑君子出絲二衛, 小人否, 衛→衡: 10근

  似二伯黃徑。 似→以, 伯→白

乃言曰:

嗚乎! 舞佯佯, 黃言孔章, 佯佯→洋洋: 여럿이 춤추는 모양, 孔: 크다, 章=彰

   上帝弗常, 九有以亡,

   上帝不順, 降之百殃, 其家必壞喪。 殃상=殃앙: 재앙

察九有之所以亡者, 徒從飾樂也。 徒: 헛되이, 보람 없이

於武觀曰:

啓乃淫溢康樂, 野于飮食, 淫溢음일: 넘쳐흐르다

  將將銘莧磬以力, 湛濁于酒, 渝食于野,

將將: 의성어, 莧현: 비름 풀, 磬경: 경쇠, 옥이나 돌로 만든 악기, 渝투: 넘치다

萬舞翼翼, 章聞于大, 天用弗式。

翼翼: 한가롭고 경건하다는 의미의 의태어, 式: 삼가다, 조심하다

故上者天鬼弗戒, 下者萬民弗利。

어찌 그러함을 알 수 있는가? 선왕의 책 탕(湯)왕의 『官刑』에 "항상 집에서 춤을 추는 것을 일러 무당의 바람(巫風)이라고 한다. 그에 대한 형벌은 (벼슬하는) 군자에게 비단 실 20근을 징발하고, (벼슬 없는) 소인에게는 거친 실(黃經) 200가닥을 바치게 했다"고 쓰여 있다. 또 "오호라, 여럿이 모여 춤을 추니 아름다운 말이 크게 들린다. 하느님(上帝)이 한결같지 아니하여 아홉 번 망하게 하고, 하느님이 따르지 않아 여러 재앙을 내리고 그 집안은 반드시 망한다"고 적혀 있다. 아홉 번 망한 이유를 살펴보니 헛되이 음악을 따르고 꾸몄기 때문이다. 또한 『武觀』에 "계(啓)가 이에 강(康)의 음악을 넘쳐흐르게 하고, 들에서 먹고 마셨다. 비름 풀을 조각한 경쇠 소리가 장장(將將)하게 울리고, 술에 빠져 (정신이) 흐려지고, 야외에 음식이 넘쳤다. 한가로이 만무(萬舞)를 춤추니 (그 소리가) 크게 드러나 하늘이 용서하지 않았다"고 쓰여있다. 그러므로 (음악은) 위로는 하늘과 귀신을 경계하지 않고, 아래로는 모든 백성을 이롭게 하지 않는다.

❶ 湯之官刑: 현존하는 『書經』에는 나오지 않으며 「伊訓」에 비슷한 문구가 나온다.

❷ 似二伯黃徑: 뜻이 통하지 않아 于省吾는 以二百黃經로 고쳐 읽는다.

❸ 黃言孔章: ① 簧音孔章: 생황 소리가 크게 울린다. ② 嘉言孔彰: 아름다운 말이 크게 빛난다. 『書經』「伊訓」

❹ 武觀: 『書經』의 편명이나 현재 전해지지 않는다.

❺ 啓: 우왕(禹王)의 아들로 음악을 만들고 좋아했다는 기록(竹書紀年, 山海經 등)이 많이 남아 있다.

❻ 『書經』「商頌」에 萬舞有奕(만무는 크고 아름답도다)이라는 표현이 나온다.

10 是故子墨子曰:

今天下士君子, 請將欲求興天下之利, 除天下之害,

當在樂之爲物, 將不可不禁而止也。

그래서 묵자 선생께서 말씀하셨다. "오늘날 천하의 선비와 군자들이 진실로 천하의 이익을 일으키고 천하의 해악을 제거하려고 한다면 마땅히 음악을 즐기는 행위를 금하여 막지 않으면 안 된다."

第三十三 非樂 中^闕

第三十四 非樂 下闕

第三十五 非命 上

1

子墨子言曰:

　古者王公大人, 爲政國家者, 皆欲國家之富, 人民之衆, 刑政之治。

然而不得富而得貧, 不得衆而得寡, 不得治而得亂,

　則是本失其所欲, 得其所惡, 是故何也?

子墨子言曰: 執有命者 以襍於民閒者衆。　　　　　　　　　　　襍잡=雜

　執有命者之言曰: 命富則富, 命貧則貧,

　　　　　　　命衆則衆, 命寡則寡,

　　　　　　　命治則治, 命亂則亂,

　　　　　　　命壽則壽, 命夭則夭,

　命, 雖强勁 何益哉?　　　　　　　　　　　　　　　　　　　　勁경: 굳세다

　以上說王公大人, 下以駔百姓之從事, 故執有命者不仁。　　駔장 → 阻조: 막다

　故當執有命者之言, 不可不明辨。

묵자 선생께서 "옛날 왕공대인들은 모두 나라를 다스림에 있어 나라가 부유해지고,
백성의 수가 늘어나고, 형벌과 정치가 잘 다스려지기를 원했다"고 말씀하셨다. 그러
나 부유해지기는커녕 가난해지고, 인구가 늘기는커녕 줄어들고, 잘 다스려지기는커
녕 혼란해지는데, 그 까닭은 무엇인가? 이에 대해 묵자 선생께서는 다음과 같이 말
씀하셨다. "운명론을 주장하는 사람들이 백성들 사이에 끼어 있기 때문이다. 그들은
'부자가 될 운명이면 부자가 되고, 가난할 운명이면 가난해지고, (인구가) 늘어날 운
명이면 늘어나고, 줄어들 운명이면 줄어들고, 잘 다스려질 운명이면 잘 다스려지고,
혼란할 운명이면 혼란해지고, 오래 살 운명이면 오래 살고, 요절할 운명이면 일찍 죽
는다'고 말한다. 운명이 그러하다면 애써 노력하더라도 무슨 보탬이 있겠는가? 운명
론자들이 위로는 왕공대인에게 유세하고, 아래로는 백성들의 생업을 방해하니 어질
지 못하다. 그래서 운명론자들의 말을 분명하게 판단하지 않으면 안 된다."

2　然則明辨此之說 將柰何哉?

子墨子言曰: 必立儀。

言而毋儀, 譬猶運鈞之上而立朝夕者也, 是非利害之辨,

不可得而明知也。　　　　　　　運均: 도자기 제작용 돌림판, 朝夕: 동쪽과 서쪽

故言必有三表。

何謂三表?

子墨子言曰: 有本之者, 有原之者, 有用之者。

於何本之? 上本之於古者聖王之事。

於何原之? 下原察百姓耳目之實。

於何用之? 廢以爲刑政, 觀其中國家百姓人民之利。　　　廢一發

此所謂言有三表也。

그러면 이러한 주장(운명론)을 분명하게 판단하려면 어찌해야 하는가? 묵자 선생께서 말씀하셨다. "반드시 기준을 세워야 한다. 말을 하면서 기준이 없으면 돌아가는 녹로(轆轤) 위에 방향을 표시하는 것에 비유할 수 있으니, 옳고 그름, 이익과 손해를 판단하여 명확하게 알 수 없다. 그래서 말에는 반드시 세 가지 기준(三表)이 있어야 한다."

세 가지 기준은 무엇인가? 묵자 선생께서 다음과 같이 말씀하셨다. "근본(本) 되는 것이 있어야 하고, 근원(原)되는 것이 있어야 하고, 쓰임(用) 되는 것이 있어야 한다. 어디에 근본을 두어야 하는가? 위로는 옛날 성왕들의 업적에 근본을 두어야 한다. 무엇에 근원해야 하는가? 아래로는 백성들이 보고 듣는 실정을 살피는 데 근원해야 한다. 무엇에 쓰여야 하는가? 형벌과 정치에 드러나고, 나라와 백성들의 이익에 부합하는지 살피는 데 쓰여야 한다. 이것이 내가 말하는 세 가지 기준이다."

---

❶　立朝夕: 아침과 저녁을 세우다=동쪽과 서쪽을 정하다. 『管子』「七法」에 "不明於則, 而欲出號令, 猶入朝夕於運鈞之上"이란 표현이 나온다.

3　然而今天下之士君子, 或以命爲有。

> 蓋嘗尚觀於聖王之事, 古者桀之所亂, 湯受而治之;　　　尚=上
>
>　　　　　　　紂之所亂, 武王受而治之。
>
> 此世未易 民未渝, 在於桀紂 則天下亂, 在於湯武, 則天下治,　渝投: 달라지다
>
> 豈可謂有命哉!

그러나 오늘날 천하의 선비와 군자들 가운데 어떤 이는 운명이 있다고 생각한다. 시험 삼아 성왕의 일을 살펴보자. 옛날 걸(桀)왕이 어지럽힌 바를 탕(湯)왕이 받아 잘 다스렸고, 주(紂)왕이 어지럽힌 바를 무(武)왕이 받아 잘 다스렸다. 이 세상은 바뀌지 않았고 백성도 달라지지 않았으나 걸왕과 주왕 때는 천하가 어지러웠고, 탕왕과 무왕 때는 천하가 잘 다스려졌는데, 어찌 운명이 있다고 말할 수 있는가?

4　然而今天下之士君子, 或以命爲有。蓋嘗尚觀於先王之書。

先王之書, 所以出國家, 布施百姓者, 憲也。

> 先王之憲, 亦嘗有曰: '福不可請, 而禍不可諱, 敬無益, 暴無傷' 者乎?

所以聽獄制罪者, 刑也。

> 先王之刑 亦嘗有曰: '福不可請, 禍不可諱, 敬無益, 暴無傷' 者乎?

所以整設師旅, 進退師徒者, 誓也。　　師旅: 군대의 무리, 500명 단위

> 先王之誓 亦嘗有曰: '福不可請, 禍不可諱, 敬無益, 暴無傷' 者乎?

是故子墨子言曰:

> 吾當未鹽數, 天下之良書不可盡計數, 大方論數, 而五者是也。
>
>　　　　　　　　　　　　　鹽 → 盡, 大方=大略=大法
>
> 今雖毋求執有命者之言, 不必得, 不亦可錯乎?　　錯: 어긋나다, 잘못하다

오늘날 천하의 선비와 군자들 가운데 어떤 이는 운명이 있다고 생각한다. 시험 삼아 위로 돌아가신 왕들의 책을 살펴보자. 선왕의 책을 보면 나라에서 내보내고 백성에게 반포하고 시행하는 것이 법(憲)이다. 선왕들의 법에 일찍이 '복은 청할 수 없고,

화는 피할 수 없다. 경건함에는 이익이 없고, 포악함에는 손해가 없다'는 말이 있는 가? 옥사를 재판하고 죄를 정하는 것이 형법(刑)이다. 선왕들의 형법에 일찍이 '복은 청할 수 없고, 화는 피할 수 없다. 경건함에는 이익이 없고, 포악함에는 손해가 없다' 는 말이 있는가? 군대를 정비하고 군사를 진격시키고 후퇴시키는 것이 맹세(誓)이 다. 선왕들의 맹세에 일찍이 '복은 청할 수 없고, 화는 피할 수 없다. 경건함에는 이 익이 없고, 포악함에는 손해가 없다'는 말이 있는가? 그래서 묵자 선생께서 말씀하 셨다. "내가 다 헤아리지는 못했으나 천하에 좋은 책은 셀 수 없이 많다. 대략적으로 분류하면 다섯 가지(세 가지의 오류: 憲, 刑, 誓를 의미한다)이다. 오늘날 비록 운명론자의 말을 (책에서) 찾으려고 해도 얻을 수 없으니, 잘못된 것이 아닌가?"

5 　今用執有命者之言, 是覆天下之義, 覆天下之義者, 是立命者也,

百姓之誶也。 　　　　　　　　　　　　　　　　　　誶수 → 悴췌=憂: 근심, 걱정

說百姓之誶者, 是滅天下之人也。 　　　　　　　　　　　　　　　說=悦

然則所爲欲義在上者, 何也?

曰: 義人在上, 天下必治, 上帝山川鬼神, 必有幹主, 萬民被其大利。　幹主=祭主

何以知之?

子墨子曰:

古者湯封於亳, 絕長繼短, 方地百里, 與其百姓兼相愛, 交相利, 移則分。

移이=侈치: 많다=財多

率其百姓, 以上尊天事鬼, 是以天鬼富之, 諸侯與之, 百姓親之,

賢士歸之, 未歿其世, 而王天下, 政諸侯。

昔者文王封於岐周, 絕長繼短, 方地百里, 與其百姓兼相愛, 交相利, 則。

則 → 移則分

是以近者安其政, 遠者歸其德。聞文王者, 皆起而趨之。　歸: 따르다

罷不肖 股肱不利者, 處而願之曰: 　　　　　　　　　　罷피: 피곤하다, 둔하다

奈何乎使文王之地及我? 吾則吾利, 豈不亦猶文王之民也哉?

是以天鬼富之, 諸侯與之, 百姓親之, 賢士歸之,

未殁其世, 而王天下, 政諸侯。

鄉者言曰: 義人在上, 天下必治, 上帝山川鬼神, 必有幹主,

萬民被其大利。　　　　　　　　鄉者: 조금 전에, 지난번에

吾用此知之。　　　　　　　　　　　　　用=以

운명론자의 말은 천하의 의로움을 뒤집는 일이며, 천하의 의로움을 뒤집는 일은 운명론이며, 이것은 백성의 근심을 만든다. 백성의 근심을 즐기는 사람은 천하의 사람들을 망하게 한다. 그렇다면 의로운 사람을 임금으로 삼으려 하는 이유는 무엇인가? "의로운 사람이 임금이 되면, 천하가 잘 다스려지고 하느님(上帝)과 산천의 귀신은 반드시 제주(祭主)를 가지게 되어 모든 백성이 큰 이익을 얻는다"고 답할 수 있다. 어찌 그것을 알 수 있는가?

이에 대해 묵자 선생께서 다음과 같이 말씀하셨다. 옛날 탕(湯)왕이 박(亳) 지방에 봉해졌을 때 긴 지역을 끊어 짧은 지역에 붙이면 사방 백 리에 불과했다. (그러나) 백성과 더불어 두루 서로 사랑하고 서로 이롭게 하였으며, (재물이) 많으면 나누었다. 백성들을 거느리고 위로 하늘을 존중하고 귀신을 섬겼다. 그리하여 하늘과 귀신이 그를 부유하게 하였고, 제후들은 그와 같이 행동했고, 백성들은 그를 사랑했고, 어진 선비는 그에게 돌아왔다. 죽기 전에 천하의 왕이 되어 제후들을 다스렸다.

(또한) 옛날 문(文)왕이 기산(岐周)에 봉해졌을 때 긴 지역을 끊어 짧은 지역에 붙이면 사방 백 리에 불과했다. (그러나) 백성과 더불어 두루 사랑하고 서로 이롭게 하였으며, (재물이) 많으면 나누었다. 그리하여 가까이 있는 사람은 그의 정치를 편안하게 여기고, 멀리 있는 사람은 그의 덕을 따랐다. 문왕의 소문을 듣고 모두 일어나 그에게 달려갔다. 둔하고 못난 사람과 팔다리가 불편한 사람은 (달려가지 못하고) 사는 곳에서 그를 원하며 말했다. "어찌해야 문왕의 영토가 나에게 이르겠는가? 나는 문왕을 이롭게 여기니 어찌 문왕의 백성과 같지 않겠는가?" 이런 까닭에 하늘과 귀신은 그를 부유하게 하였고, 제후들은 그와 같이 행동했고, 백성들은 그를 사랑했고, 어진 선비는 그에게 돌아왔다. 죽기 전에 천하의 왕이 되어 제후들을 다스렸다. "의로운 사람이 임금이 되면 천하는 반드시 잘 다스려지고, 하느님(上帝)과 산천의 귀신은 반드시 제주(祭主)를 가지게 되어 모든 백성이 큰 이익을 얻는다"고 앞에서 말했다. 이것으로 나는 그것을 알 수 있다.

6

是故古之聖王發憲出令, 設以爲賞罰以勸賢。

是以入則孝慈於親戚, 出則弟長於鄕里, 坐處有度, 出入有節,

男女有辨。

弟: 공경하다

是故使治官府 則不盜竊, 守城則不崩叛, 君有難則死, 出亡則送。

此上之所賞, 而百姓之所譽也。

執有命者之言曰: 上之所賞, 命固且賞, 非賢故賞也。

上之所罰, 命固且罰, 不暴故罰也。

是故入則不慈孝於親戚, 出則不弟長於鄕里, 坐處不度, 出入無節,

男女無辨。

是故治官府 則盜竊, 守城則崩叛, 君有難則不死, 出亡則不送。

此上之所罰, 百姓之所非毁也。

執有命者言曰: 上之所罰, 命固且罰, 不暴故罰也。

上之所賞, 命固且賞, 非賢故賞也。

以此爲君則不義, 爲臣則不忠, 爲父則不慈, 爲子則不孝, 爲兄則不良,

爲弟則不弟, 而强執此者, 此特凶言之所自生, 而暴人之道也。

옛날 성왕들은 법을 반포하고 명령을 내려 상벌제도를 실행함으로써 현명한 사람을 권장했다. 그리하여 (집에) 들어가면 어버이와 일가친척에 효도하고, 나가서는 마을에서 공손하게 어른을 모셨다. 앉고 섬에 법도가 있고, 나가고 들어옴에 절도가 있으며, 남녀에 분별이 있었다. 그래서 (이들이) 관청과 창고를 다스리면 도둑질을 하지 않고, 성을 지키면 배반하지 않았으며, 임금이 환란에 처하면 죽음을 무릅쓰고, 임금이 도망가면 따라갔다. 이들은 임금이 상을 주고 백성들이 칭송하는 바이다. (그러나) 운명론자들은 "임금이 상을 주는 것은 본래 상을 받을 운명이지, 현명해서 상을 받는 것이 아니다. 임금이 벌을 내리는 것은 본래 벌을 받을 운명이지, 포악해서 벌을 받는 것이 아니다"라고 말한다. 그리하여 (이들은 집에) 들어가면 어버이와 일가친척에게 효도하지 못하고, 나가서는 마을에서 공손하게 어른들을 모시지 못한다. 앉고 섬에 법도가 없고, 나가고 들어옴에 절도가 없으며, 남녀의 분별이 없었다. 그래서 (이들이) 관청과 창고를 다스리면 도둑질하고, 성을 지키면 배반하고, 임금이 환란에 처하면 죽음을 무릅쓰지 않고, 임금이 도망가면 따라가지 않았다. 이들은 임금이 벌하고 백성이 비난하고 욕하는 바이다. (그러나) 운명론자들은 "임금이 벌을 내리는 것은 본래 벌을 받을 운명이지, 포악해서 벌을 받는 것이 아니다. 임금이 상을 주는 것은 본래 상을 받을 운명이지, 현명해서 상을 받는 것이 아니다"라고 말한다. 이리하여 임금은 의롭지 못하고, 신하는 충성스럽지 못하고, 어버이는 자애롭지 못하고, 자식은 효성스럽지 못하고, 형은 어질지 못하고, 동생은 우애하지 못한다. 운명론을 애써 고집하면 흉악한 말이 저절로 생겨나니 포악한 사람이 되는 지름길이다.

7 然則何以知命之爲暴人之道?

昔上世之窮民, 貪於飮食, 惰於從事, 是以衣食之財不足,

　　而飢寒凍餒之憂至, 惰타: 게으르다, 餒뇌: 굶주리다

　　不知曰 罷不肖, 從事不疾,

　　必曰 我命固且貧。

昔上世暴 不忍其耳目之淫 心涂之辟, 不順其親戚, 遂以亡失國家,

　　傾覆社稷, 不知曰 我罷不肖, 爲政不善, 涂→志, 辟벽: 허물, 임금

　　必曰 吾命固失之。

於仲虺之告 曰: 我聞于夏人 矯天命 布命于下, 帝伐之惡, 龔喪厥師。

告=誥: 훈시, 훈계, 矯교: 속이다, 바로잡다, 龔공: 이바지하다, 받들다, 厥=其

　　此言湯之所以非桀之執有命也。

於太誓曰: 紂夷處, 不肯事上帝鬼神, 禍厥先神禔 不祀,

禍: 해치다, 禔제: ① 복, 행복, ② → 祇: 땅의 신

　　乃曰 吾民有命, 無廖排漏, 天亦縱棄之而弗葆。

廖료: 공허하다, 排배: 배척하다, 漏누: 새다, 縱: 내버려 두다, 葆=保

　　此言武王所以非紂執有命也。

今用執有命者之言, 則上不聽治, 下不從事,

　　上不聽治, 則刑政亂, 下不從事, 則財用不足。

上無以供粢盛酒醴, 祭祀上帝鬼神, 下無以降綏天下賢可之士,

綏수: 위로, 어루만짐, 편안함

外無以應待諸侯之賓客, 內無以食飢衣寒, 將養老弱。

故命上不利於天, 中不利於鬼, 下不利於人,

而強執此者, 此特凶言之所自生, 而暴人之道也。

그렇다면 운명론이 포악한 사람을 만드는 지름길이라는 사실을 어찌 알 수 있는가? 옛날 가난한 백성들이 먹고 마시는 것을 탐하면서 생업을 게을리하면 입고 먹을 재물이 부족하여 추위에 얼고 굶주리는 걱정을 했다. (그러나 내가) "둔하고 못나서 일을 빨리 하지 못한다"고 말하지 않고, 반드시 "나는 원래 가난하게 살 운명이다"라고 말했다. 옛날 폭군들은 눈과 귀의 음란함을 참지 못하고, 마음과 의지의 허물을 참지 못하여 어버이와 일가친척들을 따르지 않아 마침내 나라를 잃고 사직을 무너뜨렸다. (그러나) "내가 둔하고 못나서 정사를 잘 돌보지 못했다"고 말하지 않고, 반드시 "나는 나라와 사직을 잃을 운명이다"라고 말했다.

『仲虺之告』에는 "나는 하(夏)나라 사람(임금)이 천명을 속이고 백성들에게 명령을 반포하니, 하느님(帝)이 그 악행을 징계하여 그 군사를 잃게 했다고 들었다"고 쓰여 있다. 이것은 탕(湯)왕이 걸(桀)왕의 운명론을 비판했음을 말한다. (또한) 『太誓』에는 "주(紂)왕이 거만하게 처신하여 하느님(上帝)과 귀신을 섬기지 않고, 조상의 신위와 복을 해치고 제사를 지내지 않았다. (그러면서) '나의 백성이 천명을 받았으니 헛되이 배척되거나 빠져나가지 않는다'고 말하니 하늘도 역시 그를 버리고 보호하지 않았다"고 쓰여 있다. 이것은 무(武)왕이 주왕의 운명론을 비판했음을 말한다.

지금 운명론자의 말을 따르면 임금은 정사를 돌보지 않고 백성은 생업을 게을리하게 된다. 임금이 정사를 돌보지 않으면 형벌과 정치가 문란하고, 백성이 생업을 게을리하면 사용할 재물이 부족해진다. 위로는 제사음식과 단술을 바치며 하느님과 귀신에게 제사 지내지 않고, 아래로는 천하의 어진 선비를 위로하지 못하며, 밖으로는 제후를 손님으로 접대하지 못하고, 안으로는 굶주린 사람을 먹이고 추위에 떠는 사람에게 옷을 입히지 못해 노약자를 봉양하지 못하게 된다. 그래서 운명론은 위로는 하늘에 이롭지 않고, 가운데로는 귀신에 이롭지 않고, 아래로는 사람에게 이롭지 않다. 그럼에도 운명론을 애써 고집하는 것은 흉악한 말이 저절로 생겨나니 포악한 사람이 되는 지름길이다.

❶ 仲虺之告: 仲虺는 湯王을 보필하여 桀王을 추방한 공신. 현존하는 『書經』 「仲虺之誥」에는 "夏王有罪 矯誣上天 以布命于下 帝用不臧 式商受命 用爽厥師"로 되어 있다.

❷ 太誓: 현존하는 『書經』 「泰誓」에는 "乃夷居 弗事上帝神祇 遺厥先宗廟 弗祀 犧牲粢盛 旣于凶盜 乃曰 吾有民有命 罔懲其侮"로 되어 있다. 「天志」 中에서 같은 부분이 인용되지만 사용하는 단어의 차이가 있다. 여기서는 원문에 충실하게 번역한다.

8 是故子墨子言曰:

今天下之士君子, 忠實欲天下之富而惡其貧, 欲天下之治而惡其亂,

執有命者之言, 不可不非。此天下之大害也。

그리하여 묵자 선생께서 말씀하셨다. "오늘날 천하의 선비와 군자들이 진실로 천하가 부유해지기를 원하고 가난해지기를 싫어한다면, 천하가 잘 다스려지기를 원하고 혼란스러움을 미워한다면, 운명론자의 말을 비난하지 않으면 안 된다. 이것은 천하의 큰 해악이기 때문이다.

第三十六 非命 中

1　子墨子言曰: 凡出言談 由文學之爲道也, 則不可而不先立義法。 義法=儀

若言而無義, 譬猶立朝夕於員鈞之上也, 則雖有巧工, 必不能得正焉。

義=儀, 員均=運均: 돌림판, 朝夕: 동쪽과 서쪽

然今天下之情僞, 未可得而識也, 故使言有三法。

三法者何也?

　　有本之者, 有原之者, 有用之者。

　　於其本之也, 考之天鬼之志, 聖王之事;

　　於其原之也, 徵以先王之書; 徵징: 밝히다, 증명하다

　　用之奈何, 發而爲刑。

　　此言之三法也。

묵자 선생께서 "말을 하거나 글을 쓴다면 우선 기준을 세우지 않으면 안 된다"고 말씀하셨다. 말을 하면서 기준이 없으면 마치 돌아가는 녹로(轆轤) 위에 방향을 표시하는 것과 같으니 비록 재주가 있는 기술자라 할지라도 반드시 정확한 방향을 얻을 수 없다. 그래서 천하의 진실과 거짓을 알기 어려우니 말에는 세 가지 기준(三法)이 있어야 한다. 세 가지 기준은 무엇인가? 근본(本之)이 있어야 하고, 근원(原之)이 있어야 하고, 쓰임(用之)이 있어야 한다. 근본은 하늘과 귀신의 뜻, 성왕들의 업적을 고찰하는 것이며, 근원은 선왕들의 책으로 증명하는 것이다. 쓰임은 무엇인가? 드러내어 형벌(과 정치)로 삼는 것이다. 이것이 말의 세 가지 기준이다.

---

❶　於基本之, 於基原之: 「非命」上편에서는 於何本之, 於何原之로, 「非命」下편에서는 惡乎考之, 惡乎原之로 표현되어 있으나 모두 같은 의미로 사용되었다.

　　　　　　　　　　　　　　　　　　　　　　　　　　　　십론(十論)

2 今天下之士君子 或以命爲亡,

> 我所以知命之有與亡者, 以衆人耳目之情, 知有與亡。

> 有聞之, 有見之, 謂之有; 莫之聞, 莫之見, 謂之亡。

然胡不嘗考之百姓之情?

> 自古以及今, 生民以來者, 亦嘗見命之物, 聞命之聲者乎?

>> 則未嘗有也。

若以百姓爲愚不肖, 耳目之情不足因而爲法,

> 然則胡不嘗考之諸侯之傳言流語乎?

> 自古以及今, 生民以來者, 亦嘗有聞命之聲, 見命之體者乎?

>> 則未嘗有也。

然胡不嘗考之聖王之事?

> 古之聖王, 擧孝子而勸之事親, 尊賢良而勸之爲善,

>> 發憲布令以教誨, 明賞罰以勸沮。　誨회: 가르치다, 沮저: 막다, 저지하다

> 若此, 則亂者可使治 而危者可使安矣。

> 若以爲不然, 昔者 桀之所亂, 湯治之; 紂之所亂, 武王治之。

> 此世不渝 而民不改, 上變政而民易教,　渝투: 달라지다

> 其在湯武 則治, 其在桀紂 則亂。

> 安危治亂 在上之發政也, 則豈可謂有命哉?

오늘날 천하의 선비와 군자들 중 (어떤 사람은 운명이 있다고 하고) 어떤 사람은 운명이 없다고 한다. 내가 알기로는 많은 사람들이 보고 듣는 실정으로 운명의 존재 유무를 알 수 있다. 그것을 보고 들으면 있다고 말하고, 보지도 못하고 듣지도 못하면 없다고 말한다. 그러면 어찌하여 백성들이 (보고 듣는) 실정을 고찰하지 않는가? 옛날부터 지금까지 백성이 생겨난 이래, 일찍이 운명이라는 실체를 보고 운명의 목소리를 들은 사람이 있는가? 아직 없다. 만약 백성이 어리석고 못나서 (그들이) 보고 듣는 실정이 기준으로 삼기에 부족하다면, 어찌하여 제후들이 전하는 말을 고찰하지 않는가? 옛날부터 지금까지 백성이 생겨난 이래, 운명의 목소리를 듣고 운명의 실체를 본 사람이 있는가? 아직 없다.

그렇다면 왜 성왕들의 업적을 고찰하지 않는가? 옛날 성왕들은 효자를 천거하여 부모 섬기기를 권장하였고, 현명한 선비를 존중하여 착한 일을 권장하였으며, 법령을 반포하여 (백성을) 교화하고, 상벌을 명확히 하여 (선행을) 권장하고 (악행을) 저지했다. 이와 같이 한다면 혼란은 잘 다스려질 수 있고, 위기 역시 안정될 수 있다. 그렇지 않은 경우 옛날 걸(桀)왕이 (천하를) 어지럽히자 탕(湯)왕이 잘 다스렸고, 주(紂)왕이 어지럽히자 무(武)왕이 이를 잘 다스렸다. 이는 세상이 달라지고 백성이 바뀐 것은 아니지만, 임금이 정치를 변화시키고 백성이 쉽게 교화되었기 때문이다. 탕왕과 무왕이 있으면 잘 다스려지고, 걸왕과 주왕이 있으면 혼란했다. 안정과 위기, 다스림과 혼란은 임금이 어떻게 정사를 돌보는가에 있는데 어찌 운명이 있다고 말할 수 있는가?

3 夫曰 有命云者亦不然矣。

今夫有命者言曰: 我非作之後世也, 自昔三代 有若言以傳流矣。   若=此

　　今故先生對之?   故 → 胡: 어찌, 對: 반대하다

曰: 夫有命者不志 昔也三代之聖善人與, 意亡 昔三代之暴不肖人也。

不志 → 不識=不知, 意亡=意=抑: 아니면

何以知之?

　　初之列士桀大夫, 愼言知行, 此上有以規諫其君長, 下有以敎順其百姓,

初之=昔之, 桀 → 傑: 뛰어난 사람, 規諫: 법도로써 충고하다

　　故上得其君長之賞, 下得其百姓之譽。

　　列士桀大夫聲聞不廢, 流傳至今。   聲聞: 명성

　　而天下皆曰 其力也, 必不能曰 我見命焉。

그러나 운명론자들은 그렇지 않다고 말한다. 그들은 "후세에 내가 그것(운명론)을 만든 것이 아니라 옛날 3대(夏·殷·周) 때부터 이 말은 전해져 내려왔다. 지금 왜 선생은 그것을 반대하는가?"라고 묻는다. (이에 대해) "운명론자들은 옛날 3대의 성인이나 착한 사람들이 운명론을 말했는지, 아니면 포악하고 못난 사람들이 운명론을 말했는지 모른다"고 답할 수 있다. 어찌 그것을 알 수 있는가? 옛날 열사와 뛰어난 대부들

은 신중하게 말하고 지혜롭게 행동했다. 이들은 위로는 임금에게 법도로써 충고하고, 아래로는 백성을 가르쳐 따르게 했다. 그리하여 위로는 임금의 상을 받고, 아래로는 백성들의 칭송을 받았다. 그들의 명성은 없어지지 않고 오늘에 이르기까지 전해진다. 그리고 천하의 사람들이 모두 "그들의 노력이다"라고 말하지, "내가 운명을 보았다"고 말하지 않는다.

4　是故昔者三代之暴王, 不繆其耳目之淫, 不愼其心志之辟,

繆무: 묶다, 졸라매다, 辟벽: ① 허물, ② =僻치우침

外之毆騁 田獵 畢弋, 內沈于酒樂, 不顧其國家百姓之政。

毆騁구빙: 말타고 달리다, 田=畋: 사냥, 畢: 그물, 弋익: 주살

繁爲無用, 暴逆百姓, 使下不親其上。

是故國爲虛厲, 身在刑僇之中,

厲: 위태롭다, 僇륙: 욕보이다, 죽이다

不肯曰: 我罷不肖, 我爲刑政不善, 必曰: 我命故且亡。

雖昔也三代之窮民, 亦由此也。

由=猶

內之不能善事其親戚, 外不能善事其君長,

惡恭儉而好簡易, 貪飮食而惰從事, 衣食之財不足, 使身至有饑寒
凍餒之憂, 必不能曰: 我罷不肖, 我從事不疾, 必曰: 我命固且窮。

疾질: 盡力하다

雖昔也三代之僞民, 亦猶此也。

繁飾有命, 以敎衆愚樸人久矣。

樸박: 통나무, 있는 그대로의

옛날 3대(夏·殷·周)의 폭군들은 눈과 귀의 욕망(淫)을 억제하지 못하고 마음과 뜻의 편벽함을 삼가지 않았다. (그래서) 밖으로는 말을 몰고 달리며 그물과 주살로 사냥하고, 안으로는 술과 음악에 빠져서 나라와 백성의 정치를 돌아보지 않았다. 쓸모없는 일을 번잡하게 벌이고 백성을 포악하게 대하여 백성들로 하여금 임금을 사랑하지 않게 했다. 이런 까닭으로 나라는 텅 비어 위태로워지고 자신은 형벌을 받고 죽었다. (그럼에도) "내가 어리석고 못나서 형벌과 정치를 잘하지 못했다"고 말하지 않고, "나는 운명 때문에 망했다"고 말했다.

옛날 3대의 절박한 백성들도 이와 같았다. 안으로는 부모와 친척을 잘 섬기지 않고 밖으로는 임금을 잘 섬기지 않으면서, 공손함과 검소함을 미워하고 간편하고 쉬운 것을 좋아했다. 음식을 탐하면서 생업을 게을리하여, 입고 먹을 재물이 부족하게 되고 굶주림과 추위를 근심하기에 이르렀다. (그럼에도) "내가 어리석고 못나 있는 힘을 다하여 일하지 않았다"고 말하지 않고, "나는 원래 가난할 운명이다"라고 말했다. 옛날 3대의 속아 살아온 백성들 역시 이와 같았다. 어리석고 소박한 많은 백성들에게 번잡하게 운명론을 치장하여 가르쳐온 지 오래되었다.

5

聖王之患此也, 故書之竹帛, 琢之金石。

於先王之書 仲虺之告曰:

我聞有夏人矯天命, 布命于下, 帝式是惡, 用闕師。   式: 삼가다, 闕: 이지러뜨리다

此語夏王桀之執有命也, 湯與仲虺共非之。

先王之書 太誓之言然曰:

紂夷之居, 而不肯事上帝, 棄闕其先神 而不祀也,

曰 我民有命, 毋僇其務, 天不亦棄縱而不葆。   不은 衍文

此言紂之執有命也, 武王以太誓非也。

有於三代不國有之曰: 女毋崇天之有命也。   有=又, 不→百

命三不國亦言命之無也。   命→今, 三→三代

於召公之執令亦然, 且: 令→命, 且→曰

敬哉! 無天命, 惟予二人, 而無造言, 不自降天之哉得之。

在於商, 夏之詩書 曰: 命者暴王作之。

且今天下之士君子, 將欲辯是非利害之故, 當天有命者, 不可不疾非也。

執有命者, 此天下之厚害也, 是故子墨子非也。

성왕들은 이를 걱정하여 대나무와 비단에 쓰고 쇠와 돌에 새겼다. 선왕의 책『仲虺之告』에는 "나는 하(夏)나라 사람이 천명을 속이고 백성들에게 명령을 반포하니 하느님(帝)이 이와 같은 악행을 바로잡고 그 군사를 잃게 했다고 들었다"고 쓰여 있다. 이는

하나라 걸(桀)왕의 운명론을 탕(湯)왕과 중훼(仲虺)가 함께 비난했음을 의미한다.

선왕의 책『太誓』에는 "주(紂)왕이 거만하게 처신하여 하느님(上帝)을 섬기지 않고, 조상신을 버리고 제사를 지내지 않았다. (그리고는) '나의 백성에게 천명이 있다'고 말하며 그 일(제사)을 욕보였다. 그래서 하늘이 (그를) 버리고 보호하지 않았다"고 쓰여 있다. 이는 주왕의 운명론을 무(武)왕이『太誓』를 통해 비난했음을 의미한다.

또한 3대의『不國』이란 책에는 "그대는 하늘의 운명이 있다는 것을 숭상하지 말라"고 적혀 있다. 이제 3대의『不國』에서도 역시 운명이 존재하지 않음을 말하고 있다. 소공(召公)의 운명론도 역시 그러하니 "공경하라. 하늘의 운명은 없으니 우리 두 사람은 (없는) 말을 만들어내지 않는다. (운명은) 하늘에서 떨어져 내려 얻는 것이 아니다"라고 했다. 상(商)나라와 하(夏)나라의『詩書』에도 "운명론은 폭군이 만들어낸다"고 쓰여 있다.

오늘날 천하의 선비와 군자들이 옳고 그름, 이익과 손해의 원인을 구별하고자 한다면, 운명론에 대하여 있는 힘을 다하여 비난하지 않으면 안 된다. 운명론을 주장하는 자는 천하의 큰 해악이다. 이런 까닭으로 묵자 선생께서 (운명론을) 비난하셨다.

---

❶ 　不國: 孫詒讓은 不國을 百國의 잘못으로 보았다. 百國은 역사서인 百國春秋라는 주장이 있다.

第三十七 非命 下

1　子墨子言曰: 凡出言談, 則必可而不先立儀而言。

　　若不先立儀而言, 譬之猶運鈞之上而立朝夕焉也。

　　我以爲雖有朝夕之辯, 必將終未可得而從定也。

　　是故言有三法。

何謂三法?

曰: 有考之者, 有原之者, 有用之者。

　　惡乎考之? 考先聖大王之事。

　　惡乎原之? 察衆之耳目之請。

　　惡乎用之? 發而爲政乎國, 察萬民而觀之。

此謂三法也。

必 → 不
朝夕: 동쪽과 서쪽
以爲: 생각하다
惡=何
請=情

묵자 선생께서는 "무릇 말할 때 먼저 기준을 세우고 말하지 않으면 안 된다"고 말씀하셨다. 만일 먼저 기준을 세우지 않고 말하면 마치 돌아가는 녹로(轆轤) 위에 방향을 표시하는 것과 같다. 비록 방향의 구별이 있다고 하더라도 반드시 마침내 옳은 방향을 얻어 따를 수 없다고 생각한다. 그래서 말에는 세 가지 기준(三法)이 있어야 한다. 세 가지 기준이란 무엇인가? 고찰하는 바(考)가 있고, 연원하는 바(原)가 있고, 쓰이는 바(用)가 있다. 무엇을 고찰하는가? 돌아가신 성왕의 업적을 고찰해야한다. 어디에 근원하는가? 뭇 사람들이 보고 듣는 실정을 살펴야 한다. 어디에 쓰이는가? 드러내어 나라를 다스림에 모든 백성을 살펴서 관찰해야 한다. 이것을 세 가지 기준이라고 말한다.

------

❶　「非命」上·中·下에 나타난 말을 하거나 글을 쓸 때 세워야 할 세 가지 기준을 정리하면 다음과 같다. 용어와 내용의 미세한 차이는 있으나 크게 보면 같은 맥락이다. 그럼에도 불구하고 『墨子』 전체의 사상적 흐름에서 보면 「非命」上편의 용어 사용과 기준의 내용이 가장 합리적이고 명확

하다고 판단된다.

「非命」上	「非命」中	「非命」下
三表	三法	三法
本: 성왕의 업적	本: 하늘과 귀신의 뜻, 성왕의 업적	考: 성왕의 업적
原: 백성들이 보고 듣는 실정	原: 성왕의 책	原: 백성들이 보고 듣는 실정
用: 백성의 이익	用: 형벌과 정치	用: 백성을 살피고 관찰

2-1 故昔者三代聖王禹湯文武 方爲政乎天下之時, 曰:

必務擧孝子 而勸之事親, 尊賢良之人 而敎之爲善。

是故出政施敎, 賞善罰暴。

且以爲若此, 則天下之亂也, 將屬可得而治也,　　　　屬촉=適: 반드시

社稷之危也, 將屬可得而定也。

若以爲不然, 昔桀之所亂, 湯治之; 紂之所亂, 武王治之。

當此之時, 世不渝而民不易, 上變政而民改俗。　　　　渝투: 달라지다

存乎桀紂 而天下亂, 存乎湯武 而天下治。

天下之治也, 湯武之力也; 天下之亂也, 桀紂之罪也。

若以此觀之, 夫安危治亂存乎上之爲政也, 則夫豈可謂有命哉!

옛날 3대(夏·殷·周)의 성왕인 우(禹)·탕(湯)·문(文)·무(武)왕이 바야흐로 천하를 다스릴 때 "반드시 효자를 등용하여 부모 섬기기를 권장하고, 현명한 사람을 존중하여 선행을 하도록 가르친다"고 말했다. 이런 까닭으로 정치를 하거나 가르침을 베풀 때 착한 사람에게 상을 주고, 포악한 사람에게 벌을 내렸다. 이와 같이 생각하면 천하의 혼란은 장차 마침내 잘 다스려질 수 있고, 사직의 위기는 장차 반드시 안정될 수 있다. 그렇지 않다고 생각하면 (한번 살펴보자.) 옛날 걸(桀)왕이 어지럽힌 나라를 탕(湯)왕이 잘 다스렸고, 주(紂)왕이 어지럽힌 나라를 무(武)왕이 잘 다스렸다. 이때 세상은 달라지지 않았고 백성도 바뀌지 않았지만, 임금이 정치를 바꾸니 백성들이 풍속을 바꾸었다. 걸왕과 주왕이 있을 때 천하는 어지러웠고, 탕왕과 무왕이 있을 때 천하는 잘 다스려졌다. 천하가 잘 다스려짐은 탕왕과 무왕의 노력이고, 천하의 혼란

은 걸왕과 주왕의 죄이다. 이와 같이 본다면 안정과 위기, 잘 다스려짐과 혼란은 임금의 정치에 달려 있으니 어찌 운명이 있다고 말할 수 있겠는가!

2-2 故昔者禹湯文武 方爲政乎天下之時, 曰:

必使飢者得食, 寒者得衣, 勞者得息, 亂者得治.

遂得光譽令問於天下。夫豈可以爲命哉? 故以爲其力也! 問=聞: 소문

今賢良之人, 尊賢而好功道術, 故上得其王公大人之賞, 下得其萬民之譽.

遂得光譽令問於天下。亦豈以爲其命哉? 又以爲力也!

옛날 우(禹)·탕(湯)·문(文)·무(武)왕이 바야흐로 천하를 다스릴 때 "반드시 굶주린 사람을 먹여주고, 추위에 떠는 사람을 입혀주고, 일하는 사람을 쉬게 하고, 어지러운 사람을 잘 다스려야 한다"고 말했다. (그리하여) 마침내 세상에서 빛나는 칭찬과 아름다운 소문을 들을 수 있었다. 어찌 운명이라고 할 수 있는가? 그 노력 (때문)이라고 생각한다. 오늘날 현명하고 좋은 사람은 현명한 이를 존중하고 도리와 정책으로 좋은 업적을 이루어, 위로는 왕공대인의 상을 받고 아래로는 모든 백성의 칭찬을 듣는다. (그리하여) 마침내 세상에서 빛나는 칭찬과 아름다운 소문을 듣는다. 이 또한 어찌 운명이라고 할 수 있는가? 이 또한 노력 (때문)이라고 생각한다.

2-3 然今夫有命者不識 昔也三代之聖善人與, 意亡昔三代之暴不肖人與.

若以說觀之, 則必非昔三代聖善人也, 必暴不肖人也.

然今以命爲有者, 昔三代暴王桀紂幽厲, 貴爲天子, 富有天下,

於此乎, 不而矯其耳目之欲, 而從其心意之辟,

外之敺騁 田獵 畢弋, 內湛於酒樂, 湛담: 즐기다, 빠지다

而不顧其國家百姓之政, 繁爲無用, 暴逆百姓, 遂失其宗廟.

其言不曰 吾罷不肖, 吾聽治不强, 必曰 吾命固將失之.

雖昔也三代罷不肖之民, 亦猶此也.

不能善事親戚君長, 其惡恭儉而好簡易,

甚心: 심하다, 지나치다

貪飮食而惰從事, 衣食之財不足, 是以身有陷乎飢寒凍餒之憂。

其言不曰 吾罷不肖, 吾從事不强, 又曰 吾命固將窮。

昔三代僞民, 亦猶此也。

昔者暴王作之, 窮人術之, 此皆疑衆遲樸。

術 → 述: 따르다, 계승하다, 疑: 현혹시키다, 遲=愚, 樸: 있는 그대로의

그러나 오늘날 운명론자들은 옛날 3대(夏·殷·周)의 성인이나 착한 사람들이 (운명론을) 말했는지, 아니면 옛날 3대의 포악하고 못난 사람들이 (운명론을) 말했는지 모른다. (운명론자들의) 설명으로 보면, 반드시 옛날 3대의 성인이나 착한 사람이 아니라, 포악하고 못난 사람들이 그렇게 말했다. 운명이 존재한다고 생각하는 사람들인 옛날 3대의 폭군 걸(桀)·주(紂)·유(幽)·여(厲)왕은 귀하기로는 천자가 되었으며 부유하기로는 천하를 소유하였으나, 귀와 눈의 욕망을 바로잡지 않고 마음과 의지의 편벽함을 따랐다. (그래서) 밖으로는 말을 몰고 다니며 그물과 주살로 사냥을 하고, 안으로는 술과 음악에 빠져서 나라와 백성의 정치를 돌보지 않았다. 쓸모없는 일을 번잡하게 벌이고 백성을 포악하게 대하여 마침내 종묘(宗廟)를 잃었다. (그럼에도) "내가 어리석고 못나 정사에 힘쓰지 않았다"고 말하지 않고, "나는 원래 그것을 잃을 운명이었다"고 말했다.

옛날 3대의 어리석고 못난 백성들도 역시 이와 같았다. 부모와 임금을 잘 모시지도 않고, 공손함과 검소함을 매우 미워하고 간편함과 편안함을 매우 좋아했다. 음식을 탐하면서 생업을 게을리하여 입고 먹을 재화가 부족해서 몸(身)이 굶주리고 추위에 떠는 근심에 빠졌다. (그럼에도) "내가 어리석고 못나서 생업에 애쓰지 않았다"고 말하지 않고, "나는 원래 운명적으로 가난하다"고 말했다. 옛날 3대의 속아 살아온 백성들 역시 이와 같았다. 옛날 폭군들이 운명론을 만들었고 궁지에 몰린 사람들이 그것을 따랐다. 이것(운명론)은 모두 어리석고 소박한 많은 백성들을 현혹시켰다.

3

先聖王之患之也, 固在前矣。

是以書之竹帛, 鏤之金石, 琢之盤盂, 傳遺後世子孫。 　飯盂반우: 쟁반과 사발

曰 何書焉存? 　焉存=存焉

禹之總德有之曰:

　允不著惟天, 民不而葆, 旣防凶星, 天加之咎, 不愼厥德, 天命焉葆?

　允윤: 진실로, 葆=保, 妨 → 放, 星: 세월, 咎구: 재앙

仲虺之告 曰:

　我聞有夏人 矯天命, 于下, 帝式是增, 用爽厥師。

　矯: 속이다, 바로잡다, 增 → 憎, 于下=布命于下, 爽상: 망가지다=喪

彼用無爲有, 故謂矯, 若有而謂有, 夫豈爲矯哉! 　用 → 以

昔者 桀執有命而行, 湯爲仲虺之告以非之。

太誓之言也, 於去發 曰:

　惡乎君子! 天有顯德, 其行甚章, 爲鑑不遠, 在彼殷王。

　惡乎=嗚呼: 감탄사, 章 → 彰: 밝다, 뚜렷하다, 鑑감: 거울

　謂人有命, 謂敬不可行, 謂祭無益, 謂暴無傷,

　上帝不常, 九有以亡, 上帝不順, 祝降其喪, 惟我有周, 受之大帝。 　常=尙

昔紂執有命而行, 武王爲太誓 去發以非之。

曰: 子胡不尙考之乎商周虞夏之記?

　從十簡之篇以尙 皆無之, 將何若者也?

돌아가신 성왕들은 그것을 염려한 지 오래되었다. 그리하여 대나무와 비단에 쓰고, 쇠와 돌에 새기고, 쟁반과 사발에 쪼아서 후세의 자손에게 남겼다. 어떤 글이 있는 가? 우(禹)왕의 『總德』에 "진실로 하늘을 믿고 따르지 않으면 백성들이 보호되지 않으며, 흉한 세월에 놓이고 하늘은 재앙을 내린다. 덕을 삼가지 않는데 어찌 천명(天命)인들 보호할 수 있겠는가?"라고 쓰여있다.

『仲虺之告』에 "나는 하(夏)나라 사람이 천명을 속이고 백성들에게 명령을 내리니 하느님(帝)이 죄를 바로잡아 그 군대를 망가지게 했다고 들었다"고 적혀 있다. 그가 없는 것을 있다고 했기 때문에 속였다고 말한다. 만일 있는 것을 있다고 말하면 어찌

속인다고 할 수 있겠는가! 옛날 걸(桀)왕이 운명론을 고집하여 행동하니, 탕(湯)왕이
『仲虺之告』로써 그를 비판했다.

『太誓』에도 다음과 같이 쓰여있다. "오 군자들이여! 하늘은 밝은 덕을 가지고 있으
며, 그 행위는 매우 빛나도다. 본보기는 멀리 있지 않고 저 은(殷)나라 왕에 있도다.
(그는) '사람에게 운명이 있다'고 말하고, '공손하게 행동할 필요가 없다'고 말하고,
'제사는 무익하다'고 말하고, '포악해도 손해가 없다'고 말했다. 이에 하느님(上帝)이
무시하여(不常) 구주(九州)를 망하게 하고, 하느님이 따르지 않고 죽음을 내리셨다.
오직 우리 주(周)나라가 큰 나라(大帝)를 물려받았다." 옛날 주(紂)왕이 운명론을 고
집하고 행동하니, 무(武)왕이 『太誓』를 지어 그를 비판했다. 그대들은 어찌하여 상
(商)·주(周)·우(虞)·하(夏)나라의 기록을 고찰하지 않는가? 열편의 죽간을 따라가
보아도 모두 운명론이 없으니 장차 어찌할 것인가?

---

❶ 總德:『書經』의 일부이나 망실되어 현존하지 않는다는 설이 있다.

❷ 현존하는 『書經』「泰誓」中은 다음과 같다. "惟受 罪浮于桀... 謂己有天命, 謂敬不足行, 謂祭
無益, 謂暴無傷 厥鑒 惟不遠 在彼夏王.[오직 受(紂王의 이름)는 죄악이 걸(桀)보다 더하니... 자기
에게 천명이 있다고 말하고, 공경은 부족한 행동이라고 말하며, 제사는 이익이 없다고 말하며, 포악
함이 (사람을) 해치지 않는다고 말하니, 그 본보기가 멀리 있지 않고, 저 夏나라 왕(桀王을 의미)에
게 있다.]" 紂王의 죄를 폭로한 표현이다.

❸ 於去發: ① 孫詒讓에 의하면 去發은 太子發의 오류이다. 發은 武王이 즉위하기 이전의 이름
이다. ② 泰誓는 紂王을 공격하기 이전에 군사를 모아놓고 한 맹서이기 때문에 '(군대를) 출병함에'
로 번역할 수도 있다.

4-1   是故子墨子曰:

今天下之君子之爲文學 出言談也, 非將勤勞其惟舌, 而利其脣吻也,

脣吻순문: 입술=吻

中實將欲其國家邑里萬民刑政者也。

欲 → 欲爲

今也王公大人之所以 蚤朝晏退, 聽獄治政, 終朝均分, 而不敢怠倦者, 何也?

蚤조: 일찍, 晏안: 늦다, 終朝: 하루 종일, 怠倦: 게으르고 피곤하다

曰: 彼以爲 强必治, 不强必亂; 强必寧, 不强必危, 故不敢怠倦。

今也卿大夫之所以竭股肱之力, 殫其思慮之知,

　　內治官府, 外斂關市 山林 澤梁之利, 以實官府, 而不敢怠倦者, 何也?

曰: 彼以爲 强必貴, 不强必賤; 强必榮, 不强必辱, 故不敢怠倦。

殫탄: 다하다

今也農夫之所以 蚤出暮入, 强乎耕稼樹藝, 多聚叔粟, 而不敢怠倦者, 何也?

曰: 彼以爲 强必富, 不强必貧; 强必飽, 不强必飢, 故不敢怠倦。

今也婦人之所以 夙興夜寐, 强乎紡績織絍, 多治麻統葛緒 捆布繆,

夙숙: 일찍, 麻統=麻絲: 삼실, 葛緒갈서: 칡실, 捆→綑: 짜다, 布繆포삼: 베와 명주

　　而不敢怠倦者, 何也?

曰: 彼以爲强必富, 不强必貧, 强必煖, 不强必寒, 故不敢怠倦。

그래서 묵자 선생께서 "오늘날 천하의 군자들이 학문을 배우고, 말을 하는 것은 오직 혀를 수고롭게 하고 입술을 날카롭게 하기 위함이 아니고, 진실로 나라와 고을의 모든 백성에게 형벌과 정치를 바르게 시행하고자 하기 때문이다"라고 말씀하셨다.

오늘날 왕공대인이 일찍 조회하고 늦게 퇴근하면서 옥사와 정치를 살피고 하루 종일 일을 균등하게 나누어 하는데, 감히 게으르고 지치지 않는 이유는 무엇인가? "그들이 애쓰면 반드시 잘 다스려지고, 애쓰지 않으면 반드시 혼란스러우며, 애쓰면 반드시 편안해지고, 애쓰지 않으면 반드시 위험해진다고 생각한다. 그래서 감히 지치고 나태하지 못한다"고 대답할 수 있다.

오늘날 경(卿)과 대부들이 팔과 다리의 힘을 다하고 생각하고 배려하는 지혜를 다하여, 안으로는 관청과 창고를 다스리고, 밖으로는 관문과 시장, 산과 숲, 연못과 다리의 이익을 거두어 관청의 창고를 채우는데, 감히 게으르고 지치지 않는 이유가 무엇인가? "그들이 애쓰면 반드시 귀하게 되고, 애쓰지 않으면 반드시 천하게 되며, 애쓰면 반드시 영예롭고, 애쓰지 않으면 반드시 수치스럽다고 생각한다. 그래서 감히 지치고 나태하지 못한다"고 대답할 수 있다.

오늘날 농부들이 일찍 나가서 저녁에 들어오며 농사짓고 나무 심으며 콩과 조를 많이 거두려고 힘쓰는데, 감히 게으르고 지치지 않는 이유가 무엇인가? "그들이 애쓰면 반드시 부유해지고, 애쓰지 않으면 반드시 가난해지며, 애쓰면 반드시 배불리 먹

고, 애쓰지 않으면 반드시 굶주린다고 생각한다. 그래서 감히 지치고 나태하지 못한다"고 대답할 수 있다.

오늘날 아녀자들이 새벽에 일어나고 밤에 잠들며 실을 잣고 베를 짜며 삼실과 칡 실을 많이 다스려 베와 명주를 짜는데, 감히 게으르고 지치지 않는 이유가 무엇인가? "그들이 애쓰면 반드시 부유해지고, 애쓰지 않으면 반드시 가난해지며, 애쓰면 반드시 따뜻하고, 애쓰지 않으면 반드시 추워진다고 생각한다. 그래서 감히 지치고 나태하지 못한다"고 대답할 수 있다.

4-2　今雖毋在乎王公大人, 藉若信有命而致行之, 則必怠乎聽獄治政矣,

> 雖=唯, 簀若 → 藉若=萬若

　　　卿大夫必怠乎治官府矣,
　　　農夫必怠乎耕稼樹藝矣,
　　　婦人必怠乎紡績織絍矣。
　　王公大人怠乎聽獄治政, 卿大夫怠乎治官府, 則我以爲天下必亂矣。
農夫怠乎耕稼樹藝, 婦人怠乎紡織績絍, 則我以爲天下衣食之財將必不足矣。
若以爲政乎天下, 上以事天鬼, 天鬼不使;

> 使=從

　　　　　下以持養百姓, 百姓不利, 必離散不可得用也。
　　是以入守則不固, 出誅則不勝。
故雖昔者三代暴王桀紂幽厲之所以共抎其國家, 傾覆其社稷者, 此也。

> 雖=唯, 共: 함께, 抎:운: 잃다

오늘날 왕공대인이 운명론을 믿고 그에 따라 행동하면 반드시 옥사와 정치를 게을리하고, 경과 대부들은 반드시 관청과 창고를 다스리는 일에 게을리하고, 농부는 반드시 농사짓고 나무 심는 일을 게을리하고, 아녀자는 반드시 실을 잣고 베를 짜는 일에 게을리하게 된다. 왕공대인이 옥사와 정치에 게으르고, 경과 대부들이 관청과 창고를 다스리는 일에 게으르면, 나는 천하가 어지럽다고 생각한다. 농부들이 농사 짓고 나무 심는 일에 게으르고, 아녀자들이 실을 잣고 베를 짜는 일에 게으르면, 나는 천하의 입고 먹을 재물이 장차 부족하게 될 것이라고 생각한다. 만약 이와 같이 천하를 다스리면 위로는 하늘과 귀신을 섬겨도 하늘과 귀신이 따르지 않고, 아래로는 백성을 부양해도 백성들에게 이롭지 않아 헤어지고 흩어져 부릴 수 없다. 이런 까닭으로 들어와서 지키면 견고하지 못하고 나가서 정벌하면 이기지 못한다. 옛날 3대의 폭군 걸(桀)·주(紂)·유(幽)·여(厲)왕이 모두 나라를 잃고 사직을 뒤엎은 이유가 바로 여기에 있다.

5 是故子墨子言曰:

今天下之士君子, 中實將欲求興天下之利, 除天下之害,

當若有命者之言, 不可不強非也。

曰: 命者, 暴王所作, 窮人所術, 非仁者之言也。

今之爲仁義者, 將不可不察而強非者, 此也。

이런 까닭으로 묵자 선생께서 "오늘날 천하의 선비와 군자들이 진실로 천하의 이로움을 일으키고 천하의 해로움을 제거하고자 한다면, 마땅히 운명론자의 말을 힘써 비난하지 않으면 안 된다"고 말씀하셨고, 또한 "운명론은 폭군이 만들고 궁지에 몰린 사람이 따르는 것이니 어진 사람의 말이 아니다. 오늘날 어질고 의로운 사람이 되고자 한다면 (운명론을) 살펴 강하게 비난하지 않으면 안 되는 이유가 여기에 있다"고 말씀하셨다.

第三十八 非儒 上^闕

第三十九 非儒 下

1-1　儒者曰: 親親有術, 尊賢有等。術＝殺

　　　言親疏尊卑之異也。

其禮曰: 喪父母三年, 妻後子三年, 伯父叔父弟兄庶子其, 戚族人五月。

後子: 뒤를 잇는 아들, 장자, 庶子: 장자가 아닌 아들, 其＝期年: 1년

若以親疏爲歲月之數, 則親者多而疏者少矣, 是妻後子與父同也。

若以尊卑爲歲月數, 則是尊其妻子與父母同, 而親伯父宗兄而卑子也。

親 → 視, 而卑子 → 卑如子

逆孰大焉?

유자(儒者)들은 "어버이를 어버이답게 모시는 데 차등이 있고, 현명한 사람을 높이는 데 등급이 있다"고 말하니, (이것은) 친소(親疏)와 존비(尊卑)의 다름을 말한다. (그들의) 예법에 의하면 부모상은 3년, 아내와 장자의 상도 3년, 큰아버지와 작은아버지, 형과 동생, 장자가 아닌 아들(庶子)의 상은 1년, 친족의 상은 5개월이다. 만일 친소를 기준으로 (상을 치르는 기간의) 햇수와 달수를 정한다면, 가까운 사람은 길고(多) 먼 사람은 짧은데(少), 이는 아내와 장자가 어버이와 같은 셈이다. 존비를 기준으로 (상을 치르는 기간의) 햇수와 달수를 정한다면, 아내와 장자를 높여 부모와 같게 하고, 큰아버지와 종가의 형은 자식(庶子)과 같이 낮추는 셈이다. 이보다 더 크게 거꾸로 되는 경우가 있는가?

---

❶　親親有術, 尊賢有等: 『中庸』에는 "親親之殺, 尊賢之等", 『禮記』「祭統」에는 "貴賤之等, 親疏之殺"라는 표현이 나오는데, 여기에서 殺은 모두 차등을 둔다는 의미이다.

❷　儒家의 喪禮가 親疏와 尊卑, 어느 기준으로 보아도 불합리하고 모순적임을 비판하고 있다.

1-2 其親死, 列尸弗斂, 登堂, 窺井, 挑鼠穴, 探滌器, 而求其人矣。

斂=殮, 挑도: 쑤시다, 鼠穴: 쥐구멍, 滌: 씻다

以爲實在 則贛愚甚矣; 如其亡也 必求焉, 僞亦大矣!

贛장: 미련한

어버이가 죽으면 시신을 늘어놓고 염을 하지 않았다. 그리고 지붕에 올라가고, 우물을 들여다보고, 쥐구멍을 쑤시고, 빨래통을 살피며 (죽은) 사람을 찾는다. 실로 있다고 생각하면 매우 미련하고 어리석은 행동이며, 죽은 줄 알면서 찾는다면 큰 거짓 행동이다.

---

❶ 列尸弗斂: 『禮記』「問喪」에 의하면 "3일이 지나 염을 하는 것은 살아나기를 기다리는 것이다 (三日而后斂者 以俟其生也)"라고 한다.

❷ 登堂: 『禮記』「禮運」에 의하면 "사람이 죽으면 지붕 위에 올라가 "아무개야, 돌아와"라고 부르짖는다(及其死也 升屋而號 告曰皐某復)"고 한다.

1-3 取妻身迎, 祗褍爲僕, 秉轡授綏, 如仰嚴親。昏禮威儀, 如承祭祀。

祗지: 공경하다, 褍=端, 僕: 마부, 轡비: 고삐, 말고삐, 綏수: 수레 손잡이, 昏=婚

顚覆上下, 悖逆父母, 下則妻子, 妻子上侵事親, 若此 可謂孝乎?

則: 본받다, 侵: 범하다, 어기다

儒者: 迎妻, 妻之奉祭祀, 子將守宗廟, 故重之。

應之曰: 此誣言也。

誣: 속이다

　　其宗兄守其先宗廟數十年, 死 喪之其,

　　兄弟之妻奉其先之祭祀 弗散。

散 → 服

　　則喪妻子三年, 必非以守奉祭祀也。

夫憂妻子以大負纍, 有曰 所以重親也。

纍유 → 累루: 폐를 끼치다

爲欲厚所至私, 輕所至重, 豈非大姦也哉?

혼인식에서 (신랑이) 몸소 신부를 맞이하며, 단정하게 입고 마부가 되어 말고삐를 잡고 (신부에게) 수레의 손잡이를 넘겨주니 마치 엄한 어버이를 따르는 듯하다. 혼례의 위엄 있는 의식은 제사를 모시는 듯하다. 위와 아래가 뒤바뀌고 부모에게 거스르는 것이다. (부모를) 끌어내려 처자식을 본받고, 처자식을 높여 어버이 섬기기를 소홀히 한다면 효도라고 말할 수 있는가?

유자(儒者)들은 "아내를 맞이하여 아내가 제사를 받들고, 자식은 장차 종묘를 지킨다. 그래서 그들을 중히 여긴다"고 말한다. (이에 대하여) "이것은 거짓말이다. 종가의 형은 조상의 종묘를 수십 년을 지키지만 (그가) 죽으면 초상은 겨우 1년이다. 형제의 부인은 조상의 제사를 받들지만 상복을 입지 않는다. 즉, 아내와 장자의 3년상은 반드시 제사를 받들고 지키기 때문이 아니다"라고 반론을 제기할 수 있다. 아내와 자식을 걱정(우대)하여 큰 폐를 끼치면서도 '어버이를 중히 여기기 때문이다'라고 말한다. 지극히 개인적인 것을 두텁게 하고 지극히 소중한 것을 가볍게 여기니 어찌 큰 간사함이 아닌가?

2 有强執有命以說議 曰: 壽夭貧富, 安危治亂, 固有天命, 不可損益.

　　　　　　　　窮達賞罰, 幸否有極, 人之知力, 不能爲焉.　　極: 하늘

群吏信之, 則怠於分職; 庶人信之, 則怠於從事.

吏不治 則亂, 農事緩 則貧.

貧且亂 政之本, 而儒者以爲道教, 是賊天下之人者也.　　政 → 背政, 倍政

운명론을 강하게 주장하는 사람들은 "장수와 요절, 가난함과 부유함, 평안과 위기, 태평과 혼란은 원래 하늘에 달려 있어서 빼거나 보탤 수 없다. 곤궁과 영달, 상과 벌, 행과 불행은 하늘에 달려 있어서 사람의 지식으로 (어찌)할 수 없다"고 설명한다. 많은 관리들이 그것을 믿으면 주어진 직분을 게을리하고, 백성들이 그것을 믿으면 주어진 일을 게을리한다. 관리가 잘 다스리지 못하면 어지러워지고, 농사일이 느슨하면 가난해진다. 가난과 혼란은 정치의 근본에 어긋난다. 그런데도 유자(儒者)들은 도(道)라고 생각하고 가르치니, 이것은 천하의 백성들을 해치는 일이다.

3 且夫繁飾禮樂以淫人, 久喪僞哀以謾親。 <small>淫: 어지럽히다, 謾만: 속이다</small>

立命緩貧而高浩居, 倍本棄事而安怠傲。

<small>緩: 너그럽다, 浩: 넓다, 교만하다, 倍=背: 배반하다</small>

貪於飮食, 惰於作務, 陷於飢寒, 危於凍餒, 無以違之。 <small>違: 피하다</small>

是若人氣, 鼶鼠藏, 而羝羊視, 賁彘起。

<small>鼶鼠겸서: 두더지, 羝羊저양: 숫양, 賁彘분체: 멧돼지</small>

君子笑之, 怒曰: 散人 焉知良儒。 <small>散人: 벼슬 없는 한가한 사람, 못난 사람</small>

夫夏乞麥禾, 五穀旣收, 大喪是隨。 子姓皆從, 厭飮食, 畢治數喪, 足以至矣。

<small>麥禾: 보리와 벼, 子姓: 자손, 厭: 물리다, 畢: 마치다, 끝내다</small>

因人之家 翠以爲, 恃人之野 以爲尊。 <small>翠: 윤이 나다, 恃: 믿다</small>

富人有喪, 乃大說 喜曰: 此衣食之端也。

또한 예와 음악을 번잡하게 꾸며서 사람들을 미혹시키고, 오랜 초상과 거짓 슬픔으로 어버이를 속인다. 운명론을 앞세워 가난함을 편안하게 여기면서 허세를 부리고, 근본을 어겨 일을 하지 않으면서 게으르고 오만함에 만족한다. 음식을 탐하고 일에 게을러 굶주림과 추위에 빠진다. 얼어 죽고 굶어 죽을 위기에서도 그것을 벗어날 방법이 없다. 이러한 사람의 기질은 두더지처럼 감추고, 숫양처럼 노려보고, 멧돼지처럼 달려드는 것과 같다. 군자들이 비웃으면, 화를 내며 "못난 인간들이 어찌 훌륭한 선비를 알아보겠는가?"라고 말한다. (그러면서) 여름에는 보리와 벼를 구걸하고, 오곡이 추수되면 큰 초상집을 찾아간다. 자식들이 모두 따라가 물리도록 먹고 마신다. 몇 개의 초상을 마치면 지극히 만족한다. 다른 사람의 집에 기대어 윤이 나고, 다른 사람의 논밭(野)에 의지하여 (스스로) 존귀하다고 생각한다. 부자가 초상이 나면 크게 기뻐하며 "이것이 내가 입고 먹는 원천이다"라고 즐겨 말한다.

---

❶ 翠以爲: 뒤에 나오는 以爲尊과 대구를 맞추어 以爲翠로 보아야 한다.

4-1 儒者曰: 君子必服古言 然後仁。

應之曰:

> 所謂古之言服者, 皆嘗新矣。
>
> 而古人言之 服之, 則非君子也。
>
> 然則必服非君子之服, 言非君子之言, 而後仁乎?

유자(儒者)들은 "군자는 반드시 옛 복장과 옛말을 한 뒤에라야 어진 사람이 된다."고 말한다. 이에 대해 다음과 같이 반론을 제기할 수 있다. "소위 옛말과 옛 복장은 모두 (옛날에는) 새로운 것이었다. 그러면 옛 사람이 말하고 입으면 군자가 아닌 셈이다. 그렇다면 반드시 옷이 군자의 복장이 아니고 말이 군자의 말이 아닌데, 뒤에 어진 사람이 될 수 있는가?"

---

❶ 服古言: 정확한 표현이 아니다. 古服言 또는 古服古言으로 고쳐 읽는다. 뒤의 「公孟」 편에서는 "君子必古言服, 然後仁"으로 나온다.

4-2 又曰: 君子循而不作。   循=述: 따르다

應之曰:

> 古者羿作弓, 伃作甲, 奚仲作車, 巧垂作舟,
>
> 然則今之鮑函車匠 皆君子也, 而羿 伃 奚仲 巧垂 皆小人邪?

鮑포: 가죽 장인, 函함: 갑옷 장인

> 且其所循 人必或作之, 然則其所循皆小人道也?

또한 "군자는 (옛 것을) 따를 뿐 (새것을) 만들지 않는다"고 말한다. 이에 대해 다음과 같이 반론을 제기할 수 있다. "옛날 예(羿)는 활을 만들었고, 여(伃)는 갑옷을 만들었으며, 해중(奚仲)은 수레를 만들었고, 교수(巧垂)는 배를 만들었다. 그렇다면 지금의 가죽 장인, 갑옷 장인, 수레 장인은 모두 군자이며, 예(羿), 여(伃), 해중(奚仲), 교수(巧垂)는 모두 소인이란 말인가? 또한 (지금) 따르는 것은 반드시 누군가 만든 것인데, 그렇다면 모두 소인의 길을 따르는 것인가?"

① 羿: 夏나라 때의 전설상의 인물이다. 堯 임금 때의 제후이자 명궁으로, 하늘에 열 개의 해가 뜨자 아홉 개를 쏘아서 떨어뜨렸다고 한다.

② 仔: 夏나라 우(禹)임금의 7대손 소강(小康)의 자식 계저(季杼)인데, 갑옷을 만들었다고 전해진다.

③ 奚仲: 黃帝의 후손으로 吉光에서 태어나 처음 나무로 수레를 만들었으며, 夏나라의 車正으로 설(薛)에 봉해졌다.

④ 巧垂: 夏나라의 전설적인 匠人으로 工倕로도 불린다. 배를 만들었다고 전해진다.

⑤ 孔子가 周나라의 제도를 모범으로 삼은 데 반하여, 墨子는 夏나라의 전통을 존중하였음을 알 수 있다.

4-3 又曰: 君子勝 不逐奔, 揜函弗射, 施則助之胥車。

逐축: 뒤쫓다, 奔분: 달아나다, 揜函엄함: 고생하다, 施이: 비스듬히 가다, 胥서: 멀다, 소원하다

應之曰:

若皆仁人也, 則無說而相與。

與: 더불어 싸우다, 적대하다

仁人以其取舍是非之理相告, 無故從有故也, 弗知從有知也。

無辭必服, 見善必遷, 何故相?

若兩暴交爭, 其勝者欲不逐奔, 掩函弗射, 施則助之胥車,

雖盡能 猶且不得爲君子也, 意暴殘之國也。

聖將爲世除害, 興師誅罰, 勝將因用儒術 令士卒 曰:

毋逐奔, 揜函勿射, 施則助之胥車,

暴亂之人也得活, 天下害不除。

是爲群殘父母, 而深賤世也, 不義莫大焉!

殘: 죽이다, 해치다, 賤: 해치다, 업신여기다

(유자들은) 또한 "군자는 (전쟁에서) 승리하면 도망가는 적을 쫓지 않으며, 궁지에 몰린 적에게 화살을 쏘지 않으며, (진창에 빠져) 비스듬히 가는 뒤처진 수레를 도와준다"고 말한다. 이에 대하여 다음과 같이 반론을 제기할 수 있다. "만약 모두가 어진 사람이라면 어떤 이유로도 서로 싸우지 않는다. 어진 사람끼리 취하고 버림, 옳고 그름의 이치를 서로 알려주면, 이유가 없는 사람(無故)은 특별한 사정이 있는 사람(有故)을

따르고, 알지 못하는 사람(弗知)은 아는 사람(有知)을 따르게 된다. 명분이 없으면 반드시 복종하고, 착한 행위를 보면 반드시 따르니 어찌 서로 싸우겠는가?

만일 포악한 양쪽이 서로 싸우면서 이기는 쪽이 도망가는 적을 쫓지 않으며, 궁지에 몰린 적을 쏘지 않고, 진창에 빠져 뒤처진 수레를 도와준다면, 아무리 노력해도 군자가 될 수 없으니, (그 이유를) 생각해보면 포악하고 잔인한 나라이기 때문이다. 성왕이 세상을 위하여 해악을 제거하고자 군대를 일으켜 정벌할 때 승리한 장수가 유가의 방식(儒術)에 따라 병사들에게 '도망가는 적을 쫓지 말고, 궁지에 몰린 적을 쏘지 말고, 뒤처진 수레를 도와주라'고 명령한다면 난폭하게 난리를 일으킨 사람들이 살아나게 되어 천하의 해악은 제거되지 않는다. 이는 (포악한) 무리가 부모를 죽이고 세상을 크게 해치는 일이니, 불의(不義)가 이보다 더 클 수 없다.

4-4　又曰: 君子若鍾, 擊之則鳴, 弗擊不鳴。

應之曰:

夫仁人事上竭忠, 事親得孝, 務善則美, 有過則諫, 此爲人臣之道也。

今擊之則鳴, 弗擊不鳴, 隱知豫力, 恬漠待問而後對, 　　　　　恬漠염막: 편안하고 조용하다

雖有君親之大利, 弗問不言。

若將有大寇亂, 盜賊將作, 若機辟將發也, 他人不知, 已獨知之,

　　　　　　　　　　　　　　　　　　　　　　　機辟기벽: 새나 짐승을 잡는 도구

雖其君親皆在, 不問不言。

是夫大亂之賊也!

以是爲人臣不忠, 爲子不孝, 事兄不弟, 交遇人不貞良。

夫執後不言之朝物, 見利使己, 雖恐後言。　　　　　　　　　　　雖 → 唯

君若言而未有利焉, 則高拱下視, 會嘻爲深, 曰: 唯其未之學也。

　　　　　拱: 두 손을 맞잡다, 인사 예법, 會 → 噲쾌: 목구멍, 嘻열: 목이 메다

用誰急, 遺行遠矣。　　　　　　　　　　　　　　　　　　　　誰 → 雖

(유자들은) 또한 "군자는 종과 같아 치면 울리고, 치지 않으면 울리지 않는다"고 말한다. 이에 대해 다음과 같이 비판할 수 있다. "어진 사람은 임금을 섬길 때 충성을 다하고, 어버이를 섬길 때 효성을 다하며, 착한 일에 힘쓰면 아름답게 여기고, 지나침이 있으면 충고한다. 이것이 신하 된 사람의 도리이다. 오늘날에는 치면 울리고, 치지 않으면 울리지 않으니, 지혜를 감추고 힘을 아껴 편안하고 고요하게 묻기를 기다리고 뒤에 대답한다. 비록 임금과 어버이에게 큰 이익이 있더라도 묻지 않으면 말하지 않는다. 외적이 쳐들어와 큰 난리가 나고 도적이 일어나는 일촉즉발의 상황에서 다른 사람들은 (그 사실을) 모르고 홀로 알고 있을 때, 비록 임금과 어버이가 모두 있더라도 묻지 않으면 말하지 않는다. (그렇다면) 이는 큰 난리를 일으키는 도적과 같다. 신하 된 사람으로 충성하지 않고, 자식으로서 효도하지 않으며, 형을 섬기는 데 우애롭지 않으며, 사람을 만나 교류하는 데 정직하고 선량하지 못하다.

뒤로 물러나 말하지 않던 조정의 일이 자신에게 이롭다고 보이면 오로지 (남보다) 뒤에 말하게 될까봐 두려워한다. 임금이 물을때 (자신에게) 이롭지 않으면, 두 손을 높이 맞잡고 아래를 보면서 볼멘 목소리로 '오직 그것은 아직 배우지 못했습니다'라고 말한다. 급히 쓰려고 할 때 멀리 달아난다."

5 夫一道術 學業仁義者, 皆大以治人, 小以任官, 遠施周偏, 近以脩身。

不義不處, 非理不行, 務興天下之利, 曲直周旋 利則止。 　　利則止 → 不利則止

此君子之道也。

以所聞孔某之行, 則本與此相反謬也。 　　謬류: 어긋나다, 잘못되다

도(道)의 방법을 하나로 하여 인의(仁義)를 업으로 배우는 사람은 모두 크게는 사람을 잘 다스리고, 작게는 관직을 맡으며, 멀게는 두루 베풀고, 가깝게는 (자신의) 몸을 닦는다. 불의(不義)에 처하지 않고, 도리가 아니면 행하지 않고, 천하의 이익을 일으키는 데 힘쓰며, 곱으나 굳으나 두루 돌면서 이롭지 않으면 중지한다. 이것이 군자의 길이다. 공자(孔某)의 행동을 들은 바에 의하면 이와는 상반되어 잘못되었다.

---

❶ 孔某: 畢沅에 의하면 원래 孔子로 되어 있었으나 후에 儒者들이 孔某로 바꾸었다고 한다.

6　齊景公問晏子曰: 孔子爲人何如?

晏子不對, 公又復問, 不對。

景公曰: 以孔某語寡人者衆矣, 俱以賢人也。今寡人問之 而子不對, 何也?

晏子對曰:

嬰不肖, 不足以知賢人。　　　　　　　　　　嬰영: 여기서는 晏子의 이름

雖然, 嬰聞所謂賢人者, 入人之國必務 合其君臣之親,

　　而弭其上下之怨。　　　　　　　　　　弭미: 그치다, 중지하다

孔某之荊, 知白公之謀, 而奉之以石乞, 君身幾滅, 而白公僇。　僇: 죽다

嬰聞 賢人得上不虛, 得下不危, 言聽於君必利人, 教行下必於上。

　　　　　　　　　　　　　　　　　　虛: 빈틈, 허점, 於 → 利

是以言明而易知也, 行明而易從也, 行義可明乎民, 謀慮可通乎君臣。

今孔某深慮同謀以奉賊, 勞思盡知以行邪。

　　勸下亂上, 教臣殺君, 非賢人之行也;

　　入人之國而與人之賊, 非義之類也;

　　知人不忠, 趣之爲亂, 非仁義之也。　　　　趣촉: 재촉하다=促

逃人而後謀, 避人而後言, 行義不可明於民, 謀慮不可通於君臣。

嬰不知孔某之有異於白公也, 是以不對。

景公曰: 嗚乎! 賑寡人者衆矣, 非夫子, 則吾終身不知孔某之與白公同也。

　　　　　　　　　　　　　　　　賑황: 남에게 주다, 하사하다

제(齊)나라 경공(景公)이 안자(晏子)에게 "공자의 사람됨이 어떠한가?" 하고 물었다. 안자가 대답을 하지 않았고 다시 물어도 대답하지 않았다. 경공은 (다시) "과인에게 공자(孔某)에 대하여 말하는 사람이 많다. 모두 현인이라고 한다. 과인이 묻는데 어찌 그대는 대답을 하지 않는가?" 하고 물었다.

(이에) 안자는 다음과 같이 대답했다. "저는 못나서 현명한 사람을 알아보는데 부족합니다. 그러나 제가 듣기로 현명한 사람은 남의 나라에 가면 반드시 그 나라의 임금과 신하가 화합하도록 힘쓰며, 임금과 백성의 원망을 없애고자 힘씁니다. (그러나)

공자는 형(荊=楚)나라에 가서 백공(白公)의 음모를 알았으나 석걸(石乞)을 추천하여 그를 도왔습니다. (그 결과) 임금은 거의 죽을 뻔했고 백공은 죽었습니다.

제가 듣기로 현명한 사람은 임금을 대할 때 빈틈이 없어야 하고, 백성을 대할 때 위태롭게 하지 않습니다. 임금에게 들려준 말은 반드시 백성을 이롭게 해야 하며, 백성을 가르치는 일은 반드시 임금을 이롭게 해야 합니다. 따라서 말은 분명해서 알아듣기 쉬워야 하며, 행동도 분명해서 따르기 쉬워야 합니다. 그래야 의로움을 행하면 백성들이 잘 알 수 있고, 계책에 대한 생각도 임금과 신하들과 통할 수 있습니다. 지금 공자는 깊이 생각하고 같이 모의하여 역적을 받들고, 생각을 짜내고 지혜를 다하여 사악한 일을 하고 있습니다. 아래로 하여금 위에 난리를 일으키게 권하고, 신하에게 임금을 죽이라고 가르치니, 현명한 사람의 행동이 아닙니다. 남의 나라에 들어가 그 나라 역적과 어울렸으니 의로운 무리가 아닙니다. 사람이 불충함을 알고도 난리를 일으키도록 재촉하였으니, 어질고 의롭지 않습니다. 남의 나라로 도피하여 뒤에서 모의하고 뒤에서 말하니, 의로운 행위가 백성들에게 알려질 수 없고, 계책에 대한 생각도 임금과 신하들과 통하지 않았습니다. 저는 공자와 백공(白公)의 차이를 알지 못해서 대답하지 않았습니다."

이에 경공(景公)이 "오! 과인을 깨우쳐 주는 사람은 많지만, 선생이 없었다면 나는 죽을 때까지 공자와 백공이 같은 (부류의) 사람임을 알지 못했을 것이오"라고 말했다.

---

❶ 晏子: 齊나라 사람으로 이름은 嬰. 근면하고 합리적인 정치가로 靈公·莊公·景公 3대에 걸쳐 재상을 지냈는데, 백성들의 신망이 두터워 管仲과 비교되는 명재상의 한 명으로 평가받는다.

❷ 白公: 이름은 勝, 楚나라 平王의 손자이다. 기원전 478년 白公의 난을 일으켜 삼촌들인 令尹 子西과 司馬 子期를 죽였으나, 葉公 子高가 반란을 진압하자 자살했다. 石乞은 그의 부하이다.

❸ 畢沅에 의하면 백공지난(白公之亂)은 공자가 죽은 후에 일어난 사건이어서 이 대화는 역사적 사실과 다르다. 孫詒讓은 列子, 呂氏春秋, 淮南子 등에 실려 있는 孔子와 白公의 대화가 이런 오해를 불러일으켰다고 주장한다.

❹ 孔某: 원문에는 孔丘로 되어 있으나 후에 유학자들이 孔某로 바꾸었다. 丘는 孔子의 이름

❺ 묵자는 晏子의 말을 통해 孔子와 白公이 같은 부류라고 비판했지만, 莊子는 盜跖의 입을 통해 공자를 세상에 거짓을 유포하는 위선적 인물로 묘사하고 있다. 모두 우화의 형식을 빌려 서술하고 있지만 당시 공자와 유가를 보는 일단의 흐름을 엿볼 수 있다. 『莊子』「盜跖」편 참조.

7-1　孔某之齊 見景公。景公說 欲封之以尼谿, 以告晏子。

晏子曰:

不可。夫儒浩居而自順者也, 不可以教下;

　好樂而淫人, 不可使親治; 立命而怠事, 不可使守職;

　宗喪循哀, 不可使慈民; 機服勉容, 不可使導衆。　宗: 으뜸, 높이다

孔某盛容脩飾以蠱世, 弦歌鼓舞以聚徒,　蠱고: 미혹하다=惑, 弦: 현을 켜다

　繁登降之禮以示儀, 務趨翔之節以觀衆。　趨추: 걷다, 翔상: 달리다

博學不可使議世, 勞思不可以補民,

　絫壽不能盡其學, 當年不能行其禮, 積財不能贍其樂,

　　　　　　　　　　　　絫유: 포개다, 더하다, 當年: 壯年, 贍섬: 넉넉하다

　繁飾邪術, 以營世君, 盛爲聲樂以淫遇民。　遇 → 愚

其道不可以期世, 其學不可以導衆。

今君封之, 以利齊俗, 非所以導國先衆。

공자가 제(齊)나라에 가서 경공(景公)을 만났다. 경공은 기뻐하며 그를 니계(尼谿)의 땅에 봉하고 싶다고 안자(晏子)에게 말하자, 안자는 다음과 같이 말했다. "안 됩니다. 유자(儒)는 거만하고 고집이 세 백성들을 가르칠 수 없습니다. 음악을 좋아하여 사람을 미혹시키니 친히 (백성을) 다스리게 할 수 없습니다. 운명론을 내세워 일에 태만하니 관직을 맡겨서도 안 됩니다. 상례를 으뜸으로 삼아 슬픔을 멈추지 않으니 백성들을 사랑할 수 없고, 기이한 옷을 입고 외모에 힘쓰니 백성을 이끌 수 없습니다. 공자는 겉모습을 성대하게 꾸며서 세상을 미혹시키고, 악기를 연주하며 노래하고 북을 치고 춤을 추어 사람들을 모읍니다. 오르고 내려가는 예를 번잡하게 하여 격식을 보이고, 걸어가고 뛰어가는 절도에 힘쓰는 모습을 사람들에게 보입니다. 넓게 알지만 세상을 논의할 수 없고, 애써 생각하지만 백성을 도울 수 없습니다. 수명을 연장해도 배움을 다할 수 없으며, 어른이 되어서도 예를 행할 수 없으며, 재물을 쌓아도 음악을 연주하는 데 (넉넉하게) 댈 수 없습니다. 사악한 방법을 번잡하게 꾸며서 세상의 군주를 조종하고, 소리와 음악을 성대하게 하여 어리석은 백성을 미혹시킵니다. 그들의 도(道)는 세상을 기약할 수 없으며, 그들의 학문은 백성을 이끌 수 없습니다. 지금

폐하께서 그를 봉하여 제(齊)나라 풍습에 도움을 주려고 하지만, (그것은) 나라를 이끌고 백성을 선도하는 방법이 아닙니다."

7-2

公曰: 善!

於是厚其禮, 留其封, 敬見而不問其道。

孔某乃恚, 怒於景公與晏子, 乃樹鴟夷子皮於田常之門, 恚에: 성내다, 화내다

　　告南郭惠子以所欲爲, 歸於魯。

有頃, 間齊將伐魯, 有頃: 얼마 후, 잠시 뒤, 間 → 聞

　　告子貢曰: 賜乎, 擧大事於今之時矣! 賜: 子貢의 이름

　　乃遣子貢之齊, 因南郭惠子以見田常, 勸之伐吳。

　　以教高・國・鮑・晏, 使毋得害田常之亂, 勸越伐吳。 教: ~로 하여금 ~하게 하다

三年之內, 齊・吳破國之難, 伏尸以言術數。孔某之誅也。

伏: 엎드리다, 尸: 주검, 시체, 以言術數 → 不可以言計數, 誅 → 謀

경공(景公)은 "좋다"고 말하고, (공자에 대해) 예의를 깍듯이 차리면서도 봉(封)하는 계획은 유보하였고, 공경하게 만나면서도 (그의) 도(道)를 묻지 않았다. 이에 공자는 화가 나서 경공과 안자(晏子)를 원망했다. 그리고 치이자피(鴟夷子皮)를 전상(田常)의 수하로 심어두고, 남곽혜자(南郭惠子)에게 (자신이) 하고자 하는 바를 설명하고 노(魯)나라로 돌아갔다. 얼마 후에 제(齊)나라가 노나라를 공격한다는 말을 듣고, 자공(子貢)에게 "사(賜)야, 지금이야말로 큰일을 일으킬 때이다"라고 말하고, 그를 제나라로 보내 남곽혜자(南郭惠子)를 통해 전상(田常)을 만나 오(吳)나라를 공격하도록 권고했다. 그리하여 고(高)씨, 국(國)씨, 포(鮑)씨, 안(晏)씨 네 집안으로 하여금 전상(田常)의 난을 방해하지 않도록 하고, 월(越)나라에게 오나라를 공격하라고 권유했다. 3년 만에 제나라와 오나라는 나라가 망하는 어려움을 겪었고, 엎드려 죽은 시체가 셀 수 없이 많았다고 한다. (이것은) 공자의 음모였다.

---

❶　鴟夷子皮: 楚나라 사람이나 越王 句踐을 도와 吳나라를 멸망시킨 范蠡의 다른 이름.

❷ 田常: 陳成子 또는 田成子으로 불리는 齊나라의 재상. 大斗로 양식을 빌려주고 小斗로 되받
아 민심을 얻은 일화로 유명하다.

❸ 南郭惠子: 누군지 알 수 없음.

❹ 子貢: 공자의 제자로 孔門十哲의 한 사람으로, 성은 端木이며 이름은 賜이다. 理財에 뛰어난
솜씨를 발휘하여 많은 재산을 모아 공자를 경제적으로 지원했다.

❺ 高·國·鮑·晏: 춘추시대 말기에 齊나라의 권문세가.

8 孔某爲魯司寇, 舍公家而奉季孫。

季孫相魯君而走, 季孫與邑人爭門關, 決植。 <small>相: 돕다, 決: 터지다, 뚫다, 植: 문 옆의 기둥</small>

공자가 노(魯)나라의 사구(司寇)가 되어, 공적인 일을 버리고 (사적으로) 계손(季孫)씨를
받들었다. 계손씨가 노나라 임금을 돕다가 도망치면서 읍민들과 관문을 통과하는
문제를 놓고 다투었는데, (공자가) 관문 빗장을 열었다.

❶ 司寇: 사법을 담당하는 관리.

❷ 季孫: 魯나라의 실권을 쥔 권문세가인 三桓의 하나.

9 孔某窮於蔡·陳之間, 藜羹不糝。 <small>藜羹여갱: 명아주 국, 糝삼: 나물죽, 끈끈하다</small>

十日, 子路爲享豚, 孔某不問肉之所由來而食。 <small>享=烹팽: 삶다</small>

號人衣 以酤酒, 孔某不問酒之所由來而飲。 <small>號→褫치: 빼앗다, 酤고: 술을 사다</small>

哀公迎孔子, 席不端弗坐, 割不正弗食,

子路進, 請曰: 何其與陳·蔡 反也?

孔某曰: 來! 吾語女, 曩與女爲苟生, 今與女爲苟義。

<small>女=汝, 曩낭: 이전, 지난번, 苟구: 탐하다, 탐내다</small>

夫飢約則不辭妄取以活身, 羸飽則僞行以自飾, 汙邪詐僞, 孰大於此!

<small>妄: 거짓, 羸영: 가득 차다, 남다, 汙오=汚: 더럽다</small>

공자가 채(蔡)나라와 진(陳)나라 사이에서 궁지에 몰려 명아주 국도 제대로 먹지 못했다. 열흘이 지나 자로(子路)가 돼지를 삶아오자, 공자는 어디서 구한 건지 묻지도 않고 먹었다. 또 남의 옷을 빼앗아 술을 사다 주자 공자는 어디서 구한 건지 묻지도 않고 마셨다.

애공(哀公)이 공자를 맞이할 때 (공자는) 좌석이 단정하지 않으면 앉지 않고, (음식이) 바르게 썰어져 있지 않으면 먹지 않자, 자로가 "어찌 채나라와 진나라 사이에서와 (그토록) 다릅니까?"하고 물었다. (이에) 공자는 "오너라. 너에게 말해주겠다. 예전에는 너와 더불어 살아남기에 급급하였으나, 지금은 너와 더불어 의(義)를 행하는 것이 중요하다"고 대답했다. 굶고 쪼들리면 거짓으로 빼앗는 일을 마다하지 않으면서 자신을 살리고, 여유롭고 배부르면 거짓행동으로 자신을 꾸민다. 누가 이보다 추잡하고 사악하고 거짓됨이 크겠는가?

---

❶ 子路: 공자의 제자 중 가장 연장자로서 성격이 강직하여 헌신적으로 공자를 섬겼다. 이름은 仲由이며, 季路라고도 한다. 孔子가 魯나라 司寇가 되었을 때 그를 季孫씨의 가신으로 보냈다.

10 孔某與其門弟子閒坐, 曰:

夫舜見瞽叟孰然, 此時天下坂乎! <small>孰然 → 整然: 머뭇거리며 불안한 모습, 坂=岌급: 위태롭다</small>

周公旦非其人也邪! 何爲舍亣家室而託寓也?

<small>人 → 仁, 亣대: ① 크다, 넓은, ② 其의 고어, 寓: 남에게 의지하여 살다</small>

孔某所行, 心術所至也。其徒屬弟子皆效孔某。 <small>效: 본받다</small>

子貢 · 季路輔孔悝亂乎衛, 陽貨亂乎齊, 佛肸以中牟叛, 桼雕刑殘, 莫大焉。

夫爲弟子後生其師, 必脩其言, 法其行。力不足, 知弗及而後已。

今孔某之行如此, 儒士則可以疑矣。

공자가 문하의 제자들과 한가롭게 앉아있다가 말을 했다. "순(舜) 임금이 부친인 고수(瞽叟)를 볼 때 불안해하였으나, 이때 천하는 위태로웠다. 주공 단(周公旦)은 어진 사람이 아니다. 어찌하여 (자신의) 집안을 버리고 남에게 기탁하여 살았는가?"

공자의 행동과 마음 쓰는 방식이 여기에 이르렀다. 그 제자들은 모두 공자를 본받아 배운다. 자공(子貢)과 계로(季路: 子路의 다른 이름)는 공회(孔悝: 공리라고도 읽는다)를 도와 위(衛)나라에서 반란을 일으키고, 양화(陽貨)를 도와 제(齊 → 魯의 착각임)나라에서 반란을 일으키고, 필힐(佛肸)을 도와 중모(中牟)의 반란을 일으켰다. 또한 칠조(柒雕)는 형벌로 죽었다. (재앙이) 이보다 더 클 수는 없다. 무릇 제자는 스승에게서 말을 익히고 행동을 본받는다. 힘이 부족하고 지혜가 미치지 못한 뒤에야 그만둔다. 지금 공자의 행동이 이와 같으니 유가의 선비들은 의심할 수밖에 없다.

---

❶ 瞽叟: 순 임금의 아버지. 눈이 먼 늙은이라는 의미. 『孟子』에는 "舜見瞽叟, 其容有蹙", 『韓非子』에는 "舜見瞽叟, 其容造焉"이라고 표현되어 있다.

❷ 周公 旦: 西周의 왕족으로 文王의 아들이자 武王의 동생. 武王을 도와 紂王을 토벌하여 商(殷)나라를 멸망시키고 武王의 아들 成王을 도와 周 왕조의 기초를 확립했다. 周公旦이 모함을 받아 피신하여 商奄에 머물렀는데, 공자는 피신하지 않고 임금이 되어야 한다고 비판하고 있는 것이다.

❸ 陽貨: 춘추시대 말기 魯나라 사람으로 陽虎라고도 불리며, 공자와 얼굴이 닮았다고 한다. 季氏의 가신으로 난을 일으켰으나 실패하고 齊나라를 거쳐 晉나라로 도망갔다.

❹ 佛肸: 춘추시대 晉나라 사람으로, 中牟大夫로 있었다. 中牟를 거점으로 반란을 일으키고 사람을 보내 孔子를 초청했지만 공자는 가지 않았다.

❺ 柒雕: 춘추시대 말기 魯나라 사람으로 성은 漆雕, 이름은 開이다. 공자 제자 72인 중의 한 사람.

묵경 墨經

묵자 40편 「經」上, 41편 「經」下, 42편 「經說」上, 43편 「經說」下는 다른 편과 내용과
형식이 달라 〈墨經〉 또는 墨辯이라고 부른다. 학자에 따라서는 44편 「大取」, 45편 「小
取」까지 그 범주에 포함시킨다. 〈墨經〉은 윤리, 논리, 정치, 경제에 관한 명제를 다루고 있
을 뿐 아니라 춘추전국시대 중국의 다른 문헌에서 찾아보기 어려운 물리학, 광학, 기하학,
수학, 건축공학, 언어학 등을 다루고 있다는 점에서 특이하다. 그럼에도 불구하고 錯簡과
誤脫로 인하여 여러 가지 문제에 대한 논란은 여전히 많다.

❶ 저자와 집필시기의 문제

묵자가 직접 저술했다는 견해(魯勝, 畢沅)와 「經」上·下는 묵자의 저술이며 나머지 4편은
후학의 저술이라는 견해(梁啓超), 묵자의 저술이 아니라는 견해(孫詒讓, 胡適, 馮友蘭)가 있다.
그러나 최근의 연구에 의하면 모두 戰國時代 말기의 後期 墨家에 의해 저술되었다는 평
가가 많다. 또한 「經」下는 說在XX의 형식을 취하고 있어 그렇지 않은 「經」上과 서로 저
술된 시기가 다르다.

❷ 墨經과 다른 편과의 관계

孫詒讓은 묵자의 사상과 직접적인 관계가 없으며, 名家(惠施, 公孫龍)와 가깝다는 이유로
분리하여 연구해야 한다고 주장하고 있다. 그러나 〈墨經〉은 儒家와 名家를 비판하면서
墨家 자신의 주장을 적극적으로 논증하려고 했다는 점에서 墨家의 핵심 개념을 정리한
것으로 보아야 한다. 다만 현존하는 〈墨經〉은 "빠지고 어지러운 곳이 많아(孫詒讓)", 그리
고 지극히 간명하여 이해하기 쉽지 않다.

❸ 「經」과 「經說」의 관계

「經」과 「經說」은 표제어의 정의와 설명문으로 되어 있어 사전의 형식을 취하고 있다. 「經
說」은 「經」에 대한 설명인데 「經說」이 더 이해하기 힘든 부분이 많다. 논리적인 설명임에도
불구하고 서양 고대에 나타난 공리 → 증명 → 명제로 나가는 증명체계로 보기는 어렵다.

❹ 「大取」, 「小取」와 「經」, 「經說」의 관계

「大取」와 「小取」는 「經」과 「經說」과 달리 논문의 형식을 띠고 있지만 『墨子』 전체의 구
성으로 볼 때 그 연장선에 있다고 보아야 한다. 「大取」는 '利之中取大'에서 제목을 따왔
으나 전반적으로 兼愛의 원리를 논리적으로 추론하고 있다. 다만 錯簡과 誤脫 때문에 마

지막 부분인 13개의 '其類在'는 이해하기 어렵다. 「小取」 역시 兼愛의 필요성을 논증하고 논증의 형식과 적용범위를 구체적으로 설명하고 있다. 중국 고대 논리학의 최고수준을 반영하고 있다.

❺ 이러한 개념 정의의 목적은 무엇인가? 후학을 위한 교육용 교재이면서 동시에 묵가학파 내부에서 논증과 토론을 위한 자료로 사용되었다고 추측된다. 교육을 통해 墨家 구성원의 사상을 통일하고 名家 등 다른 학파와의 논쟁을 준비했다고 판단된다. 문제는 중국에서 후대에 〈墨經〉 체제의 형식을 갖는 저술이 없다는 점이다. 『論語』의 대화체, 『老子』의 운문, 『莊子』의 우화, 『荀子』의 논문과 같은 형식은 계승되지만 〈墨經〉의 형식은 단절되었다.

❻ 「經」 上은 #1부터 #50까지 한 개의 죽간에 하나의 명제를 서술한 후 #51부터 #100까지는 죽간의 아래쪽에 서술하여 옆으로 읽어야 한다(旁行句讀). 이를 橫書하면 뒤에 나오는 〈墨經分類表 經上〉처럼 된다. 「經」 下도 똑같은 방식으로 서술되어 옆으로 읽어야 한다. 여기서는 표제어를 중심으로 「經」 上과 「經說」 上(40편과 42편), 「經」 下와 「經說」 下(41편과 43편)를 비교하며 번역하다. 각주에서는 비교와 참조의 수월성을 위하여 표제어의 번호에 #을 붙여 표시하였다.

❼ 〈墨經〉은 孫詒讓의 『墨子閒詁』(上海書店)를 底本으로 삼았다. 그러나 옛날 판본과 대조한 결과 孫詒讓이 무분별하게 자의적으로 너무 많은 글자를 수정하였고, 우리나라 대부분의 번역서는 이를 무비판적으로 받아들이고 있다. 여기에서는 孫詒讓이 수정한 부분 중 합리적 근거가 없다고 판단되는 부분을 옛날 판본대로 번역하였음을 밝혀둔다.

1

經 上: 故, 所得而後成也。 故: 원인, 조건

經説 上: 故: 小故, 有之不必然, 無之必不然。體也, 若有端。

大故, 有之必然, 無之必不然, 若見之成見也。 見之 → 得之

經 上: 원인은 (그것을) 얻은 후에야 (일이) 이루어진다.

經説 上: 작은 원인은 그것이 있다고 반드시 이루어지는 것은 아니나, 그것이 없으면 반드시 이루어지지 않는다. 부분이 끝(또는 점)을 가지는 것과 같다. 큰 원인은 그것이 있으면 반드시 이루어지고, 그것이 없으면 반드시 이루어지지 않는다. 그것을 얻으면 (결과가) 나타나는 것과 같다.

❶ 故는 원인, 이유, 조건이며, 然은 결과(그러함)이다. 小故는 필요조건이며, 大故는 필요충분조건에 해당한다.

2

經 上: 體, 分於兼也。

經説 上: 體: 若二之一, 尺之端也。

經 上: 부분은 전체에서 나누어진 것이다.

經説 上: 둘 가운데 하나와 같으며, 선(線)의 점과 같다.

❶ 體와 兼은 부분과 전체이며, 尺과 端은 자와 끝, 선과 점이다. 一은 二가 나뉜 體이며, 端은 尺이 나뉜 體이다. 점이 모여 선이 되듯이 體가 모여 兼이 된다. 兼愛의 兼은 이런 의미에서 완전한 전체를 의미한다.

3   經上: 知, 材也。

經說 上: 知: 材知也者, 所以知也 而必知, 若明。

經 上: 앎은 재료이다.

經說 上: 앎의 재료는 그것을 통해서 알게 되는 것이니 반드시 알게 된다. 마치 눈이 밝음과 같다.

──────────

❶   다른 표제어를 정의하는 형식으로 보아 經說 上의 材는 잘못 들어간 듯하다. 여기서 知는 감각(지각)을 통해서 알게 되는 앎이다.

4   經上: 慮, 求也。

經說 上: 慮: 慮也者, 以其知有求也, 而不必得之, 若睨。   睨예: 흘겨보다

經 上: 생각함은 (무엇인가를 찾아) 구하는 것이다.

經說 上: 생각함이란 앎으로써 구하는 것이나 반드시 얻을 수 있는 것은 아니다. 마치 흘겨보는 것과 같다.

──────────

❶   #3에서 감각적인 知를 설명하고 여기서는 이성적이고 의식적인 慮를 말한다. 감각의 눈이 보는 것은 알고 보는 것이 아니다. 보는 것을 모르고 보니 아는 것을 모르고 알 뿐이다. 감각의 인식 단계에서 이성적 인식 단계로 나간다.

5   經上: 知, 接也。

經說 上: 知: 知也者, 以其知過物 而能貌之, 若見。   過=遇=接

經 上: 앎은 (사물과) 만나는 것이다.

經說 上: 앎이란 지각으로 사물을 만나, 마치 보는 것처럼 모습을 알아볼 수 있다.

──────────

❶   가장 확실한 지식은 체험해서 아는 지식(#81의 親知 참조)이다. 상징적으로 시각을 예로 들어 설명하고 있으나 시각에 국한하지 않고 감각기관 전체로 이해해야 한다. 물론 뒤에 언급하는 바

와 같이 經 下에서는 감각기관에 의해서만 지식이 유지되지 않는다고 설명하고 있다.

6

經 上: 恕, 明也。

經說 上: 恕: 恕也者, 以其知論物 而其知之也, 著若明。

經 上: 마음으로 아는 것은 명료하게 아는 것이다.

經說 上: 마음으로 아는 것이란 앎으로써 사물을 논하여 앎이 명확하게 드러난다.

---

❶ 恕: 옛날 판본에는 恕로 되어 있으나 孫詒讓이 恕로 바꾸었다. 智와 비슷한 의미이지만, 글자의 구성으로 미루어 풀이하면 恕는 마음으로 아는 것이며, 智는 해(日)처럼 환하게 앎이다.

❷ 인식의 단계를 #3(材知) → #4(慮求) → #5(接知) → #6(明知)로 파악하는 견해(염정삼)가 있으나, #3 → #4, #5 → #6(감성적 인식 → 이성적 인식)으로 파악해야 한다. 묵자는 경험론자이기 때문에 모든 지식은 경험, 감각에서 출발한다고 생각하여 이를 반복하여 설명하고 있다. 이것은 三表의 기준에서도 드러난다. 성왕의 말씀과 행적, 백성의 경험(경험) → 백성의 이익(이성)의 체계가 그러하다.

7

經 上: 仁, 體愛也。

經說 上: 仁: 愛己者, 非爲用己也, 不若愛馬, 著若明。

經 上: 인(仁)은 부분적인 사랑이다.

經說 上: 자신을 사랑하는 것은 자신을 이용하기 위함이 아니다. 말을 사랑하는 것과 같지 않음이 명확하게 드러난다.

---

❶ 여기에서 體를 어떻게 해석하느냐가 관건이다. #2(體, 分於兼也)를 근거로 體를 부분이라는 의미로 해석했다. 體愛는 兼愛와 대비되지만, 墨子는 동시에 兼愛에 대비되는 개념으로 親疎에 따라 구별하고 차별하는 別愛를 제시하고 있다. 仁義는 유가적인 개념이지만, 여기서 仁과 義를 儒家와 다른 의미로 정의하고 있다. 「大取」편에서 '利愛'를 仁과 대비하는데 墨家에게 '仁=體愛, 義=利愛'라는 공식이 있었다고 판단된다. 다만 體愛라는 말은 이곳 이외에는 나오지 않는다.

❷ 孫詒讓은 愛己를 愛民의 誤字라고 주석하여 백성을 사랑하는 것이라고 번역하고 있으나 儒家的 편견이다.

8　　經 上:　　義, 利也。

經說 上: 義: 志以天下爲芬, 而能能利之。不必用。　　　芬: ① 향기, ② → 分: 직분

經 上: 의로움은 (남을) 이롭게 하는 것이다.

經說 上: 천하를 이롭게 하고자 하는 뜻을 자신의 직분으로 삼아 능력이 그것(천하)을 이롭게 할 수 있다. 그러나 (義가) 반드시 사용되는 것은 아니다.

❶　　유가는 義를 마땅함(宜)으로 규정한 반면, 묵가는 義를 利로 정의한다. 유가와 묵가의 개념 차이를 분명하게 드러내는 유명한 구절이다. 義와 利를 동일시하는 사고는 墨家보다 더 오랜 전통을 가지고 있다. 『易』에서는 "이로움이란 의로움과 조화를 이룬다(利者義之和)"라고 하였고, 『左傳』에서도 "義는 이로움의 근본이다(義, 利之本也)"라고 했다. 孔子와 그의 제자 曾參의 대화를 훗날 朱熹가 편집한 『孝經』에서는 "사물을 이롭게 하는 것이 義다(利物爲義)"라고 서술했다.

❷　　芬: 張惠言은 美로, 孫詒讓은 愛로 해석하지만, 分(직분)으로 보아야 한다. 당시 保와 葆를 같은 의미로 사용했다. 특히 『墨子』에서는 편방을 빼고 읽어야 하는 경우가 많다.

❸　　아래 #13에서 孝의 정의와 완전히 같은 문장구조이다.

9　　經 上:　　禮, 敬也。

經說 上: 禮: 貴者公, 賤者名, 而俱有敬僈焉, 等異論也。

僈만: 얕보다, 깔보다, 等: 구별한다, 論 → 倫: 무리

經 上: 예는 (남을) 공경하는 마음이다.

經說 上: 귀한 자는 공(公)으로 부르고, 천한 자는 이름을 부른다. 모두 공경함과 깔봄이 있는데, (貴賤이) 다른 무리들을 구별한다.

❶　　유가의 禮는 祭禮를 포함한 儀式의 형식을 중시하지만, 묵자는 이들의 낭비적인 형식을 비판하면서(「節用」, 「節葬」, 「非樂」 참조) 禮를 공경하는 마음으로 축소하고 있다. 결국 禮는 貴賤의 차이를 구별하는 데 있다는 의미로 해석된다.

10

經 上: 行, 爲也。

經說 上: 行：所爲不善名, 行也；所爲善名, 巧也, 若爲盜。

經 上: 행위는 함(爲)이다.

經說 上: 하는 바가 이름을 좋게 하지 않으면(드러내려 하지 않으면) 행위(行)이며, 하는 바가 이름을 좋게 하면(드러내려 하면) 기교이니 마치 도둑과 같다.

---

❶ 經說 #81에서 뜻을 가지고 행동하는 것이 爲(志行, 爲也)라고 규정하고 있다. 즉, 뜻한 바를 몸소 실천(躬行)하는 것이다.

11

經 上: 實, 榮也。

經說 上: 實：其志氣之見也, 使人如己。不若金聲玉服。　　　　不 → 必

經 上: 실제는 꽃이 피는 것이다.

經說 上: 의지와 기운이 드러나 다른 사람을 자신과 같게 하는 것이다. 쇠(쇠로 만든 악기)소리와 구슬을 단 옷과 같다.

---

❶ 實은 실제로 존재하는 것이라는 의미이다. 꽃이 피고(榮) 열매를 맺듯이(實) 의지와 기운이 드러나 다른 사람을 자신과 같아지게 만든다. #10과 관련해 생각하면 행위의 결과로서 현실적으로 나타난다는 의미이다. (志 → 行 → 實) 쇠를 두드려야 소리가 나고, 옥을 가다듬어 달아야 玉服이 된다.

12

經 上: 忠, 以爲利而强低也。

經說 上: 忠：不利, 弱子亥足將入止容。　　　　子亥 → 孩: 어린아이

經 上: 충성은 임금을 이롭게 하면서 강하게 만드는 행위이다.

經說 上: 이롭지 않더라도 약한 아이(군주)의 발이 장차 (우물에) 들어가는 것을 막는다.

❶   經은 低를 어떻게 읽는가에 따라 해석이 다양하다. 低를 君으로 읽기도 하고, 氐(근원)으로 읽기도 하고, 抵(맞서다)로 읽기도 한다. 여기서는 孫詒讓의 주석에 따라 君으로 번역한다. 先秦시대에 忠은 일반적으로 '진심'을 의미하기 때문에 '(남을) 이롭게 하고, (자신을) 애써 낮춘다'고 번역해도 무리가 없다고 생각한다. 그럼에도 불구하고 #13의 주제어가 孝이기에 군신관계로서의 忠으로 읽는다.

❷   經說은 의미가 명확하지 않다. 不利弱子亥, 足將入止(→ 正)容로 끊어 읽기도 하고, 不利,弱子亥, 足將入, 止容로 끊어 읽기도 하지만 모두 전체적으로 무슨 말인지 명확하지 않다.

13   經 上: 孝, 利親也。

經說 上: 孝: 以親爲芬, 而能能利親。不必得。

經 上: 효(孝)는 어버이를 이롭게 함이다.

經說 上: 어버이를 자신의 직분으로 삼아 능력이 어버이를 이롭게 할 수 있다. 그러나 반드시 얻을 수 있는 것은 아니다.

❶   #8(義)와 문장구조가 완전히 같다. 묵자는 義·忠·孝를 모두 利와 연결하여 설명하고 있다.

❷   不必得의 의미상의 목적어가 어버이의 이로움인지 어버이의 동의(찬성)인지는 명확하지 않으나, 孝는 효과나 결과를 기대한 행위가 아니라는 의미를 가지고 있다.

14   經 上: 信, 言合於意也。

經說 上: 信: 不以其言之當也, 使人視城得金。

經 上: 믿음은 말이 뜻(의도)과 일치함을 의미한다.

經說 上: 믿음은 말이 (이치에) 맞는지에 따라 형성되는 것은 아니다. 사람으로 하여금 성(城)에 가서 금을 얻게 하는 것과 같다.

❶   묵자는 믿음을 말과 행실의 일치에서 찾지 않고 말과 의도의 일치에서 찾고 있다. 그러나 「兼愛」下에서 "言必信,行必果, 使言行之合 猶合符節也,無言而不行也(말에는 반드시 믿음이 있고 행동에는 반드시 결과가 있다. 말과 행동이 부절처럼 일치하면 말하고 행동하지 않은 일이 없다)"고 말한다.

❷ 經說 부분도 추가 설명이 필요하다. 예를 들면 어떤 사람이 '성에 가면 금이 있다'고 말했는데 다른 사람이 직접 가서 보고 금을 가져오면 그 사람의 말은 믿음을 얻게 된다는 의미이다. '성에 가면 금이 있다'는 말은 이치에 맞지 않지만 말과 실제적인 의도가 일치하면 믿을 수 있다.

15　經 上:　佊, 自作也。

佊이: 머무르다, 따르다

經說 上: 佊: 與人遇, 人眾, 惛。

經 上: 따름은 스스로 행한다.

經說 上: 사람과 더불어 만나고, 사람이 다수이면(眾) 따른다.

❶ 惛: 자전에 나오지 않는 한자이다. 그래서 주석가들은 循(순: 따르다), 또는 遁(둔: 달아나다), 揗(만지다)로 바꾸어 읽는다.

❷ 與人遇人, 眾惛으로 끊어 읽거나, 與人遇, 人眾惛으로 끊어 해석하지만 의미가 잘 통하지 않는다. 사람이 다수(眾)를 이루면 내가 스스로 그들의 뜻에 따라간다는 민주주의의 다수결 원칙을 천명한 것이 아닐까 생각된다.

16　經 上:　誗, 作嗛也。

嗛겸: 겸손하다, 싫어하다

經說 上: 誗: 爲是, 爲是之台彼也, 弗爲也。

經 上: 양보(배려)는 겸손함을 만든다.

經說 上: 옳다. 이것을 하여 저것을 해치면 하지 않는다.

❶ 誗: 여기에서만 나오는 글자로 자전에도 없다. 그래서 일반적으로 狷(견: 성급하다)으로 독해하기도 하고, 어떤 이는 涓(연: 수량이 적은 흐름)으로, 또 다른 이는 捐(연: 버리다, 선택하다)으로 해석하지만 의미가 통하지 않는다. 經說의 내용으로 그 의미를 유추할 수밖에 없다.

❷ 經說에 爲是가 두 번 반복하여 나오는데, 중복된다는 이유로 하나는 삭제해야 한다는 견해가 있다. 그러나 그대로 두어도 의미상의 문제가 없다. 앞의 是는 '옳다'는 의미이며, 뒤의 是는 彼(저것)과 대비되는 '이것'이라는 의미이다.

❸ 經說의 해석은 台를 어떻게 보느냐에 따라 내용이 달라진다. 台는 일반적으로 높고 평평한 건축물 또는 무대라는 의미이나 뜻이 통하지 않는다. 그래서 주석가들은 詒(이: 속이다), 紿(태: 속이다), 跆(태: 짓밟다), 殆(태: 해치다), 怡(기뻐하다)등으로 바꾸어 해석한다.

17 經上:　廉, 作非也。

經說上: 廉: 己惟爲之, 知其也覹也。　　　　　　　　　　惟: 생각하다, 도모하다

經上: 청렴은 잘못을 다스리는 것이다.

經說上: 스스로 자신이 하는 일을 생각하여 두려움을 안다.

❶ 孫詒讓은 廉을 慊(겸: 한탄하다)로 읽고, 옛날 판본에는 "知其也 思耳也"로 되어 있으나 이를 "知其也覹也"로 바꾸었다. 覹는 자전에 나오지 않는 한자여서 諰(시: 두려워하다)로 해석하지만 전체적으로 의미가 통하지 않을 뿐 아니라 앞뒤의 표제어와도 연관성이 결여되어 있다.

❷ 여기서는 "己惟爲之"를 惟己之所爲로 바꾸어 해석한다.

18 經上:　令, 不爲所作也。

經說上: 所令, 非身弗行。

經上: 명령은 (스스로) 하는 것이 아니다.

經說上: 명령을 받으면 몸소 하지 않으면 안 된다.

❶ 이런 논리의 극단에는 君主의 無爲而無不爲(함이 없지만 하지 않는 일이 없다)라는 老子와 韓非子의 생각이 있다.

19 經上:　任, 士損己而益所爲也。

經說上: 任: 爲身之所惡, 以成人之所急。　　　　　　　　急: 중요하다

經上: 임무는 선비가 자신을 덜어서 하는 일에 보탬이 되도록 하는 것이다.

經說 上: 자신이 싫어하는 것을 하여 남들이 중요하게 여기는 일을 이룬다.

---

❶ #18(令)과 짝을 이룬다. 令은 군주의 길이며, 任은 신하의 길이다.

20 經 上:　　勇, 志之所以敢也。

經說 上: 勇: 以其敢於是也, 命之; 不以其不敢於彼也, 害之。　　命=名

經 上: 용기는 뜻을 가지고 감히 행하는 것이다.

經說 上: 여기에서는 감히 행하여 용기라고 부르고, 저기에서는 감히 행하지 않아도 용기를 해치지 않는다.

---

❶ 어떤 경우에는 감히 행하는 것이 용기이지만, 다른 경우에는 감히 행하지 않는 것이 용기라는 의미이다. 『老子』73 "勇於敢則殺, 勇於不敢則活"에서 감히 행하는 용기(勇於敢)와 감히 하지 않는 용기(勇於不敢)를 말하고 있다. 사냥꾼이 호랑이를 잡고, 어부가 악어를 잡는 것은 용기이다. 사냥꾼이 악어를 피하고 어부가 호랑이를 피하는 것은 비겁이 아니다.

21 經 上:　　力, 刑之所以奮也。　　刑 → 形, 奮=動, 擧

經說 上: 力: 重之謂下, 與重奮也。

經 上: 힘은 형체가 움직이는 원인이다.

經說 上: 무거운 것이 아래로 내려간다고 말하지만, 무거운 것을 들어올린다.

---

❶ 刑(形)은 사람의 몸과 물체 두 가지 의미를 다 포함하고 있다. 奮은 주로 사람에게 적용되지만 여기서는 사물에도 적용되는 개념으로 보고 있다. 奮을 梁啓超는 動으로 해석하고, 孫詒讓은 擧로 읽는다.

❷ 힘과 움직임의 관계가 애매하지만 물리적 역학관계의 기초를 거론하고 있다고 생각된다.

22　經 上:　　生, 刑與知處也。　　　　　　　　　　　　　刑 → 形

經說 上: 生: 楹之生, 商不可必也。　　　　　楹 → 盈영: 가득 차다, 商: 헤아리다

經 上: 살아있음(生)은 형체와 지각이 공존함을 의미한다.

經說 上: 삶을 채우는 데 헤아림이 반드시 있어야 하는 것은 아니다.

---

❶　일부 주석가들은 楹을 形으로, 商을 常으로 읽지만 동의할 수 없다. 楹은 기둥이라는 뜻이나 盈으로 읽는다. 墨經에는 伙, 此와 같이 필요 없는 부수를 붙여 쓰는 경우가 많아 木변을 제외하고 보면 된다. 商은 헤아림을 의미하는 이성적 사유이며, 지각(감각)을 의미하는 知와 대비되는 개념으로 본다. 따라서 墨子는 이성적 사유 없이도 생을 영위할 수 있다고 주장한다.

23　經 上:　　臥, 知無知也。　　　　　　　　　　臥와: 눕다, 자다=寢=睡

經說 上: 臥:

經 上: 잠은 지각이 없음을 지각하는 상태이다.

經說 上:

---

❶　知無知: '無知를 知하다' 또는 '知에는 知가 없다'고 해석할 수 있다. 살아 움직일 때와는 달리 감각(지각)활동을 접는다. 그렇다고 꿈처럼 새로운 지각이 나오지도 않는다.

24　經 上:　　夢, 臥而以爲然也。

經說 上: 夢:

經 上: 꿈은 자면서 그러하다고(사실이라고) 여기는 것이다.

經說 上:

---

❶　그렇다고 여기는 것(以爲然)은 실제로 그러한 일이 일어나고 있는 것처럼 지각하지만 현실은 아니라는 의미이다. 다시 말하면 墨子는 현실과 꿈을 분리하고 있는 셈이다. 꿈으로 현실을 부정하거나, 현실과 꿈을 혼란시키는 莊子를 암묵적으로 비판한다고 볼 수 있다.

25 經上: 平, 知無欲惡也。

經說 上: 平: 惔然。

惔담: 편안하다=憺=淡

經 上: (마음의) 평정은 좋아하고 미워함이 없는 상태이다.

經說 上: 담담할 뿐이다.

---

❶ 臥는 지각이 쉬는 상태이며, 平은 욕망이 쉬는 상태이다. 살아가면서 좋아하고 미워하는 욕망이 가장 극명하게 드러나는 경우가 다음 표제어인 利와 害에 해당한다.

26 經上: 利, 所得而喜也。

經說 上: 利: 得是而喜, 則是利也。其害也, 非是也。

經 上: 이익은 얻어서 기뻐하는 것이다.

經說 上: 이것을 얻어서 기쁘면, 이것은 이익이다. 손해는 이와 다르다.

---

❶ 墨子에게 利는 매우 중요한 개념이다. #8(義), 12(忠), 13(孝) 모두 利와 관련하여 설명하고 있다. 나아가 개인의 이익을 사회 구성원 모두의 이익으로 확대하여 폭력과 전쟁이 없는 사회를 추구하고 있다. 兼相愛와 兼相利가 짝을 이루는 이유가 여기에 있다.

27 經上: 害, 所得而惡也。

經說 上: 害: 得是而惡, 則是害也。其利也, 非是也。

經 上: 손해는 얻어서 싫어하는 것이다.

經說 上: 이것을 얻어서 싫으면, 이것은 손해이다. 이익은 이와 다르다.

---

❶ 墨子는 이익과 손해를 감정(喜, 惡)으로 규정한다는 점에서 공리주의자이며, 일반인의 일상적 경험에 근거한다는 면에서 경험론자이다. 이와는 달리 孔子와 孟子는 이익을 부정하고, 老子는 전략적으로 이익을 긍정한다.

28　經 上:　治, 求得也。

經說 上: 治: 吾事治矣, 人有治南北。

經 上: 다스림은 구하여 얻는 것이다.

經說 上: 내가 다스림을 일삼으며, 다른 사람들도 남과 북으로 다스림이 있다.

---

❶ 南北: 주석가들은 '널리, 사방'으로 해석하지만 석연치 않다. 앞의 표제어와 관련하여 '얻어서 기쁨, 얻어서 싫음'을 의미하는 利害의 기준선이 아닐까?

❷ 經說은 나 자신만 원하는 것을 얻는 것이 아니라, 다른 사람들이 원하는 바를 얻도록 해줄 때 비로소 사회적 관계로서의 다스림이 이루어진다는 의미이다.

29　經 上:　譽, 明美也。

譽: 칭찬하다

經說 上: 譽之 必其行也。其言之忻, 使人督之。

忻흔: 기뻐하다, 열다, 督: 권하다, 독려하다

經 上: 칭송은 아름다움을 밝히는 것이다.

經說 上: 칭송에는 반드시 (아름다운) 행실(행동)을 필요로 한다. 드러내어 말하면 사람들로 하여금 그것(선행)을 독려한다.

30　經 上:　誹, 明惡也。

誹: 비방하다

經說 上: 誹: 必其行也。其言之忻,

忻흔: 열다, 마음이 열리다

經 上: 비판은 추악함을 밝히는 것이다.

經說 上: 비판에는 반드시 (추악한) 행동을 필요로 한다. 드러내어 말하면...

---

❶ 誹는 내용적으로 보아 비판이라는 의미에 가깝다. #29(譽)와 30(誹)은 짝을 이루고 있다고 보면, 經說 "其言之忻" 뒤에 무언가 누락되어 있다. 使人改之 정도가 아닐까 생각된다.

❷ 칭찬과 비판은 기준이 있어야 한다고 밝히고 있다. 그 기준은 좋아하고 싫어함이 아니라 반드시 행동(또는 행실)이어야 한다(必其行).

31   經 上: 舉, 擬實也。   擬: 헤아리다=度, 비교하다

     經說 上: 舉: 告以文名, 舉彼實也。

     經 上: 일컬음은 실제를 헤아려 말하는 것이다.

     經說 上: 글과 이름으로 알려 실제를 가늠한다.

     ────────────

     ❶ 舉: 사물에 대하여 지시 대상을 들어 말한다는 의미에서 '일컬음'으로 번역한다. 舉는 實을 헤
     아릴 수 있도록 이름으로 알려준다는 뜻이다. 이름을 말하면 그에 해당하는 實이 떠오르는 것이 擬
     實이며, 그 방법이 舉이다.

32   經 上: 言, 出舉也。

     經說 上: 故言也者, 諸口能之, 出民者也。民若畫俿也。   民 → 名, 俿치 → 虎

             言也, 謂言猶石致也。   石 → 名

     經 上: 말은 일컬음에서 나온다.

     經說 上: 말을 한다는 것은 입으로 말하여 이름을 내놓는 일이다. (호랑이) 이름은 (머
     릿속에) 호랑이를 그리는 것과 같다. 말하는 것은 말이 이름으로 인하여 (실제에) 이르
     게 하는 것을 말한다.

     ────────────

     ❶   經說은 전반적으로 뜻이 통하지 않아 그 의미를 알기 어렵다. 그래서 주석자들마다 해석이 모
     두 다르다. 孫詒讓은 故가 잘못 들어갔으며, 出民者也는 出名者也로, 民若畫俿也는 名若畫虎也
     로, 言也는 言也者로, 猶石致는 由名致로 바꾸어 읽는다. 여기서는 이에 따라 해석한다.

33   經 上: 且, 言然也。

     經說 上: 且: 自前曰 且, 自後曰 已。方然亦 且。   若石者也

     經 上: '장차(且)'는 그렇게 됨을 말한다.

     經說 上: 앞에서 말하면 '장차'라고 하고, 뒤에서 말하면 '이미(已)'라고 한다. 바야흐
     로 그렇게 될 때도 역시 '장차'이다.

묵경(墨經)

❶ 여기에서 時制를 말하고 있다. 미래형에는 且를 사용하고, 과거형에는 已를 사용한다. 현재형
은 역시 且를 쓴다는 의미이다. 장차 그러함(且然)은 미래, 이미 그러함(已然)은 과거(완료), 바야
흐로 그러함(方然)은 현재(진행)를 의미한다.

❷ 若石者也: 經說 #34(君) "以若名者也" 때문에 잘못 들어갔다는 주장이 통설이다. 게다가 名
을 石으로 잘못 쓰고 있다.

34

經 上:　君臣萌, 通約也。   萌=氓맹: 백성

經說 上: 君: 以若名者也。   若=此

經 上: 임금, 신하, 백성은 서로 약속한 것이다.

經說 上: 임금은 이와 같이 하여 (신하, 백성처럼) 이름이 붙여졌다.

❶ 君臣萌, 通約也로 읽기도 하고 君, 臣萌通約也로 읽기도 하지만, 전자가 후자보다 묵자의 정
치사상을 잘 반영하고 있다.

❷ 通約: 張惠言은 '묶어주는 수단'으로 번역하고, 孫詒讓은 "尊卑上下의 차이가 하나가 아니지
만 통틀어 묶으면 이름이 세 가지(임금, 신하, 백성)에 불과하다"고 하여 이름 짓는 문제로 인식하고
있다. 그러나 梁啓超는 이 부분을 서양 근대의 사회계약론으로 해석한다. 백성이 서로 약속하여 임
금을 두었다면 일종의 계약이다. 「尙同」편과 「尙賢」편과 맥을 같이하고 있어 사회계약론의 단서
를 읽을 수 있다.

35

經 上:　功, 利民也。

經說 上: 功: 不待時, 若衣裘。   衣: 여름옷, 裘구: 갖옷=겨울옷

經 上: 업적은 백성을 이롭게 하는 것이다.

經說 上: 때를 기다리지 않아 여름옷, 겨울옷과 같다.

❶ 若衣裘: 겨울에 베옷을 주고 여름에 갖옷을 주어 때를 맞추지 않아도 이롭기만 하면 공적이라
는 의미로 해석할 수도 있고, 여름옷(衣)과 겨울옷(裘)을 衣裘라고 말하듯이 때를 맞추지 않고 통칭
하지만 백성에게 이롭다는 의미로 볼 수도 있다.

36

經 上: 　賞, 上報下之功也。

經說 上: 賞: (上報下之功也.)

經 上: 상은 윗사람이 아랫사람의 업적을 보상하는 것이다.

經說 上: 윗사람이 아랫사람의 업적을 보상하는 것이다.

---

❶　원문에는 經說의 설명이 없다. #37(罪)의 마지막 부분에 上報下之功也가 있는데 이 부분에 쓰일 내용이 잘못 들어갔음이 틀림없다. 이와 같이 수정하면 #38(罰)과 문장형식이 일치한다.

37

經 上: 　罪, 犯禁也。

經說 上: 罪: 不在禁, 惟害無罪, 殆姑。(上報下之功也)

惟=雖, 姑 → 辜고: 허물, 殆: 거의~에 가깝다

經 上: 죄는 금지한 행위를 범하는 것이다.

經說 上: 금지한 행위를 하지 않으면 비록 해를 끼치더라도 무죄이다. 거의 허물에 가깝다.

38

經 上: 　罰, 上報下之罪也。

經說 上: 罰: 上報下之罪也。

經 上: 벌은 윗사람이 아랫사람의 죄를 묻는 것이다.

經說 上: 윗사람이 아랫사람의 죄를 묻는 것이다.

39

經 上: 　同, 異而俱於之一也。

之一=其一

經說 上: 侗: 二人而俱見是楹也, 若事君。

侗 → 同, 楹영: 기둥

經 上: 같음(同)은 다르면서 하나에 함께하는 것이다.

經說 上: 두 사람이 함께 기둥을 보는 바라보는 것이다. 마치 임금을 섬기는 것과 같다.

40 經 上:　久, 彌異時也。

彌미: 두루, 널리

經說 上: 久: 古今旦莫。

旦단: 아침, 莫=暮: 저녁

經 上: 시간은 다른 때(時)를 두루 아우른다.

經說 上: 옛날부터 지금까지, 아침부터 저녁까지와 같다.

---

❶　옛날, 지금, 아침, 저녁은 서로 다른 시간이지만 옛날부터 지금까지, 아침부터 저녁까지 아우르면 시간의 지속(久)을 의미한다.

41 經 上:　宇, 彌異所也。

宇: 집, 공간

經說 上: 宇: 東西家南北。

經 上: 공간은 다른 장소를 두루 아우른다.

經說 上: 동서로 집을 짓고 남북으로 펼쳐진다.

---

❶　옛날 중국에서는 宇를 공간적 확대로, 宙를 시간적 격차로 생각했다.

❷　#40과 41은 짝을 이루어 시간과 공간을 정의하고 있다. 그 정의는 매우 구체적이며 실재론적이다. 장자가 말하는 상상의 시간과 공간(무한의 시간과 공간)을 비판하고 있다고 생각된다.

42 經 上:　窮, 或有前 不容尺也。

或=域

經說 上: 窮: 或不容尺, 有窮; 莫不容尺, 無窮也。

經 上: 공간적인 한계(窮)는 영역의 앞에서 잣대를 용납하지 않는다.

經說 上: 영역에 잣대를 용납하지 않으면 유궁(有窮)이고, 잣대를 용납하면 무궁(無窮)이다.

---

❶ 窮: 빈곤으로 번역하는 사람도 있으나 이는 앞뒤의 문맥이 맞지 않으며, 표제어의 나열에도 어울리지 않는다. 공간적인 끝이란 거기에서 바깥으로 잣대를 들이댈 수 없음을 말한다. 이 역시 상상이나 추론의 결과가 아니라 실제로 존재하는 기준을 말한다. 不容尺인 한계선의 바깥은 존재하는가? 이 문제에 대하여 墨子는 천착하지 않지만, 惠施는 "至大-無外, 至小-無內"로 답한다.

❷ 尺: 梁啓超는 端(점)-尺(선)-區(면)-厚(부피)에 집착하여 尺을 선(線)으로 해석하지만, 여기에서는 '척도' 또는 '잣대'를 의미한다고 보아야 한다.

43

經 上: 盡, 莫不然也。

經說 上: 盡: 但止動。

經 上: 시간의 끝(盡)은 그렇지 않은 것이 없다.
經說 上: 다만 움직임을 멈추게 할 뿐이다.

---

❶ 窮이 공간적인 끝이라면 盡은 시간적인 끝으로 보아야 하지 않을까 생각한다. 즉, 盡은 일, 행위, 사건의 시간적 한계를 의미한다. 經과 經說의 정의에 따르면 盡=然=動이다. 그러한 시간적 한계 안에서는 그러함(然)이며 움직임(動)이지만, 한계에 이르면 움직임을 멈춘다.

44

經 上: 始, 當時也。

經說 上: 始: 時 或有久 或無久, 始當無久。 或: 혹은, 어떤 경우에는

經 上: 시작은 시간에 해당한다.
經說 上: 시간에는 지속적인 시간(有久)과 지속적이지 않은 순간(無久)이 있는데, 시작은 지속적이지 않은 순간에 해당한다.

---

❶ 有久는 한 달 또는 하루와 같이 쉽게 이해할 수 있는 시간이며, 無久는 더 이상 쪼갤 수 없는 시점을 말하며, 이는 공간의 點과 같다(梁啓超). 無久는 久의 시작이다(張惠言). 따라서 始(시작)는 無久에 해당하는 時이므로 만약 有久하다면 그것은 이미 始가 아니다. 無久는 니덤(Joseph

Needham)이 말한 바와 같이 시간을 원자론적으로 인식하는 중국 최초의 시도이다. 중국이 불교를 수용한(A.D. 1세기) 이후에는 인도의 원자론적 시간 개념인 '刹那'라는 용어를 사용하기 시작한다.

45

經 上: 化, 徵易也。   徵징: 부르다, 현상

經說 上: 化: 若鼃爲鶉。   鼃와: 개구리, 鶉순: 메추라기

經 上: 변화는 속성이 변하는 것이다.

經說 上: 개구리가 메추라기로 되는 것과 같다.

❶ 개구리가 메추라기로 변한다는 사고는 당시 중국사람들의 속설에 따른다. 묵자의 생물학적 인식은 전근대성을 띄고 있다.

46

經 上: 損, 偏去也。   偏: 절반, 한쪽, 나머지

經說 上: 損: 偏去也者, 兼之體也。其體或去或存, 謂其存者損。

經 上: 손상은 한쪽을 버리는 것이다.

經說 上: 한쪽을 버린다는 것은 전체 중의 일부이다. 그 일부는 혹은 버려지고 혹은 남아있는데, 남아있는 것을 손상이라고 부른다.

❶ 兼之體也: #2(體, 分於兼也)와 같은 의미이다.

❷ 謂其存者損을 謂其去者損으로 바꾸어야 말이 된다.

47

經 上: 大益。

經說 上:

經 上: 크게 더한다.

經說 上:

❶ 經만 있고 說이 없어 의미가 정확하지 않다. 그러나 #46(損)과 짝으로 보아 大, 益으로 읽기도 하고, 益, 大로 읽기도 한다. 老子의 損·益에 대한 추상적 사유를 비판하는 듯하다.

48-1 經 上: 儇, 積秪。　　　　　　　儇현: 총명하다, 積秪 → 俱秪: 함께 공경하다

經說 上: 儇: 昫民也。　　　　　　　　　　　昫구: 따뜻하다

經 上: 지혜는 다 함께 공경하는 것이다.

經說 上: 지혜는 백성을 따뜻하게 만든다.

48-2 經 上: 儇, 積秪。　　　　儇 → 環, 積 → 俱, 秪 → 柢저: 뿌리, 근본

經說 上: 儇: 昫民也。　　　　　儇 → 環, 昫 → 俱, 民 → 氐저: 근본

經 上: 둥근 원은 함께(서로) 근본이 되는 것이다.

經說 上: 함께 근본이 된다.

❶ 원문대로 읽으면 전체적으로 의미가 통하지 않는다. 그래서 글자 혹은 부수를 바꾸어 번역하는데 주석가들마다 전혀 다른 해석을 시도한다. 크게 나누어 두 부류로 나눌 수 있는데 #48-1은 顧實, 기세춘의 견해이며, #48-2는 孫詒讓, 雷一同, 김학주, 신동준의 주장이다.

49-1 經 上: 庫, 易也。

經說 上: 庫: 區穴 若斯 貌常。

經 上: 창고는 바뀌고 변한다.

經說 上: 창고의 공간(區穴)은 이와 같이 모양이 일정하다.

　　　　　　　　　　　　　　　　　　　　　묵경(墨經)

49-2　經 上:　庫, 易也。

庫→運

經說 上: 庫: 區穴若斯 貌常。

庫→運, 斯: ① 이, ② 자르다, 쪼개다

經 上: 회전한다는 것은 바뀜을 의미한다.

經說 上: 공간의 위치는 이와 같이 일정하다./원주(圓周)는 칼로 자르듯 항상 모습이 같다.

---

❶　#48과 마찬가지로 어떤 의미인지 명확하지 않아 주석가들마다 해석이 서로 다르다. #49-1의 의미를 부여하자면, 창고의 저장물은 바뀌지만 창고의 틀이나 틀을 만드는 공간은 일정하다는 뜻이다. 즉, 사물의 변화는 외부의 형식적인 틀에 있지 않다는 의미로 볼 수 있다. #49-2는 #48의 둥근 것(環)의 개념을 이어받아 기하학적 원 운동을 설명한다고 볼 수 있다.

❷　J. Needham은 庫를 바늘구멍 사진기로 보고, 易은 사진기의 거꾸로 선 모습으로 인식하고 있으나 무리가 많은 해석이다.

50　經 上:　動, 或從也。

或=域

經說 上: 動: 偏祭從者, 戶樞免瑟。

祭→際: 가장자리, 경계, 樞추: 지도리, 免: 노력하다, 瑟: 엄밀하다

經 上: 운동은 구역을 따라가는 것이다.

經說 上: 부분의 가장자리가 따라가는 것은 문의 지도리가 엄밀한 모양을 요구한다.

---

❶　문장 구조로 볼 때 經의 或은 經說의 '偏祭 → 偏際'(문짝이 움직이는 구역을 의미)에 해당하므로 域으로 보는 것이 타당하다. 따라서 이 표제어는 經에서 운동을 일반적으로 정의하고 經說에서는 문짝과 지도리의 원운동, 즉 일반인들이 일상생활 속에서 가장 흔하게 접할 수 있는 원운동을 예로 들고 있다. 문짝은 지도리를 따라 움직이기 때문에 從이라 했다. 莊子는 「齊物論」에서 道樞를 말하면서 樞始得其圜中(지도리가 비로소 그 원의 중심을 얻을 수 있다)고 세상을 보는 안목을 제시한다.

❷　免瑟: 주석가들마다 다양한 주석을 제시하면서 兎瑟(거문고의 줄 아래 세우는 막대를 兎라고 한다)로 읽기도 하고, 免蠹(면두: 좀먹기를 면한다), 또는 它蠶(타잠: 벌레, 누에)로 읽기도 하지만 瑟은 엄밀함을 뜻한다고 보아 그대로 해석한다.

讀此書 旁行。

이 글을 읽었으면 옆으로 가라.

經 上과 經 下의 원문이 교차하여 上行과 下行으로 배열되어 있어 上行을 읽고 옆으로 가서 下行을 읽어야 한다고 지시하는 문장이다.

51 經 上: 止, 以久也。

經說 上: 止: 無久之不止, 當牛非馬, 若矢過楹。　　　　　　楹: 기둥

　　　　有久之不止, 當馬非馬, 若人過梁。　　　　　梁: 다리, 교량

經 上: 정지는 일정 기간(久) 그대로 있는 것이다.

經說 上: 순간이 정지하지 않는 것은 '소는 말이 아니다'라는 명제에 해당하니, 화살이 기둥을 지나는 경우와 같다. 일정 기간의 시간이 정지하지 않는 것은 '말은 말이 아니다'라는 명제에 해당하니, 사람이 다리를 지나는 경우와 같다.

---

❶　형식논리로 보면 經에서는 止=久이다. 無久之不止는 '無久=不止'이므로 '久=止'가 되어 '牛非馬'처럼 당연하다. 반대로 有久之不止는 '有久=不止'이므로 '有久=不久'가 되어 '馬非馬'처럼 모순된다.(#44 참고)

❷　당시 辯者들의 명제 "鏃矢之疾 而有不行不止之時(나는 화살은 가지도 않고 멈추지도 않는 때가 있다)"나 "飛鳥之影 未嘗動也(나는 새의 그림자는 움직이지 않는다)"는 명제를 비판하고 있다. 나는 화살의 순간적 속도는 근대 수학에서 미분으로 계산할 수 있어 辯者들의 명제를 부정할 수 있지만, 묵자는 경험주의자로서 有久나 無久 모두 멈추지 않는다고 보면서 추상적 궤변을 배격한다. 뉴턴처럼 어떤 순간의 속도를 인식하고 있었다고 판단되는 구절이다.

❸　梁啓超는 묵자의 시간과 공간개념이 모두 절대적인 것이 아님을 강조한다.

52 經 上: 必, 不已也。

經說 上: 必: 謂臺執者也。若弟兄, 一然者, 一不然者,

　　　　必不必也, 是非必也。　　　　　　臺→握, 持

經 上: 필연은 그치게 할 수 없는 것이다.

經說 上: 굳게 잡고 있음을 말한다. 만약 형과 동생이 있어 하나는 그렇다고 하고 하나는 그렇지 않다고 한다면, 반드시 꼭 그렇게 되는 것은 아니다. 이것은 필연이 아니다.

53 經 上:　平, 同高也。

經說 上:

經 上: 평평함(평면, 수평선)은 높이가 같은 것이다.

經說 上:

54 經 上:　同, 長以缶相盡也。　　　　　　　　　缶: 正의 古文

經說 上: 同: 捷與狂之同長也。　　　　捷 → 楗건: 문빗장, 狂 → 框광: 문설주

經 上: 같다는 것은 길이가 곧게(以正) 서로 같이 끝남을 의미한다.

經說 上: 문빗장과 문설주는 길이가 같다.

---

❶　일반적으로 同長, 以缶相盡也로 끊어 읽으나 어색할 뿐 아니라 經과 經說의 형식적 구조와도 일치하지 않는다.

❷　捷與狂: 직역하면 '민첩함'과 '미쳐 날뜀'은 같은 길이(長)이다. 문학적으로 아름다운 표현이지만 기하학적 문맥과 맞지 않아서 捷을 楗(건: 문빗장), 狂을 框(광: 문설주)로 바꾼다. 가로는 어디서 재나 길이가 같고, 세로 역시 어느 위치에서 측정해도 항상 길이가 같은 직사각형의 문을 표현하고 있다고 생각된다.

❸　孫詒讓은 捷을 揷, 狂을 往으로 해석하여 원의 중심과 지름으로 설명하지만, 이 또한 #59의 내용과 중복된다.

55 　經 上: 　中, 同長也。

　　經說 上: 心中: 自是往 相若也。 心: 중심

經 上: 중간은 길이가 같은 것이다.

經說 上: 이곳(是)에서 나가는 선(線)들의 길이는 서로 같다.

---

❶　일반적으로 원의 중심을 규정한 것으로도 해석하고 있으나, #59가 명백하게 원의 중심을 말하고 있어서 선분의 중간을 의미한다고 보아야 한다. 유클리드 기하학에서는 컴퍼스를 가지고 직선의 중간점을 찾는 방법을 제시한다.

❷　'心中: 自是往 相若也'을 '中: 心, 自是往 相若也'로 바꾸어야 하지 않을까?

❸　유클리드의 『원론(Elements)』에 나오는 공준(公準) "한 점에서 또 다른 한 점으로 직선을 그을 수 있다"에 해당한다.

56 　經 上: 　厚, 有所大也。

　　經說 上: 厚: 惟無所大。

經 上: 두께(부피)는 크기를 가지고 있다.

經說 上: 오직 크기가 없다.

---

❶　經과 經說이 반대로 정의하여 주석가들마다 해설이 분분하다. 있는 그대로 보자면 厚는 有所大이면서 無所大인 모순적인 것이다. 기하학에서 點은 크기가 없고 위치만 있으며, 점으로 이루어진 線은 폭이 없고 길이만 있으며, 선으로 이루어진 面은 두께는 없고 넓이만 있다. 면이 모여 이루어진 입체는 결국 두께 없는 것이 모여 이루어진다. 無에서 有가 형성되는 논리가 만들어진다. 이러한 측면에서 莊子가 인용한 惠施의 "无(無)厚, 不可積也, 其大千里(두께가 없는 것은 쌓을 수 없지만, 그 크기는 천리나 된다)"와 일맥상통한다.

❷　梁啓超는 惟를 區로 읽어 "평면은 용적이 없다"고 해석한다.

57   經 上: 日中, 岳南也。   岳→正

經說 上:

經 上: 해가 중간에 있다는 것은 정남이다.

經說 上:

➊   해가 하늘의 가운데 있는 시간은 위치에 따라 달라진다. 이것은 해시계를 보는(또는 만드는) 방법을 제시하고 있다고 생각된다. 해가 日中이면 그림자가 정남쪽 방향을 가리킨다는 의미로 해석된다.

58   經 上: 直, 參也。   參삼: 긴 모양

經說 上:

經 上: 수직(直)은 길게 늘어진 모양이다.

經說 上:

➊   經은 너무 간략하고 이에 해당하는 經說이 없다. 따라서 의미가 명확하지 않으며, 해석도 분분하다. 直을 正見으로 보는 견해도 있으나 앞뒤의 표제어와 어울리지 않는다.

59   經 上: 圜, 一中同長也。   圜=圓

經說 上: 圜: 規寫攴也。   規: 그림쇠, 컴퍼스, 攴복 → 支

經 上: 원은 하나의 중심에서 같은 길이에 있는 것이다.

經說 上: 그림쇠가 둘레를 그린다.

➊   하나의 원에는 하나의 중심밖에 없어서 一中이라 했다. 원의 중심은 하나이며, 중심에서 원주까지의 길이는 모두 같아야 원이라고 정의할 수 있다. 이것은 유클리드의 공준(公準) "임의의 점을 중심으로 하여, 그 점으로부터 그려진 임의의 유한직선과 동일한 반경을 갖는 원을 그릴 수 있다"에 해당한다.

❷   攴(복)은 채찍질하다라는 의미인데 뜻이 잘 통하지 않는다. 그래서 주석가들은 支, 交, 之 등으로 바꾸어 읽는데, 모두 원을 그리는 방법을 설명하고 있다. 다음 표제어도 마찬가지이다.

60   經 上: 方, 柱隅四讙也。   隅우: 모퉁이

經說 上:方: 矩見攴也。   矩구: 곱자, 직각자

經 上: 기둥과 모서리가 네 곳에서 만난다.

經說 上: 곱자(ㄱ자)가 둘레를 나타낸다.

---

❶   讙(환)은 시끄럽게 떠든다는 의미인데 뜻이 통하지 않는다. 그래서 주석가들은 懽(들어맞다), 雜(두르다), 維(각, 구석) 灌(모이다), 權(같다) 등으로 바꾸어 읽는데 모두 사각형을 정의하고 있다.

❷   方은 정사각형, 직사각형, 사다리꼴, 마름모를 포두 포함하는데 여기서는 무엇을 의미하는지 명확하지 않다.

❸   高亨이 지적했듯이 당시 辯者들의 명제 "矩不方"을 반박하고 있다.

61   經 上: 倍, 爲二也。

經說 上: 倍: 二尺與尺 但去一。

經 上: 곱절(倍)은 두 배를 만드는 것이다.

經說 上: 두 자와 한 자에서 하나를 덜어낸다.

---

❶   經은 두 배를 말하고 經說은 반대로 1/2을 말하고 있다. 둘에서 하나를 덜어낼 수 있다면 그것은 하나의 두 배라는 의미이다. 이는 선분의 두 점의 중간을 그리는 방법과 같다.

❷   倍를 배반하다로 번역하기도 하지만, 이는 너무도 자의적이다.

62

經 上: 端, 體之無序而最前者也。

經說 上: 端: 是無同也。

經 上: 점은 사물(의 형체)에 순서가 없지만 (모든 형태의) 가장 앞에 있다.

經說 上: 이것은 같음이(같은 자리에) 없다.

---

❶ 體: 體는 사물, 형체의 뜻도 있으며, 兼(전체)과 반대되는 부분의 뜻도 있으나 여기서는 두 의미를 모두 가지고 있다. 어떤 주석가는 體를 尺(선)으로 바꾸어 해석하나 尺까지 포함하는 개념으로 보아야 한다. 정재현은 尺과 端을 선과 점으로 볼 수 없다고 주장하지만 그가 제시하는 근거는 회박하다. 정재현(2012), 『고대중국의 명학(名學)』, 서강대학교 출판부.

❷ 無序: 無厚로 해석하는 주석가도 있으나 이는 오류이며, 말 그대로 순서가 없다는 의미로 보아야 한다. 기하학적으로 점은 선을 구성하고, 선은 면을 구성하고, 면은 부피(體)를 구성한다. 점이 선을 구성할 때 점과 점 사이에 틈(間)이 없기 때문에 순서를 정할 수 없고, 선이 면을 구성할 때 선과 선 사이에 틈이 없기 때문에 순서를 정할 수 없으며, 면이 부피를 구성할 때 면과 면 사이에 틈이 없기 때문에 순서를 정할 수 없다는 의미이다. 바로 아래 #63, #64, #65의 주제로 틈이 나오는 이유가 이와 밀접한 관련이 있다. 따라서 無序는 無間을 의미한다.

❸ 最前者: 순서가 없는데 어떻게 가장 앞의 것(最前者)을 말할 수 있는가? 무한한 선(兼)에서는 最前이 있을 수 없지만, 유한한 선분(體: 부분)에서는 경험적으로 끝 점을 확인할 수 있으며, 이와 같은 방식으로 면과 부피에서도 끝 선과 끝 면을 확인할 수 있다. 最前者는 이것을 의미한다. 따라서 사물의 형체에는 기하학적으로 순서가 없지만 점(端)은 모든 형태가 형성되는 원천이다.

❹ 無同: 점은 크기는 없고 위치만 있으므로 같음이 없다. 또는 같은 자리를 차지하지 않는다. 그런 의미에서 梁啓超는 無同을 無間으로 고쳐 읽는다.

63

經 上: 有間, 中也。

經說 上: 有間: 謂夾之者也。

夾峽: 끼다＝挾

經 上: 사이(틈)가 있다는 것은 가운데가 있다는 의미이다.

經說 上: 그것(가운데)을 끼고 있음을 말한다.

64

經 上:　　間, 不及旁也。 旁: 옆, 곁

經說 上: 間: 謂夾者也。尺前於區穴而後於端, 不夾於端與區內。

　　　　　及: 及非齊之及也。 齊: 같다, 동일하다

經 上: 사이(틈)는 곁에 이르지 못한다.

經說 上: 끼인 것을 말한다. 선은 면과 공간의 앞에 있고 점의 뒤에 있으나, 점과 면에 끼어 있지 않다. (經에서 사용한) 及은 같다(齊)는 의미의 及이 아니다.

❶　區穴: 구역과 구멍, 여기서는 평면과 공간으로 본다. #49(庫)에도 이 용어가 나온다.

❷　夾之者와 夾者: 예컨대 A와 B 사이에 C가 있다고 하면, A와 B는 C를 끼고 있고(夾之者), C는 A 와 B 사이에 끼어 있다(夾者)고 말한다. C가 바로 틈(間)이다. C는 A에도 不及이며, B에도 不及이다.

❸　#63에서는 間=中=夾之이고, #64에서는 間=不及=夾이다. '不夾於端與區內'은 不夾=無間이 며, 선(尺)을 이루는 점(端)에서도, 선이 이루는 면(區)에서도 틈이 없음을 의미한다. 이것은 #62와 일맥상통한다. 몇몇 주석가들은 不을 必로 바꾸어 읽는데, 이는 오류이다.

65

經 上:　　纑, 間虛也。 纑노: 실, 무명실, 삼베

經說 上: 纑: 間虛也者, 兩木之間, 謂其無木者也。 木: 무명, 무명실로 짠 피륙

經 上: 삼베는 가운데가 비어 있다.

經說 上: 가운데가 비어 있다는 것은 두 무명실 사이에 무명실이 없음을 말한다.

❶　孫詒讓이 纑를 櫨(기둥 위에 박은 네모난 나무)로 바꾼 이후, 거의 모든 주석가들은 그를 따 르고 있으나 여기서는 있는 그대로 삼베로 번역한다. 이와 관련하여 다른 주석가들은 木을 나무로 번역하지만, 木에는 무명실이라는 의미가 있다.

❷　선이 모여 면을 이루듯이 실이 짜여서 베를 이룬다. 실과 실 사이에는 빈틈(間虛)이 있지만 선 이 모인 면에서는 선과 선 사이에 틈이 없음을 말하고 있다.

❸　#63, #64, #65는 당시 논란이 된 주제 '틈(間)'을 다루고 있다. 『老子』 43 "無有入於有間"과 『莊子』 "以無厚入有間"의 언급은 모두 현실적으로 존재하지 않는 '사이-틈'을 말한다. 즉, 상상 속 의 직관인인 '틈'이다. 墨經은 惠施의 사변적인 논리를 이어받아 기하학적으로 설명하고 있다.

66

經 上:　盈, 莫不有也。

經說 上: 盈: 無盈無厚。

經 上: 채워짐은 있지 아니함이 없음을 의미한다.

經說 上: 채워짐이 없으면 두께도 없다.

---

❶ 盈: 한 사물을 이루는 여러 속성들이 서로 융합되어 있는 상태를 말한다.

❷ 無盈無厚: 하나의 사물은 여러 속성들을 융합하고 있으며, 그렇지 않으면 사물이 존재할 수 없다는 의미이다. #66과 #67은 公孫龍의 「堅白論」을 비판하고 있다. 公孫龍은 사물의 존재 여부는 인간의 감각에 의해서 결정된다고 주장한다. 또한 시각에 의한 인식(白)과 촉각에 의한 인식(堅)은 서로 다르고 배제된다고 주장하는데, 이는 획득한 감각 인식의 종합을 거부하는 셈이다. 이에 반하여 墨經은 감각 인식의 종합을 인정하면서, 사물의 존재 여부는 인간의 감각 여부와 무관하다는 입장이다.

67

經 上:　堅白, 不相外也。

經說 上: 於尺無所往而不得, 得二。　　　　　　　　　尺 → 石

　　　　　堅, 異處不相盈, 相非, 是相外也。　　　堅 → 堅白

經 上: '딱딱함'과 '하양'은 서로 배제하지 않는다.

經說 上: 돌(石)에서 어디에 간들 얻지 못하는 바가 없으니, 둘(堅과 白)을 얻는다. '딱딱함'과 '하양'이 다른 곳에 있으면 서로 채우지 못하고 서로 배척하니, 이것은 서로 배제함이다.

---

❶ "於尺無所往而不得,得二"를 #66 에 붙여 읽기도 하지만 #67로 배열하는 것이 의미상 더 나은 듯하다.

❷ 公孫龍은 감각과 지각에 근거해서 '딱딱함'과 '하양'의 분리(離堅白)를 주장하지만 墨經은 감각과 지각에 의거하여 '딱딱함'과 '하양'이 서로를 채운다(盈堅白)고 주장한다. 公孫龍은 감각적으로 속성을 지각할 수 있으나 실체는 지각되지 않는다고 하면서 속성들을 잡고 있는 실체는 없다고 주장하는 반면, 墨經은 속성은 한 영역 안에서 존재하는 것으로 지각되기 때문에 속성을 붙잡고 있는 실체가 있다고 주장한다. 김철신, 「후기묵가의 공손룡 비판 고찰」, 『철학연구』, 제82집 참조.

❸ #67과 #68로 보아 經과 經說 모두 묵자 사후에 저술되었음을 명백하게 알 수 있다. 公孫龍은 墨子 사후 약 50년 후에 태어났기 때문이다.

68

經 上: 攖, 相得也。 攖영: 접근하다, 묶다, 得: 만나다

經說 上: 攖: 尺與尺俱不盡, 端與端俱盡。

尺與*或盡或不盡。堅白之攖相盡, 體攖不相盡。端。

經 上: 교차함은 서로 만남이다.

經說 上: 선과 선이 만나면 모두 다하지 않으며, 점과 점이 만나면 모두 다한다. 선과 점이 만나면 혹은 다하기도 하고 혹은 다하지 않기도 한다. '딱딱함'과 '하양'이 (한 사물에서) 만나면 서로 다하지만, 사물이 만나면 서로 다하지 않는다.

❶　尺與尺俱不盡 → 尺與尺攖, 俱不盡. 선과 선이 만나면 서로 다하지 않는다. 즉, 교차점에서만 같고(다하고) 나머지 부분은 서로 다르다. 반면 점과 점이 만나면 완전히 같아진다. 점과 선이 만나면 점은 같지만 나머지 부분은 같지 않다. 여기서 盡은 전체가 일치함을 의미한다.

❷　마지막 端은 *가 있는 자리에 들어가야 한다.

69

經 上: 似, 有以相攖, 有不相攖也。 似 → 仳의 오류, 仳=比

經說 上: 仳: 兩有端而后可。

經 上: 나란히 비교함은 서로 교차하는 것도 있고, 서로 교차하지 않는 것도 있다.

經說 上: 양쪽에 점이 있은 후에야 가능하다.

❶　經의 표제어는 似이고 經說의 표제어는 仳이다. 그래서 어떤 주석가는 似를 仳로 바꾸고, 대부분의 주석가들은 仳를 似로 바꾼다.

❷　이 항목은 일반적 비교일 수도 있고 기하학적 설명일 수도 있다. 일반적인 비교일 경우 두 개의 사물이 서로 같기도 하고(相攖), 같지 않아야(不相攖) 비교할 수 있다. 완전히 같거나 완전히 다르면 비교의 기준이 없어지기 때문이다. 그래서 두 개의 단서(端)가 있어야 비교가 가능하다. 기하학적으로 설명하면, 마치 두 선이 한 점에서 교차하는 경우도 있고, 교차하지 않고 평행인 경우도 있다. 이것은 평면일 경우도 마찬가지이다. 앞뒤의 맥락으로 보아 기하학적으로 보는 견해가 무난하다.

70

經 上:　次, 無間而不攖攖也。

經說 上: 次: 無厚而后可。 　　　　　　　　　后可 → 厚可

經 上: 차례대로 쌓임(次)은 틈이 없으면서 서로 교차하지 않음을 의미한다.

經說 上: 두께가 없어야 두께가 가능하다.

---

❶　次: 經說의 규정으로 볼 때 평면이 차례대로 쌓아가는 모습을 내포하고 있는데, 積과 비슷한 의미이다.

❷　攖攖: 주석가들은 攖으로 읽기도 하고, 相攖으로 바꾸기도 한다.

❸　后可: 도장본과 같은 원본에는 厚可로 되어 있는데, 畢沅이 1784년 后可로 교정한 이후 모든 주석가들이 이를 따랐으나, 1943년 吳毓江이 다시 厚可로 환원시켰다. 우리나라의 모든 번역본이 后可로 되어 있으나 여기서는 厚可를 채택한다. 그 이유는 이것이 #56의 명제인 "厚, 有所大也", "厚, 惟無所大"와 같은 모순 명제라고 생각하기 때문이다. 無厚와 有厚는 모순이지만, 부피-공간은 두께 없는 평면이 쌓여서 이루어진다. 墨經의 기하학적 서술은 많은 경우 모순에 근거한다. 유클리드 기하학에서 점을 '크기는 없고 위치만 있다'고 정의할 때도 결국 모순에 근거하고 있다.

71

經 上:　法, 所若而然也。 　　　　　　　　　若: 따르다=順

經說 上: 法: 意, 規, 員 三也, 俱可以爲法。 　　　員=圓

經 上: 법은 따르고 그리해야 하는 것이다.

經說 上: 의도, 그림쇠(컴퍼스), 원 세 가지가 모두 갖추어져야 법이 될 수 있다.

---

❶　法: 墨家에 있어서 옳고 그름의 판단 근거는 故(원인, 이유), 法(기준), 類(유사성)이다.

❷　意 規, 員: 뜻, 규범, 헤아림으로 번역하기도 하고, 의도, 척도, 치수로 번역하기도 하지만 顧實의 주석에 따라 번역했다. 그에 의하면 원을 그리려는 의도(意), 원을 그리는 도구(規), 그려서 나온 결과(員)를 의미한다. 「法儀」에서 規(그림쇠), 矩(직각자), 繩(먹줄), 縣(추)이 기준(또는 틀)이 되어야 한다고 설명하고 있기 때문이다.

72　經 上：　俁, 所然也。

俁이: 잇다, 뒤따르다

經說 上：俁: 然也者, 民若法也。

若=順

經 上: 따름은 그러하다고 여기기 때문이다.

經說 上: 그러하다고 여기면 백성이 법을 따른다.

❶　俁: #15의 표제어이기도 하다.

73　經 上：　說, 所以明也。

經說 上：

經 上: 설명은 분명하게 밝히기 위한 수단이다.

經說 上:

❶　經說이 經을 설명한다는 의미인지, 뒤이어 나오는 논쟁에 관한 정의(#74, #75)를 도입하기 위해서인지는 명확하지 않지만, 두 가지 의도가 다 포함되어 있는 듯하다.

74　經 上：　攸, 不可兩不可也。

攸 → 彼

經說 上：彼: 凡牛樞非牛, 兩也。無以非也。

經 上: 저것은 양쪽이 모두 불가(不可)하다고 할 수 없다.

經說 上: 우추(牛樞)는 소(牛)가 아니니 둘이다. (그러나) 틀렸다고 할 수 없다.

❶　攸를 彼로 바꾸어 읽는 것에 대해서는 대부분의 주석가들이 동의하지만, 彼에 대한 해석이 매우 다양하고 그에 따라 끊어 읽기에 대해서는 의견이 나뉜다. 어떤 주석가는 논쟁의 명제로 해석하기도 하고, 다른 주석가는 논쟁의 기준으로 해석하기도 하지만, 彼此, 彼是, 彼我의 줄임말로 보아야 한다. 이것과 저것, 나와 너의 모순관계임을 의미한다.

❷　끊어 읽기도 攸不可, 兩不可也 / 攸不可兩, 不可也 / 攸, 不可兩不可也 등 세 종류로 나누어지지만 마지막 끊어 읽기가 뜻이 가장 잘 통한다.

❸ 不可兩不可: 양쪽(이것과 저것)이 모두 不可할 수 없다. 不可兩可(양쪽이 모두 옳을 수 없다)와 같은 의미로 排中律을 말한다. 배중률은 형식논리로서 어떤 명제와 그 명제의 부정 둘 중에 하나는 반드시 참이라는 원리이다. 당시의 논쟁사적 배경으로 보아 鄧析의 소위 '兩加之說' 또는 '是非兩可'를 비판하고 있다고 보아야 한다.

❹ 凡牛樞非牛: 牛樞(식물 이름/소의 고삐)와 牛는 배중률을 성립시키지 않기 때문에 상대방이 틀렸다고 비난할 수 없다는 의미이다. 양쪽이 모두 틀릴 수도 있다.

---

75 經 上: 辯, 爭彼也。辯勝, 當也。

經說 上: 辯: 或謂之牛, 或謂之非牛, 是爭彼也。是不俱當。

不俱當, 必或不當, 不若當犬。

經 上: 논쟁은 저것을 놓고 다툼이다. 논쟁에서 이기는 쪽이 있는 것이 당연하다.

經說 上: 누군가는 그것을 소(牛)라고 하고 누군가는 그것을 소가 아니라고 말하는데, 이것이 논쟁이다. 이는 모두 옳다고 할 수 없다. 모두 옳지 않으면 반드시 한쪽은 옳지 않으며, (옳지 않으면) 개(犬)에 해당한다고 하느니만 못하다.

---

❶ 爭彼: 彼는 #74의 彼와 같은 의미이며, 爭彼는 당시 논자들 사이에 상용되던 관용어가 아닌가 생각된다.

❷ 辯勝, 當也: 모든 주석가들은 '논쟁에서 이기는 쪽이 옳다'고 해석하지만, 彼를 배중률의 모순으로 본다면 '논쟁에서 이기는 쪽이 있음이 당연하다'로 보아야 한다.

❸ 不若當犬: 어떤 이는 不當若犬의 잘못이라고 하고, 어떤 이는 不若當犬是狗의 잘못이라고 이라고도 한다. 고대 중국에서 辯은 충돌하는 주장들 중에서 어떤 주장이 참된 것인지를 결정하는 논증을 말한다. 둘 다 참일 수 있는 주장은 성립하지 않는다. 따라서 한 사람은 멍멍이(狗)라고 하고 다른 사람은 개(犬)라고 부르는 상황은 辯이 아니다. 아마 이러한 상황을 묘사한 것이 아닌가 생각된다. 經 下 #136에 狗와 犬에 대한 이야기가 나온다.

76 經上: 爲, 窮知而儼於欲也。

儼 → 縣=懸

經說上: 爲: 欲離其指, 智不知其害, 是智之罪也。

離 → 斫작=斫작: 베다, 자르다

若智之愼文也, 無遺於其害也, 而猶欲離之, 則離之。是猶食脯也。

文 → 之, 脯포: 말린 고기

騷之利害, 未可知也, 欲而騷, 是不以所疑止所欲也。

騷소: 비리다, 而=此

廧外之利害, 未可知也, 趨之而得力, 則弗趨也, 是以所疑止所欲也。

廧=墻장: 담, 담장, 力 → 刀: 화폐

觀 '爲, 窮知而儼於欲' 之理, 離脯而非恕也, 離指而非愚也,

所爲與不所與爲相疑也, 非謀也。

經上: 행위는 앎이 부족하면 욕망에 달려 있다.

經說上: 손가락을 자르려고 하는데 앎이 그 해로움을 모른다면 이것은 앎의 죄이다. 만약 앎이 신중하다면 해로움을 남기지 않는다. 그래도 손가락을 자르고 싶다면 그것을 잃게 된다. 이것은 육포를 먹는 일과 같다. 냄새가 좋은지 나쁜지 알지 못하면서 냄새를 맡고자 한다면, 이것은 의심하는 바가 욕구하는 바를 멈추지 못하기 때문이다. 담장 밖의 이해(利害)를 알지 못하면서 쫓아 나가면 돈을 얻을 수 있는데도 나가지 않는다면, 이것은 의심하는 바가 욕구하는 바를 멈추기 때문이다. '행위는 앎이 부족하면 욕망에 달려 있다'는 이치에서 볼 때, 육포를 잘랐으나(먹었으나) 지혜(恕)가 있었던 것은 아니며 손가락을 잘랐다고 어리석음이 있었던 것은 아니다. 하려는 마음과 하지 않으려는 마음이 서로 의심하니 깊게 생각하지 않는다(非謀).

❶ 窮知: 앎을 끝까지 추구한다는 의미도 있으며, 앎의 한계에 도달했다는 의미로도 볼 수 있다. 前者의 경우에는 인간의 행위는 지식과 욕망의 상호 조절에 의하여 결정된다는 것이며, 後者의 경우 지식이 아니라 욕망에 의해 행위가 이루어진다는 의미이다. 經說에서 所疑와 所欲의 갈등관계를 표현하고 있어서 前者로 해석해야 한다고 생각한다. 그러나 經說의 마지막 문장을 보면 後者로 해석할 수도 있다. 이러한 이유로, 그리고 표현의 어색함(문법과 열거한 例를 포함하여)과 더불어 그 의미가 애매모호하게 되었다.

❷ 騷之利害: 騷는 臊(조: 누린내)의 의미로 냄새(또는 맛)의 좋고 나쁨을 의미한다고 볼 수 있다.

❸ 所爲와 不所與爲: 不所與爲는 所不爲(與)로 하면 문법적으로 더 정확하다. 하려는 것과 더불어 하지 않으려는 것, 所欲과 所疑와 대응하는 개념으로 감성적 욕망과 이성적 사유를 의미한다.

77   經上: 已, 成, 亡。

經說 上: 已: 爲衣, 成也; 治病, 亡也。

經 上: 행위의 완료(已)에는 이루어짐과 없어짐 두 종류가 있다.

經說 上: 옷을 만들면 이미 이루어진 것이며, 병을 치료하면 이미 없어진 것이다.

---

❶ 已: 어떤 행위가 이미 완료되었음을 의미한다.

78   經上: 使, 謂, 故。

經說 上: 使: 令謂, 謂也, 不必成濕。故也, 必待所爲之成也。

經 上: (일을) 시키는 것(使)에는 말로 하는 것(謂)과 까닭이 있어서 하는 것(故)이 있다.

經說 上: 명령하여 말함이다. 말로 하는 것은 반드시 성패(成敗)를 기약할 수 없다. (그러나) 까닭이 있어서 하는 것은 반드시 이루어짐을 기대할 수 있다.

---

❶ 經說의 의미가 매우 난해하다. 주석가들마다 끊어 읽는 방법이 매우 다양하지만 대표적인 것을 열거하면 다음 세 가지이다. ① 謂也, 不必成濕. 故也, 必待所爲之成也. ② 謂也, 不必成. 濕, 故也, 必待所爲之成也. ③ 謂也, 不必成. 故, 濕也, 必待所爲之成也. 이에 따라 濕에 대한 해석도 패하다(敗), 축축하다, 숨어있다(幽溼)로 달라진다. 여기서는 잠정적으로 孫詒讓의 견해에 따라 번역한다.

❷ #1의 정의로 보아 小故의 경우 이루어질 가능성을 기대할 수 있으며, 大故의 경우 반드시 이루어진다.

79   經上: 名, 達, 類, 私。

經說 上: 名: 物, 達也。有實必待文多也。	文多 → 之名
命之馬, 類也。若實也者, 必以是名也。	若=此
命之臧, 私也。是名也止於是實也。	臧: 노비, 하인
聲出口, 俱有名, 若姓宇灑。	宇 → 字, 灑쇄 → 麗/儷려: 짝짓다

經 上: 이름에는 달명(達名)과 유명(類名)과 사명(私名)이 있다.

經說 上: 사물(物)은 달명이다. 실체가 있으면 반드시 그에 부합하는 이름을 짓는다. 말(馬)이라고 이름 짓는 것은 유명이다. 이와 같은 실체는 반드시 이로써 이름 짓는다. 하인의 이름을 짓는 것은 사명이다. 이 이름은 이 실체에 머무른다. 소리가 입에서 나오면 모든 사물은 이름을 갖는데, 성과 별명이 짝짓는 것과 같다.

❶　達名과 類名은 荀子의 大共名과 大別名에 해당한다. 類名과 私名은 집합명사와 고유명사에 해당하는데, 達名은 만물을 총괄하는 物 하나만을 의미한다면 이름(명사)의 분류로서는 부적합하다고 생각된다.

❷　字: 사람의 이름을 소중히 여겨 본래의 이름 외에 부르기 위하여 짓는 이름.

80　經 上:　謂, 移, 擧, 加。

經說 上: 謂: 狗, 犬, 命也。狗犬, 擧也。叱狗, 加也。　<small>叱질: 꾸짖다</small>

經 上: 말하는 행위에는 (사물을 말로) 옮기는 것(移)과 (예를) 들어 말하는 것(擧)과 보태어 말하는 것(加)이 있다.

經說 上: 개(狗)를 (가리켜) 강아지(犬)라고 말하는 것이 命이다. 개는 강아지라고 말하는 것은 擧이며, 개라고 꾸짖는 것은 加이다.

❶　經에서는 移라고 하면서 經說에서는 命으로 되어 있어 일치하지 않는다. 어떤 주석가는 經說의 命을 移로 바꾸고, 다른 주석가는 經의 移를 命으로 바꾼다. 命은 '이름 짓다'는 뜻이며, 移는 '(사물이 말로) 옮겨진다'는 뜻이기 때문에 양자의 실질적인 의미는 같다.

❷　叱狗: '개를 꾸짖다' 또는 '개라고 꾸짖다'로 번역할 수 있으나 後者의 의미이다. '개'라는 말에 다른 의미를 부가한 것이다. 加에는 업신여긴다는 의미도 있다.

81　經 上:　知, 聞, 說, 親, 名, 實, 合, 爲。

經說 上: 知: 傳受之, 聞也; 方不㢓, 說也; 身觀焉, 親也。　<small>㢓 → 障: 가로막다</small>

　　　　　所以謂, 名也; 所謂, 實也。名實耦, 合也。志行, 爲也。　<small>耦우: 짝, 배우자</small>

　　　　　　　　　　　　　　　　　　　　　　　　　묵경(墨經)

經 上: 앎에는 들어서 아는 것, (추론적) 설명으로 아는 것, 몸소 경험하여 아는 것이 있다. 이름과 실체와 만남과 행위이다.

經說 上: 전하여 받은 것은 들음(聞)이며, 처방(논리)이 막히지 않는 것은 설명(說)이고, 몸으로 직접 보는 것은 경험(親)이다. 말하는 수단이 이름(名)이고, 말해지는 대상이 실체(實)이며, 이름과 실체가 짝을 이룬 것이 만남(合)이고, 뜻이 이루어진 것이 행위(爲)이다.

---

❶ 이 항목도 그 의미가 명확하지 않아 주석가들 사이에 논란이 분분하다. 經에서 聞說親과 名實合爲를 하나의 항목으로 묶어서 보는 견해와 나누어 다른 항목으로 보는 견해가 있다. 또한 名實合爲를 名, 實, 合, 爲로 읽는 견해와 名實合, 爲로 읽는 견해로 나누어진다. 그러나 어떤 조합을 취하더라도 형식과 내용을 통일적으로 설명하지 못한다는 면에서 애매하다고 할 수 있다. 다만 "말은 행위다"라고 언급한 비트겐슈타인(Ludwig Wittgenstein)의 '지시의미론'을 연상시킨다.

❷ 聞知는 단순히 귀로 들어서 안다는 의미가 아니며 과거로부터 축적된 지식을 서적이나 스승을 통해 알게 되는 과정을 의미한다. 說知는 다른 사람의 설명이나 자신의 추론 또는 논쟁을 통해서 알게 되는 과정이라고 생각된다. 親知는 시각을 중심으로 한 감각기관을 통해 알게 되는 과정을 말한다.

❸ 方不廭: 대부분의 주석가들은 '지역(域)에 의하여 막히지 않는다'라고 번역하고 있으나, 여기에서의 方은 처방 또는 방법의 의미로 '논리가 막히지 않는다'로 보아야 한다.

82 經 上: 聞, 傳, 親。

經說 上: 聞: 或告之, 傳也; 身觀焉, 親也。

經 上: 듣는 행위에는 전해 듣는 것(傳)과 몸소 직접 듣는 것(親)이 있다.

經說 上: 누군가 알려주면 전해 듣는 것이며, 몸소 보면 직접 듣는 것이다.

---

❶ #81 知에서는 聞과 親이 같은 수준의 개념으로 분류되는데, 이곳에서는 親이 聞의 하위개념으로 분류되고 있다. 前者는 親知, 後者는 親聞으로 보아야 한다.

❷ 身觀焉: 身聞焉으로 바꾸어야 의미가 더 명확해진다.

❸ 聞은 단순한 지각의 기능을 의미하지 않고 #91에서 표현하는 바와 같이 마음의 성찰(循所聞而得其意, 心之察也)과 연계되어 있다. 이는 『荀子』의 「勸學」에도 "君子之學也, 入乎耳, 箸乎心... 小人之學也, 入乎耳, 出乎口(군자의 배움은 귀로 들어가서 마음에 붙고, 소인의 배움은 귀로 들어가서 입으로 나온다)"라고 쓰고 있다.

83　經 上:　見, 體, 盡。

經說 上: 見: 時者, 體也; 二者, 盡也。
時 → 特

經 上: 보는 행위에는 부분을 보는 것(體)과 전체를 보는 것(盡)이 있다.

經說 上: 한 면을 보면 부분을 보는 것이며, 양면을 보면 전체를 보는 것이다.

---

❶　見: 단순히 눈으로 보는 지각활동뿐만 아니라 어떤 원리를 인식하는 활동까지 포함하고 있다.

❷　時者와 二者: 의미가 명확하지 않다. 그래서 孫詒讓은 時를 特으로 고쳐 읽으며, 짝이 없는 奇로 해석한다. 즉, 일면성과 양면성(二者)을 대비하고 體와 盡에 대응시킨다. 그러나 時者를 순간(無久), 二者를 두 번(또는 두 사람)으로 볼 수도 있다. 그러나 어떤 경우이건 분명하게 時, 特, 體는 부분을 의미하며, 二, 盡은 전체(兼)를 의미한다.

84　經 上:　合, �, 宜, 必。
𠁣=正

經說 上: 古: 兵立反, 中志工, 正也;
古: 合의 오류, 工 → 功

　　臧之爲, 宜也;
臧: 착하다

　　非彼必不有, 必也。聖者用而勿必, 必也者可勿疑。

經 上: 합치에는 올바른 것(𠁣), 마땅한 것(宜), 필연적인 것(必)이 있다.

經說 上: 뜻과 업적을 일치시키면 올바르다. 착하게 행동하면 마땅하다. 저것이 없으면 반드시 존재하지 않는 것은 필연이다. 훌륭한 사람은 함부로 '必' 자를 쓰지 않으니, 필연은 의심할 수 없다.

---

❶　合, 𠁣, 宜, 必: 合에는 𠁣, 宜, 必 세 가지 종류가 있다는 견해와 𠁣, 宜, 必을 갖추어야 合이 된다는 견해로 나누어진다. 여기에서는 #77부터 표제어의 종류를 분류하고 있기 때문에 前者의 견해를 따른다. 그러나 合의 의미가 名과 實이 합치한다는 의미인지 도리나 원리에 합치한다는 의미인지 명확하지 않다.

❷　兵立反中志工: 兵立, 反中, 志工으로 읽기도 하고, 兵立反, 中志工로 읽기도 하지만 모두 의미가 명확하지 않다.

❸　臧: 신하 또는 노비로 해석하기도 하지만 의미가 통하지 않는다. 義로 바꾸어 해석하지만 근거가 없으니 여기서는 본래의 의미로 해석한다.

④ 聖者: 많은 주석가들이 正者 또는 宜者로 바꾸는데, 뜻은 잘 통하지만 근거가 없다.

⑤ 必也者: 다른 판본에서는 必去者로 되어 있으나, 왜 다른지에 대한 주석은 찾아볼 수 없다.

85

經 上: 欲击權利, 且惡击權害。 击=正

經說 上: 仗者, 兩而勿偏。 仗장 → 權의 오류, 偏: 치우치다

經 上: 욕망은 이익을 바르게 저울질하는 것이고, 미움은 해로움을 바르게 저울질하는 것이다.

經說 上: 저울질은 두 가지(이익과 손해)가 있으니 치우치면 안 된다.

---

❶ 여기에는 다른 항목과 달리 표제어가 없다. 어떤 이는 權을 표제어로 추가하고, 어떤 이는 正을 표제어로 하지만 여기서는 원문 그대로 둔다.

❷ 대부분의 주석에는 击(=正)을 명사로 해석하지만 의미가 분명하지 않아 여기에서는 부사로 번역했다.

❸ 欲과 惡는 주관이며, 利와 害는 객관이다.

❹ 「大取」 편에는 다음과 같이 표현하고 있다. "權, 正也. 斷指以存擘, 利之中取大, 害之中取小也 (저울질은 바르게 하는 것이다. 손가락을 잘라 팔을 보존하니 이익 중에서 큰 것을 취하고 손해 중에서 작은 것을 취한다)."

86

經 上: 爲, 存, 亡, 易, 蕩, 治, 化。

經說 上: 爲: 早臺, 存也。病, 亡也。買鬻, 易也。 鬻죽/륙: 팔다

霄盡, 蕩也。順長, 治也。䨓買, 化也。 霄 → 消, 䨓와: 개구리

經 上: 행위에는 보존(存), 없앰(亡), 교환(易), 탕진(蕩), 다스림(治), 그리고 변화(化)가 있다.

經說 上: 누대를 일찍 만드는 일은 보존이다. 병을 치료하면 (병이) 없어진다. 죽을 사는 일은 교환이다. 써서 없애는 일은 탕진이다. 우두머리를 따르게 하는 일은 다스림이다. 개구리가 메추라기로 되는 것은 변화이다.

87　經 上：　同, 重, 體, 合, 類。

經說 上：同: 二名一實, 重同也。不外於兼, 體同也。

　　　　　俱處於室, 合同也。有以同, 類同也。

經 上: 같음에는 重同, 體同, 合同, 類同이 있다.

經說 上: 이름은 둘이지만 실체가 하나인 경우가 重同이며, 전체에서 벗어나지 않는 경우가 體同이며, 한곳에 모두 거처하는 경우가 合同이며, (속성에) 같은 점이 있는 경우가 類同이다.

❶　孔子와 仲尼는 같은 실체에 붙은 다른 이름이니 重同이다. 서울에는 마포구가 있으니 마포구 는 서울이다. 서울과 마포구는 體同이다. 두 도형을 합쳐 일치하면 合同이며, 나무가 모여 숲을 이 루면 이 역시 合同이다. 네 발을 가진 짐승의 무리들은 類同이다.

88　經 上：　異, 二, 不體, 不合, 不類。

經說 上: 異: 二必異, 二也。不連屬, 不體也。

　　　　　不同所, 不合也。不有同, 不類也。

經 上: 다름에는 실물이 두 개인 것(二), 부분이 아닌 것(不體), 합해지지 않는 것(不合), 무리 지을 수 없는 것(不類)이 있다.

經說 上: (실물이) 둘이어서 반드시 다르면 둘이다. 연결하여 속하지 않으면 不體이며, 장소를 달리하면 不合이고, (속성에) 같은 점이 없으면 不類이다.

---

❶ #87의 같음과 #88의 다름은 각각 네 종류가 있음을 지적하고 있는데, 완전히 상반된다. 대비해보면 二는 실물이 두 개이며 따라서 이름도 달라야 한다. 따라서 #87의 二名一實과 대비되는 二名二實을 의미한다.

89

經 上:　同異交得 放有無。 <small>放: 머무르다, 모방하다</small>

經說 上: 同異交得: 於福家, 良恕有無也。比度, 多少也。 <small>恕: 깨닫다＝恕＝知</small>

　　　　　免蚓還園, 去就也。鳥折用桐, 堅柔也。

<small>蚓→蚓/蝡인: 지렁이, 折=자르다, 桐: 오동나무</small>

　　　　　劍尤早, 死生也。處室子 子母, 長少也。 <small>處室子: 처녀</small>

　　　　　兩絕勝, 白黑也。中, 央旁也。 <small>央: 가운데</small>

　　　　　論行, 行行, 學實, 是非也。難宿, 成未也。

　　　　　兄弟, 俱適也。身處志往, 存亡也。

　　　　　霍爲姓, 故也。賈宜, 貴賤也。 <small>賈고: 장사, 가격, 貴: 비싸다, 賤: 싸다</small>

經 上: 같음과 다름은 비교하여 알 수 있고 (같음의 또는 다름의) 있고 없음에 달려 있다.

經說 上: 복이 있는 집에서 있고 없음(有無)을 잘 알 수 있다. 비교하여 헤아리면 많고 적음(多少)을 알 수 있다. 애써 지렁이가 정원으로 돌아오는 것을 보면 가고 오는 것(去就)을 알 수 있다. 새가 오동나무를 잘라서 쓰는 것을 보고 견고함과 부드러움(堅柔)을 알 수 있다. 칼(의 휘두름)이 더욱 빨라짐을 보고 삶과 죽음(生死)을 알 수 있다. 방에 있는 처녀와 그 어미를 보고 늙고 젊음(長少)을 알 수 있다. 두 색이 대립하여 선명해지는 것에서 하양과 검정(白黑)을 알 수 있다. 가운데 있음으로써 중앙과 가장자리를 알 수 있다. 행위를 논하고, 행위를 행하고, 실제로 배우는 것을 보고 옳고 그름(是非)을 알 수 있다. 어렵고 익숙함을 보고 완성과 미완성(成未)을 알 수 있다. 형제를

보고 함께 가는 것과 따로 가는 것(俱適)을 알 수 있다. 몸은 (여기에) 있는데 뜻이 (저기로) 가버리는 것을 보고 보존됨과 없어짐(存亡)을 알 수 있다. 霍을 성(姓)으로 삼는 것을 보고 새로움과 옛것을 알 수 있다. 가격의 적절함에서 싸고 비싼 것(貴賤)을 알 수 있다.

---

❶　#87과 #88에서 같음과 다름을 정의하고 여기에서 같음과 다름을 종합적으로 설명하고 있으나 문장과 구체적인 예가 난해하여 주석가들마다 해석이 분분하다. 經說에서 모순의 대립물(有無, 多少, 去就, 堅柔, 生死, 長少, 黑白, 央旁, 是非, 成未, 俱適, 存亡, 貴賤 등)을 여러 가지 예를 들어 설명하지만 여전히 형식논리학에 머물러 있다.

❷　同異交得 放有無: 同異는 서로 같은 점이 있느냐 없느냐에 따라 결정된다. 따라서 비교를 통하여 알 수 있다는 의미이다.

❸　福家良: 孫詒讓은 富家食으로 바꾸어 於福家良, 恕有無夜로 읽으나 그대로 번역해도 전혀 무리가 없다. 經說의 모든 문장은 첫 번째 문장과 같이 於 A, 良恕 B (A에서 B를 잘 깨닫는다)의 형식을 취한다.

❹　免: 일반적으로 孫詒讓의 영향으로 它 또는 蛇(모두 뱀이라는 의미)로 바꾸어 읽지만 근거가 부족하다.

❺　鳥折用桐: 일반적으로 鳥折을 나무로 만든 사람 인형(매장할 때 시신과 함께 묻는다고 한다)이라고 해석하지만 황당한 상상력의 결과물이다. 여기서는 원문 그대로 새가 마른 가지를 꺾어 집을 짓는다는 의미로 파악한다.

❻　劍尤부: 일반적으로 劍戈甲(칼, 창, 갑옷 또는 방패)로 바꾸어 읽지만 여기서는 있는 그대로 해석해도 무리가 없다.

❼　論行行行學實: 일반적으로 두 行을 衍文(잘못하여 군더더기로 들어간 말)이라고 없애면서 論, 行. 學, 實로 읽지만 여기서는 論行, 行行, 學實로 끊어 읽는다.

❽　難宿: 해석하기 어려워 번역이 제각각이다. 염정삼은 宿은 熟과 통한다고 추정하여 익숙하다고 해석하는데 가장 설득력이 있다.

❾　兄弟, 俱適也: 適을 敵으로 바꾸어 읽기도 하지만 굳이 그럴 필요가 없다. 함께하거나(俱), 따로 간다(適)로 보면 무리가 없다. #52의 若弟兄, 一然者, 一不然者(형제 중 하나는 그렇다 하고, 하나는 그렇지 않다고 한다면)는 따로 가는 경우를 말한다.

❿　霍爲姓, 故也: 원문 그대로 해석하기가 난해하다. 孫詒讓이 霍을 虎로, 故를 叚(→ 假)로 바꾸어 주석을 단 이후 모든 주석가들이 상상력을 동원하고 있으나, 霍를 虎로 바꾸는 근거는 미약하다. 오히려 다른 문장에서는 有無, 多少와 같이 다름(異)을 대립시키고 있으나 이곳에서는 故로 한정하는 것은 전체 맥락과 맞지 않는다. 王讚源은 故를 新故(새로운 것과 옛것)로 바꾸어 읽는 데 동의한다. 霍에는 '빠르다'라는 의미도 있지만 '눈이 멀다' 또는 '체하여 토하다'라는 부정적인 의미가 있어 당시에 이것을 성(姓)으로 삼지 않았다면 의미가 통한다.

묵경(墨經)

90 經 上:　　聞, 耳之聰也。

　　　　　經說 上:

　　　　　經 上: 들음은 귀의 총명함이다.

　　　　　經說 上:

───────────

❶　들을 때 귀가 밝아야 한다는 의미이다.

聰: 귀가 밝다

91　經 上:　　循所聞而得其意, 心之察也。

　　　　　經說 上:

　　　　　經 上: 들은 바에 따라 그 의미를 아는 것은 마음의 통찰력 때문이다.

　　　　　經說 上:

───────────

❶　#90과 #91 내용상 하나의 구절로 보아야 한다. 그래서 어떤 이는 하나의 항목으로 통합하여 번역(주석)했다. 感覺을 통해 知覺으로 가는 메커니즘을 心之察로 파악하고 있다.

循순: 따르다

92　經 上:　　言, 口之利也。

　　　　　經說 上:

　　　　　經 上: 말함은 입의 예리함이다.

　　　　　經說 上:

───────────

❶　모든 주석가들은 利를 이롭다(편리하다)는 의미로 해석하지만, 여기에서는 날카롭다는 뜻이다. 말을 할 때 입이 자신의 의도를 잘 전달해야 한다는 의미를 내포하고 있다. 소리에 불과한 말이 어떻게 뜻을 전달하고 사람이 이해하고 행동하게 만드는지 설명하기는 쉽지 않다.

利: 날카롭다

93　經 上：　執所言而意得見, 心之辯也。　　　見: 드러나다, 辯=辨

經說 上：

經 上: 말한 바를 가지고 그 의미를 나타낼 수 있는 것은 마음의 분별력 때문이다.

經說 上:

───────────

❶　#92과 #93 내용상 하나의 구절로 보아야 한다. 그래서 어떤 이는 하나의 항목으로 통합하여 번역(주석)했다.

❷　#90부터 #93까지 經說이 없다. 이에 대하여 錯簡으로 누락되었다는 견해와 經의 내용이 명백하므로 經說이 필요하지 않았다는 견해가 있다.

94　經 上：　諾, 不一, 利用。　　　　諾: 승낙, 대답

經說 上: 諾: 超城員止也。

　　　　　相從, 相去, 先知, 是, 可, 五色。

　　　　　長短, 前後, 輕重, 援執。

　　　　　(正五諾, 皆人於知有說;

　　　　　過五諾, 若員, 無直無說;

　　　　　用五諾, 若自然矣。)

經 上: 승낙은 (그 방법이) 하나가 아니며 이롭게 사용할 수 있다.

經說 上: 상대의 말을 따르는 것(相從), 서로 (뜻이) 어긋나지만 그렇다고 하는 것(相去), 미리 알고 수락하는 것(先知), 사실에 부합한다고 인정하는 것(是), 옳다고 긍정하는 것(可) 등 다섯 가지(五色)가 있다. (어조의) 길고 짧음, (시간의) 앞과 뒤, (사안의) 가벼움과 무거움에 따라 동의하기도 하고 거절하기도 한다.

───────────

❶　諾: 超城員止也: 주석가에 따라 超, 城, 員, 止也로 끊어 읽기도 하지만 어느 경우에도 뜻이 전혀 통하지 않는다. 억지로 해석하기보다는 추후의 과제로 남겨둔다.

❷　援執: 援은 남의 말을 끌어당겨 취한다는 승낙의 의미이며, 執은 자신의 뜻을 붙잡고 지킨다는 거절의 의미이다.

❸ 괄호 안에 있는 세 문장은 經說 #100 바로 뒤에 나오는 문장인데, 이에 해당하는 經이 존재하지 않으며 그 의미가 난해할 뿐 아니라 #100과도 관련성이 없어 보인다. 孫詒讓의 의견에 따라 이 세 문장이 #94의 표제어 諾과 관련된다고 판단하여 經說에 삽입했다.

❹ 五諾: 무엇을 의미하는지 애매하다. 어떤 주석가는 相從, 相去, 先知, 是, 可를 의미한다고 하고, 다른 주석가는 五色, 長短, 前後, 輕重, 援執을 지적한다고 하지만 어느 경우에도 의미가 잘 통하지 않는다.

95 　經 上：　服, 執說。(音利)　　　　　　　　　　　　　　說나: 떠보다

經說 上: 服, 難成, 言務成之, 九則求執之。

經 上: 설복시키기 위해서는 꾸준히 (상대의 마음을) 떠보아야 한다.

經說 上: (설복은) 이루기 어렵지만 말로써 이루도록 힘쓰고, 아홉 번이면(시도하면) 성공할 수 있다.

❶ 이 표제어는 끊어 읽기에 따라 주석가들마다 해석이 매우 다양하다. 服(따르는 말), 執(고집하는 말), 說(떠보는 말)를 열거하기도 하지만 다른 항목의 經과 형식에서 일치하지 않는다. 옛 판본에는 執說 뒤에 音利라는 두 글자가 있었으나, 孫詒讓이 잘못이 계속되어 따져볼 수 없게 되었다고 제외시켰다.

❷ 經說도 끊어 읽기가 매우 다양하다. 손이양은 九를 說의 망가진 글자(壞字)라고 추정한 이후 모든 주석가들이 따르고 있지만 근거가 없다. 여기서는 마지막 숫자인 九 그대로 번역한다.

96 　經 上：　巧轉, 則求其故。

經說 上:

經 上: 기술이 사용되면 그 원인을 찾는다.

經說 上:

❶ #96, #97, #98은 문장구조가 동일하다. 巧, 轉則求其故로 끊어 읽기도 하지만 잘못된 해석이다.

❷ 대부분의 주석은 轉을 傳으로 바꾸어 읽으나 그럴 필요가 없다. 轉은 '굴러가다'라는 의미이며, 巧轉은 기술이 현실에서 사용된다는 뜻으로 해석한다.

97

經 上:　法同, 則觀其同。

經說 上: 法: 法取同, 觀巧傳。

經 上: 법이 같으면 그 같음을 살핀다.

經說 上: 법은 같음을 취하니 교묘하게 전달됨을 본다.

98

經 上:　法異, 則觀其宜。

經說 上: 法: 取此擇彼, 問故觀宜。

以人之有黑者 有不黑者也, 止黑人,　　止: 금지하다, 배제하다

與以有愛於人 有不愛於人, 心愛人, 是孰宜?　　心 → 止의 오자

經 上: 법이 다르면 그 마땅함을 살핀다.

經說 上: 이것을 취하느냐 저것을 선택하느냐 할 때 그 까닭을 묻고 마땅함을 살펴야 한다. 사람들 중에는 검은 사람과 검지 않은 사람이 있는데 검은 사람을 배제한다거나, 사랑하는 사람과 사랑하지 않는 사람이 있는데 사랑하는 사람을 배제한다면 이것이 마땅한 것인가?

---

❶　대부분의 주석가들은 擇은 釋의 잘못이며, 釋은 捨와 통한다고 해석하고 있다. 그러나 擇을 있는 그대로 해석하여도 의미가 같아진다. 여기서 取와 擇은 같은 의미이다. 法의 내용이 달라 충돌할 때 해결하는 방법을 지적하고 있다.

❷　"以人之有黑者有不黑者也 止黑人,與以有愛於人有不愛於人 心愛人,是孰宜?"을 #99 經說에 붙이기도 한다. 그러나 法이 다르면 마땅함을 살펴야 한다고 주장하면서 마땅하지 않은 예를 든 것으로 판단하여 이 항목으로 분류했다.

　　經 上：　止, 因以別道。

經說 上：心：彼擧然者, 以爲此其然也, 則擧不然者而問之。　　<small>心 → 止의 오자</small>

經 上：(논쟁의) 정지는 근거하는 바(因)에 따라 길(방법)을 달리하기 때문이다.

經說 上：그들이 그러한 것을 (예로) 들어 이것을 그렇다고 여긴다면, 그렇지 않음을 (예로) 들어 의문을 제기해야 한다.

---

❶　　然과 不然은 사물의 모순된 두 측면이다. 상대가 한쪽을 잡으면 나는 모순된 쪽을 잡아서 상대의 설명을 의심한다. 然과 不然이 대립하여 止揚되지 않는다는 면에서 墨家는 변증법으로 발전하지는 못하고 排中律에 머무르고 있다.

　　經 上：　疌, 無非。　　<small>疌＝正</small>

經說 上：若聖人 有非而不非。　　<small>正五諾, 皆人於知有說；過五諾, 若員, 無直無說；用五諾, 若自然矣°</small>

經 上：바름에는 그릇됨이 없다.

經說 上：성인이라면 그릇됨이 있어도 그릇되게 만들지 않는다.

01	故, 所得而後成也.	51	止, 以久也.	
02	體, 分於兼也.	52	必, 不已也.	
03	知, 材也.	53	平, 同高也.	
04	慮, 求也.	54	同長, 以缶相盡也.	
05	知, 接也.	55	中, 同長也.	
06	恕, 明也.	56	厚, 有所大也.	
07	仁, 體愛也.	57	日中, 缶南也.	無說.
08	義, 利也.	58	直, 參也.	無說.
09	禮, 敬也.	59	圜,一中同長也.	
10	行, 爲也.	60	方, 柱隅四讙也.	
11	實, 榮也.	61	倍, 爲二也.	
12	忠, 以爲利而强低也.	62	端, 體之無序而最前者也.	
13	孝, 利親也.	63	有閒, 中也.	
14	信, 言合於意也.	64	閒, 不及旁也.	
15	佴, 自作也	65	纑, 閒虛也.	
16	誢, 作嗛也.	66	盈, 莫不有也.	
17	廉, 作非也.	67	堅白, 不相外也.	
18	令, 不爲所作也.	68	攖, 相得也.	
19	任, 士損己而益所爲也.	69	似, 有以相攖, 有不相攖也.	
20	勇, 志之所以敢也.	70	次, 無閒而不攖攖也.	
21	力, 刑之所以奮也.	71	法, 所若而然也.	
22	生, 刑與知處也.	72	佴, 所然也.	
23	臥, 知無知也.	73	說, 所以明也.	無說.
24	夢, 臥而以爲然也.	74	攸, 不可兩不可也.	
25	平, 知無欲惡也.	75	辯, 爭攸也. 辯勝, 當也.	
26	利, 所得而喜也.	76	爲, 窮知而懸於欲也.	
27	害, 所得而惡也.	77	已, 成, 亡.	
28	治, 求得也.	78	使, 謂, 故	
29	譽, 明美也.	79	名, 達, 類 私	

30	誹, 明惡也.	80	謂, 移, 擧, 加.	
31	擧, 擬實也.	81	知, 聞, 說, 親. 名, 實, 合, 爲.	
32	言, 出擧也.	82	聞, 傳, 親.	
33	且且, 言然也.	83	見, 體, 盡.	
34	君, 臣, 萌, 通約也.	84	合, 缶, 宜, 必.	
35	功, 利民也.	85	欲缶權利, 且惡缶權害.	
36	賞, 上報下之功也.	86	爲, 存, 亡, 易, 蕩, 治, 化.	
37	罪, 犯禁也.	87	同, 重, 體, 合, 類.	
38	罰, 上報下之罪也.	88	異, 二, 不體, 不合, 不類.	
39	同, 異而俱於之一也.	89	同異交得, 放有無.	
40 41	久, 彌異時也. 宇, 彌異所也.	90	聞, 耳之聰也.	無說.
42	窮, 或有前不容尺也.	91	循所聞而得其意, 心也察也.	無說.
43	盡, 莫不然也.	92	言, 口之利也.	無說.
44	始, 當時也.	93	執所言而意得見, 心之辯也. 無說.	
45	化, 徵易也.	94	諾, 不一利用.	
46	損, 偏去也.	95	服, 執說. 音利.	
		96	巧轉 則求其故.	無說.
47 48	大益. (無說) 儇, 俱柢.	97	法同 則觀其同.	
49	庫, 易也.	98	法異 則觀其宜.	
50	動, 或從也.	99	止, 因以別道.	
*	讀此書旁行.	100	缶, 無非.	

1	故: 小故, 有之不必然 無之必不然. 體也, 若有端. 大故 有之必然 無之必不然, 若見之成見也.
2	體: 若二之一, 尺之端也.
3	知: 材, 知也者. 所以知也, 而必知. 若明.
4	慮: 慮也者, 以其知有求也, 而不必得之. 若睨.
5	知: 知也者, 以其知過物 而能貌之. 若見.
6	恕: 恕也者, 以其知論物 而其知之也. 著若明.
7	仁: 愛己者, 非爲用己也, 不若愛馬, 著若明.
8	義: 志以天下爲芬, 而能能利之. 不必用.
9	禮: 貴者公, 賤者名, 而俱有敬僈焉, 等異論也.
10	行: 所爲不善名, 行也; 所爲善名, 巧也. 若爲盜.
11	實: 其志氣之見也, 使人如己. 不若金聲玉服.
12	忠: 不利, 弱子亥足將入止容.
13	孝: 以親爲芬, 而能能利親. 不必得.
14	信: 不以其言之當也, 使人視城得金.
15	佴: 與人遇, 人衆, 惰.
16	誚: 爲是 爲是之台彼也, 弗爲也.
17	廉: 己惟爲之, 知其也顆也.
18	所令, 非身弗行.
19	任: 爲身之所惡, 以成人之所急.
20	勇: 以其敢於是也, 命之; 不以其不敢於彼也, 害之.
21	力: 重之謂下, 與重奮也.
22	生: 楹之生. 商不可必也.
23	臥:
24	夢:
25	平: 惔然.
26	利: 得是而喜,則是利也. 其害也, 非是也.
27	害: 得是而惡,則是害也. 其利也, 非是也.
28	治: 吾事治矣, 人有治南北.
29	譽之 必其行也. 其言之忻, 使人督之.

30	誹: 必其行也, 其言之忻.
31	舉: 告以文名, 舉彼實也
32	言也者, 諸口能之, 出民者也. 民若畫俍也. 言也, 謂言猶石致也.
33	且: 自前曰 且, 自後曰 已. 方然亦 且.(若石者也)
34	君: 以若名者也.
35	功: 不待時, 若衣裘.
36	賞: (上報下之功也))
37	罪: 不在禁, 惟害無罪, 殆姑.(上報下之功也)
38	罰: 上報下之罪也.
39	侗: 二人而俱見是楹也, 若事君.
40	久: 古今旦莫.
41	宇: 東西家南北.
42	窮: 或不容尺, 有窮; 莫不容尺, 無窮也.
43	盡: 但止動.
44	始: 時 或有久, 或無久, 始當無久.
45	化: 若蛙爲鶉.
46	損: 偏去也者, 兼之體也. 其體或去存, 謂其存者損.
47	
48	儇: 昫民也.
49	庫: 區穴若斯貌常.
50	動: 偏祭從者, 戶樞免瑟.
51	止: 無久之不止, 當牛非馬, 若矢過楹. 有久之不止, 當馬非馬, 若人過梁.
52	必: 謂臺執者也. 若弟兄, 一然者, 一不然者, 必不必也, 是非必也.
53	
54	同: 捷與狂之同長也.
55	心中: 自是往 相若也.
56	厚: 惟無所大.
57	
58	
59	圜: 規寫攴也.

60	方: 矩見攴也.
61	倍: 二尺與尺 但去一.
62	端: 是無同也.
63	有間: 謂夾之者也.
64	間: 謂夾者也. 尺前於區穴而後於端, 不夾於端與區內. 及; 及非齊之及也.
65	纑: 間虛也者, 兩木之間, 謂其無木者也.
66	盈: 無盈無厚.
67	於尺無所往而不得, 得二. 堅, 異處不相盈, 相非, 是相外也.
68	攖: 尺與尺俱不盡, 端與端俱盡. 尺與或盡或不盡. 堅白之攖相盡, 體攖不相盡. 端.
69	仳: 兩有端而后可.
70	次: 無厚而后可.
71	法: 意, 規, 員 三也. 俱可以爲法.
72	佴: 然也者, 民若法也.
73	
74	彼: 凡牛樞非牛, 兩也. 無以非也.
75	辯: 或謂之牛, 或謂之非牛, 是爭彼也. 是不俱當. 不俱當, 必或不當, 不若當犬.
76	爲: 欲離其指, 智不知其害, 是智之罪也. 若智之慎文也, 無遺於其害也, 而猶欲離之, 則離之. 是猶食脯也. 騒之利害, 未可知也, 欲而騒, 是不以所疑止所欲也. 廥外之利害, 未可知也, 趨之而得力, 則弗趨也. 是以所疑止所欲也. 觀爲, 窮知而縣於欲之理, 饐脯而非恕也, 離指而非愚也, 所爲與不所與爲相疑也, 非謀也.
77	已: 爲衣, 成也; 治病, 亡也.
78	使: 令謂, 謂也, 不必成濕. 故也, 必待所爲之成也.
79	名: 物, 達也. 有實必待文多也. 命之馬, 類也. 若實也者, 必以是名也. 命之臧, 私也. 是名也止於是實也. 聲出口, 俱有名, 若姓字灑.
80	謂: 狗, 犬, 命也. 狗犬, 擧也. 叱狗, 加也.
81	知: 傳受之, 聞也; 方不廥, 說也; 身觀焉, 親也. 所以謂, 名也; 所謂, 實也. 名實耦, 合也. 志行, 爲也.
82	聞: 或告之, 傳也; 身觀焉, 親也.
83	見: 時者, 體也; 二者, 盡也.
84	古: 兵立反, 中志工, 正也; 臧之爲, 宜也; 非彼必不有, 必也. 聖者用而勿必, 必也者可勿疑.
85	仗者, 兩而勿偏.
86	爲: 早臺, 存也. 病, 亡也. 買鬻, 易也. 霄盡, 蕩也. 順長, 治也. 蕾買, 化也.

87	同: 二名一實, 重同也. 不外於兼, 體同也. 俱處於室, 合同也. 有以同, 類同也.
88	異: 二必異, 二也. 不連屬, 不體也. 不同所, 不合也. 不有同, 不類也.
89	同異交得: 於福家, 良恕有無也. 比度, 多少也. 免_門還圜, 去就也. 鳥折用桐, 堅柔也. 劍尤早, 死生也. 處室子 子母, 長少也. 兩絕勝, 白黑也. 中, 央旁也. 論行, 行行, 學實, 是非也. 難宿, 成未也. 兄弟, 俱適也. 身處志往, 存亡也. 霍爲姓, 故也. 賈宜, 貴賤也.
90	
91	
92	
93	
94	諾: 超城員止也. 相從, 相去, 先知, 是, 可, 五色. 長短, 前後, 輕重, 援執. (正五諾, 皆人於知有說; 過五諾, 若員, 無直無說; 用五諾, 若自然矣)
95	服: 難成, 言務成之, 九則求執之.
96	
97	法: 法取同, 觀巧傳.
98	法: 取此擇彼, 問故觀宜. 以人之有黑者 有不黑者也, 止黑人, 與以有愛於人 有不愛於人, 心愛人, 是孰宜?
99	心: 彼擧然者, 以爲此其然也, 則擧不然者而問之.
100	若聖人 有非而不非.(正五諾, 皆人於知有說; 過五諾, 若員, 無直無說; 用五諾, 若自然矣)

101　經 下:　止, 類以行人, 說在同。

　　　　　　　　　　　　　　　　　　　　　　　　人 → 之

　　　經說 下: 止: 彼以此其然也, 說是其然也;

　　　　　　　　我以此其不然也, 疑是其然也。

經 下: (논쟁의) 중지: 무리(類)에 따라 사람을 (논쟁으로) 가게 하는데 그 이유는 (類가) 같기 때문이다.

經說 下: 그들은 이것이 그러하다고 하여 그것이 그러함을 설명한다. (이에) 나는 이 것이 그렇지 않다 하여 그것이 그러함을 의심한다.

---

❶　說在~: 설명은 ~에 있다. 이 문구는 극소수의 예외를 제외하고 「經」下의 모든 표제어에 나타 난다. 앞에 서술한 내용 또는 주장의 이유와 근거를 제시하고 있다는 면에서 고대 중국의 다른 문헌 과 대조를 이룬다. 또한 이러한 설명방식은 「經」上과 다른 시기에 저술되었다고 추정하게 만든다.

❷　止: 經說의 내용으로 보아 然과 不然의 판단이 대립하여 멈추어있는 상태를 의미한다. 이는 #99의 내용과 일치한다. 그러나 經 #101에서 표제어는 止이면서 行에 대해서 설명한다. 止와 行은 정반대의 의미를 갖는다. 따라서 논쟁의 중지를 타개하려면 거론되는 類가 같아야 한다는 뜻으로 해석된다.

❸　類: #87에서 같은 점이 있으면 類同(有以同, 類同也)이라고 하였으니 같은 점이 있는 무리 (범주, 분류)라는 의미이다. 예를 들어 말하면, 논쟁의 기준이 한편에서는 哺乳類인데 다른 쪽에서 는 四足獸, 또는 鳥類라면 논쟁은 진행되지 않는다.

102　經 下:　(馹異說) 推類之難, 說在之大小。

　　　經說 下: 謂四足獸與, 生鳥與, 物盡與, 大小也。此然是必然, 則俱。

　　　　　　　　　　　　　　　　　　　　　　　　與 → 異

經 下: 유추의 어려움은 (類의) 크고 작음에 그 이유가 있다.

經說 下: 네 발 가진 짐승이 다르고, 살아있는 새가 다르고, 사물이 모두 다르니, 크고 작음이 있다. 이와 같은 그러함이 필연이라면 함께 (분류)할 수 있다.

---

❶ 馴異說: 孫詒讓은 이 구절을 經 #102 앞부분에 두지만, 많은 주석가들은 經의 #143 뒷부분에 둔다. 여기에서는 후자를 따른다.

❷ 說在之大小: 說在類之大小의 의미이다.

❸ 일반적으로 生鳥를 牛馬로 고쳐서 읽는다. 아마 四足獸보다 類가 작은 牛馬로 해야 논리적일 것이라는 추론에 입각한 것으로 생각되지만 근거가 없다.

❹ 經說에서 四足獸와 生鳥는 物과 비교하여 작다. 여기에서 '네 발'과 '살아있음'은 사물의 속성이니 어떤 경우에도 반드시 그런 속성을 가지면(必然) 같은 범주에 속한다.

103

經 下:　物盡同名: 二與鬪, 愛, 食與招, 白與視, 麗與, 夫與履。 　　履리=屨구: 신

經說 下: 爲麋同名, 俱鬪, 不俱二, 二與鬪也。 　　麋미: 큰 사슴, 鬪=鬦=鬥: 싸우다

　　　　包肝肺子, 愛也。

　　　　橘茅, 食與招也。 　　橘귤: 귤나무, 茅: 띠풀, 招초: 부르다

　　　　白馬多白, 視馬不多視, 白與視也。

　　　　爲麗不必麗, 不必, 麗與暴也。

　　　　爲非以人, 是不爲非。

　　　　若爲夫勇, 不爲夫, 爲履以買衣 爲履, 夫與履也。

經 下: 사물은 모두 이름이 같다. 둘과 싸움, 사랑, 음식과 제사, 하양과 눈이 좋음, 아름다움과 (사나움), 사내와 신발.

經說 下: 함께 싸우되 함께 둘이 되지 않는 것은 '둘'과 '싸움'이다. 간과 폐를 감싸는 것은 사랑이다. 귤과 띠풀은 (같이 제사상에 올라가지만) 귤은 먹는 것이고 띠풀은 (귀신을) 부르는 것이다. 이것이 '음식'과 '제사'이다. 백마는 흰색이 많지만 눈이 좋은 말 (視馬)은 많이 보지 않는다. 이것이 '하양'과 '눈이 좋음'이다. 아름다운 일을 하는 것은 반드시 아름다울 필요가 없으며, 포악한 일을 하는 것은 반드시 포악할 필요가 없다. 이것이 '아름다움'과 '포악함'이다. 다른 사람으로 인하여 (강제로) 그릇된 일을 하는 것은 그릇되지 않는다. 만약 용기로써 지아비가 되었다면 지아비가 되는 것은 아

니지만, 옷감(衣)을 사서 신발을 만드는 것은 신발을 만드는 일이다. 이것이 '지아비'와 '신발'이다.

❶ 說在~형식으로 끝나지 않아 錯簡이 있는 듯하다. 전체적으로 문장이 어색하여 무엇인가 빠져 있거나 잘못 옮겨 적은 것이 틀림없다. 그래서 주장하고자 하는 내용을 정확하게 알기 어렵다. 다만 같은 무리에 같은 이름을 붙이고, 이름을 지을 때 주의해야 할 점을 제시하고 있다고 짐작할 뿐이다. 그럼에도 經의 표제어는 '사물이 같은 이름을 가져야 한다'고 하면서 經說에서는 같은 이름을 갖지 못하는 예를 들고 있다.

❷ 麗與: 經說의 내용으로 보아 麗與暴으로 보충하여 해석한다.

❸ 包肝肺子, 愛: 의미를 알기 어렵다. 게다가 다른 항목은 A 與 B의 형식을 취하는데 愛는 그렇지 않다. 물론 子與愛로 고쳐 읽기도 하지만 수긍하기 어렵다. 여기서 子는 語助辭로 본다.

❹ 橘茅: 귤과 띠풀, 귤은 먹는 과일이고, 띠풀은 귀신을 부르는 데 쓰는 도구이다. 둘 다 제사에 쓰이지만 기능은 다르다. 그래서 이름이 달라진다.

❺ 視馬: 뜻이 명확하지 않아서 盼馬(눈이 예쁜 말) 또는 眇馬(애꾸눈 말)로 바꾸어 읽지만 여기서는 '눈이 좋은 말' 정도로 해석한다.

❻ 爲麗不必麗,不必, 麗與暴也.: 不必 부분에 빠져 있는 말이 있는 듯하다. 뜻이 잘 통하지 않아 주석가들마다 해석이 다른데, 그들의 의견은 세 가지로 요약된다. ① 不必은 필요 없는 말이라 빼야 한다, ② 爲暴必暴으로 바꾸어야 한다, ③ 爲暴不必暴으로 바꾸어야 한다. 문장 형식이나 내용으로 보아 ③이 제일 낫다.

❼ 爲非以人,是不爲非: 이 부분은 經의 원문과 대응하는 것이 없다.

❽ 若爲夫勇, 不爲夫: 문장 자체로 보나 앞뒤 문장으로 보나 若爲夫以勇로 보아야 한다. 용기는 지아비가 되는 필요충분조건은 아니다.

❾ 爲屨以買衣 爲屨: 일반적으로 衣를 布로 고쳐 읽지만 여기서는 원문대로 한다. 옷감(천)은 신발을 만드는데 가장 중요한 조건이 된다.

104 經 下: 一, 偏棄之。謂而固是也, 說在因。

經說 下: 二與一亡, 不與一在, 偏去未。

有文實也, 而後謂之; 無文實也, 則無謂也。

不若敷與美, 謂是 則是固美也, 謂也 則是非美。　　　謂也 → 謂他

無謂 則報也。　　　報 → 疑

經 下: 하나는 부분을 버린 것이다. 본래 그러하다고 말하는데 그 이유는 까닭(因)에 있다.

經說 下: 둘(전체)은 하나(부분)와 함께하면 없어지고, 하나와 함께하지 않으면 존재한다. 그래서 한쪽을 버린다. 빛깔이 있는 실체가 존재해야 그 후에 그것을 말할 수 있고, 빛깔 있는 실체가 없으면 말할 수 없다. 이는 (인위적인) 꾸밈과 (자연 상태의) 아름다움과 같지 않으니, 이것을 말하면 이것은 진실로 아름답고, 다른 것을 말하면 아름답지 않다. 말하지 않으면 의심스럽다.

---

❶　一과 二: #104, #105, #108에 一과 二, 그리고 偏이 나오는데 이는 公孫龍과 관계가 있다. 『公孫龍子』「通辯論」에서는 一은 부분, 二는 전체를 의미한다. 대립되는 쌍(예를 들면 大小, 左右, 또는 속성과 실체 등)은 전체(二)이지만, 그 한쪽은 부분(一)이다. 墨經에서는 偏 역시 부분이라는 의미를 가지고 있다. 그러나 대립자는 서로 말미암기(因) 때문에 하나를 제거하면 나머지가 성립하지 않는다. 大小에서 大를 제거하면 小가 남지만 小 역시 의미가 없다. 大小가 짝을 이루어 성립하기 때문이다.

❷　二與一亡, 不與一在: 다음 두 가지로 해석할 수 있다. ① 二가 一과 與해서는 亡하고, 一과 不與해서는 在한다. ② 二가 一亡과 與하고, 一在와 不與한다. ①이 더 좋은 해석이다. 그리고 많은 주석가들이 二與一亡을 一與一亡으로 고쳐 읽는데 이는 근거가 없을 뿐 아니라 내용을 파악하지 못하기 때문이다.

❸　偏去未: 未가 문법적으로도 의미상으로도 맞지 않다. 일반적으로 未를 衍文으로 취급하지만 之의 오자로 보면 문법과 의미가 모두 통한다. 偏去는 經의 偏棄와 같은 의미이다.

❹　文實: 주석가들은 墨經에서 종종 之를 文으로 쓰기 때문에 之實로 읽기도 하고, 公孫龍이 「名實論」을 저술했다는 이유로 名實로 바꾸어 읽는데 굳이 그럴 필요가 없다. 여기서는 '빛깔이 있는 실체'로 번역한다. 文을 속성으로 보고 實을 실체라고 보면, 이름과 지시대상을 의미하는 名實과는 다른 의미가 된다.

❺　敷與美: 정확한 의미를 파악하기 어렵다. 어떤 주석가는 假與美로 바꾸지만 근거가 없으며, 다른 주석가는 敷를 膚(피부)로 고쳐 읽으며 객관과 주관의 관계에 있다고 설명하지만, 너무 나간 것이다. 여기에서는 敷를 '(인위적인) 꾸밈'으로, 美를 '(자연 상태의) 아름다움'으로 본다.

❻　無謂 則報也: 문맥으로 보아 報가 잘 통하지 않으니 그 뜻을 알기 어렵다. 그래서 報를 不報로 고치거나, 執 또는 疑로 고쳐 읽는다.

❼　이 항목에는 誤字와 脫字가 있어 의미가 명확하지 않다. 뿐만 아니라 經說 두 번째 문장과 세 번째 문장은 經의 설명과 거리가 있어 혹자는 經說 #105에 붙여 읽기도 하지만, 그렇게 읽어도 의문은 해소되지 않는다.

105 經 下: 不可偏去而二, 說在見與俱, 一與二, 廣與脩。俱 → 不見, 廣: 너비, 脩=修: 길이

經說 下: 見不見離, 一二不相盈。廣脩堅白。

經 下: 부분을 제거하지 않으니 둘이 된다. 그 이유는 보이는 것과 보이지 않는 것, 하나와 둘, 너비와 길이에 있다.

經說 下: 볼 수 있는 것과 볼 수 없는 것은 분리되어 있으며, 하나와 둘은 서로 채우지 않는다. '딱딱함'과 '하양'을 넓히고 늘려라.

---

❶ 見與俱: 經과 經說의 대응구조로 보면 俱를 不見으로 보아야 한다.

❷ 見不見離,一二不相盈: 見不見離는 離堅白을 의미하며, 一二不相盈은 돌(一)과 堅白(二)이 서로 채우지 않는다는 뜻으로 모두 公孫龍의 주장이다.

❸ 廣脩堅白: '딱딱함'과 '하양'을 넓히고 늘리면 堅白은 서로 분리될 수 없고 서로 채운다는 의미이다. 堅白에 관하며 公孫龍의 상대자는 다음과 같이 말한다. "石之白, 石之堅, 見與不見, 二與三, 若廣修而相盈也, 其非擧乎?" 이와 같이 볼 때 公孫龍의 상대자는 墨家라고 추정할 수 있다.

❹ 정리하면 公孫龍은 '딱딱함'과 '하양'과 같은 속성은 시각(보이는 것)과 촉각(보이지 않는 것)으로 지각할 수 있으며 존재한다고 할 수 있지만 '돌 자체'는 지각되지 않기 때문에 존재하지 않는다. 따라서 속성을 잡고 있는 돌 자체가 없으므로 '딱딱함'과 '하양'은 분리된다고 주장한다. 이것이 그가 말하는 離堅白이다. 그러나 墨家는 '딱딱함'과 '하양'이라는 속성에서 '돌 자체'라는 본체를 추론해낼 수 있다고 주장한다.

106 經 下: 不能而不害。說在害。

經說 下: 擧不重 不與箴, 非力之任也; 爲握者之觭倍, 非智之任也。

若耳目。擧: 거론하다, 箴잠: 바늘, 침

經 下: 할 수 없다고 해서 해가 되지 않는다. 그 이유는 해로움에 있다.

經說 下: 들어서 무겁지 않을 정도로 힘이 있어도(아무리 무거운 것도 들어올릴 수 있어도) 바느질을 하지 못하는 것은 힘(力)이 담당해야 할 일이 아니기 때문이다. 손에 쥔 것이 홀수냐 짝수냐 맞추는 일은 지혜가 담당하는 일이 아니다. (이는) 귀와 눈과 같다.

❷ 經說의 문장이 조금 어색하지만, 힘이 있다고 바느질을 잘하는 것이 아니며 지혜가 있다고 홀 짝을 맞출 수 있는 것도 아니듯이 눈과 귀의 역할이 다르지만 서로 방해하지 않는다는 뜻이다.

107 經 下: 異類不吡, 說在量.   吡 → 比

經說 下: 異: 木與夜 孰長? 智與粟 孰多?

       爵, 親, 行, 賈, 四者 孰貴? 麋與霍 孰高?   霍곽: 두루미

       麋與霍 孰霍? 蚓與瑟 孰瑟?

             霍: 콩잎, 푸드덕 나는 소리, 蚓=螾=蠸인: 지렁이, 瑟슬: 거문고, 쓸쓸하다

經 下: 종류가 다르면 비교할 수 없는데, 그 이유는 헤아림의 대상(量)에 있다.

經說 下: 나무와 밤(夜)은 어느 것이 더 긴가? 지혜와 좁쌀은 어느 것이 더 많은가? 벼 슬, 어버이, 행위, 가격 네 개 중 어느 것이 귀한가? 큰 사슴과 두루미는 어느 것이 더 높은가? 큰 사슴과 콩잎은 어느 것이 푸드덕 소리를 내는가? 지렁이 (소리)와 거문고 (소리)는 어느 것이 더 구슬픈가?

❶ 麋與霍 孰霍: 孫詒讓은 衍文이라 하여 쓸데없이 들어갔다고 지적하여 많은 사람들이 따르고 있다. 그러나 대구로 보면 있어도 무방하다. 다만 앞 구절과 뒤엉켜 사람들을 혼란스럽게 만든다.

❷ 霍(곽): 孫詒讓은 『墨子』에 나오는 모든 霍을 虎의 誤字라고 지적하여 고쳐 읽지만 근거가 전 혀 없다. 이 항목에 나오는 麋與霍을 큰 사슴과 호랑이라고 보면, 異類가 아니라 同類이기 때문에 經에 대한 적절한 예시가 되지 못한다. 霍에는 빠르다, 사라지다, 갑자기, (눈이) 멀다, 두루미, 콩잎, 푸드덕 나는 소리, 작은 산을 둘러싼 큰 산 등 여러 가지 뜻이 있다.

108　經 下:　偏去, 莫加少, 說在故。

故: 원래의 모습, 본질

經說 下: 偏: 俱一無變。

經 下: 부분을 제거한다고 해서 덜어지지 않으니 그 이유는 본질(故)에 있다.

經說 下: 하나(돌 자체)에 (속성이) 갖추어지며 변화됨이 없다.

---

❶　이 항목 역시 堅白論을 상정하지 않으면 이해하기 힘들다. 公孫龍은 '딱딱함'과 '하양'은 분리된다고 離堅白이라 하였으며, 墨經은 이를 偏去, 또는 褊으로 표현했다. 偏去는 '딱딱함'을 제거하거나 '하양'을 제거함을 말한다.

❷　莫加少: 일반적으로 加減으로 번역하지만 오류이다. 少는 加의 목적어로 번역해야 한다. 덜어짐이 더해지지 않는다는 의미이며, 의역하면 덜어지지 않는다는 뜻이다.

❸　#105에서 보듯이 一은 '돌 자체'를 의미하며, 俱一은 돌에 속성(堅白)이 갖추어 짐을 의미한다. 無變은 돌이 속성을 갖추고 있다는 사실에는 변화가 없다는 의미로 公孫龍을 비판하고 있다.

109　經 下:　假必誖, 說在不然。

誖=悖패: 어그러지다, 어지럽다

經說 下: 假: 假必非也而後假。狗假霍也, 猶氏霍也。

猶: ~와 같다

經 下: 임시로 빌려온 것은 반드시 어그러지는데, 그 이유는 '그렇지 않음(不然)'에 있다.

經說 下: 임시로 빌려온 것은 반드시 옳지 않으니 그 후에 거짓이 된다. 개(狗)가 霍이라는 이름을 빌리는 것은 마치 霍을 성씨로 삼는 것과 같다.

---

❶　假: 이 항목에서 이를 어떻게 해석하느냐가 중요하다. 사전적으로는 ① 가짜, 거짓, ② 빌리다, ③ 임시(臨時)의 의미를 갖는다. 「小取」편에 "假也者, 今不然也"라고 하여 '가설(假說)'이라는 의미도 있고, 앞뒤 항목에서 그러하듯이 公孫龍을 비판하는 의도라면 '실체가 없는 속성' 정도의 뜻으로도 읽힌다. 또는 經說로 보면 '實이 없는 名'으로도 볼 수 있다.

❷　誖=悖: 後期 墨家에서 많이 사용하는 용어로 '논리적 오류', '모순'의 의미를 갖지만 여기서는 본래의 뜻으로 해석한다.

❸　이름과 사물의 대상은 사람들의 필요에 의해서 붙여진 것이다. 이름(名)에 적절한 실(實)이 없거나, 속성은 있지만 실체가 없는 경우 임시로 빌려와야(假) 한다. 그렇게 빌려온 것은 반드시 어그러진다.

110

經 下: 物之所以然, 與所以知之, 與所以使人知之, 不必同。說在病。

經說 下: 物: 或傷之, 然也。見之, 智也。告之, 使智也。　　　　　智=知

經 下: 사물이 그렇게 된 이유와 (내가) 그것을 알게 된 이유와 다른 사람들에게 그것을 알리는 이유는 반드시 같지 않다. 설명은 병(病)을 예로 든다.

經說 下: 누군가(무엇인가) 그것을 다치게 하는 것은 그러함이다. 그것을 보면 알게 된다. 그것을 알리면 알게 하는 것이다.

---

❶ 經의 病과 經說의 傷은 같은 의미이다. 병(病)을 예로 들어 원인규명, 인식과정, 지식전달의 과정을 설명하고 있다.

❷ 經과 經說이 서로 짝을 이룬다. 所以然과 或傷之, 所以知之와 見之智也, 所以使人知之와 告之使智也가 각각 대응한다. 所以然은 후대 성리학에서 많이 사용되는 용어인데 그러하게 만드는 원인(이유)을 의미한다.

❸ 원인과 까닭은 속성을 지각했다고 밝혀지는 것이 아니기 때문에 반드시 이성적 추론이 필요하다. 아마 이와 같은 이성적 추론을 하지 않는 公孫龍을 비판하고 있다고 생각된다. 원인규명-인식과정-전달과정의 연속과 단절을 말하고 있다.

111

經 下: 疑, 說在逢, 循, 遇, 過。

經說 下: 疑: 逢爲務則士, 爲牛廬者夏寒, 逢也。　　　　　廬려: 오두막

　　　　　舉之則輕, 廢之則重, 非有力也。

　　　　　沛從削, 非巧也, 若石羽, 循也。　　　　　沛패 → 枕출: 톱밥, 나무 부스러기

　　　　　鬪者之敝也, 以飮酒, 若以日中, 是不可智也, 愚也。

　　　　　　　　敝: 지치다, 피곤하다, 若=或: 혹은 아니면, 愚 → 遇

　　　　　智與? 以己爲然也與? 愚也。　　　　　愚 → 過

經 下: 의심에는 (어떤 사람을) 만나는 경우(逢), (이치에 맞게) 순조로운 경우(循), (어떤 일을) 우연히 만나는 경우(遇), 지나간 과거(過)의 경우 네 가지 경우가 있다.

經說 下: 일을 하는 사람을 만나면 선비인가? 외양간을 만드는 사람을 만나면 여름에는 시원한가? 의심하는 것이 만남(逢)이다. 들어 올리면 가볍고 내려놓으면 무거

우니 힘이 있는 것이 아니며, 톱밥은 (나무를) 깎으면 나오니 그것은 기술이 아니다. 돌이 무겁고 깃털이 가볍듯이 (자연의 이치에) 따름(循)이다. 싸우는 사람이 지친 것은 술을 먹어서인가 아니면 더워서인가 알 수 없지만 이것을 의심하는 것은 우연한 만남(遇)이다. (원래) 아는 것인가? 지나간 일(己)을 그렇다고 여기는 것인가? 이것을 의심하는 것이 과거(過)에 대한 의심이다.

❶ 所以然에 도달하는 과정에 생기는 의심에 대하여 언급하고 있다. 이 항목에서 說在는 이유나 근거를 제시하지 않고 예를 들고 있는데, 이는 본질을 정의하기보다는 예를 들어 설명하는 중국인 특유의 서술방식이다. 逢과 遇는 인간과 사회의 일이며, 循과 過는 자연과 시간에 관한 일이지만 모두 所以然의 탐구과정이다.

❷ 沛從削: 뜻이 전혀 통하지 않는다. 그래서 張惠言은 沛가 枤의 誤字라고 주장한다. 枤는 나무를 깎아서 조각내는 것을 말한다. 누가 하더라도 나무 부스러기는 나무를 깎을 때 나오는 것이니 기술이 아니다.

❸ 若石羽: 앞뒤의 문맥과 잘 통하지 않는다. 그래서 譚戒甫는 이것을 廢之則重과 非有力也 사이에 놓는다. 반면 孫詒讓은 『莊子』「天下」편의 "若羽之旋, 若磨石之隧(떨어지는 깃털이 돌아가듯, 갈아놓은 돌이 떨어지듯)"의 의미로 추정하여 자연에 순종한다는 의미로 해석한다. 그러나 어느 경우에도 의심(疑)과 관련성을 명확히 제시하지 못한다. 여기에서는 있는 그대로 해석한다.

❹ 日中: 명확한 의미를 알기 어렵다. 孫詒讓이 문헌 고증을 통해 市場으로 해석한 후 대부분의 주석가들이 이를 따르고 있으나, 해가 하늘 복판에 있을 때 결투하는 풍습일 수도 있고, 그 시각이 가장 기온이 높다는 의미일 수도 있다.

112 經 下: 合, 與一, 或復否, 說在拒。

經說 下:

經 下: 합침은 더불어 하나가 됨이다. 때로는 합쳐지지 않으니 그 이유는 거부함에 있다.

經說 下:

❶ 일반적으로 合與一로 붙여 읽지만, 合, 與一로 끊어 읽는 편이 의미가 더 명확해진다. 經說이 누락되어 정확한 맥락을 파악하기 쉽지 않다.

113 經 下:　歐物一體也, 說在俱一, 惟是。　　　　　　　　　歐 → 區, 惟=唯

經說 下: 俱: 俱一, 若牛馬四足; 惟是, 當牛馬。

數牛數馬 則牛馬二; 數牛馬 則牛馬一。

若數指, 指五而五一。

經 下: 사물을 구별하여 하나로 본다. 그 이유는 俱一과 惟是에 있다.

經說 下: 俱一은 소와 말을 네 발 짐승으로 보는(분류하는) 것이며, 惟是는 소와 말에 해당한다. 소를 세고 말을 세면 牛馬는 둘이지만, 소와 말을 (함께) 세면 牛馬는 하나이다. 손가락을 세면 손가락은 다섯이지만 (손가락이라는 면에서) 다섯 손가락은 하나이다.

---

❶　一體: 직역하면 '몸(또는 실체)을 하나로 하다'이지만 하나로 분류(또는 수렴)된다는 의미로 보인다. 즉, 공통점을 하나로 묶은 것이다.

❷　俱一, 惟是: 직역하면 俱一은 하나의 공통된 특징(또는 본질)을 갖춤이며, 惟 是는 '오직 이것'이지만, 각각 類와 種差를 의미한다. 모두 개념화된 용어이지만 적당한 현대적 용어가 없어 그대로 번역한다.

114 經 下:　宇, 或徙, 說在長宇久。　　　　　　　　　　　　或=域

經說 下: 長宇: 徙而有處, 宇。

宇南北, 在且有在莫, 宇徙久。　　且 → 旦: 아침, 有 =又, 莫 → 暮: 저녁

經 下: 공간에서 사물(구역)이 옮겨간다. 그 이유는 공간과 시간을 늘림에 있다.

經說 下: 옮겨 가지만 처한 장소가 있는 것이 공간이다. 공간이 남북으로 늘어나니 아침에도 있고 저녁에도 있다. 공간은 시간을 옮긴다.

---

❶　일반적으로 宇或徙로 붙여 읽지만 宇, 或徙로 끊어 읽는 편이 더 명확하다. 或은 '어떤 것'이라는 뜻과 '域(구역)'이라는 뜻이 있지만 여기서는 모두 의미상으로 통한다. 사물이 존재하고 이동해야 공간이 의미가 있다.

❷　宇久: #40(久, 彌異時也)와 #41(宇, 彌異所也)에서 보듯이 久는 물리적 시간을, 宇는 공간을 의미한다. 墨家들은 공간과 시간을 宇久라 하였고 후대에서는 宇宙라고 했다. 여기에서 久를 '오랜 시간'으로 번역한다.

❹　在且有在莫: 여기에서 且와 莫은 旦과 暮로 바꾸어야 한다. 經說 #40(古今且莫)에 나오는 且莫도 旦暮의 의미로 사용되었다.

❺　宇徙久: 앞 구절과 연관하여 공간을 옮겨 가면 시간도 옮겨 간다는 의미로 이해된다. 이와 같이 보면 墨家들은 공간은 사물에 의존하고 시간은 공간에 의존한다고 생각했던 것 같다.

115

經 下:　不堅白, 說在無久與宇。

經說 下:

經 下: '딱딱함'과 '하양'은 분리되지 않는다. 그 이유는 시간의 지속(久)이 없어도 공간과 함께하기 때문이다.

經說 下:

───────

❶　이 항목은 원래 #125 다음에 나오지만 畢沅과 孫詒讓이 經說의 순서에 따라 재조정하여 이곳에 배치했다. 이후에 나오는 원문 중 약 10여 개 항목은 원문이 불완전하여 일정하게 누락되고 錯簡이 있는 것으로 추정된다. 따라서 주석가들마다 항목의 순서와 원문이 다른 경우가 종종 있다. 墨經 분류표를 참조하라.

❷　不堅白: 不離堅白으로 보아야 한다. 이는 離堅白을 주장하는 公孫龍에 대한 墨家의 일관된 반박이다.

❸　無久與宇: 원문에는 經 #116 앞에 붙어 있으나 高亨의 주석에 따라 #115에 붙인다. 최근의 경향 역시 高亨의 주석을 따른다. 그러나 無久與宇에 대한 해석을 놓고 의견이 갈린다. 일부 주석가들은 '久與宇가 없다'로 해석하는 반면, 다른 주석가들은 '久는 없지만 宇와 함께하다(無久와 宇)'로 해석하는데, 후자에 동의한다. 속성과 실체를 인정하는 墨家라면 당연히 실체의 존재를 통해 공간(宇)을 상정하지 않을 수 없기 때문이다. 無久의 개념에 대해서는 #44를 참조하라.

116

經 下:　堅白, 說在因。

經說 下: 無堅得白, 必相盈也。

經 下: 딱딱하고 하얗다. 그 이유는 말미암음(因)에 있다.

經說 下: '딱딱함'이 없어도 '하양'을 얻을 수 있으니 반드시 서로 채운다.

❶ 因: 서로 맺고 있는 관계이다. 그러나 堅과 白의 관계인지 堅과 石 또는 白과 石의 관계인지는 불분명하다. 다만 堅과 白의 관계는 객관적 필연성이 존재하지 않는다. 하나의 돌에 두 가지 속성(堅과 白)은 돌을 통해 서로 채워질 뿐이다. 시각으로는 '딱딱함'을 알지 못해도 '하양'을 얻을 수 있고(無堅得白), 촉각으로는 '하양'을 알지 못해도 '딱딱함'을 얻을 수 있으니(無白得堅) 실체(石)를 매개로 두 개의 속성이 서로 부정하지 않는다는 의미로 읽힌다.

117 經 下:　在諸其所然 未者然, 說在於是推之。 在: 살피다, 推: 추측하다

經說 下: 在 : 堯善治, 自今在諸古也。

自古在之今, 則堯不能治也。

經 下: 그러한 것을 살펴보니 그렇지 않은 것이 있다. 그 이유는 현재의 시점에서 추측하기 때문이다.

經說 下: 요(堯) 임금이 잘 다스렸다는 사실은 지금(의 입장)에서 옛날을 살폈기 때문이다. 옛날(의 입장)에서 지금을 살피면 요 임금도 잘 다스릴 수 없다.

❶ 其所然 未者然: 經說의 내용으로 보아 其所然은 堯 임금이 잘 다스렸다는 사실이며, 未者然은 堯가 잘 다스리지 못했는데 잘 다스렸다고 하는 것이다.

❷ 於是: 다른 주석가들은 是가 其所然을 의미한다고 하지만 경설의 내용으로 보아 '지금' 또는 '현재'의 의미로 번역했다.

❸ 儒家는 과거 堯舜시대를 미화하여 현재를 비판하고 부정한다. 즉, 堯舜은 현재를 비판하는 도구이며 기준이다. 이에 비하여 墨家는 시간이 지남에 따라 역사는 변화·발전하고, 관점의 변화에 따라 다르게 평가할 수 있다고 생각한다.

118 經 下:　景不徙, 說在改爲。 景=影: 그림자

經說 下: 景: 光至景亡, 若在 盡古息。 盡古=終古: 끝내, 영원히

經 下: 그림자는 움직이지 않는다. 그 이유는 다시 만들어지기 때문이다.

經說 下: 빛이 들어오면 그림자는 없어진다. 만약 (그림자가) 존재한다면 영원히 숨쉴 것이다.

❶　『列子』「仲尼」의 "景不移者, 說在改也"나『莊子』「天下」의 "飛鳥之影, 未嘗動也"와 맥을 같이하고 있다. 그림자는 빛이 물체를 비추면 반대쪽에 생긴다. 그런데 그림자는 자체적으로 움직이지 않는다. 물체가 이동하면 따라서 움직이는 것처럼 보이지만 그림자가 새로이 다시 생긴다(改爲)는 의미이며, 마찬가지로 물체는 그 자리에 있고 빛이 이동하면 새로운 그림자가 다시 생겨난다는 의미도 포함하고 있다. 經說에서는 그림자가 생기는 쪽에 빛이 들어오면 그림자는 없어진다고 설명한다.

❷　若在: '빛이 존재한다면'인지 '그림자가 존재한다면'인지 명확하지 않으나 앞에서 景亡이라 했기 때문에 후자, 즉 若景在 또는 景若在로 보아야 한다.

119　經 下:　景二, 說在重。

經說 下: 景: 二光夾一光, 一光者景也。　　　　　　　　　　夾挾: 끼다

經 下: 그림자가 둘이 되니 그 이유는 (빛이) 중복되기 때문이다.

經說 下: 두 빛이 하나의 빛을 끼고 있는데, 하나의 빛이 (하나의) 그림자를 만든다.

❶　여기서 말하는 빛은 광학적으로 말하면 光源을 의미한다. 중국 고대에서 경험할 수 있는 광원은 햇빛과 달빛, 촛불과 횃불 정도가 아닌가 싶다. 일부 주석가들은 광원의 중복 때문에 햇빛과 거울에 반사된 빛을 상정하는데 그럴 필요는 없다고 생각된다. 거울을 상정하는 상황과 거울과 관련된 언급은 #121과 그 후에 나온다.

120　經 下:　景到, 在午 有端 與景長, 說在端。　　到: 거꾸로 서다, 午: 교차, 長 → 帳: 휘장, 장막

經說 下: 景: 光之人煦若射。　　　　　　　　　　　　　　煦후: 해가 비추다=照

下者之人也高, 高者之人也下。　　　　　　　　　之: 가다

足敝下光, 故成景於上。首敝上光, 故成景於下。　　敝=蔽: 가리다

在遠近, 有端, 與於光, 故景庫內也。

經 下: 그림자가 거꾸로 서는 경우, 빛이 교차(午)하고 작은 구멍(端)과 그림자 막(景長)이 있다. 설명은 작은 구멍에 달려 있다.

經說 下: 빛은 화살처럼 (직진하여) 사람을 비춘다. 아래의 빛이 사람을 비추면 위로 가고, 위의 빛이 사람을 비추면 아래로 간다. 발은 아래의 빛을 가리므로 위에 그림자를 만들고, 머리는 위의 빛을 가리므로 아래에 그림자를 만든다. 멀고 가까움은 있어도 작은 구멍이 있고 빛이 교차하니(與於光) 그림자는 창고 안에 생긴다.

❶ 端: 기하학적으로는 點을 의미하지만 여기서는 빛이 통과하는 작은 구멍의 의미로 보인다. 밀실에 작은 구멍을 뚫고 빛을 비추면 반드시 그림자가 거꾸로 선다. 淸末의 과학자 鄒伯奇는 이를 格術이라 불렀다.

❷ 景庫: 원본에는 景庫로 되어 있으나 盧文弨가 景庫으로 바꾼 후 모든 주석가들이 따른다. 그러나 문맥으로 보아 景庫가 더 적합하여 원상회복한다. 그림자 창고 또는 어둠상자(暗箱)의 의미이다.

121 經 下: 景迎日, 說在搏。   迎영: 맞이하다

經說 下: 景: 日之光反燭人, 則景在日與人之間。   燭: 촛불, 비추다

經 下: 그림자는 햇빛을 맞이할 수도 있는데 그 이유는 반사하기 때문이다.

經說 下: 햇빛이 반사하여 사람을 비추면 그림자는 해와 사람 사이에 생긴다.

❶ 搏: 원본에는 慱(단: 근심하다)로 되어 있으나 摶(단: 모이다) 또는 博(박: 넓다)으로 고치기도 한다. 하지만 뜻이 잘 통하지 않는다. 그래서 주석가들은 轉 또는 圜轉의 의미를 부여하여 반사하다는 뜻으로 해석한다.

❷ 거울을 상정한 상황의 실험이다. 햇빛이 거울에 반사되어 만드는 그림자는 해와 사람 사이에 존재하게 되는데, 이를 景迎日로 표현했다.

122 經 下: 景之小大, 說在地岝遠近。   地→杝이→迆이: 비스듬하다, 기울다, 岝=正

經說 下: 景: 木杝, 景短大。木正, 景長小。   杝→迆

         大小於木, 則景大於木。非獨小也, 遠近。   大→火/光

經 下: 그림자의 크고 작음은 기울기와 원근에 달려 있다.

經說 下: 나무가 기울면 그림자는 짧고 굵다. 나무가 똑바르면 그림자는 길고 가늘다. 불이 나무보다 작으면 그림자는 나무보다 크다. (불의) 크기(小)뿐 아니라 멀고 가까움에 의해서 그림자의 크기가 결정된다.

---

❶　短大 / 長小: 여기서 短과 長은 길이를 나타내고 大와 小는 폭을 의미한다.

❷　大小於木의 大: 어떤 이는 火의 잘못이라고 하고, 다른 이는 光의 誤字라고 주석한다. 둘 다 光源을 의미하지만 문맥상 火로 보는 편이 더 나은 듯하다.

❸　그림자의 크기는 광원의 크기 그리고 광원과 물체의 거리와 각도에 의해서 결정된다는 의미이다.

123　經 下:　臨鑒而立, 景到。多而若少, 說在寡區。　　　鑒감: 거울=鑑, 到=至

經說 下: 臨正鑒 景寡。貌能, 白黑, 遠近, 柂正, 異於光。　能→態, 柂→迆

　　　　鑒景當俱, 就去尒當俱, 俱用北。　　　　　尒→亦, 北→比

　　　　鑒者之臭於鑒, 無所不鑒。　　　　　　　臭: 더러움, 추악함

　　　　景之臭無數 而必過正, 故同處 其體俱然, 鑒分。

經 下: 거울 앞에 서니 영상(影像)이 생긴다. (대상 사물은) 크지만 (영상은) 작은 듯하다. 그 이유는 비추어 반사하는 면적이 작기 때문이다.

經說 下: 거울 앞에 서면 영상이 작다. (영상의) 모양과 밝고 어두움(黑白), 그리고 기울기(柂正)는 빛에 따라 다르다. (사물과) 거울의 영상은 마땅히 함께하니 나아감과 물러남도 역시 당연히 함께하며, 모두 나란히 있다. 거울에 비치는 대상의 더러움은 비추어지지 않는 것이 없다. 영상의 더러움은 셀 수 없지만 반드시 올바르게(있는 그대로) 비친다. 그러므로 같은 곳에 전체(대상과 거울)가 함께하면 거울은 구별한다.

---

❶　景: 지금까지 景은 그림자의 의미였으나 거울이 등장하면 影像(mirror image)을 의미한다. 아마 墨家들은 그림자와 影像이 본질적으로 같다고 생각한 듯하다.

❷　多而若少: 대상 사물(피사체)의 면적은 많은데 영상의 면적은 작다는 의미에서 大而若小와 같은 뜻으로 풀이된다.

❸　寡區: 작은 구역. 거울이 대상 사물을 비추고 반사하는 면적이 작다.

❹　鑒者/所鑒: 鑒者는 거울에 비치는 대상을, 所鑒은 거울에 영상이 비추어짐을 말한다.

❺　臭: 무슨 의미인지 난해하다. 주석가들은 道로 읽기도 하고 畜이나 具, 또는 偶나 貌로 바꾸어 읽지만 근거가 없을 뿐 아니라 뜻도 잘 통하지 않는다. 여기에서는 있는 그대로 '더러움', '추악함'의 의미로 해석한다.

❻　문장의 서술이 정확하지 않아서 이 항목 역시 그 뜻을 헤아리기가 매우 난해하다. 애매한 문장 때문에 주석가들은 이 항목에 나오는 거울을 평면거울, 오목거울, 볼록거울로 서로 다르게 상정하여 전혀 다르게 해석하고 있어 더욱 난해하게 느껴진다. 譚戒甫, 高亨, 吳毓江, 汪尊基는 평면거울로 보고 있으며, 劉岳雲, 鄒伯奇는 오목거울(凹面鏡/窪鏡)으로 보았으며, 方孝博, 王讚源은 볼록거울(球面鏡)을 상정하고 있다. 뒤이어 오목거울과 볼록거울이 나오므로 여기서는 평면거울로 본다.

124　經 下:　鑒位, 景一小而易, 一大而正, 說在中之外內。　　　　一=或

　　　　經說 下:　鑒: 中之內, 鑒者近中, 則所鑒大, 景亦大;

　　　　　　　　遠中, 則所鑒小, 景亦小。

　　　　　　　　而必正, 起於中緣正而長其直也。

　　　　　　　　中之外, 鑒者近中, 則所鑒大, 景亦大;

　　　　　　　　遠中, 則所鑒小, 景亦小。

　　　　　　　　而必易, 合於而長其直也。

經 下: (오목)거울 앞에 서면 (거울에 비치는) 영상이 어떤 때는 작으면서 (위·아래가) 바뀌고, 어떤 때는 크고 바르다. 그 설명은 (대상 사물이) 초점(中)의 안에 있는가, 밖에 있는가에 달려 있다.

經說 下: 초점 안에 있는 경우, 대상 사물이 초점에 가까우면 거울에 비치는 바가 크고 영상 역시 크며, 초점에서 멀면 거울에 비치는 바가 작고 영상 역시 작다. (이 경우 영상은) 반드시 (위·아래가) 바르다. 초점에서 일어나 바르고 길게 펴지기 때문이다. 초점 밖에 있는 경우, 대상 사물이 초점에 가까우면 거울에 비치는 바가 크고 영상 역시 크며, 초점에서 멀면 거울에 비치는 바가 작고 영상 역시 작다. (이 경우 영상은) 반드시 (위·아래가) 바뀐다. 초점에서 합쳐져 바뀌어 길게 펴지기 때문이다.

❶　鑒位: 최근의 주석가들은 位를 窪(注) 또는 低로 바꾸어 오목거울이라고 번역한다. 이 항목은 經說의 내용으로 보아 분명히 오목거울에 대한 설명이지만, 臨鑒而立 정도로 해석해야 한다.

❷　合於而長其直也: 앞 문장의 대구로 보아 合於中緣易而長其直也로 고쳐 읽어야 한다.

❸ J.Needham은 이 항목을 매우 인상적으로 보면서 다음과 같이 말한다. "이 명제는 오늘날의 용어인 실상과 도립상을 구별하고 있으며, 經說에서는 체계적인 관측이 이루어졌음을 설명하고 있다. ... 비록 墨家는 초점과 곡률의 중심을 지칭하는 특정한 용어는 없었지만, 그들은 분명히 그것들 사이의 차이를 알고 있었음에 틀림없다."(414면)

125
經 下:	鑑團, 景一天, 而必㢲, 說在得。	團: 둥글다, 天 → 大, 㢲=正
經說 下:	鑑: 鑑者近 則所鑑大, 景亦大;	
	亓遠, 所鑑小, 景亦小。	亓: 其의 고어
	而必正, 景過正故招。	招초: 나타나다, 흔들리다

經 下: 볼록거울은 영상이 때로는 크고 (때로는 작지만) 반드시 (위·아래가) 바르다. 그 이유는 (거리를) 얻음(得)에 있다.

經說 下: 대상 사물이 (거울에) 가까우면 비치는 바가 크고 영상 또한 커지며, (반대로) 그것이 멀어지면(亓遠) 비치는 바가 작고 영상 또한 작아진다. (어느 경우에도 위·아래가) 반드시 正立인데 영상이 바르게 비쳐 나타나기 때문이다.

---

❶ 孫詒讓은 이 항목의 經을 鑑團 景一로 끊어 읽고 經說은 없다고 주석했다. 그러나 墨經 分類 表 2에서 보는 바와 같이 #125는 錯簡에 의해 떨어져 있었다고 판단되어 여기서는 묶어 읽는다. 그러면 經說 下 #125와 그 의미가 합치된다.

❷ 鑑團: 볼록거울을 의미하는 듯하다.

❸ 景一天: 經說에 비추어볼 때 景一小一大로 바꾸어야 뜻이 제대로 통한다. 天은 아마 一大를 세로로 쓴 것을 잘못 읽은 것이 아닌가 한다.

❹ 得: '어떤 장소나 시간에 이르다'라는 의미가 있다.

126
經 下:	貞而不撓, 說在勝。	貞 → 負, 撓요/뇨: 휘다, 기울다
經說 下:	負: 衡木加重焉而不撓, 極勝重也。	衡木=橫木, 極: 무게중심
	右校交繩, 無加焉而撓, 極不勝重也。	校: 교정하다, 繩: 줄, 밧줄
	衡加重於其一旁 必捶, 權重相若也。	衡: 저울, 捶추=垂수: 기울다=撓

相衡則本短標長, 兩加焉重相若, 則標必下, 標得權也。 ^{相: 관찰하다}

經 下: 짐을 져도 기울지 않으니, 그 이유는 (그 무게를) 감당하기 때문이다.

經說 下: 가로대에 무게를 가하여도 기울지 않는데 (이는) 무게중심이 무게를 감당하기 때문이다. 줄을 묶어 오른쪽으로 옮기면(校) 무게를 보태지 않아도 기우는데, (이는) 무게중심이 무게를 감당하지 못하기 때문이다. 저울의 한쪽에 무게를 더하면 반드시 기울어지는데, 저울추와 무게가 같기 때문이다. 저울을 살펴보면 줄기(本)는 짧고, 가지(標)는 길어서 양쪽에 같은 무게를 가하면 가지는 반드시 내려간다. 가지가 저울추(의 무게)를 얻기 때문이다.

---

❶ 本/標: 이 항목은 力學의 원리를 이용하여 저울을 설명하고 있다. 本은 저울의 지지대와 대상 물건의 사이를, 標는 저울의 지지대와 저울추 사이의 거리를 말한다. 저울을 나무에 비유하여 줄기와 가지로 표현한 듯하다.

❷ 權重: 權은 저울추를, 重은 무게를 재려는 대상 사물의 무게를 의미한다.

127　經 下:　契與枝板, 說在薄。 ^{契→挈, 枝→收, 板→仮→反, 薄→迫}

經說 下: 挈, 有力也, 引, 無力也。 ^{引=收}

不心所挈之止於施也, 繩制挈之也, 若以錐刺之。

^{施→杝=迤이: 경사면, 繩승: 줄, 먹줄, 錐추: 송곳, 刺자: 찌르다}

挈, 長重者下, 短輕者上, 上者愈得, 下下者愈亡。

^{愈: 더욱, 점점 더, 下下者→下者}

繩直 權重相若, 則心矣。 ^{心→止}

收, 上者愈喪, 下者愈得, 上者權重盡, 則遂。 ^{遂: 성취하다, 끝나다}

經 上: 들어 올림과 내려놓음은 반대이다. 그 이유는 (두 힘이 서로 겨루고) 다그치기 때문이다.

經說 上: 들어 올리는 일은 힘이 있어야 하고, 내려놓는 일은 힘이 없어도 된다. 들어 올리려는 사물이 경사면에 멈추는 것에 마음을 쓰지 않으니, 줄을 만들어 들어 올리는 것은 마치 송곳으로 찌르는 것과 같다. 들어 올릴 때 길고 무거운 것은 아래로 내

려가고, 짧고 가벼운 것은 위로 올라간다. 위로 올라가는 것은 점점 더 (무게를) 얻고, 아래로 내려가는 것은 점점 더 (무게를) 잃는다. 줄이 수직이고 저울추(權)와 물체의 무게(重)가 서로 같으면 멈춘다. 내려놓을 때 위로 올라가는 것은 더욱 잃고, 내려가는 것은 더욱 얻는다. 올라가는 것은 저울추(權)와 물체의 무게(重)가 다하면 (목표가) 이루어진다.

---

❶　이 항목은 성벽을 쌓는 데 필요한 기중기의 원리(升重法)를 설명하고 있으나 매우 난해하다. 원문 자체에 오류가 많을 뿐 아니라 표현방식도 애매하여 주석가들마다 끊어 읽는 방식이 다르며, 따라서 다양한 해석이 제시되고 있다.

❷　挈與枝板: 문장의 뜻이 전혀 통하지 않는다. 그래서 모든 주석가들은 經說의 내용에 따라 挈與收仮(反)으로 수정한다. 挈은 들어 올림, 收는 내려놓음을 말하니 반대의 동작이다.

❸　說在薄: 薄을 어떤 이는 權으로 읽고, 어떤 이는 迫의 잘못으로 본다. 여기서는 운동의 작용과 반작용을 연상시키기 때문에 迫으로 해석한다.

❹　不心의 心/則心矣의 心: 어떤 이는 必의 誤字라고 하고, 어떤 이는 止의 잘못이라고 하고, 다른 이는 正의 誤謬라고 한다. 그러나 어느 경우도 그 의미가 명확하지 않다. 여기서는 不心은 '마음을 쓰지 않는다'로 번역하고 則心矣의 心은 止의 誤字로 파악하여 해석한다.

❺　若以錐刺之: '마치 송곳으로 찌르는 것과 같다'로 직역되지만 무슨 의미인지 애매하다. 아마 들어 올리는 일이 효율적으로 이루어진다는 의미인 듯하다.

❻　長重者下, 短輕者上: 무엇이 길고 짧은지 주어가 없어 의미를 파악하기 어우나 무게중심에서부터 멀고 무거우면 아래로 내려가고, 가깝고 가벼우면 위로 올라간다는 力學을 설명하고 있는 듯하다.

❼　上者愈得, 下下者愈亡/上者愈喪, 下者愈得: 무엇을 얻고 무엇을 잃는지 목적어가 없어 그 의미를 파악하기 어렵다.

128　經 下:

經說 下: 挈: 兩輪高, 兩輪爲輲, 車梯也。　　　　輲천: 수레바퀴, 梯제: 사다리

　　　　重其前, 弦其前, 載弦其前, 載弦其軲, 而縣重於其前。

　　　　　　　　　　　　　　載 → 再, 弦현: 활시위, 軲고: 수레, 고리

　　　　是梯挈且挈 則行。

　　　　凡重, 上弗挈, 下弗收, 旁弗劫, 則下直。

　　　　　　　　　　弗=不, 劫 → 拑: 당기다, 下直: 떠나다, 출발하다

杝, 或害之也沶。梯者不得 汙直也。 拖타: 끌다, 沶 → 流, 汙 → 下

今也廢尺於平地, 重不下, 無蹻也。 尺 → 石, 蹻 → 가려고 하는 모양

若夫繩之引軝也, 是猶自舟中引橫也。

經 下:

經說 下: (뒤의) 두 바퀴가 높고 (앞의) 두 바퀴가 낮게 하면 사다리 수레이다. 앞에 무거운 짐을 싣고 (줄을 달아) 활시위처럼 만든다. 또다시 끌채(軝)에 줄을 걸어 활시위처럼 만들어 앞에 무거운 짐을 묶는다. 이 수레의 (앞부분이) 들어 올려지고 또 올려지면 갈 수 있다. 무거운 짐(重)이 위로 당겨지지 않고, 아래로 내려오지 않고(收), 옆에서 잡아 끌지 않으면 (수레가) 출발한다. (수레를) 끌 때 어떤 것이 방해하면 (짐이) 흘러내리니 사다리 수레는 출발할 수 없다. 이제 평지에 돌덩이를 놓으면 아래로 내려오지 않는데, 이는 움직이게 하는 힘이 없기 때문이다. 밧줄로 끌채를 당기는 것은 마치 배 안에서 가로대(橫)를 당기는 것과 같다.

---

❶ 앞의 항목에서는 무거운 물체를 위로 들어 올리는 과정을 설명했으며, 이 항목에서는 무거운 물체를 옆으로 이동하여 옮기는 역학적 조건(轉重法)을 설명하고 있다. 사다리 수레의 구조, 밧줄을 묶는 방법, 이동할 때 평형상태 유지, 평형상태가 깨지면 가지 못하는 이유 등을 차례대로 설명하는데, 墨家의 경험주의적 사고를 엿볼 수 있다.

❷ 軝천: 사전적 의미로는 통바퀴 수레 또는 상여를 의미하지만 여기서는 바퀴살 통(輻)이 없는 낮고 작은(低矮) 수레바퀴를 의미한다. 따라서 高와 반대되는 개념으로 파악한다. 軝은 수레의 앞쪽이며 무거운 짐을 싣는 부분이다. 바퀴가 두 개밖에 없어서 인력거의 원리와 같다.

❸ 車梯거제: 일부 번역가들은 '수레 사다리'라고 번역하고 있으나 '사다리(형) 수레'라고 번역해야 한다. 내용으로 보아 車梯는 무거운 짐을 옮기는 비스듬한 수레이기 때문이다.

❹ 弦: 주석가들마다 해석이 다양하다. 어떤 이는 引으로 읽고 어떤 이는 直으로 보기도 하지만 여기서는 원래의 의미대로 번역한다. 軝에 줄을 끼워 뒤로 당기면 활시위 모양이 되기 때문이다.

❺ 軝: 사전적 의미로 수레이지만 여기에서는 수레의 앞쪽(바퀴가 작은 쪽)에 붙여놓은 고리(끌채)로 생각된다. 수레가 정지했을 때 안정되도록 하고, 짐을 실었을 때는 줄을 끼워 묶을 뿐 아니라 뒤쪽에서 당겨 수레를 수평으로 유지하기도 하는 기능을 한다. 뒤의 繩之引軝가 그 증거이다.

❻ 沶/汙 : 沶은 流의 고어체이다. 다른 주석가들은 예외 없이 汙를 沶의 잘못으로 보지만 의미가 통하지 않는다. 여기서는 墨經의 다른 부분에서 종종 그러하듯이 물수 변(편방)을 빼고 下로 읽는다.

129　經 下:　倚者不可正, 說在剃。　　　倚의: 의지하다, 기울다, 剃 → 梯제: 사다리

經說 下: 倚: 倍, 拒, 堅, 䟰, 倚焉 則不正。　　倍=背, 堅 → 掔=牽: 끌다, 䟰친: 달리는 모양

經 下: 기울어진 것(倚者)은 바를 수가 없다. 설명은 사다리에 달려 있다.

經說 下: 등지고, 밀어내고, 끌어당기고, 달리는 모습이 있는데 기울어지면 바를 수가 없다.

---

❶　倚는 기울어져 힘을 쓰는 모습이며, 正은 바로 서서 힘을 쓰지 않는 모습을 나타낸다. 그런 의미에서 양자는 서로 반대이다. 墨家는 운동이나 움직임의 원천을 기울어짐(倚)에서 찾고 있다. #128에서 본 바와 같이 사다리 수레와 같은 도구는 바르지(正) 않고 기울어졌기 때문에 물체를 이동시킬 수 있다.

❷　孫詒讓은 正을 止의 오류라고 보는데 力學的 원리에서 보면 뜻이 통한다.

❸　몇몇 주석가들은 #128과 #129를 하나의 항목으로 묶어 분류하기도 한다.

❹　등지고, 밀어내고, 끌어당기고, 달리는 모습이 사다리와 무슨 관계가 있는가 하는 의문은 여전히 남는다.

130　經 下:　推之必往, 說在廢材。　　　推 → 堆, 往 → 住, 廢=置

經說 下: 誰: 竮石, 絫石耳。夾帬者法也。

誰 → 堆, 竮 → 并, 絫유=纍: 포개다, 쌓다, 耳: 뿐, 帬=㡩의 고어

方石去地尺, 關石於其下, 縣絲於其上, 使適至方石。 不下柱也。

方石: 육면체의 돌, 關石: 잡석을 다지다

膠絲去石, 挈也。絲絕, 引也。未變而名易, 收也。　膠교: 아교, 名 → 石

經 下: 쌓으면 반드시 기둥이 되는데 그 이유는 석재를 끼워 맞추기 때문이다.

經說 下: 돌을 배열하고, 돌을 포개어 쌓을 뿐이다. 곁방과 안방처럼 하는 것이 그 방법이다. 네모난 돌이 땅에서 한 자(尺) 떨어지고 그 아래에 잡석을 다지고(關), 그 위에 줄을 매달아 네모난 돌이 적당하게 도달하게 만드는데, 기둥이 내려가지 않게 한다. 줄을 묶어 돌을 (땅에서) 떨어지게 하면 들어 올림(挈)이다. 줄이 끊어지는 것은 당기기 때문이며, 돌은 변하지 않았으나 (위치가) 바뀐 것은 거두어들임(收)이다.

❶ 이 항목 역시 오류가 있을 뿐 아니라 내용을 애매하게 서술하여 이해하기 매우 어렵다. 일반적으로 집을 짓는 과정으로 이해하고 거기에 맞추어 주석을 달지만 뜻이 잘 통하지 않는다. #127, #128에서 升重法과 轉重法을 설명하였으므로 여기에서는 이러한 원리를 이용하여 성벽의 석축을 쌓는 과정으로 이해한다. 墨家들은 守城 전문가로 성벽을 쌓는 데 관심이 많았던 것도 이러한 판단의 근간을 이룬다.

❷ 推之必往: 원문대로 해석하면 '밀면 반드시 간다'이지만 經說과 내용이 부합하지 않는다. 그래서 孫詒讓은 柱之必住(기둥을 세우면 반드시 머물게 된다)로 바꾸지만 받아들이기 어렵다. 經說의 내용을 고려하면 堆之必柱로 바꾸어야 하고 經說의 誰도 堆의 오자로 보아야 한다. 여기에서 柱는 집을 지탱하는 기둥이 아니고 성벽이 무너지지 않도록 하는 중심축에 해당하는 부분이라고 생각된다.

❸ 廢材: 廢는 둔다(置)는 의미이지만 아무렇게 방치하는 것이 아니라 움직이지 않게 잘 끼워 맞추는 것이다. 材는 일반적으로는 나무 재료이지만 여기서는 돌을 재료로 하는 石材를 의미한다고 본다.

❹ 夾帚者法也: 대부분 주석가들은 夾帚을 '침실을 끼고 있다'로 번역하지만, 夾室과 寢室로 보아야 한다. 夾室은 본채에 달려 있는 작은 방을 말한다. 대부분 주석가들은 法을 柱로 바꾸어 읽지만 여기서는 있는 그대로 '방법'으로 해석한다. 석축의 곁방(夾室) 부분은 幷石(배열해서 쌓음)하고 안방(寢室) 부분은 衆石(포개어 쌓음)하는 방식, 즉 돌을 쌓는 법을 말한다.

❺ 挈/引/收: 성벽의 돌을 쌓을 때 줄에 묶인 돌의 위치를 변화시키는 기술적 용어라고 생각된다.

131 經 下:　買無貴, 說在仮其賈。 仮 → 反, 賈=價

經說 下: 買: 刀糴相爲賈。刀輕 則糴不貴, 刀重 則糴不易。 糴적: 쌀을 사다

　　　　　王刀無變, 糴有變。歲變糴, 則歲變刀。若鬻子。 鬻죽: 죽, 팔다

經 下: (물건을) 살 때 비싼 것이 없는데 그 이유는 그 가격이 되돌아오기 때문이다.

經說 下: 돈과 쌀이 서로 가격을 만든다. 돈이 가벼우면 쌀은 비싸지 않고, 돈이 무거우면 쌀을 사기가 쉽지 않다. 왕이 만든 돈은 변하지 않는데 매년 쌀(의 작황)은 변화하니, 쌀이 변하면 돈도 매년 변한다. 마치 (무거운 돈을 환수하고) 가벼운 돈을 유통시키는 것과 같다.

❶ 刀: 刀錢 또는 刀貨를 말한다. 춘추시대에 사용하던 칼 모양의 금속화폐인데 泉刀라고도 했다.

❷ 刀輕/刀重: 당시 국가는 화폐의 유통을 줄이려고 크고 무거운 刀錢(重錢 또는 母錢)을 만들었고, 백성들로 하여금 작고 가벼운 刀錢(輕錢 또는 子錢)을 만들게 했다. 王刀는 왕이 만든 重錢 또는 母錢을, 若鬻子의 子는 子錢을 의미한다. 周나라 景王 21년(B.C. 524) 單 穆公이 다음과 같이 간청했다. "民患輕 則爲作重 弊以行之 於是乎有母權子而行, 民皆得焉. 若不堪重 則多作輕 弊

而行之 亦不廢重 於是乎有子權母而行, 小大利之(백성이 가벼움을 걱정하면 무거운 화폐를 유통시키십시오. 이에 어미가 자식을 저울로 재서 유통하니 백성이 모두를 얻게 됩니다. 만약에 백성이 무거움을 감당하지 못하면 가벼운 화폐를 만들어서 유통시키되, 무거움도 폐지시키지 마십시오. 이에 자식이 어미를 저울로 재어 유통하게 되니 크고 작은 이가 이롭게 여깁니다)." 여기에서 重/輕, 母/子는 모두 刀錢을 의미한다. 돈의 무거움과 가벼움을 보고, 부족한 쪽을 늘리고 남는 쪽을 줄여서 물가를 조절하는 과정이라고 판단된다. 한편『管子』에도 輕重篇이 있는데 그는 화폐의 輕重이 아니라 물자의 輕重을 말하고 있어 墨家와 대비된다.

132 經 下:　賈宜 則讐, 說在盡。 　　　　　　　　　　讐=售수: 팔다

經說 下: 賈: 盡也者, 盡去其以不讐也。 　　　　　其以 → 其所以

　　　　　其所以不讐去 則讐㐌賈也。

　　　　　宜·不宜㐌欲·不欲, 若敗邦 鬻室 嫁子。 　　　鬻: 팔다

經 下: 가격이 마땅하면 파는데, 그 이유는 모두 만족하기(盡) 때문이다.

經說 下: 모두 만족한다는 것은 팔리지 않는 이유를 모두 제거함이다. 팔리지 않는 이유를 제거하면 바른 가격에 팔린다. (가격의) 마땅함과 마땅치 않음은 욕망함과 욕망하지 않음을 바로잡는다. 마치 나라를 망하게 하고, 집을 팔고, 자식을 시집보내는 것과 같다.

----

❶　집을 팔고 자식을 시집보내는 일은 조건이 적당하면 성립할 수 있지만, 나라를 망하게 하는 일을 이 범주에 포함하는 것은 어울리지 않는다.

133 經 下:　無說而懼, 說在弗心。 　　　　　　　　　　懼: 두려워하다, 弗=不

經說 下: 無: 子在軍, 不必其死生; 聞戰, 亦不必其生。 前也不懼, 今也懼。

經 下: 설명이 없으면 두려워하니 그 이유는 마음의 중심이 없기 때문이다.

經說 下: 자식이 군대에 있으면 생사를 기필할 수 없고, 전쟁 소식을 들어도 역시 삶을 보장할 수 없다. 앞의 경우(前也)에는 두렵지 않으나, 뒤의 경우(今也)에는 두렵다.

❶ 無說: 일부 주석가들은 說을 悅로 읽으나 동의하기 어렵다. 이 항목의 주제는 두려움(懼)이다. 설명의 대상은 일의 진행과정이나 원인과 결과인데, 중요한 일의 사정을 알지 못하면 사람들은 궁금해하고 불안해진다.

❷ 弗心: 心을 必로 고쳐 읽으나 經說의 내용과 모순되어 동의하기 어렵다. 心은 마음이라는 의미와 중심이라는 의미가 있으나 여기서는 두 가지 의미를 다 포함한다고 생각된다.

❸ 不必其死生/亦不必其生: 앞의 부분은 死生으로 되어 있고 뒷부분은 生으로 되어 있어 약간의 논란이 있다. 어떤 이는 앞부분의 死生을 死로 고쳐 읽고, 어떤 이는 뒷부분의 生을 死生으로 고쳐 읽으나 의미상 차이가 없어 여기서는 그대로 번역한다.

134 經 下: 或, 過名也, 說在實。　　　　　　　　　　　　　　　　　或=域

經說 下: 或: 知是之非此也, 有知是之不在此也,　　　　　　　　有=又

　　　　　然而謂此南北, 過而以已爲然。

　　　　　始也謂此南方, 故今也謂此南方。

經 下: (1) 지역은 지나가는 이름(過命)이다. 설명은 실재 대상(實)에 달려 있다.

　　　　(2) 미혹됨은 잘못된 이름 때문이다. 설명은 실재 대상에 달려 있다.

經說 下: (1) 이것(是)이 이것(此)이 아님을 알고, 이것이 여기에 있지 않음을 아는 것이다. 그리하여 이곳을 南과 北이라고 말하는데, 지나가서도 이미 그렇다고 여긴다. 처음에 이곳을 남쪽이라 불렀지만 (지나가고 나서) 지금도 이곳을 남쪽이라 부른다.

　　　　(2) 이것(是)이 이것(此)이 아님을 알고, 이것이 여기에 있지 않음을 아는 것이다. 그러나 이곳을 南과 北이라고 말하는데, 잘못된 줄 알면서도 이미 그렇다고 여긴다. 처음에 이곳을 남쪽이라 불렀지만 (잘못된 줄 알면서) 지금도 이곳을 남쪽이라 부른다.

❶ 或: 고대에는 或이 지역 또는 영역(域)의 의미로도 사용되었고, 미혹(惑)의 의미로 사용하기도 했다. 이 항목에서 孫詒讓은 域으로, 梁啓超, 王讚源 등은 惑으로 읽는데, 여기서는 양자의 견해에 따라 두 가지로 번역한다.

❷ 是之非此也: 是와 此는 모두 눈앞에 가까이 있는 사물을 가리키는 지시대명사이다. 『公孫龍子』「名實論」에 '夫名實謂也. 知此之非此也, 知此之不在此也, 則不謂也'라 하는데 是와 此는 의미가 같다. 此는 是에 대응하는 대상 사물이다. 따라서 是之非此는 지시한 말과 대상이 일치하지 않음

을 의미한다.

❸　南京을 지나 남쪽으로 간 다음에도 북쪽에 있는 이것을 南京이라고 말하고, 北京을 지나 북쪽으로 지나간 다음에도 남쪽에 있는 이것을 北京이라고 부른다. 南과 北은 실체가 있는 것이 아니라 상대적 위치에 따라 달라지는데, 사람들은 일단 이름을 붙이면(名) 실체라고 생각한다. 이런 의미에서 梁啓超, 王讚源의 번역이 더 나은 듯하다.

135　經 下:　知 知之否之 足用也誖, 說在無以也。　　　誖 → 誖=悖: 위배되다, 모순되다

經說 下: 智: 論之, 非智 無以也。　　　智=知

經 下: 알 듯 모를 듯 아는 것은 쓰기에 족하다고 하면 모순된다. 그 이유는 쓸모가 없기 때문이다.

經說 下: 논의함에 있어서 앎이 없으면 (논의할) 방법이 없다.

---

❶　知之否之: 高亨은 知之=否之로 파악하여 양자를 모순(誖)으로 보았으며, 王讚源은 知之와 否之로 파악하여 否之와 足用을 모순으로 보았다. 한편 張惠言은 잘 모른다(不知也)라고 파악한다.

❷　앎에 대한 도가와 유가의 태도는 차이를 보인다. 『老子』71에 "知 不知 上, 不知 知 病(알면서 알지 못한다 함은 최상이고, 알지 못하면서 안다고 함은 병이다)"이라고 하는데 이는 겸손이면서 고도의 처세술이다. 반면 孔子는 子路에게 "知之爲知之, 不知爲不知, 是知也(아는 것을 안다고 하고 알지 못하는 것을 알지 못한다고 하는 것, 이것이 앎이다)"라고 말한다(『論語』「爲政」). #135는 老子의 和光同塵이나 玄同의 이론을 비판하고 있다.

136　經 下:　謂辯無勝, 必不當。說在辯。

經說 下: 謂: 所謂非同也, 則異也。

　　　　　同 則或謂之狗, 其或謂之犬也;

　　　　　異 則或謂之牛, 牛或謂之馬也。俱無勝, 是不辯也。　　　牛或 → 其或

　　　　　辯也者, 或謂之是, 或謂之非, 當者勝也。

經 下: 논쟁을 함에 이김(勝)이 없다고 말하는 것은 결코 옳지 않다. 그 이유는 논쟁(의 성격)에 있다.

經說 下: 말하는 바가 같지 않으면 다르다. 같다면 어떤 사람은 그것을 개(犬)라고 하고 어떤 사람은 멍멍이(狗)라고 한다. 다르다면 어떤 사람은 그것을 소(牛)라고 하고 어떤 사람은 그것을 말(馬)이라고 하는데, 이기는 사람이 없으면 논쟁이 아니다. 논쟁이라는 것은 어떤 사람은 옳다고 하고, 다른 사람은 그르다고 하는데, (사실에) 부합하는 사람이 이긴다.

❶   #75와 맥을 같이한다. 좀 더 정확하게 '어떤 사람은 소(牛)라고 하고 어떤 사람은 소가 아니다 (非牛)'라고 표현하면 排中律이 된다. 이와 같이 墨家는 排中律에 기초한 형식논리학과 상식적 경험론으로 무장하여 道家에 맞선다. 『莊子』는 「齊物論」에서 是非의 판가름은 불가능하며 부질없는 일이라고 평가한다.

137   經 下: 無不讓也, 不可。說在始。   始 → 殆: 위태롭다

經說 下: 無: 讓者酒。未讓, 始也, 不可讓也。   始 → 殆

　　　　　若殆於城門與於臧也。   臧: 착하다=善

經 下: (매번) 양보하는 것은 불가능한데, 그 이유는 위태롭기 때문이다.

經說 下: 양보하는 사람이 술을 따른다. 양보하지 않아 위태로워도 양보할 수 없는 경우도 있다. 성문과 착한 사람이 위태로운 경우가 그러하다.

❶   말하고자 하는 의도가 불분명하여 주석가들마다 해석이 분분하다.

❷   無不讓: 양보하지 않음이 없다는 말은 어느 경우에나 양보한다는 의미이다.

❸   說在始/未讓始也: 孫詒讓이 始를 殆로 교정한 후 거의 대부분 이를 따르고 있다. 이 항목이 논쟁(辯)과 관련 있다고 생각하는 주석가들은 있는 그대로 始로 읽지만, 구체적인 예를 드는 經說의 내용으로 보아 논쟁과 전혀 관련이 없다.

❹   若殆於城門與於臧也: 원래 이 구절은 #154 마지막에 있었으나 孫詒讓이 문맥으로 보아 적절치 않다고 여겨 이곳으로 옮겨야 한다고 주장한다.

138　經 下：　於一 有知焉, 有不知焉, 說在存。

經說 下：於：石一也, 堅白二也, 而在石。故有智焉, 有不智焉, 可。　　智=知

經 下: 하나(의 돌)에 있어 앎도 있고 알지 못함도 있다. 그 설명은 존재(의 양식)에 달려 있다.

經說 下: 돌은 하나이고, '딱딱함'과 '하양'은 둘인데, 돌에 있다. 그래서 앎도 있고 알지 못함도 있다고 말하는 것은 가능하다.

---

❶　知(智)/不知(不智): 시각으로는 '하양'을 지각하지만 '딱딱함'을 지각하지 못한다. 그러나 촉각으로는 '딱딱함'을 지각하지만 '하양'을 지각할 수 없다. 묵가는 公孫龍의 離堅白을 반박하고 있다.

139　經 下：　有指於二, 而不可逃, 說在以二㣁。　　㣁=疊

經說 下：有指：子智是, 有智是吾所先擧, 重則。　　子: 그대, 有=又, 重則 → 則重

子智是, 而不智吾所先擧也, 是一。

謂 有智焉, 有不智焉也。

若智之 則當指之, 智告我 則我智之, 兼指之以二也。

衡指之, 參直之也。

若曰, 必獨指吾所擧, 毋擧吾所不擧, 則者固不能獨指。

毋擧 → 毋指, 則者 → 則二者

所欲相不傳, 意若未校。　　若=乃: 이에, 校: 헤아리다, 따져보다

且其所智是也, 所不智是也, 則是智 是之不智也, 惡得爲一？

謂而 有智焉, 有不智焉。

經 下: 둘(二)을 가리키니 도망갈 수 없다. 그 이유는 둘이 포개져 있기 때문이다.

經說 下: 그대가 이것을 알고, 또 이것이 내가 앞서 거론했던 것임을 안다면 중복된다. 그대가 이것을 알고, 내가 앞서 거론했던 것을 모른다면 하나만 아는 것(是一)이다. 이를 일러 '앎이 있고 알지 못함도 있다'고 한다. 만약 그대가 그것을 알면 당연

히 그것을 가리키고, 나에게 알려준다면 나도 그것을 알게 되니, 모두(兼) 두 개(堅과 白)를 가리킨다. 가리키는 것을 견주고 참조하여 바로잡는다. 만약 '반드시 내가 거론한 것을 하나만(獨) 가리키고 내가 거론하지 않은 것을 가리키지 말라'고 말하면 (옳지 않으니) 두 가지는 본래 하나만 가리킬 수 없다. 바라는 바가 서로 전달되지 않으니 그 의미를 헤아리지 못한다. 또 아는 바가 있고 알지 못하는 바가 있으면 아는 것과 알지 못하는 것이 어찌 하나가 될 수 있겠는가? (그래서) '아는 것이 있고 알지 못하는 것도 있다'고 말한다.

---

❶ 以二絫: 여기서 二는 堅과 白, 좀 더 일반적으로 말하면 지각할 수 있는 것과 지각할 수 없는 것을 말한다. 많은 주석가들은 絫를 參의 誤字로 보고 三으로 해석하기도 하고, 參照로 해석하기도 하지만 여기서는 있는 그대로 疊의 의미로 읽는다. 經說에서 말하는 兼指이다.

❷ 衡指之, 參直之也: 일반적으로 衡을 縱橫의 의미로 보고, 參을 三으로 해석하지만 너무 자의적이며, 의미도 통하지 않는다. 衡指之는 두 사람이 서로 지적하는 바를 저울질하여 일치시키는 과정이며, 參直之는 서로의 지적을 참조하여 바로 보는 과정을 의미한다. 즉, 두 사람의 인식주체가 하나의 인식대상을 일치시키는 소통을 의미한다고 볼 수 있다.

❸ 意若未校: 어떤 이는 校를 悅(기쁘다)로 읽고 어떤 이는 편방을 떼어 交(주고받다)로 읽지만 여기서는 있는 그대로 '헤아리다'라는 의미로 번역한다.

---

140 經 下: 所知而弗能指, 說在春也, 逃臣, 狗犬, 貴者。　　　　　貴 → 遺: 잃다

經說 下: 所: 春也, 其執固不可指也。逃臣, 不智其處。

　　　　狗犬, 不智其名也。遺者, 巧弗能兩也。

經 下: 알고 있지만 가리킬 수 없는 것도 있다. 설명은 봄, 도망간 신하, 멍멍이와 개, 잃어버린 물건에 있다.

經說 下: 봄은 파악할 수 있으나 가리킬 수 없다. 도망간 신하는 있는 곳을 알 수 없다. 멍멍이와 개는 그 이름을 알 수 없다. 잃어버린 물건은 (어떤) 재주로도 똑같이 만들 수 없다.

---

❶ 春也: 逃臣, 狗犬, 貴(遺)者과 대응하려면 명사가 와야 하는데 春也로 대비시켜 많은 오해를 불러일으키고 다양한 해석을 초래했다. 春을 '어리석다'는 의미로 惷(준) 또는 蠢(준)의 誤字로 보기도 하고, '어둡다'는 의미의 昏의 잘못으로 보기도 하고, 심지어 사람 이름으로 보기도 한다. 또 어

떤 이는 春也를 春它(겨울잠을 자는 뱀)로 수정하지만, 있는 그대로 해석하여도 큰 문제는 없다. 다만 글자 수를 맞추기 위하여 也를 부가한 것으로 본다.

❷ 執: 일반적으로 勢의 의미로 번역하지만 여기서는 있는 그대로 '주장하다', '파악하다' 정도로 번역한다.

❸ 弗能兩: 兩을 网(망)으로 고쳐 읽지만 여기서는 있는 그대로 '둘로(똑같이) 만들다'로 번역한다. 같이 만들 수 없기 때문에 지적할 수 없다.

❹ 지시 대상(指)이 없으면 지각(知, 智)할 수 없고, 지각하지 못하면 존재하지 않는다는 公孫龍을 비판하고 있다.

141 經 下: 　知狗而自謂不知犬, 過也, 說在重。

經說 下: 智: 智狗重智犬, 則過。

　　　　不重, 則不過。

經 下: 멍멍이(狗)를 알면서 스스로 개(犬)를 알지 못한다고 말하면 잘못이다. 그 이유는 겹치기 때문이다.

經說 下: 멍멍이를 아는 것과 개를 아는 것이 겹치면 잘못이다. 겹치지 않으면 잘못이 아니다.

❶ 經說 #87에서 이름은 둘인데 실체가 하나이면 重同(二名一實, 重同也)이라고 한 의미와 같다.

142 經 下: 　通意後對, 說在不知其誰謂也。　　　　　　誰＝何

經說 下: 通: 問者曰, 子智飄乎?　　　　　　　　　飄: 낙타

　　　　應之曰, 飄何謂也?

　　　　彼曰, 飄施。則智之。　　　　施 → 迤이: 비스듬하다, 꾸불꾸불하다

　　　　若不問飄何謂, 徑應以弗智, 則過。　　　徑경: 지름길, 곧바로

　　　　且應必應問之時。

　　　　若應長, 應有深淺, 天常中在兵人長。

經 下: 뜻이 통한 후에 대답할 수 있다. 그 이유는 (그렇지 않으면) 무엇을 말하는지 알지 못하기 때문이다.

經說 下: 질문하는 자가 "그대는 낙타를 아는가?" 응답하기를 "낙타가 무엇인가?" 그가 "낙타는 (등이) 꾸불꾸불하다"고 말하면 그것을 알 수 있다. 만약 낙타가 무엇인지 묻지 않고 알지 못한 채 곧바로 대답하면 잘못이다. 또한 응답은 물을 때 반드시 응답해야 한다. 응답이 길면 응답에는 깊고 얕음이 있다.

---

❶ 驒는 옥편에 나오지 않기 때문에 노새로 읽기도 하고, 낙타로 읽기도 하고, 나그네로 읽기도 한다. 여기서는 張之銳와 范耕研의 說에 따라 낙타로 번역한다.

❷ 驒施: 의미가 통하지 않는다. 그래서 驒를 노새로 읽으면 施를 也로 읽고, 나그네로 읽으면 旅로 읽고, 낙타로 보면 迤로 읽는다.

❸ 天常中在兵人長: 뜻이 전혀 통하지 않아 誤脫이 있다고 판단된다. 여러 주석가들이 다양한 주석을 달고 있으나 모두 설득력이 부족하여 여기에서는 번역하지 않고 남겨둔다.

143
經 下:　所存與者, 於存與執存, 駟異說。 與者 → 與存者, 駟: 네 마리의 말

經說 下: 所: 室堂, 所存也。其子, 存者也。

　　　　據在者而問室堂, 惡可存也? 在=存, 惡: 의문사

　　　　主室堂而問存者, 孰存也? 主=據, 孰=誰: 누구

　　　　是一主存者 以問所存, 一主所存 以問存者。

經 下: 존재하는 곳(所存)과 존재하는 사람(存者), 어디에 존재함(於存)과 누가 존재함(執存)은 서로 다른 이론(설명)으로 치달리게 한다.

經說 下: 집과 마루는 장소이며, 자식(선생)은 존재하는 사람이다. 존재하는 사람에 근거하여 집과 마루를 물으면 '어디에 존재하는가?'가 되고, 집과 마루에 근거하여 존재하는 사람을 물으면 '누가 존재하는가?'가 된다. 하나는 존재하는 사람에 근거하여 장소를 묻는 것이고, 다른 하나는 장소에 근거하여 존재하는 사람을 묻는 것이다.

---

❶ 所存與者: 經說의 내용으로 미루어 보아 與 뒤에 存이 빠져 있어 所存與存者로 바꾸어야 한다는 주장에 대해서 모든 주석가들이 동의한다. 所存은 존재하는 곳(장소)이며 공간을 대표하고, 存者는 존재하는 것(사람)이며 공간 속에 존재하는 사물을 대표한다고 할 수 있다. 공간은 인식할 수

없기에 존재하지 않는다는 公孫龍의 극단적인 경험주의를 비판하고 있는 듯하다.

❷　駎異說: 난해한 구절이다. 經 下의 대부분은 '說在~'로 끝나는데(예외 #103과 #105) 여기서
는 駎異說로 끝나기 때문에 주석가들은 說在異로 바꾸어 해석한다. 駎는 수레를 끄는 네 마리의 말
을 의미하지만 여기서는 동사로 보아 '치달리게 하다'는 의미로 해석한다.

144　經 下:　五行毋常勝, 說在宜。

經說 下: 五: 合水土火火, 離。　　　　　　　　　　　　　合 → 金, 火火 → 木火

　　　　然火鑠金, 火多也。金靡炭, 金多也。　　　　鑠삭: 녹이다, 靡미: 쓰러지다

　　　　合之府水, 木離木。　　　　　　　　　　　　　　　　　府 → 成

　　　　若識麋與魚之數, 惟所利。　　　　　　　　　　　　麋미: 큰 사슴

經 下: 오행은 항상 이기지 않는데 설명은 마땅함에 달려 있다.

經說 下: 쇠, 물, 흙, 불, 나무는 떨어져 있다. 그러나 불은 쇠를 녹이니 불이 많기 때문
이며, 쇠는 숯(나무)을 부수니 쇠가 많기 때문이다. 그것(불과 쇠)를 합치면 물이 생기
고 나무는 흙을 가른다. 사슴과 물고기의 이치를 안다면 오직 이로울 뿐이다.

❶　내용이 간결하게 서술되어 있고 誤脫이 많아 난해하다. 주석가들마다 띄어 읽기가 서로 달라
아주 다양하게 번역되어 있다.

❷　五行: 五行은 『書經』「弘範」에서 사람이 사는 데 필요한 다섯 가지 물질(民用五財)로서 水,
火, 木, 金, 土를 최초로 제시한다. 荀子에 의하면 이후 孟子學派는 이를 五倫, 五常(仁義禮智信)으
로 변화시킨다. 公孫龍은 五行을 元素 개념으로 바꾸어 철학적·이론적 근거를 마련하였으며, 후
에 五行의 相剋을 이론화하여 왕조교체를 예측하는 鄒衍의 五德終始說로 발전하고, 前漢의 정치
적 안정기를 거치면서 禪讓의 형태를 취하는 五行相生說로 변화한다. 墨經은 五行을 원소가 아닌
인간에게 이로움(利)을 주는 물질로서 파악하고 있기 때문에 이 항목에서 五行의 常勝을 부정하는
것은 公孫龍에 대한 비판이라고 생각된다.

❸　常勝: 相勝 또는 相剋을 의미한다. 五行相勝說에 의하면 물은 불을 이기고, 불은 쇠를 이기고,
쇠는 나무를 이기고, 나무는 흙을 이긴다. 일반적으로 相勝 또는 相剋이라 말하지만 常勝이 더 맞는
표현이다.

❹　合之府水: 어떤 이는 合之成水로 바꾸어 읽고, 어떤 이는 木腐土로 바꾸어 읽는다. 여기서는 前
者를 취한다. 『莊子』「外物」의 "金與火相守則流(쇠와 불이 서로 만나면 흐른다)"와 같은 맥락이다.

❺　木離木: 木離土로 바꾸어야 뜻이 통한다. 離는 '분리되다'라는 의미와 '만나다'라는 반대의 의
미를 동시에 가지고 있다. 여기에서 어떤 의미로 번역하든 그 요지는 동일하다.

145 經 下: 無欲惡之爲益損也, 說在宜。

經說 下: 無: 欲惡傷生損壽, 說以少連。

是誰愛也, 嘗多粟。或者欲不有能傷也, 若酒之於人也。

誰 → 唯, 嘗: 맛보다, 粟: 조, 곡식의 총칭

且恕人利人, 愛也。則唯恕弗治也。

經 下: 욕망함과 미워함이 이익과 손해를 가져오지 않으니 그 이유는 마땅함에 있다.

經說 下: 욕망과 미움은 삶을 손상시키고 수명을 줄이는데, 이는 (欲惡와 益損의) 연관성이 미약하기 때문이다. 오로지 좋아하여 곡식(음식)을 많이 먹는다고 하자. 어떤 이는 욕망이 있어도 (삶을) 손상시키지 않으니 마치 술과 사람의 관계와 같다. 또한 사람을 알고 사람을 이롭게 하는 것이 사랑이지만 오로지 (사람을) 아는 것만으로 다스릴 수 없다.

---

❶ #25(平, 知無欲惡也)에서 無欲惡을 마음의 평정이라는 면에서 언급하였으나 여기서는 損益과 관련하여 설명하고 있다.

❷ 少連: 어떤 이는 少適으로 바꾸어 절약하여 아낀다는 뜻으로 해석하기도 하고, 다른 이는 『論語』에 나오는 賢人의 이름으로 해석하기도 하지만 적절치 않다. 여기서는 있는 그대로 欲惡와 益損이 연관성이 적어 이어지지 않는다는 의미로 번역한다.

❸ 欲不有能傷也: 有欲 不能傷也 또는 欲有不能傷也로 바꾸어 읽으면 뜻이 명확해진다.

146 經 下: 損而不害, 說在餘。

經說 下: 損: 飽者去餘, 適足不害。

能害 飽, 若傷麋之無脾也。 麋 → 糜: 죽, 미음, 脾: 비장

且有損而后益智者, 若瘧病之之於瘧也。 瘧=瘧학: 학질, 말라리아

經 下: 덜어내고도 해가 되지 않는데 그 이유는 남기 때문이다.

經說 下: 배부른 사람이 남는 부분을 제거하면 알맞게 충족되어 해가 되지 않는다. 해를 끼치는 것은 배부름인데, 상한 죽을 (배불리) 먹으면 비장(의 기능)을 없애는 경우와 같다. 또 손해를 본 후에야 이익이 되는 경우도 있는데 학질에 걸린 사람이 낫는

경우와 같다.

<hr>

❶　若傷糜之無脾也: 뜻이 잘 통하지 않아서 일반적으로 脾(비: 비장)를 髀(비: 넓적다리)로 바꾸어 해석하지만 여전히 의심쩍다. 여기서는 高亨의 견해에 따라 糜(미: 사슴)를 糜(미: 죽)로 바꾸어 번역한다.

❷　瘧病之之: 瘧病之止로 읽기도 하고, 瘧病之人로 읽기도 하지만 모두 학질에 걸리면 면역이 생겨 이익이 된다는 의미이다.

147　經 下:　知而不以五路, 說在久。　　　　　　　　五路＝五官, 久: 시간

經說 下: 智: 以目見。而目以火見, 而火不見。

　　　　　　惟以五路 智久不當 以目見若以火見。

<hr>

經 下: 알지만 다섯 감각기관에 의하지 않는 경우가 있다. 설명은 시간에 있다.

經說 下: 눈으로 본다. 눈은 불빛으로 보는데 (정작) 불빛은 보지 못한다. 오직 다섯 감각기관으로 시간을 지각하는 것은 부당한데, 불빛으로 보는 것과 마찬가지로 눈으로 보는 것이 부당하다.

<hr>

❶　『公孫龍子』에는 다음과 같이 쓰여있다. "白, 以目以火見, 而火不見. 則火與目不見, 而神見. 神不見, 而見離(하양은 눈과 불빛으로써 보지만 불빛은 보지 못한다. 그런즉 불빛과 눈은 보지 못하니, 정신이 본다. 정신이 보지 못하니, 보는 것이 분리된다)." 이는 눈과 불빛이 정신과 분리되어 볼 수 없다는 논리이다. 이에 반하여 墨經에서는 사물을 볼 때 불빛이 있어야 눈으로 볼 수 있지만 불빛은 보는 주체가 아니며, 시간과 같은 것은 감각기관이 아니라 이성적 추론에 의해서 알 수 있다고 주장한다. 일관하여 公孫龍을 비판하면서 극단적 경험주의를 배격하고 상식적 경험주의를 견지하고 있다.

148　經 下:　必熱, 說在頓。　　　　　　　　必熱 → 火熱, 頓돈: 갑자기 별안간

經說 下: 火: 謂火熱也, 非以火之熱我有, 若視日。

<hr>

經 下: 불은 (반드시) 뜨거우니 그 이유는 갑작스러움에 있다.

經說 下: 불이 뜨겁다고 말하는 것은 불이 나를 뜨겁게 하기 때문이 아니니, 마치 해(日)를 보는 것과 같다.

---

❶ 必熱: 孫詒讓은 辯者들의 명제 '火不熱', '炭不熱'을 근거로 火不熱의 잘못이라고 주장하지만, 墨經은 公孫龍을 비판하고 있기 때문에 오히려 '火熱' 또는 '火必熱'로 보아야 한다.

❷ 頓: 어떤 이는 보는 것(睹)으로 읽기도 하고, 다른 이는 모여 쌓인 것(貯)으로 읽지만, 여기서는 頓悟와 같이 순간적이고 직접적인 지각을 의미한다고 본다.

❸ 經에서는 '뜨거움'을 직접 순간적으로 지각하기 때문에 존재한다고 논증하지만, 經說에서는 뜨거움을 지각하지 못하더라도 뜨겁다고 말할 수 있는 객관적 근거를 제공하고 있다.

149 經 下: 知其所以不知, 說在以名取。

經說 下: 智: 雜所智與所不智而問之, 則必曰: 是所智也, 是所不智也。
　　　　取去俱能之, 是兩智之也。

經 下: 알지 못하는 까닭을 알게 되니, 그 이유는 이름을 취하기 때문이다.

經說 下: 아는 것과 모르는 것을 섞어서 물으면, 반드시 "이것은 알고, 이것은 알지 못한다"고 대답한다. 취하고 버리는 것이 모두 가능하니 이것은 둘 다 아는 것(兩智)이다.

---

❶ 以名取: #81 "所以謂, 名也. 所謂, 實也. 名實耦, 合也(말하는 수단은 이름이고, 말해지는 대상은 실체이다. 이름과 실체가 짝을 이룬 것이 만남이다)"와 맥을 같이한다. 經說과 연관시키면 所知는 以名取實이며, 所不知는 以名去實이다. 앎은 이름과 실체를 연결시킬 수 있고, 알지 못하는 것은 연결시킬 수 없다. 따라서 모르는 것이 무엇인지 알아서 이름을 붙여주는(以取名) 일이 앎의 과정이다.

150 經 下: 無不必待有, 說在所謂。

經說 下: 無: 若無焉, 則有之而后無; 無天陷, 則無之而無。

焉→馬, 陷함: 무너지다

經 下: 없음(無)은 반드시 있음(有)을 전제하지는 않는다. 그 이유는 말하는 대상(所謂)에 달려 있다.

經說 下: 말(馬)이 없다고 하면 처음에 있었지만 지금 없다는 의미이며, 하늘이 무너지는 일이 없다고 하면 예전에도 없었고 지금도 없다는 의미이다.

---

❶ 若無焉: 焉을 노란 봉황으로 보는 견해도 있지만, 도장본의 影印本을 보면 焉인지 馬인지 명확하지 않다. 馬로 읽는 것이 합리적이다.

❷ #149에서 '所知'와 '所不知'를 대립시키고 여기에서는 좀 더 일반화된 '有'와 '無'를 지시의미론의 관점에서 다룬다. 無는 지시 대상의 '있음'을 반드시 전제할 필요가 없다고 주장한다.

151 經 下: 擢慮不疑, 說在有無。   擢: 뽑다, 제거하다

經說 下: 擢: 疑, 無謂也。

臧也今死, 而春也得文, 文死也可。   得文 → 得之, 文死 → 又死

經 下: (지시대상을) 뽑아 생각하면 의심하지 않는데, 설명은 (지시대상의) 있고 없음에 달려 있다.

經說 下: 의심은 (지시대상이 없어서) 말하지 아니한다. 臧이라는 하인이 지금 죽고, 春이라는 하인이 그것(죽음의 원인)을 얻었으니 또한 죽는 것이 가능하다.

---

❶ 經과 經說이 모두 각 구절이 간단하게 서술되어 있어서 그 뜻을 이해하기 어렵고, 따라서 주석가들마다 다양한 해석을 내놓고 있다. 앞에서 지시대상에 대하여 설명하였으므로 여기서는 이와 관련하여 번역한다.

❷ 擢: 孫詒讓은 擢을 여러 가지 고증을 하여 攉(각)이나 擢(확)으로 보고 '대충대충 하다'로 번역하고 있으나 설득력이 부족하다. 여기서는 推나 援의 의미로 읽는다. 「小取」 편의 '援' 형식의 추론을 가리킨다.

❸ 臧也/春也: 臧은 착하다는 의미가 있어 남자 하인의 이름으로, 春은 봄에 태어난 여자 하인의 이름으로 본다. 王讚源은 병으로 죽고, 병을 얻는 것으로 상정한다.

152

經 下: 且然不可正, 而不害用工, 說在宜。 用工: 종사하다

經說 下: 且: 猶是也。且且必然, 且已必已。 且且必然 → 且然必然

且用工而後已者, 必用工後已。

經 下: 장차 그러함(且然)은 바로잡을 수 없으나, 일을 하는 데 해가 되지 않는다. 그 이유는 마땅함에 달려 있다.

經說 下: 이와 같다. 장차 그러함은 반드시 그러함이며, '장차 그침(且已)'은 '반드시 그침(必已)'이다. 장차 일을 한 후에 그친다는 것은 반드시 일을 한 후에 그친다.

❶ #33에서 현재와 미래 시제에 且를 사용한다고 정의했다(自前曰且, 自後曰已, 方然亦且). 久는 지속적인 시간이라는 뜻에서 물리적 의미를 가지며, 且는 사람의 삶과 언어표현을 담보하고 있다.

❷ 且猶是也: 經 #33 且, 言然也와 같은 의미이다.

❸ #33에서 현재와 미래시제에는 且를 사용하고, 과거시제에는 已를 사용한다고 하면서 #152에서는 且已라고 쓴다. 그러면서 且와 必을 동일시하고 있어 그 뜻을 헤아리기 어렵다. 誤脫이 있는 듯하다.

❹ 必用工後已: 工 다음에 而를 넣어 必用工而後已로 고치면 뜻이 더 명확해진다.

153

經 下: 均之絕不, 說在所均。 不=否

經說 下: 均: 髮均, 縣輕; 而髮絕, 不均也。 縣=懸

均, 其絕也莫絕。

經 下: 균형이 깨지느냐(絕) 아니냐 하는 문제는 균형되는 바에 달려 있다.

經說 下: 머리카락이 균형을 이루면 가벼움을 매달고, 머리카락이 끊어지면 균형이 아니다. 균형이 이루어지면 끊어지는 일이 없다.

❶ 公孫龍의 '髮引千鈞(머리카락은 삼만 근을 끈다)'을 비판하고 있다. 주석가들은 #153을 『列子』「湯問」편의 구절("均, 髮均縣, 輕重而髮絕, 髮不均也. 均也, 其絕也莫絕")과 똑같이 만들어 고쳐 읽지만 이는 잘못된 주석이다. 『列子』의 구절과 주석에서 均은 균질하다는 의미로 해석되지만, 여기서는 원문을 그대로 두면서 다르게 끊어 읽고, 均을 균형이라는 의미로 번역한다.

154 經 下： 堯之義也, 生於今 而處於古。而異時。說在所義二。

經說 下： 堯： 霍, 或以名視人, 或以實視人。　　　　　　　　　　　　　霍: 재빠르다

　　　　　舉友富商也, 是以名視人也。　　　　　　　　　　　　　　視=示

　　　　　指是臛也, 是以實視人也。　　　　　　　　　　　　　　　臛 → 霍

　　　　　堯之義也, 是聲也於今, 所義之實處於古。

經 下: 요(堯) 임금의 의로움은 지금 살아있으나 옛날에 행해졌으니 시대를 달리한다. 그 이유는 의롭게 여기는 바(所義)가 둘이기 때문이다.

經說 下: 요 임금은 빠르다. 어떤 이는 이름으로써 사람에게 보여주고, 어떤 이는 실재로써 사람에게 보여준다. 친구가 부유한 상인이라고 말하면 이는 이름으로써 사람에게 보여주는 것이며, 이 사람이 빠르다고 말하면 실재로써 사람에게 보여주는 일이다. 요(堯) 임금의 의로움은 지금 명성이 있으나, 의로운 바의 실재는 옛날에 행해졌다.

---

❶　生於今: 經說의 是聲也於今과 같은 의미이기 때문에 生을 聲으로 바꾸기도 하지만 명성이 살아있다는 정도로 해석한다. 의로움의 내용이 시대에 따라 달라진다는 사실을 강조하고 있다. 先王의 업적을 기리는 孟子, 과거를 지향하는 老子를 의식하여 비판하고 있다는 느낌이 드는 대목이다.

❷　霍: 墨經에는 霍(곽)이라는 글자가 종종 나오는데, 孫詒讓은 이를 모두 虎로 바꾸지만 근거가 없다. 여기서는 사전적 의미로 번역한다.

❸　臛(학): '고깃국'이라는 뜻인데 의미가 잘 통하지 않는다. 아마 위에 나온 霍과 字形이 비슷하여 잘못 쓴 것으로 추정된다.

155 經 下： 狗, 犬也, 而殺狗非殺犬也, 可。說在重。

經說 下: 狗： 狗, 犬也。謂之殺犬, 可。若兩脆。　　　　　　　　　　　脆: 종기

經 下: 멍멍이(狗)는 개(犬)다. 그러나 멍멍이를 죽이는 일은 개를 죽이는 것이 아니라고 할 수 있다. 그 이유는 중복되기 때문이다.

經說 下: 멍멍이는 개다. (멍멍이를 죽이는 일은) '개를 죽이는 것이다'라고 말할 수 있다. 마치 두 개의 종기와 같다.

❷　腜: 玉篇에 나오지 않는 글자인데, 많은 주석가들은 脾(비: 비장)의 오류라고 하면서 髀(비: 넓적다리)로 읽고, 王讚源은 '나무의 혹'을 뜻하는 瘣(외)로 읽지만, 기세춘은 腫氣로 해석한다. 그러나 넓적다리로 해석하든 종기로 해석하든 의미는 같다.

❸　經과 經說의 내용이 모순된다. 그래서 주석가들은 經의 可를 不可로 고치기도 하고, 經說의 可를 不可로 고치기도 하지만 이는 모두 잘못된 번역이다. 經에서는 이름이라는 측면에서 이름이 두 개(二名)이기 때문에 殺狗와 殺犬이 다르고, 經說에서는 지시대상을 중심으로 하여 실재가 하나(一實)이기 때문에 殺狗와 殺犬이 같다는 의미로 해석해야 한다. 따라서 辯者들의 명제 '狗非犬'는 한 측면에서만 인식했다는 비판이 이 항목의 요지이다.

156　經 下:　使, 殷美, 說在使。

經說 下: 使: 令使也。

我使我, 我不使, 亦使我。

殷戈 亦使殷, 不美 亦使殷。

經 下:

經說 下:

157　經 下:　荊之大, 其沈淺也, 說在具。

經說 下: 荊: 沈, 荊之貝也。　　　　　　　　　　　　　貝 → 具

則沈淺非荊淺也, 若易五之一。

經 下: 초(楚)나라는 크지만 그 연못은 얕다. 설명은 갖추어짐에 달려 있다.

經說 下: 연못은 초나라에 갖추어져 있다. 그렇다고 연못이 얕다고 초나라가 얕은 것은 아니니, 다섯과 하나를 바꾸는 것과 같다.

❶　荊: 楚나라의 별칭으로『韓非子』와『墨子』도 楚나라를 荊이라 칭한다.

❷　沈: 어떤 이는 沆(항)으로 바꾸지만 沈에는 연못 또는 호수라는 뜻이 있다. 또 河南省 廣漢縣에 있는 沈水라는 강이 있는데 당시에는 楚나라의 국경 안에 있었다고 한다. 일반명사로 하든 고유명사로 하든 요지는 변하지 않는다.

❸　#157은 부분과 전체를 말하면서 辯者들을 비판하고 있다.『莊子』「天下」에 "辯者들이 郢(영)이 천하를 가졌다(郢有天下)"고 하였는데, 일반적 경험론으로 보면 天下가 楚나라 수도 郢을 포함하고 있지만 郢이 천하를 포함하고 있다고 할 수 없다. 楚나라가 연못을 갖추고 있지만, 연못이 楚나라를 갖추고 있는 것은 아니다. 또한 부분(沈, 一)과 전체(荊=楚, 五)가 동질성을 가질 이유도 없다는 의미로 파악된다.

158　經 下:　以檻爲慱, 於以爲, 無知也。說在意。

> 以 A 爲 B: A를 B라고 하다, 慱 → 摶단: 둥글게 하다, 檻함 → 楹영: 기둥

經說 下: 以: 楹之摶也, 見之, 其於意也不易, 先智意相也。　　　相=象

　　　　　若楹輕於秋, 其於意也洋然。　　　秋 → 萩추: 가을 쑥

經 下: 기둥을 둥글다고 여기고 그리 말하면 무지의 소치이다. 그 이유는 추측하여 헤아리기(意) 때문이다.

經說 下: 기둥이 둥근 것을 보면, 그 억측이 바뀌지 않으니 선입견(先智)은 마음의 모습이다. 만약 기둥이 가을 쑥보다 가볍다고 하면 그 억측은 바다처럼 아득하다.

❶　慱: 원문에는 慱(근심하다)으로 되어 있으나, 의미가 통하지 않으니, 아마 摶의 오류인 듯하다. 많은 주석가들이 이를 '작은 나무묶음'으로 해석하지만, 여기에서는 '둥글다'는 의미로 본다. 楚나라에서는 圓이나 圜을 摶이라 했다. 그래야 經說의 의미가 명확해진다.

❷　기둥에는 둥근 기둥과 네모난 기둥이 있다. 그런데 기둥이 둥글다고 여기는 것은 선입견이며 무지(無知)함이며, 추측하여 새겨진 이미지(意相) 때문이다. 둥근 기둥을 보면 그 선입견이 바뀌지 않으니 주의해야 한다는 의미로 읽힌다.

159

經 下:　意 未可知, 說在可用, 過仵。　仵: 짝

經說 下: 段, 椎, 錐 俱事於履, 可用也。　段: 받침돌, 椎: 망치, 방망이, 錐: 송곳

　　　成繪履過椎, 與成椎 過繪履 同, 過仵也。　仵 → 仵, 履구: 신발, 繪: 그림

經 下: 추측하여 헤아림(意)은 아직 앎이 아니다. 그 이유는 '쓸모 있음(可用)'과 '짝을 만남(過仵)'에 달려 있다.

經說 下: 받침돌, 망치, 송곳은 모두 신발을 만드는 데 쓰이는데, 이것이 '쓸 수 있음(可用)'이다. 수놓은 비단 신발(繪履)을 만든 후 망치질하는 것과 망치질한 후 수놓은 비단 신발을 만드는 것은 같은데 이를 '짝을 만남(過仵)'이라 한다.

❶　成椎 過繪履: 過椎 成繪履로 하면 뜻이 더 명확해진다.

❷　#158에서 意는 無知의 원인이 된다고 언급하였고, 이어 #159에서는 意가 知로 전환하기 위한 조건을 신발 만드는 노동을 예로 들어 말하고 있다. 신발을 만드는 데 필요한 도구가 무엇인지(可用), 재료와 도구가 어떻게 만나야 하는지(過仵)를 실용주의적으로 설명한다. 관념적인 意가 실천(또는 노동)을 통해 진정한 知로 전환한다는 의미로 읽힌다.

160

經 下:　一少於二 而多於五, 說在建住。

經說 下: 一: 五有一焉, 一有五焉。十, 二焉。　焉: 於之

經 下: 하나는 둘보다 적지만, 다섯보다 많다. 그 이유는 자릿수(建住)에 있다.

經說 下: 다섯은 하나를 가지고, 하나는 다섯을 가진다. 열은 (다섯이) 두 개다.

❶　중국에서 기원전 500년경부터 주판이 사용되었다. 전통적인 중국식 주판은 막대기를 기준으로 위에는 두 개, 아래에는 다섯 개의 주판알이 있었다. 따라서 위 칸의 주판알 하나는 5에 해당하고(上一當五), 왼쪽 아래 칸의 주판알 하나는 10에 해당(左一而當十)한다. 따라서 오른쪽 10은 왼쪽의 1과 같다(右十而當左一).

❷　五有一焉, 一有五焉: 五를 쪼개보면 一을 가진 것이 다섯이다. 이는 經에서 말하는 一은 二보다 작다는 의미이다. 열 자리의 수 一은 五를 가진 것이 둘이니 經에서 말한 五보다 크다는 의미이다. 결론적으로 一은 한 자리 단위에서 보면 二보다 작지만, 십의 단위에서 보면 五보다 많다.

❸　經說의 '十, 二焉'은 주판의 위 칸에 5를 나타내는 두 개의 주판알을 의미한다.

161　經 下:　非半 弗斱, 則不動。說在端。 斱=斫작: 베다, 자르다

經說 下: 非: 斱半, 進前取也,

前 則中無爲半, 猶端也。

前後取 則端中也。

斱必半, 毋與非半, 不可斱也。 毋: 어조사

經 下: 반(半)으로 나눌 수 없고 자를 수 없다면 움직이지 않는다. 그 이유는 점(端)이기 때문이다.

經說 下: 반으로 자르기를 계속하여 앞부분을 취한다고 하자. 앞부분이면 가운데가 절반이 되지 못하니 마치 점과 같다. 앞과 뒤를 취하면 중간에서 점이 된다. 자르기는 반드시 반으로 나누어야 하는데, 반으로 나눌 수가 없으니 자를 수 없다.

---

❶ 『莊子』「天下」편에 나오는 "一尺之捶, 日取其半, 萬世不竭(일 척의 채찍을 날마다 반으로 자르면 만세가 지나도 끝나지 않는다)"이라는 辯者들의 명제를 비판하고 있다. 辯者들은 논리적으로 取其半이 영원히 계속된다고 말하지만 墨家는 경험적으로 일정한 과정 뒤에는 非半이 된다고 주장한다. 非半은 取其半의 반대이면서 동시에 고대 그리스의 원자(atom)와 같은 개념이다.

❷ 端: #62에서 "端, 體之無序 而最前者也"의 주석을 참조하라. 기하학적으로 선은 면을 구성하고, 면은 부피(體)를 구성하지만, 반대로 부피는 면으로 환원되고, 면은 선으로 환원된다. 辯者들이 예로 든 '채찍'은 體이지만 線으로 환원하여 자른다고 상정하여 端을 點의 의미로 해석했다.

❸ 毋與非半: 毋는 어조사로서 아무런 뜻이 없다. 墨經에서는 毋가 이와 같은 용법으로 종종 사용된다.

❹ 經과 달리 經說의 문장은 의미가 명확하게 않아 誤脫이 있는 듯하다.

162　經 下:　可無也, 有之而不可去。說在嘗然。

經說 下: 可無也: 已給則當給, 不可無也。 久 有窮無窮

經 下: 없어질 수는 있으나 있었다는 사실 자체는 제거될 수는 없다. 이유는 이미 그러했기(嘗然) 때문이다

經說 下: 이미 주어져 있었다면 당연히 주어졌으므로 없앨 수 없다.

❶ 可無也: 有는 無가 될 수 있음을 말한다.

❶ 可無也: 有는 無가 될 수 있음을 말한다.

❷ 給: 주석가들마다 具로 읽기도 하고 然으로 읽기도 하지만, 의미상으로는 有의 다른 표현이다.

❸ 久有窮無窮: 앞의 구절과 뜻이 어울리지 않는다. 여기서는 번역하지 않고 孫詒讓의 주석에 따라 經說 #165의 맨 뒤에 붙인다.

❹ 이 항목은『莊子』「天下」에 나오는 "孤駒未嘗有母(고아 망아지는 일찍이 어미를 가지지 않았다)"이라는 辯者의 명제를 비판하고 있다. 辯者들은 '고아 망아지'의 自性 즉, 불변의 이데아를 인정하지만 墨家는 경험론에 근거하여 그들을 비판한다.

163　經 下:　缶而不可擔, 說在摶。

缶 → 缶 = 正

經說 下: 正: 九, 無所處 而不中縣, 摶也。

縣 = 懸

經 下: 바르지만 메어 달 수 없으니 그 이유는 둥글기 때문이다.

經說 下: 아홉 개의 항성(九)은 머무를 곳이 없지만 가운데 매달려 있지 않고 둥글다.

---

❶ 문장이 애매하게 서술되어 무엇을 말하려고 하는지 이해하기 쉽지 않다. 일반적으로 공 모양의 球體에 대한 설명으로 번역하고 있으나, 바로 뒤에 공간과 시간에 대하여 언급하기 때문에 우주의 구조에 대한 설명이 아닌가 생각된다. 다만 핵심적인 단어인 擔, 摶, 縣(=懸)의 주어와 목적어가 없기 때문에 그 뜻을 정확하게 파악할 수 없다.

❷ 摶(단): 원본의 經과 經說에는 摶(박)으로 되어 있지만 摶의 오자로 추정된다. 摶은 '둥글게 뭉쳐진 것'으로 입체적인 원(圓) 또는 球를 의미한다. 蓋天說을 견지하고 있는 듯한 墨家들의 입장을 고려하면 여기서는 천체로서의 하늘을 의미한다고 본다.

❸ 九: 구체적으로 무엇인지 알 수 없다. 어떤 판본은 凡으로 되어 있고, 어떤 주석가는 丸으로 읽기도 한다. 당시에 알려진 중요한 항성 아홉 개를 의미할 수도 있다.

164　經 下:　宇進無近, 說在敷。

敷: 펴다, 이어지다

經說 下: 偏宇不可偏擧, 宇也。

偏 → 區, 字 → 宇

　　　　　　進行者 先敷近, 後敷遠。

經 下: 공간에서 나아가면 가까움이 없어진다. 그 이유는 이어지기 때문이다.

經說 下: 구역과 공간은 한쪽을 들어낼 수 없으니, 공간이기 때문이다. 나아가는 사람은 먼저 가까운 곳에 도달하고 후에 먼 곳에 이른다.

---

❶ 偏宇不可偏舉: 다른 항목과 형식적으로 통일시키기 위하여 字를 표제어로 삼아 字: 偏不可偏舉로 해도 의미는 변하지 않는다. 여기서는 원문 그대로 번역한다.

❷ 물체와 공간의 차이를 설명하고 있다. 사물은 일부를 제거하거나 바꿀 수 있지만 공간은 그러하지 못하다. 공간은 반드시 가까운 곳에서 먼 곳으로 이어진다.

165 經 下:　行循以久, 說在先後。　　　　　循: 차례

經說 下: 行者: 行者必先近而後遠。

　　　　　遠脩近脩也, 先後久也。　　　　脩=修: 길다=長

　　　　　民行脩 必以久也。

　　　　　久 有窮無窮。

經 下: 차례로 가는 데는 시간이 걸린다. 그 이유는 앞과 뒤가 있기 때문이다.

經說 下: 가는 사람은 반드시 가까운 곳에 먼저 이르고 나중에 먼 곳에 이른다. 멀고 가까움은 거리(脩)이며, 앞과 뒤(先後)는 시간(久)이다. 백성이 (일정한) 거리를 가면 반드시 시간이 걸린다. 시간은 끝이 있으면서 끝이 없다.

---

❶ 遠脩近脩也: 먼 거리와 가까운 거리. 兪樾은 앞의 脩를 생략하여 遠近脩也와 뒤의 先後久也를 對句를 만든다.

❷ 久 有窮無窮: #162의 마지막 문구를 옮겨왔다.

❸ 시간 자체는 감각적으로 지각할 수 없다. 다만 공간 속에서 멀거나 가까운 거리를 이동할 때 시간을 인식할 수 있을 뿐이다. 만약 공간에서 운동이나 변화가 없다면 우리는 시간을 지각할 수 없다. 이것이 끝이 있는(有窮) 시간이다. 반면 끝이 없는(無窮) 시간은 우주 자체와 동일시되어 사변적으로 추론한 시간이다.

166 經 下: 一法者之相與也盡, 若方之相召也。說在方。

經說 下: 一: 方貌盡。俱有法而異, 或木或石, 不害其方之相合也,

　　　　盡貌, 猶方也。物俱然。

　　　　　　　　　　　　　　　　　　　　　　　　猶: 마치 ~와 같다

經 下: 법도(法)가 하나가 되는 것은 서로 (법도와) 일치해야 하니 마치 네모의 모습이 부르는 것과 같다. 그 이유는 네모에 달려 있다.

經說 下: 네모의 모습이 (법도를) 다한다. 모두 다 법도를 가졌으나 다르다. 어떤 것은 나무이고 어떤 것은 돌이지만 네모의 모습에 서로 부합하는 것을 방해하지 않는다. 모습이 일치하니 마치 네모와 같다. 사물은 모두 그러하다.

---

❶　盡: 목적어가 없어서 의미가 명확하지 않다. 초기의 주석가들이 盡類로 읽어야 한다고 주장하면서 經說의 貌를 모두 類로 바꾸지만 근거가 부족하다. 오히려 盡法으로 읽어야 한다고 생각된다. 盡法은 모습을 남김없이 비교하여 법도와 일치한다는 뜻으로 해석된다.

❷　召: 대부분의 주석가들은 召를 合으로 바꾸지만 굳이 바꿀 필요가 없다. 여기에서 召는 네모의 기준(法)이 네모난 사물들을 서로 부르거나, 역으로 네모진 사물들이 서로 불러 모아 네모의 기준을 만든다(以方召方)는 의미로 읽는다. 墨家들이 경험론자임을 감안한다면 後者가 규정성을 갖는다고 판단된다.

❸　俱有法異: 사물(돌이나 나무 등)에 구현된 네모는 서로 다르지만 모두 같은 기준을 가지고 있다는 뜻이다. 세상에는 다양한 네모가 존재하지만 거기에서 우리는 법도(法)로서의 네모를 귀납적으로 추출할 수 있다.

167 經 下: 狂擧不可以知異, 說在有不可。

經說 下: 牛狂與馬惟異, 以牛有齒, 馬有尾, 說牛之非馬也, 不可。

　　　　　　　　　　　　　　　　　牛狂 → 狂: 牛, 惟=唯=雖

　　　　是俱有, 不偏有偏無有。

　　　　曰之與馬不類, 用牛角, 馬無角, 是類不同也。　　　　之 → 牛

　　　　若擧牛有角, 馬無角, 以是爲類之不同也, 是狂擧也,

　　　　猶牛有齒, 馬有尾。

經 下: 잘못된 추론은 차이를 알지 못하게 한다. 그 이유는 불가능하기 때문이다.

經說 下: 소와 말은 비록 다르지만, 소에는 이빨이 있고 말에는 꼬리가 있다는 이유로 '소는 말이 아니다'라고 말하는 것은 가능하지 않다. 모두 이것(이빨과 꼬리)을 가지고 있으니 한쪽만 가지고 한쪽은 가지지 못한 것이 아니다. 소와 말은 같은 종류가 아니라고 말하는데, 소는 뿔을 가지고 있지만 말은 뿔이 없다고 한다면, 이것은 종류가 같지 않음을 말한다. '소는 뿔이 있고 말은 뿔이 없다'고 예를 들면서 종류가 같다고 한다면 이는 잘못된 추론이다. 마치 소는 이빨을 가지고 있으며 말은 꼬리를 가진다고 하는 것과 같다.

---

❶ 狂擧:『公孫龍子』「通變論」에서 狂擧와 正擧를 대비시키고 있다. 擧는 예를 들어 설명하고 추론하는 과정이다. 따라서 狂擧를 '잘못된 추론'으로 번역한다.

❷ 牛狂: 狂牛의 오류이며 狂: 牛로 바꾸어야 내용과 형식에서 일관성을 유지할 수 있다.

❸ 用牛角: 앞뒤의 문장에 비추어 用牛有角으로 바꾸어야 의미가 명확해진다. 여기에서 用은 이유를 표시하는 以의 의미를 갖는다.

❹ 以是爲類之不同也: 전체적인 내용으로 보아 不 자가 빠져야 의미가 통한다. 以是爲類之同也이 되어야 한다.

168 經 下: 牛馬之非牛, 與可之同, 說在兼。

經說 下: 或不非牛 (或非牛) 而'非牛也'可, 則或非牛 或牛 而'牛也'可。

故曰 '牛馬非牛也' 未可, '牛馬牛也' 未可, 則或可 或不可。

而曰 ' (牛馬非牛也, 未可,) 牛馬牛也, 未可' 亦不可。

且牛不二, 馬不二, 而牛馬二。

則牛不非牛, 馬不非馬, 而牛馬非牛非馬, 無難。

經 下: '牛馬는 牛가 아니다'와 '牛馬는 牛이다'는 같은 말이다. 그 이유는 전체(兼)이기 때문이다.

經說 下: 어떤 때는 소(牛)이며 어떤 때는 소가 아니어서 '소가 아니다'라고 말하는 것이 가능하다면, 어떤 때는 소가 아니고 어떤 때는 소이어서 '소이다'라고 말하는 것도 가능하다. 그러므로 '馬는 牛가 아니다'는 말은 가능하지 않고, '牛馬는 牛이다'라

는 말도 가능하지 않다면, 어떤 때는 가능하고 어떤 때는 가능하지 않게 된다. 그런데 '牛馬는 소가 아니다'는 명제도 가능하지 않고, '牛馬는 소이다'라는 명제도 가능하지 않다고 말하는 것 역시 옳지 않다. 또한 소는 둘이 아니며, 말(馬)도 둘이 아니지만, 牛馬는 둘이다. 그렇다면 소는 소가 아닐 수 없고, 말은 말이 아닐 수 없으니, 牛馬는 소도 아니고, 말도 아니다. 어려움이 없다.

---

❶ 　與可之同: 여기에서 可는 牛馬可牛의 의미이다. 즉, 牛馬牛也가 可하다.

❷ 　或不非牛: 沈有鼎은 이 문구 다음에 或非牛가 들어가야 다음 문장과 대구를 이루고 뜻이 명확하게 통한다고 주장하는데, 이에 동감하여 원문에 괄호 부분을 삽입하여 그에 따라 번역한다.

❸ 　而曰: 高亨은 이 문구 다음에 牛馬非牛也 未可가 들어가야 앞의 문장과 대구를 이루고 뜻이 통한다고 주장하는데 이에 동감하여 괄호 부분을 삽입하여 그에 따라 번역한다.

❹ 　且牛不二,馬不二,而牛馬二: 여기에서 二는 經의 兼과 같이 '전체' 또는 '아우름'을 뜻한다. 『公孫龍子』「通變論」의 "羊不二, 牛不二, 而羊牛二. 是而羊而牛"에 대한 비판으로 생각된다.

169　經 下:　循此循此 與彼此同。說在異。 循: 말하다, 따르다

經說 下: 彼: 正名者 彼此, 彼此 可。 彼 → 循

　　　　彼彼止於彼, 此此止於此, 彼此 不可。

　　　　彼且此也, 彼此 亦可。

　　　　彼此止於彼此, 若是而彼此也, 則彼亦且此, 此也。

經 下: (예전에) 이것을 말하고, (지금) 이것을 말하니, 저것과 이것은 더불어 같다. 그 이유는 (예전의 이것과 지금의 이것이) 다르기 때문이다.

經說 下: 이름을 바로잡는 일에는 저것(彼)과 이것(此)이 있으니 (이때) 저것과 이것은 사용할 수 있다. 저것을 저것이라 함은 저것에 머무르고 이것을 이것이라 함은 이것에 머무르니, 이것을 저것이라 할 수 없다. (어떤 것을) 저것이라고 하고 또한 이것이라고 하는데, (이 경우에는) 이것을 저것이라고 할 수 있다. 저것과 이것은 저것과 이것에 머무르니, 이와 같이 저것이 이것이라면, 저것은 역시 장차 이것이 되고 이것 역시 장차 저것이 될 수 있다.

❶　循此循此: 주석가들마다 해석이 다양하다. 어떤 이는 循을 모두 衍文으로 보고 빼버리고 此此로 읽기도 하고, 어떤 이는 經說의 표제어가 彼이기 때문에 循을 彼의 오류로 보고 彼此彼此로 읽는다. 또 다른 이는 이를 彼彼此此로 바꾸어 읽기도 한다. 王讚源은 이 부분을 그대로 번역하면서 經說의 표제어인 彼가 循의 誤字라고 지적한다. 여기서는 王讚源의 견해를 따른다.

❷　正名: 孔子는 '君君 臣臣'이라 하여 임금을 임금이라 하고, 신하를 신하라 하는 것이 이름을 바로잡는(正名) 것이라 했다. 經說 #81에서는 '名實耦合也'라 하여 이름(名)과 실체(實)가 짝을 이루어 서로 부합됨을 말한다. 『公孫龍子』「名實論」에서도 "其正者, 正其所實也. 正其所實者, 正其名也(바로잡는 것은 실체를 바로잡음이고, 실체를 바로잡는 것은 이름을 바로잡음이다)"라 했다. 모두 名과 實이 相應하여 부합되는 것을 강조한다.

❸　彼此: 다음과 같이 세 가지로 번역하는 것이 가능하다. ① 저것과 이것, ② 저것은 이것이다, ③ 이것을 저것이라 한다.

❹　彼彼止於彼,此此止於此,彼此不可:『公孫龍子』「名實論」의 '故彼彼止於彼,此此止於此,可'를 비판하고 있다. 여기에서 彼彼(此此)는 '저것(이것)은 저것(이것)이다'라고 해석할 수도 있고, '저것(이것)을 저것(이것)이라 한다'로 해석할 수도 있다. 그러나 後者의 번역이 더 나은 듯하다. 따라서 彼此는 '저것과 이것' 또는 '저것은 이것이다'라는 뜻이 아니라, '이것(此)을 저것(彼)이라 한다'는 의미이다.

❺　彼且此也, 彼此 亦可: 표현법에서 차이는 있지만『公孫龍子』「名實論」의 "彼此而彼且此, 此彼而此且彼, 不可"를 반박하고 있다. 여기에서 '彼且此也'는 '어떤 것을 저것(彼)이라 하고 또한 이것(此)이라고 한다'는 의미이다.

❻　此也: 마지막 문구인 此也는 이해하기 어렵다. 孫詒讓은 이를 此亦且彼也로 바꾸어 읽어야 한다고 하는데 이를 따른다.

170　經 下:　唱和同患, 說在功。

　　　　　　　　　　　　　　　　　　唱: 주장하다, 患: 근심, 걱정

經說 下: 唱無過, 無所周, 若粺。和無過, 使也, 不得已。

　　　　　　　　　　　　　　　　周: 두루 미치다, 粺=稗패: 돌피

　　唱而不和, 是不學也。智少而不學, 必寡。

　　和而不唱, 是不教也。智而不教, 功適息。

　　　　　　　　　　　　　　　　　　適: 필시, 마침

　　使人奪人衣, 罪或輕或重; 使人予人酒, 或厚或薄。

　　　　　　　　　　　　　　　　　　予: 주다

經 下: 주장과 (그에 대한) 응답은 근심을 같이한다. 설명은 성과(功)에 달려 있다.

經說 下: 주장이 잘못되지 않아도 두루 영향을 미치지 않으면 (쓸모없는) 돌피와 같다. 응답이 잘못되지 않아도 그렇게 되면(使也) 그칠 수 없다. 주장하지만 응답이 없으면, 이는 배우지 않는 것이다. 지혜는 적은데 배우지 않으면 (성과는) 반드시 적다. 응답하지만 주장이 없으면, 이는 가르치지 않는 것이다. 지혜는 있지만 가르치지 않으면 성과는 마침내 멈춘다. 사람을 시켜 남의 옷을 뺏으면 그 죄가 한쪽은 가볍고 한쪽은 무겁다. 사람을 시켜 남에게 술을 대접하면 (그 공덕이) 한쪽은 두텁고 한쪽은 가볍다.

---

❶ 唱과 和: 이 항목의 주제를 어떻게 파악하는가에 따라 해석이 둘로 나뉜다. 음악을 비판하는 것으로 보는 견해(李漁叔, 王讚源)를 따르면, 唱은 먼저 부르는 노래이며, 和는 唱에 화답해서 부르는 노래이다. 主犯과 從犯의 법적ㆍ도덕적 관계를 다룬 것으로 보는 견해(沈有鼎)를 따르면, 唱은 주장이며, 和는 그 주장을 따르는 응답(附和雷同)을 의미한다. 마지막 부분의 구체적인 예시로 보아 後者가 더 나은 해석이다.

❷ 必寡: 뒷 문장에 비추어 보아 功必寡로 읽는다.

❸ 或厚或薄: 구절 앞에 주어가 생략되어 있다. 생략된 주어가 功이 아닌가 싶다.

❹ 唱而不和와 和而不唱의 구체적인 예를 각각 옷을 뺏는 일과 술을 대접하는 일로 제시하고 있으나 앞의 내용과 조응하지 않으며 어색하다. 무엇인가 생략되어 있는 듯하다.

171 經 下: 聞所不知 若所知, 則兩知之, 說在告。

經說 下: 聞: 在外者 所不知也。

或曰, 在室者之色若是其色, 是所不智若所智也。

猶白若黑也, 誰勝? 是若其色也, 若白者必白。 若=或

今也 智其色之若白也, 故智其白也。

夫名 以所明 正所不智, 不以所不智 疑所明。 若以尺度所不智長。

外, 親智也; 室中, 說智也。

經 下: 알지 못하는 것을 들어서 알게 되면 양쪽을 알게 된다. 그 이유는 알려주기(告) 때문이다.

經說 下: 밖에 있는 사람은 (안에 있는 것을) 알지 못한다. 어떤 사람이 "방에 있는 것의 색깔은 그 색깔과 같다"고 말하면, 모르는 바를 알게 된다. 하얗거나 검다면 어느 것이 맞는가? 이것(방 안에 있는 것)이 그 색과 같으며, 흰색은 반드시 흰색이다. 그제야 (今也) 그 색이 흰색임을 알고, 그리하여 그 흰색을 알게 된다. 무릇 이름(名)이란 아는 것(所明)으로써 알지 못하는 것을 바로잡는 것이지, 알지 못하는 것으로써 아는 것을 의심하지 않는다. 마치 잣대(尺)를 가지고 알지 못하는 길이를 재는 일과 같다. (방의) 밖에 있는 것은 몸소 알게 되고, 방 안에 있는 것은 말해주어 알게 된다.

❶　兩: 알려주는 사람(아는 사람)과 듣는 사람(모르는 사람)을 의미할 수도 있고, 아는 것과 모르는 것으로 볼 수도 있다. 여기서는 後者로 해석한다.

❷　在外者 所不知也: 일부 주석가들은 마지막 문장(外, 親智也; 室中, 說智也)에 근거하여 '在外者 所知也, 在室者 所不知也'로 바꾸어 읽지만 굳이 그럴 필요가 없다.

❸　外, 親智也, 室中, 說智也: 經說 #81 "傳受之 聞也, 方不廩 說也, 身觀焉 親也"와 맥을 같이 한다. 親知는 인식주체가 五官으로 직접 지각하여 아는 것이어서 한계가 명확하다. 說知는 經의 '告'를 통해 간접적으로 아는 지식이어서 親知의 한계를 극복시켜준다. 교육이 여기에 속한다.

172　經 下:　以言爲盡誖, 誖。說在其言。　　以 A 爲 B: A를 B라고 여기다, 誖: 어긋나다

經說 下: 以: 誖, 不可也。

　　　　出入之言可, 是不誖, 則是有可也。

　　　　之人之言不可, 以當必不審。　　　之=其

經 下: 말이 모두 그르다고(盡誖) 여기는 것은 잘못이다. 그 이유는 그 말 자체에 달려 있기 때문이다.

經說 下: (말이 모두) 그르다고 하는 것은 잘못이다. 들어가고 나오는 말이 옳고, 이것이 어긋나지 않으면 이는 옳다.(可) 그 사람의 말이 옳지 않으면 반드시 마땅함으로 살필 수 없다.

❶　言, 其言: '말' 또는 '그 말'이라 직역했지만 여기서는 오히려 命題에 가까운 의미로 사용하고 있다고 보아야 한다.

❷　出入之言: 대부분의 주석가들이 孫詒讓을 따라 之人之言의 오류라고 하지만 근거가 없다. 어

면 의도로 出入이라고 표현했는지 명확하지 않지만 생겨났다가 없어지는 生滅의 의미가 아닌가 생각된다.

❸ 之人之言: 經의 명제를 가리키는데 자기 모순적 명제이기에 스스로 모순을 내포하고 있다. '예외 없는 법칙은 없다'와 같이 자신에 적용하면 그 명제는 모순에 빠진다. 마찬가지로 '모든 말은 틀렸다'는 經의 명제는 옳지 않으며, 當과 不當을 따질 수 없다.

173 經 下: 惟吾謂 非名也, 則不可。 說在仮。 <small>惟: 들어맞다, 대답하다, 仮=反</small>

經說 下: 惟: 謂是霍, 可。 <small>霍: 학, 두루미</small>

而猶之非夫霍也, 謂彼是是也, 不可。

謂者毋惟乎其謂。 <small>毋는 衍文</small>

彼猶惟乎其謂, 則吾謂不行。

彼若不惟其謂, 則不行也。

經 下: 내 말에 들어맞아도 (올바른) 이름이 아니면 가능하지 않다. 그 이유는 (明과 實에) 어긋나기(仮=反) 때문이다.

經說 下: '이것은 학이다'라고 말하는 것은 가능하다. 그런데 오히려 그것이 학이 아닌 경우 '저것은 이것이다'고 말하면 안 된다. 말한 것은 (일반적인) 말(其謂)에 들어맞아야 한다. 저것이 (일반적인) 말에 들어맞으면 내 말이 통하지 않으며, 저것이 (일반적인) 말에 들어맞지 않으면 (저것이) 통하지 않는다.

---

❶ 惟: 고대 중국에서는 惟, 唯, 誰가 서로 통용되었다. 그리하여 대부분의 주석가들이 唯로 읽고, '응답(호응)하다'로 해석하고 있으며, 이와 더불어 끊어 읽기를 잘못하여 그 뜻이 전혀 통하지 않는다. 여기서는 惟를 그대로 두면서 새로운 끊어 읽기를 시도했다.

❷ 謂是霍: 여기서 是는 '이것'으로 학을 가리키며, 뒤에 나오는 彼는 '저것'으로 학이 아닌 것을 지시한다.

❸ 則吾謂不行: 일반적으로 不行은 의미가 통하지 않는다고 하여 不을 빼고 行으로 읽지만 이는 오류이다. 이러한 오류는 다음 문장에 나오는 則不行也의 주어를 吾謂로 보기 때문이다. 그러나 다음 문장에 나오는 則不行也의 주어는 吾謂가 아니라 彼이기 때문에 앞 문장의 不을 빼서는 안 된다. 여기서는 원문을 그대로 두고 해석한다.

❹ 이 항목에서는 용어(이름), 나아가 언어는 일반성 또는 보편성을 띄어야 한다고 주장한다. 그렇지 않으면 의사소통에 혼란을 초래할 뿐 아니라 논쟁이 무의미해진다.

174

經 下: 無窮不害兼, 說在盈否。

經說 下: 無: 南者 有窮 則可盡, 無窮 則不可盡。

有窮無窮 未可智, 則可盡不可盡不可盡 未可智。

人之盈之否 未可智, 而必人之可盡不可盡 亦未可智,

而必人之可盡愛也, 誖。

人若不盈先窮, 則人有窮也, 盡有窮 無難。　　　先→无=無

盈無窮, 則無窮盡也, 盡有窮 無難。

經 下: 끝이 없어도 겸애(兼)를 방해하지 않는다. 설명은 (사람들을) 채우는가 못 채우는가(盈否)에 달려 있다.

經說 下: 남쪽 사람들은 끝이 있으면 모두 사랑할 수 있고 끝이 없으면 모두 사랑할 수 없다. 끝이 있는지 없는지 알지 못하면, 모두 사랑할 수 있는지 없는지 알 수 없다. 사람이 채워져 있는지 아닌지 아직 알지 못하니 사람이 반드시 모두 사랑할 수 있는지 없는지 역시 알 수가 없다. 그런데도 반드시 사람들이 다 사랑한다고 하는 것은 잘못(誖)이다. 만약 사람들이 끝이 없는 곳을 채우지 못하면 사람들이 끝이 있다는 것이니 유한한 사람을 모두 사랑하는 것은 어렵지 않다. (사람들이) 끝이 없는 곳을 채우면 끝이 없는 것(無窮)이 다(盡)하여 유한한 사람을 모두 사랑하는 것 또한 어렵지 않다.

---

❶　南者: 『莊子』 「天下」에 "南方無窮而有窮"이라는 표현이 나와서 모든 주석가들이 南方으로 해석하지만 여기서는 말 그대로 '남쪽 사람들'로 본다.

❷　盡: 盡愛를 의미한다.

❸　則可盡不可盡不可盡: 不可盡 세 글자가 중복되어 있으니 오류이다. 마땅히 세 글자를 삭제하여 則可盡不可盡으로 수정되어야 한다.

❹　而必人之可盡愛也, 誖: 대부분의 주석가들은 可盡愛也를 不可盡愛也로 고쳐 읽지만 이는 오류이다. 대부분의 주석가들은 經說의 내용을 모두 墨家의 주장으로 생각하기 때문이다. 經說 앞부분 4줄은 兼愛를 비판하는 사람들의 주장이고, 마지막 두 줄은 이를 반박하는 墨家의 주장이기 때문이다.

❺　盈無窮, 則無窮盡也, 盡有窮 無難: 無窮을 채우면 無窮이 다하여 有窮이 되니 또한 모두 사랑할 수 있다는 의미이다.

❻　經의 '兼'이나 經說의 盡愛는 모두 兼愛를 뜻한다. 사람은 無窮한데 이를 모두 사랑한다는 兼愛는 이론적으로 모순이라고 주장하는 사람들에 대하여 논리적으로 반박하고 있다. 즉 墨家는 無窮은 관념상의 개념일 뿐이며 현실에 존재하는 것은 有窮이라고 전제하고 있다. 이어지는 #175~176에서도 兼愛가 가능하다고 주장한다.

175

經 下:　不知其數 而知其盡也, 說在明者。

經說 下: 不: 二智其數, 惡智愛民之盡文也?　　　　　　　二 → 不, 惡: 어찌, 文 → 之

　　　　　或者遺乎其問也。　　　　　　　　　　　　　　遺: 남기다

　　　　　盡問人, 則盡愛其所問。

　　　　　若不智其數 而智愛之盡文也, 無難。　　　　　文 → 之

經 下: 그 수(數)를 알지 못해도 모두 사랑할 수 있음을 알 수 있다. 설명은 (물어서) 밝힘에 달려 있다.

經說 下: 그 수를 모르는데 어찌 백성에 대한 사랑을 다할 수 있음을 아는가? 어떤 사람은 이런 질문을 남긴다. 사람을 (사랑하느냐고) 일일이(盡) 물어보면, 묻는 대상을 모두 사랑할 수 있다. 만약 그 수를 알지 못해도 모두 사랑할 수 있음을 아는 것은 어렵지 않다.

---

❶　不知其數는 無窮에 해당하며, 知其盡也는 有窮에 해당한다.

❷　經의 明/經說의 問: 經說의 내용으로 보아 經의 明을 問으로 수정해야 한다는 견해와 經說의 問을 모두 經에 따라 모두 明으로 바꾸어야 한다는 견해가 있다. 明을 물어서 밝힌다는 의미로 해석하면 양자는 모두 같은 뜻이 된다. 즉, 問은 明의 구체적 방법이다.

❸　#175에서는 질문을 통하여 無窮을 有窮으로 만든다. 즉, 사랑의 대상인 사람들을 모두 거론하여 일일이 물음으로써 사랑의 대상을 확정 짓는다는 의미로 해석된다.

176　　經 下:　不知其所處, 不害愛之。說在喪子者。

經說 下:

經 下: 있는 곳을 알지 못해도 사랑하는 데 방해가 되지 않는다. 설명은 자식을 잃은 사람에 달려 있다.

經說 下:

---

❶　　그 수를 알지 못해도 모두 사랑할 수 있다는 #175의 주장을 뒷받침하면서 어디에 있는지 알지 못해도 세상 사람 전체를 사랑할 수 있다는 兼愛를 논리적으로 강조하고 있다. #174~176은 모두 兼愛가 가능하지 않다는 墨家의 반대파를 논리적으로 반박하고 있다. 반대파들은 無窮과 有窮 어느 쪽인지 알 수 없기 때문에 不可하다는 주장이지만, 墨家는 無窮의 현실적인 모습은 有窮이라는 입장을 취한다. 중국에서 有限과 無限이라는 논쟁은 여기에서 더 나가지 못한다.

177　　經 下:　仁義之爲外內也, 內, 說在仟顏。　　　　　　仟오 → 件: 나누다

經說 下: 仁: 仁, 愛也; 義, 利也。

　　　　　愛利, 此也, 所愛所利, 彼也。

　　　　　愛利不相爲內外, 所愛利亦不相爲外內。

　　　　　其爲仁 內也, 義 外也, 擧愛與所利也, 是狂擧也。

　　　　　若左目出, 右目入。

經 下: 인(仁)과 의(義)가 안과 밖이 된다고 하지만, 모두 안(內)이다. 설명은 짝짝이 얼굴에 있다.

經說 下: 인은 사랑함이고, 의는 (남을) 이롭게 함이다. 사랑함과 이롭게 함은 이것이고, 사랑받음(所愛)과 이로워짐(所利)은 저것이다. 사랑함과 (남을) 이롭게 함은 서로 안과 밖이 되지 못하고, 사랑받음과 이로워짐 역시 서로 안과 밖이 되지 못한다. 인은 안이고, 의는 밖이라는 주장은 사랑함과 이로워짐을 (예로) 들어 말한 것이니, 이것은 잘못된 추론(狂擧)이다. (이는) 마치 왼쪽 눈이 들어가고 오른쪽 눈이 나온 것과 같다.

❶ 作顔: 孫詒讓은 지루한 주석을 달아가면서 頡作(經說의 狂擧와 같은 의미) 또는 作觕(어긋나서 맞지 않는다)의 오류라고 추정하고 있지만 설득력이 부족하다. 오히려 作가 忓=牾(거역하다)의 오자이거나 件(나누어지다)의 잘못으로 보는 것이 타당하다고 생각된다. 이러한 이유로 作顔을 '짝짝이 얼굴'로 해석한다. 그래야 經說의 若左目出, 右目入과도 뜻이 통한다.

❷ 若左目出,右目入: '왼쪽 눈에서 시각이 나오고 오른쪽 눈으로 사물의 형상이 들어온다'는 식의 해석이 주류이지만 여기서는 왼쪽 눈은 튀어나오고 오른쪽 눈은 움푹 들어간 짝짝이 얼굴로 본다.

❸ 外內: 經과 經說에 한 번씩 나오는데, 모든 주석가들이 內外로 고쳐 읽는다. 墨經은 內=此, 外=彼로 치환하여 주체와 객체로 파악하면서 『孟子』에 인용된 告子의 '仁, 內也, 非外也. 義, 外也, 非內也'를 비판하고 있다고 생각된다. 그러나 孟子와 告子는 모두 義를 宜(마땅함)으로 생각하지만 墨家는 利(이롭게 함)으로 여긴다. 이미 #8에서 "義, 利也"라 정의했다. 義에 관한 정의가 다르면 이런 비판은 사실상 의미가 없어진다. 다만 '仁內義外'라는 告者의 주장에 대하여 孟子는 性善說의 입장에서 비판하고, 墨家는 논리적으로 비판하고 있다.

---

178 經 下:　學之益也, 說在誹者。 誹: 비방하다, 비판하다

經說 下: 學也: 以爲不知學之無益也, 故告之也。

　　　　　是使智學之無益也, 是教也。

　　　　　以學爲無益也 教, 誖。

經 下: 배움은 유익한데 그 이유는 비판하는 데 있다.

經說 下: 배움이 무익하다는 사실을 알지 못한다고 생각하여 그것을 알려준다. 이리하여 배움이 무익함을 알게 하는데, 이것이 가르침이다. 배움이 무익하다고 여기면서 가르치는 일은 (논리적으로) 모순(誖)이다.

---

❶ 學之益也, 說在誹者: 孫詒讓이 學之無益也, 說在誖者로 고쳐 읽은 덕분에 우리나라의 모든 번역서가 이를 따르고 있지만, 이는 잘못된 해석이다.

❷ 學也: 學이 표제어이기 때문에 군이 也를 부가할 필요가 없다.

❸ 墨家에게 배우는 일은 매우 중요하지만 당시 배움을 폄훼하는 일련의 사고가 있었다. 『莊子』가 대표적이며, 『老子』에서도 "絶學無憂(20장)"와 같은 표현이나 맥을 좀 달리하지만 "爲學日益, 爲道日損(48장)"이 그러하다. 이러한 흐름을 비판하면서 '배움은 무익하다'는 가르침은 자기 모순적 명제라는 점을 지적하고 있다. #172에서도 자기 모순적 명제에 대하여 말한다.

179 經 下: 誹之可否, 不以衆寡。說在可非。

經說 下: 論誹誹之可不可 以理之可誹, 雖多誹, 其誹是也。

其理不可誹, 雖少誹, 非也。

今也 謂多誹者不可, 是猶以長論短。 論: 헤아리다, 재다

經 下: 비판이 가능한지 아닌지 하는 문제는 (비판의, 또는 비판하는 사람의) 많고 적음에 달려 있지 않다. 그 이유는 옳고 그름(可非)에 달려 있기 때문이다.

經說 下: 비판의 옳고 그름을 논할 때, 이치(理)에 맞으면 비록 비난이 많아도 그 비판은 옳으며, 이치가 맞지 않으면 비록 비난이 적어도 (그 비판은) 그르다. 이제 많이 비판하는 일이 잘못(不可)이라고 말하는 것은 긴 것을 가지고 짧은 것을 재는 일과 같다.

---

❶ #30 "誹, 明惡也(비판은 추악함을 밝히는 일이다)"의 연장선 상에 있다. 誹는 일반적으로 헐뜯고 비방한다는 부정적인 의미로 사용되지만 墨經에서는 비판한다는 긍정적인 내용을 담고 있다.

❷ 論誹誹之可不可: 일반적으로 論誹, 誹之可不可로 句讀하지만, 王讚源은 이 구절을 '誹: 論誹之可不可'로 교정하는데, 經說의 일반적인 형식에 부합할 뿐 아니라 내용도 무난하여 잠정적으로 그의 견해를 따른다.

180 經 下: 非誹者諄, 說在弗非。 諄 → 誖, 弗=不

經說 下: 不誹非, 己之誹也。

不非誹, 非可非也, 不可非也。是不非誹也。

經 下: 비판하는 사람을 비난하는 것은 잘못이다. 그 이유는 (비판이) 틀리지 않기 때문이다.

經說 下: 틀린 것을 비판하지 않는 일은 자신을 비판하는 것이다. 비판을 틀렸다고 하지 않는 일은 틀릴 수 있는(非可) 것을 틀렸다고 하고, 가능하지 않은(不可) 것을 틀렸다고 함이다. 비판을 부정하지 않는 것이 옳다.

① 非와 誖: 非는 주관적으로 틀렸다고 부정한다는 뜻이며, 誖는 객관적 논리적으로 어긋나서 모
순된다는 의미이다.

② 不誹非, 己之誹也: 이 문장은 주석가들마다 고쳐 읽기와 띄어 읽기가 다양하다. 孫詒讓은 '非誹.
非己之誹也'로 읽고, 王讚源은 표제어를 내세워 '非: 非誹, 己之誹也'로 읽는다. 그러나 고치지 않아도
뜻이 잘 통하여 여기에서는 그대로 번역한다. 다만 몇몇의 경우처럼 표제어가 없다고 생각된다.

③ 己之誹: 誹己의 倒置된 문구로 '자신의 비판'이 아니라 '자신을 비판함'이다.

181 經 下:　物箕不甚, 說在若是。　　　　　　　　　　　　　箕→算

經說 下: 物: 甚長 甚短。

莫長於是, 莫短於是, 是之是也。

非是也者, 莫甚於是。

經 下: 사물을 재는 데 있어서 지나치면 안 된다. 그 이유는 기준에 달려 있기 때문이다.

經說 下: 사물은 매우 길기도 하고, 매우 짧기도 하다. 이것보다 더 긴 것은 없다고 하
고, 이것보다 더 짧은 것은 없다고 하는데 이를 옳다고 여긴다. (그렇다면) 옳지 아니
함이 이보다 더 심한 것은 없다.

① 箕: 대부분의 주석가들은 甚의 誤字로 보고, 어떤 주석가는 莫의 誤字로 보지만, 算의 오류로
보는 편이 더 나은 듯하다.

② 是之是也: 여러 가지로 해석된다. 전체의 내용으로 보아 앞의 是는 莫長於是의 是이고, 뒤의
是는 莫短於是의 是라고 볼 수도 있지만, 여기서는 앞의 是는 앞 문장("莫長於是 莫短於是")을 가
리키며, 뒤의 是는 옳다는 의미로 번역한다.

③ "가장 큰 것은 밖이 없으니 이를 일러 大一이라 하고, 가장 작은 것은 안이 없으니 이를 일러
小一이라고 한다(至大無外 謂之大一, 至小無內 謂之小一)"는 惠施의 명제를 비판하고 있다. 大小
를 長短으로 치환하고 인식의 문제를 존재의 문제로 치환하고 있다고 생각된다. 상식적인 경험론자
로서 墨家의 면모를 보여준다.

182

經 下:　取下以求上也, 說在澤。

經說 下: 取: 高下以善不善爲度, 不若山澤。

　　　　處下善於處上, 下所請上也。

經 下: 아래(下)를 취하여 위(上)를 구하니 설명은 산과 연못(澤)에 달려 있다.

經說 下: (지위의) 높고 낮음은 '잘함(善)'과 '못함(不善)'으로 헤아려야 하니 산과 연못과 같지 않다. 아래에 처함이 위에 처함보다 잘하면 아랫사람이 윗자리를 요청해야 한다.

---

❶　說在澤: 經說의 내용으로 보아 說在山澤으로 보아야 한다.

❷　不若山澤: 善 · 不善은 山(高) · 澤(下)와 같은 관계와 같지 않다. 즉, 서로 다른 범주를 맞비교할 수 없다는 의미이며, 또한 산은 높고 연못은 낮은데, 이처럼 지위의 高下가 정해진 것은 아니다. 즉, 사회적 관계는 자연법칙과 같이 정해져 있지 않음을 의미한다.

183

經 下:　是是與是同, 說在不州。　　　　　　　　　州: 모이다

經說 下: 不是是 則是且是焉。

　　　　今是文於是而不於是, 故是不文。　　　　文: 일치하다

　　　　是不文 則是而不文焉。

　　　　今是不文於是 而文於是, 故文與是不文同說也。　　故文 → 故是文

經 下: '옳음을 옳다고 하는 것(是是)'과 옳음(是)은 같다. 설명은 '겹치지 않음(不州)'에 있다.

經說 下: 옳음을 옳다고 하지 않으면 옳음은 장차 옳다고 밝혀진다. 지금 옳음이 옳음과 일치하기도 하고 일치하지 않기도 하기 때문에 일치하지 않는다고 말할 수 있다. 옳음이 일치하지 않으면 옳지만 일치하지 않을 뿐이다. 지금은 옳음이 옳음과 일치하지 않지만 (장차) 일치하기 때문에 '일치함'과 '일치하지 않음'은 같은 이야기이다.

❶　모든 주석가들이 문장의 뜻을 파악하기 어려워 誤脫이 있다고 지적한다. 그래서 주석가들마다 자신들의 방식으로 고쳐 전혀 다른 의미로 해석한다. 孫詒讓은 經의 是是를 經說에 맞추어 不是로 고쳐 읽지만, 王讚源은 반대로 經說의 첫 줄 不을 經에 맞추어 是로 고쳐 표제어로 제시한다. 여기서는 표제어 없이 원문 그대로 번역한다.

❷　是是: '이것은 이것이다'로 번역할 수도 있고, '옳음을 옳다고 한다'로 번역할 수도 있다.

❸　說在不州: 뜻이 통하지 않는다고 하여 주석가들 마다 不州를 不異, 不文, 또는 不之로 읽기도 한다. 州는 動詞이며 '모여서 살다', '모이다'의 뜻이니, 是是와 是가 모이지 않아 서로 분리되고 겹치지 않는다는 의미이다.

❹　文: 經說에 文이 여덟 번 등장하는데 孫詒讓은 습관적으로 文을 모두 之로 바꾸어야 하고, 따라서 不은 否로 바뀌어야 한다고 주장하지만 동의하기 매우 어렵다. 『說文解字』에 나온 "文, 錯畵也(겹쳐서 그리다)"의 용법에 따라 '겹치다' 또는 '일치하다'라는 뜻으로 번역한다. 따라서 經說의 '文'은 經의 '州'와 같은 의미로 파악한다.

❺　經說의 今是로 시작되는 문장은 대구로 이루어져 있다고 판단하면 몇 글자가 생략되어있다. 참고로 생략된 글자를 보충하면 다음과 같다.

今是文於是 而是不於是, 故是不文.

是不文 則是而不文焉.

今是不文於是 而是且文於是, 故是文與是不文同說也.

❻　객관적 진실(是)과 그것을 인식하고 지적하는 행위(是是)가 현재에는 일치하지 않아도 미래에는 밝혀져 결국 같아진다는 의미로 해석된다.

101	止, 類以行人, 說在同.	143	所存與者, 於存與孰存. 駟異說,
102	推類之難, 說在之大小.	144	五行無常勝, 說在宜.
103	物盡同名, 二與鬥, 愛, 食與招, 白與視, 麗與, 夫與屨.		
104	一, 偏棄之. 謂而固是也, 說在因.		
105	不可偏去而二, 說在見與俱, 一與二, 廣與脩.	145	無欲惡之爲益損也, 說在宜
106	不能而不害, 說在害.	146	損而不害, 說在餘.
107	異類不吡, 說在量.	147	知而不以五路, 說在久.
108	偏去, 莫加少, 說在故.	148	必熱說在頓.
109	假必誖, 說在不然.	149	知其所以不知, 說在以名取.
110	物之所以然, 與所以知之, 與所以使人知之, 不必同, 說在病.	150	無不必待有, 說在所謂.
111	疑, 說在逢, 循, 遇, 過.	151	擢慮不疑, 說在有無.
112	合, 與一, 或復否, 說在拒. 無說.	152	且然不可正, 而不害用工, 說在宜.
113	歐物一體也, 說在俱一, 惟是.	153	均之絕不, 說在所均.
114	宇, 或徙, 說在長宇久.	154	堯之義也, 生於今 而處於古, 而異時. 說在所義二.
123	臨鑑而立, 景到. 多而若少, 說在寡區.	155	狗, 犬也, 而殺狗非殺犬也, 可. 說在重.
124	鑑位, 景一少而易, 一大而正, 說在中之外內.	156	使, 殷美, 說在使.
125	鑑團, 景一.		
115	不堅白, 說在無久與宇. 無說	157	荊之大, 其沈淺也, 說在具.
116	堅白, 說在因.	158	以檻爲摶, 於以爲, 無知也, 說在意.
117	在諸其所然 未者然, 說在於是推之.	159	意 未可知, 說在可用, 過仵.
118	景不從, 說在改爲	160	一少於二, 而多於五, 說在建住.
119	景二, 說在重.	161	非半勿斲, 則不動, 說在端.
120	景到, 在午 有端 與景長, 說在端.	162	可無也, 有之而不可去, 說在嘗然.
121	景迎日, 說在摶.	163	缶而不可擔, 說在摶.
122	景之小大, 說在地缶遠近.	164	宇進無近, 說在敷.
125	天, 而必正, 說在得 (위 125와 연결됨)	165	行循以久, 說在先後.
126	貞而不撓, 說在勝.	166	一法者之相與也盡, 若方之相合也, 說在方.

127	契與枝板, 說在薄.	167	狂擧不可以知異, 說在有不可.
	128번이 없음.	168	牛馬之非牛, 與可之同, 說在兼.
129	倚者不可正, 說在剃.	169	循此循此 與彼此同, 說在異.
130	推之必往, 說在廢材.	170	唱和同患, 說在功.
131	買無貴, 說在仮其賈.	171	聞所不知 若所知, 則兩知之, 說在告.
132	賈宜 則讎, 說在盡.	172	以言爲盡誖, 誖, 說在其言.
133	無說而懼, 說在弗心.	173	惟吾謂 非名也 則不可, 說在仮.
134	或, 過名也, 說在實.	174	無窮不害兼, 說在盈否.
135	知 知之否之, 足用也誖, 說在無以也.	175	不知其數 而知其盡也, 說在明者.
136	謂辯無勝, 必不當, 說在辯.	176	不知其所處, 不害愛之, 說在喪子者. 無說.
137	無不讓也, 不可, 說在始.	177	仁義之爲外內也, 內, 說在仵ㄥ.
138	於一有知焉, 有不知焉, 說在存.	178	學之益也, 說在誹者.
139	有指於二, 而不可逃, 說在以二纍.	179	誹之可否, 不以衆寡, 說在可非.
140	所知而弗能指, 說在春也, 逃臣, 狗犬, 貴者.	180	非誹者誖, 說在弗非.
141	知狗而自謂不知犬, 過也, 說在重.	181	物甚不甚, 說在若是.
142	通意後對, 說在不知其誰謂也.	182	取下以求上也, 說在澤.
		183	是是與是同, 說在不州.

101	止: 彼以此其然也, 說是其然也; 我以此其不然也, 疑是其然也.
102	謂四足獸與, 牛鳥與, 物盡與, 大小也. 此然是必然, 則俱.
103	爲麋同名, 俱鬪, 不俱二, 二與鬪也. 包肝肺子, 愛也. 橘茅, 食與抬也. 白馬多白, 視馬不多視, 白與視也. 爲麗不必麗, 不必, 麗與暴也. 爲非以人, 是不爲非. 若爲夫勇, 不爲夫, 爲屨以買衣爲屨, 夫與屨也.
104	二與一亡, 不與一在, 偏去未. 有文實也, 而後謂之; 無文實也, 則無謂也. 不若敷與美, 謂是 則是 固美也, 謂也 則是非美. 無謂則報也.
105	見不見離, 一二不相盈. 廣修堅白.
106	舉不重 不與箴, 非力之任也; 爲握者之倍, 非智之任也. 若耳目.
107	異: 木與夜 孰長? 智與粟 孰多? 爵, 親, 行, 賈 四者 孰貴? 麋與霍 孰高? 麋與霍 孰霍? 蚓與瑟 孰瑟?
108	偏: 俱一無變.
109	假: 假必非也而後假. 狗假霍也, 猶氏霍也.
110	物: 或傷之然也; 見之, 智也. 告之, 使智也.
111	疑: 逢爲務則士, 爲牛廬者夏寒, 逢也. 舉之則輕, 廢之則重, 非有力也. 沛從削, 非巧也, 若石羽, 循也. 鬪者之敝也, 以飲酒, 若以日中, 是不可智也, 愚也. 智與? 以已爲然也與? 愚也.
112	
113	俱: 俱一, 若牛馬四足; 惟是, 當牛馬. 數牛數馬 則牛馬二; 數牛馬 則牛馬一. 若數指, 指五而五一.
114	長宇: 徙而有處, 宇. 宇南北, 在且有在莫, 宇徙久.
115	
116	無堅得白, 必相盈也.
117	在: 堯善治, 自今在諸古也. 自古在之今, 則堯不能治也.
118	景: 光至景亡, 若在 盡古息.
119	景: 二光夾一光, 一光者景也.
120	景: 光之人煦若射. 下者之人也高, 高者之人也下. 足敝下光, 故成景於上. 首敝上光, 故成景於下. 在遠近 有端, 與於光, 故景庫內也.
121	景: 日之光反燭人, 則景在日與人之間.
122	景: 木柂, 景短大. 木正, 景長小. 大小於木, 則景大於木. 非獨小也, 遠近.
123	臨正鑒 景寡. 貌能, 白黑, 遠近, 柂正, 異於光. 鑒景當俱, 就去尒當俱, 俱用北. 鑒者之臭於鑒, 無所不鑒. 景之臭無數 而必過正, 故同處, 其體俱然鑒分.

124	鑑: 中之內, 鑑者近中, 則所鑑大, 景亦大; 遠中, 則所鑑小, 景亦小. 而必正, 起於中緣正而長其直也. 中之外, 鑑者近中, 則所鑑大, 景亦大; 遠中, 則所鑑小, 景亦小. 而必易, 合於中而長其直也.
125	鑑: 鑑者近 則所鑑大, 景亦大; 亓遠, 所鑑小, 景亦小. 而必正, 景過正故招.
126	負: 衡木加重焉而不撓, 極勝重也. 右校交繩, 無加焉而撓, 極不勝重也. 衡加重於其一旁 必捶, 權重相若也. 相衡則本短標長, 兩加焉重相若, 則標必下, 標得權也.
127	挈: 有力也, 引, 無力也. 不心所挈之止於施也, 繩制挈之也, 若以錐刺之. 挈, 長重者下, 短輕者上, 上者愈得, 下下者愈亡. 繩直權重相若, 則心矣. 收, 上者愈喪, 下者愈得, 上者權中盡, 則遂.
128	挈: 兩輪高, 兩輪爲輜, 車梯也. 重其前, 弦其前, 載弦其前, 載弦其軌, 而縣重於其前. 是梯挈且挈則行. 凡重, 上弗挈, 下弗收, 旁弗劫, 則下直. 扡, 或害之也沰. 梯者不得沰直也. 今也廢尺於平地, 重不下, 無旁也. 若夫繩之引軝也,是猶自舟中引橫也.
129	倚: 倍, 拒, 堅, 觟, 倚焉 則不正.
130	誰: 辨石, 絫石耳. 夾寡者法也. 方石去地尺, 關石於其下, 縣絲於其上, 使適至方石, 不下柱也. 膠絲去石, 挈也; 絲絕, 引也. 未變而名易, 收也.
131	買: 刀, 糴相爲賈. 刀輕則糴不貴, 刀重則糴不易. 王刀無變, 糴有變. 歲變糴, 則歲變刀. 若鬻子.
132	賈: 盡也者, 盡去其以不讎也. 其所以不讎去, 則讎正賈也. 宜·不宜舌欲·不欲, 若敗邦 鬻室 嫁子.
133	無: 子在軍, 不必其死生; 聞戰, 亦不必其生. 前也不懼, 今也懼.
134	或: 知是之非此也, 有知是之不在此也, 然而謂此南北, 過而以已爲然. 始也謂此南方, 故今也謂此南方.
135	智: 論之, 非智 無以也.
136	謂: 所謂非同也, 則異也. 同 則或謂之狗, 其或謂之犬也; 異 則或謂之牛, 牛或謂之馬也. 俱無勝, 是不辯也. 辯也者, 或謂之是, 或謂之非, 當者勝也.
137	無: 讓者酒, 未讓, 始也. 不可讓也.(若殆於城門與臧也)
138	於: 石一也, 堅白二也, 而在石. 故有智焉, 有不智焉, 可.
139	有指: 子智是, 有智是吾所先舉, 重則 子智是, 而不智吾所先舉也, 是一. 謂 有智焉, 有不智焉也. 若智之, 則當指之, 智告我 則我智之, 兼指之以二也. 衡指之, 參直之也. 若曰, 必獨指吾所舉, 毋舉吾所不舉, 則者固不能獨指. 所欲相不傳, 意若未校. 且其所智是也, 所不智是也, 則是智是之不智也, 惡得爲一? 謂而 有智焉, 有不智焉.
140	所: 春也, 其執固不可指也. 逃臣, 不智其處. 狗犬, 不智其名也. 遺者, 巧弗能兩也.
141	智: 智狗重智犬, 則過; 不重, 則不過.
142	通: 問者曰, 子智飄乎? 應之曰, 飄何謂也? 彼曰, 飄施. 則智之. 若不問飄何謂, 徑應以弗智, 則過. 且應必應問之時. 若應長, 應有深淺, 天常中在兵人長.
143	所: 室堂, 所存也. 其子, 存者也. 據在者而問室堂, 惡可存也? 主室堂而問存者, 孰存也? 是一主存者 以問所存, 一主所存 以問存者.

144	五: 合水土火火. 離. 然火鑠金, 火多也. 金靡炭, 金多也. 合之府水, 木離木, 若識糜輿魚之數, 惟所利.
145	無: 欲惡傷生損壽, 說以少連. 是誰愛也, 嘗多粟. 或者欲不有能傷也, 若酒之於人也. 且恕人利人, 愛也. 則唯恕弗治也.
146	損: 飽者去餘, 適足不害. 能害 飽若傷糜之無脾也. 且有損而后益智者, 若瘧病之之於瘧也.
147	智: 以目見. 而目以火見, 而火不見. 惟以五路, 智久不當, 以目見若以火見.
148	火: 謂火熱也, 非以火之熱我有, 若視日.
149	智: 雜所智與所不智而問之, 則必曰: 是所智也, 是所不智也. 取, 去俱能之, 是兩智之也.
150	無: 若無焉, 則有之而后無; 無天陷, 則無之而無.
151	擢: 疑, 無謂也. 臧也今死, 而春也得文, 文死也可.
152	且: 猶是也. 且且必然, 且已必已. 且用工而後已者, 必用工後已.
153	均: 髮均縣輕; 而髮絕, 不均也. 均, 其絕也莫絕.
154	堯: 霍, 或以名視人, 或以實視人. 舉友富商也, 是以名視人也. 指是臛也, 是以實視人也. 堯之義也, 是聲也於今, 所義之實處於古.(若殆於城門與於臧也)
155	狗: 狗, 犬也. 謂之殺犬, 可. 若兩脾也.(2017.03.27)
156	使: 令使也. 我使我, 我不使, 亦使我. 殿戈 亦使殿, 不美, 亦使殿.
157	荊: 沈荊之貝也. 則沈淺非荊淺也, 若易五之一.
158	以: 楹之摶也, 見之, 其於意也不易, 先智意相比. 若楹輕於秋, 其於意也洋然.
159	段, 椎, 錐 俱事於履, 可用也. 成繪 屢過椎, 與成椎 過繪屢 同, 過仵也.
160	一: 五有一焉, 一有五焉. 十, 二焉.
161	非: 斮牛, 進前取也, 前 則中無爲牛, 猶端也. 前後取 則端中也. 斮必牛, 毋與非牛, 不可斮也.
162	可無也: 已給則當給, 不可無也.(久有窮無窮)
163	正: 九, 無所處 而不中縣, 摶也.
164	偏字不可偏擧, 字也. 進行者 先數近, 後數遠.
165	行者: 行者必先近而後遠. 遠修近修也, 先後久也. 民行修 必以久也. 久 無窮有窮.
166	一: 方貌盡. 俱有法而異, 或木或石, 不害其方之相合也, 盡貌猶方也. 物俱然.
167	牛狂與馬惟異, 以牛有齒, 馬有尾說牛之非馬也, 不可. 是俱有, 不偏有偏無有. 曰之與馬不類, 用牛角, 馬無角, 是類不同也. 若擧牛有角, 馬無角, 以是爲類之不同也, 是狂擧也, 猶牛有齒, 馬有尾.
168	或不非牛 而'非牛也' 可, 則或非牛 或牛 而'牛也' 可. 故曰: '牛馬非牛也' 未可, '牛馬牛也' 未可. 則或可 或不可. 而曰 牛馬牛也, 未可 亦不可. 且牛不二, 馬不二, 而牛馬二, 則牛不非牛, 馬不非馬, 而牛馬非牛非馬, 無難.

169	彼: 正名者 彼此, 彼此可. 彼彼止於彼, 此此止於此, 彼此 不可. 彼且此也, 彼此 亦可. 彼此止於彼此, 若是而彼此也, 則彼亦且此, 此也.
170	唱無過, 無所周, 若粺. 和無過, 使也, 不得已. 唱而不和, 是不學也. 智少而不學, 必寡. 和而不唱, 是不教也. 智而不教, 功適息, 使人奪人衣, 罪或輕或重; 使予人酒, 或厚或薄.
171	聞: 在外者 所不知也. 或曰, 在室者之色若是其色, 是所不智若所智也. 猶白若黑也, 誰勝? 是若其色也, 若白者必白. 今也 智其色之若白也, 故智其白也. 夫名 以所明 正所不智, 不以所不智 疑所明. 若以尺度所不智長. 外, 親智也; 室中, 說智也.
172	以: 諄, 不可也. 出入之言可, 是不諄, 則是有可也. 之人之言不可, 以當必不審.
173	惟: 謂是霍, 可. 而猶之非夫霍也, 謂彼是是也, 不可. 謂者毋惟乎其謂. 彼猶惟乎其謂, 則吾謂不行. 彼若不惟其謂, 則不行也.
174	無: 南者 有窮 則可盡, 無窮 則不可盡. 有窮無窮 未可智, 則可盡 不可盡不可盡 未可智. 人之盈之否 未可智, 而必人之可盡不可盡 亦未可智, 而必人之可盡愛也, 諄. 人若不盈先窮, 則人有窮也, 盡有窮 無難. 盈無窮, 則無窮盡也, 盡有窮 無難.
175	不: 二智其數, 惡智愛民之盡文也? 或者遺乎其問也. 盡問人, 則盡愛其所問. 若不智其數 而智愛之 盡文也, 無難.
176	
177	仁: 仁, 愛也; 義, 利也. 愛利, 此也, 所愛所利, 彼也. 愛利不相爲內外, 所愛利亦不相爲外內. 其爲仁, 內也, 義, 外也, 舉愛與所利也, 是狂舉也. 若左目出, 右目入.
178	學也: 以爲不知學之無益也, 故告之也. 是使智學之無益也, 是教也. 以學爲無益也 教, 諄.
179	論誹誹之可不可 以理之可誹, 雖多誹, 其誹是也. 其理不可誹, 雖少誹, 非也. 今也 謂多誹者不可, 是猶以長論短.
180	不誹非, 己之誹也. 不非誹, 非可非也. 不可非也. 是不非誹也.
181	物: 甚長, 甚短. 莫長於是, 莫短於是, 是之是也. 非是也者, 莫甚於是.
182	取: 高下以善不善爲度, 不若山澤. 處下善於處上, 下所請上也.
183	不是是 則是且是焉. 今是文於是 而不於是, 故是不文. 是不文 則是而不文焉. 今是不文於是 而文於是, 故文與是不文同說也.

第四十四 大取

1-1　天之愛人也, 薄於聖人之愛人也;

　　其利人也, 厚於聖人之利人也。

天之愛小人也, 薄於小人之愛大人也;

　　其利小人也, 厚於小人之利大人也。

薄: 엷다

하늘이 사람을 사랑함은 성인이 사람을 사랑함보다 엷지만, 하늘이 사람을 이롭게 함은 성인이 사람을 이롭게 함보다 두텁다. 대인(大人)이 소인(小人)을 사랑함은 소인이 대인을 사랑함보다 엷지만, 대인이 소인을 이롭게 함은 소인이 대인을 이롭게 함보다 두텁다.

---

❶　「經」 #7(仁, 體愛也)과 #8(義, 利也)에서 愛와 利를 정의했다. 墨子는 '사랑함'보다 '이롭게 함'을 더 중요하게 생각하고 있다. 그렇다면 일부 주석가들이 주장하는 것처럼 굳이 薄을 博으로 바꿀 필요가 없다.

1-2　以臧爲其親也 而愛之, 非愛其親也;

以臧爲其親也 而利之, 非利其親也。

以樂爲利其子, 而爲其子欲之, 愛其子也;

以樂爲利其子, 而爲其子求之, 非利其子也。

非愛 → 愛

欲: 좋아하다

求: 탐하다

하인을 어버이로 여겨 그를 사랑하는 것은 어버이를 사랑하기 때문이지만, 하인을 어버이로 여겨 그를 이롭게 함은 어버이를 이롭게 하지 않는다. 음악이 자식을 이롭게 한다고 자식을 위하여 그것(음악)을 좋아하는 것은 자식을 사랑하기 때문이지만, 음악이 자식을 이롭게 한다고 자식을 위하여 그것(음악)을 탐하는 것은 아들을 이롭게 하지 않는다.

① 臧: 전통적으로 두 가지 견해로 나뉜다. 하나는 臧獲이라는 의미로 남자 하인을 가리킨다는 견해와『說文解字』의 뜻에 따라 葬禮를 의미하는 葬으로 보는 견해이다. 後者는 이 항목이 墨家가 주장하는 節葬과 非樂과 관련되어 있다고 생각하기 때문이지만, 而利之의 之가 臧을 가리키기 때문에 남자 하인으로 보는 것이 타당하다.

② 앞의 두 문장과 뒤의 두 문장은 서로 대구(對句)를 이룬다. 이에 따라 "非愛其親也"의 非를 빼고 "愛其子也"와 대구를 맞추기도 하고, "愛其子也"를 非愛其子也로 바꾸어 "非愛其親也"와 대구를 맞추기도 한다. 여기에서는 '사랑함'과 '이롭게 함'의 차이를 언급하고 있기 때문에 前者를 취한다.

2-1 於所體之中, 而權輕重之謂權。

權: 저울질하다

權, 非爲是也, 非非爲非也。權, 正也。

非非 → 非

몸에 갖추어진 것 가운데 가벼움과 무거움을 재는 일을 일러 저울질(權)이라고 한다. 저울질은 옳다고 하기 위함도 아니고, 그르다고 하기 위함도 아니다. 저울질은 바로 잡는 일이다.

① 權, 正也:「經」#85에서 '欲正權利, 惡正權害',「經說」#85에서 '權者, 兩而不偏'이라 하였으니 같은 맥락이다. 즉, 權은 주관적으로 옳고 그름을 다루지 않고 객관적 기준에 의하여 是非를 결정한다.

② 所體: 王讚源은 體認, 體會, 體察의 뜻으로 보지만, 뒤에 나오는 문맥으로 보아 '몸에 갖추어져 있다'는 의미로 읽는다.

2-2 斷指以存掔, 利之中取大, 害之中取小也。

掔=腕: 팔, 팔뚝

害之中取小也, 非取害也, 取利也。其所取者, 人之所執也。

遇盜人, 而斷指以免身, 利也;其遇盜人, 害也。

손가락을 잘라서 팔을 보존함은 이익 중에서 큰 것을 취하고 손해 중에서 작은 것을 취하는 셈이다. 손해 중에서 작은 것을 취하는 일은 손해를 보는 것이 아니라 이익을 얻는 셈이다. (내가) 선택한(取) 것은 다른 사람도 주장하는 바이다. 도둑을 만나 손가락을 잘림으로써 자신의 위기를 모면했다면 이익이지만, 도둑을 만난 것은 손해이다.

2-3 斷指與斷腕, 利於天下 相若, 無擇也。

死生 利若, 一無擇也。 一: 한결같은

殺一人以存天下, 非殺一人以利天下也。

殺己以存天下, 是殺己以利天下。

손가락이 잘리는 일과 팔이 잘리는 일이 (모두) 천하를 이롭게 한다는 면에서 같다면 선택의 여지가 없다. 삶과 죽음이 (천하를) 이롭게 하는 면에서 같다면 똑같이 선택의 여지가 없다. 한 사람을 죽여서 천하를 보존하는 것은 한 사람을 죽여서 천하를 이롭게 하는 것이 아니다. 자기를 죽여서 천하를 보존하는 것은 자기를 죽여서 천하를 이롭게 함이다.

● 死生 利若, 一無擇也: 앞의 문장 "斷指與斷腕, 利於天下 相若, 無擇也"와 대구를 이룬다. 그 렇다면 死與生, 利於天下 相若, 一無擇也의 뜻으로 보아야 한다. 孫詒讓은 一無擇也를 非無擇也 로 고치지만 잘못된 주석이다. 그렇게 고쳐 읽으면 저울질(權)하는 의미가 없어진다.

● 문단 2-2는 이익과 손해를 개인적인 차원에서 다루고 있지만 여기에서는 천하의 이익을 다루 고 있다. 墨子를 냉소적으로 비판하였던 『孟子』도 '墨子兼愛, 摩頂放踵 利天下(묵자는 전체를 사 랑하여 이마가 닳고 발꿈치가 까지도록 천하를 이롭게 했다)'고 평가한다. 墨家에 있어 利天下는 매 우 중요한 판단의 기준이다. 이런 의미에서 이 문단은 손해(害)와 이익(利), 손가락(脂)과 팔(腕), 다른 사람(人)과 나(己)를 대비시켜 천하의 이익을 도모하는 겸애를 주장하려는 의도로 보인다. 다 만 利於天下 相若, 無擇也(또는 利若, 一無擇也)의 구체적 의미가 무엇인지 정확하게 설명되지 않 은 점이 아쉽다.

3-1 於事爲之中, 而權輕重之謂求。求爲之, 非也。

害之中取小, 求爲義, 非爲義也。

일을 하는 가운데 가벼움과 무거움을 재는 일을 구함(求)이라고 한다. 가벼움과 무거움을 재어 일을 하는 것은(求爲之) 일을 하는 것이 아니다. 손해 중에서 작은 것을 취하는 것은 (개인적인 차원에서) 의로움을 구하는 것이지 (천하의 이익을 구하는) 의로움이 될 수 없다.

---

❶ 求爲之, 非也: 주석가들마다 떼어 읽는 방식이 다르다. 이 문장을 다음 문장과 대구로 보면 求爲之, 非也로 읽히고, 문단 2-1과 대구로 보면 求, 爲之非也로 읽힌다. 前者의 경우에는 非也를 非爲之也로 읽고(孫詒讓 說), 後者의 경우에는 爲之非也는 다시 爲是非也로 고쳐 읽는다(王讚源 說). 여기에서는 前者를 따른다.

❷ 求爲義, 非爲義: 墨子는 일관되게 義와 利를 동일시하고 있다. 따라서 求爲義는 개인적인 차원의 이익을 추구함이기에 천하의 이익이 될 수 없다(非爲義)고 말한다. 「經」 #7, #8과 「大取」 문단 2-2, 2-3의 연장선에서 개인의 이익과 전체의 이익이 다름을 강조하고 있다고 생각된다. 논리적으로는 저축의 역설과 같은 구성의 오류(Fallacy of Composition)와 같은 맥락이다.

3-2   爲暴人語天之爲是也, 而性。

爲暴人歌天之爲非也。

포악한 사람을 위하여 하늘의 행위(爲)를 말하는 것은 옳고 본성(性)이지만, 포악한 사람을 위하여 하늘의 행위를 노래하는 것은 그르다.

---

❶ 暴人: 포악한 사람. 여기에서는 군주나 지배 권력을 가진 사람을 가리킨다.

❷ 포악한 사람과 하늘의 행위, 말함(語)과 노래함(歌), 옳음(是)과 그름(非)을 대비시키고 있다는 면에서 語는 충고하고 비판한다는 의미로, 歌는 찬양한다는 의미로 사용되었다.

❸ 3-2의 문단은 3-4와 이어지고, 3-3의 문단은 3-5와 연결된다고 생각된다. 이를 순차적으로 읽으면 그 뜻이 잘 통하지 않는다. 그래서 아마 이 부분에 錯簡이 있었으리라고 판단된다.

3-3   諸陳執 既有所爲, 而我爲之陳執, 執之所爲, 因吾所爲也;

若陳執 未有所爲, 而我爲之陳執, 陳執 因吾所爲也。

늘어놓고 선택해야 할 상황이 이미 일어났는데 내가 그것을 실행하면 그 선택(執之所爲)은 내가 행한 바에 연유한다. 만약 늘어놓고 선택해야 할 상황이 아직 일어나지

않았는데 내가 늘어놓고 선택하면 그것도 (역시) 내가 행한 바에 연유한다.

❶ 같은 용어의 중복이 많아 문장이 어색하고 그 의미가 분명하지 못하다. 많은 주석가들은 誤脫이 있다고 주장하지만, 그들의 띄어 읽기와 고쳐 읽기는 다양하다. "旣有"와 "未有"를 매개로 다음 3-5의 문단과 연결된다고 생각되는데, 말하고자 하는 내용이 명확하지 않다. 아마 누락된 부분이 있는 듯하다.

❷ 陳執: 어떤 이는 所染, 習染, 習慣의 의미를 가진 개념으로 정리하고(張純一, 吳毓江), 어떤 이는 옛날의 규정이나 학설로 개념화하고 있다(王讚源). 그러나 문단 3-5와 연결해보면 가능성을 늘어놓고(陳) 선택하여 잡는(執) 상황으로 보아야 하지 않을까 한다. 사람들이 살아가는 과정에서 주어진 상황에서 선택하는 과정을 설명하고 있다고 생각된다.

3-4 暴人爲 我爲天之以人非爲是也。 暴人爲 → 暴人謂

而性不可正 而正之。

포악한 사람은 자기 자신이 다른 사람들의 잘못(非)을 바로잡는 하늘의 행위를 한다고 말한다. (포악한 사람의) 본성은 바로잡을 수 없으나 바로잡아야 한다.

❶ 문장이 참으로 어색하다. 주석가들은 之를 志로 바꾸기도 하고, 性을 唯로 바꾸기도 하지만 전체적인 의미는 크게 다르지 않다. 춘추전국시대에 다른 나라를 공격하면서 하늘을 대신하여 응징한다는 구실을 종종 명분으로 삼았다.

3-5 利之中取大, 非不得已也; 害之中取小, 不得已也。

所未有而取焉, 是利之中取大也;

於所旣有而棄焉, 是害之中取小也。

이익 중에서 큰 것을 취하는 일은 그만둘 수 있지만, 손해 중에서 작은 것을 취함은 그만둘 수 없다. 아직 일어나지 않았지만 선택하는(取) 것은 이익 중에서 큰 것을 취하는 일이며, 이미 일어나서 포기하는 것은 손해 중에서 작은 것을 취하는 일이다.

---

❶   墨家는 "利之中取大"는 미래에 일어날 가능성에 대한 현재의 선택이라면, "害之中取小"는 이미 일어나서 해결해야 할 당면한 문제에 대한 현재의 선택으로 보고 있다. 이익 중에서 큰 것을 취하고, 손해 중에서 작은 것을 취하는 결정이 시간에 의해 결정되는지는 의심스럽다.

4   義可厚, 厚之; 義可薄, 薄之, 謂倫列德行。

君上, 老長, 親戚, 此皆所厚也。

爲長厚, 不爲幼薄。

親厚 厚, 親薄 薄。

親至, 薄不至。   親 → 厚

義厚親 不稱行而顧行。   行＝德行

의로움은 후하게 할 수 있으면 후하게 대하고, 박할 수 있으면 박하게 대한다. 이를 일러 덕행(德行)을 같은 무리로 정렬한다(倫列)고 말한다. 임금과 윗사람, 노인과 연장자, 친척들은 모두 후하게 대한다. 어른을 후하게 대한다고 아이를 박하게 대하는 것은 아니다. 친함이 두터우면 후하게 대하고, 친함이 엷으면 박하게 대하지만, 후하게 대하는 일은 지극해야 하고, 박하게 대하는 일은 지극하면 안 된다. 의로움으로 친한 사람을 후하게 대하는 일은 덕행이라 부를 수 없고 덕행을 돌아보는 것이 아니다.

---

❶   謂倫列德行: 일반적으로 謂倫列에서 끊어 읽고 德行을 다음 문장에 붙이지만, 그리하면 다음 문장이 어색하다. 倫列은 「大取」편에 세 번 나오는 것으로 보아 당시 墨家들의 용어라고 생각된다. 倫은 같은 무리, 동등하다는 뉘앙스를 가지는 반면 列은 줄을 세우고 차별한다는 의미를 갖는다. 그러나 주석가들마다 倫列에 대한 의미를 달리 사용한다. 어떤 이는 동등성을 강조하는데 王讚源의 경우에는 극단적으로 倫列을 兼愛로 확대 해석하기도 한다. 다른 이들은 차별성을 강조하여 '차등을 두어 차례 짓는다'로 번역한다. 문단 4~6에 나오는 倫列은 의미상으로 동질성을 가지므로 그에 따라 번역한다.

❷   親至, 薄不至: 모든 주석가들이 글자대로 번역하지만 뜻이 통하지 않는다. 앞의 문장이 厚와 薄을 대비하기 때문에 이 문장은 親至가 厚至로 수정되어야 한다.

❸   不稱行而顧行: 여기에서의 行은 첫 문장의 德行을 의미한다. 孫詒讓은 顧行을 類行으로 고쳐 '덕행과 유사하다'고 해석하지만 있는 그대로 顧行으로 읽어야 한다. 다만 不은 稱行과 顧行에 모두 걸친다.

❹   이 문단은 墨家가 儒家에 뿌리를 두지만 그를 극복하여 비판하고 있음을 잘 보여주고 있다.

5

爲天下厚禹, 爲禹也。

爲禹 → 非爲禹

爲天下厚愛禹, 乃爲禹之人愛也。

人愛 → 愛人

厚禹之加於天下, 而厚禹不加於天下。

禹之 → 禹之爲

若惡盜之爲加於天下, 而惡盜不加於天下。

愛人不外己, 己在所愛之中。己在所愛, 愛加於己。

倫列之愛己 愛人也。

천하를 위하여 우(禹) 임금을 후하게 대하는 일은 우 임금을 위한 것이 아니다. 천하를 위하여 우 임금을 두텁게 사랑하는 일은 곧 우 임금의 사람에 대한 사랑을 기리기 때문이다. 우 임금의 행위를 후대하는 일은 세상에 보탬이 되지만, 우 임금을 후대하는 일은 세상에 보탬이 되지 않는다. 마치 도둑의 행위를 미워하는 일은 세상에 보탬이 되지만, 도둑을 미워하는 일은 세상에 보탬이 되지 않는 것과 같다. 사람을 사랑하는 것은 자기를 배제하지 않으니, 자기 자신은 사랑받는 사람 속에 있게 된다. 자신이 사랑받는 곳에 있으니 사랑이 자신에게 보태진다. 자신을 사랑하는 것(愛己)과 남을 사랑하는 것(愛人)은 함께 나란히 있다.

---

❶ 爲天下厚禹, 爲禹也: 대부분의 주석가들이 있는 그대로 번역하지만 아래의 내용과 부합하지 않는 모순이 생긴다. 爲禹也를 非爲禹也로 고쳐 읽어야 뜻이 통한다.

❷ 厚禹之加於天下: 다음 문장과 대구를 이루기 때문에 爲를 추가하여 厚禹之爲加於天下로 고쳐 읽는다.

聖人惡疾病, 不惡危難。

惡오: 부끄러워하다, 두려워하다

正體不動, 欲人之利也, 非惡人之害也。

聖人不爲其室臧之故, 在於臧。

聖人不得爲子之事。聖人之法, 死亡親, 爲天下也。

亡=忘

厚親, 分也, 以死亡之, 體渴興利。

亡=忘, 渴: 서두르다

有厚薄 而毋倫列之興利 爲己。

毋: 無

성인은 질병을 부끄러워하지만 위험과 어려움을 두려워하지 않는다. 몸을 바르게 하여 흔들리지 않으니 다른 사람의 이로움을 바라고, 다른 사람이 (자신에게) 해로움을 주는 것을 두려워하지 않는다. 성인은 (자신의) 집에 저장하지 않기 때문에 (천하를 위하여) 저장하는 데 마음을 둔다. 성인은 자식으로서 도리(事)를 하지 못한다. 성인의 법도는 (어버이가) 죽으면 어버이를 잊고, 천하를 위한다. 어버이를 후대하는 것은 본분이지만 죽으면 잊고 몸을 다하여 이익을 일으킨다. 정도의 차이는 있으나(有厚薄) (천하를 위하여) 이익을 일으키는 일과 자신을 위함은 함께 나란히 있지 않다.

---

❶　惡: 惡(오)에는 미워하다, 부끄러워하다, 두려워하다 등 여러 뉘앙스의 다른 뜻이 있다.

❷　正體不動: 몸을 바르게 하여 질병에 걸리지 않도록 하며, 위험과 재난에 마음이 흔들리지 않는다는 의미이다. 그래서 孫詒讓이 四體不勤으로 고쳐 읽는 것은 옳지 않다.

❸　聖人不爲其室臧之故, 在於臧: 이 구절은 뜻이 잘 통하지 않기 때문에 매우 다양한 주석이 난무하고 있다. 臧을 종이나 하인으로 번역하면 문장이 너무 어색해진다. 아마 몇 글자가 생략되어 있는 듯하다.

❹　爲子之事: 일반적으로 聖人은 자식의 일을 도모하지 않는다는 의미로 번역하는데, 그렇게 번역하면 다음 문장과 연결되지 않는다. 여기서는 자식으로서의 도리를 하지 못한다는 의미로 본다.

❺　死亡親, 以死亡之: 儒家와 다른 墨家의 특유한 사고이며, 節葬과 短喪을 의미한다고 볼 수 있다.

❻　有厚薄而毋: 有厚而毋薄으로 고쳐 읽는 이도 있으나, 문단 4에서 언급하고 있는 '義可厚, 厚之 ; 義可薄, 薄之'와 모순된다.

❼　毋倫列之興利 爲己: 문단 5에서 언급된 "倫列之愛己 愛人也"는 愛己와 愛人이 같음을 의미한다면, 이 구절은 興利와 爲己가 일치하지 않음을 뜻한다. 聖人은 세상 사람들을 위하여 이익이 되도록 몸을 다하여 노력하지만, 이는 자신을 위하는 행동이 되지 못한다.

7　語經, 語經也。

非白馬焉, 執駒焉 說求之, 舞說非也。　　　焉 → 馬, 駒구: 망아지

漁大之舞大, 非也。　　　漁: 생선을 잡다

三物必具, 然後足以生。　　　以故生, 以理長, 以類行也者

말의 경전(語經)은 말하는 법(經)이다. '흰 말은 말이 아니다'라거나 '고아 망아지는 어미를 가져본 적이 없다'는 명제를 비판하려면, 설명하여 증명해야(求) 하지만 춤추는 설명은 옳지 않다. 큰 것을 낚아 크게 비약하는 것은 옳지 않다. 세 가지 물건(故, 理, 類)이 반드시 갖추어진 이후에야 (논리가) 생긴다.

---

❶   이 구절은 誤脫이 심하고 錯簡이 있다고 추정된다. 그래서 전반적으로 뜻이 통하지 않는다.

❷   非白馬焉: 非白馬馬로 고쳐 읽지만 그래도 너무 어색하다. 아마 公孫龍의 "白馬非馬(흰 말은 말이 아니다)"의 명제를 지시한다고 판단된다.

❸   執駒焉: 망아지에 대한 주장. 아마 『莊子』「天下」 편에 나오는 "孤駒未嘗有母(고아 망아지는 어미를 가져본 적이 없다)"의 명제를 지시하고 있다고 판단된다. 당시 白馬와 孤駒는 名家의 대표적인 명제였기 때문에 앞에 語經이라 표현했다.

❹   漁大之舞大: 孫詒讓은 殺犬之無犬(개를 죽였으니 개가 없다)의 오류라 하고, 기세춘은 魚大之無大(생선이 크면 더 클 수 없다)로 고쳐 읽으나 모두 근거가 없으며 뜻도 잘 통하지 않는다. 두 사람을 포함하여 모든 주석가들이 舞를 無의 誤字로 판단한다. 그러나 여기서는 漁와 舞를 있는 그대로 두고 번역한다. 舞는 '춤추다'로 번역하지만 논리적 비약이 있다는 뉘앙스를 내포하고 있다고 판단한다. 여기에서도 墨家는 名家의 논리적 비약을 비판하고 있다.

❺   三物必具, 然後足以生: 이 구절만으로는 앞의 문장과 관련하여 의미를 해독하기 어렵다. 孫詒讓은 '以故生, 以理長, 以類行也者'로 시작하는 문단 25가 이 문단 끝에 이어져야 한다고 주장하는데, 설득력이 있다. 그렇다면 문단 26도 마땅히 따라와야 한다.

8   臧之愛己, 非爲愛己之人也。   臧: 남자하인, 노비

厚不外己, 愛無厚薄。擧己, 非賢也。

義, 利, 不義, 害。

志功爲辯。

노비(臧)가 자기 자신을 사랑함은 자기 자신만을 사랑하는 사람이 되는 것은 아니다. 사람을 후하게 대접하는 것은 자신을 배제하지 않으니 사랑에는 두텁고 엷음이 없다. 자신을 내세워 들어 올리는 일은 현명하지 못하다. 의로움은 (남을) 이롭게 함이요, 의롭지 못함은 (남을) 해롭게 하는 것이다. 의지(志)와 결과(功)는 구별되어야 한다.

❶　厚不外己: 앞의 문단 5에 나오는 "愛人不外己"의 표현과 對句로 보면 厚人不外己의 뜻이다.

❷　志功爲辯: 「經說」 #8 "義: 志以天下爲芬, 而能能利之, 不必用"과 맥을 같이하고 있다. 남을 이롭게 하려는 의지와 남을 이롭게 한 결과가 다를 수 있다. 뒤의 문단 15에서도 志功,不可以相從也(의지와 결과는 서로 따르지 않을 수 있다)라 표현한다.

❸　내용으로 보아 문단 5에 대한 부연 설명으로 보이는데 아마 錯簡된 듯하다.

9　有有於秦馬, 有有於馬, 也智來者之馬也。

어떤 사람은 진(秦)나라 말을 가지고 있고, 어떤 사람은 말을 가지고 있다. 그래서 오는 것이 말이라는 사실을 알게 된다.

❶　이 문단은 어느 누구도 정확하게 해석하지 못한다. 주석가들의 의견이 분분하지만 王讚源의 견해가 설득력이 있다.

❷　王讚源은 '有人有秦馬, 有人有馬, 智來者之馬也'로 고쳐 읽는데, 여기에서는 이를 번역한다.

❸　이 문단을 있는 대로 보면 '秦馬도 馬이다'라는 뜻이다. 이것이 公孫龍의 白馬非馬를 비판하는 것인지, 愛己와 愛人의 구별이 없듯이 秦馬와 馬를 구별할 필요가 없다는 취지인지 명확하지 않다.

10　愛衆衆世與愛寡世 相若。兼愛之有 相若。
愛尚世與愛後世, 一若 今之世人也。

尚世=上世: 옛날 세상

세상의 많은 사람을 사랑하는 것과 세상의 적은 사람을 사랑하는 것은 서로 같다. 두루 사랑한다는 점에서 서로 같다. 옛날 세대를 사랑하는 것과 미래 세대를 사랑하는 것은 지금의 세상 사람을 사랑하는 것과 마찬가지로 같다.

❶　衆衆世: 寡世와 對句로 본다면 衆世로 보아야 한다.

❷　공간적 범위(衆世-寡世)와 시간적 범위(尚世-今世-後世)를 넘어서는 兼愛思想을 표현하고 있다.

491

11   鬼, 非人也, 兄之鬼, 兄也。

(사람의) 귀신은 사람이 아니지만, 형의 귀신은 형이다.

---

❶   「小取」편에 "人之鬼, 非人也, 兄之鬼, 兄也"라는 구절이 나오는데 같은 의미이다.

❷   이 문단이 왜 여기에 있어야 하는지 잘 모르겠지만, 추정하건대 귀신도 兼愛의 대상이라는 주장이 아닐까? 墨家는 귀신의 존재와 역할을 인정한다. 「明鬼」下 참조.

12   天下之利驩。   驩=歡驩: 기쁨, 기뻐하다

聖人有愛而無利, 倪日之言也, 乃客之言也。   倪俔: 염탐하다, 客: 쓸데없다

天下無人, 子墨子之言也。猶在。

천하의 사람들은 이로움이 있으면 기뻐한다. 성인에게는 사랑함은 있지만 (남을) 이롭게 함은 없다고 하는데, (이는) 유가의 말이며, 싱거운 말이다. 천하에 남이란 없다. (이는) 묵자 선생의 말씀이며 마땅함이 있다.

---

❶   倪日: 孫詒讓 이래 모든 주석가들이 儒者의 잘못으로 보고 있으나 사실 근거는 없다.

❷   天下無人: '천하에 남이 없다'는 의미는 다른 사람과 자기를 동일시하는 兼愛를 말한다.

13   不得已而欲之, (非欲之)非欲之也。

非殺臧也。專殺盜, 非殺盜也。

(志功, 不可以相從也。)

어쩔 수 없이 바라는 것(欲之)은 (진실로) 바라는 것이 아니다. (오로지 하인을 죽이는 수밖에 없었다면) 하인을 죽인 것이 아니다. 오로지 도둑을 죽이는 수밖에 없다면 도둑을 죽인 것이 아니다. 의지와 결과가 서로 따르지 않을 수 있다.

❶　이 문단에는 誤脫이 있다고 추정되며 문장의 완성도가 떨어진다. 따라서 주장하려고 하는 의도가 무엇인지 명확하지 않다.

❷　非欲之非欲之: 모든 주석은 非欲之가 중복되어 하나를 삭제하지만, 欲之非欲之, 非欲之也로 떼어 읽으면 뜻은 통한다. 그러나 두 경우 의미가 달라지지 않을 뿐 아니라 다른 판본에는 非欲으로 되어 있어 일반적인 견해를 그대로 따른다.

❸　非殺臧也: 뒤의 문장과 비교하면 專殺臧 非殺臧也로 되어야 한다.

❹　專: 專을 不得己의 뜻으로 해석하지 않으면 문장이 되지 않는다. 즉, '다른 선택이 없어 부득이하게 오로지 그것만을 행한다'는 의미로 읽는다. 그러나 논리적으로는 그러하지만 문맥은 이해할 수 없다.

❺　志功, 不可以相從也: 문단 15 마지막에 나오지만 錯簡이라고 판단되어 이 문단에 배치했다. 문단 8의 志功爲辯와 같은 의미로 이해되며, 이 문단의 주제이다. 意와 志는 '구하고자 하는 마음'으로 서로 통한다.

14　凡學愛人。

小圜之圜 與大圜之圜, 同。　　　　　　　　　　　　　　圜=圓

方至尺之不至也 與不至鍾之至, 不異。　　　　方 → 不, 種之至 → 千里之不至

其不至同者, 遠近之謂也。

是璜也, 是玉也。　　　　　　　　　　　　　　璜황: 반달 모양의 碧玉

무릇 사람을 사랑하는 법을 배운다. 작은 원의 둥글기와 큰 원의 둥글기는 같다. 한 자(一尺)에 이르지 못하는 것은 천 리(千里)에 이르지 못하는 것과 다르지 않다. 이르지 못한다는 점에서 같지만 멀고 가까움의 차이가 있다. 황(璜)과 옥(玉)의 차이와 같다.

❶　鍾之至: 鍾은 千里의 잘못이다. 孫詒讓에 의하면 千里가 重으로 잘못 표기되었는데 교정보는 과정에 金이 추가되어 더욱 잘못되었다고 한다. 之至는 앞 문장과 비교하여 之不至가 되어야 뜻이 통한다. 따라서 孫詒讓의 주석에 따라 교정하면 不至尺之不至也 與不至千里之不至, 不異가 된다.

❷　大小와 遠近의 차이가 있지만 본질적으로 '둥글기'와 '이르지 못함'이라는 동질성이 있다. 그 동질성을 인간사회에 적용하면 다른 사람을 사랑하는 일이다. 兼愛가 바로 그것이다. 시간적·공간적 차이를 초월하는 兼愛를 강조하는 문단 10과 맥을 같이한다.

15　意楹, 非意木也, 意是楹之木也。　意=憶: 생각하다, 楹영: 기둥

意指之人也, 非意人也。　指之人 → 人之指

意獲也, 乃意禽也。　禽: 날짐승, 짐승

(志功, 不可以相從也。)

기둥을 생각하는 일은 나무를 생각하는 것이 아니라 기둥이 된(또는 될) 나무를 생각하는 것이다. 사람의 손가락을 생각하는 일은 사람을 생각하는 일이 아니다. 그러나 (사냥으로) 잡을 것을 생각하는 것은 짐승을 생각하는 것이다.

---

❶　"志功, 不可以相從也"는 錯簡으로 판단되어 문단 13의 마지막 부분으로 옮겼다.

16　利人也, 爲其人也。

富人, 非爲其人也。有爲也以富人。

富人也, 治人 有爲鬼焉。　有=又

爲賞譽 利一人, 非爲賞譽 利人也。亦不至無貴於人。　亦: 다만 ~뿐

智親之一利, 未爲孝也, 亦不至於智不爲己之利於親也。

사람을 이롭게 함은 그 사람을 위한 것이다. (그러나) 사람을 부유하게 함은 그 사람을 위한 것이 아니다. 일정한 목적이 있어 사람을 부유하게 하는 것이다. 사람을 부유하게 함은 사람을 잘 다스리고 또 귀신을 위한 일이다.

상으로 칭찬하여 한 사람을 이롭게 하는 일은 상으로 칭찬하여 (모든) 사람을 이롭게 하지 않지만, (모든) 사람을 귀하게 여기는 데 이를 뿐이다. 어버이의 이익 하나를 안다고 효도가 되지 않지만, 자기 자신이 어버이를 이롭게 한다는 사실을 알게 할 뿐이다.

---

❶　亦不至無貴於人, 亦不至於智不爲己之利於親也: 두 문장 모두 이중 부정이지만 문장의 이해가 쉽도록 긍정으로 번역했다.

❷　貴於人, 利於親: 於人과 於親은 각각 貴와 利의 의미상 목적어가 된다.

17   智是之世之有盜也, 盡愛是世。   是之世 → 是世

智是室之有盜也, 不盡是室也。   不盡 → 不盡惡

智其一人之盜也, 不盡是二人。

雖其一人之盜, 苟不智其所在, 盡惡 其弱也。

이 세상에 도둑이 있음을 알지만 이 세상을 다 사랑한다. 이 집안에 도둑이 있음을 알지만 이 집안을 다 미워하지 않는다. 한 사람이 도둑인 줄 알지만 두 사람을 다 미워하지 않는다. 비록 한 사람이 도둑이지만 진실로 그가 있는 곳을 알지 못하는데 모두 미워하는 것은 (겸애하는 마음이) 약하기 때문이다.

───────

❶   不盡: 不盡愛로 읽기도 하고 不盡惡으로 읽기도 하는데 이 문단의 주제를 兼愛하는 자세로 보고 後者를 따른다.

❷   盡惡 其弱也: 뜻이 애매하여 不盡惡其朋也으로 고쳐 읽기도 하지만, 여기서는 있는 그대로 번역한다.

❸   이 문단은 兼愛하는 자세를 말하고 있다. 모두를 두루 사랑해야 한다면 도둑도 사랑해야 하는가? 세상에 도둑이 있더라도 이 세상을 사랑하듯이 집안에 도둑이 있더라도 집안 모두를 미워해서는 안 된다. 둘 중에 한사람이 도둑인 것을 알지만 누구인지 명확하게 알 수 없다면 두 사람 모두 미워해서는 안 된다. 비록 도둑이라 하더라도 문단 5에서 '도둑의 행위를 미워하는 일은 세상에 보탬이 되지만, 도둑을 미워하는 일은 세상에 보탬이 되지 않는다'고 함으로써 죄(盜之爲)는 미워하되 사람(盜)을 미워하지 말라고 강조하고 있다.

18   諸聖人所先, 爲人欲名實。名實不必名。   欲 → 效

苟是石也白, 敗是石也, 盡與白同。

是石也唯大, 不與大同, 是有便謂焉也。   唯=雖: 비록

以形貌命者, 必智是之某也, 焉智某也。   命=命名, 某: 아무개, 어느 것, 焉=乃

不可以形貌命者, 唯不智是之某也 智某可也。   唯=雖

諸以居運命者, 苟人於其中者, 皆是也, 去之, 因非也。   人 → 入

諸以居運命者, 若鄉里齊荊者, 皆是。

諸以形貌命者, 若山丘室廟者, 皆是也。

여러 성인들이 먼저 한 일은 사람들로 하여금 이름과 실체(名實)를 일치하게 하는 것이었다. (그러나) 이름과 실체가 반드시 일치하지 않는다.

진실로 이 돌이 하얗고 이 돌을 깨뜨리면 모두가 희다는 면에서 같다. (그러나) 이 돌이 크다고 해도 다른 큰 것과 같지 않다. 이것은 편의상 (그렇게) 말한 것이다. 형태와 모양으로 이름 붙인 것은 반드시 이것이 무엇인지(是之某) 알고, (다른 것이) 무엇인지 알 수 있다. 형태와 모양으로 이름 붙일 수 없는 것은 비록 이것이 무엇인지 알지 못하더라도 무엇인지 아는 것이 가능하다. (예를 들어) 머물거나 옮겨가는 것으로 이름 붙인 것은 그 안으로 들어가면 모두 이것이 되고, 떠나면 그로 인해 아니게 된다. 머물거나 떠나는 것으로 이름 붙인 것은 고을과 마을, 제나라와 초나라와 같으며 모두 이것이다. 형태와 모양으로 이름 붙인 것은 산과 언덕, 방과 사당과 같으며 모두 이것이다.

---

❶ 名實不必名: 문장이 애매하여 實不必名으로 읽기도 하고, 名不必實, 實不必名으로 풀어서 읽기도 한다. 이 구절의 의미는 後者이며 名과 實이 일치하지 않음을 뜻한다.

❷ 敗是石: 取是石으로 읽기도 하고 破是石으로 읽기도 한다.

❸ 以形貌命者는 인간의 감각기관으로 인지할 수 있는 것이라고 한다면 不可以形貌命者는 감각기관으로 인지할 수 없는 추상화된 이름을 지시한다.

❹ 諸以居運命者: 居運은 머무르고 옮겨가다. 運은 徙(이사를 가다)와 같은 의미이다. 따라서 諸以居運命者는 공간적 장소를 일컫는 명칭을 말한다.

❺ 荊: 楚나라의 별칭

❻ 「經」上, 下에서 보았듯이 묵가는 名과 實의 일치를 매우 중요하게 생각했다. 이 문단은 이를 뒷받침하는 것으로 생각되지만 그 의미를 정확하게 나타내지 못하고 상식적인 수준에 머무르고 있다.

19 智與意異。 智=知

重同, 具同, 連同, 同類之同, 同名之同,

丘同, 鮒同, 是之同, 然之同, 同根之同。 丘=區, 鮒=附

有非之異, 有不然之異。

有其異也, 爲其同也, 爲其同也異。

一曰乃是而然, 二曰乃是而不然, 三曰遷, 四曰强。

앎과 의지는 다르다.

('같음'에는) 이름은 둘이지만 실체가 하나인 重同, 거처하는 곳이 같은 具同, 이어져서 같은 連同, 종류가 같은 同類之同, 이름이 같은 同名之同, 구역이 같은 丘同, 붙어서 같은 鮒同, 이성적 추론이 같은 是之同, 감각적 인식이 같은 然之同, 뿌리가 같은 同根之同이 있다. ('다름'에는) 이성적 추론이 다른 有非之異와 감각적 인식이 다른 有不然之異가 있다. '다름'이 있는 것은 '같음'이 있기 때문이며, '같음'이 있기 때문에 다르다. 첫째는 옳으면서 그러한 것(是而然), 둘째는 옳지만 그렇지 않은 것(是而不然), 셋째는 (시간과 장소의) 상황에 따라 바뀌는 것(遷), 억지로 견강부회하는 것(强)이 있다.

---

❶ 문단 15에서 意에 설명하면서 志와 功은 다르다고 주장하고, 문단 17에서는 知(智)의 문제를 다룬다. 이를 종합하면 智는 감각적 앎(지각)이며, 意는 이성적 의지(또는 추론)라고 볼 수 있다.

❷ 「經」과 「經說」 #87에서 '같음'의 종류를 重同, 體同, 合同, 類同 네 개를 열거하고 있지만, 이 문단에서는 용어의 차이가 있을 뿐 아니라 종류도 더 많다. 또한 #88에서는 '다름'의 종류를 二, 不體, 不合, 不類 네 개를 열거하고 있지만, 여기에서는 두 개만을 제시한다. 이런 면에서 「經(經說)」과 「大取」 편의 저자와 저술연대가 다르다고 추정된다.

❸ 重同: #87에서 "二名一實, 重同也"이라 하였으니 실체가 같음이다.

❹ 具同: #87에서 "俱處於室, 合同也"라 하였으니 具는 俱와 같은 의미이며, 合同을 의미한다고 볼 수 있다.

❺ 丘同/鮒同: 丘는 區와 통하며, 鮒는 附와 통한다. 區同은 구역이 같음, 附同은 붙어서 같음을 의미한다.

❻ 是之同/然之同: 난해하여 주석가들마다 해석과 의미가 다르다. 여기에서는 是之同은 意, 즉 이성적 추론이 같음을 의미하고, 然之同은 智, 즉 감각적 인식이 같음을 의미하는 것으로 판단한다.

❼ 有非之異/有不然之異: 有非之異와 是之同, 有不然之異와 然之同은 서로 반대이며, 對句를 이룬다.

❽ 有其異也,爲其同也,爲其同也異: 이 문장은 묵가의 '같음'과 '다름'에 대한 인식의 결론이다. 「經」 #39(同, 異而俱於之一也), #89(同異交得 放有無)와 맥을 같이한다.

❾ 遷: 예전에는 옳았지만 지금은 그른 경우, 어떤 곳에서는 그르지만 다른 곳에서는 옳은 경우와 같이 상황에 따라 바뀌는 것을 뜻한다.

❿ 强: 억지로 옳다고 또는 그르다고 주장하는 것을 뜻한다.

⓫ 이 문단은 전반적으로 난해하여 주석가들마다 해석이 다양하다. 智와 意, 同과 異, 是와 然의 서로 대립되는 개념들의 상관관계에 대하여 좀 더 자세하고 구체적인 추가 언급이 있었으면 하는 강한 아쉬움이 남는다.

20　子 深其深, 淺其淺, 益其益, 尊其尊。

　察次山 比因, 至優 指復。　察次 → 次察, 山 → 由, 復: 반복하다, 실천하다

　次察聲端 名因, 請復。

(묵자) 선생은 깊은 것을 깊게 하고, 얕은 것은 얕게 하고, 보탤 것은 보태고, 높일 것을 높였다. 차례대로 유래를 살피고 원인을 비교하여, 우수함에 이를 때까지 반복(실천)을 지시했다. 그다음에 가르침(聲端)과 논리체계(名因)를 살피고, 반복(실천)을 요청했다.

---

❶　子: 선생님이란 의미로 여기서는 墨子를 가리킨다. 다른 篇에서는 子墨子로 극존칭을 사용하는 데 비하여 여기서는 단순히 子로 표현하는 것으로 보아 저자와 저술시기가 다르다는 사실을 알 수 있다.

❷　尊: 일반적으로 주석가들은 對句로 만들기 위하여 剸(덜어내다=減)로 바꾸어 읽지만, 여기서는 있는 그대로 해석한다.

❸　深其深, 淺其淺, 益其益, 尊其尊: 대부분의 주석가들(俞樾, 吳毓江, 王讚源)은 연구방법이나 학설을 만드는 태도로 판단하고 있으나 과장된 측면이 있다. 여기에서는 삶의 태도를 설명하고 있다. 其深, 其淺, 其益, 其尊은 각각 察(연구), 惡(미움), 利愛(이익과 사랑), 親(어버이)을 의미한다. 즉, 연구는 깊게 하고, 남에 대한 미움은 얕게 하고, 이익과 사랑은 늘리고, 어버이는 존중한다. 문단 20부터 문단 23까지 그 대상을 하나씩 언급하고 있다.

❹　察次山比因: 뜻이 전혀 통하지 않는다. 張純一은 의미상 山을 由로 교정하고 察次는 아래 문구와 맞추어 次察로 바꾸어 次察由比因로 읽은 후, 대부분의 주석가들이 받아들이고 있다. 王讚源은 察의 목적어를 由·比·因으로 보지만, 여기서는 察由와 比因으로 떼어 읽는다.

❺　指復/請復: 孫詒讓 이래 많은 주석가들이 復을 得의 잘못이라며 指得/請得으로 수정하지만 수긍하기 어렵다. 여기서는 반복 실천의 의미로 해석한다. 指復과 請復은 같은 의미이지만 指復은 '반복(실천)하기를 지시하다'로, 請復은 '반복(실천)을 요청하다'로 직역한다.

❻　聲端: 목소리로 직접 가르치는 진실(聲教之端緒)을 뜻하며 불교의 聲教量과 같은 맥락이다. 여기서는 묵자의 말씀을 의미한다.

❼　名因: 王讚源은 「經」과 「經說」 등 墨經을 지시한다고 주장하지만, 여기서는 '논리(名)의 원리', 즉 '이론체계' 정도로 해석한다.

21　正夫辭惡者, 人右以其請得焉。 <small>正夫=匹夫, 右=佑: 돕다</small>

諸所遭執 而欲惡生者, 人不必以其請得焉。 <small>遭조: 만나다, ~을 당하다</small>

보통 사람(正夫)이 (남을) 미워하지 않으면 사람들이 그를 도와 요구한 것을 얻는다. 만나서 집착하여 좋아함과 미워함이 생겨나면 사람들은 요구하는 것을 반드시 얻는 것은 아니다.

---

❶　辭惡: '言辭가 조잡하고 고약하다'로 해석할 수 있으며 '미움을 사양하다(남을 미워하지 않는다)'로 해석할 수도 있다. 대부분의 주석가들은 전자로 해석하는데 이 경우 右를 有로, 請得을 情得으로 바꾸어 읽는다. 번역상 무리가 있을 뿐 아니라 다음 문장과 맥락도 통하지 않는다. 여기에서는 후자로 보고 있는 그대로 번역한다.

❷　欲惡: 先秦시대에 많이 사용되다가 후에는 好惡 또는 愛惡로 대체된다.

❸　遭執과 欲惡生이 인과관계인지 병렬관계인지는 명확하지 않다.

❹　남을 미워하지 말라는 가르침이며 앞에서 말한 淺其淺의 대상이다.

22　聖人之拊漬也, 仁而無利愛。利愛生於慮。 <small>拊부: 어루만지다, 사랑하다=撫</small>

昔者之慮也, 非今日之慮也;

昔者之愛人也, 非今之愛人也。

　　愛獲之愛人也, 生於慮獲之利, 非慮臧之利也。

　　而愛臧之愛人也, 乃愛獲之愛人也。

去其愛而天下利, 弗能去也。 <small>弗=不</small>

昔之知牆, 非今日之知墙也。 <small>牆→臧</small>

(藉藏也死而天下害, 吾特養臧也萬倍, 吾愛臧也不加厚。) <small>藉: 만약, 藏→臧</small>

貴爲天子, 其利人不厚於正夫。

성인의 보살핌은 어질기는 하지만(부분적인 사랑은 있으나) 이익을 주는 사랑이 없다. 이롭게 하여 사랑함은 배려에서 나온다. 옛날의 배려는 오늘날의 배려가 아니며, 옛날의 '사람 사랑'은 오늘의 '사람 사랑'이 아니다. 하녀(獲)인 사람을 사랑함은 하녀의 이익을 배려하는 데서 생기는 것이지만 하인(臧)의 이익을 배려하는 것은 아니다. 그러나 하인인 사람을 사랑함은 곧 하녀인 사람을 사랑함과 같다. 그 사랑을 버려 천하가 이롭다 해도 (사랑을) 버릴 수는 없다. 옛날에 알았던 하인과 오늘날 알고 있는 하인은 다르다. 만일 하인이 죽어 천하가 해롭다면, 나는 특별히 하인을 만 배 잘 보살피겠지만 (그렇다고) 나의 하인에 대한 사랑이 더 두터워지는 것은 아니다. 귀한 사람이 천자가 되어도 사람을 이롭게 함에 있어서 보통 사람보다 두텁지 않다.

---

❶ 拊漬: 많은 주석가들이 拊를 附로 고쳐 읽지만 원문이 더 나은 듯하다. 漬는 옥편에 없는 글자이다. 주석가들은 覆으로 읽기도 하고, 漬으로 읽기도 하지만, 문맥으로 보아 育의 古語인 淯의 오류가 아닌가 싶다.

❷ 仁: 「經」上, #7에서 "仁, 體愛也"라고 정의하였으니, 부분적인 사랑이다. 반면 利愛는 義에 기초한 사랑을 의미한다.

❸ 慮: 「經」上, 「經說」上 #4에서 "慮, 求也", "慮者也, 以其知有求也, 而不必得之"라고 정의했다. 앎으로써 구해주는 慮이니 여기서는 '배려'로 번역한다.

❹ 獲과 臧: 獲은 여자 종, 하녀(婢)이며, 臧은 남자 종, 하인(奴)을 뜻한다. 王念孫에 의하면 중국 해안 및 산악지역(荊, 淮, 海, 岱, 齊)에서 종을 욕하며 꾸짖을 때 쓰는 사투리이다.

❺ 愛獲之愛人/愛臧之愛人: 愛獲과 愛臧은 愛人과 동격이다.

❻ 昔者/今日: 昔者는 儒家들이 존중하는 聖人의 시대를 상징하며, 今日은 墨家의 도덕적 지향을 의미한다고 볼 수 있다. 儒家에게는 利愛와 배려(慮)가 없는 반면 墨家는 그것을 존중한다는 면에서 차별성을 보이고 있으며, 儒家에 대한 비판이다.

❼ 昔之知牆, 非今日之知墙也: 뜻이 전혀 통하지 않는다. 그래서 牆(장: 담장)을 臧의 오자로 보기도 하고(蘇時學), 嗇의 오류로 보기도(俞樾) 한다. 어느 쪽으로 보든 앞뒤의 문맥이 잘 통하지 않는데, 그 이유는 아마 이 문단에 錯簡이 있는 듯하다. 유일한 해결책은 牆을 臧으로 읽고, 문단 23의 맨 마지막 문장("藉臧也死而天下害, 吾特養臧也萬倍, 吾愛臧也不加厚")을 연결시키는 방법이다. 그러면 문장과 문맥이 모두 통한다.

❽ 去其愛而天下利, 弗能去也: 孫詒讓은 弗能去也를 弗能不去也로 고쳐 읽고, 王讚源은 天下利를 利天下로 교정하는데, 前者는 의미상 왜곡이며 後者는 의미상 변화가 없기 때문에 여기서는 있는 그대로 해석한다. 사랑을 버리고 천하가 이롭게 될 수 없다는 강력한 메시지가 있다.

❾ 이 문단의 뜻은 명확하지 않지만, 要旨는 仁과 利愛가 다르며, 利가 개별적이라면 愛가 보편적 성격을 가지고 있다고 주장하는 듯하다. 그럼에도 利와 愛는 많을수록 바람직하다는 益其益의 대상이다.

23 二子事親, 或遇熟, 或遇凶, 其親也相若。 遇: 만나다, 熟=孰: 무르익다, 여물다

非彼其行益也, 非加也。

外執無能厚吾利者。 執 → 勢

藉藏也死而天下害, 吾特養臧也萬倍, 吾愛臧也不加厚。 藏 → 臧

두 아들이 어버이를 섬김에 한 아들은 풍년을 만나고 다른 아들은 흉년을 만나도 그 어버이 섬김은 서로 같다. 그들의 행동이 보태지지도 더해지지도 않는다. 외부 사정이 내가 (어버이를) 이롭게 하는 데 후하거나 박하게 할 수 없다.

---

❶ 非加也: 非彼其行加也이다. 앞의 구절과 중복된 彼其行이 생략된 문장이다. 어떤 주석가는 熟과 凶에 맞추어 加를 損으로 바꾸지만 너무 恣意的이다.

❷ 無能厚吾利者: 無能厚薄吾利親者로 읽어야 앞 문장과 통한다.

❸ 藉藏也死而天下害, 吾特養臧也萬倍, 吾愛臧也不加厚: 앞뒤 문맥과 통하지 않아 錯簡으로 판단하여 문단 22로 옮겼다.

❹ 외부의 사정과 상관없이 어버이를 섬기는 마음은 항상 같으니, 어버이를 섬기는 것은 항상 존중되어야 한다는 의미이다. 앞에서 언급된 尊其尊의 대상이다.

24 長人之異, 短人之同。其貌同者也, 故同。 異 → 與

指之人也與首之人也異。人之體, 非一貌者也, 故異。

將劍與挺劍, 異。劍以形貌命者也, 其形不一, 故異。 挺: 뽑다, 빼다, 命=命名

楊木之木與桃木之木也, 同。諸非以舉量數命者, 敗之 盡是也。

故一人指, 非一人也, 是一人之指, 乃是一人也。

方之一面, 非方也, 方木之面, 方木也。

키가 큰 사람과 키가 작은 사람은 같다. 그 모양이 같기 때문에 같다. 사람의 손가락과 사람의 머리는 서로 다르다. 사람의 몸은 한 가지 모습이 아니어서 다르다. 장군의 칼과 빼는 칼은 다르다. 칼은 형태와 모양으로 이름을 붙이는데, 그 형태가 한 가지가 아니므로 다르다. 버드나무의 나무와 복숭아나무의 나무는 같다. 수와 양(量數)을 들어서 이름을 붙일 수 없는 모든 것은 이름 짓는 것을 버리면 모두 같다. 사람

손가락 하나(一人指)는 한 사람은 아니며 한 사람의 손가락이므로 이는 곧 한사람이 있음을 뜻한다. 네모의 한 부분은 네모가 아니지만 네모난 나무(육면체)의 부분은 네모난 나무이다.

---

❶ 長人之異, 短人之同: 長人之與短人之同이 되어야 한다.

❷ 指之人/首之人: 앞의 문장으로 판단하건대 人之指와 人之首가 되어야 한다. 之를 於로 보고 指於人, 首於人으로 보기도 한다.

❸ 將劍/挺劍: 장군의 칼로 지휘봉, 또는 통솔을 상징하는 칼 정도로 이해된다. 孫詒讓은 將을 牂(창)의 잘못이라고 하면서 扶(붙들다)로 해석하기도 하고, 張其煌은 큰 칼(大劍)과 작은 칼(小劍)로 해석하기도 하는데, 모두 뜻이 통한다.

❹ 方之一面/方木之面: 方之一面의 方은 평면에 네 개의 모서리를 가진 네모를 의미하며, 方木之面의 方木은 方物로서 육면체를 말한다.

❺ 敗之, 盡是也: 많은 주석가들은 敗를 取로 바꾸어 읽지만 동의하기 어렵다. 之는 수와 양(量數)을 들어 이름 짓는 것으로 보면서 그대로 번역한다. 是는 同의 다른 표현이다.

25

(三物必具, 然後足以生。)

以故生, 以理長, 以類行也者。

立辭而不明於其所生, 忘也。　　　　　　　立辭: 주장하다, 논증하다

今人非道無所行。唯有强股肱, 而不明於道, 其困也, 可立而待也。

　　　　　　　　　　　　　　　　唯=雖, 股肱: 넓적다리와 팔뚝

夫辭以類行者也, 立辭而不明於其類, 則必困矣。

(세 가지 물건(故, 理, 類)이 반드시 갖추어진 이후에야 생겨날 수 있다)

(무릇 말은) 원인으로써 생겨나고, 이치로써 자라나고, 유사함(類)으로써 행해진다. 주장할 때 생겨난 바를 밝히지 못하면 (곧) 잊힌다. 지금 사람은 길이 없으면 갈 수 없다. 비록 강한 넓적다리와 팔뚝을 가져도 길을 알지 못하면 곤란함이 서서 기다릴 수 있다. 무릇 말은 무리로써 행해지기 때문에 주장할 때 그 무리를 알지 못하면 반드시 곤란해진다.

❶ 三物必具, 然後足以生: 이 아홉 글자는 문단 7의 마지막 구절이다. 문단 25가 문단 7과 연결되어야 한다는 의미에서 부가했다.

❷ 以故生, 以理長, 以類行也者: 주어가 없다. 그래서 孫詒讓은 夫辭를 주어로 하여 夫辭 以故生, 以理長, 以類行也者로 고쳐 읽는데 옳은 판단이다.

❸ 故: 「經說」 #1에서 小故(필요조건)과 大故(필요충분조건)에 대해서 설명하고 있다.

❹ 理/道: 理는 돌이나 구슬 안에 있는 결을 말한다. 여기에서는 추론이나 논증할 때 따라야 하는 이치이며, 내적 필연성을 의미한다. 반면 道는 사물의 외부에 존재하는 객관적인 길을 말하며 외적 객관성을 의미한다. 내적 필연성과 외적 객관성을 알지 못하고 넓적다리와 팔뚝의 힘으로 밀어붙이면 곤란함에 직면하지 않을 수 없음을 강조한다. 이런 점에서 墨家는 老子와 유사한데, 필시 儒家와 名家에 대한 비판을 염두에 두고 있는 듯하다. 즉, "立辭而不明於其所生, 忘也"는 名家에 대한 경고이며, "今人非道無所行. 唯有强股肱, 而不明於道, 其困也, 可立而待也"는 儒家에 대한 비판이다. 그러나 여기에서는 以理長과 以道行을 동일시하고 있다.

❺ 以類行: 「小取」篇에서 "以類取, 以類予"라고 하는데, 같은 의미로 파악할 수 있다. 그런 의미에서 行은 取와 予를 의미한다. 즉, 同類를 取하고, 異類를 버린다. 여기서 類는 '유사함'으로 직역하였으나 類推의 뜻으로도, 종류(범주)의 의미로도 읽힌다.

❻ 忘也: 대부분의 주석가들이 妄也로 읽는데, 굳이 그럴 필요가 없다.

26

故浸淫之辭, 其類在於鼓栗。 　　　　　　　栗 → 慄: 두려움

聖人也, 爲天下也, 其類在於追迷。

或壽或卒, 其利天下也指若, 其類在譬石。 　　　　指若 → 相若

一日而百萬生, 愛不加厚, 其類在惡害。 　　　　惡: 두려워하다

愛二世有厚薄, 而愛二世相若, 其類在蛇文。 　　　蛇文=蛇紋

愛之相若, 擇而殺其一人, 其類在阬下之鼠。 　　　阬=坑(갱): 구덩이

小仁與大仁, 行厚相若, 其類在申凡。 　　　　　申=伸

興利除害也, 其類在漏雍。 　　　　　　　　雍 → 罋: 항아리

厚親不稱行而類行, 其類在江上井。 　　　　稱: 부르다, 行=德行

不爲己之可學也, 其類在獵走。

愛人非爲譽也, 其類在逆旅。　　　　　　　　　　　　　逆: 맞이하다, 영접하다

愛人之親若愛其親, 其類在官苟。　　　　　　　　　　　苟 → 敬

兼愛相若, 一愛相若, 一愛相若, 其類在死也。　　　　也 → 蛇

스며들어 넘치는 말은 두려움을 북돋운다. 성인이 천하를 위한다는 주장은 미혹을 쫓아 바로잡는 데 있다. 오래 살기도 하고 일찍 죽기도 하지만 천하를 이롭게 하는 일이 서로 같다는 주장은 명예로운 이름에 달려 있다. 하루에 백만 명이 태어나지만 사랑이 더 두터워지지 않는다는 주장은 해로움을 두려워하기 때문이다. 2세를 사랑함에 두텁고 엷음이 있으나 2세에 대한 사랑이 서로 같다는 주장은 뱀의 무늬와 같다. 사랑함은 서로 같으나 그중 한 사람을 골라 죽여야 한다는 주장은 구멍 속의 쥐와 같다. 큰 인격과 작은 인격이 후덕하게 행동함이 서로 같다는 주장은 모든 것을 펼쳐서 유추한 것이다. 이로움을 일으키고 손해를 제거한다는 주장은 (물이) 새는 항아리와 같다. 어버이를 두텁게 대할 때 덕행이라 부르고, 덕행으로 삼지 않아야 한다는 주장은 강가의 우물(江上井)과 같다. 자신만을 위하지 않아야 한다고 배우는 일은 (자신을 잊고) 사냥터에서 내달리는 것과 같다. 남을 사랑함이 칭찬받을 일이 아니라는 주장은 나그네를 맞이하는 일과 같다. 남의 부모를 사랑함이 자신의 부모를 사랑함과 같다는 주장은 공경함을 관리하는 데 달려 있다. 두루 사랑함과 자신을 사랑함은 서로 같다는 주장은 뱀을 죽이는 일과 같다.

---

❶　이 문단은 모두 其類在XX로 끝나는데, 그 형식이 說在XX로 끝나는 「經」下와 같다. 반면 내용은 以類行의 13가지 예를 제시한 것으로 보이지만 문장이 난해하여 蘇時學은 「經說」下와 같이 여기에도 "모두 說이 있어서 그것을 증명하였을 것이다"라고 말하지만 지금은 고증할 방법이 없다. 其類在XX의 앞부분은 문단 25에 의하면 立辭에 해당하며, XX와 類를 같이한다.

❷　浸淫之辭: 직역하면 '스며들어 넘치는 말'이지만 '아첨하는 말' 또는 '어지러운 언론'의 의미로 의역되기도 한다. 그러나 '은근히 협박하는 말'로 읽는 것도 가능하다. 여기에서는 직역한다.

❸　譽石: 礬石(물들이는 돌)이나 礜石(쥐가 먹으면 죽지만 누에가 먹으면 살찌는 돌)으로 고쳐 읽기도 하지만 譽名으로 읽는 것이 합리적이다.

❹　二世: 上世 또는 尙世로 보는 주석도 있으나 여기서는 있는 그대로 번역한다.

❺　其類在申凡: 일반적으로 申에서 끊어 읽지만 의미가 전혀 통하지 않는다. 여기에서는 凡과 연결시킨다.

❻　厚親不稱行而類行: 문단 4 "義厚親 不稱行而顧行"을 참조.

❼　官苟: 뜻이 전혀 통하지 않는다. 苟를 敬의 오류로 본다.

❽　兼愛相若, 一愛相若, 一愛相若: 相若이 세 번 사용되고, 一愛相若이 중복되어 있어 무엇인가 오류가 있다. 兼愛 一愛相若으로 고치면 의미가 명확해진다. 一愛는 하나 또는 자신을 사랑함이다. 자신을 사랑해야 남을 사랑할 수 있고, 남을 사랑해야 두루 사랑할 수 있다는 점에서 兼愛一愛相若이 된다. 이와 같은 사고는 『墨子』 전체에 일관되어 있다.

❾　이상 13가지 예시 중에서 일부는 너무 상징적으로 표현되어 뜻이 잘 통하지 않는다.

第四十五 小取

1

夫辯者, 將以明是非之分, 審治亂之紀,

　　明同異之處, 察名實之理,

　　處利害, 決嫌疑。

焉摹略萬物之然, 論求群言之比。　　　　　　　　　摹모: 본뜨다, 본받다

　　以名擧實, 以辭抒意, 以說出故, 以類取, 以類予。　　抒서: 떠내다, 풀어놓다

有諸己 不非諸人, 無諸己 不求諸人。　　　　　　　　諸=之於

무릇 변론은 옳고 그름의 구분을 밝혀 다스려짐과 어지러움의 근본을 살피고, 같고 다름의 수준을 밝혀 이름과 실제의 이치를 살핀다. (그리하여) 이익과 손해에 대처하고, 의심을 해결한다. 이에 만물의 실상을 본뜨고 여러 가지 말(言)들을 비교하고 논의한다. (그리하여) 이름으로 실제를 드러내며, 주장(辭)으로 (자신의) 뜻을 표현하고, 설명으로 이유를 밝히고, 유사함으로 받기도 하고 주기도 한다. 자기에게 있다고 남을 비난하지 않으며, 자기에게 없다고 남에게서 구하지도 않는다.

---

❶　辯의 목적과 효용 또는 과정과 결과를 설명하고 있는데, 현실 세계에 적용한 明是非-審治亂-處利害와 이론적 차원의 明同異-察名實-決嫌疑이라는 두 맥락에서 파악하고 있다.

❷　摹略萬物之然,論求群言之比: 앞 구절은 인식과정이며, 뒤의 구절은 인식 내용을 표현하는 과정이다. 模寫論(Abbildtheorie, copy theory) 또는 反映論(reflection theory)에 의하면 주체는 감각기관을 통하여 객관적 실재를 모사함으로써 인식한다. 이러한 모사를 摹로 표현하지 않았나 생각된다. 摹略은 객관적 실재의 크기, 모양, 수, 위치, 운동, 맛, 냄새 등 많은 속성을 일시에 모두 모사할 수 없기 때문에, 즉 모사되는 내용은 과정 전체의 일부이기 때문에 1차적 중요 속성만을 반영한다는 의미로 파악된다. 이런 유물론적 인식은 서양의 홉스와 로크(John Locke)와도 맥을 같이하고 있다. 감각적 인식 이후에 이성적 사유로서의 언어로 표현되는 과정인 辯論에 대한 설명으로 이어지고 있다. 이것은 주관이 대상을 자기화(Aneignung)하는 과정으로 볼 수 있지만, 모든 반영은 사회적 제약성을 가지며, 반영의 산물인 인간의 지식이 상대적이라는 인식에는 도달하지 못했다고 생각된다.

❸　以類取, 以類予: 「大取」 25에서는 以類行으로 표현하고 있다.

❹ 有諸己 不非諸人,無諸己 不求諸人: 주어와 목적어가 없어 그 의미가 분명하지 않지만 논쟁 과정에서의 태도를 말하고 있다고 생각된다. 여러 가지 유추된 해석이 있으나 '자신의 주장이 있어도 자신과 다르게 주장하는 남을 비난하지 않으며, 자신의 주장이 없다고 무조건 남을 따르지 않는다'는 의미로 파악된다. 이런 면에서 『論語』의 "君子求諸己, 小人求諸人"을 연상시킨다.

2

或也者, 不盡也。　　　　　　　　　　　　　　　　　　　　　　　盡=皆

假者, 今不然也。

效者, 爲之法也; 所效者, 所以爲之法也。

　故中效, 則是也; 不中效, 則非也, 此效也。

辟也者, 擧也物而以明之也。　　　　　　　　　辟=譬: 비유하다, 也 → 他

侔也者, 比辭而俱行也。　　　　　　　　　　　　侔모: 가지런하다, 같다

援也者, 曰子然, 我奚獨不可以然也?　　　　　　　　援: 당기다

推也者, 以其所不取之同於其所取者, 予之也。　　　　　推: 밀다

　是猶謂也者 同也, 吾豈謂也者 異也。

'혹(或)은' 이라고 말할 때에는 모두 그렇지 않다. '가령(假)'이라 말할 때에는 지금 그렇지 않다. 본받음은 그것을 법도를 삼는다는 뜻이다. 본받는 대상이 법도가 된다. 그래서 본에 맞으면 옳고, 본에 맞지 않으면 그르다. 이것이 본받음이다. 비유(辟)는 다른 사물을 들어 그것을 밝히는 일이다. 같음(侔)은 말(辭)을 나란히 하여 함께 가는 것이다. 끌어들여 말함(援)은 "그대는 그러한데, 내가 어찌 홀로 그러하지 않을 수 있겠는가?"라고 말하는 것이다. 미루어 말함(推)은 받아들여지지 않은 것(其所不取之)과 받아들여지는 것(其所取者)이 같아짐으로써 그 뜻을 부여한다. (그대가) 말한 것은 (나의 말과) 같고, 내가 말한 것은 (당신의 말과) 다르다.

❶ 或/假/效: 명제 또는 주장(辭)을 성격에 따라 분류하고 있다. 불완전한 지식환경 속에서 확실하지는 않지만 아마 그럴 것이라고 추론하는 개연성, 내용이 실제의 사실이 아닌 상상 또는 기원을 나타내는 가정, 증명의 기준이 있고 항상 옳다고 생각하는 주장이 바로 그것이다. 이러한 분류는 칸트(Immanuel Kant)의 選言판단, 假言판단, 定言판단을 연상시킨다.

❷ 辟/侔/援/推: 추론하는 네 가지 방법을 의미하고 있는 듯하다. 辟는 비유이며, 援과 推는 각각 援用과 類推에 해당한다. 侔는 두 개의 명제를 늘어놓고 다른 요소를 가감하여 결론이 같은지 보는 것이다. 중국적 사고에서는 수사학과 논리학의 구분이 명확하지 않다. 즉, 주장을 펼 때, 하나의 예를 들고 그 예가 타당하면 그 주장이 타당하다고 생각하는 구성의 오류가 일반화되어 있다. 墨家는 이러한 문제를 극복하려고 노력하지만 위 문단에서 보는 바와 같이 추상적 수준에 머무르고 있다. 비유(辟)는 수사법이지 논증방식이 아니며, 援에 대한 설명이 하나의 예를 제시하는 데 머무르고 있다. 推에서는 필수적인 두 영역(其所不取之과 其所取者)에서 유사성의 검출에 대한 설명이 없다. 伍非百은 推를 귀납과 연역으로 이해하고 있지만 과도한 해석이다.

❸ 是猶謂也者 同也,吾豈謂也者 異也: 일반적으로 豈 때문에 의문문으로 해석하지만, 여기에서는 援과 推에 대한 보충설명으로 豈를 發語詞로 보고 긍정문으로 해석한다. "是猶謂也者"는 援을, "吾豈謂也者"는 推를 가리킨다.

3

夫物有以同 而不率遂同。　　　　率: 거느리다, 모두 다, 遂: 따르다, 답습하다

辭之侔也, 有所至而正。

　其然也, 有所以然也, 其然也同, 其所以然不必同。

　其取之也, 有所以取之, 其取之也同, 其所以取之不必同。

是故 辟, 侔, 援, 推之辭,

　行而異, 轉而危, 遠而失, 流而離本, 則不可不審也, 不可常用也。　　危=詭

故言多方 殊類 異故, 則不可偏觀也。　　殊: 다르다=異, 偏: 치우치다

무릇 사물은 같은 점이 있지만 모두 다 같은 것은 아니다. 명제가 같다고 말하면 일정한 범위에서는 옳다. (사물의) 그러함은 그렇게 된 이유가 있지만, 그러함이 같다고 하여 그렇게 된 이유가 반드시 같은 것은 아니다. (명제를) 받아들임은 받아들인 이유가 있지만, 받아들임이 같다고 하여 받아들인 이유가 반드시 같은 것은 아니다. 그리하여 비유, 같음, 원용, 유추하는 명제는 (말이) 진행되면서 (의미가) 달라지고, 옮겨지면서 어그러지고(危), 멀어지면서 (원래의 뜻을) 잃고, 흘러가면서 근본을 떠난다. 그래서 살피지 않을 수 없으며, 항상 사용할 수 없다. 그리하여 말에는 여러 가지 방법이 있고, 종류가 다르고 이유가 다르니 (한편으로) 치우쳐 보면 안 된다.

❷ 　有所至而正: 일반적으로 正을 止로 고쳐 읽지만 굳이 그럴 필요가 없다. 여기에서는 '일정한 범위에서 올바름이 있다'는 정도의 의미로 읽는다.

4　夫物 或乃是而然, 或是而不然,

　　　或一害而一不害,

　　　或一是而一不是也。

不可常用也。故言多方 殊類 異故, 則不可偏觀也。非也。

害→周

〈교정〉

夫物 或乃是而然, 或是而不然, 或不是而然

　　　或一周而一不周,

　　　或一是而一非也。

사물 중에 어떤 것은 '옳으면서 그러한 것(是而然)'이 있고, 어떤 것은 '옳지만 그렇지 않은 것(是而不然)'도 있으며, 어떤 것은 '옳지 않지만 그러한 것(不是而然)'도 있다. 어떤 것은 한 번은 두루 통하고 한 번은 두루 통하지 않는다. 어떤 것은 한 번은 옳고, 한 번은 그르다.

❶ 　或一害而一不害: 이 문단은 竹簡의 글을 옮겨 적는 과정에서 착오가 많은데, 王引之에 의하여 교정되었다. 그에 의하면 害는 周가 되어야 한다. 예서에서 害와 周가 비슷하여 잘못되었으며, 문단 8의 마지막 문장 "此一周而一不周者也"과 상응한다는 점에서도 그러하다.

❷ 　王引之는 "不可常用也 言多方 殊類 異故, 則不可偏觀也"의 구절은 문단 3과 중복되는데 이는 잘못이며, 非也의 두 글자가 본래 "或一是而一"과 하나의 구절임을 몰라서 후세에 不是也를 덧붙였다고 주장한다. 따라서 이 문단은 전체적으로 夫物 或乃是而然, 或是而不然, 或一周而一不周, 或一是而一非也로 교정되어야 한다고 주석을 달고 있다. 아래 문단 9의 마지막 문장이 此乃一是而一非者也로 되어 있음을 그 근거로 하고 있다.

❸ 이하 「小取」의 나머지 부분 5부터 9까지 문단은 여기에서 열거한 명제의 예를 제시하고 있다. 이에 근거하여 吳毓江은 '或不是而然'을 첫 문장에 첨가하여 경우의 수를 다섯 가지로 늘렸다. 王引之와 吳毓江의 주장이 옳다고 판단되어 여기에서는 그들의 주석에 입각하여 교정하고 번역했다.

5

白馬 馬也, 乘白馬 乘馬也。

驪馬 馬也, 乘驪馬 乘馬也。驪馬: 검은 말

獲 人也, 愛獲 愛人也。

臧 人也, 愛臧 愛人也。

此乃是而然者也。

흰 말은 말이니 흰 말을 타는 것은 말을 타는 것이다. 검은 말은 말이니 검은 말을 타는 것은 말을 타는 것이다. 하녀(獲)는 사람이니 하녀를 사랑하는 것은 사람을 사랑하는 것이다. 하인(臧)은 사람이니 하인을 사랑하는 것은 사람을 사랑하는 것이다. 이것이 바로 '옳으면서 그러함(是而然)'이다.

6

獲之視 人也, 獲事其親 非事人也。視 → 親

其弟 美人也, 愛弟 非愛美人也。

車 木也, 乘車 非乘木也。

船 木也, 人船 非人木也。人 → 入

盜人 人也, 多盜 非多人也, 無盜 非無人也。奚以明之?

惡多盜, 非惡多人也, 欲無盜, 非欲無人也。世相與共是之。

若若是, 則雖盜人 人也, 愛盜 非愛人也,

　　　　　不愛盜 非不愛人也,

　　　　　殺盜人 非殺人也。

無難盜無難矣。無難盜無難矣 → 無難矣

此與彼同類, 世有彼而不自非也, 墨者有此而非之。

無故也焉, 所謂內膠外閉, 與心毋空乎, 內膠而不解也。 膠교: 굳다

此乃是而不殺者也。 殺 → 然

하녀의 어버이는 사람이지만, 하녀가 그 어버이를 섬기는 것이 사람을 섬기는 것은 아니다. 그 아우는 미인이지만, 아우를 사랑하는 것이 미인을 사랑하는 것은 아니다. 수레는 나무이지만, 수레를 타는 것이 나무를 타는 것은 아니다. 배는 나무이지만, 배에 들어가는 것이 나무에 들어가는 것은 아니다. 도둑은 사람이지만, 도둑이 많아지는 것이 사람이 많아지는 것은 아니며, 도둑이 없어지는 것이 사람이 없어지는 것은 아니다. 어떻게 그것을 아는가? 도둑이 많아지는 것을 두려워하는 것은 사람이 많아지는 것을 두려워함이 아니며, 도둑이 없어지는 것을 원하는 것은 사람이 없어지는 것을 원함이 아니다. 세상 사람들은 모두(相與共) 이런 말들을 옳다고 한다. 만약 이런 말들이 옳다면, 비록 도둑은 사람이지만 도둑을 사랑하는 것이 사람을 사랑함이 아니며, 도둑을 사랑하지 않는 것이 사람을 사랑하지 않음이 아니고, 도둑을 죽이는 것은 사람을 죽임이 아니다. 어렵지 않다. 이것(此)과 저것(彼)은 같은 종류인데, 세상 사람들은 저것을 취하고 스스로 그르다고 하지 않으면서 묵자를 따르는 사람(墨者)들이 이것을 취한다고 비난한다. 다른 까닭이 있는 것이 아니라 이른바 안으로 굳어 있고 밖으로 막혀 있기 때문이다. 마음에 빈 구석이 없어 안으로 굳어 있어서 이해하지 못한다. 이것이 바로 '옳으면서 그러지 않음(是而不然)'이다.

---

❶ 이 문단에서도 옮겨 적는 과정(轉寫)에서 많은 오류가 생긴 것으로 추정된다. "無難盜無難矣"에서 "盜無難"이 잘못 삽입되어 있으니 마땅히 無難矣가 되어야 한다. 문단 7에서도 상응하는 無難矣가 그 증거이다. 또한 獲之視는 뒤에 나오는 문구로 보아 獲之親으로 수정되어야 하며, 人船과 人木은 의미상 入船과 入木을 잘못 필사한 것이다. "此乃是而不殺者也" 중 殺은 마땅히 然으로 되어야 한다.

❷ 若若是: 앞의 若은 가정을 나타내는 '만일, 만약'이며, 뒤의 若은 '이와 같이'라는 의미이다. 若若是는 '만일 이와 같이 옳다면'으로 해석된다.

❸ 此와 彼: 이 문단의 핵심은 此와 彼가 무엇을 지시하는지에 달려 있지만 명확하지 않다. 어느 주석가도 이 문제를 분명하게 밝히고 있지 않지만, 譯者의 판단으로는 彼가 '惡多盜, 非惡多人也, 欲無盜, 非欲無人也'를 가리키고, 此는 '愛盜 非愛人也, 不愛盜 非不愛人也, 殺盜人 非殺人也'를 지시하고 있다고 생각된다. 결국 같은 종류의 명제이지만 자신은 옳고 墨者를 그르다고 하는 儒家의 논리적 오류를 지적하고 있다. 墨家의 兼愛를 비판하는 사람들은 '도둑은 사람이기 때문에 도둑을 죽이는 일은 살인이니 겸애와 모순된다'고 공격하는데, 이에 대하여 墨家는 '도둑이 사람이지만 도둑을 죽이는 일은 사람을 죽이는 것이 아니다'라고 대답하는 논쟁의 한 국면으로 파악된다. 어찌 보면 모

순처럼 보이지만, 墨家는 형식논리와 사회(국가)이론의 차이를 원초적인 형태로 설명하고 있다.

❹ 墨者有此而非之: 문법적으로 보면 非之의 주체가 墨者이지만, 내용적으로 보면 세상 사람들(世)이다. 그렇게 보아야 뒤의 문장과 통한다. 문단 7도 마찬가지이다.

❺ 無故也焉: 문단 7에는 無也故焉으로 되어 있는데, 모두 無他故也의 의미로 '다른 이유는 없다'는 뜻이다.

7

且夫讀書, 非好書也。　　　　　　　　　　　　　　　且=將: 미래형 부사

且鬥雞, 非雞也, 好鬥雞, 好雞也。　　　　非雞也 → 非鬥雞也, 雞=鷄: 닭

且入井, 非入井也, 止且入井, 止入井也。

且出門, 非出門也, 止且出門, 止出門也。

若若是, 且夭, 非夭也。　　　　　　　　　　　　　夭요: 단명하다, 요절하다

　　　　　　壽夭也, 有命, 非命也, 非執有命, 非命也。

無難矣。

此與彼同, 世有彼而不自非也, 墨者有此而罪非之。　　　罪는 衆 또는 삭제

無也故焉, 所謂內膠外閉, 與心毋空乎, 內膠而不解也。

此乃是而然者也。　　　　　　　　　　　　　　　是而然 → 不是而然

장차 책을 읽으려 함은 책을 좋아함이 아니다. 장차 닭을 싸움시키려 함은 닭싸움이 아니지만, 닭싸움을 좋아함은 닭을 좋아함이다. 장차 우물 속으로 들어가려 하는 것은 (지금) 우물 속으로 들어가는 것이 아니지만, 장차 우물 속으로 들어가는 행동을 저지하는 것은 우물 속으로 들어가는 것을 저지함이다. 장차 문을 나서는 일은 (지금) 문을 나서는 것은 아니지만, 장차 문을 나서는 것을 저지하는 일은 문을 나서는 것을 저지함이다. 만일 이런 말들이 옳다면 장차 요절한다 함은 요절이 아니다. 장수와 요절은 운명이라 말하지만 운명이 아니다. 운명이 있다고 주장하지 않는 것은 운명론자가 아니다. 어렵지 않다. 이것(此)과 저것(彼)은 같은 종류인데, 세상 사람들은 저것을 취하고 스스로 그르다고 하지 않으면서 묵자를 따르는 사람(墨者)들이 이것을 취한다고 비난한다. 다른 까닭이 있는 것이 아니라 이른바 안으로 굳어 있고 밖으로 막혀 있기 때문이다. 마음에 빈 구석이 없어 안으로 굳어 있어서 이해하지 못한다. 이것이 바로 '옳지 않지만 그러함(不是而然)'이다.

① 且夫讀書, 非好書也: 孫詒讓은 뒤의 구절과 대응시켜 '且夫讀書, 非讀書也, 好讀書, 好書也'가 되어야 한다고 주장한다.

② 此乃是而然者也: 孫詒讓은 此乃'是而不然'者也로 고쳐 읽고, 吳毓江, 譚戒甫, 胡適은 此乃'不是而然'者也로 읽어야 한다고 주장한다. 後者가 옳다.

③ 壽夭也: 뜻이 통하지 않는다고 연문으로 보는 주석이 많지만 뒤의 문구에 붙여 읽으면 자연스럽다.

④ 此與彼同: 문단 6에는 此與彼同類로 서술되어 있기 때문에 일반적으로 類가 누락된 것으로 본다. 여기에서 彼는 앞의 논리(若若是 이전의 명제)를, 此는 뒤의 논리(若若是 뒤의 명제)를 각각 가리킨다.

⑤ 罪非之: 문단 6에서는 非之로 되어 있어서 罪를 衍文으로 보는 견해(畢沅, 蘇時學, 王引之)와 衆의 오류라고 보는 견해(孫詒讓)가 있다. 어느 견해를 따르더라도 내용적으로는 세상 사람들이 墨者를 비난한다는 의미이다. 말할 필요도 없이 여기에서의 세상 사람들은 儒家를 의미한다.

⑥ 문단 6은 도둑의 처벌과 관련하여 兼愛를 정당화하는 논증이며, 문단 7은 운명론을 부정하는 논증이다. 後者의 경우 명쾌하지 못하지만 「非命」편의 주장을 참고하면 이해할 수 있다.

8 愛人, 待周愛人 而後爲愛人。

周: 두루, 골고루=遍

不愛人, 不待周不愛人, 不周愛, 因爲不愛人矣。

乘馬, 不待周乘馬, 然後爲乘馬也。有乘於馬, 因爲乘馬矣。

逮至不乘馬, 待周不乘馬, 而後爲不乘馬。

逮至: ~에 이르기까지

此一周而一不周者也。

사람을 사랑함은 사람들을 두루 사랑한 연후에 사람을 사랑한다고 말할 수 있다. 사람을 사랑하지 않음은 두루 사람을 사랑하지 않음을 기다릴 필요가 없다. 두루 사랑하지 않기 때문에 사람을 사랑하지 않는다고 말할 수 있다. (그러나) 말을 타는 것은 두루 말을 타지 않고서도 말을 탄다고 말할 수 있다. 말을 탄 적이 있으면 말을 탔다고 말할 수 있다. 말을 타지 않았다고 하려면 두루 말을 타지 않은 연후에 말을 타지 않았다고 말할 수 있다. 이것이 하나는 두루 통하고, 하나는 두루 통하지 않는 경우 (一周而一不周)이다.

❶ 이 문단에서도 도장본의 경우 誤脫이 많아 본래의 뜻을 이해하기 어렵다. 不周愛가 不'失'周愛로 되어 있고, 不待周乘馬에 '不'이 빠져 있으며, 而後不乘馬가 두 번 반복되어 있을 뿐 아니라 '爲'가 누락되어 있다. 俞樾과 王引之의 주석에 따라 교정했다.

❷ 이 문단에서 愛는 別愛와 구별되는 兼愛를 의미한다. 愛와 不乘馬는 一周에, 不愛와 乘馬는 不一周에 해당한다.

9

居於國, 則爲居國。有一宅於國, 而不爲有國。

桃之實, 桃也。棘之實, 非棘也。　　　　　　　棘: 대추나무, 가시나무

問人之病, 問人也。惡人之病, 非惡人也。

人之鬼, 非人也。兄之鬼, 兄也。

祭之鬼, 非祭人也。祭兄之鬼, 乃祭兄也。　　　祭之鬼 → 祭人之鬼

之馬之目盼, 則爲之馬盼。之馬之目大, 而不謂之馬大。

　　　　　　　　　　　　　　　　之=是 또는 其, 盼반: 눈이 예쁘다

之牛之毛黃, 則謂之牛黃。之牛之毛衆, 而不謂之牛衆。

一馬, 馬也, 二馬, 馬也。馬四足者, 一馬而四足也, 非兩馬而四足也。

一馬, 馬也。　　　　　　　　　　　　　　　　一馬 → 白馬

馬或自者, 二馬而或白也, 非一馬而或白。　　　自 → 白

此乃一是而一非者也。

어떤 나라에 사는 것은 그 나라에 산다고 할 수 있지만, 어떤 나라에 집을 한 채 소유한다고 그 나라를 소유하는 것은 아니다. 복숭아 나무의 열매는 복숭아이지만, 가시나무의 열매는 가시(棘)가 아니다. 어떤 사람의 병을 위문하는 일은 그 사람을 위문하는 것이지만, 사람의 병을 미워하는 것은 사람을 미워함이 아니다. 사람의 귀신은 사람이 아니지만, 형의 귀신은 형이다. 사람의 귀신을 제사 지내는 일은 사람을 제사 지내는 것이 아니지만, 형의 귀신을 제사 지내는 일은 형을 제사 지내는 것이다. 말의 눈이 예쁘면 그 말이 예쁘다고 말할 수 있지만, 말의 눈이 크다고 그 말이 크다고 말하지 않는다. 소의 털이 누렇다면 소가 누렇다고 말할 수 있지만, 소의 털이 많다고 소가 많다고 말하지 않는다. 한 마리의 말도 말이며, 두 마리의 말도 말이다. 말은

네 개의 발을 가지고 있지만, 말 한 마리가 네 발이라고 말하지, 말 두 마리가 네 발이라고 말하지 않는다. 흰 말은 말이다. '말이 어떤 것은 희다'고 말할 때, 두 마리 말이 있을 때 어떤 것은 희다(或白)고 말하지, 한 마리가 있을 때 어떤 것은 희다고 하지 않는다. 이것이 바로 하나는 옳고, 하나는 그른 경우(一是而一非)이다.

---

❶ 棘(극): 대추나무의 일종으로 대추나무보다 키가 작은 멧대추나무 또는 가시나무이며, 그 열매는 대추와 비슷하여 먹을 수 있는 棗(조)이다.

❷ 盼: 眇(묘: 애꾸눈)로 읽기도 하지만 전체 맥락에는 영향을 주지 않는다.

❸ 一馬, 馬也: 전후의 맥락으로 보아 부적절한 구절이다. 이를 衍文으로 보아 빼기도 하고, 뒤의 문장으로 보아 一馬를 白馬로 바꾸기도 한다.

대화 對話

일러두기

❶ 〈對話〉는 第四十六「耕柱」, 第四十七「貴義」, 第四十八「公孟」, 第四十九「魯問」, 第五十「公輸」 총 5편으로 구성되어 있으며, 모두 87개의 일화를 묵자의 언행으로 기록하고 있다. 형식적으로『論語』와 같은 체제이지만, 내용적으로 그의 제자와의 대화를 통하여 자신의 사상을 전파하기도 하고, 다른 학파의 선비들과 대화를 통하여 儒家를 비판하기도 한다.「公輸」를 제외하고 모두 짧은 대화의 모음집이라 할 수 있다. 역사적 사실과 부합하지 않는 부분은 제자들이 說話로 의제했다고 추측되지만 墨子의 인간상과 墨家의 집단적 성격을 파악하고 이해하는 데 많은 도움이 된다.

❷ 〈對話〉의 내용은 묵자사상의 핵심을 수록한 〈十論〉과 일치한다. 〈十論〉과 중복되는 내용도 있지만 설명을 보충하는 부분도 있어 묵자사상을 전파하는 데 크게 도움이 되었다고 판단된다. 尊天事鬼를 통하여 兼愛를 실천하고, 이웃 나라를 침략하지 않으며(非攻), 생산에 힘쓰되 재물을 절약(節用)해야 한다고 강조하고 있으며, 특히「公輸」에서는 非攻을 위한 묵자의 실천적 의지를 잘 보여주고 있다.

❸ 儒墨이 성행할 때 묵자가 다른 제자백가의 집중적인 비판을 받은 사실은 잘 알려져 있다. 따라서 묵가들은 당연히 이를 방어하고 다른 학파를 비판하지 않을 수 없었다. 〈墨經〉에서는 名家에 대한 비판이 두드러졌다면, 〈對話〉에서는 주로 儒家에 대한 비판이 주종을 이룬다. 특히「公孟」편의 儒家에 대한 비판은 〈十論〉에 나오는「非儒」편보다 더 설득력이 있다. 儒家에 대한 비판은 논리적으로 厚葬久喪과 運命論, 禮와 音樂과 연결되어 있지만, 당시 儒家의 선비나 군자들의 행태가 상인이나 수공업자보다 못하다고 일침을 가하고 있다. 이는 묵자의 경험주의적 실용주의 노선을 잘 보여주고 있다.

대화(對話)

第四十六 耕柱

1 子墨子怒耕柱子, 耕柱子曰: 我毋⌐於人乎?

俞=逾: ~보다 낫다

子墨子曰: 我將上大行, 駕驥與羊, 子將誰敺?

大行=太行, 駕가: 타다, 驥기: 천리마, 敺=驅구: 몰다

耕柱子曰: 將敺驥也。

子墨子曰: 何故敺驥也?

耕柱子曰: 驥足以責。

責: 책임을 지우다

子墨子曰: 我亦以子爲足以責。

묵자 선생께서 경주자(耕柱子)를 꾸짖자 경주자가 물었다.

경주자: 제가 남보다 나은 점이 없습니까?

묵자 선생: 내가 장차 먼 길을 가려고 한다. 천리마와 양(羊)을 타려고 하는데, 그대
는 어느 것을 타고 가겠는가?"

경주자: (저는) 천리마를 타겠습니다.

묵자 선생: 어째서 천리마를 타는가?

경주자: 천리마가 적합합니다

묵자 선생: 나 역시 그대가 그 일을 담당하는 데 적합하다고 생각한다네.

---

❶ 耕柱子: 묵자의 제자. 子를 붙인 것으로 보아 耕柱의 제자나 그 후손들이 墨子의 언행을 기록
한 것으로 판단된다.

❷ 大行: 일반적으로 太行山으로 해석하지만 근거가 있는 것은 아니다. 여기서는 '먼 길'로 번역
한다.

❸ 驥與羊: 羊을 牛로 고쳐야 한다는 주석이 있으나 여기서는 있는 그대로 번역한다.

❹ 責: '꾸짖하다'와 '책임 지우다'는 이중의 의미를 내포하고 있다. 앞의 怒와 관련하여 자질이
있는 제자를 꾸지람하며 단련시키는 묵자의 교육관이 반영되어 있다.

2　巫馬子謂子墨子曰: 鬼神孰與聖人明智?

子墨子曰: 鬼神之明智於聖人, 猶聰耳明目之與聾瞽也。

猶: 마치 ~와 같다, 聾: 귀머거리, 瞽: 장님

　　昔者夏后開 使蜚廉折金於山川, 而陶鑄之於昆吾;　　折=摘: 캐다, 따다

　　是使翁難雉乙卜於白若之龜, 曰,

　　　　鼎成三足而方, 不炊而自烹, 不擧而自臧, 不遷而自行,　　臧=藏

　　　　以祭於昆吾之虛, 上鄕。　　虛=墟, 上鄕=上饗=尙饗: 흠향하소서

　　乙又言兆之由 曰,

　　　　饗矣! 逢逢白雲, 一南一北, 一西一東,　　逢逢 → 蓬蓬: 왕성한 자태

　　　　九鼎旣成, 遷於三國。

　　夏后氏失之, 殷人受之; 殷人失之, 周人受之。

　　夏后, 殷, 周之相受也, 數百歲矣。

　　使聖人聚其良臣與其桀相而謀, 豈能智數百歲之後哉?　　桀相=傑相

　　而鬼神智之。

　　是故曰 鬼神之明智於聖人也, 猶聰耳明目之與聾瞽也。

무마자(巫馬子)가 묵자 선생께 물었다.

무마자: 귀신과 성인 중 누가 더 밝고 지혜롭습니까?

묵자 선생: 귀신이 성인보다 더 지혜로운데, (이는) 잘 듣고 잘 보는 사람과 귀머거리, 장님을 비교하는 일과 같습니다. 옛날 하(夏)나라 왕 개(開)가 비렴(蜚廉)을 시켜 산과 강에서 구리(金)를 캐어 곤오(昆吾)에서 주조하게 하였습니다. 이때 옹난치을(翁難雉乙)로 하여금 하얀색을 띠는(白若) 거북이로 점을 치게 하면서 '솥(鼎)이 세 발이며 네모나게 완성해주시고, 불을 때지 않아도 스스로 삶아지며, 들지 않아도 스스로 저장하여 주시고, 옮기지 않아도 스스로 옮아가도록 하소서. 이에 곤오의 언덕에서 제사를 지내오니 흠향하소서'라고 빌었습니다. 또한 옹난치을이 점괘(兆之由)를 보고 '흠향하셨도다. 구름이 뭉게뭉게 피어올라 동서남북 사방으로 퍼지니, 아홉 개의 솥이 완성되어 세 나라로 전해지리라'고 예언했습니다. 하(夏)나라 왕이 그것을 잃자, 은(殷)나라 사람이 그것을 받았으며, 은나라 사람이 그것을 잃자 주

(周)나라 사람이 그것을 받았습니다. 하,(夏) 은(殷), 주(周)가 차례로 받은 지 수백
년이 지났습니다. 성인이 훌륭한 신하와 걸출한 재상을 모아 논의하여도 어찌 수
백 년 뒤의 일을 알 수 있겠습니까? 그러나 귀신은 알았습니다. 그래서 '귀신이 성
인보다 더 지혜로운데, (이는) 잘 듣고 잘 보는 사람과 귀머거리, 장님을 비교하는
일과 같습니다'라고 말합니다.

---

❶ 巫馬子: 노(魯)나라 사람으로 孔子의 제자인 巫馬期나 그 후손으로 추정된다. 일반적으로 儒
家라고 평가하지만 단정할 수는 없다.

❷ 夏后開: 夏나라 임금 啓를 가리킨다. 啓는 禹 임금의 아들이다. 禹 임금은 伯益을 후계자로 정
했으나 그가 거절하고 은신했다고 전해진다. 禹 임금이 죽자 제후들이 啓를 받들어 즉위하였는데,
이때부터 군주가 자식에게 왕위를 물려주는 제도가 확립되었다고 한다.

❸ 蜚廉: 夏나라의 신하. 伯益의 아들이라는 설도 있다.

❹ 昆吾: 고대의 國名으로 지금의 허난성 푸양현 남쪽으로 추정된다.

❺ 翁難雉乙: 아주 다양한 주석이 있지만 여기에서는 단순히 사람 이름으로 본다. 다양한 주석에
도 불구하고 전체 맥락에는 변함이 없기 때문이다. 道藏本에는 翁難으로 되어 있다.

❻ 白若之龜: 白若에 대한 주석이 구구하다. 거북이의 종류로 보기도 하고, 地名으로 읽기도 하
며, 신령하다는 의미에서 百靈으로 고치기도 한다. 여기에서는 若을 然으로 보아 '하얀색을 띄는'으
로 번역한다.

❼ 兆之由: 兆는 거북이로 점을 칠 때 거북 등에 나타나는 무늬, 즉 점괘를 의미한다.

❽ 上鄉: 上饗 또는 尙饗의 고대적 표현이며, 제사 지낼 때 제문의 마지막에 붙이는 문구로, 귀신
이나 조상의 혼령이 제사음식을 기쁘게 받으시라는 기원이다.

---

3   治徒娛, 縣子碩問於子墨子曰: 爲義 孰爲大務?

子墨子曰: 譬若築牆然, 能築者築, 能實壤者實壤, 能欣者欣, 然後牆成也。

牆: 담장, 壤: 흙, 欣혼: 담이 잘 쌓이는지 감독하는 일

爲義猶是也。

能談辯者談辯, 能說書者說書, 能從事者從事, 然後義事成也。

치도오(治徒娛)와 현자석(縣子碩)이 묵자선생에게 물었다.

치도오와 현자석: 의(義)를 행하는 데 무엇에 가장 힘써야 합니까?

묵자 선생: 비유하자면 담을 쌓는 일과 같다네. 쌓을 수 있는 사람은 쌓고, 흙을 채울 수 있는 사람은 흙을 채우고, 감독할 수 있는 사람은 감독한 후에 담은 완성된다. 의(義)를 행하는 일은 이와 같다네. 말을 잘하는 사람은 변론을 하고, 글을 잘 아는 사람은 책을 설명하고, 일을 잘하는 사람은 일에 종사한 후에 의로운 일이 이루어진다네.

---

❶ 治徒娛, 縣子碩: 묵자의 제자.

❷ 묵자는 자연적 분업과 사회적 분업에 대하여 여러 곳에서 강조하지만, 여기에서는 작업장 내 분업을 언급하고 있다. 남에게 이익을 주려면(爲義) 자신이 잘할 수 있는 일로써 남에게 이익을 준다는 의미로 읽힌다. 즉, 누구나 의(義)를 행할 수 있다.

❸ 談辯 · 說書 · 從事: 일본의 묵자 연구자인 渡辺卓은 "묵가 집단은 거자(巨子)를 추대하고, 그의 통제하에 각 구성원이 從事 · 談辯 · 說書의 세 부분으로 나뉘어 일하면서 세상을 구제하는 동일한 목적을 지향하는 집단이었다"고 주장한다.

4 巫馬子謂子墨子曰: 子兼愛天下, 未云利也; 我不愛天下, 未云賊也。

云: 이르다, 말하다

功皆未至, 子何獨自是 而非我哉?

子墨子曰: 今有燎者於此, 一人奉水將灌之, 一人摻火將益之。

燎료: 불을 놓다, 태우다, 奉: 받들다, 灌: 물을 대다, 摻삼: 쥐다

功皆未至, 子何貴於二人?

巫馬子曰: 我是彼奉水者之意, 而非夫摻火者之意。

子墨子曰: 吾亦是吾意, 而非子之意也。

무마자(巫馬子)가 묵자 선생에게 물었다.

무마자: 그대는 천하를 두루 사랑하는데 아직 그 이로움을 말할 수 없고, 나는 천하를 사랑하지 않는데 그 해로움을 아직 말할 수 없습니다. 그 결과(功)가 아직 없는데 어찌 그대는 홀로 스스로 옳다고 하며 나를 그르다고 하십니까?

묵자 선생: 지금 여기에 불이 났는데, 한 사람은 물을 들고 그것을 끄려 하고, 한 사람은 불을 쥐고 거기에 보태려고 합니다. 그 결과가 아직 나타나지 않았지만 그대는 두 사람 중 누가 귀하다고 여기십니까?

대화(對話)

무마자: 나는 물을 든 사람의 뜻이 옳고, 불을 쥐고 있는 사람의 뜻이 그르다고 생각합니다.

묵자 선생: 나 역시 내 뜻이 옳고, 그대의 뜻이 그르다고 생각합니다.

5 子墨子游荊耕柱子於楚, 二三子過之, 食之三升, 客之不厚。 游: 유세하다, 升升: 되

二三子復於子墨子曰: 耕柱子處楚無益矣。 二三子過之, 食之三升, 客之不厚。

子墨子曰: 未可智也。

毋幾何 而遺十金於子墨子, 曰: 後生不敢死, 有十金於此, 願夫子之用也。

毋幾何: 얼마 지나지 않아

子墨子曰: 果未可智也。

묵자 선생께서 경주자(耕柱子)로 하여금 초(楚)나라에서 벼슬살이를 하게 했다. 두세 명의 제자가 그곳을 찾아갔으나 (경주자가) 석 되의 식량을 먹여주고 대접이 후하지 않자, 묵자 선생에게 돌아와 아뢰었다. "경주자가 초(礎)나라에서 벼슬을 하지만 도움이 되지 않습니다. 저희들이 찾아갔을 때, 석 되의 음식만 먹이고 대접이 후하지 않았습니다." 묵자 선생께서 "아직 알 수 없는 일이다."고 대답하셨다. 얼마 지나지 않아 (경주자가) 묵자 선생에게 10금(十金)을 보내면서 말을 전했다. "제가 감히 죽을 죄를 짓지 않았으며, 여기에 10금(十金)을 보내오니 부디 선생님께서 쓰십시오." 이에 묵자 선생께서 말씀하셨다. "과연 아직 알 수 없었구나."

---

❶ 游荊: 游는 '헤엄치다'라는 뜻이지만 여기에서는 '벼슬살이를 하다'라는 의미이다. 荊은 楚나라의 다른 이름인데 잘못 들어간 듯하다.

❷ 食之三升: 고대의 되(升)는 현재의 되보다 작은 분량이다. 『莊子』 「天下」 편에 나오는 '하루에 다섯 되의 밥을 놓아두면 충분하다(請欲固置五升之飯足矣)'는 墨家의 말로 비추어 보면 석 되의 음식은 하루에 먹는 양으로서는 적은 것으로 판단된다.

❸ 十金: 十鎰, 鎰(金)은 무게 단위로서 20량에 해당한다.

❹ 後生不敢死: 後生은 '뒤에 태어난 사람'으로 직역되지만 제자가 스승(先生)에게 스스로를 지칭하는 말이다. 不敢死는 十金이 불의하게 모은 돈이 아니라는 의미와 절약하고 절약하여 모았다는 의미를 내포하고 있다.

6

巫馬子謂子墨子曰: 子之爲義也, 人不見而耶, 鬼不見而富,

而子爲之, 有狂疾!

子墨子曰: 今使子有二臣於此, 其一人者見子從事, 不見子 則不從事;

其一人者見子亦從事, 不見子亦從事,

子誰貴於此二人?

巫馬子曰: 我貴其見我亦從事, 不見我亦從事者。

子墨子曰: 然則, 是子亦貴有狂疾也。

무마자(巫馬子)가 묵자 선생에게 말했다.

무마자: 선생께서 의(義)를 행하시는데, 사람들이 쳐다보지도 않고 받아들이지도 않
습니다. 귀신도 보지 않고 복을 주지도 않습니다. 그런데 선생께서 (계속) 의를 행
하시니 미친병에 걸린 듯합니다.

묵자 선생: 지금 그대에게 두 명의 신하가 있다고 합시다. 그중 한 사람은 그대를 보
면 일을 하고 그대를 보지 않으면 일을 하지 않는 반면, 다른 한 사람은 그대를 보
아도 일을 하고 그대를 보지 않아도 역시 일을 합니다. 그대는 이 두 사람 중 누구
를 귀하게 여깁니까?

무마자: 나는 나를 보아도 일을 하고 나를 보지 않아도 일을 하는 사람을 귀하게 여
깁니다.

묵자 선생: 그렇다면 그대 역시 미친병에 걸린 것을 귀하게 여기십니다.

---

❶   子之爲義: 원문에는 子가 없으나 孫詒讓이 추가했다.

❷   耶: 주석가들마다 服으로 읽기도 하고, 取로 읽기도 하고, 助로 읽기도 한다.

❸   문단 4와 문단 6의 경우 자신의 주장을 譬喩로 증명하고 있지만, 孟子가 종종 범하는 '譬喩의
誤謬'와는 거리가 멀다.

7

子夏之徒問於子墨子曰: 君子有鬪乎?

子墨子曰: 君子無鬪。

子夏之徒曰: 狗豨猶有鬪, 惡有士而無鬪矣?

子墨子曰: 傷矣哉! 言則稱於湯文, 行則譬於狗豨, 傷矣哉!

자하(子夏)의 제자들이 묵자 선생에게 물었다.

자하의 제자들: 군자들은 싸움을 합니까?

묵자 선생: 군자는 싸움을 하지 않는다.

자하의 제자들: 개와 돼지들이 싸우는데, 어찌 선비는 싸우지 않습니까?

묵자 선생: 마음이 아프구나. 말로는 탕(湯)왕과 문(文)왕을 칭찬하면서 행동으로는
　　개와 돼지에 비유하다니, 마음이 아프도다.

---

❶　子夏: 孔子의 제자.

❷　湯文: 湯王과 文왕. 湯왕은 夏 나라를 무너트리고 殷나라를 세웠으며, 文왕은 殷나라를 무력
으로 정복하여 周나라를 건국했다.

❸　당시 모욕을 당하면 싸우는 것이 선비(士)의 중요한 덕목의 하나였다. 유가 역시 선비에게는
그 덕목이 있어야 한다고 주장했다. 그러나 묵가는 모욕당함은 수치가 아니라고 주장한다.

8　巫馬子謂子墨子曰: 舍今之人而譽先王, 是譽槁骨也。　　　　舍=捨, 槁=枯고: 마르다

　　　　　譬若匠人然, 智槁木也 而不智生木。

子墨子曰: 天下之所以生者, 以先王之道教也。　　　　所以: 이유, 까닭

　　　　今譽先王, 是譽天下之所以生也。可譽而不譽, 非仁也。

무마자(巫馬子)가 묵자 선생께 물었다.

무마자: 오늘날의 사람을 버려두고 돌아가신 옛 임금을 칭송하는 일은 마른 해골을
　　칭송하는 것입니다. 비유하면 목수(匠人)가 죽은 나무를 잘 알지만 살아있는 나무
　　를 모르는 것과 같습니다.

묵자 선생: 세상 사람들이 살아있는 이유는 돌아가신 옛 임금들의 도리와 가르침 때
　　문이다. 오늘날 옛 임금을 칭송하는 일은 세상 사람들이 살아있는 까닭을 칭송하
　　는 일이다. 칭송할 일을 칭송하지 않으면 (그것은) 어질지 못하다.

---

❶　非仁也: 원문에는 非가 없으나 孫詒讓이 추가했다.

9 子墨子曰: 和氏之璧, 隋侯之珠, 三棘六異, 此諸侯之所謂良寶也。

可以富國家, 衆人民, 治刑政, 安社稷乎? 曰不可。

所謂貴良寶者, 爲其可以利也。

而和氏之璧, 隋侯之珠, 三棘六異不可以利人, 是非天下之良寶也。

今用義爲政於國家, 人民必衆, 刑政必治, 社稷必安。

所爲貴良寶者, 可以利民也, 而義可以利人。

故曰, 義天下之良寶也。

묵자 선생께서 다음과 같이 말씀하셨다. "화씨(和氏)의 보석과 수(隋)나라 제후의 구슬, 그리고 아홉 개의 솥(九鼎)은 모두 제후들이 훌륭한 보물이라고 말한다. (그러나) 그 보물로써 나라를 부유하게 하고, 인민(人民)을 늘리고, 형정(刑政)을 잘 다스리고, 사직(社稷)을 안정시킬 수 있는가? 불가능하다. 소위 훌륭한 보물을 귀하게 여겨 이로움이 있어야 하는데, 화씨의 보석과 수후의 구슬, 그리고 아홉 개의 솥은 인민을 이롭게 할 수 없으니, 천하의 훌륭한 보물이 아니다. 오늘날 의로움(義)을 가지고 정치를 하면 인민들은 반드시 늘어나고, 형정이 반드시 잘 다스려지고, 사직은 반드시 안정될 것이다. 이른바 훌륭한 보물을 귀하게 여겨 백성을 이롭게 할 수 있다면 의로움이야말로 사람들을 이롭게 할 수 있다. 그래서 '의로움이 천하의 훌륭한 보물이다'라고 말한다."

---

❶ 和氏之璧: 楚나라 卞和가 두 다리를 잘려가며 임금에게 바친 구슬.『韓非子』「和氏」편 참조.

❷ 隋侯之珠: 隋나라 제후가 죽어가는 뱀을 살려준 대가로 얻었다는 보물로서 和氏之璧과 더불어 중국 고대의 전설적인 보물을 상징한다.『史記』에서는 이 두 보물을 隋和之寶로 표현했다.

❸ 三棘六異: 三棘은 三鬴(핵: 세 발 솥)으로 보기도 하고, 三鬲(력: 솥)으로 보기도 한다. 六異는 六耳로 보기도 하고 六翼(익: 귀가 달린 넓은 그릇)으로 보기도 한다. 그 조합에 따라 三棘六異는 주나라 왕실로부터 전해지는 아홉 개의 銅器라는 견해와 왕권을 상징하는 九鼎으로 보는 견해로 나뉜다. 여기서는 後者를 따른다.

대화(對話)

10 葉公子高問政於仲尼曰: 善爲政者 若之何?

仲尼對曰: 善爲政者, 遠者近之, 而舊者新之。

子墨子聞之曰: 葉公子高未得其問也, 仲尼亦未得其所以對也。

葉公子高豈不知善爲政者之遠者近也, 而舊者新是哉?

問所以爲之若之何也。

不以人之所不智告人, 以所智告之,

故葉公子高未得其問也, 仲尼亦未得其所以對也。

섭공자고(葉公子高)가 공자(仲尼)에게 정치에 대하여 물었다. "좋은 정치를 하려면 어찌해야 하나요?" 공자는 "좋은 정치를 하려면 멀리 있는 사람을 가까이 하고, 낡은 것을 새롭게 해야 한다"고 대답했다.

묵자 선생께서 그 말을 듣고 다름과 같이 말씀하셨다. "섭공자고는 제대로 묻지 못했고, 공자 역시 명확하게 대답하지 못했다. 섭공자고가 좋은 정치를 하려면 멀리 있는 사람을 가까이 하고 낡은 것을 새롭게 해야 한다는 사실을 어찌 모르겠는가?" 어찌해야 그리 되는가를 물은 것이다. 모르는 것을 알려주지 않고 아는 것을 알려준 셈이다. 따라서 섭공자고는 제대로 질문하지 못하고 공자는 제대로 대답하지 못했다."

---

❶ 葉公子高: 楚나라의 대부 沈諸梁, 자는 子高인데 섭(葉)의 땅을 영유하고 있어서 이렇게 불렀다.

❷ 遠者近之: 이와 비슷한 대화는 『論語』「子路」편에 나오는데, 거기에는 近者說 遠者來(가까운 곳에 있는 사람들은 기뻐하고, 먼 곳에 있는 사람들은 찾아온다)로 되어 있다.

❷ 葉公子高와 孔子의 대화를 통해 儒家의 관념성을 비판하고 있다. 정치에 대한 孔子의 관념성은 孟子에게 계승되었고, 후에 荀子에 의해 구체화되었다.

11　子墨子謂魯陽文君曰:

　　大國之攻小國, 譬猶童子之爲馬也。童子之爲馬, 足用而勞。

　　今大國之攻小國也, 攻者 農夫不得耕, 婦人不得織, 以守爲事;

　　　　攻人者, 亦農夫不得耕, 婦人不得織, 以攻爲事。

　　故大國之攻小國也, 譬猶童子之爲馬也。

묵자 선생께서 노양문군(魯陽文君)에게 다음과 같이 말씀하셨다. "큰 나라가 작은 나라를 침공하는 일은 마치 어린아이의 말놀이(爲馬)에 비유할 수 있습니다. 어린아이의 말놀이는 발을 사용하여 피곤합니다. 이제 큰 나라가 작은 나라를 침공하면, 공격받는 나라에서는 농부가 밭을 갈 수 없고 부녀자는 베를 짤 수 없으니 수비만을 일삼게 됩니다. (또한) 공격하는 나라에서도 역시 농부가 밭을 갈지 못하며 부녀자가 베를 짜지 못하니 공격만을 일삼게 됩니다. 그리하여 큰 나라가 작은 나라를 침공하는 일은 어린아이의 말놀이에 비유할 수 있습니다."

---

❶　魯陽文君: 楚나라 平王의 손자인 魯陽公.

❷　앞의 「非攻」편의 내용을 압축하여 말하고 있다. 전쟁에 반대하는 이유를 경제 즉 생산의 문제로 논거를 제시하고 있다는 점에서 다른 諸子百家보다 탁월하다고 판단된다.

12　子墨子曰: 言足以復行者, 常之;　　　　　　　　　　　　常=변함없이 반복하다

　　　　不足以擧行者, 勿常。

　　　　不足以擧行而常之, 是蕩口也。　　　　　　　　　　蕩: 방탕하다

묵자 선생께서 다음과 같이 말씀하셨다. "실천할 수 있는 말은 항상 해야 하며, 실천할 수 없는 말은 반복되어서는 안 된다. 실천할 수 없는 말을 항상 하는 행위는 입을 더럽힌다."

---

❶　이 문단은 다음 「貴義」편에 復行과 擧行이 遷行으로 대체되어 전문이 그대로 들어가 있다. 復行이나 擧行, 遷行은 행동으로 옮기는 실천의 의미를 가지고 있다. 반복되어 언급하고 있다는 점에서 당시 墨家들 사이에서 금과옥조로 삼았던 문구라고 판단된다.

❷ 常之: 常은 동사로서 尙과 같이 '숭상하다'는 의미로도 사용되며, '항상 하다'는 의미로도 사용된다. 거의 대부분의 주석은 前者로 번역하지만 여기서는 後者로 해석한다. 그래야 마지막 문구가 자연스럽다.

13 子墨子使管黔敖 游高石子於衛, 衛君致祿甚厚, 設之於卿。

敖→敖

高石子三朝必盡言, 而言無行者, 去而之齊。

之: 가다

見子墨子曰: 衛君以夫子之故, 致祿甚厚, 設我於卿。

石三朝必盡言, 而言無行, 是以去之也。

石: 高石子

衛君無乃以石爲狂乎?

以 A 爲 B: A를 B라고 여기다

子墨子曰: 去之苟道, 受狂何傷!

古者周公旦非關叔, 辭三公東處於商蓋, 人皆謂之狂。

後世稱其德, 揚其名, 至今不息。

且翟聞之 爲義非避毀就譽, 去之苟道, 受狂何傷!

翟: 墨子의 본명, 毀譽: 헐뜯다, 비방하다

高石子曰: 石去之, 焉敢不道也。

昔者夫子有言曰: 天下無道, 仁士不處厚焉。

今衛君無道, 而貪其祿爵, 則是我爲苟陷人長也。

苟: 구차하다, 陷: 빠지다, 추락하다, 長 → 粻 또는 食

子墨子說, 而召子禽子曰: 姑聽此乎!

姑: 잠시, 잠깐

夫倍義而鄕祿者, 我常聞之矣。

倍=背, 鄕=向

倍祿而鄕義者, 於高石子焉見之也。

묵자 선생께서 관금오(管黔敖)로 하여금 고석자(高石子)가 위(衛)나라에서 벼슬을 살게 했다. 위나라 임금이 녹봉을 후하게 주고 그를 경대부(卿)에 임명했다. 고석자가 세 번 조회에 나가 진언을 하였으나, 그 말이 실행되지 않자 (衛나라를) 떠나 제(齊)나라로 돌아와 묵자 선생을 뵙고 물었다.

고석자: 위나라 임금이 선생님 때문에 녹봉을 후하게 주고 저를 경대부에 임명했습

니다. 제가 세 번 조회에 나가 진언을 드렸으나 그 말이 실행되지 않아 돌아왔습니다. 위나라 임금이 저를 미쳤다고 생각하지 않겠습니까?

묵자 선생: 떠나는 것이 진실로 도리에 맞는다면 미쳤다는 소리를 듣는 것(受狂)이 무슨 걱정인가? 옛날 주공 단(周公 旦)이 관숙(關叔)을 비난하고 삼공(三公)의 자리를 사양하고 동쪽으로 가서 상개(商蓋)에 거처하니, 사람들이 모두 그를 미치광이라고 불렀다네. 후세의 사람들이 그의 덕을 칭송하고 그의 이름을 드날려 지금까지 그치지 않는다네. 또한 의로움을 행하는 일은 비난(毁)을 피하고 칭찬으로 나가지 않는다고 나는 들었네. (그러니 衛나라를) 떠나는 것이 진실로 도리에 맞는다면 미쳤다는 소리를 듣는 일이 무슨 걱정인가?

고석자: 제가 떠남이 어찌 감히 도가 아니라고 말하겠습니까? 옛날 선생님께서 '천하에 도가 없으면 어진 선비는 두터움에 처하지 않는다'고 말씀하셨습니다. 지금 위(衛)나라 임금이 도가 없는데 녹봉과 벼슬을 탐낸다면, 이는 제가 구차하게 남의 양식을 먹는 데 빠지게 됩니다.

묵자 선생께서 기뻐하며 금자(禽子) 선생을 불러 말씀하셨다. "잠시 이 (사람) 말을 들어보라. 무릇 의로움을 버리고 녹봉을 따르는 사람은 항상 들어 왔지만, 녹봉을 버리고 의로움을 따르는 사람은 고석자에게서 보았도다."

---

❶ 管黔敖/高石子: 墨子의 제자로 추정된다. 管黔敖가 衛나라에서 高石子로 불리었다는 주석도 있으나 증거가 없다. 뒤의 「魯問」편에 高孫子가 나오는데 같은 사람인지 알 수 없다.

❷ 周公 旦: 周나라를 세운 文王의 아들이자 武王의 동생. 武王을 도와 殷나라를 멸망시키고, 武王의 아들 成王을 도와 封建制를 실시하여 周 왕실의 기초를 공고하게 다졌다. 『周禮』를 집필한 것으로도 유명하다.

❸ 關叔: 管叔으로 周나라 文王의 셋째 아들이자 周公 旦의 형이며 武王의 동생이다. 武王이 죽은 후 成王이 즉위하였는데 成王이 나이가 어려 周公 旦이 섭정했다. 이때 반란을 일으켜 죽음을 당한다.

❹ 商蓋: 魯나라의 지명으로 지금 산동성 취부(曲阜)이다. 商庵으로 불리었으며, 紂王의 아들 武庚과 周公의 형제인 管叔과 蔡叔이 반란을 일으켰으나 周公이 진압하여 成王에게 권력을 이양한 곳으로 알려져 있다.

❺ 苟陷人長: 일반적으로 陷을 啗(담: 속이다)으로 고쳐 읽지만 그대로 읽어도 무방하다. 長은 食의 誤字라는 견해와 糧(장: 양식)의 오류라는 견해가 있다.

❻ 子禽子: 墨子의 대표적인 제자인 禽滑釐. 子禽子라는 표현으로 보아 墨家에서는 墨子에 버금가는 인물임을 알 수 있다. 앞에 子는 극존칭이다. 墨子를 직역하면 '墨 선생'이지만 子墨子는 '스승 墨 선생'으로 번역될 수 있다. 이 책 『墨子』에서 극존칭 子를 앞에 붙이는 경우는 墨翟과 禽滑釐뿐이다.

14 子墨子曰: 世俗之君子, 貧而謂之富, 則怒,

無義而謂之有義, 則喜。

豈不悖哉! 悖: 도리에 어긋나다

묵자 선생께서 다음과 같이 말씀하셨다. "세속의 군자들은 가난한데, 그를 부유하다고 하면 화를 낸다. (또한) 의로움이 없는데 의로움이 있다고 하면 기뻐한다. 어찌 도리에 어긋나지 않는가?"

15 公孟子曰: 先人有 則三而已矣。 而已矣: ~일 뿐이다

子墨子曰: 孰先人而曰 '有則三而已矣?'

子未智人之先有。

공맹자(公孟子)가 "돌아가신 옛 사람이 있다면 세 사람뿐입니다"고 말하자, 묵자 선생께서 말씀하셨다. "돌아가신 옛 사람이 누구이며, '있다면 세 사람뿐'이라고 말하는가? 그대는 (다른) 사람이 먼저 있었음을 알지 못합니다."

---

❶ 公孟子: 孔子의 제자인 曾子의 제자로서 公孟子高, 公明子, 公明儀, 公明高 등으로 불리운 儒家.

❷ 三: 三이 무엇을 가리키는지 명확하지 않아 이 문단이 말하고자 하는 의도를 파악하기 어렵다. 張純一이 三을 天·地·人이라 주석한 후 많은 사람이 따르지만, 그렇게 보면 마지막 문장이 이해되기 어렵다. 그래서 孫詒讓도 이 문단은 무엇인가 착오가 있다고 말한다. 여기서는 '세 사람'으로 번역한다.

16 後生有反子墨子而反者, 我豈有罪哉? 吾反後。 後生: 제자, 젊은이, 豈: 어찌

子墨子曰: 是猶三軍北, 失後之人求賞也。 北배: 패배하다, 失: 도망가다

묵자를 배반한 제자가 있었는데 다시 돌아와서 "저에게 어찌 죄가 있습니까? 저는 뒤늦게 배반했을 뿐입니다"라고 말하자, 묵자 선생께서 대답하셨다. "이는 마치 삼군(三軍)이 패배하였는데, 뒤늦게 도망친 사람이 (먼저 도망가지 않았다는 이유로) 상을 요구하는 것과 같다."

17　公孟子曰: 君子不作, 術而已。術＝述: 따르다, 계승하다

子墨子曰 : 不然, 人之其不君子者, 古之善者不誅, 今也善者不作。誅 → 述

其次不君子者, 古之善者不遂, 己有善 則作之, 欲善之自己出也。

今誅而不作, 是無所異於不好遂而作者矣。誅 → 述

吾以爲 古之善者則誅之, 今之善者則作之, 欲善之益多也。誅 → 述

공맹자(公孟子)가 "군자는 (새로운 것을) 만들지 않고, (옛것을) 따를 뿐입니다"라고 말하자 묵자 선생께서 다음과 같이 말씀하셨다. "그렇지 않습니다. 군자답지 못한 사람은 옛날의 좋은 점을 따르지 않고, 지금의 좋은 점을 만들지도 않습니다. 다음으로 군자답지 못한 사람은 옛날의 좋은 점을 이루지 못하면서, 자신에게 좋으면 새로 만들어 좋은 점이 자기로부터 나왔다고 말하고 싶어 합니다. 오늘날 (옛것을) 따르고 (새로운 것을) 만들지 않는다는 말은 이루기를 좋아하지 않으면서 만들기만 하는 것과 다르지 않습니다. 저는 옛날의 좋은 점을 따르고 오늘날의 좋은 점을 새로 만들어야 한다고 생각하며, 좋은 일이 점점 더 많아지기를 바랄 뿐입니다."

●　이 문단은 『論語』 「述而」 篇의 述而不作을 비판하고 있다. 앞의 「非儒」 篇에서도 '君子循而不作也'를 언급하면서 비판하는 것과 일맥상통한다.

❷　其不君子者: 대부분의 주석가들은 其를 甚의 誤字라고 보지만, 다음 줄에 나오는 其次不君子者와 대응하고 있기 때문에 있는 그대로 보아야 한다. 其不君子者에서 君子가 동사로 쓰여 '군자답지 못함'으로, 其次不君子者는 '다음으로 군자답지 못함'으로 직역할 수 있다.

18　巫馬子謂子墨子曰: 我與子異, 我不能兼愛。

我愛鄰人於越人, 愛魯人於鄰人, 愛我鄉人於魯人,

愛我家人於鄉人, 愛我親於我家人, 愛我身於吾親,

以爲近我也。

擊我則疾, 擊彼則不疾於我。　　　　　　　擊: 치다, 때리다

我何故疾者之不拂, 而不疾者之拂?　　　　拂: 떨치다, 털다

故有我有殺彼以我, 無殺我以利。

子墨子曰: 子之義將匿邪, 意將以告人乎?　　匿: 숨기다, 意=抑: 그렇지 않으면

巫馬子曰: 我何故匿我義? 吾將以告人。

子墨子曰: 然則, 一人說子, 一人欲殺子以利己;　　說열: 기뻐하다, 따르다

十人說子, 十人欲殺子以利己;

天下說子, 天下欲殺子以利己。

一人不說子, 一人欲殺子, 以子爲施不祥言者也;

十人不說子, 十人欲殺子, 以子爲施不祥言者也;

天下不說子, 天下欲殺子, 以子爲施不祥言者也。

說子亦欲殺子, 不說子亦欲殺子,

是所謂經者口也, 殺常之身者也。　　　　　經: 목을 매다

子墨子曰: 子之言惡利也? 若無所利而不言, 是蕩口也。　　惡: 어찌, 不言 → 必言

무마자(巫馬子)가 묵자 선생에게 말했다.

무마자: 저는 선생님과 달라 두루 사랑할 수 없습니다. 저는 (멀리 떨어진) 월(越)나라 사람보다 (가까운) 추(鄒)나라 사람을 더욱 사랑하며, 추나라 사람보다 (저의 나라인) 노(魯)나라 사람을 더욱 사랑하고, 노나라 사람보다 제 마을 사람을 더 사랑합니다. 마을 사람들보다 제 집안 사람을 더욱 사랑하며, 집안사람들보다 제 부모를 더욱 사랑하며, 부모보다 나 자신을 더욱 사랑합니다. 나에게 가깝기 때문입니다. 저를 때리면 아프지만, 그들을 때리면 저는 아프지 않습니다. 제가 무엇 때문에 아픈 것을 떨쳐버리지 않고, 아프지 않은 것을 떨쳐버리겠습니까? 그래서 저는 그들을 죽여 저를 이롭게 할지언정 저를 죽여 그들을 이롭게 하지 않습니다.

묵자 선생: 그대의 생각(義)을 장차 다른 사람에게 숨기겠습니까? 아니면 알리시겠습니까?

무마자: 제가 왜 저의 생각을 감추겠습니까? 저는 장차 다른 사람들에게 알리겠습니다.

묵자 선생: 그렇다면 한 사람이 그대를 따르면 한 사람이 그대를 죽여 자신을 이롭게 하려고 합니다. 열 사람이 그대를 따르면 열 사람이 그대를 죽여 자신들을 이롭게 하려고 합니다. 세상 사람들이 그대를 따르면 세상 사람들이 그대를 죽여 자신들을 이롭게 하고자 합니다. 한 사람이 그대를 따르지 않는다면, 한 사람이 그대가 상서롭지 못한 말을 퍼트린다고 생각하여 당신을 죽이려고 합니다. 열 사람이 그대를 따르지 않는다면, 열 사람이 그대가 상서롭지 못한 말을 퍼트린다고 생각하여 당신을 죽이려고 합니다. 세상 사람들이 그대를 따르지 않는다면, 세상 사람들이 그대가 상서롭지 못한 말을 퍼트린다고 생각하여 당신을 죽이려고 합니다. 그대를 따르는 사람도 그대를 죽이려 하고, 그대를 따르지 않는 사람 역시 그대를 죽이려 합니다. 이것은 이른바 입으로 목을 매는 경우이니, 죽음이 늘 그대 옆에 있습니다. 묵자 선생께서 덧붙여 말씀하셨다. "그대의 말이 어찌하여 이롭겠습니까? 만일 이로운 바가 없는데 반드시 말한다면 그것은 입을 낭비하는 일입니다."

---

❶ 故有我有殺彼以我,無殺我以利: 문장 전체에 誤脫이 있다. 앞뒤의 문맥으로 보아 故我有殺彼以利我,無殺我以利彼로 고쳐야 한다.

❷ 是所謂經者口也: 많은 주석가들은 經을 輕으로 고쳐 읽지만, 전후의 문맥으로 보아 어울리지 않는다. 여기에서 經은 '목을 매다'라는 의미이다.

❸ 戰國時代의 정복전쟁의 논리를 반박하고 있다. 兼愛와 非攻을 연결시키는 매개를 구성하는 문단이며, 이하 문단 19~21도 모두 「非攻」과 맥을 같이한다.

---

19   子墨子謂魯陽文君曰: 今有一人於此, 羊牛犓豢,   犓豢추환: 꼴과 곡식을 먹여 기르다

       維人但割而和之, 食之不可勝食也。   維人 → 饔人: 요리사

       見人之作餅, 則還然竊之, 曰: 舍余食。

               還然: 두리번거리는 모습, 舍=予: 주다, 余: 나

       不知 日月安不足乎, 其有竊疾乎?

魯陽文君曰: 有竊疾也。

子墨子曰: 楚四竟之田 曠蕪而不可勝辟, 評靈數千 不可勝,

        曠광: 넓다, 비다, 蕪무: 잡초가 무성하다, 辟=闢: 개간하다

見宋鄭之閒邑, 則還然竊之, 此與彼異乎? 閒: 한적한

魯陽文君曰: 是猶彼也, 實有竊疾也。

묵자 선생께서 노양문군(魯陽文君)에게 말했다

묵자 선생: 지금 여기에 소와 양을 키우는 사람이 있습니다. 요리사가 요리를 만들어 다 먹을 수 없을 정도로 먹습니다. (그런데) 다른 사람이 떡을 만드는 것을 보고 두리번거리며 그것을 훔치며 '나에게도 먹을 것을 줘야지'라고 말합니다. 잘 모르겠지만 날이 가고 달이 지나면서 편안함이 부족한 것입니까? 도벽이 있기 때문입니까?

노양문군: 도벽 때문입니다.

묵자 선생: 초(楚)나라 사방의 밭은 넓고 잡초가 무성하여 다 개간할 수 없고, 빈 땅은 수천에 달하여 셀 수도 없습니다. (그런데) 송(宋)나라와 정(鄭)나라의 한적한 고을을 보면 두리번거리며 훔칩니다. 이것은 앞의 경우와는 다릅니까?

노양문군: 이것은 앞의 경우와 같습니다. 실로 도벽이 있습니다.

---

❶ 割而和之: 요리하는 과정을 표현하고 있다. 일반적 표현으로는 割而烹之가 있다.

❷ 日月: 뜻이 잘 통하지 않는다. 어떤 이는 明으로 보기도 하고, 다른 이는 耳目으로 읽기도 한다. 甘肥로 보는 사람도 있다. 여기서는 '날이 지나고 달이 가면서'의 의미로 직역한다.

❸ 評靈數千 不可勝: 評靈이 무엇인지 명확하지 않아 孫詒讓은 呼墟(빈 땅)으로 읽는데, 그렇다면 不可勝은 不可勝用 또는 不可勝數로 보아야 한다.

❹ 비슷한 상황을 「非攻」편에서 '今萬乘之國 虛數於千 不勝而入, 廣衍數於萬 不勝而辟'으로, 「公輸」편에서 '荊國有餘於地 而不足於民'으로 묘사하고 있다.

---

20 子墨子曰: 季孫紹與孟伯常治魯國之政, 不能相信, 而祝於叢社, 叢社: 사당

      曰: 苟使我和。

      是猶弇其目, 而祝於叢社也, 苟使我皆視。 弇엄: 가리다

      豈不繆哉! 繆무=謬류: 잘못

묵자 선생께서 다음과 같이 말씀하셨다. "계손소(季孫紹)와 맹백상(孟伯常)이 노(魯)나라의 정사를 다스림에 서로 믿지 못하여 사당(叢社)에서 '진실로 우리들을 화합시켜 주십시오'라고 빌었다. 이것은 눈을 가리고 사당에서 '진실로 우리가 모든 것을 볼 수 있게 하여 주십시오'라고 비는 것과 같다. 어찌 잘못된 일이 아니겠는가?"

---

❶ 季孫紹/孟伯常: 다른 기록에는 보이지 않는 未詳의 인물. 魯나라 대부 季康子와 孟武伯의 후손으로 추정된다.

❷ 繆(얽다, 졸라매다)는 현대에서 謬(어긋나다)와 전혀 다른 의미로 사용되지만 고대 한자에서는 종종 混用한다.

21 子墨子謂駱滑氂 曰: 吾聞子好勇。

駱滑氂曰: 然, 我聞其鄉有勇士焉, 吾必從而殺之。

子墨子曰: 天下莫不欲與其所好, 度其所惡。   與: 따르다, 함께하다, 度탁: 베다

　　　今子聞其鄉有勇士焉, 必從而殺之, 是非好勇也, 是惡勇也。

묵자 선생께서 낙골리(駱滑氂)에게 말씀하셨다.

묵자 선생: 나는 자네가 용맹함을 좋아한다고 들었다.

낙골리: 그렇습니다. 저는 마을에 용감한 사람이 있다고 들으면 반드시 쫓아가서 그를 죽입니다.

묵자 선생: 세상 사람들은 모두 좋아하는 것을 따르고(與) 싶어 하고, 싫어하는 것을 없애고(度) 싶어 한다네. 지금 자네가 마을에 용감한 사람이 있다고 들으면 반드시 쫓아가서 죽인다고 하니, 이는 용맹함을 좋아하는 것이 아니라 용맹함을 싫어하는 것이네.

---

❶ 駱滑氂: 묵자의 제자로 추정된다. 묵자는 駱滑氂를 통해 공격전쟁을 일삼는 당시의 군주들을 비난하고 있다.

❷ 與其所好, 度其所惡: 與와 度은 서로 반대의 의미를 갖는다. 度(탁)은 '(칼로) 베다'라는 뜻이 있다.

대화(對話)

第四十七 貴義

1 子墨子曰: 萬事莫貴於義。

今謂人曰 '予子冠履, 而斷子之手足', 子爲之乎? 必不爲。　履: 신

何故 則冠履不若手足之貴也。

又曰 '予子天下而殺子之身', 子爲之乎? 必不爲。

何故 則天下不若身之貴也。

爭一言以相殺, 是貴義於其身也。

故曰, 萬事莫貴於義也。

묵자 선생께서 다음과 같이 말씀하셨다. "모든 사물 중에 의로움보다 귀한 것은 없다. 지금 어떤 사람이 '당신에게 높은 관직(冠履)을 줄 테니 그대의 손과 발을 자르라'고 말한다면 그대는 하겠는가? 기필코 하지 않는다. 왜냐하면 높은 관직은 손과 발보다 귀하지 않기 때문이다. 또 '당신에게 천하를 줄 테니 그대의 몸을 죽이라'고 말한다면 그대는 하겠는가? 기필코 하지 않는다. 왜냐하면 천하는 (자신의) 몸보다 귀하지 않기 때문이다. (그러나) 말 한마디로 다투다가 서로 죽이는데, 이것은 (자신의) 몸보다 의로움을 귀하게 여기기 때문이다. 그래서 '모든 사물 중에 의로움보다 귀한 것은 없다'고 말한다."

───────────

❶ 冠履: 관직에 있는 사람이 쓰는 모자와 신발로서 높은 관직을 상징한다.

❷ 爭一言以相殺, 是貴義於其身也: 이 부분은 묵자답지 않게 성급한 일반화의 오류를 범하고 있다고 생각된다.

2　子墨子自魯即齊 過故人。

卽: 나아가다, 過: 방문하다, 故人: 오래된 벗

謂子墨子曰: 今天下莫爲義, 子獨自苦而爲義, 子不若已。

子墨子曰: 今有人於此, 有子十人, 一人耕而九人處, 則耕者不可以不益急矣。

處: 휴식하다, 향유하다, 急: 재촉하다

何故 則食者衆, 而耕者寡也。

今天下莫爲義, 則子如勸我者也, 何故止我?

如=宜: 마땅히

묵자 선생께서 노(魯)나라에서 제(齊)나라로 가다가 오래된 벗을 방문했다. (그 벗이) 묵자에게 "지금 세상 사람들이 의로움을 행하지 않는데 자네 홀로 스스로 고생하면서 의로움을 행하니 (이제) 그만두느니만 못하네"라고 말하자 묵자 선생께서 다음과 같이 말씀하셨다. "지금 여기에 열 명의 자식을 가진 사람이 있다고 하자. 한 사람이 밭을 갈고 아홉 사람이 놀고 있다면 밭을 가는 사람은 더욱 (일을) 재촉할 수밖에 없네. 왜냐하면 먹을 사람은 많은데 밭을 갈 사람은 적기 때문이네. 지금 세상 사람들이 의로움을 행하지 않는다면 자네가 마땅히 나에게 (의로운 행위를) 권장해야지 어찌 나를 그만두라고 하는가?"

❶　이 문단은 묵자가 魯나라 사람임을 주장하는 하나의 근거가 된다.

3　子墨子南游於楚, 見楚獻惠王, 獻惠王以老辭, 使穆賀見子墨子。

子墨子說穆賀, 穆賀大說, 謂子墨子曰: 子之言則成善矣,

成=誠

而君王, 天下之大王也, 毋乃曰 '賤人之所爲 而不用'乎?

子墨子曰: 唯其可行。

譬若藥然, 天子食之以順其疾, 豈曰 '一草之本 而不食'哉?

今農夫入其稅於大人, 大人爲酒醴粢盛 以祭上帝鬼神,

豈曰 '賤人之所爲 而不享'哉?

故雖賤人也, 上比之農, 下比之藥, 曾不若一草之本乎?

且主君亦嘗聞湯之說乎! 昔者 湯將往見伊尹, 令彭氏之子御。

彭氏之子半道而問曰: 君將何之?

湯曰 將往見伊尹。

彭氏之子曰 伊尹, 天下之賤人也。

若君欲見之, 亦令召問焉, 彼受賜矣。

湯曰 非女所知也。　　　　　　　　　　　　　　女=汝: 너

今有藥此, 食之則耳加聰, 目加明, 則吾必說而強食之。

今夫伊尹之於我國也, 譬之良醫善藥也。

而子不欲我見伊尹, 是子不欲吾善也。

因下彭氏之子, 不使御。

彼苟然, 然後可也。　　　　　　　　　　　　　苟: 진실로

묵자 선생께서 남쪽 초(楚)나라에서 유세할 때 초나라 혜(惠)왕을 만나 책을 바치려 했으나 혜왕이 늙었다는 이유로 사양하면서 목하(穆賀)에게 묵자 선생을 만나게 했다. 묵자 선생께서 목하에게 유세하니, 크게 기뻐하며 묵자 선생에게 말했다.

목하: 선생의 말씀은 진실로 좋습니다. 그러나 임금님은 천하의 대왕이시니 '천한 사람이 만든 것을 사용할 수 없다'고 말하지 않을까요?

묵자 선생: 비록 그러하더라도 실행할 수 있습니다. 마치 약과 같다고 비유할 수 있습니다. 천자께서 그것을 먹고 병을 고칠 수 있다면 어찌 '풀 한 포기라고 먹을 수 없다'고 말하겠습니까? 지금 농부가 대인(大人)에게 세금을 바치고, 대인은 술과 젯밥을 만들어 하느님(上帝)과 귀신에게 제사를 지내는데, '천한 사람이 만든 것이니 먹지 않겠다'고 어찌 말하겠습니까? 비록 천한 사람이지만 위로는 농부에 견주고 아래로는 약에 견주어 보아도 풀 한 포기만 못하겠습니까? 또한 임금님께서도 일찍이 탕(湯) 임금의 이야기를 들으셨겠지요. 옛날 탕왕께서 이윤(伊尹)을 만나러 가는데 팽(彭)씨의 아들에게 말을 몰게 하였습니다. 팽씨의 아들은 가는 도중에 '임금님께서는 어디로 가십니까?' 하고 묻자 탕왕은 '이윤을 만나러 간다'고 말씀하셨습니다. 팽씨의 아들은 '이윤은 천하의 천한 사람입니다. 임금님께서 그를 만나고 싶으면 명령하여 불러서 물어보십시오. 그가 명령을 받아들일 것입니다'라고 말하자, 탕왕은 '자네는 알지 못하네. 지금 여기에 약이 있는데 그것을 먹어 귀가 밝아지고 눈이 좋아진다면, 나는 기필코 기뻐하며 애써 약을 먹을 것이다. 지금

이윤은 우리나라에 있어서 훌륭한 의사와 좋은 약에 비유할 수 있다. 그런데 자네는 내가 이윤과 만나기를 원치 않으니, 이는 자네가 나의 善政을 바라지 않는 것과 같다'고 말씀하셨습니다. 이로 인하여 팽씨의 아들을 내리게 하여 말을 몰지 못하게 하였습니다. 탕왕은 진실로 그러하였기에 후에 좋은 정치를 베풀 수 있었습니다.

---

❶ 見楚獻惠王, 獻惠王以老辭: 誤脫이 있어 문장이 안 된다. 일반적으로 見楚惠王獻書, 惠王以老辭로 고쳐 읽는다. 『文選』에 묵자가 惠王을 만나 책을 올렸는데, 惠王이 읽고서 '좋은 책이다'라고 말한 기록이 있다. 惠王은 기원전 489~433년에 걸쳐 57년간 재위하는 동안 다른 나라의 침공을 물리치고 동북쪽의 작은 나라(蔡, 巴, 杞)들을 점령하여 楚나라의 번성기를 맞이한 임금이다. 따라서 공격전쟁을 반대하는 묵자를 만나기가 무척 불편했다고 판단된다.

❷ 穆賀: 楚나라의 大夫

❸ 今有藥此: 今有藥於此로 바로잡아야 한다.

4 子墨子曰: 凡言凡動, 利於天鬼百姓者 爲之;

凡言凡動, 害於天鬼百姓者 舍之。 　　舍=捨: 버리다

凡言凡動, 合於三代聖王堯舜禹湯文武者 爲之;

凡言凡動, 合於三代暴王桀紂幽厲者 舍之。

묵자 선생께서 다음과 같이 말씀하셨다. "모든 말과 모든 행동은 하늘과 귀신과 백성에게 이로우면 행하고, 하늘과 귀신과 백성에게 해로우면 버려야 한다. 모든 말과 모든 행동은 3대(三代)의 성인인 요(堯) · 순(舜) · 우(禹) · 탕(湯) · 문(文) · 무(武)왕과 부합하면 행하고, 3대(三代)의 포악한 왕인 걸(桀) · 주(紂) · 유(幽) · 여(厲)왕과 부합하면 버려야 한다."

---

❶ 三代: 夏나라, 殷나라, 周나라의 세 왕조를 말한다.

❷ 성왕과 폭군의 계보는 『書經』에 처음 등장하는데, 성왕을 본받고 폭군을 배제하는 사고는 儒家와 같다. 天鬼는 『書經』과 『詩經』에 모두 나오는데 孔子는 이에 대해 不可知論을 취하지만, 墨子는 적극적으로 인정한다.

5　子墨子曰: 言足以遷行者, 常之;

　　　　　不足以遷行者, 勿常。

　　　　　不足以遷行而常之, 是蕩口也。

묵자 선생께서 다음과 같이 말씀하셨다. "실천할 수 있는 말은 항상 해야 하며, 실천할 수 없는 말은 반복되어서는 안 된다. 실천할 수 없는 말을 항상 하는 행위는 입을 더럽힌다."

---

❶　같은 내용이 앞의 「耕柱」편 문단 12에 나온다. 儒家 역시 言行一致를 주장하지만 묵자는 한 걸음 더 나아가 말의 실천을 강조하고 있다.

6　子墨子曰: 必去六辟。　　　　　　　　　　　　<small>辟=僻벽: 치우침</small>

　　　　　嘿則思, 言則誨, 動則事, 使三者代御, 必爲聖人。

　　　　　　　　　　　　　　　　<small>嘿=默묵: 침묵하다, 誨회: 가르치다</small>

　　　　　必去喜, 去怒, 去樂, 去悲, 去愛, 而用仁義,

　　　　　手足口鼻耳, 從事於義, 必爲聖人。

묵자 선생께서 다음과 같이 말씀하셨다. "반드시 치우친 여섯 가지 감정을 버려야 한다. 침묵할 때 생각하고, 말할 때 가르치고, 행동할 때 일해야 한다. 이 세 가지를 번갈아 행하면 반드시 성인이 된다. 기쁨과 노여움, 즐거움과 슬픔, 사랑(과 증오)을 버리고, 인의(仁義)를 베풀어야 한다. 손과 발, 입과 코, 귀(와 눈)가 의로움에 종사하면 반드시 성인이 된다."

---

❶　六辟: 여섯 가지의 치우친 감정으로 기쁨(喜), 노여움(怒), 즐거움(樂), 슬픔(悲), 사랑(愛), 증오(惡)를 말한다.

❷　去愛 다음에 去惡가, 耳 다음에 目이 생략되어 있다고 판단된다.

7 子墨子謂二三子曰: 爲義而不能, 必無排其道。

譬若匠人之斲而不能, 無排其繩。

排배: 물리치다, 배척하다

斲착: 깎다, 繩승: 먹줄

묵자 선생께서 두세 명의 제자들에게 말씀하셨다. "의로움을 행하다가 잘되지 않더라도 반드시 그 도(道)를 물리치지 마라. 비유하자면 목수가 나무를 깎다가 잘되지 않는다고 먹줄을 물리치지 않는 것과 같다."

8 子墨子曰: 世之君子, 使之爲一犬一彘之宰, 不能則辭之,

彘체: 돼지, 宰: 관청의 요리사

使爲一國之相, 不能而爲之。豈不悖哉!

묵자 선생께서 말씀하셨다. "세상의 군자들은 한 마리의 개나 돼지를 잡는 관청의 요리사를 시키면 능력이 없다고 사양한다. (그러나) 한 나라의 재상을 시키면 능력이 없으면서도 하려고 한다. 어찌 잘못된 일이 아닌가!"

9 子墨子曰: 今瞽曰 鉅者白也, 黔者黑也。雖明目者無以易之。

瞽고: 소경, 장님, 鉅→銀, 黔금: 검다, 그을리다

兼白黑, 使瞽取焉, 不能知也。

故我曰 瞽不知白黑者, 非以其名也, 以其取也。

今天下之君子之名仁也, 雖禹湯無以易之。

兼仁與不仁, 而使天下之君子取焉, 不能知也。

故我曰 天下之君子不知仁者, 非以其名也, 亦以其取也。

묵자 선생께서 다음과 같이 말씀하셨다. "지금 장님이 '은(銀)은 희고, 그을린 것은 검다'고 말하면 비록 눈이 밝은 사람도 그것을 바꿀 수 없다. (그러나) 흰 것과 검은 것을 섞어놓고 장님에게 선택하라고 하면 (그는) 알지 못한다. 그래서 내가 '장님은 흑백을 알지 못한다'고 말하는 것은 이름이 아니라 선택을 염두에 두고 하는 말이다.

대화(對話)

오늘날 천하의 군자들이 인(仁)이라고 부르는 것은 비록 우(禹)왕과 탕(湯)왕이라도 그것을 바꿀 수 없다. 인과 불인(不仁)을 섞어놓고 천하의 군자들에게 선택하라고 하면 (그들은) 알지 못한다. 그래서 내가 '천하의 군자들이 인을 알지 못한다'고 말하는 것은 이름이 아니라 선택을 염두에 두고 하는 말이다."

---

❶ 鉅者: 뜻이 통하지 않아 주석가들이 銀, 또는 皚(애: 희다)로 고쳐 읽는다. 그러나 皚로 읽는 경우 '흰 것은 희다'로 되어 의미가 없어지기 때문에 銀의 오류로 보는 쪽이 타당하다고 생각한다.

❷ 名은 이론이며, 取는 실천을 의미한다. 철저한 실천가로서 墨子의 면모를 보여주는 대목이다. 앞의 문단 5와 「耕柱」편의 문단 12에서도 말의 실천을 강조하고 있다.

10   子墨子曰: 今士之用身, 不若商人之用一布之愼也。 　　布: 화폐, 愼: 신중함

商人用一布布, 不敢繼苟而讎焉, 必擇良者。

苟 : 구차함, 讎=售수: 팔다, 사다

今士之用身則不然。

意之所欲 則爲之, 厚者入刑罰, 薄者被毁醜, 　　毁: 비난하다

則士之用身 不若商人之用一布之愼也。

묵자 선생께서 다음과 같이 말씀하셨다. "오늘날 선비들의 처신(用身)은 상인들이 한 푼의 돈을 쓰는 신중함보다 못하다. 상인들은 돈을 쓰면서 감히 구차함을 이어가며 거래하지 않으면서 반드시 좋은 것을 선택한다. (그러나) 오늘날 선비들의 처신은 그렇지 못하다. 하고 싶은 대로 하여, 심한 경우에는 형벌을 받고, 가벼운 경우에는 더럽다고 비난받는다. 그래서 선비들의 처신은 상인들이 한 푼의 돈을 쓰는 신중함보다 못하다."

---

❶ 一布: 베 한 필. 고대에서는 화폐를 대신하여 베를 사용했다.

11　子墨子曰: 世之君子欲其義之成, 而助之修其身則慍。　　　慍온: 화내다, 원망하다

　　　是猶欲其牆之成, 而人助之築則慍也, 豈不悖哉?

묵자 선생께서 말씀하셨다. "세상의 군자들은 의로움이 이루어지기를 원하지만 자신의 몸을 수양하는 데 도움을 주면 화를 낸다. 이는 마치 담이 완성되기를 원하지만 담 쌓는 일을 도와주면 화를 내는 것과 같으니 어찌 잘못된 일이 아니겠는가?"

12　子墨子曰: 古之聖王, 欲傳其道於後世,

　　　是故書之竹帛, 鏤之金石, 傳遺後世子孫, 欲後世子孫法之也。

　　　　　　　　　　　　　　　　　　　　　　竹帛: 대쪽과 비단, 鏤루: 새기다

　　　今聞先王之遺而不爲, 是廢先王之傳也。

묵자 선생께서 말씀하셨다. "옛날의 성왕은 그의 도(道)를 후세에 전하고자 했다. 이런 까닭으로 그것을 대나무와 비단에 쓰고, 쇠와 돌에 그것을 새기어 후세의 자손에게 남겨, 후세의 자손들이 그것을 본받기를 원했다. 오늘날 선왕이 남긴 도를 듣고도 행하지 않으니, 이는 선왕이 남긴 것을 없애는 일이다."

---

❶　竹帛이나 金石에 쓰거나 새긴 글은 『詩經』과 『書經』이며, 그 내용은 墨子가 강조하는 兼愛, 天志, 尙同으로 추정된다. 여기서도 선왕의 도를 실천해야 한다고 강조하고 있다.

13　子墨子南遊使衛, 關中載書甚多, 弦唐子見而怪之,　　　關中: 수레의 선반, 載: 싣다

　　　曰: 吾夫子敎公尙過 曰 揣曲直而已。今夫子載書甚多, 何有也?

　　　　　　　　　　　　　　　　　　　　　　揣췌: 헤아리다, 측량하다

子墨子曰: 昔者 周公旦朝讀書百篇, 夕見漆十士。　　　漆칠: 옻나무, 검은 칠

　　　故周公旦佐相天子, 其脩至於今。　　　佐相: 보필하다, 脩=修: 다스림

　　　翟上無君上之事, 下無耕農之難, 吾安敢廢此?　　　翟: 묵자의 본명, 安: 어찌

　　　翟聞之 同歸之物。信有誤者 然而民聽不鈞, 是以書多也。　　　鈞=均

今若過之心者, 數逆於精微, 同歸之物, 旣已知其要矣。　過=公尙過

是以不教以書也, 而子何怪焉?

묵자 선생께서 남쪽으로 여행하다가 위(衛)나라에 갔는데 수레 안에 매우 많은 책을 실었다. 현당자(弦唐子)가 보고 괴이하게 여겨 물었다.

현당자: 선생님께서 공상과(公尙過)에게 '곧고 굽은 것을 헤아릴 뿐이다'라고 가르쳤습니다. 지금 선생님께서 책을 많이 싣고 계시니 어찌된 일입니까?

묵자 선생: 옛날 주공 단(周公旦)은 아침마다 100편의 책을 읽고, 저녁에는 검은 옷을 입은 열 명의 선비를 만났다네. 그래서 주공 단은 천자를 도와 보필하였으며, 그의 다스림이 지금까지 전해지고 있네. 나는 위로는 임금을 섬겨야 할 일도 없고 아래로는 농사짓는 어려움도 없으니, 어찌 감히 이것을 버릴 수가 있겠는가? 나는 '모든 사물에는 하나의 이치가 적용된다'고 들었네. (그러나) 말에는 오류가 생기기도 하고 백성들은 골고루 듣지 못하니, 이런 이유로 책이 많아졌네. 지금 공상과(過)는 마음으로 정밀하고 미묘함에 거슬러 올라가 헤아리니, '모든 사물에는 하나의 이치가 적용된다'는 원리의 요점을 이미 알고 있네. 그래서 책으로 가르치지 않는데, 그대는 어찌 괴이하게 여기는가?

---

❶　弦唐子/公尙過: 묵자의 제자.

❷　漆十士: 일반적으로 漆을 七로 보아 '70명의 선비'로 해석하지만 근거가 없다. '검은 옷을 입은 열 명의 선비'로 보거나 '옻칠한 홀(笏)을 든 열 명의 선비'로 보는 편이 타당하다.

❸　翟聞之: 많은 주석가들은 墨子가 들은 내용을 '同歸之物 信有誤者'로 보고 해석하지만, 뒤의 문맥을 보면 '同歸之物'로 보아야 한다. 同歸之物은 '모든 사물은 같은(또는 하나의) 이치가 적용된다'는 명제이다.

❹　信有誤者: 信을 言으로 보기도 하고, 伸으로 고쳐 읽기도 한다. 전후 문맥으로 보아 言의 誤字로 보는 편이 적절하다고 생각된다.

❺　數逆於精微: 해석이 분분하다. 數를 理로 보는 견해도 있으나 여기서는 數逆을 '거슬러 올라가 헤아리다'는 정도로 번역한다. 精微는 曲直에 대립되는 개념으로 책으로는 인식되지 못하고 사유와 추론을 통해서 도달할 수 있는 인식의 단계로 보인다.

14 子墨子謂公良桓子曰: 衛, 小國也, 處於齊晉之間, 猶貧家之處於富家之間也。

貧家而學富家之衣食多用, 則速亡必矣。

今簡子之家, 飾車數百乘, 馬食菽粟者數百匹,

婦人衣文繡者數百人。

吾取飾車 食馬之費 與繡衣之財以畜士, 必千人有餘。

若有患難, 則使百人處於前, 數百於後,

與婦人數百人處前後, 孰安?

吾以爲不若畜士之安也。

묵자 선생께서 공량환자(公郎桓子)에게 다음과 같이 말씀하셨다. "위(衛)나라는 작은 나라이고, 제(齊)나라와 진(晉)나라 사이에 있어서, 마치 가난한 집이 부잣집 사이에 놓여 있는 것과 같습니다. 가난하면서 부잣집이 옷과 음식을 많이 사용하는 것을 배운다면 반드시 빨리 망합니다. 지금 그대의 집을 살펴보니 장식한 수레가 수백 대에 이르고, 곡식을 먹이는 말이 수백 필이며, 문양을 수놓은 옷을 입은 부인들이 수백 명입니다. 장식한 수레와 말 먹이는 비용에 수놓은 옷의 재물을 더하여 무사(士)를 기르면 반드시 천 명을 넘습니다. 환란이 있을 때 앞에 수백 명, 뒤에 수백 명의 무사를 두는 쪽과 앞뒤에 수백 명의 부인을 두는 쪽 중 어느 것이 안전합니까? 제가 생각하기에 무사를 키우는 안전함이 더 나을 듯합니다."

----

❶ 公郎桓子: 衛나라의 大夫

15 子墨子仕人於衛, 所仕者至而反。

子墨子曰: 何故反?

對曰: 與我言而不當。曰, 待女以千盆。授我五百盆, 故去之也。

子墨子曰: 授子過千盆, 則子去之乎?

對曰: 不去。

子墨子曰: 然則, 非爲其不審也, 爲其寡也。 不審 → 不當

묵자 선생께서 어떤 제자를 위(衛)나라에서 벼슬살이를 하도록 하였는데, 그 사람이 가자마자 돌아왔다.

묵자 선생: 왜 돌아왔느냐?

제자: 저에게 한 말과 달랐습니다(不當). '너에게 천 분(盆)을 주겠다'고 말했는데, 오백 분을 주어서 떠나 왔습니다.

묵자 선생: 자네에게 천 분보다 많이 주었다면 떠났겠는가?

제자: 떠나지 않습니다.

묵자 선생: 그렇다면 (떠난 이유가) 말이 달라서(不當)가 아니라 (녹봉이) 적었기 때문이네.

---

❶ 盆: 곡식의 부피를 재는 그릇으로 부피를 측량하는 단위. 一盆은 12斗 8升.

❷ 不審: 앞의 대화 내용으로 보아 不當으로 고쳐야 한다.

16 子墨子曰: 世俗之君子, 視義士不若負粟者。 粟: 조, 곡식

今有人於此, 負粟息於路側, 欲起而不能,

君子見之, 無長少貴賤, 必起之。

何故也? 曰 義也。

今爲義之君子, 奉承先王之道以語之, 縱不說而行, 又從而非毀之。

縱: ~할 뿐 아니라

則是世俗之君子之視義士也, 不若視負粟者也。

묵자 선생께서 다음과 같이 말씀하셨다. "세속의 군자들은 의로운 선비가 곡식을 지고 가는 사람보다 못하다고 생각한다. 지금 여기에 어떤 사람이 곡식을 짊어지고 길가에서 쉬고 있다가 일어나려고 해도 일어나지 못한다고 하자. 군자가 그를 보면 나이(長少)와 귀천에 관계없이 반드시 그를 (도와) 일으켜 세운다. 무엇 때문인가? 의로움 때문이다. 오늘날 의로움을 행한다는 군자들은 선왕의 도(道)를 받들고 (의로움을) 말하지만, 기꺼이 행하지도 않을 뿐 아니라 오히려 비난하고 힐뜯는다. 그런즉 이것은 세속의 군자들이 의로운 선비가 곡식을 지고 가는 사람보다 못하다고 생각함을 뜻한다."

17　子墨子曰: 商人之四方, 市賈信徙, 雖有關梁之難 盜賊之危, 必爲之。

之: 가다, 市賈: 장사하다, 거래

今士坐而言義, 無關梁之難 盜賊之危, 此爲信徙, 不可勝計。

然而不爲, 則士之計利 不若商人之察也。

묵자 선생께서 다음과 같이 말씀하셨다. "상인은 사방을 다니며 거래하여 진실로 이익을 남긴다. 비록 관문과 교량을 지나는 어려움과 도둑을 만날 위험이 있지만 기필코 거래를 한다. (그러나) 오늘날 선비는 앉아서 의로움을 말하는데, 관문과 교량을 지날 때의 어려움과 도둑을 만날 위험도 없어 그 남기는 이익은 헤아릴 수 없이 많다. 그런데도 하지 않으니 선비의 이익 계산은 장사치의 통찰력보다 못하다."

---

❶　關梁之難: 관문을 통과할 때 관세를 내고, 교량(梁)을 지날 때 세금을 내는 어려움.

❷　信徙: 일반적으로 倍徙로 고쳐 읽고 徙를 蓰(다섯 곱절)의 假借로 본다. 그러나 다섯 배의 이익이 남는다고 해석하면 不可勝計와 모순이 된다. 여기에서는 徙를 '본전을 넘어서 남긴 이득'으로 본다.

❸　문단 16과 더불어 선비들이 의로움을 말하지만 실천하지 않는 당시의 세태를 비판하고 있다. 문단 10에서도 선비의 처신이 상인보다 못하다고 지적하고 있다.

18　子墨子北之齊, 遇日者。

日者: 점쟁이

日者曰: 帝以今日殺黑龍於北方, 而先生之色黑, 不可以北。

子墨子不聽, 遂北, 至淄水, 不遂而反焉。

日者曰: 我謂先生不可以北。

子墨子曰: 南之人不得北, 北之人不得南, 其色有黑者有白者, 何故皆不遂也?

且帝以甲乙殺□龍於東方, 以丙丁殺赤龍於南方,

以庚辛殺白龍於西方, 以壬癸殺黑龍於北方,

若用子之言, 則是禁天下之行者也。

是圍心而虛天下也, 子之言不可用也。

圍: 가두다

묵자 선생께서 북쪽 제(齊)나라로 가다가 점쟁이를 만났다. 점쟁이가 말했다. "오늘 하느님(帝)께서 북방에서 검은 용을 죽입니다. 선생께서 (얼굴) 색이 검으시니 북쪽으로 가서는 안 됩니다." 묵자 선생께서 듣지 않고 북쪽으로 갔으나 치수(淄水)에 이르러 건너지 못하고 돌아오셨다. (그러자) 점쟁이가 말했다. "제가 선생에게 북으로 가서는 안 된다고 말했습니다."

(이에) 묵자 선생께서 다음과 같이 말씀하셨다. "남쪽 사람은 북쪽으로 가지 못하고, 북쪽 사람은 남쪽으로 가지 못합니다. (얼굴)색이 검은 사람도 있고 흰 사람도 있는데, 왜 모두 (강을) 건너지 못합니까? 또 하느님(帝)께서 갑을(甲乙)일에는 동쪽에서 푸른 용을 죽이고, 병정(丙丁)일에는 남쪽에서 붉은 용을 죽이고, 경신(庚辛)일에는 서쪽에서 흰 용을 죽이고, 임계(壬癸)일에는 북쪽에서 검은 용을 죽입니다. 만일 당신의 말을 따른다면 세상 사람들의 여행을 금지해야 합니다. 이는 (사람의) 마음을 가두어 천하를 텅 비게 만드니, 그대의 말은 쓸모가 없습니다."

---

❶　淄水: 齊나라 수도 臨淄 주변을 흐르는 강 이름.

❷　「非命」의 연장선에서 점쟁이의 말을 논리적으로 비판하는 墨子의 합리적 사고를 보여준다. 運命論과 마찬가지로 迷信 역시 인간의 현실 생활에 아무런 도움을 주지 못한다고 강조한다.

❸　先生之色黑: 墨翟의 얼굴이 검어서 墨氏 성이 붙었다는 견해의 근거가 바로 이 문구라고 추정된다.

19　子墨子曰: 吾言足用矣, 舍言革思者, 是猶舍穫而攈粟也.

> 舍=捨: 버리다, 革: 고치다, 攈군: 줍다, 粟속: 좁쌀, 곡식

以其言 非吾言者, 是猶以卵投石也.
盡天下之卵, 其石猶是也, 不可毀也.

묵자 선생께서 다음과 같이 말씀하셨다. "내 말은 실행하기에 충분한데, (내) 말을 버리고 다른 생각을 하는 것은 마치 수확물을 버리고 이삭을 줍는 것과 같다. 말로써 내 말을 비난하는 것은 마치 달걀로 바위를 치는 일과 같다. 천하의 모든 달걀을 다 던지더라도 그 바위는 여전하고 훼손할 수 없다."

---

❶　실천에 의해 검증된 논리와 언행에 대한 자부심을 잘 표현하고 있다.

第四十八 公孟

1   公孟子謂子墨子曰: 君子共己以待, 問焉 則言, 不問焉 則止。 共=拱: 두 손을 모으다

　　　　譬若鍾然, 扣則鳴, 不扣則不鳴。 扣구: 두드리다

子墨子曰: 是言有三物焉, 子乃今知其一身也, 又未知其所謂也。

　　　若大人行淫暴於國家, 進而諫, 則謂之不遜,

　　　　因左右而獻諫, 則謂之言議。此君子之所疑惑也。 言議: 논란

　　　若大人爲政, 將因於國家之難, 譬若機之將發也然,

　　　　君子之必以諫, 然而大人之利。

　　　　若此者, 雖不扣 必鳴者也。

　　　若大人擧不義之異行, 雖得大巧之經, 可行於軍旅之事,

　　　　欲攻伐無罪之國, 有之也, 君得之, 則必用之矣。

　　　　以廣辟土地, 著稅僞材, 出必見辱, 僞材=僞財

　　　　所攻者不利, 而攻者亦不利, 是兩不利也。

　　　　若此者, 雖不扣 必鳴者也。

　　　且子曰: 君子共己待, 問焉則言, 不問焉則止,

　　　　譬若鍾然, 扣則鳴, 不扣則不鳴。

　　　今未有扣, 子而言, 是子之謂不扣而鳴邪? 是子之所謂非君子邪?

공맹자(公盟子)가 묵자 선생에게 "군자는 두 손을 모아 기다리다가 물으면 대답하고, 묻지 않으면 가만히 있어야 합니다. 비유하자면 마치 종(鐘)과 같아 두드리면 울리고, 두드리지 않으면 울리지 않습니다"라고 말하자, 묵자 선생께서 다음과 같이 말씀하셨다.

　　　　　　　　　　　　　　　　　　　　　　　　대화(對話)

"이 말에는 세 가지 경우(三物)가 있는데 선생은 지금 한 가지만을 알고 있으며, 또한 그 뜻을 아직 모르고 있습니다. 첫째, 대인(大人)이 나라와 집안에서 음란하고 포악하게 행동할 때 나아가 간언하면 불손하다고 말합니다. 측근(左右)을 통해 간언하면 쓸데없는 논란이라 말합니다. 이 경우에는 군자는 (간언해야 하는지 말아야 하는지) 의혹만 가집니다. 둘째, 대인이 정사를 볼 때 나라와 집안에 어려움이 생겨 마치 쇠뇌(機)에서 (화살이) 발사할 듯 (급박)하다면, 군자는 반드시 간언해야 하고 그래야 대인에게도 이롭습니다. 이 경우에는 비록 두드리지 않아도 반드시 울려야 합니다. 셋째, 대인이 의롭지 못한 괴이한 행동을 할 때 (예를 들면) 교묘한 대책을 얻어 군사적 행동을 하여 죄 없는 나라를 공격하여 정벌하고 싶어 하는데, 교묘한 대책(之)이 있어 군주가 얻으면 반드시 실행합니다. 그리하여 토지를 넓히고, 세금을 늘리고, 거짓으로 재물을 거둡니다. 나가면 반드시 수치(辱)를 당할 것입니다. 공격당하는 사람도 이롭지 않고, 공격하는 사람도 역시 이롭지 않으니, 양쪽 모두 이롭지 않습니다. 이와 같은 경우 비록 두드리지 않아도 반드시 울려야 합니다.

또한 지금 그대는 '군자는 두 손을 모아 기다리다가 물으면 대답하고, 묻지 않으면 가만히 있어야 합니다. 비유하자면 마치 종(鐘)과 같아 두드리면 울리고, 두드리지 않으면 울리지 않습니다'라고 말했습니다. 지금 두드리지 않았는데 그대가 말했으니, 이것은 그대가 말한 두드리지 않았는데 울린 경우입니까? 이것은 그대가 말한 군자가 아닙니까?"

---

❶ 公孟子: 曾子의 제자로 추정되는 유학자.

❷ 共己以待: 두 손을 맞잡고 기다린다는 의미이다. 「非儒」 편에서는 같은 상황을 설명하면서 共을 高拱으로 표현하고 있다.

❸ 三物: '세 가지의 경우'로 해석하였는데 아래에 나오는 若大夫로 시작하는 세 문장이 각각의 경우이다.

❹ 一身也: 王引之가 一耳로 고쳐 읽은 후 일반적으로 통용되었다. 여기에서 耳 는 '~뿐이다'는 뜻이다. 그러나 一身을 앞에서 언급한 三物과 대비되는 표현으로 보는 쪽이 더 문학적이고 타당하다고 생각된다.

❺ 「公孟」 편은 公孟子, 程子, 告子 등 儒者와의 대화를 통하여 儒家를 비판하고 있다. 이 문단에서는 儒家의 '君君, 臣臣(임금은 임금다워야 하고, 신하는 신하다워야 한다)'의 전제 아래 '신하다움'을 鐘에 비유하여 임금과 신하의 윤리를 잘 표현하고 있는데, 墨子는 신하가 鐘과 같이 수동적이어서는 안 된다고 비판한다.

2　公孟子謂子墨子曰: 實爲善人, 孰不知?

譬若良玉, 處而不出 有餘糈。　　玉 → 巫. 糈서: 쌀알, 복채

譬若美女, 處而不出 人爭求之, 行而自衒 人莫之取也。

衒현=炫: 자랑하다

今子遍從人而說之, 何其勞也?

子墨子曰: 今夫世亂, 求美女者衆, 美女雖不出, 人多求之;

今求善者寡, 不强說人, 人莫之知也。

且有二生於此 善筮。　　筮서: 점을 치다

一行爲人筮者, 一處而不出者。

行爲人筮者 與處而不出者, 其糈孰多?

公孟子曰: 行爲人筮者其糈多。

子墨子曰: 仁義鈞。行說人者, 其功善亦多, 何故不行說人也!　　鈞=均

공맹자(公孟子)가 묵자에게 물었다.

공맹자: 진실로 좋은 사람이면 누가 알아주지 않겠습니까? 비유하면 좋은 점쟁이는 나가지 않아도 많은 복채를 받습니다. 또한 미녀는 나가지 않아도 사람들이 다투어 얻으려고 하지만, 다니면서 스스로 뽐내면 사람들이 얻으려 하지 않는 것과 같습니다. 지금 선생님께서 두루 사람들을 따라가서 설명하는데, 왜 그런 고생을 하십니까?

묵자 선생: 지금 세상이 어지러워 미녀를 구하려는 사람은 많고, 비록 미녀가 나가지 않아도 많은 사람들이 미녀를 얻으려고 합니다. 오늘날 선(善)을 추구하는 사람은 적으니 힘써 유세하지 않으면 사람들이 알지 못합니다. 또한 여기에 훌륭한 점쟁이 두 명이 있는데, 한 명은 다니면서 사람들을 위해 점을 치고, 다른 한 명은 쉬면서 나가지 않습니다. 이들 중 누구의 복채가 많겠습니까?

공맹자: 다니면서 사람을 위해 점을 치는 사람의 복채가 많습니다.

묵자 선생: 인의(仁義)도 (점치는 일과) 마찬가지입니다. 다니면서 사람들에게 유세하면 업적과 착함(善) 역시 많아지니 왜 다니면서 사람들을 설득하지 않겠습니까?

3

公孟子戴章甫, 搢忽, 儒服,　　　　　　　　章甫: 두건, 搢진: 끼워 넣다, 흔들다, 忽=笏

而以見子墨子曰: 君子服然後行乎? 其行然後服乎?

子墨子曰: 行不在服.

公孟子曰: 何以知其然也?

子墨子曰: 昔者, 齊桓公高冠博帶, 金劍木盾, 以治其國, 其國治.　　　盾: 방패

昔者, 晉文公大布之衣, 牂羊之裘, 韋以帶劍, 以治其國, 其國治.

大布: 거친 천, 牂장: 암컷 양, 裘구: 가죽 옷, 韋: 부드러운 가죽

昔者, 楚莊王鮮冠組纓, 絳衣博袍, 以治其國, 其國治.

纓영: 갓 끈, 絳봉: 꿰매다

昔者, 越王句踐剪髮文身, 以治其國, 其國治.　　　剪전: 자르다

此四君者, 其服不同, 其行猶一也.

翟以是知行之不在服也.　　　翟: 묵자의 이름

公孟子曰: 善! 吾聞之曰 宿善者不祥, 請舍忽 易章甫, 復見夫子可乎?

子墨子曰: 請因以相見也.　若必將舍忽 易章甫, 而後相見, 然則行果在服也.

공맹자(公孟子)가 (머리에) 두건(章甫)을 쓰고 (허리에) 홀(忽)을 차고 유가(儒家)의 옷을 입고서 묵자 선생을 만나 물었다.

공맹자: 군자는 복장을 갖춘 후에 행동합니까? (아니면) 행동한 후에 복장을 갖춥니까?

묵자 선생: 행실은 복장에 달려 있지 않습니다.

공맹자: 어찌 그러함을 아십니까?

묵자 선생: 옛날 제(齊)나라 환공(桓公)은 높은 관을 쓰고 넓은 허리띠를 차고 금으로 된 칼과 나무로 된 방패로 나라를 다스렸는데, 그 나라는 잘 다스려졌습니다. 옛

날 진(晉)나라 문공(文公)은 거친 삼베와 암컷 양 가죽으로 만든 옷을 입고 가죽 띠로 칼을 차고 나라를 다스렸는데, 그 나라는 잘 다스려졌습니다. 옛날 초(楚)나라 장(莊)왕은 화려한 관을 쓰고 색실로 된 갓끈을 매고 옷을 꿰매어 넓은 용포를 만들어 입고 나라를 다스렸는데, 그 나라는 잘 다스려졌습니다. 옛날 월(越)나라 왕 구천(句踐)은 머리카락을 자르고 문신을 하고 나라를 다스렸는데, 그 나라는 잘 다스려졌습니다. 이들 네 명의 군주가 입은 옷은 같지 않았지만 그 행실은 같았습니다. 저는 이로써 행실은 복장에 달려 있지 않다는 사실을 알았습니다.

공맹자: 좋은 말입니다. 제가 '좋은 일을 미루는 것은 상서롭지 않다'고 들었습니다. 청컨대 홀(笏)을 버리고 두건(章甫)을 바꿔 쓰고 다시 선생님을 뵐 수 있을까요?

묵자 선생: 그대로 만나기를 청합니다. 만약 반드시 홀을 버리고 두건을 바꿔 쓰고 난 후에 만나야 한다면, 행실이 복장에 달려 있는 셈이지요.

---

❶ 章甫: 고대 중국에서 남자들이 쓰는 두건.

❷ 搢笏: 士 이상의 신분을 증명하는 笏을 띠에 꽂는 것.

❸ 예를 들어 명제를 논증하는 방식은 중국의 전통이다. 그러나 비유 또는 예시의 일반화는 또 다른 오류를 초래할 가능성이 있다. 그럼에도 불구하고 이런 비유는 남을 설득하는 데 유효하다.

4 公孟子曰: 君子必古言服, 然後仁。

子墨子曰: 昔者 商王紂 卿士費仲, 爲天下之暴人,

箕子 微子 爲天下之聖人, 此同言而或仁不仁也。 不仁 → 或不仁

周公旦爲天下之聖人, 關叔爲天下之暴人, 此同服或仁或不仁。

然則 不在古服與古言矣。

且子法周而未法夏也, 子之古非古也。

공맹자(公孟子)가 "군자는 반드시 옛말과 옛 복장을 한 후에야 어질다고 할 수 있습니다"라고 말하자, 묵자 선생께서 다음과 같이 말씀하셨다. "옛날 상(商)나라 주(紂)왕과 경사(卿士)인 비중(費仲)은 천하의 포악한 사람이고, 기자(箕子)와 미자(微子)는 천하의 성인입니다. 이들은 같은 말을 하였으나, 한쪽은 어질고 한쪽은 어질지 못합니다. 주공 단(周公旦)은 천하의 성인이고, 관숙(關叔)은 천하의 포악한 사람입니다.

대화(對話)

이들은 같은 옷을 입었으나, 한 사람은 어질고 한 사람은 어질지 못합니다. 그러므로 (仁은) 옛날 복장과 옛날 말에 달려 있지 않습니다. 또한 그대는 주(周)나라를 본받지만 하(夏)나라를 본받지 않으니, 그대의 옛것은 (진정한) 옛것이 아닙니다."

---

❶ 費仲: 商(殷)나라 紂王의 신하로 아부에 능하고 탐욕스러운 인물로 알려져 있다. 紂王이 西伯昌(후에 周 文王)을 감금하자 周나라 신하들이 미녀와 말, 보석으로 그를 매수하여 文王을 탈출시켰다는 일화가 있다.

❷ 箕子: 紂王이 폭정을 하자 諫言했다. 比干이 살해당하자 거짓으로 미친 척 하여 감옥에 갇혔다고 한다. 周 武王이 商나라를 멸망시키자 동쪽으로 가서 고조선을 세웠다는 설도 있으나 확실치 않다.

❸ 微子: 宋나라 國君. 紂王의 兄으로 紂王에게 諫言했으나 듣지 않자 떠났다고 한다. 후에 周公 旦이 그를 商丘에 봉했고 나라 이름을 宋이라 했다. 『論語』 「微子」편에 "微子去之, 箕子爲之奴, 比干諫而死, 孔子曰 殷有三仁焉"로 서술되어 있듯이 당시 箕子, 比干과 더불어 왕족으로서 三仁으로 불렸다.

❹ 關叔: 일반적으로 管叔으로 통한다. 文王의 셋째 아들이자 周公 旦의 형이며 武王의 동생이다. 반란을 일으켰으나 周公 旦에 의해 진압되어 죽임을 당했다.

5 公孟子謂子墨子曰: 昔者聖王之列也, 上聖立爲天子, 其次立爲卿大夫。

今孔子博於詩書, 察於禮樂, 詳於萬物,   詳: 자세히 알다

若使孔子當聖王, 則豈不以孔子爲天子哉?

子墨子曰: 夫知者, 必尊天事鬼, 愛人節用, 合焉爲知矣。

今子曰: 孔子博於詩書, 察於禮樂, 詳於萬物, 而曰 可以爲天子,

是數人之齒, 而以爲富。   齒: 장부

공맹자(公孟子)가 묵자 선생에게 말했다.

공맹자: 옛날 성왕들의 차례 짓는 방식으로는 가장 총명한(聖) 사람이 천자가 되고, 그다음 (총명한) 사람이 경(卿)과 대부(大夫)가 됩니다. 오늘날 공자가 『시경(詩經)』과 『서경(書經)』에 해박하고 예절과 음악을 살피며 세상만사를 자세히 압니다. 만약 공자가 성왕에 해당한다면 어찌 공자가 천자가 되지 않았습니까?"

묵자 선생: 무릇 지혜로운 사람은 반드시 하늘을 존중하고 귀신을 섬기며, 사람을 사랑하고 절약을 합니다. 네 가지를 갖추어야 지혜로움이 됩니다. 지금 그대는

'공자(孔子)가 『시경』과 『서경』에 해박하고 예절과 음악을 살피며 세상만사를 자세히 안다'고 말하고, 또한 '(그래서) 천자가 될 수 있다'고 말하지만, 이는 남의 장부를 보고 (자신이) 부자라고 여기는 일입니다.

❶ 詩書: 『詩經』과 『書經』을 의미한다.

❷ 齒: 죽간에 칼로 숫자를 기록하면 마치 이빨 모양으로 보였다. 오늘날의 장부에 해당한다.

❸ 墨子는 公孟子와의 대화를 통하여 詩書와 禮樂을 중시하는 儒家의 덕목을 비판하고 있다. 儒家는 천자의 덕목을 "博於詩書, 察於禮樂"에서 찾고 있지만 墨子는 "尊天事鬼, 愛人節用"을 중시한다. 물질을 중시하는 墨家의 일면을 보여준다.

6 公孟子曰: 貧富壽夭, 齰然在天, 不可損益。
齰: 이가 서로 맞물리다

  又曰: 君子必學。

子墨子曰: 教人學而 執有命, 是猶命人葆 而去亓冠也。
亓기: 其의 고어

공맹자(公孟子)가 "가난하고 부유함, 장수하거나 요절함은 정확히 하늘에 달려 있어서 빼거나 보탤 수 없습니다"라고 말하고, 또 "군자는 반드시 배워야 합니다"라고 말했다. (이에) 묵자 선생께서는 다음과 같이 말씀하셨다. "사람들에게 배워야 한다고 가르치면서 운명이 있다고 주장하는 것은 사람들에게 머리를 싸매라고 명령하면서 관을 버리라고 하는 일과 같습니다."

❶ 齰然: 이가 맞물려 빈틈없는 모양.

❷ 葆: 관을 쓰기 위해 머리를 싸매는 일.

❸ 儒家는 詩書를 배워 인격과 교양을 쌓는 데 노력해야 한다고 강조하면서 운명론을 주장한다. 즉, 인격의 수양과 교양의 함양은 개인적인 노력으로 가능하지만 물질적인 貧富 壽夭는 운명에 달려 있다고 본다. 墨家는 이에 반대하면서 물질적 현실이야말로 배우고 노력하면 얼마든지 개선할 수 있다고 주장한다. 이런 면에서 묵자는 서구의 근대적 정신과 친화적이다.

7 公孟子謂子墨子曰: 有義不義, 無祥不祥。

子墨子曰: 古聖王 皆以鬼神爲神明, 而爲禍福, 執有祥不祥,

是以政治而國安也。

自桀紂以下, 皆以鬼神爲不神明, 不能爲禍福, 執無祥不祥,

是以政亂而國危也。

故先王之書, 子亦有之曰: 亓傲也, 出於子, 不祥。　　　　亓=其

此言爲不善之有罰, 爲善之有賞。

공맹자가 "의로움과 의롭지 못함은 있지만, 상서로움과 상서롭지 못함은 없습니다" 라고 말하자, 묵자 선생께서 다음과 같이 말씀하셨다. "옛날 성왕들은 모두 귀신은 신명(神明)하다고 생각하여, 재앙과 복을 만드니 상서로움과 상서롭지 못함이 있다고 주장하였습니다. 이리하여 정사가 잘 다스려지고 나라가 안정되었습니다. 걸(桀)왕과 주(紂)왕 이후 모두 귀신은 신명스럽지 못하다고 생각하여, 재앙과 복을 만들지 못하니 상서로움과 상서롭지 못함이 없다고 주장하였습니다. 이리하여 정사가 어지럽고 나라가 위태로웠습니다. 그리하여 그대 역시 가지고 있는 선왕의 책에 '(귀신을) 업신여김이 그대로부터 나왔으니 상서롭지 않다'고 쓰여 있습니다. 이것은 착하지 않은 일을 하면 벌을 받고, 착한 일을 하면 상을 받는다는 것을 말합니다."

---

❶ 義와 不義는 인간의 의지로 이룰 수 있는 인간의 영역이며, 祥과 不祥은 인간의 의지를 넘어선 초월적 존재로서 귀신의 영역이다.

❷ 子亦有之: 앞뒤의 문맥과 잘 통하지 않는다. 載望은 亦은 亓의 오류이며 子와 丌가 바뀌었으니 丌子로 읽어야 한다고 주장하면서, 丌는 其의 옛 글자이지만 箕子를 뜻한다고 한다. 이와 관련하여 『書經』「周書」에 「箕子」 편이 있었으나 현재는 전해지지 않는다고 한다. 그러나 이러한 주장은 근거가 전혀 없으며, 상상의 산물이다. 여기서는 있는 그대로 읽고 先王之書를 꾸며주는 구절로 본다. '그대 역시 가지고 있는' 선왕의 책으로 번역한다.

❸ 亓傲: 귀신을 업신여김이다.

8 　子墨子謂公孟子曰: 喪禮, 君與父母, 妻, 後子死, 三年喪服, 　　後子=長子

　　　　伯父, 叔父, 兄弟期, 族人五月, 　　期=期年: 1년

　　　　姑, 姊, 舅, 甥 皆有數月之喪。

　　　　　　　　　姑: 고모, 姊자: 누이, 舅구: 외삼촌, 장인, 甥생: 조카

　　　或以不喪之閒, 誦詩三百, 弦詩三百, 歌詩三百,

　　　　舞詩三百。 　　誦송: 외우다, 암송하다, 弦: 현악기를 연주하다

　　　若用子之言, 則君子何日以聽治? 庶人何日以從事?

公孟子曰 : 國亂 則治之, 國治 則爲禮樂。

　　　　國治 則從事, 國富 則爲禮樂。 　　治 → 貧

子墨子曰 : 國之治, 治之廢, 則國之治亦廢。

　　　　國之富也, 從事, 故富也。從事廢, 則國之富亦廢。

　　　　故雖治國, 勸之無饜, 然後可也。 　　饜염: 물리다, 실컷 먹다

　　　　今子曰 : 國治 則爲禮樂, 亂 則治之。

　　　　是譬猶噎而穿井也, 死而求醫也。 　　噎일=渴: 목이 마르다, 穿천: 뚫다

　　　　古者三代暴王桀紂幽厲, 蘍爲聲樂, 不顧其民, 　　蘍이: 번성하다

　　　　是以身爲刑僇, 國爲戾虛者, 皆從此道也。

　　　　　　　　　　僇륙: 욕보이다, 죽이다, 戾려: 어그러지다, 난폭하다

묵자 선생께서 공맹자(公孟子)에게 물었다.

묵자 선생: 상례(喪禮)에 따르면 임금과 부모, 처와 맏아들이 죽으면 3년 동안 상복을
　　입고, 백부와 숙부, 형제는 1년이며, 친족은 5개월, 고모와 누이, 외삼촌과 조카는
　　모두 수개월 상복을 입습니다. 혹시 상복을 입지 않을 때에는 시 삼백 수를 암송
　　하고, 시 삼백 수를 현악기로 연주하며, 시 삼백 수를 노래하고, 시 삼백 수를 춤춥
　　니다. 그대의 말을 따르면 군자는 어느 세월에 정사를 돌보며(廳治), 백성은 어느
　　세월에 일을 합니까?

공맹자: 나라가 어지러우면 잘 다스리고, 나라가 잘 다스려지면 예악(禮樂)을 행합니다.
　　나라가 가난해지면 (백성은) 일에 종사하고, 나라가 부유해지면 예악을 행합니다.

묵자 선생: 나라의 정치는 정사를 돌보면 잘 다스려지고, 다스림을 그치면 나라의

정치도 역시 무너집니다. 나라의 부유함은 일에 종사하면 부유해지지만, 일을 그만두면 나라의 부유함도 역시 무너집니다. 그래서 비록 나라가 다스려져도 (일을) 권장함에 싫증을 느끼지 않아야 가능합니다. 지금 그대는 '나라가 잘 다스려지면 예악(禮樂)을 행하고, (나라가) 어지러우면 잘 다스린다'고 말하지만, 이것은 비유하자면 목이 마르자 우물을 파고, 죽은 다음에 의사를 찾는 것과 같습니다. 옛날 3대에 걸친 포악한 걸(桀)·주(紂)·유(幽)·여(厲)왕은 음악을 번성시켰으나 백성을 돌보지 않았습니다. 그래서 자신은 죽음의 형을 당하고 나라는 폐허가 되었습니다. 이들은 모두 이러한 길을 따랐기 때문입니다.

─────────

❶ 詩三百: 詩經을 말한다. 孔子는 『論語』에서 귀족과 지배층의 언어인 詩가 개인의 수양이나 정치, 외교에서 매우 중요하다고 여러 차례 강조했다. 「爲政」에서 "詩三百 一言以蔽之, 曰思無邪(시 삼백 수를 한마디로 말하면, 생각에 사악함이 없다)"라 하였고, 「泰伯」에서는 "興於詩 立於禮 成於樂(시를 통해 일어나고, 예를 통해 서며, 음악을 통해 이룬다)"고 했다. 또한 「子路」에서도 "誦詩三百, 授之以政不達, 使於四方, 不能專對, 雖多亦奚以爲[시 삼백 수를 외우고도 정사를 처리하지 못하고 사신으로 나가서도 상대를 설득하지 못하면, (시를) 많이 공부한들 무슨 소용이 있겠는가?]"라 했다.

❷ 國之治, 治之廢, 則國之治亦廢: 무엇인가 누락되어 문장이 어색하다. 다음 문장과 對句를 이룬다고 생각하여 國之治也, 廳治, 故治也. 治之廢, 則國之治亦廢라고 고쳐 읽는다.

❸ 孔子 이후에도 儒家는 지배층의 덕목을 禮와 音樂에서 찾으며 매우 중시했으나, 墨家는 부지런히 일(從事, 勸勉)하는 것을 중시하여 음악을 부정하고 禮는 최소화해야 한다고 주장했다. 「非樂」에서 보듯이 지배층이 독점적으로 향유하는 음악은 물자, 시간, 노동력의 낭비이기 때문에 백성을 가난하게 만드는 원인이 된다는 주장이다. 이런 면에서 儒家가 지배층을 대변한다면 墨家는 피지배층을 대변한다고 볼 수 있다.

9   公孟子曰: 無鬼神。

       又曰: 君子必學祭祀。

    子墨子曰: 執無鬼而學祭禮, 是猶無客而學客禮也, 是猶無魚而爲魚罟也。

罟고=그물

공맹자(公孟子)가 "귀신은 없습니다"라고 말하고 또 "군자는 반드시 제사(지내는 법)를 배워야 한다"고 말하자 묵자 선생께서 말씀하셨습니다. "귀신이 없다고 고집하면서 제사의 예법을 배우라고 하는 주장은 마치 손님이 없는데 손님을 대접하는 예의를 배우라는 것과 같으며, 물고기가 없는데 그물을 만들라고 하는 것과 같습니다."

10 公孟子謂子墨子曰: 子以三年之喪爲非, 子之三日之喪亦非也。

以 A 爲 B: A를 B라고 여기다

子墨子曰: 子以三年之喪非三日之喪, 是猶倮謂撅者不恭也。

倮과=裸: 알몸, 벌거벗다, 撅궤: 옷을 걷다

공맹자(公孟子)가 묵자 선생에게 "선생님은 3년상(三年之喪)을 잘못이라 여기지만 선생님의 3일상(三日之喪)도 역시 틀렸습니다."고 말하자, 묵자 선생께서 대답하셨다. "그대는 3년상으로 3일상을 비난하는데, 이는 벌거벗은 자가 옷을 걷어 올린 사람에게 공손하지 못하다고 말하는 것과 같습니다."

❶ 묵자는 厚葬久喪을 비판하였으나 상복을 어느 기간 동안 입어야 하는지 구체적으로 제시하지 않았다. 『韓非子』 「顯學」편에는 묵자가 三月喪을 주장했다고 하지만 현재로서는 그 근거를 찾기 어렵다. 현재 「節葬」上·中은 전해지지 않고 「節葬」下만 남아있기 때문이다. 韓非子가 살아있을 당시 亡失되지 않는 2편을 읽었을 수도 있다. 『韓非子』를 근거로 三日을 三月로 바꾸어야 한다는 주석이 많지만 여기서는 원문 그대로 번역한다.

11 公孟子謂子墨子曰: 知有賢於人, 則可謂知乎?

賢: 현명하다, ~보다 낫다

子墨子曰: 愚之知有以賢於人, 而愚豈可謂知矣哉?

공맹자가 묵자 선생에게 "(어떤 사람의) 앎이 다른 사람보다 나으면 지혜롭다고 말할 수 있습니까?" 하고 묻자, 묵자 선생께서 대답하셨다. "어리석은 사람의 앎이 다른 사람보다 나을 수 있지만 어리석은 사람을 어찌 지혜롭다고 할 수 있겠습니까?"

❶ 知: 묵자에게 知는 여러 가지 의미가 있다. 「經」과 「經說」에서 본 바와 같이 감각기관을 통해 알게 되는 앎, 경험을 통해 알게 되는 앎, 이성적인 앎(智)을 포괄하고 있다. 그럼에도 불구하고 이 문단에서 무엇을 말하고자 하는지, 知와 관련하여 儒家와 어떤 차이가 있는지 잘 드러나지 않는다. 굳이

대화(對話)

墨子를 위한 변명을 하자면 앎에는 전체적인 앎과 부분적인 앎, 유용한 앎과 쓸모없는 앎이 있는데 부분적인 앎과 쓸모없는 앎으로는 지혜롭다고 말할 수 없다. 이 문단을 앞에서 언급한 문단의 연장선에서 본다면 公孟子로 대표되는 儒家의 앎은 禮樂에 관한 것으로 여기에 해당한다고 볼 수 있다.

12 公孟子曰: 三年之喪, 學吾之慕父母。   慕: 그리워하다

子墨子曰: 夫嬰兒子之知, 獨慕父母而已。   嬰兒子: 젖먹이

父母不可得也, 然號而不止, 此亓故何也?   號: 울다, 부르짖다, 亓=其

即愚之至也。

然則儒者之知, 豈有以賢於嬰兒子哉?

공맹자(公孟子)가 "3년상은 우리가 부모를 사모하도록 배우게 합니다"라고 말하자, 묵자 선생께서 다음과 같이 말씀하셨다. "어린아이의 앎은 오로지 부모를 사모할 뿐입니다. 부모가 없으면 울면서 그치지 않는데, 이는 무슨 까닭입니까? 지극히 어리석기 때문입니다. 그러하다면 유자(儒者)의 앎이 어찌 어린아이보다 현명하다고 할 수 있습니까?"

---

❶ 父母不可得也: 不可得父母也의 도치.

❷ 사람은 어려서 부모의 무릎에서 3년을 놀았으니 3년 喪을 해야 한다고 儒家는 주장한다. 이러한 儒家의 주장이 墨子의 눈에는 부모가 보이지 않으면 우는, 또는 근거 없이 생떼 쓰는 어린아이와 같이 보인 듯하다.

13 子墨子曰問於儒者: 何故爲樂?

曰: 樂以爲樂也。

子墨子曰: 子未我應也。今我問曰: 何故爲室?   應: 대답하다, 室: 집, 방

曰 冬避寒焉, 夏避暑焉, 室以爲男女之別也, 則子告我爲室之故矣。

今我問曰 何故爲樂? 曰 樂以爲樂也。

是猶曰 何故爲室? 曰 室以爲室也。

묵자 선생께서 유자(儒者)에 물었다

묵자 선생: 무엇 때문에 음악을 합니까?

유자: 즐겁기 때문에 음악을 합니다.

묵자 선생: 그대는 나에게 (제대로) 대답하지 않았습니다. 지금 내가 '무엇 때문에 집을 짓습니까?' 하고 물을 때 '겨울에는 추위를 피하고 여름에는 더위를 피하며, 집을 지어 남녀를 구분하려고 한다'고 대답하면 그대는 나에게 집을 짓는 이유를 말한 셈입니다. 지금 내가 '무엇 때문에 음악을 합니까?'라고 물었는데 '즐겁기 때문에 음악을 합니다'라고 대답했습니다. 이는 마치 '무엇 때문에 집을 짓습니까?' 하고 물으면, '집을 지으려고 집을 짓는다'고 대답하는 셈이지요.

---

❶ 樂以爲樂也와 室以爲室也는 문장 구조가 서로 같다. 그러나 처음의 樂은 '음악'이며 나중의 樂은 '즐겁다'는 의미로 해석된다. 음악은 집(室)과 같은 효용이 없음을 강조한다.

14 子墨子謂程子曰: 儒之道足以喪天下者, 四政焉。 政: 가르침

儒以天爲不明, 以鬼爲不神, 天鬼不說, 此足以喪天下。

又厚葬久喪, 重爲棺槨, 多爲衣衾, 送死若徙, 三年哭泣,

棺槨: 시체를 넣는 관, 속널과 겉널, 衾: 이불

扶後起, 杖後行, 耳無聞, 目無見, 此足以喪天下。

扶: 붙들다, 杖: 지팡이를 짚다

又弦歌鼓舞, 習爲聲樂, 此足以喪天下。 習: 익숙하다

又以命爲有, 貧富壽夭 治亂安危有極矣, 不可損益也,

爲上者行之, 必不聽治矣,

爲下者行之, 必不從事矣, 此足以喪天下。

程子曰: 甚矣! 先生之毁儒也。

子墨子曰: 儒固無此若四政者, 而我言之, 則是毁也。

今儒固有此四政者, 而我言之, 則非毁也, 告聞也。

程子無辭而出。

子墨子曰: 迷之!

迷 → 還

反後坐, 進復曰: 鄉者先生之言有可聞者焉,

鄉者=向者: 지난번

若先生之言, 則是不譽禹, 不毀桀紂也。

子墨子曰: 不然, 夫應孰辭, 稱議而爲之, 敏也。

應: 대답하다, 稱: 일치하다, 어울리다, 敏: 총명하다

厚攻則厚吾, 薄攻則薄吾。

應孰辭而稱議, 是猶荷轅而擊蛾也。

稱議 → 不稱議, 轅원: 끌채, 蛾: 나방

묵자 선생께서 정자(程子)에게 말씀하셨다.

묵자 선생: 유가(儒)의 도(道)에는 천하를 망치게 하는 네 가지의 가르침이 있습니다. 첫째, 유가는 하느님(天)이 훤히 안다고 여기지 않고 귀신이 신령스럽지 않다고 생각하여, 하느님과 귀신이 기뻐하지 않으니 이는 세상을 망치기에 충분합니다. 둘째, 후한 장례와 오랜 상례로 관(棺槨)을 몇 겹으로 하고 많은 옷과 이불을 만들어 죽은 사람을 마치 이사하듯 보냅니다. 3년 동안 소리 내어 울고, 부축해야 일어나고, 지팡이를 짚어야 갈 수 있으며, 귀는 듣지 못하고 눈은 보지 못하니, 이는 세상을 망치기에 충분합니다. 셋째, 현악기를 연주하며 노래하고, 북을 치며 춤을 추고, 소리와 음악에 익숙하니 이것 또한 세상을 망치기에 충분합니다. 넷째, 운명이 있다고 여겨 가난함과 부유함, 오래 살고 일찍 죽음, 질서와 혼란(治亂), 안정과 위험은 정해져 있으니 더하거나 뺄 수가 없다고 합니다. 윗사람이 이를 행하면 반드시 정사를 돌보지 않게 되고, 아랫사람이 이를 행하면 일에 종사할 수 없으니, 이 또한 세상을 망치기에 충분합니다.

정자: 선생님의 유가에 대한 비난(毀)이 너무 심합니다.

묵자 선생: 유가에 진실로 이 네 가지 가르침이 없는데, 내가 그것을 말했다면 비난이지만, 지금 유가에 이 네 가지 가르침이 있으니 비난이 아니고, 내가 말하여 들을 수 있도록 하는 것입니다.

정자가 말없이 나가버리자 묵자 선생께서 말씀하셨다. "돌아오시오." (정자가) 되돌아와 앉은 후 다가서며 말했다.

정자: 조금 전 선생님의 말씀에도 들을 만한 점이 있습니다. (그러나) 선생님의 말씀을 따른다면 우(禹)임금을 칭송하지 않고, 걸(桀)왕과 주(紂)왕을 비난하지 말아야 합니다.

묵자 선생: 그렇지 않습니다. 어떤 주장(辭)에 응답할 때 논의에 어울리게 대답해야 (爲之) 총명한 것입니다. (상대편이) 두텁게 공격하면 나를 두텁게 방어하고, 느슨하게 공격하면 나를 느슨하게 방어합니다. 어떤 주장에 대응할 때 논의에 어울리지 않게 하는 것은 마치 끌채를 매어놓고 (말의 궁둥이를 때리지 않고) 나방을 때리는 일과 같습니다.

---

❶ 有極矣: 직역하면 '한계가 있다'는 뜻이지만 문단 6에 유가인 公孟子의 말 "貧富壽夭, 齰然在天, 不可損益"과 같은 의미이기에 '정해져 있다'로 번역한다.

❷ 可聞者: 畢沅이 可間者로 고쳐 읽는데, 可間者는 '비난의 여지가 있다' 또는 '잘못이 있다' 정도의 의미이다. 그러나 원문대로 읽어도 뜻이 통한다.

❸ 應孰辭: 孰을 어떤 이는 熟(익숙한)으로 읽고, 어떤 이는 何(어떤)으로 읽는다. 여기에서는 後者로 본다.

❹ 應孰辭 而稱議: 앞뒤의 문맥으로 보아 應孰辭 而不稱議로 수정되어야 한다.

❺ 荷轅而擊蛾也: 轅는 끌채로서 수레의 양쪽에 길게 앞으로 나와 말이나 소의 등에 매는 곳이다. 따라서 끌채는 수레에 붙어 있어 들 수 있는 물건이 아니고 소나 말의 등에 연결시킨 후에 말과 소를 채찍질하여 앞으로 나간다. 그런데 '나방을 때린다'는 말은 엉뚱한 짓을 한다는 표현으로 읽힌다. 程子가 핵심을 벗어나 논의하고 있음을 은유적으로 비판하고 있다.

❻ 儒家의 전통을 이어받은 馮友蘭도 네 가지 가르침(四政)을 儒家에 대한 墨家 비판의 핵심이라고 지적한다.

15 子墨子與程子辯, 稱於孔子。 稱: 칭찬하다

程子曰: 非儒, 何故稱於孔子也?

子墨子曰: 是亦當 而不可易者也。

今鳥聞熱旱之憂則高, 魚聞熱旱之憂則下, 聞: 알다, 냄새를 맡다

當此雖禹湯爲之謀, 必不能易矣。

鳥魚可謂愚矣, 禹湯猶云因焉。

今翟曾無稱於孔子乎? 曾: 이에, 거듭

묵자 선생께서 정자(程子)와 논쟁을 하다가 공자를 칭찬했다.

정자: 유가를 비난하면서 어찌 공자를 칭찬하십니까?

묵자 선생: 이것(공자의 말)은 역시 합당하고(當) 바꿀 수 없기 때문입니다. 새는 덥고 가뭄이 우려되면 높이 날고, 물고기는 덥고 가뭄이 우려되면 아래로 내려갑니다. 여기에 이르면 비록 우(禹)왕과 탕(湯)왕이 바꾸려 해도 결코 바꿀 수 없습니다. 새와 물고기가 어리석다고 말하지만 우왕과 탕왕도 그대로 따릅니다. 지금 이러한데 제가 공자(의 말)를 칭찬하지 못하겠습니까?

---

❶ 是亦當: 亦을 亓(=其)로 보고 孔子를 가리킨다는 주석도 있으나 너무 자의적이다. 여기에서는 是가 지시대명사로 孔子가 아니라 孔子의 辯을 가리킨다고 본다. 왜냐하면 墨子는 여러 곳에서 孔子와 儒家를 비판하므로 孔子 자체를 칭찬한 것이 아니라 孔子의 특정한 말을 지칭해 칭찬하고 있다고 보아야 한다.

16 有游於子墨子之門者, 身體强良, 思慮徇通, 欲使隨而學。 <small>游=遊, 徇=徇순: 재빠르다</small>

子墨子曰: 姑學乎, 吾將仕子。 <small>姑: 임시로, 우선, 仕: 벼슬하다</small>

勸於善言而學。其年 而責仕於子墨子。 <small>其年=期年: 1년, 責: 요구하다</small>

子墨子曰: 不仕子, 子亦聞夫魯語乎?

　　魯有昆弟五人者, 亓父死, 亓長子嗜酒而不葬, <small>昆곤: 형, 亓=其</small>

　　亓四弟曰: 子與我葬, 當爲子沽酒。 <small>沽고: 사다, 술장사</small>

　　勸於善言而葬。已葬, 而責酒於其四弟。

　　四弟曰: 吾末予子酒矣, 子葬子父, 我葬吾父, 豈獨吾父哉?

　　　　子不葬, 則人將笑子, 故勸子葬也。 <small>笑: 비웃다</small>

　　今子爲義, 我亦爲義, 豈獨我義也哉?

　　子不學, 則人將笑子, 故勸子於學。

묵자 선생의 문하에 노니는 제자가 있었는데, 신체가 건강하고 생각이 잘 통하여 (묵자 선생은 자신을) 따라 배우게 하고 싶었다. "우선 배워라. 내가 장차 자네를 벼슬살이하도록 하겠네"라고 좋은 말로 권하여 배우게 했다. 1년이 지나자 (그는) 묵자 선생에게 벼슬살이 시켜달라고 요구했다.

(이에) 묵자 선생께서 다음과 같이 말씀하셨다. "자네를 벼슬하게 할 수 없네. 자네 역시 노(魯)나라 이야기를 들었겠지? 노나라에 다섯 형제가 있었는데, 아버지가 죽었

는데 맏아들이 술을 좋아하여 장례를 치르지 않자, 네 명의 아우가 '형님이 우리와 장례를 치르면 마땅히 형님을 위해 술을 사겠습니다'라고 말했다네. 좋은 말로 권하여 장례를 지냈고, 장례가 끝나자 네 명의 동생에게 술을 사라고 요구했다네. 네 명의 동생들은 '우리는 형님에게 술을 살 수 없습니다. 형님은 형님의 아버지의 장례를 치르고, 우리는 우리 아버지의 장례를 지냈으니, 어찌 우리 아버지만의 장례입니까? 형님이 장례를 지내지 않으면 사람들이 장차 형님을 비웃으니, 그래서 장례를 권유했습니다'라고 말했다네. 지금 자네가 의로움을 행하고 나 역시 의로움을 행하는데, 어찌 나만의 의로움인가? 자네가 배우지 않으면 사람들이 자네를 비웃으니, 그래서 배우기를 권했다네."

❶　墨子는 배우는 일(學)과 의로움을 행함(爲義)을 동일시하고 있는데 여기에서 그의 교육관을 엿볼 수 있다. 墨子는 앞에서 본 바와 같이 義=利로 규정하기 때문에, 배움의 목적이 다른 사람을 이롭게 하는 데 있음을 알 수 있다. 이는 바로 다음에 나오는 문단 17에도 그대로 적용된다. 반면 孔子나 儒家는 배움의 목적을 자신의 인격수양에 두고 있다.

17　有游於子墨子之門者, 子墨子曰: 盍學乎?　　　　　　　盍合=何不: 어찌 ~하지 않는가

對曰: 吾族人無學者。

子墨子曰: 不然,

　　　夫好美者, 豈曰 吾族人莫之好 故不好哉?　　　　　族人: 친척

　　　夫欲富貴者, 豈曰 我族人莫之欲 故不欲哉?

　　　好美, 欲富貴者, 不視人 猶强爲之。

　　　夫義, 天下之大器也, 何以視人必强爲之?

묵자 선생의 문하에서 노니는 제자가 있었는데, 묵자 선생께서 물으셨다.
묵자 선생: "어찌 배우지 않는가?
제자: 우리 친척에는 배운 사람이 없습니다.
묵자 선생: 그렇지 않다. 미인을 좋아하는 사람이 어찌 '우리 친척들이 미인을 좋아하지 않기 때문에 (내가) 미인을 좋아하지 않는다'고 말할 수 있는가? 부귀를 바라는 사람이 어찌 '우리 친척들이 부귀를 바라지 않기 때문에 (내가) 부귀를 바라지

않는다'고 말할 수 있는가? 미인을 좋아하고 부귀를 원하는 사람은 다른 사람을 쳐다보지 않고 오히려 그것을 얻으려고 애쓴다. 무릇 의로움은 천하의 큰 그릇이니 무엇 때문에 다른 사람을 바라보며 그것을 얻으려고 힘쓰겠는가?

18 有游於子墨子之門者, 謂子墨子曰: 先生以鬼神爲明知, 能爲禍人哉福,

爲善者富之, 爲暴者禍之。 富=福

今吾事先生久矣, 而福不至,

意者先生之言有不善乎? 鬼神不明乎? 我何故不得福也?

子墨子曰: 雖子不得福, 吾言何遽不善 而鬼神何遽不明? 遽거: 갑자기, 어찌

子亦聞乎匿徒之刑之有刑乎? 匿: 숨기다, 徒: 무리

對曰: 未之得聞也。

子墨子曰: 今有人於此, 什子, 子能什譽之, 而一自譽乎? 什子=什倍於子

對曰: 不能。

有人於此, 百子, 子能終身譽亓善, 而子無一乎? 百子=百倍於子, 亓=其

對曰: 不能。

子墨子曰: 匿一人者猶有罪, 今子所匿者若此亓多, 將有厚罪者也, 何福之求?

묵자 선생의 문하에서 노니는 제자가 묵자 선생에게 물었다.

제자: 선생께서는 귀신은 밝게 알고 있다고 여기시어 재앙과 복을 만들 수 있으며, 착한 사람을 부유하게 하고 포악한 사람에게 재앙을 내린다고 하십니다. 지금 제가 선생님을 오래 섬겼는데 복이 오지 않았습니다. 생각하건대 선생님의 말씀이 틀렸습니까(不善)? 귀신이 신명하지 않습니까? 제가 무슨 이유로 복을 받지 못합니까?

묵자 선생: 비록 그대가 복을 받지 못했다고 어찌 내 말이 틀렸으며(不善), 귀신이 어찌 신명스럽지 못하겠는가? 그대는 죄인을 숨겨주는 일도 형벌을 받는다고 들었는가?

제자: 아직 듣지 못했습니다.

묵자 선생: 지금 여기 그대보다 열 배 착한 사람이 있다면, 그대는 그를 열 번 칭찬하

고 자신을 한 번 칭찬할 수 있는가?

제자: 할 수 없습니다.

묵자 선생: 여기에 자네보다 백 배 착한 사람이 있다면, 죽을 때까지 그의 선행을 칭찬하면서 스스로 한 번도 칭찬하지 않을 수 있겠는가?

제자: 할 수 없습니다.

묵자 선생: 한 사람을 숨겨도 죄가 되는데, 지금 그대가 숨기는 바가 이와 같이 많아 장차 두터운 죄가 있으니 어찌 복을 구하는가?

---

❶ 能爲禍人哉福: 能爲人禍福 또는 能爲禍福으로 고쳐야 한다.

❷ 什子/百子: 什倍於子, 百倍於子를 의미한다. 그대보다 열 배(백 배) 나은 사람, 또는 문맥으로 보아서 열 배(백 배) 착한 사람으로 보아도 무방하다.

19 子墨子有疾, 跌鼻進而問曰: 先生以鬼神爲明, 能爲禍福,

為善者賞之, 爲不善者罰之。

今先生聖人也, 何故有疾?

意者先生之言有不善乎?

鬼神不明知乎?

子墨子曰: 雖使我有病, 何遽不明?　　　　　　　　　　　何遽=何

人之所得於病者多方, 有得之寒暑, 有得之勞苦,

百門而閉一門焉, 則盜何遽無從入?

묵자 선생께서 병에 걸리자 질비(跌鼻)가 찾아와 물었다.

질비: 선생님은 귀신이 훤히 안다고 여기시고, 재앙과 복을 만들 수 있으니, 좋은 일을 한 사람에게 상을 주고 나쁜 일을 한 사람에게 벌을 내린다고 하셨습니다. 이제 선생님은 성인이신데 어찌 병에 걸리셨습니까? 혹시 선생님의 말씀이 틀린 것 아닌가요? 귀신이 훤히 알지 못하는 것 아닌가요?

묵자 선생: 비록 내가 병에 걸렸다고 어찌 (귀신이) 훤히 알지 못하겠는가? 사람이 병에 걸린 이유는 여러 가지가 있으니, 추위와 더위로도 병에 걸리고 힘들게 일하여 병에 걸리기도 한다네. 100개의 문 중에 하나의 문을 닫았다고 어찌 도둑이 들어

오지 않겠는가?

---

❶ 跌鼻: 묵자의 제자.

❷ 明/明知: 직역하면 '밝게 안다' 또는 '훤히 안다'는 의미로 인식능력을 말한다.

20 二三子有復於子墨子學射者。　　　　　　　復: 어른에게 말하다, 아뢰다

　　子墨子曰: 不可, 夫知者必量亓力所能至 而從事焉,　　亓=其

　　　　　　　國士戰且扶人, 猶不可及也。

　　　　　　　今子非國士也, 豈能成學又成射哉?

두 세 명의 제자가 묵자 선생에게 활쏘기를 배우겠다고 말하자 묵자 선생께서 말씀
하셨다. "안 된다. 무릇 지혜로운 사람은 자신의 능력이 이르는 바를 헤아려 일에 종
사한다. 나라의 무사는 전쟁을 하면서 백성을 돕는데 오히려 (그 뜻을) 다 이룰 수 없
다. 지금 그대들이 나라의 무사가 아닌데 어찌 학문을 이루고 활쏘기를 완성할 수
있겠는가?"

---

❶ 國士: 戰國時代 초기에 士는 武士 또는 戰士의 성격이 강하다. 國士는 학문과 무예를 모두 갖
춘 인물을 의미한다.

21 二三子復於子墨子曰: 告子曰 言義而行甚惡。

　　　　　　　　　　　請棄之。

　　子墨子曰: 不可, 稱我言 以毀我行, 愈於亡。　　毀: 헐뜯다, 愈: ~보다 낫다

　　　　　　　有人於此, 翟甚不仁, 尊天, 事鬼, 愛人, 甚不仁, 猶愈於亡也。

　　　　　　　今告子言談甚辯, 言仁義而不吾毀, 告子毀, 猶愈亡也。

두 세 명의 제자가 묵자 선생에게
제자: 고자(告子)가 '(선생님의) 말씀은 의로우나 행동은 매우 나쁘다'고 말하니 청컨대
　　그를 버리십시오.

묵자 선생: 아니다. 나의 말을 칭찬하면서 나의 행동을 헐뜯는 것은 없는 것보다 낫다. 여기에 어떤 사람이 '묵자(翟)는 참으로 어질지 못하지만, 하늘을 존중하고 귀신을 섬기며 다른 사람을 사랑한다'고 말하면 '참으로 어질지 못하다'는 말은 없는 것보다 낫다네. 지금 고자의 말과 이야기는 매우 논쟁적인데, (내가) 인의(仁義)를 말한다고 나를 비난하지 않으니, 고자의 비난은 없는 것보다 낫네.

---

22   二三子復於子墨子曰: 告子勝爲仁。

子墨子曰: 未必然也! 告子爲仁, 譬猶跂以爲長, 隱以爲廣, 不可久也。

跂기: 발돋움하다, 隱 → 偃: 눕다

두세 명의 제자가 묵자 선생에게 "고자(告子)가 능히 어질다고 할 수 있습니까?" 묻자, 묵자 선생께서 대답하셨다. "아직은 반드시 그렇지 않다. 고자가 어질다고 함은 비유하면 발돋움하여 키를 늘리고 누워서 (가슴을) 넓히는 것과 같아 오래 갈 수 없다."

---

❶   隱以爲廣: 일반적으로 偃以爲廣으로 고쳐 읽지만, 그 의미가 명확하지 않다.

---

23   告子謂子墨子曰: 我治國爲政。

子墨子曰: 政者, 口言之, 身必行之。

今子口言之, 而身不行, 是子之身亂也。

子不能治子之身, 惡能治國政?

惡: 어찌

子姑亡, 子之身亂之矣!

고자(告子)가 묵자 선생에게 "저는 나라를 잘 다스리고자 정치를 하겠습니다"라고 말하자 묵자 선생께서 다음과 같이 말씀하셨다. "정치란 입으로 말하고 몸으로 그것을 실행해야 합니다. 지금 그대는 입으로는 말하지만, 몸으로 실행하지 않으니, 이는 그대의 몸이 혼란스럽기 때문입니다. 그대는 그대의 몸을 잘 다스리지 못하니, 어찌 국정을 잘 다스릴 수 있겠습니까? 그대는 잠시 그만두십시오. 그대의 몸이 국정을 혼란스럽게 합니다."

第四十九 魯問

1　魯君謂子墨子曰: 吾恐齊之攻我也, 可救乎?

子墨子曰: 可, 昔者 三代之聖王禹湯文武, 百里之諸侯也, 說忠行義, 取天下。

　　三代之暴王桀紂幽厲, 讎怨行暴, 失天下。　　　　　讎: 원수, 미워하다

　　吾願主君, 之上者尊天事鬼, 下者愛利百姓,

　　　厚爲皮幣, 卑辭令, 亟遍禮四鄰諸侯, 敺國而以事齊, 患可救也。

　　　　　　皮幣: 가죽과 비단, 예물, 亟극: 빠르다, 삼가다, 敺구: 몰다

　　非此, 顧無可爲者。

노(魯)나라 임금이 묵자 선생에게 "나는 제(齊)나라가 우리를 공격할까 봐 두려운데 구제할 수 있겠습니까?" 하고 묻자, 묵자 선생께서 다음과 같이 대답하셨다. "가능 합니다. 옛날 3대(三代: 夏·殷·周)의 성왕인 우(禹)·탕(湯)·문(文)·무(武)왕은 (사방) 백 리의 제후였으나, 충신을 좋아하고 의로움을 행하여 천하를 얻었습니다. 3대의 포악한 왕인 걸(桀)·주(紂)·유(幽)·여(厲)왕은 원한이 있는 이와 원수가 되고 포악 하게 행동하여 천하를 잃었습니다. 저는 주군에게 원하건대, 위로는 하늘을 존중하 고 귀신을 섬기며, 아래로는 백성을 사랑하고 이롭게 하십시오. 예물을 두텁게 하고, 말씀과 명령을 겸손하게 하시고, 빠르게 사방의 이웃 제후들에게 두루 예를 갖추고, 나라를 통솔하여 제나라에 대처하면, 우환에서 구제될 수 있습니다. 이 방법이 아니 면 생각하건대 진실로 가능하지 않습니다."

---

❶　讎怨: 兪樾이 怨을 忠으로 고쳐 읽은 후 대부분의 주석가들이 따르고 있으나 너무 자의적이 다. 여기에서는 있는 그대로 번역한다.

❷　事齊: 事는 '섬김'과 '대항'의 의미를 모두 포함하고 있다.

❸　顧: 일반적으로 固로 고쳐 읽지만 여기서는 있는 그대로 번역한다.

2　齊將伐魯, 子墨子謂項子牛曰: 伐魯, 齊之大過也。

昔者吳王東伐越, 棲諸會稽, 西伐楚, 葆昭王於隨。 葆=保, 諸=之於

北伐齊, 取國子以歸於吳。

諸侯報其讎, 百姓苦其勞, 而弗爲用,

是以國爲虛戾, 身爲刑戮也。

昔者智伯伐范氏與中行氏, 兼三晉之地,

諸侯報其讎, 百姓苦其勞, 而弗爲用,

是以國爲虛戾, 身爲刑戮, 用是也。 用=以

故大國之攻小國也, 是交相賊也, 過必反於國。

제(齊)나라가 노(魯)나라를 공격하려 하자 묵자 선생께서 (齊나라 장군인) 항자우(項子牛)에게 다음과 같이 말씀하셨다. "노나라를 침략하는 것은 제나라의 큰 잘못입니다. 옛날 오(吳)나라 왕이 동쪽으로 월(越)나라를 공격하여 (越王 句踐을) 회계(會稽)에 머물게 했으며, 서쪽으로 초(楚)나라를 공격하여 소왕(昭王)을 수(隨)에 피신하게 하였고, 북쪽으로 제나라를 공격하여 (장군인) 국자(國子)를 사로잡아 오나라로 돌아왔습니다. 그러나 제후들이 원수를 갚으려 하였고, 백성들은 노역에 힘들어 재물(用)을 만들지 못했습니다. 이리하여 나라는 피폐하고 그 몸은 형을 받아 죽었습니다.

옛날 지백(智伯)은 범(范)씨와 중항(中行)씨를 공격하여 삼진(三晉)의 땅을 겸병하자 제후들이 원수를 갚으려 하였고, 백성들은 노역에 힘들어 재물을 만들지 못했습니다. 이리하여 나라는 피폐하고 그 몸은 형을 받아 죽었는데, 이 경우와 같습니다.

따라서 큰 나라가 작은 나라를 공격하는 일은 서로 해치는 것이며, 그 잘못은 반드시 그 나라로 되돌아옵니다."

---

❶　項子牛: 齊나라 장군.

❷　吳王: 夫差를 가리킨다. 夫差는 越나라와의 전쟁에서 승리하였으나, 越王 句踐이 臥薪嘗膽한 후 吳나라를 멸망시키자 자살했다.

❸　會稽/隨: 모두 地名.

❹　國子: 齊나라 장군인 國書라는 설과 齊나라의 태자라는 설이 있다.

❺　智伯: 晉나라 대부로서 知伯 또는 知瑤라고도 한다.

❻　三晉: 智伯, 范氏, 中行氏의 三家의 땅을 말한다.

3　子墨子見齊大王曰: 今有刀於此, 試之人頭, 倅然斷之, 可謂利乎?

倅然=猝然: 갑자기, 순식간에, 利: 날카롭다

大王曰: 利。

子墨子曰: 多試之人頭, 倅然斷之, 可謂利乎?

大王曰: 利。

子墨子曰: 刀則利矣, 孰將受其不祥?

大王曰: 刀受其利, 試者受其不祥。

子墨子曰: 幷國覆軍, 賊敖百姓, 孰將受其不祥?

敖 → 殺

大王俯仰而思之曰: 我受其不祥。

俯: 고개를 숙이다, 仰: 머리를 쳐들다

묵자 선생께서 제(齊)나라 대왕을 만나 물었다.

묵자 선생: 여기 칼이 한 자루 있는데, 시험 삼아 사람의 머리를 순식간에 잘랐습니다. (칼이) 예리하다고 말할 수 있습니까?

대왕: 예리합니다.

묵자 선생: 여러 번 시도하여 사람의 머리를 순식간에 잘랐다면 예리하다고 말할 수 있습니까?

대왕: 예리합니다.

묵자 선생: 칼은 예리한데, 장차 누가 그 재앙(不詳)을 책임져야 합니까?

대왕: 칼은 예리하다고 (평가)받겠지만, 시도한 사람이 재앙을 책임져야지요.

묵자 선생: (다른) 나라를 병합하고 군대를 전복하며, 백성을 해치고 죽인다면 장차 그 재앙을 누가 책임져야 합니까?

대왕이 머리를 숙였다가 쳐들며 생각하다 말했다. "내가 그 재앙을 책임져야지요."

---

❶　大王: 齊나라 太王을 가리킨다. 齊나라 재상이었던 太公 田常이 簡公을 죽이고 平公을 세워 국정을 좌우하면서 스스로 太王으로 칭했다. 田常은 田和, 田成子 또는 陳成子, 陣恒으로도 불린다.

4　魯陽文君將攻鄭, 子墨子聞而止之, 謂陽文君曰:

今使魯四境之內, 大都攻其小都, 大家伐其小家, 殺其人民,

取其牛馬 狗豕 布帛 米粟 貨財, 則何若?　　　　　　　　豕시: 돼지

魯陽文君曰: 魯四境之內, 皆寡人之臣也。

今大都攻其小都, 大家伐其小家, 奪之貨財, 則寡人必將厚罰之。

子墨子曰: 夫天之兼有天下也, 亦猶君之有四境之內也。

今擧兵將以攻鄭, 天誅亓不至乎?　　　　　　　　　　誅주: 형벌

魯陽文君曰: 先生何止我攻鄭也? 我攻鄭, 順於天之志。

鄭人三世殺其父, 天加誅焉, 使三年不全。

我將助天誅也。

子墨子曰: 鄭人三世殺其父 而天加誅焉, 使三年不全, 天誅足矣。

今又擧兵將以攻鄭, 曰吾攻鄭也, 順於天之志。

譬有人於此, 其子强梁不材, 故其父笞之,

强梁: 횡포부리다, 포악하다, 笞: 볼기를 치다

其鄰家之父擧木而擊之, 曰吾擊之也, 順於其父之志 則豈不悖哉?

노양문군(魯陽文君)이 정(鄭)나라를 공격하려 하자, 묵자 선생께서 그 말을 듣고 말리면서 물었다.

묵자 선생: 지금 노양(魯)의 사방 경계 안에서 큰 도읍이 작은 도읍을 공격하고 큰 집안이 작은 집안을 정벌하여, 백성을 죽이고 소와 말, 개와 돼지, 쌀과 조, 재물을 약탈하면 어찌하시겠습니까?”

노양문군: 노양의 사방 경계 안에서는 모두가 과인의 신하입니다. 지금 큰 도읍이 작은 도읍을 공격하고 큰 집안이 작은 집안을 정벌하여, 재물을 약탈한다면, 과인이 반드시 무겁게 벌을 내릴 것입니다.

묵자 선생: 하느님(天)이 천하를 전부 소유하고 있으니, 이는 마치 임금께서 사방의 경계를 소유하고 있는 것과 같습니다. 지금 군사를 일으켜 정(鄭)나라를 공격하면, 하느님이 벌을 내리지 않겠습니까?

노양문군: 선생은 어찌 내가 정나라를 공격하는 것을 막으려 하십니까? 내가 정나라

를 공격하는 것은 하늘의 뜻을 따르는 일입니다. 정나라 사람들은 3대에 걸쳐 그 아비를 죽였으므로 하늘이 벌을 내려, 3년 동안 (농사가) 온전하지 못했습니다. 나는 하늘이 벌주는 일을 도우려 합니다.

묵자 선생: 정나라 사람들은 3대에 걸쳐 그 아비를 죽였으므로 하늘이 벌을 내려, 3년 동안 (농사가) 온전하지 못했으니, 하늘의 벌은 충분합니다. 지금 군사를 일으켜 정나라를 공격하면서 '내가 정나라를 공격하는 것은 하늘의 뜻을 따르는 일이다'라고 말씀하십니다. 비유하여 말하자면, 어떤 사람이 자신의 아들이 포악하고 쓸모가 없다고 볼기를 치는데, 이웃의 아비가 몽둥이(木)을 들어 때리면서 '내가 때리는 것은 그 아비의 뜻을 따르는 일이다'라고 말하는 셈인데, 그렇다면 어찌 도리에 어긋나지 않겠습니까?

---

❶ 魯陽文君: 楚나라 平王의 손자인 公孫寬을 말한다. 그의 영지가 魯山의 남쪽(陽)이어서 魯陽文君 또는 魯陽公으로 불린다. 魯山의 남쪽은 지금의 西安과 武漢의 중간인 河南省 南陽지역이다.

❷ 不全: (곡식의 수확이) 온전하지 못하다. 흉년이 들다.

❸ 强梁: 강하기만 하다. 포악하다. 『老子』에도 "强梁者 不得其死"란 표현이 나온다.

❹ 不材: 재목이 되지 못한다. 올바른 사람의 자질이 없다.

5 子墨子謂魯陽文君曰: 攻其鄰國, 殺其民人, 取其牛馬 粟米 貨財,

　　則書之於竹帛, 鏤之於金石, 以爲銘於鍾鼎, 　　　　鏤루: 새기다

　　傳遺後世子孫 曰: 莫若我多。

今賤人也, 亦攻其鄰家, 殺其人民, 取其狗豕食糧衣裘,

　　亦書之竹帛, 以爲銘於席豆, 以遺後世子孫 曰: 莫若我多。

席: 돗자리, 豆: 제사에 쓰는 祭器

元可乎? 　　　　　　　　　　　　　　　　　　　　元=其

魯陽文君曰: 然, 吾以子之言觀之, 則天下之所謂可者, 未必然也。

묵자 선생께서 노양문군에게 말씀하셨다. "이웃 나라를 공격하여 그 백성을 죽이고, 소와 말, 조와 쌀, 재물을 약탈하고, 그것을 대나무와 비단에 쓰고 쇠붙이와 돌에 새

기고, 종과 솥에 명문화하면서, 후세 자손에게 전하며 '나처럼 가진 사람은 아무도 없다'고 말합니다. 지금 천인(賤人)들도 이웃 집안을 공격하여 사람을 죽이고, 개와 돼지, 식량과 의복을 약탈하고, 그것을 대나무와 비단에 쓰고, 돗자리와 그릇에 명문화하면서, 후세 자손에게 전하며 '나처럼 가진 사람은 아무도 없다'고 말합니다. 그래도 되나요?"

노양문군(魯陽文君)이 대답했다. "그렇습니다. 내가 선생의 말을 들어보니, 세상 사람들이 옳다고 말하는 것도 반드시 그렇지 않군요."

6
子墨子爲魯陽文君曰: 世俗之君子, 皆知小物 而不知大物。

今有人於此, 竊一犬一彘 則謂之不仁,   竊절: 훔치다, 彘: 돼지

竊一國一都 則以爲義。   以爲: ~라고 여기다

譬猶小視白 謂之白, 大視白 則謂之黑。

是故 世俗之君子 知小物 而不知大物者, 此若言之謂也。

묵자 선생께서 노양문군에게 다음과 같이 말씀하셨다. "세속의 군자들은 모두 작은 일은 알지만 큰일은 알지 못합니다. 여기에 어떤 사람이 한 마리의 개와 한 마리의 돼지를 훔쳤다면 어질지 못하다고 말하지만, 한 나라와 하나의 도읍을 훔쳤다면 의롭다고 생각합니다. 비유하면 하양을 조금 보고 하얗다고 말하고, 하양을 많이 보고 검다고 말하는 것과 같습니다. 세속의 군자들이 작은 일은 알지만 큰일을 알지 못한다고 하는 것은 이를 두고 하는 말입니다."

7
魯陽文君語子墨子曰: 楚之南有啖人之國者橋,   啖담: 먹다, 잡아먹다

其國之長子生 則鮮而食之, 謂之宜弟。

美 則以遺其君, 君喜則賞其父。

豈不惡俗哉?

子墨子曰: 雖中國之俗, 亦猶是也。

殺其父而賞其子, 何以異 食其子而賞其父者哉?

苟不用仁義, 何以非夷人食其子也?

夷: 오랑캐

노양문군(魯陽文君)이 묵자 선생에게 물었다. "초(楚)나라 남쪽에는 사람을 잡아먹는 교(橋)나라가 있습니다. 그 나라에서는 맏아들이 생기면 날로 잡아먹고, (다음에 태어날) '아우를 위해서'라고 말합니다. 맛이 좋으면 임금에게 보내고, 임금이 (맛보고) 기뻐하면 그 아비에게 상을 내립니다. 어찌 나쁜 풍속이 아닙니까?"

묵자 선생께서 대답하셨다. "비록 중원의 풍속이라 하더라도, 역시 이와 같습니다. 아비를 죽인 자식에게 상을 주는 것이 아들을 잡아먹은 아비에게 상을 주는 풍속과 무엇이 다릅니까? 진실로 인의(仁義)를 행하지 않으면서 어떻게 자식을 잡아먹는 오랑캐를 비난할 수 있습니까?"

---

❶ 橋: 다양한 주석이 있으나, 최근에는 나라 이름으로 보는 경향이 있다.

❷ 鮮而食之: 「節葬」下편에 越나라 동쪽 輆沭國에 食人풍습이 있음을 묘사하면서 解而食之로 표현되어 있다.

❸ 夷人: 중국에서는 中原을 중심으로 하여 오랑캐를 東夷, 西戎, 北狄, 南蠻으로 나눈다. 楚나라 남쪽이면 南蠻에 해당하는데, 이를 夷人으로 표현하고 있는 것으로 보아 묵자가 살았던 당시에는 오랑캐의 이름이 확정되지 않은 듯하다. 이 문단에서 묵자는 오히려 中原의 野蠻性을 지적하고 있다.

8 魯君之嬖人死, 魯君爲之誄, 魯人因說而用之。嬖人폐인: 사랑받는 사람, 誄뢰: 조문, 추도문

子墨子聞之曰: 誄者, 道死人之志也, 今因說而用之, 是猶以來首從服也。

道: 말하다

노(魯)나라 임금의 애첩이 죽자, 노나라 사람이 추도문을 올리자, 노나라 임금은 기뻐하면서 그를 등용했다. 이 소식을 듣고 묵자 선생께서 다음과 같이 말씀하셨다. "추도문은 죽은 사람의 뜻을 말하는 것이다. 기뻐하면서 그를 등용하는 일은 (억지로) 몸(首)을 옷에 맞추는 행위와 같다."

❶ 魯君爲之誄, 魯人因說而用之: 문맥이 잘 통하지 않는다. 蘇時學의 주석에 따라 이를 魯人爲
之誄, 魯君因說而用之로 수정하여 번역한다.

❷ 以來首從服也: 뜻이 잘 통하지 않아 來를 貍(너구리)로 고쳐 읽고, 從服을 服馬로 해석하지
만 근거가 없다. 여기에서는 있는 그대로 해석하여 몸에 옷을 맞추는 것이 아니라 억지로 '옷에 몸을
맞춘다'는 의미로 해석한다.

9 魯陽文君謂子墨子曰: 有語我以忠臣者, 令之俯則俯, 令之仰則仰,

處則靜, 呼則應, 可謂忠臣乎?

子墨子曰: 令之俯則俯, 令之仰則仰, 是似景也。　　　　　　景=影영: 그림자

處則靜, 呼則應, 是似響也。　　　　　　　　　響향: 울림, 메아리

君將何得於景與響哉?

若以翟之所謂忠臣者, 上有過 則微之以諫,　　　上: 임금, 微: 숨기다

己有善 則訪之上, 而無敢以告。

外匡其邪 而入其善,　　　　　　　　匡: 바로잡다

尙同 而無下比。　　　　　　　　　比: 패거리

是以美善在上, 而怨讎在下, 安樂在上, 而憂慼在臣。　慼척: 근심

此翟之所謂忠臣者也。

노양문군(魯陽文君)이 묵자 선생에게 물었다. "나에게 충신이라고 말하는 사람이 있
는데, (고개를) 숙이라고 명령하면 숙이고, 들라고 명령하면 듭니다. 쉬라고(處) 하면
조용히 있다가 부르면 응답하니 충신이라고 말할 수 있는지요?" (이에) 묵자 선생께
서 다음과 같이 말씀하셨다. "(고개를) 숙이라고 명령하면 숙이고, 들라고 명령하면
드는 사람은 그림자와 같습니다. 쉬라고 하면 조용히 있다가 부르면 응답하는 사람
은 메아리와 같습니다. 임금께서는 장차 그림자와 메아리에서 무엇을 얻겠습니까?
제(翟)가 말하는 충신은 임금에게 잘못이 있으면 간언하여 허물을 감추고, 자신에게
좋은 점이 있으면 임금에게 돌리며(訪) (이런 사실을) 남에게 말하지 않습니다. 밖으로
는 사악함을 바로잡아 선함을 세우고, 위로는 임금과 같아지며 아래로는 패거리를
만들지 않습니다. 그리하여 아름답고 좋은 점은 임금에게 돌리고, 원망은 자신에게

돌립니다. 편안함과 기쁨은 임금에 있게 하고, 근심과 걱정은 신하에게 있게 합니다. 이것이 제가 말하는 충신입니다."

10 魯君謂子墨子曰: 我有二子, 一人者好學, 一人者好分人財,

　　　　孰以爲太子而可?

　　子墨子曰: 未可知也, 或所爲賞與爲是也.

　　　　釣者之恭, 非爲魚賜也; 餌鼠以蟲, 非愛之也.

釣=釣: 낚시, 餌이: 먹이를 주다, 蟲: 벌레

　　　　吾願主君之合其志功 而觀焉.

노(魯)나라 임금이 묵자 선생에게 "나에게 두 아들이 있는데, 하나는 배우기를 좋아하고, 하나는 남에게 재물을 나누어주기를 좋아합니다. 누구를 태자로 삼는 것이 좋겠습니까?" 하고 묻자, 묵자 선생께서 다음과 같이 대답하셨다. "아직 알 수 없습니다. 혹시 상을 받기 위하여 그리할 수도 있습니다. 낚시꾼의 공손함은 물고기에게 은덕이 되지 않으며, 쥐에게 벌레를 먹이는 일은 쥐를 사랑해서가 아닙니다. 제가 임금께 바라건대 그 의지(志)과 업적(功)을 모두 살펴보시기를 바랍니다."

──────────

❶ 賞與: 일반적으로 賞譽(상과 명예)로 고쳐 읽지만 있는 그대로 보아도 무방하다.

11 魯人有因子墨子而學其子者, 其子戰而死, 其父讓子墨子.

學: 가르치다, 讓: 꾸짖다, 책망하다

　　子墨子曰: 子欲學子之子, 今學成矣, 戰而死, 而子慍,

慍: 성내다, 원망하다

　　　　而猶欲糶, 糶糴 則慍也.

糶조: 쌀을 팔다, 糴: 쌀을 사다, 糴수: 상대

　　　　豈不費哉?

費一悖

노(魯)나라 사람이 있었는데 묵자 선생에게 그 자식을 가르치도록 했다. (그런데) 자식이 전쟁에 나가 죽자 아버지가 묵자 선생을 책망했다. (이에) 묵자 선생은 다음과 같이 말씀하셨다. "그대는 그대의 자식을 가르치기를 원했습니다. 이제 가르침이 이루어져 전쟁에 나가서 죽었다고 그대가 (나를) 원망하는데, 이는 마치 쌀을 팔고자 하는데 상대에게 팔리자 원망하는 것과 같습니다. 어찌 도리에 벗어나지 않겠습니까?"

---

❶ 學: 墨家의 무리들은 城을 방어하는 전문가들이었다는 점을 고려하면, 學의 내용 중 일정부분은 군사훈련에 해당한다고 생각된다.

12-1 魯之南鄙人有吳慮者, 冬陶夏耕, 自比於舜。　　鄙비: 마을, 교외, 변방, 陶: 질그릇

子墨子聞而見之。

吳慮謂子墨子: 義耳義耳, 焉用言之哉?　　焉: 어찌

子墨子曰; 子之所謂義者, 亦有力以勞人, 有財以分人乎?

吳慮曰: 有。

子墨子曰: 翟嘗計之矣。

翟慮耕而食天下之人矣, 盛, 然後當一農之耕,

分諸天下, 不能人得一升粟。　　升: 되, 粟속: 조, 곡식

籍而以爲得一升粟, 其不能飽天下之飢者, 旣可睹矣。

籍=藉: 설사, 설혹, 睹: 보다, 분별하다

翟慮織而衣天下之人矣, 盛, 然後當一婦人之織,

分諸天下, 不能人得尺布。

籍而以爲得尺布, 其不能煖天下之寒者, 旣可睹矣。

翟慮被堅執銳 救諸侯之患, 盛, 然後當一夫之戰,

堅: 견고한 갑옷, 銳: 예리한 무기

一夫之戰其不御三軍, 旣可睹矣。　　御: 막다, 저지하다

翟以爲不若誦先王之道 而求其說, 通聖人之言 而察其辭,

上說王公大人, 次匹夫徒步之士。　　次=次說

王公大人用吾言, 國必治;

　　대화(對話)

匹夫徒步之士用吾言, 行必脩。

故翟以爲雖不耕而食飢, 不織而衣寒, 功賢於耕而食之, 織而衣之者也。

故翟以爲雖不耕織乎, 而功賢於耕織也。

노(魯)나라 남쪽 마을에 오려(吳慮)라는 사람이 있었는데, 겨울에는 질그릇을 굽고 여름에는 농사를 지으며 스스로 순(舜) 임금에 비유했다. 묵자 선생께서 소문을 듣고 찾아가 그를 만났다.

오려: 의로움이여, 의로움이여, 어찌 그것을 말할 필요가 있습니까?

묵자 선생: 그대가 말하는 의로움은 힘이 있으면 남을 도와주고, 재물이 있으면 남에게 나누어주는 것이지요?

오려: 그렇습니다.

묵자 선생: 제(翟)가 이미 계산해보았습니다. 농사를 지어 세상 사람들을 먹인다고 생각하였으나, (농사가) 잘 되어도 농부 한 사람의 경작에 해당하니, 세상 사람들에게 나누어주어도 사람들은 한 되(升)의 곡식도 얻지 못합니다. 설사 그리하여 한 되의 곡식을 얻는다 해도 세상의 굶주린 사람들을 배불릴 수 없습니다. 제가 베를 짜서 세상 사람들을 입힌다고 생각하였으나, 잘 되어도 아녀자 한 사람의 길쌈에 해당하니, 세상 사람들에게 모두 나누어주어도 사람들은 한 자(尺)의 베도 얻지 못합니다. 설사 그리하여 한 자의 베를 얻는다 해도 추위에 떠는 세상 사람들을 따뜻하게 할 수 없습니다. 제가 견고한 갑옷을 입고 예리한 무기를 들어 제후의 근심을 구제하려고 생각하였으나, 잘 싸워도 장정 한 사람의 전투력에 해당하니, 장정 한 사람의 전투력은 삼군(三軍)을 막을 수 없습니다.

저(翟)는 (이보다는) 선왕의 도리(道)를 암송하여 그 학설을 탐구하고, 성인의 말씀을 꿰뚫어 그 의미를 살피고, 위로는 왕공대인(王公大人)을 설득하고, 그다음에 보통 사람과 걸어 다니는 무사(士)를 설득하는 편이 낫다고 생각합니다. 왕공대인이 내 말을 따르면 나라가 잘 다스려지고, 보통 사람과 걸어 다니는 무사들이 내 말을 따르면 행실이 잘 다스려집니다. 그래서 제가 비록 농사지어 배고픈 사람을 먹이지 않고, 베를 짜서 추위에 떠는 사람을 입히지 않아도, 그 업적은 농사지어 먹이고 길쌈하여 입히는 사람보다 뛰어나다(賢)고 생각합니다. 따라서 저는 비록 농사와 길쌈을 하지 않아도, 그 업적은 농사와 길쌈보다 뛰어나다고 생각합니다.

---

❶ 吳慮: 일반적으로 道家의 隱者로 추정하지만, 문단의 대화내용으로 보아 農家學派의 한 사람일 수도 있다.

12-2 吳慮謂子墨子曰: 義耳義耳, 焉用言之哉?

子墨子曰: 籍設而天下不知耕, 教人耕 與不教人耕而獨耕者, 其功孰多?

籍設=藉設: 가령, 가정하면

吳慮曰: 教人耕者其功多.

子墨子曰: 籍設而攻不義之國, 鼓而使衆進戰, 與不鼓而使衆進戰而獨進戰者,
　　　　其功孰多?

吳慮曰: 鼓而進衆者其功多.

子墨子曰: 天下匹夫徒步之士 少知義, 而教天下以義者 功亦多, 何故弗言也?
　　　　若得鼓而進於義, 則吾義豈不益進哉?

오려: 의로움이여, 의로움이여, 어찌 그것을 말할 필요가 있습니까?

묵자 선생: 만약 세상 사람들이 농사짓는 법을 모른다고 한다면, 사람들에게 농사짓
는 법을 가르치는 일과 농사짓는 법을 가르치지 않고 혼자 농사짓는 것 중에 어느
쪽이 공(功)이 많습니까?

오려: 농사짓는 법을 가르치는 것이 공이 많습니다.

묵자 선생: 만약 의롭지 못한 나라를 공격한다면, 북을 쳐서 군사(衆)들이 앞으로 나
가 싸우게 하는 것과 그렇게 하지 않고 홀로 나아가 싸우는 것 중에 어느 쪽이 공
이 많습니까?

오려: 북을 쳐서 앞으로 나가게 하는 쪽이 공이 많습니다.

묵자 선생: 세상의 보통 사람과 걸어 다니는 무사(士)들 중에 의로움을 아는 사람이
적습니다. 세상 사람들에게 의로움을 가르치는 일은 그 공 또한 많은데, 어찌 말
하지 말라고 하십니까? 북을 쳐서 의로움으로 나갈 수 있다면 우리의 의로움이
어찌 더욱 진전되지 않겠습니까?

대화(對話)

13　子墨子游公尚過於越。

公尚過說越王, 越王大說, 謂公尚過曰:

　先生苟能使子墨子於越而敎寡人, 請裂故吳之地, 方五百里, 以封子墨子。

公尚過許諾, 遂爲公尚過 束車五十乘, 以迎子墨子於魯, 曰:　乘: 수레를 세는 단위

　吾以夫子之道說越王, 越王大說, 謂過 曰,

　　苟能使子墨子至於越, 而敎寡人, 請裂故吳之地, 方五百里, 以封子。

子墨子謂公尚過曰: 子觀越王之志何若?

　　　　意越王將聽吾言, 用我道, 則翟將往。　意=抑: 혹시

　　　　量腹而食, 度身而衣, 自比於群臣, 奚能以封爲哉?

　　　　抑越不聽吾言, 不用吾道, 而吾往焉, 則是我以義糴也。

　　　　　　抑: 아니면, 혹시, 糴조: 팔다

　　　　鈞之糴, 亦於中國耳, 何必於越哉?　　鈞=均

묵자 선생께서 공상과(公尙過)를 월(越)나라로 보냈다. 공상과가 월나라 왕에게 유세하자 크게 기뻐하며 공상과에게 말했다. "선생께서 진실로 묵자 선생을 월나라에 모셔와 과인을 가르친다면, 옛 오(吳)나라 땅을 나누어 사방 오백 리를 묵자 선생께 봉(封)하겠습니다." 공상과가 허락하자, (越나라 왕은) 그를 위하여 수레 오십 대를 묶어 노(魯)나라에서 묵자 선생을 맞이하도록 하였고, (공상과는 묵자 선생에게) 말했다. "제가 선생님의 도(道)로써 월나라 왕에게 유세하니, 크게 기뻐하며 저(過)에게 '진실로 묵자 선생을 월나라에 모셔와 자신(寡人)을 가르친다면 옛 오나라 땅을 나누어 사방 오백 리를 선생님께 봉하겠다'고 말씀하셨습니다."

(이에) 묵자 선생께서 공상과에게 다음과 같이 말씀하셨다. "그대는 월나라 왕의 뜻이 무엇이라고 보는가? 장차 월나라 왕이 나의 말을 듣고 나의 도를 따른다면 나는 가겠다. 검소하게 먹고, 검소하게 입고, 여러 신하들과 스스로 어울리는데, 어찌 봉할 필요가 있는가? 혹시 월나라 왕이 나의 말을 듣지 않고, 나의 도를 따르지 않는데 내가 간다면, 이는 내가 의로움을 팔아먹는 셈이다. 팔아먹는 것이 같다면 중원(中國)에서 하지 왜 월나라에서 하겠는가?"

❶ 量腹而食, 度身而衣: '배를 헤아려 먹고 몸을 헤아려 입는다'로 직역할 수 있지만, 節用을 주
장하는 묵자이기에 검소하게 먹고, 검소하게 입는다는 의미로 사용되었다.

❷ 中國: 黃河유역을 중심으로 하는 中原.

14 子墨子游, 魏越曰: 旣得見四方之君子 則將先語?　　　語 → 何語

子墨子曰: 凡入國, 必擇務而從事焉。

國家昏亂, 則語之尚賢, 尚同;

國家貧, 則語之節用, 節葬;

國家憙音湛湎, 則語之非樂, 非命;　　　湛湎담면: 즐기다, 탐닉하다

國家淫僻無禮, 則語之尊天, 事鬼;

國家務奪侵凌, 即語之兼愛, 非攻,　　　奪: 빼앗다, 凌: 깔보다, 침범하다

故曰 擇務而從事焉。

묵자 선생께서 유세할 때 위월(魏越)이 "사방의 군자들을 만나면 가장 먼저 무슨 말을 합니까?" 하고 묻자, 묵자 선생께서 다음과 같이 말씀하셨다. "그 나라에 들어가서 반드시 힘쓸 부분(務)을 선택하여 일에 종사해야 한다. 국가가 혼란스러우면 현명한 사람을 존중(尚賢)하고 윗사람과 같아짐을 존중(尚同)해야 한다고 말해야 한다. 국가가 가난하면 절약(節用)과 간소한 장례(節葬)를 말해야 한다. 국가가 음악을 즐기고 (운명론을) 탐닉하면 음악을 비판(非樂)하고 운명론을 비판(非命)해야 한다. 국가가 음란하고 예의가 없다면 하늘을 존중(尊天)하고 귀신을 섬기라(事鬼)고 말해야 한다. 국가가 약탈과 침략에 힘쓰면 두루 사랑함(兼愛)을 말하고 공격전쟁을 비난해야(非攻)한다. 그래서 '힘쓸 부분을 선택하여 일에 종사해야 한다'고 말한다."

❶ 魏越: 묵자의 제자
❷ 則將先語: 何 또는 奚와 같은 의문사가 빠져 생략되어 있다.
❸ 湛湎: 일반적으로 '술을 탐닉하다'라는 의미로 사용되지만 여기에서는 앞뒤의 문맥으로 보아 '운명론을 탐닉한다'는 의미로 사용되었다.

❹ 尊天과 事鬼는「天志」와「明鬼」편의 내용을 압축적으로 표현하고 있다.「尙賢」,「尙同」,「節用」,「節葬」,「非樂」,「非命」,「兼愛」,「非攻」과 더불어 묵자 사상의 핵심을 이루는 十論을 이룬다. 열 가지 이론은 나라와 집안을 바로 세우고 나아가 天下를 평화롭게 하는 지침서이다. 즉, 墨子는 당시 天下統一이라는 강대국의 이데올로기를 거부하면서 평화공존이라는 대안을 제시하고 있다.

15 子墨子出曹公子而於宋, 三年而反, 睹子墨子曰:

出=仕, 睹도: 보다

始吾游於子之門, 短褐之衣, 藜藋之羹, 朝得之 則夕弗得, 祭祀鬼神。

褐갈: 베옷, 藜藋여곽: 명아주와 콩잎, 변변치 못한 반찬, 羹갱: 국

今而以夫子之教, 家厚於始也。有家厚, 謹祭祀鬼神。

然而人徒多死, 六畜不蕃, 身湛於病, 吾未知夫子之道之可用也。

徒: 무리, 湛담: 빠지다

子墨子曰: 不然! 夫鬼神之所欲於人者多,

欲人之處高爵祿 則以讓賢也,

多財 則以分貧也。

夫鬼神豈唯攉季拑肺之爲欲哉?

攉탁: 뽑아내다, 季 → 黍서: 기장, 拑겸: 입을 다물다, 재갈물리다, 肺: 폐

今子處高爵祿 而不以讓賢, 一不祥也;

多財 而不以分貧, 二不祥也。

今子事鬼神唯祭而已矣, 而曰 病何自至哉?

是猶百門而閉一門焉, 曰 盜何從入?

若是而求福於有怪之鬼, 豈可哉?

怪: 의심하다

묵자 선생께서 조공자(曹公子)를 송(宋)나라에 벼슬살이를 보냈는데, (그가) 3년 만에 돌아와 묵자 선생을 뵙고 말했다.

조공자: 처음에 제가 선생님의 문하에 있을 때 짧은 칡베 옷을 입었고, 명아주와 콩잎으로 끓인 국은 아침에 먹으면 저녁에 먹지 못했습니다. 그래서 귀신에게 제사를 지내지 못했습니다. 지금 선생님의 가르침으로 집안은 처음보다 부유하게 되

었고, 집안이 부유하게 되자 귀신에게 열심히 제사를 지냅니다. 그런데 사람들이 많이 죽고, 가축은 번성하지 않으며, 몸은 병이 깊어지니, 저는 선생님의 가르침(道)이 쓸 만한 것인지 아직 모르겠습니다.

묵자 선생: 그렇지 않다. 무릇 귀신은 사람들에게 바라는 바가 많아서, 사람이 높은 벼슬과 녹봉을 받으면 현명한 사람에게 양보하기를 바라고, 재산이 많으면 가난한 사람에게 나누어주기를 바란다네. 귀신이 어찌 제사음식만을 바라겠는가? 지금 그대는 높은 벼슬과 녹봉을 받지만 현명한 사람에게 양보하지 않으니, 이는 첫 번째 상서롭지 못한 일이며, 재산이 많은데 가난한 사람과 나누지 않으니 두 번째 상서롭지 못한 일이다. 이제 그대가 귀신을 섬기는 것은 오로지 제사만 지낼 뿐인데, '병은 어디에서 오는가?'라고 묻는다. 이는 백 개의 문이 있는데 하나의 문을 닫고서 '도둑은 어디에서 들어오는가?'라고 묻는 것과 같다네. 이와 같이 귀신을 의심하면서 복을 구한다면 어찌 복이 이루어지겠는가?

❶ 曹公子: 묵자의 제자. 당시 작은 제후국이었던 曹나라 공실의 자손으로 추정된다.

❷ 攫季拊肺: 뜻이 잘 통하지 않아서 여러 가지의 주석이 있다. 王引之에 따르면 季는 黍(기장)의 誤字이다. 攫黍는 기장을 뽑아 밥을 지어 제사상에 올리는 일이며, 拊肺는 동물의 허파를 제거하여 삶은 후 제사상에 올리는 행위를 말한다.

❸ 墨子는 제사를 지내야 하지만 귀신을 섬기는 데 제사가 전부가 아님을 강조하고 있다. 이 문단에 의하면 현명한 사람에게 높은 자리와 녹봉을 양보하고(尙賢), 재물을 나누어 주는(兼愛) 등 귀신이 바라는 일을 행하는 것이 귀신을 섬기는 훌륭한 방법이다. 이와 같이 墨子는 현실세계에 기반을 두고 논리적이며 건전한 종교관을 제시하고 있으나, 중국인들은 전통적으로 曹公子와 같은 기복 신앙에서 벗어나지 못하고 있다.

16 魯祝以一豚祭, 而求百福於鬼神。

子墨子聞之曰: 是不可, 今施人薄而望人厚, 則人唯恐其有賜於己也。

今以一豚祭, 而求百福於鬼神, 唯恐其以牛羊祀也。

古者聖王事鬼神, 祭而已矣。

今以豚祭而求百福, 則其富不如其貧也。

노(魯)나라 축관(祝)이 돼지 한 마리로 제사를 지내면서 귀신에게 백 가지 복을 빌었다. 묵자 선생께서 (그 소식을) 듣고 다음과 같이 말씀하셨다. "이것은 안 됩니다. 지금 다른 사람에게 적게 베풀고 많이 바란다면, 사람들은 자신에게 베풀어지는 것을 두려워할 뿐입니다. 이제 돼지 한 마리로 제사를 지내면서 귀신에게 백 가지의 복을 빈다면 (귀신들은) 소와 양으로 제사 지낼까 두려워할 뿐입니다. 옛날 성왕들은 귀신을 섬기며 제사를 지낼 뿐이었습니다. 지금 돼지로 제사를 지내면서 백 가지 복을 빈다면, (祭物의) 풍부함은 빈약함보다 못합니다."

17 彭輕生子曰: 往者可知, 來者不可知。

子墨子曰: 籍設而親在百里之外, 則遇難焉,   籍=藉: 만약, 而=汝: 너, 당신

    期以一日也, 及之則生, 不及則死。   及: 이르다, 도착하다

    今有固車良馬於此, 又有奴馬四隅之輪於此, 使子擇焉, 子將何乘?

    奴=駑: 둔하다, 輪: 바퀴, 수레

對曰: 乘良馬固車, 可以速至。

子墨子曰:焉在矣來?

팽경생자(彭輕生子): 과거(往者)는 알 수 있지만 미래(來者)는 알 수 없습니다.

묵자 선생: 만약 그대의 부모가 백 리 밖에 살면서 어려움을 만났는데, 하루의 기한이 있어 도착하면 살고 도착하지 못하면 죽는다고 가정합시다. 지금 여기에 견고한 수레와 좋은 말이 있고, 또한 둔한 말과 네모진 수레가 있는데 그대에게 선택하게 한다면 그대는 어떤 것을 타겠는가?"

팽경생자: 좋은 말과 견고한 수레를 타야 빨리 도착할 수 있습니다.

묵자 선생: 어찌 미래를 알 수 없다고 합니까?

---

❶   彭輕生子: 묵자의 제자라고 추정하는 견해도 있으나, 대화내용으로 보아 일종의 운명론자이다. 운명론을 비판하는 묵자의 제자로 보기 어렵다.

❷   焉在矣來: 焉不可知在來矣?로 고쳐야 의미가 통한다.

孟山譽王子閭曰: 昔白公之禍, 執王子閭 斧鉞鉤要, 直兵當心,

斧鉞: 도끼, 鉤: 갈고리로 걸다, 要=腰, 直兵: 찌르는 무기, 창

謂之曰: 爲王則生, 不爲王則死。

王子閭曰: 何其侮我也? 殺我親而喜我以楚國?

我得天下而不義, 不爲也, 又況於楚國乎?

遂而不爲, 王子閭豈不仁哉?

子墨子曰: 難則難矣, 然而未仁也。

若以王爲無道, 則何故不受而治也?

以 A 爲 B: A를 B라고 여기다

若以白公爲不義, 何故不受王, 誅白公 然而反王?

故曰 難則難矣, 然而未仁也。

맹산(孟山)이 왕자려(王子閭)를 칭찬하며 말했다.

맹산: 옛날 백공(白公)의 난이 일어났을 때, 왕자려를 잡아 도끼는 허리에 대고, 창은 심장을 겨누며, '왕이 되면 살고, 왕이 되지 않으면 죽는다'고 말했지만, 왕자려는 '어찌 나를 그리 모독하는가? 나의 친족을 죽이고 초(楚)나라를 준다고 내가 기뻐하겠는가? 나는 천하를 얻는다 해도 의롭지 않으면 하지 않는데, 하물며 초나라를 준다고 하겠는가?'라 말했습니다. 그리고 끝내 하지 않았으니 왕자려가 어찌 어질지 않겠습니까?

묵자 선생: 어렵다면 어려운 문제이지만, 어질다고 할 수 없네. 만약 왕이 무도하다고 여겼다면, 무슨 이유로 (왕위를) 물려받아 다스리지 않았는가? 만약 백공이 의롭지 않다고 생각했다면, 무슨 이유로 왕위를 받아 백공(白公)을 처형하고 왕위를 되돌려 주지 않는가? 그래서 '어렵다면 어려운 문제이지만 어질지 못하다'고 말했다네.

---

❶ 孟山: 묵자의 제자로 추정되는 인물.

❷ 白公: 楚나라 平王의 손자로 이름은 勝이다. 白勝은 자신의 아버지인 태자 建이 鄭나라에서 죽음을 당하자 원수를 갚기 위하여 반란을 일으켜(B.C. 479), 삼촌인 子西와 子期를 죽이고 그들의 동생인 子閭를 왕으로 삼으려 하였지만 거절당하자 그를 살해했다.

❸ 王子閭: 楚나라 平王의 아들로 이름은 啓이다. 白公의 삼촌이다.

19　子墨子使勝綽事項子牛。項子牛三侵魯地, 而勝綽三從。

子墨子聞之, 使高孫子請而退之曰:

我使綽也, 將以濟驕而正嬖也。　　　<small>濟: 구제하다, 驕: 교만, 嬖=僻: 치우침</small>

今綽也祿厚而譎夫子, 夫子三侵魯, 而綽三從, 是鼓鞭於馬靳也。

<small>譎휼: 속이다, 靳근: 가슴걸이</small>

翟聞之: 言義而弗行, 是犯明也。

綽非弗之知也, 祿勝義也。

묵자 선생께서 승작(勝綽)으로 하여금 항자우(項子牛)를 섬기도록 하였는데, 항자우가 노(魯)나라를 세 번 침략하였고 승작은 세 번 그를 따랐다. 묵자 선생께서 (그 소식을) 듣고 고손자(高孫子)를 시켜 그를 물러나게 하라고 요청하면서 다음과 같이 말씀하셨다. "내가 승작을 보낸 것은 장차 교만함을 제거하고 치우침을 바로 잡기 위함이었습니다. 지금 승작은 녹봉이 많아 선생(項子牛)을 속이고 있습니다. 선생이 노나라를 세 번 침공하였고 승작이 세 번 따랐으니, 이는 말의 가슴걸이를 북 치듯이 채찍질을 하는 셈입니다. 저(翟)는 '의로움을 말하면서 행동하지 않는 것은 알면서 범죄를 저지르는 일'이라고 들었습니다. 승작이 그것을 모르지 않는데, 녹봉이 의로움을 이겼기 때문입니다."

---

❶　勝綽, 高孫子: 묵자의 제자로 추정되는 인물.

❷　鼓鞭於馬靳: 말의 가슴걸이를 잡아당기면 말이 멈추는데, 말의 가슴걸이에 채찍을 하는 행위는 말을 멈추게 하는 척하면서 말을 달리게 한다는 의미로 해석된다. 墨子는 非攻의 가르침을 위반한 제자의 이중적 행위를 비판하고 있다.

20-1　昔者楚人與越人舟戰於江,

楚人順流而進, 迎流而退, 見利而進, 見不利 則其退難。

越人迎流而進, 順流而退, 見利而進, 見不利 則其退速,

越人因此若埶, 亟敗楚人。　　　<small>埶=勢, 亟극: 자주, 여러 차례</small>

公輸子自魯南游楚, 焉始爲舟戰之器, 作爲鉤强之備, 退者鉤之, 進者强之。

量其鉤强之長, 而制爲之兵, 楚之兵節, 越之兵不節,   節=適: 적합한 정도

楚人因此若埶, 亟敗越人。

옛날 초(楚)나라 사람들과 월(越)나라 사람들이 강에서 배를 타고 싸웠다. 초나라 사람들은 물결을 따라 진격하고 물결을 거슬러 후퇴하였으니, 유리할 때 진격하였으나 불리할 때는 후퇴하기는 어려웠다. 월나라 사람들은 물결을 거슬러 진격하고 물결을 따라 후퇴하였으니, 유리할 때 진격하고 불리하면 빠르게 후퇴할 수 있었다. 월(越)나라 사람들은 이와 같은 형세로 인하여 여러 차례 초(楚)나라 사람들을 패퇴시켰다.

공수자(公輸子)는 노(魯)나라에서 남쪽 초(楚)나라로 여행을 하다가 처음으로 배타고 싸우는 무기를 만들었다. 구(鉤)와 강(强)을 만들어 준비하고, 후퇴하는 배를 갈고리로 잡아끌고, 진격하는 배를 밀어냈다. 구(鉤)와 강(强)의 길이를 헤아려 병기를 만들었는데, 초(楚)나라의 병기는 (길이가) 적합했고, 월(越)나라의 병기는 적합하지 못했다. 초(楚)나라 사람들은 이와 같은 형세로 인하여 여러 차례 월(越)나라 사람들을 패퇴시켰다.

---

❶ 公輸子: 魯나라의 名匠으로 최초로 木工 도구를 만들었다고 전해진다. 성은 公輸이고 이름은 般(또는 盤)이며, 魯般 또는 魯班으로도 불린다.

❷ 鉤强: 鉤는 상대편의 배를 끌어당길 때 쓰는 갈고리이며, 强은 접근하는 상대편의 배를 밀어내는 兵器이다. 일반적으로 鉤鑲으로 쓰지만 묵자는 일관하여 鉤强으로 표현하고 있다. 孫詒讓은 强을 막고 밀어내는 拒의 잘못이라고 보았으나 일반적으로 鑲으로 보는 견해가 옳다고 본다.

20-2 公輸子善其巧, 以語子墨子曰: 我舟戰有鉤强, 不知子之義亦有鉤强乎!

子墨子曰: 我義之鉤强, 賢於子舟戰之鉤强。   賢於: ~보다 낫다

我鉤强, 我鉤之以愛, 揣之以恭。   揣췌: 재다, 측량하다

弗鉤以愛, 則不親, 弗揣以恭, 則速狎;   狎압: 업신여기다

狎而不親 則速離。

故交相愛, 交相恭, 猶若相利也。

今子鉤而止人, 人亦鉤而止子, 子强而距人, 人亦强而距子,

距: 떨어지다

交相鉤, 交相强, 猶若相害也。
故我義之鉤强, 賢子舟戰之鉤强。

공수자(公輸子)는 (자신의) 기술을 자랑하면서 묵자 선생에게 말했다.

공수자: 나는 배를 타고 싸울 때 구강(鉤强)을 사용하는데, 선생님의 의로움에도 역시 밀고 당기는 무기(鉤强)가 있는지 모르겠습니다!

묵자 선생: 나의 의로움에서 밀고 당기는 무기는 그대가 배를 타고 싸울 때 밀고 당기는 무기보다 더 좋습니다. 나도 밀고 당기는데, 나는 사랑으로써 당기고 공손함으로써 밀어냅니다. 사랑으로 당기지 않으면 (서로) 친해지지 않고, 공손함으로 밀어내지 않으면 빨리 업신여기게 됩니다. 업신여기면서 친하지 않으면 빨리 헤어집니다. 그러므로 서로 사랑하고 서로에게 공손함은 서로 이익을 주는 것과 같습니다. 지금 그대가 다른 사람을 당기어(鉤) 멈추게 하고, 다른 사람 역시 그대를 당기어 멈추게 합니다. 또한 그대가 다른 사람을 밀어내어 물리치고, 다른 사람 역시 그대를 밀어내 물리칩니다. 그러므로 서로 당김과 서로 밀어냄은 서로 손해를 주는 것과 같습니다. 그러므로 나의 의로움에서 밀고 당기는 무기는 그대가 배를 타고 싸울 때 밀고 당기는 무기보다 더 좋습니다.

❶ 揣之以恭: 공손함으로 상대의 태도를 재고 평가한다는 의미이다. 公輸子에 있어서 鉤와 强이 짝을 이루지만, 墨子에 있어서는 鉤와 揣가 서로 짝을 이루고 있다. 公輸子는 배를 타고 싸우는 전투에서 이기기 위하여 鉤와 强을 구사하지만, 墨子는 서로에게 이익을 주고 공존하기 위하여 사랑과 공손함으로 鉤와 揣를 조절한다.

21 公輸子削竹木以爲䧿, 成而飛之, 三日不下, 公輸子自以爲至巧。

䧿-鵲작: 까치

子墨子謂公輸子曰: 子之爲䧿也, 不如匠之爲車轄。

轄: 비녀장, 빗장

須臾劉三寸之木, 而任五十石之重。

須臾수유: 잠깐 동안, 劉: 칼, 깎다=斵, 石: 120斤

故所爲功, 利於人謂之巧, 不利於人謂之拙。

공수자(公輸子)가 대와 나무를 깎아 까치를 만들어 날렸는데 사흘 동안 내려오지 않았다. 공수자는 스스로 대단한 기술이라고 생각했다. 묵자 선생께서 공수자에게 다음과 같이 말씀하셨다. "그대가 까치를 만드는 일은 목수가 수레의 빗장을 만드는 일보다 못합니다. 잠깐 동안 세 마디의 나무를 깎아서 오십 석의 무게를 견딥니다. 그러므로 업적은 사람에게 이로우면 훌륭하다고 말하고, 사람에게 이롭지 않으면 졸렬하다고 말합니다."

---

❶ 車轄: 수레바퀴가 이탈하지 않도록 끼우는 빗장.

❷ 이와 비슷한 우화는 『韓非子』에도 나오는데 묵자의 실용주의적 사고를 상징적으로 보여준다.

22 公輸子謂子墨子曰: 吾未得見之時, 我欲得宋,

　　　　　　　　自我得見之後, 予我宋而不義, 我不爲。　　　予: 주다

　子墨子曰: 翟之未得見之時也, 子欲得宋,

　　　　　自翟得見子之後, 予子宋而不義, 子弗爲。

　　　　　是我予子宋也。子務爲義, 翟又將予子天下。

공수자가 묵자 선생에게 말했다.

공수자: 제가 (선생님을) 만나지 못했을 때에는 송(宋)나라를 차지하고 싶었으나, 선생님을 만난 이후부터 저에게 송나라를 준다 해도 의롭지 않으면 받지 않겠습니다.

묵자 선생: 내가 그대를 만나지 못했을 때에는 그대가 송나라를 차지하고 싶어 했는데, 내가 그대를 만난 이후 그대에게 송나라를 준다 해도 의롭지 않으면 받지 않겠다고 말했소. 그러면 내가 그대에게 송나라를 줄 것이며, 그대가 의로움을 행하는 데 힘쓰면 내가 장차 그대에게 천하를 주겠소.

---

❶ 見之時/見之後: 見子之時/見子之後의 의미이다.

第五十 公輸

1 公輸盤爲楚造雲梯之械, 成, 將以攻宋。 梯: 사다리

子墨子聞之, 起於齊, 行十日十夜而至於郢, 見公輸盤。 郢: 초나라의 수도

公輸盤曰: 夫子何命焉爲?

子墨子曰: 北方有侮臣, 願藉子殺之。 侮모: 업신여기다, 깔보다, 藉: 빌리다

公輸盤不說。子墨子曰: 請獻十金。

公輸盤曰: 吾義固不殺人。

子墨子起, 再拜曰: 請說之。吾從北方 聞子爲梯, 將以攻宋。宋何罪之有?

荊國有餘於地, 而不足於民, 殺所不足, 而爭所有餘, 不可謂智。

宋無罪而攻之, 不可謂仁。

知而不爭, 不可謂忠。 爭=諫

爭而不得, 不可謂强。

義不殺少而殺衆, 不可謂知類。

公輸盤服。

子墨子曰: 然, 乎不已乎? 已: 그치다, 멈추다

公輸盤曰: 不可。吾旣已言之王矣。

子墨子曰: 胡不見我於王?

公輸盤曰: 諾。 諾: 승낙, 허락

공수반(公輸盤)이 초(楚)나라를 위하여 사다리차(雲梯)를 만들었고 완성되자 송(宋)나라를 공격하려고 했다. 묵자 선생께서 소식을 듣고 제(齊)나라에서 출발하여 10일 밤낮을 달려 초(楚)나라의 수도 영(郢)에 도착하여 공수반을 만났다.

공수반: 선생께서 어찌 오셨습니까?

묵자 선생: 북방에 건방진 신하가 있는데 그대의 힘을 빌려 그를 죽이고 싶습니다.

공수반이 말을 하지 않았다.

묵자 선생: 10金을 드리겠습니다.

공수반: 나는 의롭기 때문에 결코 사람을 죽이지 않습니다.

묵자 선생께서 일어나 두 번 절했다.

묵자 선생: 말씀드리겠습니다. 나는 북방에서 그대가 사다리차를 만들어 송나라를 공격하려 한다고 들었습니다. 송나라가 무슨 죄가 있습니까? 초나라에서는 땅은 여유가 있지만 백성이 부족합니다. 부족한 것을 죽이고 남는 것을 (얻으려고) 다툰다면 지혜롭다고 말할 수 없습니다. 송나라는 죄가 없는데 공격하면 어질다고 말할 수 없습니다. 알면서도 간언하지 않으면 충성스럽다고 말할 수 없습니다. 간언하면서 뜻을 이루지 못하면 강하다고 말할 수 없습니다. 의로움으로 소수(건방진 신하)를 죽이지 않고 다수(宋나라 백성)를 죽인다면 이치(類)를 안다고 말할 수 없습니다.

공수반이 승복하였다.

묵자 선생: 그렇다면 왜 멈추지 않습니까?

공수반: 멈출 수 없습니다. 제가 이미 (송나라를 공격하겠다고) 왕에게 말했습니다.

묵자 선생: 어찌 나를 왕에게 알현시키지 않습니까?

공수반: 알현시키겠습니다.

---

❶ 雲梯: 수레에 사다리를 붙여 城을 공격할 때 사용하는 사다리차(樓車).

❷ 侮臣: 대부분의 주석은 臣을 묵자로 보아 '나를 업신여기는 사람'으로 해석하지만 문맥과 문장이 부자연스럽다. 여기에서는 '건방진 신하'라고 번역한다.

❸ 義不殺少而殺衆: 少는 건방진 신하를, 衆은 宋나라 백성을 의미한다.

❹ 類: 類推 또는 類推의 이치를 말한다.

2   子墨子見王, 曰: 今有人於此, 舍其文軒, 鄰有敝轝, 而欲竊之;

軒: 수레, 敝弊: 해지다, 깨지다, 轝輿: 수레

舍其錦繡, 鄰有短褐, 而欲竊之;

舍其粱肉, 鄰有糠糟, 而欲竊之。

此爲何若人?

王曰: 必爲竊疾矣。

子墨子曰: 荊之地, 方五千里, 宋之地, 方五百里, 此猶文軒之與敝轝也；

荊有雲夢, 犀兕麋鹿滿之, 江漢之魚鼈黿鼉爲天下富,

宋所爲無雉兔狐貍者也, 此猶梁肉之與糠糟也；

荊有長松, 文梓, 梗枬, 豫章, 宋無長木, 此猶錦繡之與短褐也。

臣以三事之攻宋也, 爲與此同類, 臣見大王之必傷義而不得。

王曰 : 善哉!雖然, 公輸盤爲我爲雲梯, 必取宋。

묵자 선생께서 왕을 알현하여 말씀하셨다.

묵자 선생: 여기에 어떤 사람이 장식된 수레를 버리고 이웃의 낡은 수레를 훔치려 하고, 수놓은 비단 옷을 버리고 이웃의 짧은 갈옷을 훔치려 하고, 기장과 고기를 버리고 이웃의 겨와 술지게미를 훔치려 합니다. 이는 어떤 사람입니까?

왕: 반드시 훔치는 병(도벽)이 있는 사람입니다.

묵자 선생: 초(荊)나라 땅은 사방 오천 리이며, 송(宋)나라 땅은 사방 오백 리입니다. 이 것은 마치 장식된 수레와 낡은 수레와 같습니다. 초나라에는 운몽(雲夢)이라는 지역이 있어 무소와 외뿔소, 고라니와 사슴이 가득하고, 양자강과 한수(江漢)에 사는 물고기와 자라 그리고 악어는 천하의 부를 이루고 있는데, 송나라에는 꿩과 토끼, 여우와 살쾡이도 없습니다. 이것은 마치 기장과 고기를 겨와 술지게미에 비유하는 바와 같습니다. 초나라에는 큰 소나무와 가래나무, 녹나무와 예장(豫章)나무가 있지만, 송나라에는 큰 나무가 없습니다. 이것은 마치 수놓은 비단 옷과 짧은 갈옷과 같습니다. 신은 세 가지 일(三事)로 송(宋)나라를 공격하는 일은 이와 같다고 생각합니다. 신이 보기에 대왕께서 의로움을 손상시킬지언정 얻을 것이 없습니다.

왕: 훌륭한 말씀입니다. 그렇다 하더라도 공수반(公輸盤)이 나를 위해 사다리차(雲梯)를 만들었으니 반드시 송(宋)나라를 빼앗겠소.

❶ 雲夢: 楚나라에 있는 일곱 개의 큰 연못 중의 하나. 또는 그 연못이 있는 지역.

❷ 江漢: 江은 江水(양자강)를, 漢은 漢水를 가리킨다.

❸ 文梓: 가래나무. 가래나무는 오늘날 고급 가구재로 알려져 있지만 고대 중국에서 임금의 棺을 가래나무로 만들었다.

❹ 梗柟: 녹나무. 상록 큰키나무로 건축재, 가구재, 세공재로 쓰인다.

❺ 豫章: 예장나무. 녹나무 또는 장목으로도 불린다.

❻ 三事之攻宋也: 일반적으로 三事를 三卿, 三吏, 三公의 오류라고 보고 있으나, 여기에서는 楚나라의 땅, 동물, 나무로 본다.

3 於是見公輸盤, 子墨子解帶爲城, 以牒爲械,　　　　牒첩: 널빤지

　　公輸盤九設攻城之機變, 子墨子九距之,　　　　距: 떨어지다, 막다

　　公輸盤之攻械盡, 子墨子之守圉有餘。　　　　圉어: 국경, 막다

　公輸盤詘, 而曰: 吾知所以距子矣, 吾不言。　　　　詘굴: 복종하다, 굽히다

　子墨子亦曰: 吾知子之所以距我, 吾不言。

　楚王問其故, 子墨子曰: 公輸子之意, 不過欲殺臣。

　　　　殺臣, 宋莫能守, 可攻也。

　　　　然臣之弟子禽滑釐等三百人, 已持臣守圉之器,

　　　　　在宋城上而待楚寇矣。　　　　寇구: 외적의 침략

　　　　雖殺臣, 不能絕也。

　楚王曰: 善哉! 吾請無攻宋矣。

이에 묵자 선생께서 공수반(公輸盤)을 만나, 허리띠를 풀어서 성(城)을 만들고 나무 조각을 기계로 삼았다. 공수반이 기구를 변화시켜 아홉 번이나 성을 공격하였으나 묵자 선생께서 아홉 번 모두 막아냈다. 공수반의 공격 기구는 소진되었으나 묵자 선생의 방어에는 여유가 있었다. 공수반이 굴복하며 "나는 그대를 물리치는 방법을 알고 있으나 말하지 않겠습니다"라고 말하자, 묵자 선생 역시 대답했다. "나도 그대가 나를 물리치는 방법을 알고 있지만 말하지 않겠소."

초(楚)나라 왕이 그 이유를 묻자 묵자 선생께서 다음과 같이 대답하셨다. "공수자(公

輪子)의 뜻은 저(臣)를 죽이는 데 불과합니다. 저를 죽이면 송(宋)나라가 지킬 수 없으니 공격할 수 있습니다. 그러나 저의 제자 금골리(禽滑釐) 등 300명이 이미 저의 방어 기구를 가지고 송나라 성 위에서 초나라의 침략을 기다리고 있습니다. 비록 저를 죽인다고 하더라도 그들을 멸망시킬 수 없습니다." (이에) 초나라 왕이 대답했다. "좋습니다. 나는 송나라를 공격하지 않겠소."

---

❶ 禽滑釐: 魏나라 출신으로 墨子의 대표적인 제자

4 　子墨子歸, 過宋, 天雨, 庇其閭中, 守閭者不內也。　　<small>庇: 덮다, 의탁하다, 閭: 성문</small>

　　　故曰: 治於神者, 衆人不知其功, 爭於明者, 衆人知之。

묵자 선생께서 돌아가는 길에 송(宋)나라를 지나가는데, 하늘에서 비를 내렸다. 성문 안으로 피하려 하였으나 문지기가 들여보내지 않았다. 그리하여 (묵자 선생께서) "신묘하게 다스리면 많은 사람들이 그 업적을 알지 못하고, 드러내놓고 다투면 많은 사람들이 알아준다"고 말씀하셨다.

경제학 교수가 『墨子』를 번역하는 일은 분명히 외도에 해당하리라. 2007년 사기 전과가 있는 사람의 대통령 당선은 비록 충분히 예상되기는 했으나 많은 사람들에게 좌절을 안겨주었다. 역자는 좌절과 무기력함을 『老子』와 『莊子』를 읽으며 스스로 위로하기 시작하였다. 문제는 번역된 책을 읽으면 무슨 뜻인지 이해하기 어려웠다는 사실이다. 그래서 동료이자 동지인 철학과 손영식 교수를 중심으로 관심 있는 교수들과 동양철학을 전공하는 대학원생들이 집단적으로 제자백가를 강독하기 시작하였고, 연중무휴로 일주일에 두 번 열리는 강독은 올해로 10년을 넘겼다. 역자는 주로 배우는 입장이었지만 치열한 논쟁도 마다하지 않았으며, 이 책은 치열한 논쟁의 결과이다.

제자백가 중에서도 특히 묵자에 주목한 역자는 기존의 연구와 번역에 대하여 두 가지 상반되는 경향을 발견하였다. 하나는 대부분의 묵자 연구가 儒學에 세례를 받은 유학자들에 의하여 고증되고 번역되어 묵가의 진면목을 제대로 전달하지 못한다는 사실이며, 다른 하나는 원문을 과잉 해석하여 과대평가하는 경향이다. 모두 묵자사상의 독창성을 있는 그대로 보지 못하고 왜곡할 가능성을 내포하고 있다. 이런 점을 항상 염두에 두고 시간이 나는 대로 번역하였고, 많은 사람들에게 묵자의 사상을 소개하고 싶어서 2015년 2월부터 2018년 5월까지 3년에 걸쳐 번역하는 대로 'Facebook'에 올렸다. 이 책의 초벌구이에 해당한다.

'Facebook'의 지인들은 '2,400년 전에 이런 말을 하다니 놀랍다'는 반응 외에도 두 가지로 요약되는 문제제기를 하셨다. 하나는 너무 어렵다는 의견이다. 서양도 마찬가지이지만 동양의 고전은 문학과 역사와 철학의 종합적인 지식을 요구하기 때문에 이해하기 어렵다는 반응에 동의하지만, 그럼에도 불구하고 일반 독자들이 다른 제자백가에 비하여 쉽게 읽을 수 있다고 생각된다. 『墨子』는 묵가집단의 구성원을 교육하고 일반 백성을 설득하기 위하여 저술되었기 때문에 실생활과 밀접한 연관이 있는 내용이 대부분이어서 다른 제자백가의 저술과는 달리 현학적이지 않기 때문이다. 다만 〈墨經〉에 해당하는 6편의 글은 전문가들에게 조차 대단히 어렵고 난해하다. 논리학과 언어학, 광학과 역학, 수학과 기하학 등 여러 분야의 문제를 다루면서도 극히 간명하게 서술되어 있기 때문이다. 게다가 錯簡으로 원문이 완전하게 복원되지 못했으며, 오자와 탈자가 많아 연구자들이 자의적으로 수정 보완했기 때문이다. 마치 암호를 해독하는 느낌을 주는 문장도 상당히 많다. 최근 중국에서도 묵자에 대한 연구가 활발하게 진행되고 있고, 〈墨經〉에 대한 연구에 많은 자연과학자들이 참여하고 있지만 아직까지 그 성과는 여전히 미미하다. 전국시대 중국 자연과학의 수준을 반영한다는 의미에서 매우 중요한, 아니 유일한 저술이지만 묵자를 전공하지 않는 일반 독자들은 건너 뛰어 읽어도 무방하다.

또 다른 하나는 '묵자가 현재 한국사회에서 어떤 의미를 갖는가?'하는 문제제기이다. 우리가 고전을 읽는 이유는 인류의 정신적 스승인 그들의 저작을 통해 현실을 반성하고 좀 더 나은 세상으로 만들어 더 많은 사람들의 삶의 질을 향상시키는데 있기 때문에 올바르고 정당한 문제제기이다. 그러나 기축시대(Axial Age)의 묵자사상을 21세기 한국사회에 무매개적으로 적용하여 구체적인 대안을 제시할 수는 없겠지만, 나아가야 할 방향을 제시할 수 있다고 생각한다. 묵자가 재림하면 한국사회를 보고 틀림없이 다음과 같이 말할 것이다.

"지금의 한국사회를 살펴보니 내가 살았던 시대와 크게 다르지 않다. 큰 기업은 작은 기업을 수탈하고, 부자는 가난한 사람을 겁박하고, 다수는 소수를 억압하며, 영악한 자는 어리석은 사람을 속이고 있다. 그리하여 재벌은 많은 재물을 곳간에 쌓아두고 있는데 하청기업은 열심히 생산을 하여도 남는 것이 없게 된다. 그 결과 일자리는 늘어나지 않아 젊은이들은 백수가 되어 이리저리 떠돌고 있으니 나라가 잘 다스려지기 어렵다. 또한 정규직은 비정규직의 고통을 외면하고, 부자와 힘 있는 자는 가난하고 힘없는 사람을 금수와 같이 취급하면서 일상적으로 폭력을 행사하여 인간의 존엄성을 짓밟는다. 여론을 전달하는 언론은 가짜뉴스를 만들어 자신의 이익을 보호하거나 가진 자의 이익을 대변하고 있다. 또한 겸애를 실천해야 할 교회가 예수를 상품화하여 돈을 벌고 증오를 재생산하여 혹세무민하니 자기부정에 이를 정도로 타락했다. 상황이 이러하니 힘 있는 자는 남을 돕지 않고, 재산이 썩어나도 남을 도와주지 않으며, 지식이 있어도 남에게 가르쳐 주지 않는다. 그래서 편안한 삶을 살 수가 없다."

지인들의 요구에 따라 묵자가 한국사회에서 갖는 의미에 대해서는 좀 더 구체적인 모습으로 차후에 출간할 계획이다. 오늘날 발전된 SNS는 사람들로 하여금 유익한 콘텐츠를 공유하고 신속하게 소통하여 인간관계를 크게 확장하게 만드는 장점이 있다. 반면 그로 인하여 잘못되거나 왜곡된 정보의 홍수에 매몰되어 사람들의 판단력을 흐리게 만들기도 한다. 이러한 조건에서 사람들은 언제부터인가 보고 싶은 것만 보고, 듣고 싶은 것만 듣고, 믿고 싶은 것만 믿는 경향을 보이기 시작했다. 이러한 상황에서 기축시대의 스승 墨子를 감상하는 일은 나 자신과 우리 사회를 돌아보는데 매우 의미가 있는 일이라고 생각된다.

앞에서 언급한 바와 같이 이 번역서는 집단적 토론의 결과물이며, 이 책이 출간되는데 여러 사람의 도움을 받았다. 울산대학교 손영식 교수, 이상엽 교수, 김기병 교수, 예수백 박사, 박사과정의 김지영, 황미희 선생이 그들이다. 특히 손영식 교수의 도움은 공동작품이라고 해도 지나치지 않을 정도로 지대하다. 그럼에도 불구하고 이 책의 오역과 잘못된 주석이 있다면 그것은 전적으로 역자의 책임이다. 그리고 출판사의 어려움에도 불구하고 상업성이 없는 책의 출판을 기꺼이 승낙해주신 이찬규 사장님에게 머리 숙여 감사드리며, 결코 쉽지 않은 편집과 교정에 정열을 아끼지 않으신 김수진 선생님에게도 감사드린다. 마지막으로 이 번역서가 묵자에 대한 논쟁이 활발하게 일어나 그의 사상이 한국에서도 널리 회자되기를 간절히 바라며, 사회적 약자의 이익을 대변하려고 노력하는 이 땅의 모든 사람들에게 이 책을 바친다.

2019년 7월
울산 무거동 연구실에서